Christian Starck

Woher kommt das Recht?

Mohr Siebeck

Christian Starck ist emeritierter Professor des Öffentlichen Rechts an der Universität Göttingen und war 1991–2006 Richter des Niedersächsischen Staatsgerichtshofs und 2008–2012 Präsident der Akademie der Wissenschaften zu Göttingen.

Gefördert durch die Fritz Thyssen Stiftung für Wissenschaftsförderung

ISBN 978-3-16-154106-3

Die Deutsche Nationalbibliothek verzeichnet diese Publikation in der Deutschen Nationalbibliographie; detaillierte bibliographische Daten sind im Internet über *http://dnb.dnb.de* abrufbar.

Das Buch wurde von Laupp & Göbel in Nehren aus der Garamond gesetzt und auf alterungsbeständiges Werkdruckpapier gedruckt und von der Buchbinderei Spinner in Ottersweier gebunden.

Inhaltsverzeichnis

Abkürzungsverzeichnis

a.	articulus
a. a. O./aaO	am angegebenen Ort
ABEG	Amtsblatt der Europäischen Gemeinschaft
Abg.	Abgeordnete(r)
Abs.	Absatz
AEUV	Vertrag über die Arbeitsweise der Europäischen Union
AfP	Archiv für Presserecht
Anm.	Anmerkung
AO	Abgabenordnung
AöR	Archiv des öffentlichen Rechts
ArbGG	Arbeitsgerichtsgesetz
Art.	Artikel
Aufl.	Auflage
AWG	Außenwirtschaftsgesetz
bad.	badisch
BauGB	Baugesetzbuch
bay(er).	bayerisch
BBG	Bundesbeamtengesetz
BbV	Brandenburgische Verfassung
Bd.	Band
BeamtStG	Beamtenstatusgesetz
Bem.	Bemerkung
BeV	Berliner Verfassung
BGB	Bürgerliches Gesetzbuch
BGBl.	Bundesgesetzblatt
BNotO	Bundesnotarordnung
BRAO	Bundesrechtsanwaltsordnung
BRRG	Beamtenrechtsrahmengesetz
BrV	Bremer Verfassung
BSGE	Entscheidungen des Bundessozialgerichts
BT Drs.	Bundestag Drucksache
BV	Bayerische Verfassung
BVerfGE	Sammlung der Entscheidungen des Bundesverfassungsgerichts
BVerwGE	Sammlung der Entscheidungen des Bundesverwaltungsgerichts
BWV	Baden-Württembergische Verfassung
ders.	derselbe
dies.	dieselbe(n)
DJT	Deutscher Juristentag
DÖV	Die öffentliche Verwaltung (Zeitschrift)
DRiG	Deutsches Richtergesetz
DVBl.	Deutsches Verwaltungsblatt
ed.	edition, editor
EGMR	Europäischer Gerichtshof für Menschenrechte

EGV	Vertrag über die Europäische Gemeinschaft
EMRK	(Europäische) Konvention zum Schutze der Menschenrechte und Grundfreiheiten
EPIL	Encyclopedia of Public International Law
EuGH	Europäischer Gerichtshof
EuGRZ	Europäische Grundrechte Zeitschrift
EuR	Europarecht (Zeitschrift)
EUV	Vertrag über die Europäische Union
FAZ	Frankfurter Allgemeine Zeitung
FG	Festgabe
FGG	Finanzgerichtsordnung
FS	Festschrift
GeschO	Geschäftsordnung
GG	Grundgesetz
GG-AK	Alternativkommentar zum Grundgesetz
GRCh	Grundrechte Charta
GVBl.	Gesetz- und Verordnungsblatt
GVG	Gerichtsverfassungsgesetz
HbDStR	Handbuch des deutschen Staatsrechts, Bd. I, 1930, Bd. II 1932
HbVerfR	Handbuch des Verfassungsrechts
HGR	Handbuch der Grundrechte
hist.	historisch
Hrsg.	Herausgeber
HStR	Handbuch des Staatsrechts
HV	Hessische Verfassung
JöR	Jahrbuch des öffentlichen Rechts der Gegenwart
JuS	Juristische Schulung (Zeitschrift)
JZ	Juristenzeitung
Kap.	Kapitel
Law Ed. U.S.	Layer's Edition, United States Supreme Court Reports
m. w. N.	mit weiteren Nachweisen
MVV	Mecklenburg-Vorpommersche Verfassung
N	Fußnote
Nds.VBl.	Niedersächsische Verwaltungsblätter
Nds.StGHE	Entscheidungen des Niedersächsischen Staatsgerichtshofs
NGO	Niedersächsische Gemeindeordnung
NJW	Neue Juristische Wochenschrift
NKomVG	Niedersächsisches Kommunalverfassungsgesetz
NLO	Niedersächsische Landkreisordnung
NV	Niedersächsische Verfassung
NVwVfG	Niedersächsisches Verwaltungsverfahrensgesetz
NVwZ	Neue Zeitschrift für Verwaltungsrecht
NWV	Nordrhein-Westfälische Verfassung
NZG	Neue Zeitschrift für Gesellschaftsrecht
o. J.	ohne Jahr
OVG	Oberverwaltungsgericht
p.	pagina, page
PartG	Parteiengesetz
phil.	philologisch
PrALR	Preußisches Allgemeines Landrecht
preuß.	preußisch

quae.	quaestio
RabelsZ	Rabels Zeitschrift
Rdnr.	Randnummer
resp.	respondeo
RGBl.	Reichsgesetzblatt
RGG	Religion in Geschichte und Gegenwart, 4. Aufl., hrsg. von Betz/Browning/Janowski/Jüngel
RGZ	Sammlung der Entscheidungen des Reichsgerichts in Zivilsachen
rh-pf.	rheinland-pfälzisch
Rn.	Randnummer
RPV	Rheinland-Pfälzische Verfassung
RSpr.	Rechtsprechung
S.	Seite
sächs.	sächsisch
SAV	Sachsen-Anhaltiner Verfassung
SGG	Sozialgerichtsordnung
SHV	Schleswig-Holsteinische Verfassung
SlV	Saarländische Verfassung
Sp.	Spalte
Sten.	Stenographisch
STF	Supremo Tribunal Federal (Brasilien)
StGB	Strafgesetzbuch
StGHG	Gesetz über den Staatsgerichtshof
SV	Sächsische Verfassung
ThürVBl.	Thüringer Verwaltungsblätter
ThV	Thüringer Verfassung
TVG	Tarifvertragsgesetz
u. a.	und andere
u. ö.	und öfter
UNTS	United Nations Treaty Series
VerfGHG	Verfassungsgerichtshofgesetz
VerwArch	Verwaltungsarchiv
VGH	Verwaltungsgerichtshof
VO	Verordnung
vol.	volume
VVDStRL	Veröffentlichungen der Vereinigung der Deutschen Staatsrechtslehrer
VwVfG	Verwaltungsverfahrensgesetz
VwGO	Verwaltungsgerichtsordnung
WRV	Weimarer Rechtsverfassung
württ.	württembergisch
WVK	Wieder Übereinkommen über das Recht der Verträge
Z	Zeitschrift
ZaöRV	Zeitschrift für ausländisches öffentliches Recht und Völkerrecht
ZevKR	Zeitschrift für evangelisches Kirchenrecht
ZG	Zeitschrift für Gesetzgebung
ZRP	Zeitschrift für Rechtspolitik

Einführung

Die hiermit vorgelegten gesammelten Aufsätze, die im Wesentlichen aus den Jahren 2000 folgende stammen, versuchen alle, jeweils unter einem bestimmten Gesichtspunkt, eine Antwort darauf, woher das Recht kommt. In dem einleitenden Text aus dem Jahre 2008, meiner Antrittsrede als Präsident der Akademie der Wissenschaften zu Göttingen, frage ich direkt nach der Herkunft des Rechts. Seine Ausarbeitung beruhte auf vorangegangenen Arbeiten und war zugleich Anlass für die vorgelegte Sammlung, die auch Aufsätze enthält, die erst später geschrieben worden sind. Die Vielseitigkeit der Antwort auf die Frage und die Zusammenhänge ergeben sich aus der Gesamtheit der Texte, die den einleitenden Text erläutern. Die Texte können aber auch je nach augenblicklichem Interesse als einzelne gelesen werden. Deshalb sind sie so belassen, wie sie damals geschrieben worden sind. Um Verweisungen zu vermeiden, sind einige wichtige Aussagen im jeweiligen Zusammenhang stehen gelassen worden, auch wenn sie Wiederholungen darstellen, z. B. über die Verfassungsstruktur (Gewaltenteilung und Rechte) und über das Verhältnismäßigkeitsprinzip.

Im *Ersten Teil* geht es um Gesetz und Recht. Zu Beginn stehen hier knappe begriffliche Orientierungen zum Thema Gesetz und Gesetzgebung, die für Fachlexika geschrieben worden sind. Das *2. Kapitel* ist der Kernfrage des Ersten Teils über das Verhältnis von Gesetz und Recht gewidmet. Dabei ergibt sich, dass die meisten Rechtsordnungen in verschiedenen Konstruktionen ein über den Gesetzen stehendes Recht kennen, was tiefe gemeinsame historische Wurzeln hat. Im *3. Kapitel* ist dargelegt, wie die öffentliche Verwaltung, die dem demokratischen Gesetzgeber und der Rechtsstaatlichkeit verpflichtet ist, das Gesetz anwendet. Die hier schon anklingende Bedeutung der Rechtsdogmatik für die Anwendung des Gesetzes wird im *4. Kapitel* ausführlich in ihrem Verhältnis zur Gesetzgebung im Verwaltungsrecht behandelt. In einem kurzen *5. Kapitel* werden die Anwendungsprobleme des Gesetzes unter Gesichtspunkten fehlender oder verfehlter Wirksamkeit von Gesetzen erörtert, die Gegenstand der Gesetzgebungslehre sind. Wenn es um Gesetz und Gesetzgebung geht, stellt sich die Frage nach der Rangordnung der Gesetze. Diese vielschichtige Problematik wird im *6. Kapitel* hauptsächlich als Stufenordnung von Gesetz und Verfassung untersucht, besonders unter den Gesichtspunkten, wie der Vorrang der Verfassung gesichert wird und welche Probleme dabei die Auslegung der Verfassung aufwirft. Im Bundesstaat ist die Gesetzgebung zwischen Bund und Ländern aufgeteilt. Die Frage, woher das Recht kommt, vom Bundesgesetzgeber oder vom Landesgesetzgeber, ist bundesverfassungsrechtlich geregelt, dabei aber einem ständigen Unitarisierungsprozess unterworfen, wie im *7. Kapitel* im Einzelnen dargestellt wird. Der Erste Teil wird im *8. Kapitel* abgeschlossen mit Überlegungen zum Verhältnis von Gesetz und Vertrag bei der Entstehung von Recht. Neben dem Vertrag im Rahmen oder gar auf der Grundlage des Gesetzes gibt es dualistische Formen der Gesetzgebung, die eine vertragliche Grundlage haben. Rechtsvergleichend und historisch betrachtet, zeigt sich eine außerordentliche Formenvielfalt, die die Antwort auf die Frage nach der Herkunft des Rechts stark befruchtet.

Der *Zweite Teil* ist den Grundrechten gewidmet, und zwar deren historischen Entstehungsprozess und deren heutigen Wirkung auf das übrige Recht. Im *1. Kapitel* werden die philosophischen Grundlagen der Menschenrechte vom Ende des 18. Jahrhunderts, der Epoche der ersten Erklärungen der Menschenrechte, zurückverfolgt bis ins Hohe Mittelalter, woraus sich ergibt, dass der Personenbegriff der christlichen Theologie und der Kanonistik geschichtliche Grundlage der Menschenrechte ist, die freilich noch juristischer Ausformungen bedurften. Das Thema des *2. Kapitels* schließt hieran an und behandelt anhand der Rechtspraxis und der politischen Philosophie die zunächst bestehende Abhängigkeit der Grundrechte von der Gesetzgebung, die sie definieren *und* einschränken konnte. Der Kampf um den Vorrang der Verfassung, gesichert durch ein Oberstes Gericht oder Verfassungsgericht, erbrachte die Bindung der Gesetzgebung an die Grundrechte zunächst in den USA und nach dem Zweiten Weltkrieg auch in Europa. Das *3. Kapitel* behandelt die Entwicklung der Ende des 18. Jahrhundert proklamierten Menschenrechte unter dem Gesichtspunkt ihrer Wirkung auf das Privatrecht. Die „natürlichen Rechte“ der französischen Erklärung der Menschenrechte betrafen vor allem das Verhältnis der Bürger untereinander. Insoweit war die Kodifizierung des Zivilrechts durch den Code civil (1804) die erste gesetzliche Ausprägung der Menschenrechte. Parallel dazu im öffentlichen Recht treten die Grundrechtsgesetze für das Verhältnis von Staat und Individuum erst in der 2. Hälfte des 19. Jhds. in Erscheinung. Vereinzelt regeln heute Verfassungen die Geltung von Grundrechten im Zivilrecht. Darüber hinaus hat die Rechtsprechung dem objektiv-rechtlichen Gehalt der Grundrechte staatliche Schutzpflichten entnommen, die zu Schutzrechten mit grundrechtlichem Charakter entwickelt worden sind. Im *4. Kapitel* geht es um eine Spezialfrage der Geltung der Grundrechte im Zivilrecht: Die Gleichberechtigung von Männern und Frauen wirkte sich erst verzögert auf das Zivilrecht (Familienrecht) aus. Noch in der Weimarer Reichsverfassung galt die Gleichberechtigung nur im Hinblick auf die staatsbürgerlichen Rechte. Erst das Grundgesetz brachte die volle Gleichberechtigung auch im Zivilrecht. Diese Errungenschaft der Rechtskultur wird durch freiheitsfeindliche Quoten zur faktischen Gleichstellung gestört. Das *5. Kapitel* über die Gewährleistung der Menschenwürde in der Biowissenschaft behandelt aktuelle Probleme der medizinischen Praxis und Forschung, die im Zusammenhang mit der extrakorporalen Herstellung von menschlichen Embryonen stehen. Die gesetzlichen und in manchen Ländern verfassungsrechtlichen Reaktionen darauf werden dargestellt, insbesondere die Konsequenzen aus dem Schutz der Menschenwürde des Grundgesetzes, der jeden Utilitarismus zurückweist, so auch die Verrechnung des Lebens von Embryonen, als Zugehörige zur Gattung Mensch, gegen medizinische Fortschritte.

Das *6. Kapitel* über Teilnahmerechte, den sog. status activus des Bürgers – ein ziemlich ausführlicher Handbuchartikel – vermittelt demokratiestaatliche Grundlagen für die Entstehung von Recht. Das sind Wahlen, die die Zusammensetzung der Parlamente als Gesetzgeber bestimmen. Die Parlamente wählen Regierungen, die zumeist die Gesetzentwürfe ins Parlament einbringen. Im *7. Kapitel* geht es um den status positivus der Menschen, das sind die sozialen Rechte im weitesten Sinne. Das Kapitel beruht auf Vorträgen in Brasilien[1] und geht daher von völkerrechtlichen Gewährleistungen aus, die jedoch sowohl im regionalen, als auch im universellen Völkerrecht nur allgemeine politische Ziele zum Ausdruck bringen. Die Staatsverfassungen besonders der neueren Zeit enthalten auch soziale Rechte, aber zumeist als Forderungen an die Gesetzgebung. Deshalb spielt die staatliche Sozialgesetzgebung in ihren verschiedenen Zweigen eine große Rolle für die Verwirklichung der sozialen Rechte; das zeigt sich auch im Recht der Europäischen Union, die als Staatenverbund von den Mitgliedstaaten nicht die Aufgabe übertragen bekommen hat, für sozialen Ausgleich zu sorgen. Im *letzten Kapitel* wird als Hauptbeispiel die Sozialversicherungsgesetzgebung in ihren verschiedenen Zweigen dargestellt, und zwar am Beispiel von Deutschland, das damit schon Ende des 19. Jahrhunderts begonnen hat und wegen der kontinuierlichen Weiterentwicklung heute vielen Staaten als Orientierung dient. So beruht das 8. Kapitel auf Vorträgen, die ich in China (Xian, Macao und Hongkong) gehalten habe.[2]

Der *Dritte Teil* enthält Beiträge zur Rechtskultur, er beginnt mit zwei eng miteinander verbundenen kurzen Kapiteln über Freiheit und Legitimität als politikwissenschaftliche/staatsphilosophische Kategorie. Die Grundausstattung des Menschen mit Willensfreiheit ist die anthropologische Basis von Recht und Freiheit. Die Legitimität staatlicher Herrschaft setzt die Bereitschaft und Fähigkeit des Staates voraus, Frieden und Freiheit zu schützen. Die Legitimitätsvorstellungen der letzten 200 Jahre leiten zur Legitimität der Bundesrepublik über. Da Deutschland Mitgliedsstaat der Europäischen Union ist, die Staatsgewalt übertragen bekommen hat, ist auch nach der Legitimität der Europäischen Union zu fragen. Am Beispiel der Legitimitätssicherung des Art. 125 AEUV werden aktuelle Legitimitätsprobleme der Europäischen Union deutlich gemacht. Das *3. Kapitel* über Maximen der Verfassungsauslegung fasst die vereinzelten Ausführungen über Verfassungsauslegung in diesem Band (Erster Teil, Kapitel 6, Zweiter Teil, Kapitel 2, 3, 4, 5, 6, 7) systematisch geordnet zusammen. Damit wird die rechtskulturelle Leistung einer zuverlässigen und berechenbaren Verfassungsauslegung dargestellt. Und wie schon in den einzelnen Kapiteln erkennbar ist, spielt die Auslegung von Rechtstexten eine große Rolle für die Antwort auf

---

[1] *Christian Starck*, Direitos sociais em Tratados Internacionais, constituições e leis, in: George Salomão Leite/Ingo Wolfgang Sarlet (Coord.), Direitos fundamentais e Estado constitucional. Estudos em homenagem a J. J. Gomes Carnotilho, Coimbra e São Paulo, 2009, S. 279–293.

[2] Veröffentlicht unter dem Titel dieses Kapitels in chinesischer Sprache in Taiwan Law Journal, Issue 226 (2013) S. 40–48.

die Frage, woher das Recht kommt. Das gilt nicht nur für die Gesetzgebung, die im Rahmen der Verfassung stattfindet, sondern auch für die verfassungskonforme Gesetzesauslegung. Das *4. Kapitel* über Gründe, Bedingungen und Formen von Rechtsrezeptionen schildert hauptsächlich am Beispiel ausländischer Rechtsordnungen, wie neues Recht durch Rezeption entsteht und welche Rolle dabei die Verfassungs- und Gesetzgebung sowie Rechtsprechung und Rechtslehre spielen. Die Frage dieses Buches, woher das Recht kommt, kann am Phänomen der Rezeption im Großen und im Kleinen nicht vorübergehen.

Für die Frage, woher das Recht kommt, spielen Völkerrecht und Unionsrecht eine wichtige Rolle. Ihr Verhältnis zum nationalen Recht ist zu klären. Im *5. Kapitel* über Völkerrecht, Unionsrecht und nationales Verfassungsrecht geht es zunächst um Normenhierarchie und Kompetenz. Das Verfassungsrecht regelt den Abschluss völkerrechtlicher Verträge und die Rangordnung zwischen nationalem Recht und Völkerrecht. Auch die Errichtung der Europäischen Union als supranationalen Staatenverbund beruht auf verfassungsrechtlicher Ermächtigung, die zugleich rechtliche Voraussetzungen festlegt, die eine einfache Hierarchie ausschließen. Hierarchie besteht allerdings zwischen den völkerrechtlichen Verträgen, die die Europäische Union schaffen, und dem von den Unionsorganen geschaffenen Recht. Die Europäische Union als besonderer Staatenverbund wirft Fragen der allgemeinen Staatslehre auf, die im *6. Kapitel* behandelt werden. Als Staatenverbund verfügt die Europäische Union nicht über Souveränität und Kompetenz-Kompetenz; sie schafft vielmehr Recht auf Grund von Kompetenzübertragungen durch völkerrechtliche Verträge, die die Mitgliedstaaten abschließen. Der Europäischen Union ist keine Dynamik eigen, die sie in einen Bundesstaat verwandelt. Dafür bedürfte es eines besonderen Vertrages der Mitgliedstaaten, die allerdings zu disparat sind, um sich in einen Bundesstaat zusammenschließen zu können. Im *7. Kapitel* wird die Rechtsvereinheitlichung vergleichend zwischen dem Deutschen Reich von 1871 und der Europäischen Union behandelt. Die Rechtsvereinheitlichung folgte der Reichsgründung. Heute geht es um europäische Rechtsvereinheitlichung und bloße Rechtsangleichung im Rahmen eines Staatenverbundes. Das *Schlusskapitel* über Rechtswissenschaft in der Zukunft greift zahlreiche Aspekte der vorangehenden Kapitel zusammenfassend auf und würdigt die drei die Zukunft bestimmenden Tendenzen der Europäisierung, Individualisierung und Utilitarisierung des Rechts.

Woher kommt das Recht?*

I. Identität von Recht und Staat?

Wenn man das Recht in den Gesetzen verkörpert sieht, scheint die Antwort leicht zu sein. Gesetze werden vom staatlichen Gesetzgeber erlassen. So kommt das Recht also vom Staat. Das gilt auch für kommunale Satzungen, die in irgendeiner Weise auf staatlicher Ermächtigung beruhen. Diese Wendung unserer Frage nach der Herkunft des Rechts zum Gesetzesbegriff, d. h. die Suche des Rechts im Gesetz, ist Ausdruck der neuzeitlichen Vergesetzlichung des Rechts. Danach ist die Gesetzgebung Merkmal der Souveränität des Staates, der durch Gesetze die gesellschaftlichen Verhältnisse zu verändern und zu reformieren bestrebt ist. Konzentrierten Ausdruck findet diese Tendenz in Art. 6 der französischen Erklärung der Menschen- und Bürgerrechte von 1789: „La loi est l'expression de la

* Aus: Avenarius/Meyer-Pritzl/Möller (Hrsg.), Ars iuris. Festschrift für Okko Behrends zum 70. Geburtstag, Göttingen 2009, S. 515–531.

volonté générale. Tous les citoyens ont droit de concourir personnellement, ou par leur représentants à sa formation.“ Das Gesetz ist Ausdruck des allgemeinen Willens. Alle Bürger haben das Recht, selbst oder durch ihre Repräsentanten an seiner Bildung mitzuwirken. Der Staat in Gestalt der Nationalversammlung, die die Bürger repräsentiert, gibt also die Gesetze und bestimmt damit das Recht.

Hans Kelsen hat in Überspitzung dieser neuzeitlichen Auffassung Recht und Staat geradezu identifiziert. Der Staat schafft nicht nur das Recht, sondern ist seinerseits begrifflich ein System von Rechtsnormen.[1] Ist der Staat ein Normensystem, könne er nur die positive Rechtsordnung sein, weil neben dieser die Geltung einer anderen Ordnung ausgeschlossen sein müsse.

Nun wissen wir aber, dass auch die Europäische Union Recht setzt, und zwar unmittelbar in den Mitgliedstaaten geltende Verordnungen (Art. 249 Abs. 2 EGV, jetzt Art. 288 Abs. 2 AEUV) und zielsetzende Richtlinien, die in die Rechtsordnungen der Mitgliedstaaten umgesetzt werden müssen (Art. 249 Abs. 3 EGV, jetzt Art. 288 Abs. 3 AEUV). Diese europäische Rechtssetzung kann aber auf den Staat zurückgeführt werden. Denn die Mitgliedstaaten haben mittels eines völkerrechtlichen Vertrages Hoheitsrechte auf die Europäische Union übertragen. Das ist für Deutschland in Art. 23 Abs. 1 Satz 2 GG geregelt. Solange die Europäische Union kein Staat ist, erzeugt sie das Recht auf Grund der Ermächtigung der Mitgliedstaaten.[2] Das gilt auch für die vertraglich vorgesehene Rechtsfortbildung durch den Europäischen Gerichtshof, der gemäß Art. 220 Abs. 1 EGV, jetzt Art. 19 Abs. 1 EUV, die Aufgabe hat, bei der Auslegung und Anwendung des Vertrages das Recht zu wahren. Rechtsfortbildung und Richterrecht gibt es auch innerstaatlich und ist in den Prozessgesetzen ausdrücklich vorgesehen.

Auch das Völkerrecht, das zum größten Teil Vertragsrecht ist, kann auf den Staat zurückgeführt werden, der am Vertragsschluss beteiligt war.[3] Das völkerrechtliche Gewohnheitsrecht wird als Ausdruck einer allgemeinen, als Recht anerkannten Übung bezeichnet (Art. 38 Nr. 1 lit. b IGH-Statut). Auch hier sind es die Staaten als Völkerrechtssubjekte, die ein bestimmtes Verhalten als rechtmäßig anerkennen und damit Völkerrecht generieren.

Die Überlegungen zum Europarecht und zum Völkerrecht haben die Antwort auf die Frage, woher das Recht kommt, nicht verändert. Das Recht kommt vom Staat entweder unmittelbar durch staatliche Gesetzgebung bzw. Vertragsschluss mit anderen Staaten oder mittelbar durch Ermächtigung nach unten auf infrastaatliche Einheiten oder nach oben auf suprastaatliche Ebene. Die Verbindung von Recht und Staat ist – wie wir gesehen haben – etatistisch in dem Sinne, dass der Staat Schöpfer allen Rechts ist. Wir lesen dazu bei *Hans Kelsen* 1960 in der 2. Auflage der Reinen Rechtslehre folgendes (S. 200 f.): Eine Rechtsnorm gelte deshalb, „weil sie in einer bestimmten, und zwar in letzter Linie in einer von

---

[1] *Hans Kelsen*, Allgemeine Staatslehre, Berlin 1925, S. 16 f.

[2] *Christian Starck*, Der Vertrag über eine Verfassung für Europa, in: Festschrift für Volkmar Götz, 2005, S. 73, 75 ff.; *ders.*, Allgemeine Staatslehre in Zeiten der Europäischen Union, in: liber amicorum Jost Delbrück, 2005, S. 711, 719 ff.; *Claus Dieter Classen*, in: v. Mangoldt/Klein/Starck, Kommentar zum Grundgesetz, Band 2, 5. Aufl. 2005, Art. 23 Rdnr. 23 ff.

[3] *Hans Kelsen*, Reine Rechtslehre, 2. Aufl. 1960, S. 324 f., auch zum Folgenden.

einer Grundnorm bestimmten Weise erzeugt ist." Konsequenterweise fügt *Kelsen* an: „Daher kann jeder beliebige Inhalt Recht sein. Es gibt kein menschliches Verhalten, das als solches, kraft seines Gehalts, ausgeschlossen wäre, Inhalt einer Rechtsnorm zu sein. Deren Geltung kann nicht darum verneint werden, weil ihr Inhalt dem einer anderen Norm widerspricht, die nicht zu der Rechtsordnung gehört, deren Grundnorm der Grund der Geltung der in Frage stehenden Norm ist. Die Grundnorm einer Rechtsordnung ist nicht eine materielle Norm". Deshalb könne man aus der Grundnorm nicht den Inhalt sondern nur den Geltungsgrund einer Rechtsnorm ableiten.

Rechtstheoretisch lässt sich also zu Rechtsordnungen von demokratischen Verfassungsstaaten und Diktaturen gleich welcher Provinienz Äquidistanz halten. Vor 1989 in der Zeit der Ost-West-Spaltung konnte auf dieser Grundlage rechtstheoretisch, d.h. neutral über Rechtsordnungen gesprochen werden[4]. Heute ließe sich die Rechtsgeltung in Nordkorea und in Frankreich auf Grundlage der Reinen Rechtslehre erklären, ohne dass inhaltliche Unterschiede des Rechts bedeutsam wären. Die Frage „Woher kommt das Recht?" hat eine formale Antwort gefunden. Diese mag zur Lösung bestimmter Probleme der Geltung von Recht genügen.

Das Problem der Geltung des Rechts ist damit aber nicht erschöpft. Denn die Geltung des Rechts läßt sich nicht allein normlogisch erklären. Der juristische Geltungsbegriff hat auch soziologische und moralische Aspekte. Dabei geht es vor allem um die Akzeptanz und Wirksamkeit des Rechts.[5] Dafür muß man den Inhalt des Rechts in den Blick nehmen.

Unser Thema, wirft nach dem bisher Gesagten folgende Fragen auf: Besteht wirklich eine Identität von Recht und Staat? (II). Schaffen nicht auch Private Recht? (III). Dann erhebt sich die rechtskulturelle Frage, woher das Recht seinem Inhalt nach kommt. So wird z.B. Recht aus anderen Rechtsordnungen rezipiert (IV). Betrachtet man das Handwerk der Gesetzgebung, zeigen sich vielschichtige Einflüsse auf den Inhalt des Rechts (V). Schließlich wird der Inhalt des Rechts von Rechtsgrundsätzen bestimmt, die tiefe historische Wurzeln haben (VI).

II. Dialektik von Recht und Staat

1. Literarische Beispiele

Wenn man die philosophische und juristische Literatur zum Verhältnis von Recht und Staat durchsieht, zeigt sich entgegen der Reinen Rechtslehre einerseits eine gewisse Eigenständigkeit beider Größen und andererseits, dass sie aufein-

---

[4] Dazu treffend *Joachim Hruschka*, Vorpositives Recht als Gegenstand und Aufgabe der Rechtswissenschaft, in: JZ 1992, S. 429, 430.

[5] Vgl. dazu *Heinrich Henkel*, Einführung in die Rechtsphilosophie, 2. Auflage 1977, S. 543ff.; *Reinhold Zippelius*. Rechtsphilosophie, 5. Auflage 2007, S. 18ff.; *Kurt Seelmann*, Rechtsphiosophie, 1994, S. 48ff.; *Robert Alexy*, Begriff und Geltung des Rechts, 1992, S. 139ff.

ander angewiesen sind. Damit wendet sich die Frage den inhaltlichen Problemen des Rechts zu. Zwei Beispiele: *Blaise Pascal* (1623–1662) hat in seinem Spätwerk Pensées kurz und klar zum Ausdruck gebracht:[6] „La justice sans la force est impuissante; la force sans la justice est tyrannique“. Recht ohne Macht ist ohnmächtig; Macht ohne Recht ist tyrannisch.[7] Mehr als 300 Jahre später hat der schweizerische Jurist *Dietrich Schindler* (1890–1948) deutlicher, auf den Staat bezogen geschrieben[8]: „Das Recht legitimiert den Staat und der Staat gibt dem Recht die Macht.“ Bei dem Recht, das den Staat legitimiert, handelt es sich nicht nur um das vom Staat gesetzte Recht. Vielmehr erscheint das Recht als eigenständige Größe in Gestalt von Rechtsgrundsätzen, die sich im Laufe der Geschichte bewährt haben und anerkannt worden sind. *Schindler* zeigt, dass Recht in dieser doppelten Gestalt – als positives Recht und Rechtsgrundsatz – einerseits und andererseits Macht dialektische Momente eines Ganzen sind.

2. *Grundgesetz und andere Verfassungen*

Die These von Schindler – 1932 formuliert – wird bestätigt, wenn man das Grundgesetz unter dem Gesichtspunkt der Legitimation des Staates befragt. In Art. 1 Abs. 2 bekennt sich das Deutsche Volk „zu unverletzlichen und unveräußerlichen Menschenrechten als Grundlage jeder menschlichen Gemeinschaft, des Friedens und der Gerechtigkeit in der Welt.“ Damit anerkennt das Grundgesetz den überstaatlichen Charakter der Rechtsgrundsätze, die in den Menschenrechten zum Ausdruck gebracht worden sind, und folgt der französischen Erklärung der Menschen- und Bürgerrechte von 1789, die in ihrer Präambel an diese Rechte „erinnert“. Art. 20 Abs. 3 GG bindet die Gesetzgebung an die verfassungsmäßige Ordnung und die vollziehende Gewalt und die Rechtsprechung „an Gesetz und Recht“.

Zusammenfassend spricht Art. 28 Abs. 1 Satz 1 im Hinblick auf die Länder von „den Grundsätzen des republikanischen, demokratischen und sozialen Rechtsstaates im Sinne dieses Grundgesetzes“. In Art. 79 Abs. 3 ist eine Änderung des Grundgesetzes verboten, durch die u. a. die in den Artikeln 1 und 20 niedergelegten Grundsätze berührt werden. In Deutschland hat es also die Verfassung als höchste Norm des positiven Rechts übernommen, die Legitimation des Staates positiv-rechtlich zu bestimmen und damit festzulegen.

Rechtsstaat ist folglich nicht der Staat, weil er Recht erzeugt, sondern der Staat, der bei der Erzeugung von Recht an Rechtsgrundsätze formeller und materieller Art gebunden ist. Diese sind weitgehend im Grundgesetz als Verfassungsrecht normiert, sind also positives Recht höherer Ordnung.

---

[6] Pensées, hrsg. v. Ernest Havet, Paris o. J., Artikel VI Nr. 8, nach anderen Ausgaben Nr. 298 oder Nr. 257.

[7] Statt vieler anderer Autoren vgl. *Otto von Gierke*, Johannes Althusius und die Entwicklung der naturrechtlichen Staatstheorien, 3. Aufl. 1913, S. 305 ff., 317 ff.

[8] *Dietrich Schinder*, Verfassungsrecht und soziale Struktur, 1932, zitiert nach der 3. unveränderten Aufl. 1950, S. 19, 118 f.

Was am Beispiel des Grundgesetzes gezeigt worden ist, gilt auch für andere Staaten, die in neueren Verfassungen sich als Demokratien und Rechtsstaaten konstituieren und die Menschenrechte anerkennen.[9] Auch diese Staaten erheben nicht den Anspruch, über den Inhalt des Rechts völlig ungebunden zu bestimmen, sondern stellen sich unter bestimmte Rechtsgrundsätze, wie sie in den Menschenrechten und den Grundsätzen des demokratischen Rechtsstaats zum Ausdruck kommen. Auch Staaten ohne geschriebene Verfassung wie Großbritannien oder ohne ausdrückliche Bezugnahme auf Rechtsgrundsätze in ihrer Verfassung anerkennen die Rule of Law, die Menschenrechte oder einzelne Grundsätze von natural justice[10] etwa im Recht des gerichtlichen Verfahrens: Niemand darf Richter in eigener Sache sein (nemo iudex in causa sua) und das rechtliche Gehör vor Gericht (audiatur et altera pars).

Die Beispiele der hier genannten demokratischen Verfassungsstaaten zeigen, dass sie ähnliche Rechtsordnungen haben, insbesondere gleichen Rechtsgrundsätzen verpflichtet sind. Die Europäische Gemeinschaft, die 1957 als Wirtschaftsgemeinschaft gegründet worden ist, war von Anfang an auch Rechtsgemeinschaft. Sie konnte nur gegründet und ins Werk gesetzt werden, weil den Mitgliedstaaten Rechtsgrundsätze gemeinsam sind, auf deren Grundlage Gemeinschaftsrecht geschaffen werden konnte. Das gilt für die sechs Gründerstaaten, aber auch für viele der später der Europäischen Gemeinschaft beigetretenen Staaten, die nach der Überwindung autoritärer oder kommunistischer Diktaturen die die Europäische Gemeinschaft bestimmenden Rechtsgrundsätze übernommen haben.

In Polen sind diese Rechtsgrundsätze nach 1989 zunächst nicht in der Verfassung verankert worden. Vielmehr hat das polnische Verfassungsgericht, das schon vor 1989 errichtet worden war, die alte aus der kommunistischen Zeit stammende Verfassung, aus der nur die Souveränität der Vereinigten Arbeiterpartei gestrichen worden war, in Riesenschritten in Richtung auf eine rechtsstaatliche Verfassung fortgebildet[11] und damit der Verfassunggebung von 1997 vorgearbeitet. Polen gehörte damals nicht der Europäischen Union an. Da es die Mitgliedschaft anstrebte, mußte es Voraussetzungen erfüllen, die in Art. 6 Abs. 1 EUV in der Fassung von 2003 so formuliert sind: „Die Union beruht auf den Grundsätzen der Freiheit, der Demokratie, der Achtung der Menschenrechte und Grundfreiheiten sowie der Rechtsstaatlichkeit; diese Grundsätze sind allen Mitgliedstaaten gemeinsam." Fragen wir konkret nach dem Woher der entsprechenden Verfassungs- und Gesetzesbestimmungen der dem Kommunismus entronnenen Länder Ost- und Mitteleuropas, ist gewiß die erste Antwort der Hinweis auf den zitierten Art. 6 EUV. Die Antwort ist später noch zu vertiefen.

---

[9] Vgl. z. B. Präambel der französischen Verfassung (1958), Art. 1, 2 portugiesische Verfassung (1976), Art. 1 spanische Verfassung (1978), Präambel und Art. 2 slowenische Verfassung (1991), Art. 1 slowakische Verfassung (1992), Präambel und Art. 2 polnische Verfassung (1997), Art. 1 finnische Verfassung (1999).

[10] *H. W. R. Wade/C. F. Forsyth*, Adminstrative Law, 7. ed., Oxford 1994, S. 463 ff.; *P. P. Craig*, Administrative Law, 3. ed., London 1994, S. 326 ff.

[11] *Lech Garlicki*, Constitutional Development in Poland, in: Saint Louis University Law Journal, Vol. 32 Nr. 3, 1998, S. 713 ff.

III. Rechtserzeugung durch Private

Recht entsteht auch aus Verträgen, wie wir gesehen haben, aber nicht nur aus Verträgen, bei denen der Staat Vertragspartner ist. Die Identifikation von Staat und Recht stimmt nicht. Damit werden wir auf weitere Rechtsquellen verwiesen: den Vertrag, der mit Freiheit in Verbindung steht, und Gewohnheitsrecht.

1. Privatautonomie und Gewohnheitsrecht

Durch Vertrag wird zwischen den Parteien ein Sachverhalt rechtlich geregelt, der einen Einzelfall, eine Beziehung oder sich wiederholende Einzelfälle oder eine dauerhafte Beziehung darstellt. Mit Verträgen werden künftige Lebensverhältnisse rechtlich gestaltet. Grundlage der Rechtserzeugung durch Vertrag ist die Freiheit der Person, die hier als Vertragsautonomie wirkt. In diesem Begriff kommt zum Ausdruck, dass durch Verträge selbst, d. h. eigenständig zwischen den Parteien, Recht erzeugt wird. Das Verfahren der Konsensgewinnung kann verschieden ausgestaltet sein. Inhaltlich werden durch Vertrag Austausch von Gütern und Leistungen, gemeinsame Tätigkeiten in Vereinen und Handelsgesellschaften oder Normen – z. B. in Tarifverträgen (§ 1 Abs. 1 TVG), Vereinssatzungen (§ 25 BGB), Satzungen von Gesellschaften (z. B. § 23 AktG) und allgemeine Geschäftsbedingungen – vereinbart[12].

Die in der Vertragsautonomie verbürgte Bürgerfreiheit steht unter dem Gesetz[13]. Man unterscheidet zwischen Gesetzen, die die Freiheit sichern oder überhaupt erst ermöglichen[14], und Gesetzen, die die Freiheit beschränken. So enthalten das Vereinsrecht und das Gesellschaftsrecht Verfahren, Organisation und Rechtsformen, in denen Privatrechtssubjekte gemeinsame Ziele verwirklichen können, die sie autonom im Einzelnen rechtlich ausgestalten. Zum Ausgleich verschiedener Mächtigkeit der Vertragsschließenden enthält das Gesetz zwingende Normen. Bei Gefahr der Überrumpelung des Vertragspartners werden z. B. Widerrufsrechte gewährleistet. Sittenwidrige Rechtsgeschäfte sind nichtig (§ 138 Abs. 1 BGB). Damit wird die reale Vertragsfreiheit gesichert. Selbst wenn der Staat gesetzlich auf die Vertragsgestaltung Einfluss nimmt, insbesondere Grenzen zieht, bestimmen die Vertragspartner Inhalt und Geltung des vertraglich vereinbarten Rechts.

Die neuzeitliche Vergesetzlichung des Rechts hat dazu geführt, dass Gewohnheitsrecht stark zurückgedrängt worden ist. Im Privatrecht, um das es hier geht, hat es aber noch einen gewissen Platz, etwa im Arbeitsrecht, im Nachbarrecht und im Handelsrecht in Gestalt von Handelsbräuchen (§ 346 HGB), die als Ergänzung von Verträgen bedeutsam sind.

---

12 Grundlegend *Ferdinand Kirchhof*, Private Rechtssetzung, 1987, S. 181 ff.

13 Zum gesetzlich gezähmten Vertrag siehe *Christian Starck*, Gesetz und Vertrag, in: Behrends/Starck (Hrsg.), Gesetz und Vertrag II, 2005, S. 9, 14 ff., siehe in diesem Band das 8. Kapitel des Ersten Teils.

14 *Christian Starck*, in: v. Mangoldt/Klein/Starck, Kommentar zum Grundgesetz, 6. Aufl. Band 1, 2010, Art. 1 Rn. 287.

2. *Aspekte der Globalisierung*

Die Vertragsfreiheit ist ein Globalisierungsmotor. Transnationale wirtschaftliche Rechtsbeziehungen werden vertraglich geregelt und dabei wird das zugrundeliegende staatliche Recht frei gewählt oder es wird versucht, eigenständig Recht zu bilden, und daraus entstehende Streitigkeiten werden Schiedsgerichten unterworfen[15]. Die dafür notwendigen Verfahrensregelungen werden von der International Chamber of Commerce mit Sitz in Paris (ICC) in Anlehnung an das Schweizerische Recht entwickelt. Die Schiedsgerichte entfalten ihre eigene Spruchpraxis, bilden das Recht fort und haben ihre eigenen Publikationsorgane.[16] Manche sprechen schon von einer dritten Rechtsordnung neben staatlichem und Völkerrecht und prophezeien eine weltumspannende entstaatlichte Zivilrechtsordnung, die sie schon in der lex mercatoria, der lex sportiva und der lex technica zu erblicken meinen. Private Rechtssetzung als Ausdruck der Freiheit bedarf staatlicher Gewährleistung. Das gilt auch auf globaler Ebene.[17] Wichtig in unserem Zusammenhang ist aber die Einsicht in den Einfluß international handelnder Privater auf den Inhalt der Rechtsordnung. Das stellt einen weiteren Baustein für die Antwort auf die Frage dar, woher das Recht kommt.[18]

Die bisherigen Darlegungen relativieren die Vorstellung, dass der Inhalt des Rechts vom Staat kommt, in doppelter Weise. (1) Der Staat ist bei der Erzeugung von Recht an Rechtsgrundsätze gebunden. Diese Bindung wird z.T. allerdings in Verfassungen, also im positiven Recht zum Ausdruck gebracht. (2) Das innerstaatlich erzeugte Recht entspringt z.T. Verträgen, die Privatpersonen schließen und dabei von ihrer Vertragsfreiheit Gebrauch machen, oder dem privat generierten Gewohnheitsrecht. Das staatliche Gesetz steckt einen rechtlichen Rahmen ab, ist aber nicht eigentliche Quelle des privatautonom gesetzten Rechts z.B. über Lohntarife, die Einzelheiten des Innenlebens einer Handelsgesellschaft oder eines Vereins und so fort.

IV. Rezeption aus anderen Rechtsordnungen

Im Folgenden wollen wir Maßstäbe für staatliches Recht näher betrachten, die dessen Inhalt beeinflussen. Es handelt sich um drei Beispiele für Rezeptionsvorgänge durch Rechtsdogmatik, Gesetzgebung und Rechtssprechung.

---

[15] *Horst Eidenmüller*, Forschungsperspektiven im Unternehmensrecht, in: JZ 2007, S. 487, 488 ff.; *Klaus Peter Berger*, Formalisierte oder „schleichende" Kodifizierung des transnationalen Wrtschaftsrechts 1996, S. 66 ff.

[16] Z.B. International Business Lawyer, Hrsg. v. der International Bar Association.

[17] *Johannes Hellermann*, Private Standardsetzung im Bilanzrecht – öffentlich- rechtlich gesehen, in: NZG 2000, S. 1097, 1100.

[18] *Gregor Bachmann*, Private Rechtsordnung, 2006, S. 37 f.; *Matthias Herdegen*, Internationales Wirtschaftrecht, 6. Aufl., 2007, S. 22 f.; *Anne Röthel*, Lex mercatoria, lex sportiva, lex technica – Private Rechtssetzung jenseits des Nationalstaates?, in: JZ 2007, S. 755 ff.

1. Französisches Verwaltungsrecht in Deutschland

In Frankreich hat der Conseil d'Etat, der im Rahmen der Verwaltungsorganisation Gerichtsfunktion ausübt, im 19. Jahrhundert das französische Verwaltungsrecht „in stetiger zielbewußter Arbeit geschaffen und ausgebildet" und „ein wundervolles Kunstwerk, dem römischen Zivilrecht nicht unebenbürtig" hervorgebracht. *Otto Mayer*, von dem dieses Zitat stammt[19], hatte 1886 sein Werk „Theorie des Französischen Verwaltungsrechts" veröffentlicht, das seine spätere, für die Praxis maßgebende Bearbeitung des deutschen Verwaltungsrechts[20] methodisch und inhaltlich beeinflußt hat. Dabei sind zentrale Begriffe wirkungsmächtig ins deutsche Recht überführt worden: Gesetz und Rechtssatz, Gesetzesvorbehalt, Verwaltungsakt, öffentliche Anstalt, öffentlich-rechtliches Eigentum, öffentlich-rechtliche Entschädigung u. a. Damit wurde das deutsche Verwaltungsrecht der bis dahin gültigen zivilrechtlichen Begrifflichkeit weitgehend entzogen.[21] Da das allgemeine Verwaltungsrecht nicht kodifikationsreif war, fand die Rezeption durch Rechtsdogmatik und dieser folgend durch die Rechtsprechung statt.

2. Deutsches Verfassungsrecht in Japan

Für das „Woher des Rechts" gibt es noch eine andere Grundkonstellation. Das ist der Wunsch, die Gesellschaft zu modernisieren, indem das Recht eines anderen Staates, dessen Gesellschaft weiter entwickelt ist, rezipiert wird. Solche Rezeptionsvorgänge sind zu allen Zeiten und weltweit zu beobachten.[22] Um dieses Phänomen in seiner Globalität zu verdeutlichen, greife ich das Beispiel Japans Ende des 19. Jahrhunderts auf. 1868 fand eine Umwälzung des politischen Systems in Japan statt, dessen Herrschaftssystem in der Auseinandersetzung mit den seefahrenden Westmächten versagt hatte. Die Erneuerung (ishin) der gesamten japanischen Gesellschaft wurde rechtlich abgesichert. Japanische Juristen, die in Europa studiert hatten, wurden konsultiert, europäische und amerikanische juristische Werke wurden ins Japanische übersetzt, vor allem die Bücher von *Hermann Schulze*[23] und *Ludwig von Rönne*[24] über deutsches und preußisches Staatsrecht. Dadurch erkannten die Japaner die Vorbildlichkeit der oktroyierten preußischen Verfassung von 1850 und der süddeutschen Verfassungen für die japanische Situation. England hatte keine geschriebene Verfassung und konnte deshalb nicht als Modell dienen, ebenso wenig wie die republikanischen Verfas-

---

[19] *Otto Mayer*, Rezension zu G. Jèze, Das Verwaltungsrecht der französischen Republik, 1913, in: AöR 32 (1914), S. 275, 277.

[20] *Otto Mayer*, Deutsches Verwaltungsrecht, 2 Bände, 1895 und 1896.

[21] Dazu ausführlich *Erk Volkmar Heyen*, Otto Mayer. Studien zu den geistigen Grundlagen seiner Verwaltungsrechtswissenschaft, 1981.

[22] Vgl. *Rainer Grote*, Rechtskreise im öffentlichen Recht, in: AöR 126 (2001), S. 10ff.

[23] *Hermann Schulze*, Das Preußische Staatsrecht. Auf der Grundlage des Deutschen Staatsrechts dargestellt, 2 Bände 1872, 1877.

[24] *Ludwig von Rönne*, Das Staatsrecht der Preußischen Monarchie, 1856, 2. Aufl. 1864.

sungen der USA und Frankreichs. Die Eignung der deutschen Verfassungen für eine Teilrezeption wurde vor allem darin gesehen, dass sie zumeist vom Fürsten oktroyiert, d. h. gewährt worden waren, der über der Verfassung stehend gedacht war. Die deutschen Fürsten verstanden sich von Gottes Gnaden. Der Tenno, der himmlische Kaiser, führte seine Abstammung auf die Sonnengöttin Amaterasu zurück. Die 1889 in Kraft getretene Verfassung des Kaiserreichs Groß-Japan, im Westen als Meiji-Verfassung bezeichnet, ist mit Unterstützung zweier deutscher Juristen[25] verfasst worden, die den monarchischen Konstitutionalismus vertraten, der zur politischen Situation Japans passte.[26]

Einige aus dieser Grundkonzeption der Verfassung folgenden Regelungen, z. B. über die Gesetzgebung, das Budgetrecht, den Kaiser, das Parlament (2 Häuser), die monarchische Regierung sowie die Rechte und Pflichten der Japaner zeigen markante Übereinstimmungen mit den deutschen Verfassungen. Der deutsche Einfluss erstreckte sich auch auf das Bürgerliche Recht. Nachdem zunächst an eine Übernahme des französischen Code civil gedacht war, kam es zu einer Umorientierung zugunsten des deutschen Bürgerlichen Gesetzbuchs, das frisch fertig gestellt war (1895) und kurz vor dem Inkrafttreten stand. 1898 trat das Japanische Bürgerliche Gesetzbuch in Kraft, das freilich keine reine Kopie des deutschen Rechts war.

3. Europäisches Verfassungsdenken in Taiwan

Bleiben wir in Asien und betrachten wir einen modernen Rezeptionsvorgang als weiteres Beispiel für das „Woher des Rechts". Die chinesische Verfassung von 1947, die heute in Taiwan gilt, enthält keine Garantie der Menschenwürde. Allerdings findet sich in Art. 10 Abs. 6 der Zusatzbestimmungen zur Verfassung (1991–2000) eine besondere Garantie der Würde der Frauen. Danach muss der Staat ihre persönliche Sicherheit schützen, geschlechtliche Diskriminierung bekämpfen und die tatsächliche Gleichheit der Geschlechter fördern. In zahlreichen Auslegungen der Hohen Richter – eine Art Verfassungsgericht – wird in dem Würdeartikel hauptsächlich eine Bestärkung des verfassungsrechtlichen Gleichheitssatzes gesehen.[27] In einer Auslegung aus dem Jahre 2005 ist dann jedoch allgemein von der Personenwürde die Rede, es ging um das Recht auf Privatsphäre, das in der Verfassung nicht ausdrücklich geschützt ist. Die Würde des Menschen wird von den Hohen Richtern als Argument benutzt, um ein Recht auf Privatsphäre begründen und schützen zu können. Damit erweist sich die Menschenwürde als ein ungeschriebener Grundsatz jeder „freien und demokratischen Verfassungsordnung", wie es in der Auslegung heißt. In dieser Auslegung zeigt sich etwas substanziell Neues, und zwar eine Rezeption europäischen Ver-

---

[25] *Albert Mosse* und *Hermann Roesler*.

[26] Vgl. ausführlicher *Christian Starck*, Deutsches Verfassungsrecht in Japan, in: Jahrbuch der Akademie der Wissenschaften zu Göttingen 2005, S. 95 ff. mit Literatur (S. 100).

[27] Abgedruckt in: The Republic of China. Constitutional Court. Reporter: Interpretation, Vol. I, S. 169 ff., 253 ff., Vol. II, S. 313 ff.

fassungsdenkens. Mehr als ein Drittel der damals amtierenden 15 Hohen Richter hat in Deutschland studiert und wurde dort promoviert, nach der letzten Richterwahl waren es sieben.

Solche Rezeptionsentscheidungen des Gesetzgebers oder des Verfassungsgerichts sind nicht die Regel. Gleichwohl sind sie zusammen mit Rezeptionen durch die Rechtsdogmatik besonders eindrucksvolle Antworten für die Fragestellung, woher das Recht kommt.

V. Das Handwerk der Gesetzgebung

Weitere Einblicke in das Woher des Rechts gewinnen wir, wenn wir uns das Handwerk der Gesetzgebung genauer ansehen. Dabei werde ich nicht auf die zum Staat gehörende Ministerialverwaltung eingehen, die bekanntermaßen die meisten Gesetzentwürfe erstellt, auch nicht auf die jetzt durch die Kritik des Bundesrechnungshofs bekannt gewordene Tätigkeit von Lobbyisten der Verbände bei der Herstellung von Gesetzentwürfen für die Regierung. Vielmehr möchte ich drei Aspekte beleuchten, die mir besonders wichtig erscheinen: Die Beratung des Gesetzgebers, die Wirkung der Rechtsdogmatik auf die Gesetzgebung und die Bedeutung der Stufenordnung des positiven Rechts für die Gesetzgebung.

1. Beratung des Gesetzgebers

Die Inhalte des Rechts kommen von der Rechtspolitik, die eine Regierung verfolgt und für die sie eine Mehrheit im Parlament benötigt. Wir wissen, dass Gesetzentwürfe zu komplizierten Materien häufig mit Hilfe von Sachverständigen erarbeitet werden. Das nennt man Politikberatung. Im Februar hat die Gemeinsame Wissenschaftskonferenz (GWK) von Bund und Ländern die Leopoldina zur Deutschen Nationalakademie erhoben und ihr die Aufgabe der Politikberatung übertragen. Die Berlin-Brandenburgische Akademie der Wissenschaften hat am 16. April 2008 „Leitlinien Politikberatung" veröffentlicht. Anforderungen und Angebote sind also vorhanden. Über die Probleme und Schwierigkeiten wissenschaftlicher Politikberatung ist hier nicht zu handeln.

In der Geschäftsordnung des Deutschen Bundestages ist eine Enquete-Kommission vorgesehen (§ 56), die gesetzgeberische Entscheidungen über umfangreiche und bedeutsame Sachkomplexe vorbereitet. Die Kommission setzt sich aus Sachverständigen und aus Bundestagsabgeordneten zusammen. Für Technikfolgenabschätzung ist ein besonderer Ausschuss zuständig (§ 56a), der Institutionen außerhalb des Bundestages beauftragen kann. In beiden Fällen geht es vor allem um wissenschaftliche Analysen und Beratungen etwa für die Gesetzgebung auf Gebieten der Arzneimittel, der Lebensmittel, schädlicher Immissionen, des Strahlenschutzes, der Gentechnik, der Geräte- und Produktsicherheit, des Schutzes vor Infektionen, der Organtransplantationen, Kernenergie usw. Information über einen Gegenstand der Beratung kann auch durch Anhörung von Sachverständigen und Interessenvertretern in einem Bundestagsausschuss stattfinden. Solche Sitzungen sind öffentlich, damit die Öffentlichkeit erfährt, wer welchen Rat gegeben hat.

Informierte Gesetzgebung ist heute die Regel. Deliberation und Öffentlichkeit genügen für gute Gesetzgebung nicht mehr.[28] Es leuchtet unmittelbar ein, dass die zuverlässige Erfassung der sozialen Wirklichkeit, auf die das Gesetz ordnend und steuernd einwirken soll, und die Kenntnis der voraussichtlichen Wirkungen der beabsichtigten Regelungen den Inhalt des Gesetzes beeinflussen. Bekommt der Gesetzgeber darüber zuverlässige Informationen vermittelt – eventuell auch durch Betroffene und Lobbyisten – und verarbeitet er diese, wird er verunglückte Gesetze weitgehend vermeiden können.[29]

Soweit die Rechtsetzung durch die Europäische Union stattfindet, müssen die Sachverständigen, Wissenschaftler und Betroffenen von der Europäischen Kommission spätestens von einem Ausschuss des Europäischen Parlaments angehört werden, damit die für die Rechtsetzung notwendigen Kenntnisse verfügbar sind. Diese sind für den europäischen Gesetzgeber noch schwerer zu ermitteln als für den nationalen Gesetzgeber. Denn die tatsächlichen Verhältnisse unterscheiden sich in den verschiedenen Mitgliedstaaten, in denen das Gemeinschaftsrecht gelten soll.

2. Wirkungen der Rechtsdogmatik

Die mit oder ohne sachverständige Beratung entstandenen und in Geltung gebrachten Gesetze bedürfen der rechtswissenschaftlichen Aufbereitung durch die Rechtsdogmatik. *Gustav Radbruch* nannte die Rechtsdogmatik die „Wissenschaft vom geltenden, nicht vom richtigen Recht, vom Rechte, das ist, nicht vom Rechte, das sein soll“[30]. Die Rechtsdogmatik wird zumeist im Sinne *Radbruch*s als eine Wissenschaft betrachtet, die der Gesetzgebung nacharbeitet: d. h., die gegebenen Gesetze nach allgemeinen Gesichtspunkten interpretiert, harmonisiert, Widersprüche durch systematische Interpretation ausgleicht, Regeln aufstellt, dadurch die Gesetzesanwendung rationalisiert und berechenbar macht und die gleichmäßige Handhabung des Rechts fördert. Zur Antwort auf die Frage, woher das Recht kommt, gehört deshalb die Rechtsdogmatik, weil sie inhalt-

---

[28] Vgl. *Christian Starck*, Der Gesetzesbegriff des Grundgesetzes, 1970, S. 158, 160, 162; *Edwin Loebenstein*, Fachwissen und Rechtssetzung, in: Schäffer (Hrsg.), Theorie der Rechtssetzung, 1988, S. 167, 192 ff.: Methoden und Möglichkeiten der Verknüpfung technisch-, natur-, medizinisch-wissenschaftlichen Sachverstandes mit der Gesetzgebung und Umsetzung derartiger Erkenntnisse in der Rechtsetzung; *Fritz Ossenbühl*, Die Not des Gesetzgebers im naturwissenschaftlich-technischen Zeitalter (Nordrhein-Westf. Akademie der Wissenschaften, Vorträge G 367, 2000; *Georg Müller*, Elemente einer Rechtssetzungslehre, 2006, S. 230 ff.

[29] Beispiele für das Gegenteil bei *Diederichsen/Dreier (Hrsg.)*, Das mißglückte Gesetz. 8. Symposion der Kommission „Die Funktion des Gesetzes in Geschichte und Gegenwart“, 1987.

[30] *Gustav Radbruch*, Rechtsphilosophie, hrsg von Dreier und Paulson, 2. Aufl. 2003, S. 106.

lich mitbestimmt, was als Recht gilt, insbesondere wenn die Dogmatik von der Rechtsprechung aufgenommen wird.

Bereits diese Aufgabenstellung der intra legem tätigen Rechtsdogmatik zeigt, dass diese mit Wissen ausgestattet ist, das der jeweils aktuellen Gesetzgebung vorausliegt und dieser bei der Festlegung des Inhalts des Rechts zugute kommen kann. Dies hat *Okko Behrends* wie folgt umschrieben: „Der Gesetzgeber erreicht für seine Regelungen einen großen Zuwachs an Geltungsintensität, wenn er sich auf bewährte Dogmatik stützt und dies im Gesetz in geeigneter Form deutlich macht. Die für die Rechtsanwendung erforderliche Kommunikation mit den rechtsanwendenden Instanzen, den Gerichten wie den beratenden Anwälten, empfängt durch die Dogmatik ein verlässliches Medium."[31] Viele Grundbegriffe unserer Rechtsordnung, die in alter und neuer Gesetzgebung verwendet werden, beruhen auf gründlicher rechtsdogmatischer Durcharbeitung und Präzisierung: Vertrag, Eigentum, Schadensersatz, Entschädigung, Schuld und Strafe, Gesetz, Gesetzesvorbehalt, Verhältnismäßigkeitsprinzip. Begriffe, Formen und Institute, die dogmatisch entwickelt worden sind, besitzen zumeist ein größeres Beharrungsvermögen als vom Gesetzgeber spontan erfundene Bauelemente. Gesetzgebung ohne rechtsdogmatische Vorarbeiten und Systematisierungen hätte ein rechtskulturell sehr niedriges Niveau und würde den rechtstaatlichen Anforderungen an Überschaubarkeit und Verlässlichkeit des Rechts nicht gerecht.

Das Bündnis von Gesetzgebung und Dogmatik beschränkt sich nicht auf überkommene Dogmatik. Diese ist nicht immer bewährt; sie kann verbaut, verkompliziert und verkrustet und den neuen Herausforderungen an das Recht nicht mehr gewachsen sein. Neue dogmatische Figuren, die in das Rechtssystem passen, können erforderlich sein, um dem Gesetzgeber zu helfen, verlässliche und wirksame Regelungen zu erlassen. Gute Gesetzgebung muß, wie wir im Abschnitt über die Beratung gesehen haben, die der beabsichtigten Regelung zugrundeliegenden Tatsachen kennen, so auch ökonomische Gesetzlichkeiten und naturwissenschaftliche und technische Entwicklungen.[32]

Das bisher über Rechtsdogmatik Gesagte ist durchaus relativ zu Ort und Zeit der Gesetzgebung zu verstehen. Rechtsdogmatik ist keine Gerechtigkeitslehre. Sie macht da, wo sie wirksam ist, das Recht berechenbar und garantiert ein Mindestmaß an Gleichheit i. S. der Abwesenheit von Willkür sowie Unparteilichkeit. Rechtsdogmatik systematisiert und stabilisiert das positive Recht sowohl in seiner Entstehung als auch in seiner Anwendung und hält es durch immanente Kritik widerspruchsfrei. Somit ist die Rechtsdogmatik ein wichtiger Faktor, der den Inhalt des Rechts mitbestimmt.

---

[31] *Okko Behrends*, Das Bündnis zwischen Gesetz und Dogmatik und die Frage der dogmatischen Rangstufen, in: Behrends/Henckel (Hrsg.), Gesetzgebung und Dogmatik, 1988, S. 9.

[32] *Christian Starck*, Überlegungen zur Gesetzgebungslehre, in: Zeitschrift für Gesetzgebung 3 (1988), S. 1, 14 ff., siehe das 5. Kapitel.

3. Stufenordnung des positiven Rechts

Der Vorrang der Verfassung vor dem Gesetzesrecht verlangt noch einige zusätzliche Bemerkungen über das Woher des Rechts. Die Gesetzgebung ist an die verfassungsmäßige Ordnung gebunden (Art. 20 Abs. 3 GG). Die Grundrechte binden die Gesetzgebung als unmittelbar geltendes Recht (Art. 1 Abs. 3 GG). Der Vorrang der Verfassung wirkt sich rechtsdogmatisch so aus, dass die Verfassungsrechtsdogmatik – freilich nur soweit die Verfassung als Rahmenordnung reicht[33] – die Dogmatik des einfachen Rechts beherrscht. Das kann man an zwei Beispielen verdeutlichen.

(1) Das rechtsdogmatisch aus den Grundrechten als unmittelbar geltendem Recht (Art. 1 Abs. 3 GG) und aus dem Rechtstaatsprinzip folgende Verhältnismäßigkeitsprinzip[34] stellt keine beliebig änderbare oder gar verzichtbare dogmatische Figur dar; vielmehr hat es teil am Vorrang der Verfassung. Danach müssen Eingriffe in die Grundrechte zum Schutze der Rechte Dritter oder eines Gemeinwohlgutes geeignet, erforderlich und proportional sein. Damit ist ein wesentlicher Faktor benannt, der den Inhalt des Rechts bestimmt.

(2) Das Verständnis der Grundrechte als subjektive Rechte hat dazu geführt,
- dass für die Beseitigung der Folgen eines rechtwidrigen Verwaltungsaktes der sog. Folgenbeseitigungsanspruch rechtdogmatisch als grundrechtlicher Schutzanspruch konstruiert worden ist,[35]
- dass die ursprünglich rechtsfrei gedachten Innenräume der Verwaltung, die sog. Besonderen Gewaltverhältnisse (Gefängnisse, Schulen usw.) rechtlich durchdrungen und unter Grundrechtsschutz gestellt worden sind[36] und
- dass das Bundesverfassungsgericht aus dem allgemeinen Persönlichkeitsrecht das „Grundrecht auf Gewährleistung der Vertraulichkeit und Integrität informationstechnischer Systeme“ abgeleitet hat.[37]

Diese Beispiele zeigen, wie von der höheren Ebene des Verfassungsrechts aus rechtsdogmatische Neukonstruktionen auf der Ebene des einfachen Gesetzesrechts stattgefunden haben. Den genannten Beispielen aus dem Verwaltungsrecht können auch Beispiele aus dem Strafprozessrecht[38] und sogar dem Zivilrecht[39] hinzugefügt werden.

---

[33] *Christian Starck*, Die Verfassungsauslegung, in: Handbuch des Staatsrechts, Bd. VII, 1992, S. 205 ff., in der 3. Aufl. 2014 Bd. XII, S. 630 f., abgedruckt als Kapitel 3 im Dritten Teil dieses Bandes, S. 295 f.

[34] *Peter Lerche*, Übermaß und Verfassungsrecht, 1961, passim; *Christian Starck*, in: v. Mangoldt/Klein/Starck, Kommentar zum Grundgesetz, Band 1, 6. Aufl. 2010, Art. 1, Rn. 277 ff.

[35] BVerwG, DÖV 1971, S. 857 mit Anm. von *Otto Bachof; Fritz Ossenbühl*, Staatshaftungsrecht, 5. Aufl. 1998, S. 287 ff.

[36] BVerfGE 33, 1, 9 f.; 34, 165, 192 f.; 58, 257, 268.

[37] BVerfGE 120, 274, 302 ff.

[38] Zusammenfassend *Kay Nehm*, Die Verwirklichung der Grundrechte durch die Gerichte im Prozessrecht und im Strafrecht, in: Heyde/Starck (Hrsg.), Vierzig Jahre Grundrechte in ihrer Verwirklichung durch die Gerichte, 1990, S. 173 ff.

[39] Zusammenfassend *Volkmar Götz*, Die Verwirklichung der Grundrechte durch die Gerichte im Zivilrecht, in: Heyde/Starck (siehe vorangeg. Anm.), S. 35 ff.; *Claus-Wilhelm Canaris*, Grundrechte und Privatrecht, 1999, S. 23 ff., 71 ff.

Die Beispiele, die beliebig vermehrt werden können, zeigen, wie sehr auch die Gerichte – freilich selbst Staatsorgane – am Inhalt des Rechts arbeiten. Die obersten Bundesgerichte (Art. 95 Abs. 1 GG) sind zur Fortbildung des Rechts ausdrücklich ermächtigt.[40] Das Bundesverfassungsgericht stellt über die Auslegung der Verfassung Ansprüche an die Fortbildung oder Änderung des einfachen Rechts.[41] Beides hat erhebliche Wirkung auf den Inhalt des Rechts und beantwortet zugleich unsere Frage, woher das Recht kommt.

VI. Wurzeln abendländischer Rechtsgrundsätze

Die abendländischen Rechtsgrundsätze beruhen vor allem auf dem römischen Recht und der lateinischen Kirche, wie *Franz Wieacker* und viele andere in umfangreichen Werken im Einzelnen dargestellt haben.[42] Die römisch-rechtliche Tradition und die diese z. T. verarbeitende christliche Tradition haben die Rechtsordnungen der europäischen Staaten und deren Abkömmlinge einander verbindend geprägt. Es geht dabei um die Wurzeln der schon erwähnten Rechtsgrundsätze, wie sie etwa in Art. 6 Abs. 1 EUV zusammengefasst sind. Damit betreten wir ein weites Feld, das hier nicht abgeschritten werden kann. Ich beschränke mich auf drei Beispiele.

1. Wirkung des römischen Rechts

Das römische Recht wirkt in zahlreichen Institutionen und Grundbegriffen der nationalen Privatrechtsordnungen fort und stellt heute eine wichtige Grundlage der Europäisierung des Privatrechts dar.[43] Das wichtigste Erbe, was wir den Römern verdanken, ist wohl die Verwissenschaftlichung des Rechts nach der Wiederentdeckung des Corpus Iuris Civilis im Mittelalter.[44] In seiner spätantiken Durcharbeitung vermittelt es universelles juristisches Grundwissen, eine Art überzeitliche juristische Grammatik, wie es – wohl auf *Franz Wieacker* zurückgehend – auf der Rückseite des Umschlages der 3. Auflage der Neuaus-

---

[40] Vgl. § 132 Abs. 4 GVG; § 11 Abs. 4 VwGO, § 11 Abs. 4 FGG; § 43 SGG; § 45 Abs. 4 ArbGG.

[41] Zur Fortbildung der Verfassung siehe *Christian Starck*, Auslegung und Fortbildung der Verfassung und des Verfassungsprozessgesetzes, in: Festschrift für Isensee, 2007, S. 215, 217 ff. = *Starck*, Verfassungen, 2009, S. 153, 155 ff.

[42] *Franz Wieacker*, Privatrechtsgeschichte der Neuzeit, 2. Aufl. 1967, S. 26 ff.; *Rudolph v. Ihering*, Geist des römischen Rechts auf den verschiedenen Stufen seiner Entwicklung, 6. Aufl. 1907, S. 1 ff.; *Paul Koschaker*, Europa und das römische Recht, 3. Aufl. 1958, S. 1 ff., 16 ff.; *Michel Villey*, La formation de la pensée juridique moderne, 1975, S. 105 ff.; *Peter Stein/John Shand*, Legal Values in Westen Societies, 1974; *Harold J. Berman*, Recht und Revolution, 1991, S. 199 ff.; 272 ff.; *J. H. H. Weiler*, Ein christliches Europa. Erkundungsgänge, 2004, passim.

[43] Vgl. die Beispiele bei *Reinhard Zimmermann*, Römisches Recht und europäische Kultur, in: JZ 2007, S. 1, 3 ff.

[44] *Franz Wieacker* (Anm. 41), S. 500.

gabe der Institutionen[45] heißt. Das römische Recht lehrt die genaue Feststellung der Sache, über die zu entscheiden ist, und die Argumentation, die jede voreilige Einseitigkeit vermeidet sowie plausible, rationale und somit verallgemeinerbare Entscheidungen anstrebt, die der Gerechtigkeit dienen. Diese wird symbolisiert durch die Waage der Iustitia und ihren scharfen Blick auf die Sache, um die es geht. Die Binde vor den Augen bedeutet nur, dass ohne Ansehen der Person zu entscheiden ist.

2. *Ursprung der Menschenrechte*

Wir sind gewöhnt, die Menschenrechte auf Revolution und Gesetzgebung zurückzuführen und sie als Errungenschaften der Aufklärung zu betrachten, die gegen den monarchischen Absolutismus und gegen die – wenigstens in Frankreich – mit diesem eng verbundene Kirche durchgesetzt werden mussten. Das trifft zu, wenn man damit die Epoche der ersten katalogartigen Formulierungen der Menschenrechte meint. Der geistige Ursprung der Menschenrechte liegt jedoch im Menschenbild des Christentums mit seinen biblischen und antiken Wurzeln.

Grundlage für Würde und Freiheit jedes einzelnen Menschen ist die biblisch-christliche Auffassung, dass Gott den Menschen nach seinem Ebenbild geschaffen hat.[46] Hierin wurzelt auch die rechtliche Gleichheit der Menschen. Die christliche Theologie sieht den Menschen ungeachtet seiner Einbindung in Familie, christliche Gemeinde und politische Gemeinschaft in seiner Beziehung zu Gott als Einzelperson. *Ernst Troeltsch* hat diesen dem Freiheitsgedanken zugrunde liegenden christlichen Individualismus tiefgreifend analysiert und wie folgt beschrieben[47]: „Das Individuum, das Gottes Kind ist, darf sich als unendlich wertvoll betrachten ... Nicht an die naturhafte Individualität, sondern an einen erst in der Gottesgemeinschaft zu gewinnenden Wert ist gedacht. Es ist begreiflich, dass ein solcher Individualismus ein schlechthin radikaler, auch alle Naturschranken und Unterschiede durch das Ideal des religiösen Seelenwertes überwindender ist, und ebenso begreiflich ist, dass ein solcher Individualismus nur auf dieser religiösen Grundlage überhaupt möglich ist. Nur die Gottesgemeinschaft gibt dem Individuum diesen Wert, ...“

Diese im Zitat angedeuteten theologischen Grundsätze haben den Freiheitsbegriff geformt, der im Laufe der Zeit in doppelter Weise auf die weltlichen Verhältnisse gewirkt hat. Der Gott verantwortliche Christ erhebt einen weltlichen Freiheitsanspruch, um Gott und seinem Gewissen genügen zu können (Religionsfreiheit). Der andere Weg zu einem säkularen Freiheitsanspruch trennt

---

[45] Corpus Iuris Civilis, Text und Übersetzung. Institutionen, übersetzt von Behrends, Knütel, Kupisch und Seiler, 3. Auflage 2007.

[46] Genesis 1, 27; Epheser 4, 24.

[47] *Ernst Troeltsch*, Die Soziallehren der christlichen Kirchen und Gruppen, 1912, S. 39; ähnlich: *Stein/Shand* (Anm. 41), S. 114 ff.; *Peter Koslowski*, Gesellschaft und Staat, 1982, S. 58 ff., 66 ff.; *Louis Dumont*, Individualismus, 1991, S. 27 ff.

die Freiheitsposition des Menschen von ihrer theologischen Grundlage ab und macht sie der weltlichen Herrschaft gegenüber geltend.[48] Die einzelnen Stufen der Entwicklung können hier nicht nachgezeichnet werden. Ich verweise auf meinen Beitrag „Menschenrechte – aus den Büchern in die Verfassungen“ zur Ringvorlesung „Der Mensch und seine Rechte“ Sommersemester 2003.[49] Zu dieser Entwicklung gibt es keine Parallele in anderen Kulturen.

3. Ursprung der Gewaltenteilung

Die Gewaltenteilung hat Wurzeln in der Konzeption der gemischten Verfassung, die in der Antike in verschiedenen Variationen entwickelt worden ist. Sie hat wesentliche Impulse aus der christlichen Lehre von der Erbsünde bekommen, wie sie von Augustinus lehrmäßig entwickelt[50] und von Thomas v. Aquin allgemein als corruptio naturae verstanden worden ist, die zu einem Mangel an ursprünglicher Gerechtigkeit (defectus originalis iustitiae) geführt hat.[51] Die Erbsündenlehre beherrschte wirkmächtig die Lehre von der Politik. *Friedrich II. von Hohenstaufen* führte in den Konstitutionen von Melfi (1231) unter Anspielung auf die Erbsünde aus, dass die göttliche Vorsehung den Völkern Fürsten gegeben habe, um die Verbrechen zu zügeln.[52]

Den Machtmissbrauch der Fürsten vor Augen, haben *John Locke* und *Montesquieu* die Vorteile der Gewaltenteilung philosophisch entwickelt und empirisch unter Beweis gestellt. Die Väter der amerikanischen Verfassung haben noch eine im Ansatz theologische Begründung für die Gewaltenteilung geliefert. 1788 schreibt *James Madison* im Federalist (Nr. 51) „If men were angels, no government would be necessary. If angels were to govern men, neither external nor internal controuls on government would be necessary.“ Nach diesen einleitenden Sätzen wird dann die Gewaltenteilung im Einzelnen dargelegt. Zur gleichen Zeit schreibt Kant im Zusammenhang über Missbrauch der Freiheit und Notwendigkeit der Staatsgewalt, dass hier eine vollkommene Auflösung unmöglich sei. Denn „aus so krummem Holz, als woraus der Mensch gemacht ist, kann nichts ganz gerades gezimmert werden.“[53]

Da der Rechtsgrundsatz der Gewaltenteilung für die effektive Garantie der vorhin behandelten Menschenrechte so wichtig ist, heißt es zutreffend in Art. 16 der französischen Erklärung der Menschen- und Bürgerrechte, gewissermaßen abschließend lehrmäßig: „Toute société dans laquelle la garantie des droits n'est pas assurée, ni la séparation des pouvoirs déterminée, n'a point de constitution.“

---

[48] *Christian Starck*, Der demokratische Verfassungsstaat, 1995, S. 193 ff.

[49] Hrsg. v. Georg Nolte u. Hans-Ludwig Schreiber, 2004, S. 9–27. Dieser Text findet sich im Zweiten Teil, 1. Kapitel, S. 119 ff.

[50] De civitate Die XIII 14, 23; XXI 12.

[51] Summa Theologiae I–II qu. 82, 3.

[52] H. Conrad/Th. v. d. Lieck-Buyken/W. Wagner (Hrsg.), Die Konstitutionen Friedrichs II. von Hohenstaufen für sein Königreich Sizilien, 1973, S. 3–5.

[53] *Immanuel Kant*, Zu einer allgemeinen Geschichte in weltbürgerlicher Absicht, 6. Satz, Ausgabe Weischedel, Bd. 9 (1968), S. 41.

VII. Schlußbemerkungen

1. Rechtskultur: Geschichte, Empirie und Dogmatik

Die Antwort auf die Frage, woher das Recht kommt, hat sich als sehr weitläufig erwiesen. Weitläufig, weil – wenn auch nur beispielhaft – unerwartet viele Fährten sichtbar gemacht werden konnten und deutlich wurde, dass es weitere Ursprünge gibt, die uns die Rechtsgeschichte und die Rechtsvergleichung lehren können. Diese Disziplinen sind wichtig, um unser geltendes Rechts und dessen kulturelle Verwurzelung besser zu verstehen, insbesondere zu erkennen, dass es z.T. auf langen Erfahrungen und tiefen anthropologischen Einsichten beruht. Weiter hat sich gezeigt, daß gutes Recht auf gründlicher Kenntnis der geregelten Sachverhalte beruht und praktikabel gestaltet ist. Schließlich hat sich zu Gunsten der Rechtsgelehrsamkeit erwiesen, dass es ein Bündnis von Gesetzgebung und Rechtsdogmatik gibt, das die Rechtsordnung stabilisiert und erst im vollen Sinne darstellt. Verarbeitete Geschichte, Empirie und Dogmatik stellen die Rechtskultur dar.

2. Nochmals Recht und Staat

Nachdem wir uns über das Woher der Inhalte des Rechts eine gewisse Einsicht verschafft haben, möchte ich zum Schluß noch einmal auf die Rolle des Staates zurückkommen. Der Staat ist nicht immer der Schöpfer des Inhalts des Rechts. Dieser ist vielfältig voraus- oder fremdbestimmt. Die unverzichtbare Aufgabe des Staates ist es aber, das Recht in Geltung zu setzen und zu sichern.

Erster Teil

Gesetz und Recht

1. Kapitel

Gesetz und Gesetzgebung

*I. Gesetz**

1. Begriff

Die Termini Gesetz, law, loi, lex, νόμος bedeuten durchgehend Gebot, Sollen, Norm und zwar ohne Rücksicht auf deren Entstehungsgrund, der attributiv oder durch einen genitivus subjectivus zum Ausdruck kommt: lex divina, lex naturae, lex humana, Parlamentsgesetz. Dieser normative Gesetzesbegriff ist bereits ein Produkt der zivilisatorischen Entwicklung. Mit ihm wird ein früherer Zustand überwunden, in dem Gesetz (νόμος) soviel wie naturhafte Ordnung bedeutet, nicht die Verpflichtung zu bestimmtem Verhalten, sondern das Verhalten selbst, in dem die von der Gottheit bestimmte Natur der verschiedenen Arten der Lebewesen „gesetzmäßig" zum Ausdruck kommt. Eine begriffliche Unterscheidung zwischen den von menschlichen Autoritäten erlassenen Gesetzen und natur- oder vernunftrechtlich begründeten Gesetzen ist die notwendige Voraussetzung für eine der Theologie und der Philosophie gegenüber eigenständige Jurisprudenz.

Gesetz (lex) ist abzugrenzen von Recht (ius). Recht steht für den subjektiven Anspruch, der aus Gesetz oder Vertrag folgt. Recht kann auch die gesamte objektive Rechtsordnung oder ein Teilgebiet dieser (z. B. Strafrecht, Steuerrecht) bezeichnen. Ferner bezeichnet Recht in der Formel „Gesetz und Recht" (Art. 20

* Aus: Religion in Geschichte und Gegenwart, 4. Aufl. (= RGG), Bd. 3, Tübingen 2000, Sp. 854 f.

Abs. 3 Grundgesetz) die über das Gesetz hinausgehenden Rechtsgrundsätze und das neben dem Gesetz stehende Gewohnheitsrecht (siehe das folgende Kapitel).

Der Gesetzesbegriff hat unter dem Gesichtspunkt des Gesetzgebungsverfahrens, der daran beteiligten staatlichen Organe und insbes. der dahinter stehenden gesellschaftlichen Kräfte im 19. Jhd. eine engere Bedeutung bekommen, wonach nur diejenigen Akte staatlicher Rechtssetzung als Gesetze bezeichnet werden, die vom Parlament gebilligt und vom Monarchen sanktioniert worden sind (z. B. Art. 62 preuß. Verfassung von 1850). Damit war der staatsrechtliche Gesetzesbegriff wesentlich kompetenz- und verfahrensrechtlich geprägt. Da jedoch einerseits nicht der gesamte Bereich der Rechtssetzung zur Domäne der parlamentarischen Gesetzgebung gehörte und da andererseits das Parlament Entscheidungskompetenzen auf Gebieten hatte, die herkömmlicherweise nicht zur Rechtssetzung zählten, kam es zur Aufspaltung des Gesetzesbegriffs. Danach ist Gesetz im formellen Sinne jeder im verfassungsrechtlich vorgeschriebenen Gesetzgebungsverfahren zustande gekommene Willensakt ungeachtet seiner inhaltlichen Struktur. Gesetz im materiellen Sinne ist jede Rechtsnorm (so Art. 2 Einführungsgesetz zum Bürgerlichen Gesetzbuch). Alle nicht vom parlamentarischen Gesetzgeber erlassenen Rechtsnormen (Rechtsverordnungen, Satzungen) aber auch Gewohnheitsrecht sind danach Gesetze im nur materiellen Sinne.

2. *Allgemeinheit des Gesetzes*

Allgemein bedeutet zunächst generell. Generell ist ein Gesetz, bei dem sich die Verknüpfung eines abstrakt beschriebenen Tatbestandes mit einer Rechtsfolge auf eine in die Zukunft offene Gattung (genus) von Fällen und Personen bezieht. Die Generellität des Gesetzes ist unter zwei Gesichtspunkten von großer Bedeutung. Das beschränkte Zeitbudget des Gesetzgebers verlangt generelle Regelungen, damit er sich auf das Wichtigste beschränken kann. Indem das generelle Gesetz eine offene Gattung von Adressaten betrifft, die bei dessen Erlaß noch nicht individualisierbar sind, gewährleistet es zu einem guten Teil Freiheit und Gleichheit der Bürger. Diese Garantie ist jedoch abhängig von Art und Inhalt der Gattungsbildung.

Es gibt eine zweite Schicht der Allgemeinheit des Gesetzes, die der vernunftrechtlichen Tradition entstammt. Danach unterliegen Gesetze einer Probe, bei der die Gattungsbildung und deren Verknüpfung mit einer Rechtsfolge darauf überprüft werden, ob sie auf Grundsätzen beruhen, die verallgemeinerungsfähig sind. Maßstäbe für diese Verallgemeinerungsprobe ergeben sich aus dem Prinzip des Ausgleichs zwischen freien Menschen, insbesondere den Menschenrechten, die in den Grundrechten verfassungsrechtlich garantiert sind. Damit haben sie am Vorrang der Verfassung teil, über den in Deutschland, aber auch in vielen anderen Staaten, ein Verfassungsgericht wacht und so die materiale Allgemeinheit des Gesetzes garantiert.

3. Gesetzesanwendung

Das Gesetz bezieht sich als Verhaltensregel auf die Wirklichkeit. Gesetze werden erlassen, damit sich das Leben nach ihnen richtet. Vor aller Anwendung des Gesetzes steht eine allgemeine acceptatio legis. Zur bewußten Anwendung des Gesetzes kommt es nur im Streitfall oder falls für die Gesetzesanwendung ein Verfahren zwingend vorgeschrieben ist. Die Anwendung des Gesetzes setzt die Antwort auf zwei miteinander verwobene Fragen voraus: Welcher Sachverhalt liegt vor? Paßt das (ein) Gesetz auf diesen Sachverhalt? Die normative Wirkung des Gesetzes auf die Wirklichkeit setzt voraus, daß bereits die Gewinnung des juristischen Sachverhalts aus der Welt der Geschehensabläufe durch das Gesetz geleitet ist. Zum Gesetz und seiner Anwendung siehe 3. Kapitel.

Literatur

Ernst-Wolfgang Böckenförde, Gesetz und gesetzgebende Gewalt, 2. Aufl. 1981.
Gerd Roellecke, Der Begriff des positiven Gesetzes, 1969.
Christian Starck, Der Gesetzesbegriff des Grundgesetzes, 1970.
Ders. (Hrsg.), Die Allgemeinheit des Gesetzes, 1987 (Abh. d. Akad. d. Wiss. Göttingen).
Ders., Der demokratische Verfassungsstaat, 1995, S. 17 ff., 58 ff., 329 ff.

*II. Kodifikation**

Kodifikation kommt von *codex* = *caudex*, was soviel heißt wie behauener Baum; weil die Alten auf mit Wachs überzogenem Holz schrieben, bedeutet codex später Buch, verengt zu Gesetzbuch. Kodifikation ist nach systematischen Gesichtspunkten zusammenfassende Gesetzgebung für ein großes Sachgebiet.

Die großen Kodifikationen der *Neuzeit* hatten wissenschaftliche und politische Voraussetzungen, die seit der Mitte des 18. Jahrhundert gegeben waren. Im Vernunftrecht der Aufklärung wurde das Recht nach streng systematischen Gesichtspunkten entwickelt und Gerechtigkeit durch systematische Verknüpfung und folgerichtige Ableitung der einzelnen Rechtssätze als herstellbar angesehen. Diese besonders mit dem Namen von *Christian Wolff* (Ius Naturae Methodo Scientifica Pertractatum. 8 Bde. 1740/48) verbundene Richtung der Rechtswissenschaft entwickelte eine große Reife als Gesetzgebungswissenschaft.

Politische Voraussetzungen waren die staatliche Monopolisierung der Gesetzgebung, das Streben nach national- oder in Deutschland territorialstaatlicher Rechtseinheit und nach gleichmäßiger Rechtsanwendung. Nach Vorläufern auf dem Gebiet der Strafgesetzgebung in Bayern (1751) und Österreich (1768) sind als reife Früchte des Kodifikationsgedankens anzusehen das „Allgemeine Land-

* Aus: Staatslexikon, 7. Aufl. Bd. 3, Freiburg 1987, Sp. 563 f.

recht für die Preußischen Staaten" (1794), der „Code civil" (1804), der „Code de procédure civile" (1807), der „Code pénal" (1810), das „Österreichische Allgemeine Bürgerliche Gesetzbuch" (1811) und das Bayerische Strafgesetzbuch (1813).

Durch das Programm der Historischen Rechtsschule wurde die Kodifikationsidee zurückgedrängt (Kontroverse *Thibaut/Savigny* 1814), lebte aber in einer zweiten Kodifikationswelle wieder auf, die wissenschaftlich von der Historischen Rechtsschule zehrte und politisch-wirtschaftlich von dem Bedürfnis nach einem einheitlichen, Rechtssicherheit verbürgenden allgemeinen Recht auf nationaler Basis bestimmt war: deutsches Strafgesetzbuch (1871), Justizgesetze (1877), Bürgerliches Gesetzbuch (1896/1900) sowie in der Schweiz Obligationenrecht und Zivilgesetzbuch (1907/1911). Diese Kodifikationen sind als zivilisatorische Errungenschaften von kulturell anders geprägten Staaten vor allem in Ostasien und in Südosteuropa übernommen worden, was dauerhaft engen Kontakt zur deutschen Rechtswissenschaft zur Folge hatte.

In der *Gegenwart* ist immer noch ein Bedürfnis nach Kodifikation festzustellen, was die entsprechenden Versuche im Arbeitsrecht und Sozialrecht (Sozialgesetzbuch) erkennen lassen. Die Bedingungen für das Zustandekommen über lange Zeit wirksamer großer Kodifikationen sind heute schlechter. Die Gesetzgebung ist weitgehend Krisenmanagement geworden. Tendenziell gegen Kodifikation wirken der Pluralismus der Gesellschaft, die Instrumentalisierung des Rechts, die Bedingungen des Gesetzgebungsverfahrens im „Parteienstaat" und die starke Teilnahme des Parlaments an der Ausarbeitung des Gesetzestextes. Die derzeitige Rechtskultur zehrt von den überkommenden Kodifikationen, solange die notwendigen Änderungen in deren Systeme eingepaßt werden. Die den Kodifikationen innewohnenden Systeme spielen für die Rechtsanwendung bei der Interpretation weiterhin eine große Rolle.

Bei der Bestimmung der Zuständigkeit der Länder im Bereich der konkurrierenden Gesetzgebung kann der Kodifikationsgedanke im Sinne eines abgeschlossenen Regelungssystems bei der Feststellung helfen, ob der Bund von seinem Gesetzgebungsrecht – die Länder ausschließend – Gebrauch gemacht hat (insoweit zurückhaltend jedoch BVerfGE 56, 110, 119).

Literatur

Wolfgang Fikentscher, Methoden des Rechts. Tübingen Bd. 1. 1975, S. 413 ff., Bd. 4 1977, S. 132 ff.

Friedrich Kübler, Kodifikation und Demokratie, in: JZ 1969, S. 645 ff.

Karsten Schmidt, die Zukunft der Kodifikationsidee. Heidelberg 1985.

Franz Wieacker, Aufstieg, Blüte und Krisis der Kodifikationsidee, in: Festschrift für Gustav Boehmer, Bonn 1954, S. 34 ff.

Ders., Privatrechtsgeschichte der Neuzeit. Göttingen [2]1967.

*III. Legislative**

Legislative [von lat. lex, legis (= Gesetz) und ferre, fero, latum (= erzeugen, hervorbringen, machen)] bedeutet allgemein Gesetzgebung, speziell gesetzgebende Gewalt als *Staatsfunktion*, aber auch die Organe, die in bestimmten Verfahren Gesetze erlassen. – Der im Mittelalter allgemein gültige Vorrang des „guten alten Rechts“, das auf Herkommen beruhte, wird abgelöst durch den Vorrang der staatlichen Gesetzgebung, die – aufklärerischen Gedanken folgend – das Recht rational gestaltet und vereinheitlicht (Kodifikationen) aber auch den jeweiligen Zeitverhältnissen anpaßt. Dieser dritte Aspekt steht mit dem kompetenz- und verfahrensrechtlichen Moment des Begriffs Legislative in genetischem Zusammenhang. Die sich entwickelnde Dynamisierung des Rechts warf in verschärfter Weise die Frage nach den legislativen Organen und deren Verfahren auf. Der Legislaive kommt vor den beiden anderen Staatsfunktionen, der Exekutive und der Judikative, eine herausragende Stellung zu, da Vollziehung und Rechtsprechung an die geltenden Gesetze, für die die Legislative verantwortlich ist, gebunden sind (sog. Vorrang des Gesetzes).

Was die *Innehabung der Legislative* anbelangt, zeigt sich nach den einzelnen Staatsverfassungen eine Vielfalt organisatorischer Modelle. Zu deren Bewertung müssen weitere verfassungsrechtliche Grundentscheidungen bzw. das tatsächliche Erscheinungsbild der Ausübung der staatlichen Herrschaft in Betracht gezogen werden (Gewaltenteilung, Parlamentarismus, Parteien). Eine Verfeinerung der Gewaltenteilung liegt darin, daß die Legislative selbst gewaltenteilig ausgeübt wird: im 19. Jahrhundert durch den Monarchen und zwei Kammern. Heute spielt neben der ersten noch die zweite Kammer der Legislative eine Rolle, wofür vor allem die föderalistische Staatsstruktur genutzt werden kann. – Von der repräsentativen Gesetzgebung durch die Legislative ist die Volksgesetzgebung (Plebiszit) zu unterscheiden.

Das *Verfahren der Legislative* verlangt das Zusammenwirken mehrerer Staatsorgane: (a) Die Initiative geht entweder von einer der an der Gesetzgebung beteiligten Kammern oder, was heute die Regel ist, von der Regierung aus, die zur Durchführung ihres Programmes Gesetze braucht. (b) Die Beratungen in den legislativen Kammern werden in Plenar- und Ausschußberatungen gegliedert. Nach dem Gesetzesbeschluß der Kammern fertigt (c) das Staatsoberhaupt (in Einkammersystemen möglicherweise der Parlamentspräsident die Gesetze aus. – Die Prinzipien des Gesetzgebungsverfahrens sind Diskussion und Information vor allem in den Abschnitten (a) und (b), Öffentlichkeit in Abschnitt (b), soweit es um Plenarberatungen und um das Ergebnis von Ausschußberatungen geht, und in Abschnitt (c) durch Verkündung des Gesetzes.

Mit der Tätigkeit der Legislative beschäftigt sich die *Gesetzgebungswissenschaft*. Sie arbeitet normativ, soweit sie die verfassungsrechtlichen Maßstäbe für das Verfahren und die Produkte der Legislative untersucht (Vorrang der Verfas-

* Aus: RGG Bd. 5, 2002, Sp. 178 f.

sung). Sie arbeitet empirisch, soweit sie im Hinblick auf den Vollzug der Gesetze, wichtige Zweckmäßigkeitsfragen behandelt, und zwar die Wirtschaftlichkeit, Einfachheit, Verständlichkeit, Effektivität, Dauerhaftigkeit der Gesetze sowie deren Neben- und Folgewirkungen.

Literatur

Georg Müller, Elemente einer Rechtssetzungslehre, 1999, [3]2013 (zusammen mit Felix Uhlmann).
Hans Schneider, Gesetzgebungslehre, 1982, [2]1991, [3]2002.

*IV. Bedeutung des Verfahrens für den Inhalt des Gesetzes**

Das Gesetz als Ergebnis eines verfassungsrechtlich geregelten Verfahrens steht im Gegensatz zum Gesetz als Befehl des Herrschers. Die übermäßige Betonung des Willens in der zweiten Formel wird in der ersten Formel durch Argumentieren, Öffentlichkeit, Vernunft, Kompromiß und durch Schutz vor Majorisierung ersetzt. Das Verfahren ist so ausgestaltet und auch unter reformerischen Gesichtspunkten weiterhin auszugestalten, daß möglichst viele und kompetente Erwägungen und Vorschläge Eingang finden und den Inhalt des Gesetzes bestimmen können. Das Verfahren verbürgt Informationen über die tatsächlichen Verhältnisse, die das geplante Gesetz regeln soll, Argumente und Erwägungen darüber, ob das Gesetz das Allgemeinwohl anstrebt. Das demokratische Element des Verfahrens – die an der Gesetzgebung beteiligten Organe – bietet eine gewisse Garantie, daß die Gesetzgebung nicht in die Hand der Vertreter einer bestimmten Weltanschauung fällt. Insoweit gewährleistet bereits das Gesetzgebungsverfahren eine gewisse inhaltliche Güte des Gesetzes. Reformen des Gesetzgebungsverfahrens, die den heutigen erhöhten Anforderungen an Information und Sachkunde entsprächen, lägen ganz im Sinne der hier vertretenen Funktion des Gesetzgebungsverfahrens.

Daneben lässt sich aus dem Verfahren noch ein weiteres inhaltliches Moment entnehmen. Vergleicht man mit dem Gesetzgebungsverfahren andere Verfahren, die viel weniger formale Qualitäten aufweisen, etwa das Verordnungs- oder Satzungsverfahren, in dem nach der herrschen Lehre Rechtssätze erzeugt werden können, so zeigt sich eine *Proportionalität zwischen Erzeugungsverfahren und Wichtigkeit der Regelung*. Das kommt schon dadurch zum Ausdruck, dass Satzungs- und Verordnungsrecht nur als abgeleitete oder als niederrangige Rechtsquellen begriffen werden, durch die Gegenstände von untergeordneter Bedeutung geregelt werden. Das Satzungsrecht betrifft meist nur kleinere Gemeinschaften innerhalb des Staates. Der Grundsatz der Proportionalität zwischen Verfahren und Inhalt wäre verkannt, wollte man im Gesetzgebungsverfah-

---

* Aus: Christian Starck, Der Gesetzesbegriff des Grundgesetzes, 1970, S. 169–171

ren mit seinen weit ausgedehnten Diskussionsmöglichkeiten, der durchgehenden Garantie der Öffentlichkeit – und damit bewirkter Kontrolle – etwa Verbote über das Betreten eines zugefrorenen Flusses an bestimmter Stelle erlassen, die Grenzen des Hamburger Freihafens festlegen, das Wasserskifahren in Meeresbuchten regeln oder die Tarife für den Güterfernverkehr mit Kraftfahrzeugen festsetzen. Über solche Gegenstände drei Beratungen abzuhalten, damit Bundestag und Bundesrat zu beschäftigen wäre sinnlos und würde aus praktischen Überlegungen nur zur Umgehung der Formen führen, die für die Erzeugung wichtiger Regelungen über politisch bedeutsame Gegenstände vorgesehen sind.

Bereits die *Qualität der gesetzgebenden Organe* weist auf die grundlegende Bedeutung des Gesetzes hin. Diese Organe können weder in beliebigem Umfange Einzelfälle regeln (Genehmigungen erteilen, Einzelverbote aussprechen), noch Normen erlassen, die zwar generell sind, die aber kaum allgemeine politische Bedeutung haben oder die so schnell überholbar sind, daß das Erzeugungsverfahren länger dauert, als die Normen anschließend wirksam sind. Zeit und Detailkenntnis des Gesetzgebers setzen ihm Grenzen für die Schaffung unwichtiger Normen. Das Gesetzgebungsverfahren im engeren Sinne ist daraufhin angelegt, möglichst dauerhafte, weitsichtig vorausgeplante und gut abgewogene Regelungen zu wichtigen politischen Fragen hervorzubringen. Solche Regelungen sind aber nur zu Gegenständen sinnvoll, die allgemein bedeutsam sind und ein gewisses Maß an Wirkung entfaltrn. Was allgemein bedeutsam ist, läßt sich nicht abschließend sagen, sondern bestimmt hauptsächlich die Verfassung durch die Gesetzesvorbehalte, ferner der Gesetzgeber über den Vorrang des Gesetzes.

Aus dem Gesetzgebungsverfahren folgt nicht, daß die in ihm zustande gekommenen Vorschriften generellen Charakter haben müssen. In der Regel werden die großen und weitreichenden Gesetze generelle Wirkung entfalten und daher generell formuliert, wie etwa die Strafgesetze. Es sind aber auch singuläre Sachverhalte von allgemeiner Bedeutung denkbar, die Detailregelungen erforderlich machen, denen ohne weiteres das Gesetzgebungsverfahren angemessen ist.

Die Einteilung der Bundestagsberatungen in allgemeine und Einzelberatungen und die Möglichkeit der Anrufung des Vermittlungsausschusses, wenn sich Bundestag und Bundesrat nicht einigen können, sind für weittragende Regelungen gedacht, die durch dieses Verfahren laufen. Der Wechsel von öffentlicher Diskussion in den Plena der gesetzgebenden Körperschaften und nicht öffentlichen Beratungen in den Ausschüssen, über die später öffentlich berichtet wird, setzt die Diskussion wichtiger Fragen voraus. Wenn in diesem Verfahren Klarheit geschaffen und unter Abwägung aller Umstände ein später Gesetzeskraft erlangter Wille gebildet wird, kann man einen möglichst vernünftigen und gerechten Interessenausgleich erreichen.

Diese Proportionalität zwischen Gesetzgebungsverfahren und Gesetzesinhalt zeichnet den Gesetzesbegriff als relativ höchsten Staatsakt unseres Gemeinwesens aus. Es bleibt festzuhalten: Die im Grundgesetz normierte äußere Form des Gesetzes garantiert ein bestimmtes Maß an Vernünftigkeit und Gerechtigkeit und zielt auf Gesetze ab, die wichtige, grundlegende und bedeutsame Regelungen zum Inhalt haben.

*V. Rechtspolitik**

1. Begriff

Rechtspolitik ist die bestimmende Kraft der Gesetzgebung im modernen Staat. Rechtspolitik versucht, auf gesellschaftliche Lagen, Interessen und Bedürfnisse zu reagieren, indem sie die Lagen analysiert und würdigt, die Interessen definiert und die Bedürfnisse beurteilt. Die von der Politik in Anspruch genommene Gesellschaftsgestaltung geschieht heute weitgehend durch Gesetzgebung. Die die Einnahmen des Staates betreffende Steuerpolitik mündet in der Steuergesetzgebung. Die ausgabenintensivste Politik ist die Sozial- und Arbeitsmarktpolitik, die in die Sozialgesetzgebung einfließt. Besonders in den genannten Lebensbereichen hat die Rechtspolitik ein hohes Maß an Dynamik erreicht. Das Wollen der sich in der Gesetzgebung durchsetzenden rechtspolitischen Kräfte ist ein wesentliches Element zum Verständnis der Gesetze, das der Rechtsanwender bei der Gesetzesauslegung als sog. Willen des Gesetzgebers in Betracht zu ziehen gewohnt ist.

2. Akteure und Verfahren

In demokratischen Verfassungsstaaten sind die Regierung und die sie tragende parlamentarische Mehrheit zusammen die Hauptakteure der Rechtspolitik, weil sie die größte Chance haben, ihre politischen Ziele in der Gesetzgebung zu verwirklichen. Diese werden zunächst in Regierungserklärungen umschrieben, eventuell vorher in Koalitionsvereinbarungen festgelegt. Gesetzgebungsbeamte in den zuständigen Ministerien arbeiten sodann die dazu passenden Gesetzesentwürfe aus, die zunächst der oder die zuständigen Ressortminister billigen, bevor sie von der Regierung beraten und in der Regel zur Erörterung und Verabschiedung ins Parlament eingebracht werden. Den drei Stadien Referenten-, Minister-, Regierungsentwurf gehen nicht nur bei komplizierten rechtspolitischen Vorhaben häufig Kommissionsberatungen und Anhörung betroffener Kreise voraus, die bei der Herstellung des Gesetzesentwurfs verarbeitet werden. Dadurch erhöht sich die Zahl der rechtspolitischen Akteure.

Auch das Parlament selbst kann aus seiner Mitte, unterstützt durch einen parlamentarischen Gesetzgebungsdienst, Gesetzesvorlagen einbringen, in Deutschland auch der aus Mitgliedern der Landesregierungen zusammengesetzte Bundesrat. Damit sind die Parlamentsabgeordneten selbst und die Landesexekutiven primäre rechtspolitische Akteure. Zur Vorbereitung von Entscheidungen über umfangreiche und bedeutsame Sachkomplexe kann der Deutsche Bundestag eine Enquetekommission einsetzen, die aus Abgeordneten und Sachverständigen besteht, die nicht Abgeordnete sind (§ 56 GeschO). Die Zusammensetzung der

---

* Aus: RGG Bd. 7, 2004, Sp. 123 ff.

Enquetekommission zeigt, daß das Ziel verfolgt wird, besonderen Sachverstand in die Rechtspolitik einzubeziehen.

Im Vorfeld von Gesetzgebungsinitiativen oder zu ihrer Begleitung findet Rechtspolitik auch statt auf Parteitagen, durch Aktivitäten von Verbänden und durch Massenmedien. Eigenständige Volksinitiativen sind im Verfassungsrecht der deutschen Länder vorgesehen, insoweit gehören deren Betreiber zu den Akteuren der Rechtspolitik.

Rechtspolitik führt zur Gesetzesinitiative, die ins Parlament eingebracht wird. Bis zum parlamentarischen Gesetzesbeschlusses können in den Plenar- und Ausschußberatungen weitere rechtspolitische Einflußnahmen stattfinden, z. B. wenn die Parlamentsmehrheit (nicht nur in rechtstechnischen Details) vom Regierungsentwurf abweicht. Auch andere Einflüsse sind vorstellbar, insbesondere im Hinblick auf die 2. Kammer, in Deutschland den Bundesrat. Das verabschiedete Gesetz ist geronnene Rechtspolitik. Dieses ist weiteren Einflüssen ausgesetzt durch begleitende rechtsdogmatische Bearbeitung in der Rechtswissenschaft und durch richterliche Rechtsfortbildung.

3. Maßstäbe und Rahmen

Soll Rechtspolitik in Gesetzgebung umgewandelt werden, muß sie vielfältige Rücksichten nehmen. In Staaten, in denen der Vorrang der Verfassung gilt und durch richterliche Normenkontrolle geschützt wird, was in Deutschland der Fall ist, muß die Rechtspolitik von vornherein die inhaltlichen Vorgaben der Verfassung, insbesondere die Grundrechte, und im Bundesstaat die Kompetenzverteilung zwischen Bund und Ländern beachten. Erteilt die Verfassung Gesetzgebungsaufträge, ist die Art und Weise ihrer Verwirklichung im Rahmen der Verfassung eine Frage der Rechtspolitik. Soweit die Rechtspolitik die Änderung der Verfassung anstrebt, also Verfassungspolitik ist, gelten dafür ein qualifiziertes Verfahren und inhaltliche Grenzen (z. B. Art. 79 GG). Rechtspolitik in den Mitgliedstaaten der Europäischen Union ist an das Gemeinschaftsrecht gebunden.

Wird Rechtspolitik in Gesetzgebung umgesetzt, müssen die geltenden Gesetze, die nicht geändert werden sollen, zur Vermeidung von Widersprüchen beachtet werden. Insbesondere muß sich die Gesetzgebung in die bestehende Rechtsdogmatik einordnen, weil anderenfalls Anwendung und Wirkung der Gesetze unsicher werden. Viele Grundbegriffe der jeweiligen Rechtsordnung, die in alten und neuen Gesetzen oder in der Verfassung verwendet werden, beruhen auf gründlicher rechtsdogmatischer Durcharbeitung und Präzisierung: Vertrag, Eigentum, Schadensersatz, Schuld, Gesetz usf. Gesetzgebung ohne rechtsdogmatische Vorarbeit hätte rechtskulturell ein sehr niedriges Niveau und würde den rechtsstaatlichen Anforderungen an Überschaubarkeit und Verläßlichkeit des Rechts nicht gerecht. Der Gesetzgeber erreicht für seine Regelungen einen großen Zuwachs an Geltungsintensität, wenn er sich auf bewährte Rechtsdogmatik stützt. Darüber hinaus gehören Gesetzgebungsklugheit und Gesetzesfolgenabschätzung zur Rechtspolitik.

Literatur

Werner Bussmann, Rechtliche Anforderungen an die Qualität der Gesetzesfolgenabschätzung, Z. f. Gesetzgebung, 13. Jg. 1998, S. 127 ff.
Eike von Hippel, Rechtspolitik, 1992.
Walter Schmitt Glaeser, Rechtspolitik unter dem Grundgesetz, in: Archiv des öffentlichen Rechts, Bd. 107 (1982), S. 337 ff.
Christian Starck, Überlegungen zur Gesetzgebungslehre, in: Z. f. Gesetzgebung, 3. Jg., 1988, S. 1 ff. (Lit.).

2. Kapitel

Gesetz und Recht*

I. Einführung

Eine erste Beobachtung zeigt, dass in vielen Sprachen zwischen Gesetz und Recht unterschieden wird:

Lateinisch lex und ius,
französisch loi und droit,
spanisch ley und derecho,
portugiesisch lei und direito,
italienisch legge und diritto,
schwedisch lag und rätt,
polnisch ustawa und prawo,
türkisch kanun und hak,
chinesisch fa lü und fa.

Im Englischen bezeichnet law beides. Der Unterschied des Gesetzes zum Recht wird dadurch zum Ausdruck gebracht, dass Parlamentsgesetze statute laws, statutory acts oder acts of Parliament genannt werden.[1] Ganz ähnlich bezeichnet auch im Chinesischen fa beides; um das gesetzte, geschriebene Recht zu bezeichnen wird lü an fa angehängt.

---

* Aus: Heun/Starck (Hrsg.), Das Gesetz, 2012, S. 51–63.

[1] Verordnungen sind subordinate legislation und heißen statutory instruments, executive orders, ordonances oder decrees.

Das jeweilige Wort für Recht wird in den meisten Sprachen, auch im Chinesischen, benutzt, um ein ganzes Rechtsgebiet einschließlich der dort geltenden Gesetze zu bezeichnen: Bürgerliches Recht, criminal law, droit commercial, diritto amministrativo, derecho constitucional etc. Darüber hinaus benutzt man das jeweilige Wort für Recht, um die gesamte Rechtsordnung eines Landes zu bezeichnen: Deutsches Recht, droit français, English law (the entire English legal system), prawo polskie etc. Darin sind auch alle Gesetze eingeschlossen.

Das jeweilige Wort für Recht bezeichnet außerdem das subjektive Recht, den Anspruch, also z. B. Grundrechte, droit à la sûreté, diritti fondamentali; im Englischen bezeichnet das Wort right (etymologisch verwandt mit Recht, droit etc.) ausschließlich das subjektive Recht: Fundamental right, right to an inheritance (subjektives Erbrecht) im Gegensatz zu law of succession (Erbrecht im objektiven Sinne). Die Chinesen bezeichnen das subjektive Recht mit ch'üan li.

Diese erste Übersicht zeigt einen ziemlich weiten und begrifflich ganz verschiedenen Gebrauch des Wortes Recht und seiner fremdsprachigen Parallelen. Konzentrieren wir uns auf die begrifflichen Unterschiede zwischen Gesetz und Recht, so werden wir in Deutschland auf die Formel „Gesetz und Recht" verwiesen; diese steht in Art. 20 Abs. 3 GG, der wie folgt lautet: „Die vollziehende Gewalt und die Rechtsprechung sind an Gesetz und Recht gebunden." Entsprechende Formeln finden wir in deutschen Landesverfassungen, die nach dem Grundgesetz erlassen worden sind.[2] Es geht im Folgenden um die Interpretation dieser Formel im Gesamtzusammenhang des Grundgesetzes (II), um einen Vergleich mit anderen Ländern (III) und zur Vergewisserung um einen kursorischen historischen Rückblick auf den Gesetzes- und den Rechtsbegriff (IV).

II. Grundgesetz (Art. 20 Abs. 3)

Die Interpretationsversuche der Klausel „Gesetz und Recht" sind von verwirrender Vielseitigkeit.[3] *Hermann v. Mangoldt*, Mitglied des Parlamentarischen Rates und erster Kommentator des Grundgesetzes, schreibt:[4] „Unter den Begriff ‚Gesetz und Recht' fällt sowohl das gesetzte wie das Gewohnheitsrecht. Zugleich weist die Formel auf die ewige Spannung zwischen Gesetz und Recht hin, die sich bis zum vollen Widerspruch verdichten kann." In der von *Friedrich Klein* besorgten 2. Aufl. des Kommentars wird der zitierte Satz wiederholt und so erklärt:[5] „Somit

---

[2] Art. 36 Abs. 1 Landessatzung für Schleswig-Holstein (1949); Art. 45 Abs. 1 Verfassung des Landes Schleswig-Holstein (1990); Art. 2 Abs. 1 der Vorläufigen (1951) und der 1993 in Kraft getretenen Nieders. Verfassung; Art. 25 Abs. 2 Baden-Württembergische Verfassung (1953); alle Verfassungen der neuen Länder: Art. 2 Abs. 5 Brandenburg (1992), Art. 4 Mecklenburg-Vorpommern (1993), Art. 3 Abs. 3 Sächsische Verfassung (1992), Art. 2 Abs. 4 Sachsen-Anhaltinische Verfassung (1992), Art. 47 Abs. 4 Thüringer Verfassung.

[3] Vgl. die Darstellung bei *Birgit Hoffmann*, Das Verhältnis von Gesetz und Recht. Eine verfassungsrechtliche und verfassungstheoretische Untersuchung zu Art. 20 Abs. 3 GG, 2003, S. 61–113.

[4] *Hermann v. Mangoldt*, Das Bonner Grundgesetz, 1953, S. 140.

bezeichnet ‚Recht' … den Wert (Wertgehalt oder Rechtsgehalt), den das Gesetz in sich aufnehmen muss, um rechtsverbindlich zu sein, und bedeutet ‚Gesetz' Positivität ohne Wertgehalt, Recht Wertgehalt ohne Positivität." Dass *Klein* „Gesetz" nicht durchweg als blanke Positivität mit beliebigem Inhalt versteht, ergibt sich aus seinen Überlegungen an der selben Stelle zur Auslegung des Begriffs „Gesetz" in Art. 97 Abs. 1 GG (Die Richter sind unabhängig und nur dem Gesetz unterworfen). Das Gesetz, an das der Richter gebunden sei, umfasse den Wertgehalt des Rechts. Die Kleinsche Aufspaltung in Positivität und Wert hat sich nicht durchgesetzt, weil sie fremdartig wirkt und nicht zum Grundgesetz passt.[6]

Eine relativ einfache Interpretation versteht unter Gesetz das in Bund und Ländern im Gesetzgebungsverfahren beschlossene und verkündete Gesetz unter Einschluss des Grundgesetzes und der Landesverfassungen und unter Recht alles andere geltende Recht wie Rechtsverordnungen, Satzungen, Gewohnheitsrecht, Völkerrecht, Europarecht.[7] Es wird aber auch die Meinung vertreten, dass unter Gesetz alles Recht zu verstehen ist im Sinne des in den Einführungsgesetzen definierten materiellen Gesetzesbegriffs „Gesetz ist jede Rechtsnorm."[8] Für „Recht" bliebe dann noch nicht einmal das Gewohnheitsrecht übrig.

Wenn man berücksichtigt, dass das Grundgesetz vier Jahre nach Beseitigung der nationalsozialistischen Diktatur in Kraft getreten ist, liegt es nahe, Recht im Sinne anerkannter Rechtsgrundsätze zu interpretieren. Denn im Jahre 1949 war ein erneutes Entgleisen der Gesetzgebung durchaus vorstellbar. Rückblickend auf die Zeit der nationalsozialistischen Diktatur war der Vorbehalt des Rechts im Sinne der anerkannten Rechtsgrundsätze geradezu notwendig, wenn es in Gerichtsprozessen um die Gültigkeit früherer Gesetze, Urteile oder Entscheidungen der vollziehenden Gewalt ging.[9] Denn das Grundgesetz hatte keine Rückwirkung. Zur Entscheidung über die Gültigkeit nationalsozialistischen Rechts hatte *Radbruch* folgende Formel entwickelt:[10]

> „Der Konflikt zwischen der Gerechtigkeit und der Rechtssicherheit dürfte dahin zu lösen sein, dass das positive, durch Satzung und Macht gesicherte Recht auch dann den Vorrang hat, wenn es inhaltlich ungerecht und unzweckmäßig ist; es sei denn, dass der Widerspruch des positiven Gesetzes zur Gerechtigkeit ein so unerträgliches Maß erreicht, dass das Gesetz als ‚unrichtiges Recht' der Gerechtigkeit zu weichen hat."

In die Zukunft gerichtet konnten rechtsfeindliche Gesetze aus der Zeit des nationalsozialistischen Regimes aufgehoben werden. Sollte der Gesetzgeber sol-

---

[5] 2. Aufl. 1957 Bd. I unveränderter Nachdruck 1966, S. 603.

[6] So *Klaus Stern*, Staatsrecht, Bd. I, 2. Aufl. 1984, S. 798 f.

[7] *Peter Sommermann*, in: v. Mangoldt/Klein/Starck, Kommentar zum Grundgesetz Bd. II, 6. Aufl. 2010, Art. 20 Rn. 264 f.

[8] So die Erwägung von *Roman Herzog*, in: Maunz/Dürig, Grundgesetz, Art. 20 Rn. 51, 52 (Stand 1980); zuletzt *Fritz Ossenbühl*, Gesetz und Recht – Die Rechtsquellen im demokratischen Rechtsstaat, in: HStR, 3. Aufl. Bd. V (2007), § 100 Rn. 15.

[9] BVerfGE 23, 98, 106 – nationalsozialistische Ausbürgerung.

[10] *Gustav Radbruch*, Gesetzliches Unrecht und übergesetzliches Recht, in: Süddeutsche Juristenzeitung 1946, S. 105 ff., wiederabgedruckt in: *Radbruch*, Rechtsphilosophie. Studienausgabe, Hrsg. von R. Dreier/St. Paulson, 2. Aufl. 2003, S. 211 ff.

che Gesetze übersehen haben, waren die Gerichte berechtigt und verpflichtet, sie nicht anzuwenden.[11] Maßstab für die Fortgeltung des Rechts aus der Zeit der nationalsozialistischen Diktatur war nämlich das Grundgesetz, in dem die Rechtsgrundsätze an vielen Stellen, vor allem in den Grundrechten, positiviert sind. Das Grundgesetz ist nach Worten von *Roman Herzog* „mehr als jede andere Verfassung bemüht ..., die Ideen des Rechts und der Gerechtigkeit in ihre Einzelbestandteile aufzulösen, sie zu konkretisieren und sie vor allem in seinen positivrechtlichen Normenbestand aufzunehmen."[12] Dabei ist vor allem an die Art. 1, 19, 20 und 79 Abs. 3 GG zu denken.

Selbst wenn man das, was „Recht" im Sinne des Art. 20 Abs. 3 ist, alles in Grundgesetznormen findet, die unter den Begriff „Gesetz" fallen, lässt sich dem Rechtsbegriff eine eigenständige Bedeutung abgewinnen, wenn man das Bundesverfassungsgericht fragt. In der sog. Soraya-Entscheidung von 1973 heißt es unter Bezugnahme auf Art. 20 Abs. 3 GG:[13]

> „Recht ist nicht mit der Gesamtheit der geschriebenen Gesetze identisch. Gegenüber den positiven Satzungen der Staatsgewalt kann unter Umständen ein Mehr an Recht bestehen, das seine Quelle in der verfassungsmäßigen Rechtsordnung als einem Sinnganzen besitzt und dem geschriebenen Gesetz gegenüber das Korrektiv zu wirken vermag; es zu finden und in Entscheidungen zu verwirklichen, ist Aufgabe der Rechtsprechung. Der Richter ist nach dem Grundgesetz nicht darauf verwiesen, gesetzgeberische Weisungen in den Grenzen des möglichen Wortsinnes auf den Einzelfall anzuwenden. Eine solche Auffassung würde die grundsätzliche Lückenlosigkeit der positiven staatlichen Rechtsordnung voraussetzen, ein Zustand, der als prinzipielles Postulat der Rechtssicherheit vertretbar, aber praktisch unerreichbar ist. Richterliche Tätigkeit besteht nicht nur im Erkennen und Aussprechen von Entscheidungen des Gesetzgebers. Die Aufgabe der Rechtsprechung kann es insbesondere erfordern, Wertvorstellungen, die *der verfassungsmäßigen Rechtsordnung immanent*, aber in den Texten der geschriebenen Gesetze nicht oder nur unvollkommen zum Ausdruck gelangt sind, in einem Akt des bewertenden Erkennens, dem auch willenhafte Elemente nicht fehlen, ans Licht zu bringen und in Entscheidungen zu realisieren. Der Richter muss sich dabei von Willkür freihalten; seine Entscheidung muss auf rationaler Argumentation beruhen. Es muss einsichtig gemacht werden können, dass das geschriebene Gesetz seine Funktion, ein Rechtsproblem gerecht zu lösen, nicht erfüllt. Die richterliche Entscheidung schließt diese Lücke nach den Maßstäben der praktischen Vernunft und den fundierten allgemeinen Gerechtigkeitsvorstellungen der Gemeinschaft."

Für diese Aussage, die die seit jeher anerkannte und gesetzlich verankerte Aufgabe der Rechtsfortbildung durch die Revisionsgerichte[14] beschreibt, kann sich das Bundesverfassungsgericht auf Autoritäten[15] und auf Rechtsprechung von Revisionsgerichten berufen.[16]

---

[11] Insoweit bedurfte es keiner Vorlage an das Bundesverfassungsgericht nach Art. 100 GG, vgl. BVerfGE 2, 124, 128.

[12] *Herzog* (Anm. 8), Rn. 54.

[13] BVerfGE 34, 269, 287 (Hervorhebung vom Verfasser).

[14] § 132 Abs. 4 GVG; § 11 Abs. 4 VwGO; § 11 Abs. 4, § 115 Abs. 2 Nr. 2 FGO; § 41 Abs. 4 SGG; § 45 Abs. 4 ArbGG.

[15] *Robert Fischer*, Die Weiterbildung des Rechts durch die Rechtsprechung 1971; *Konrad Redeker*, NJW 1972, S. 490 ff.

[16] BGHZ 3, 308, 315; 4, 153, 158; BAG 1, 279, 280 f.

In der neueren Literatur wird auf den ersten Halbsatz des Art. 20 Abs. 3 GG verwiesen, in dem die Gesetzgebung an die verfassungsmäßige Ordnung gebunden wird, und auf die daraus folgende Verfassungsbindung auch der Rechtsprechung und vollziehenden Gewalt. Ermessens- und Planungsermächtigungen müssen verfassungskonform ausgeübt werden. Rechtsfortbildung muss sich im Rahmen des Verfassungsrechts halten.[17] Die über die engere Gesetzesbindung hinausgehende Rechtsbindung ist verfassungsrechtlich eingegrenzt,[18] d. h. sie darf nicht gegen die Verfassung verstoßen, kann aber *im Rahmen der Verfassung* durchaus überpositive Gerechtigkeitsvorstellungen verwirklichen,[19] soweit diese nicht ohnehin in der Verfassung zum Ausdruck kommen, wie z. B. in den Grundrechten (Art. 1 Abs. 3 GG) und den allgemeinen Regeln des Völkerrechts (Art. 25 GG). Zutreffend wird von mehreren Autoren besonders hervorgehoben, dass der Begriff „Recht" in der Formel des Art. 20 Art. 3 GG der Rechtsprechung und der vollziehenden Gewalt keine Handhabe für eine naturrechtliche Kritik des Gesetzes gibt.[20] Alle subjektive Beliebigkeit wird abgeschnitten, indem eine eventuell bestehende Spannung zwischen überpositiven Gerechtigkeitsgehalten und dem positiven Gesetz sich entpuppt als Spannung zwischen Verfassungsrecht und Gesetzesrecht.[21]

Von Seiten der Rechtstheorie ist ein nichtpositivistischer, vernunftrechtlicher Rechtsbegriff ins Spiel gebracht worden, mit dem „Recht" im Sinne des Art. 20 Abs. 3 GG erfasst wird.[22] Ob er vertragstheoretisch oder diskurstheoretisch begründet wird, in beiden Fällen passt er nicht zum Verfassungsrecht des Grundgesetzes. In diesem sind die Rechtsgrundsätze enthalten, die dem Begriff des Rechts Inhalt geben. Damit kommen wir wieder zum Verfassungsrecht als obersten Maßstab für Recht im Sinne des Art. 20 Abs. 3 GG.[23] Mit diesem Ergebnis schließen wir uns nicht im Positivismus, in einem Verfassungspositivismus, ein. Denn in Art. 1 Abs. 2 bekennt sich das Deutsche Volk zu unverletzlichen und unveräußerlichen Menschenrechten als Grundlage jeder menschlichen Gemeinschaft, des Friedens und der Gerechtigkeit in der Welt.

Der Begriff Recht in der Formel „Gesetz und Recht" spielte in den Beratungen des Parlamentarischen Rates eine Rolle zur besseren Kennzeichnung der

---

17 Zur hier nicht zu erörternden Verfassungsrechtsfortbildung siehe *Christian Starck*, Verfassungen, 2009, S. 155 ff.

18 Vgl. dazu *Christian Starck*, Die Bindung des Richters an Gesetz und Verfassung, VVDStRL 34 (1976), S. 43, 69 ff. = *ders.*, Der demokratische Verfassungsstaat, 1995, S. 58, 80 ff.

19 Verfassungsbindung insoweit betonend *Eberhard Schmidt-Aßmann*, Der Rechtsstaat, HStR Bd. II, 3. Aufl., § 26 Rn. 45; *Ossenbühl* (Anm. 8), Rn. 18.

20 *Ernst Forsthoff*, Die Bindung an Gesetz und Recht (Art. 20 Abs. 3 GG), DÖV 1959, S. 41 ff.; *Peter Badura*, Staatsrecht, 4. Aufl. 2010, S. 384; ähnlich *Peter Unruh*, Der Verfassungsbegriff des Grundgesetzes, 2002, S. 493; *Schmidt-Aßmann* (Anm. 19), § 26 Rn. 45.

21 *Unruh* (Anm. 20), S. 494, so wohl auch *Schulze-Fielitz*, in: Dreier, Grundgesetz Kommentar, Bd. II, 2. Aufl. 2006, Art. 20 (Rechtsstaat), Rn. 94: Aufruf, ein Gesetz verfassungskonform auszulegen.

22 *Robert Alexy*, Begriff und Geltung des Rechts, 1992, S. 121.

23 So im Ergebnis auch *Karl-E. Hain*, Die Grundsätze des Grundgesetzes, 1999, S. 381 f.; *Sommermann* (Anm. 7), Rn. 267 ff.; *Bernd Grzeszick*, in: Maunz/Dürig, GG, Art. 20 VI (2007), Rn. 69.

Rechtsstaatlichkeit als der Grundlage des Grundgesetzes.[24] Das ist vom Bundesverfassungsgericht vielfach aufgenommen worden, indem dem Art. 20 Abs. 3 grundlegende Elemente des Rechtsstaats entnommen werden. Die Verpflichtung der Länder auf die Grundsätze des Rechtsstaats (Art. 28 Abs. 1 Satz 1 GG) ist eine abgekürzte Bezugnahme auf Art. 20 Abs. 3 GG, um die strukturelle Homogenität der Landesverfassungen mit dem Grundgesetz zu garantieren. Mit dem Begriff „Recht" in Art. 20 Abs. 3 weist das Grundgesetz über die bloßen formellen Elemente des Rechtsstaats hinaus. Materielle Elemente vereinigen sich mit den formellen. Die Rechtsstaatlichkeit des Grundgesetzes ergibt sich vor allem aus Art. 1 Abs. 3, 20 Abs. 3 und 79 Abs. 3.[25] Damit verweist auch dieser Zugang zum Begriff des Rechts in Art. 20 Abs. 3 auf die Verfassung, insbesondere auf die Grundrechte, die wichtigsten materiellen Elemente der Rechtsstaatlichkeit.

III. Ausländisches Verfassungsrecht

In ausländischen Verfassungen ist regelmäßig die Bindung der Richter und/oder der vollziehenden Gewalt an das Gesetz oder an Verfassung und Gesetz normiert. Selten ist eine Bindung an das Recht vorgesehen.

1. Schweiz

In Art. 5 Nr. 1 der Verfassung von 1999 wird das Recht als Grundlage und Schranke staatlichen Handels bezeichnet. Das Bundesgericht ist gemäß Art. 191 an Bundesgesetze und das Völkerrecht gebunden. Recht in Art. 5 Nr. 1 wird als Ausdruck der Rechtsstaatlichkeit bezeichnet.[26] Die Forderungen des materiellen Rechtsstaates werden im schweizerischen Bundesstaatsrecht, vor allem im umfassenden Grundrechtskatalog, als verwirklicht betrachtet. Da gegen Bundesgesetze eine Normenkontrolle durch das Bundesgericht nicht möglich ist, kann das Recht (Art. 5 Nr. 1) gegenüber Gesetzen auf Bundesebene nur durchgesetzt werden durch verfassungskonforme Auslegung. Obwohl die Bindung der Rechtsprechung[27] und der Verwaltung an Gesetz und Recht in der Verfassung vorgesehen ist, lässt sich diese nur gegenüber der Verwaltung und gegenüber der Staatsgewalt der Kantone, deren Gesetzgebung eingeschlossen, durchsetzen. Recht bedeutet im schweizerischen Verfassungsrecht ebenso wie in Deutschland die

---

[24] So der Abg. Dr. Thomas Dehler, JöR 1 (1951), S. 200.

[25] BVerfGE 52, 131, 144f.; 63, 215, 223; 65, 196, 215; 111, 54, 83; *Stern* (Anm. 6), S. 775; *Schmidt-Aßmann* (Anm. 19), Rn. 18, 19; *Schulze-Fielitz*, in: Dreier, GG II, 2. Aufl., Art. 20 (Rechtsstaat), Rn. 46ff.; *Christian Starck*, Art. „Rechtsstaatlichkeit/Rechtsstaat", in: Religion in Geschichte und Gegenwart, 4. Aufl., Bd. 7, 2004, Sp. 126f.; *Hoffmann* (Anm. 3), S. 197f.

[26] *Ulrich Häfelin/Walter Haller*, Schweizerisches Bundesrecht, 5. Aufl., 2001, S. 52ff.

[27] Art. 191 der Schweizerischen Verfassung lautet: „Bundesgesetze und Völkerrecht sind für das Bundesgericht und die anderen rechtsanwendenden Behörden maßgebend.".

Verfassungsordnung ohne Rückgriff auf Gerechtigkeitsvorstellungen, die in der Verfassung keine Stütze finden.

2. *Spanien*

In Spanien ist die Rechtsprechung allein dem Gesetz unterworfen[28] (Art. 117 Abs. 1 der Verfassung), allerdings ist in Art. 9 Abs. 1 angeordnet, dass die öffentliche Gewalt an die Verfassung gebunden ist.[29] Die öffentliche Verwaltung ist an Gesetz und Recht gebunden[30] (Art. 103 Abs. 1 Satz 2 der Verfassung). In den Lehrbüchern zum spanischen Verfassungsrecht besteht kein Zweifel daran, dass die Gesetzesbindung die Bindung an die Verfassung einschließt, zumal die Normenkontrolle von Gesetzen durch das Verfassungsgericht vorgesehen ist und die Gerichte und Verwaltungsbehörden zur verfassungskonformen Auslegung der Gesetze verpflichtet sind.[31] Die allgemeinen Rechtsgrundsätze werden heute als durchgehend konstitutionalisiert angesehen,[32] so dass auch für Spanien festgestellt werden kann, dass jegliche Rechtsbindung, die für die Verwaltungsbehörden ausdrücklich vorgesehen ist, die Maßstäbe aus der Verfassung bezieht.

3. *Frankreich*

Die französische Verfassung von 1958 unterscheidet zwischen Gesetz (loi), durch das gemäß Art. 34 bestimmte Materien geregelt werden, und Verordnung (règlement). Materien, die nicht unter den Numerus clausus des Art. 34 fallen, werden von der Regierung durch Verordnungen (règlements, Art. 37) geregelt. Außerdem gibt es auf Grund besonderer gesetzlicher Ermächtigungen sog. ordonnances (Art. 38). Neben diesem gesetzten Recht gelten allgemeine Rechtsgrundsätze, die keinen Verfassungsrang haben. Denn sie sind richterrechtlichen Ursprungs,[33] vom Conseil d'Etat gefunden und gewohnheitsrechtlich in Geltung. Es gibt also auch in Frankreich „Gesetz und Recht" (loi et droit), ohne dass diese Formel in der Verfassung oder in der Literatur benutzt wird. Da sich in Frankreich der Begriff des Gesetzes im materiellen Sinne nicht durchgesetzt hat, sind Gesetze nur die von der Nationalversammlung verabschiedeten Rechtsakte, die Ausdruck der volonté générale sind.[34] Aus dieser Eigenschaft des Gesetzes wurde dessen Unantastbarkeit abgeleitet. Seit 1971 hat sich in Frankreich ein Wandel

---

[28] Sometidos únicamente al imperio de la ley.

[29] Los poderes públicas están subjetos a la constitución.

[30] La Administración Pública sirve ... con sometimiento pleno a la ley y al Derecho.

[31] *Francisco Fernández Segado*, El sistema constucional español, 1992, S. 79 ff.

[32] *Enrique Álvarez Conde*, Curso de Derecho constitucional, vol. 1, 3. ed, S. 263 ff.; *Antonio Torres de Moral*, Principios del Derecho constitucional español, vol. 2, 5. ed, S. 241 f. Zu Art. 117 Abs. 1 in Verbindung mit Art. 9 Abs. 1 Spanische Verfassung; *Francisco Fernández Segado* (Anm. 31), S. 74, 95.

[33] *Louis Favoreu et al.*, Droit constitutionnel, 4 éd. 2001, S. 121.

[34] Art. 6 Erklärung der Menschen- und Bürgerrechte (1789).

vollzogen, als der Conseil constitutionnel am 16. Juli entschieden hat,[35] dass auf Grund der Präambeln der Verfassungen von 1958 und 1946 die Menschenrechte von 1789 und die von den Gesetzen der Republik anerkannten grundlegenden Prinzipien[36] Verfassungsrang haben und Prüfungsmaßstab für präventive Normenkontrollen sind. Das Gesetz ist jetzt nur noch Ausdruck des allgemeinen Willens, wenn es verfassungsmäßig ist.[37]

Die Anreicherung des sog. bloc de constitutionnalité hat nach den Worten von *Louis Favoreu* zu einer „constitutionnalisation du droit français" geführt.[38] Zugespitzt: Das Verfassungsrecht sticht das Gesetzesrecht aus.[39] Daraus folgt die Bindung der Rechtsprechung und vollziehenden Gewalt an das Gesetz (einschl. Verordnungen und Gewohnheitsrecht) und die Verfassung, und zwar im Sinne des vom Conseil constitutionnel um Grundrechte und Rechtsstaatsprinzip erweiterten bloc de constutionnalité. Die allgemeinen Rechtsprinzipien, die früher dem bloc de légalité zugeschlagen wurden, sind wenigstens z. T. in den Menschenrechten und den anerkannten Prinzipien der Gesetze der Republik aufgegangen sein und haben damit Verfassungsrang bekommen. Inzwischen ist die Möglichkeit der konkreten Normenkontrolle auf Vorlage des Conseil d'Etat oder der Cour de Cassation durch den Conseil constitutionnel geschaffen worden (Art. 61.1 der Verfassung). Die rechtliche Situation kann man demnach wie folgt bezeichnen: Bindung an Gesetz und Recht (= Rechtsprinzipien, die keinen Verfassungsrang haben) *und* an die Verfassung in dem vom Conseil constitutionnel erweiterten Sinne.

4. England

Das ungeschriebene englische Verfassungsrecht enthält den Grundsatz der Souveränität des Parlaments.[40] Daraus ergibt sich, dass Gesetze (acts of Parliament) Vorrang vor anderem Recht, insbesondere vor Verordnungen und common law, haben. Gesetz und Recht stehen also in einem Rangverhältnis. Die Rule of Law, der zweite Grundsatz der englischen Verfassung, sichert den Vorrang der acts of Parliament.[41]

Zur Vermeidung weiterer Niederlagen Englands vor dem Europäischen Gerichtshof für Menschenrechte ist die Europäische Konvention zum Schutz der Menschenrechte und Grundfreiheiten (EMRK) durch den Human Rights Act

---

[35] Receuil des décisions du Conseil constitutionnel 1971, S. 29 = *Favoreu/Philip*, Les grandes décisions du Conseil constitionnel, 11. Aufl., 2001, S. 241 mit Kommentierungen, S. 241–256. Siehe auch *Christian Starck*, Praxis der Verfassungsauslegung II, 2006, S. 110 ff.

[36] Principes fondamentaux reconnus par les lois de la République.

[37] La loi n'exprime la volonté générale que dans le respect de la Constitution (Conseil constitutionnel, Recueil des décisions du Conseil constitutionnel 1985, S. 70, 76).

[38] *Louis Favoreu*, in: Revue française de Droit constitutionnel, No 5 (1991), S. 70.

[39] *Louis Favoreu* (Anm. 33), S. 307: La constitutionnalité supplante la légalité.

[40] *A. V. Dicey*, An Introduction to the Study of the Law of the Constitution, 10. ed. 1959 (Nachdruck 1985), S. 470 f.; *Paolo Grossi*, Das Recht in der europäischen Geschichte, 2010, S. 125: Primat des Gesetzes seit Erlass der Bill of Rights (1689).

[41] *Dicey* (Anm. 40), S. 472: „The sovereignty of Parliament gives the form, the supremacy of the law of the land determines the substance of our constitution.".

von 1998 ins englische Recht inkorporiert worden. Danach sind acts of Parliament menschenrechtskonform auszulegen. Ist eine menschenrechtskonforme Auslegung nicht möglich, gibt das entscheidende Gericht eine Inkompatibilitätserklärung ab. Die Erklärung tastet die Geltung des Gesetzes nicht an. Sie ermöglicht aber ein schnelles Gesetzesänderungsverfahren. Die Regierung erlässt nach einem entsprechenden Votum des Parlaments ein geändertes Gesetz, das mit der EMRK in Einklang steht.[42] Dadurch wird der Vorrang des act of Parliament gesichert. Es bleibt also – formal gesehen – alles beim Alten. Materiell betrachtet ist allerdings die EMRK ins englische Recht mit einem gewissen Vorrang vor den normalen acts of Parliament inkorporiert, vielleicht eine Vorform einer geschriebenen Verfassung.[43] Statutory law wird menschenrechtskonform ausgelegt oder in einem beschleunigten Gesetzgebungsverfahren menschenrechtskonform gemacht.

5. Zusammenfassung

Soweit eine Bindung der Richter und der vollziehenden Gewalt an Gesetz und Recht von Verfassungen ausdrücklich angeordnet ist wie in Deutschland, bedeutet Recht höheres Recht, also Verfassungsrecht. Insoweit heißt es deutlicher in vielen Verfassungen, dass die Richter an Verfassung und Gesetz gebunden sind.[44] In Frankreich gilt seit 1971 eine um die Menschenrechtserklärung (1789) und die Grundprinzipien der Gesetze der Republik erweiterte Verfassung als höheres Recht, das Gerichte und die vollziehende Gewalt bindet. In England bleibt es bei der Parlamentssouveränität, woraus der Vorrang der acts of Parliament folgt, in die freilich die EMRK dauerhaft mit pragmatisch gesichertem Vorrang inkorporiert worden ist.

Die hier behandelten Länder zeigen, dass bei Verschiedenheit der Bindungsformeln durchgehend eine Bindung der Richter und der vollziehenden Gewalt an das Gesetz *und* an die Verfassung als höheres Recht angeordnet wird. Die Verfassungsbindung gilt besonders auch in den Ländern, in denen nur das Verfassungsgericht ein Parlamentsgesetz für verfassungswidrig erklären kann. Für die anderen Gerichte heißt Bindung an die Verfassung verfassungskonforme Gesetzesauslegung und, wenn diese nicht möglich ist, Pflicht zur Vorlage des Gesetzes direkt oder über das höchste Instanzgericht an das Verfassungsgericht. Alles Recht unterhalb des Parlamentsgesetzes unterliegt der Normenkontrolle durch das jeweils zuständige Gericht.

---

[42] *David Feldmann*, The Human Rights Act 1998 and Constitutional Principles, in: Legal Studies 19 (1999), S. 165 ff.; *Julian Rivers*, Menschenrechtsschutz im Vereinigten Königreich, in: JZ 2001, S. 127 ff.; *P. P. Craig*, Sovereignly of the UK Parliament after Factortame, in: Yearbook of European Law 11 (1991), S. 221.

[43] *Christian Starck*, Eine Verfassung für das Vereinigte Königreich?, in: AöR 119 (1994), S. 627 ff. = *Starck*, Verfassungen, 2009, S. 385 ff.; *Rivers* (Anm. 42), S. 132.

[44] Vgl. Estland § 146, Griechenland Art. 93 Abs. 4, Italien Art. 101 Abs. 2 wird heute ergänzt durch Bindung auch an die Verfassung (*Giuseppe de Vergottini*, Diritto costituzionale, 7. ed., 2010, S. 681), Lettland Nr. 83, 85, Portugal Art. 203, 204, Polen Art. 178 Abs. 1, Slowenien Art. 125, Slowakei Art. 144 Abs. 1, Tschechische Republik Art. 95, Ungarn Art. 50.

IV. Geschichtliche Vergewisserung

Eine geschichtliche Betrachtung des Themas, die nur exemplarisch an wenigen Beispielen vorgenommen werden kann, zeigt fast immer eine Stufenordnung des Rechts in dem Sinne, dass über dem Gesetz höheres Recht gilt: Göttliches Recht, Naturrecht, Vernunftrecht, allgemeine Rechtsprinzipien, Völkerrecht, auch Verträge über die Ausübung der Herrschaft (sog. leges fundamentales).

Aristoteles[45] unterscheidet zwischen dem Recht aus der Natur und dem Recht kraft Satzung oder Vereinbarung. Das Naturrecht habe überall dieselbe Kraft der Geltung und sei unabhängig von der Zustimmung der Menschen. Damit fasst Aristoteles in philosophischer Weise die Vorstellung der griechischen Gesellschaft, dass das Recht von der Göttin Themis kommt. In der nachfolgenden stoischen Philosophie wird das Naturrecht deutlich zum Maßstab für die menschlichen Gesetze.[46]

Später, in der mittelalterlichen Philosophie, stehen das natürliche und das menschliche Gesetz in einem hierarchischen Verhältnis. Bei *Thomas v. Aquin*[47] präzisieren die menschlichen Gesetze die wegen ihrer Allgemeinheit nicht genügend deutlichen Normen des natürlichen Gesetzes. Der Gesetzgeber findet die auch dem menschlichen Gesetz innewohnende Vernunft, indem er es vom natürlichen Gesetz ableitet. Steht es jedoch mit dem natürlichen Gesetz in Widerspruch, dann ist es nicht mehr Gesetz, sondern Gesetzesverderbnis (iam non erit lex sed legis corruptio). Das menschliche Gesetz als mensura mensurata[48] kann durch Schlussfolgerung (conclusio) oder durch eingrenzende Bestimmung (determinatio) vom natürlichen Gesetz abgeleitet werden.[49] Das durch conclusio aus dem Naturgesetz abgeleitete Gesetz hat seine Lebenskraft aus jenem, während das Gesetz starke eigene Lebenskraft empfängt, sobald es der Gesetzgeber determinierend gewonnen hat. Da die menschlichen Verhältnisse vielfältig und verschieden sind, erfordern die Prinzipien des Naturgesetzes verschiedene positive Gesetze in den verschiedenen Gemeinschaften.[50]

Die Gesetzeshierarchie ist weitergetragen worden über die *spanische Spätscholastik*[51] bis *Jean Bodin* und *Hugo Grotius*.[52] Bodin weist mit enormem rechtsvergleichenden Aufwand, also mit Mitteln der Empirie, die Richtigkeit des Systems der allgemeinen Rechtsgrundsätze nach. Es sieht die souveräne Herrschaft gebunden an das Natur- und Völkerrecht.[53]

---

45 Nikomachische Ethik, 1134b.

46 *Ernst-Wolfgang Böckenförde*, Geschichte der Rechts- und Staatsphilosophie, 2002, S. 136.

47 Summa Theologiae (S. Th.), pars I–II, quae. 95 a. 1 resp., a. 2 resp.

48 S. Th. I–II quae. 95 a. 3 resp., Absatz 1.

49 S. Th. I–II quae. 95 a. 2 resp., Absatz 2.

50 S. Th. I–II quae. 95 a. 2 res. ad 3.

51 Zusammenfassend *Heribert Franz Köck*, Der Beitrag der Schule von Salamanca zur Entwicklung der Lehre von den Grundrechten, 1987, S. 49 f., 54 f.

52 *Hugo Grotius*, De iure belli ac pacis, 1625, lib. I, cap. 1, IX, X.

53 *Jean Bodin*, Sechs Bücher über den Staat, Buch III, Kap. 4 (Ausgabe Mayer-Tasch 1981, Bd. 1 S. 466).

Selbst *Thomas Hobbes* sieht, dass die natürlichen Gesetze in den bürgerlichen Gesetzen eines jeden Staates sind oder umgekehrt: dass die bürgerlichen Gesetze Teil des Naturgesetzes sind.[54] *Hobbes* hielt die bürgerlichen Gesetze (civil laws) für eine in ihrer Substanz festliegende Größe, die die europäischen Völker von den Römern übernommen haben. *Hobbes* unterscheidet auch zwischen guten und schlechten Gesetzen.[55] Diese Unterscheidung setzt höheres Recht voraus, das Maßstab für den Leviathan und seine Berater sein muss.

John Locke, dessen staatsphilosophische Überlegungen stark vom damaligen englischen Parlamentarismus geprägt sind, kennt Gewalt und Unrecht unter dem Namen und in der Form des Gesetzes, was höheres Recht als Beurteilungsmaßstab voraussetzt. Der Staatsvertrag ist geschossen worden, um Freiheit und Eigentum, einschließlich Leben der Menschen zu schützen.[56] An diesem Zweck ist die Gesetzgebung gebunden. So ist also der gedachte Staatsvertrag das höhere Recht.

Die geschilderten literarischen Äußerungen gingen Anfang des 19. Jahrhunderts im Begriff des Rechtsstaates auf,[57] der zum Formprinzip der Staatsverfassungen erklärt wurde.[58] Dem entspricht Art. 16 der französischen Erklärung der Menschen- und Bürgerreichte, wonach jede Verfassung die Garantie der Rechte sichern und die Teilung der Gewalten bestimmen muss. Also ist der Staat auch als Gesetzgeber an vernünftige Rechtsgrundsätze gebunden. Freiheit und Gleichheit vor dem Gesetz, das die Aufgabe hat, den Ausgleich zwischen den Freiheitssphären der Individuen herzustellen und neben Freiheit und Eigentum auch Sicherheit (Art. 2 Menschenrechtserklärung von 1789) zu gewährleisten. Die Bindung des Gesetzgebers an die Verfassung als höheres Recht bezeichnet man als Konstitutionalismus oder Verfassungsstaatlichkeit.[59]

Der Rechtsstaat hat in der 2. Hälfte des 19. Jahrhunderts eine andere Bedeutung bekommen, indem Recht auf die vom Staat gegebenen Gesetze und somit Rechtsstaat auf die Gesetzmäßigkeit der Verwaltung reduziert wurde. Danach darf die Verwaltung niemals einer gesetzlichen Bestimmung zuwiderhandeln (Vorrang des Gesetzes) und in die Freiheit der Untertanen nur insoweit eingreifen, wie das Gesetz ihr dies gestattet (Vorbehalt des Gesetzes).[60] Dieses sog. Gesetzmäßigkeitsprinzip ist zusammen mit der Verwaltungsgerichtsbarkeit ein großer Fortschritt gewesen. Allerdings ist die Bindung der Gesetzgebung an

---

[54] *Thomas Hobbes*, Leviathan, Kap. 26 unter 4.

[55] AaO Kap. 30.

[56] *John Locke*, The Second Treatise of Government, § 136.

[57] *Horst Dreier*, Art. „Rechtsstaat", in: Enzyklopädie Philosophie, hrsg. von H.-J. Sandkühler, Bd. 3; *Alfred Albrecht*, Art. „Rechtsstaat", in: Staatslexikon, Bd. 4, 7. Aufl. 1988, Sp. 738, 742.

[58] *Carl Welcker*, Art. „Staatsverfassung", in: Rotteck/Welcker, Staatslexikon, 2. Aufl., Bd. XII, S. 363 ff.

[59] Zum Problem des Vorrangs der Verfassung und dessen Sicherung siehe *Christian Starck*, Verfassung und Gesetz, in: ders. (Hrsg.), Rangordnung der Gesetze (Abhandlungen der Akademie der Wissenschaften in Göttingen, Phil.-Hist. Klasse III 210), 1995, S. 29 ff., siehe in diesem Band das 6. Kapitel des ErstenTeils, S. 78 f.

[60] *Georg Meyer/Gerhard Anschütz*, Lehrbuch des deutschen Staatsrechts, 7. Aufl. 1919, S. 29; *Ernst-Wolfgang Böckenförde*, Enstehung und Wandel des Rechtsstaatsbegriffs, in: Festschrift für Adolf Arndt, 1969, S. 64.

höheres Recht, die im Rechtsstaatsbegriff in der ersten Hälfte des 19. Jahrhunderts zum Ausdruck kam, mangels Vorrangs der Verfassung nicht realisiert worden. Unter der Reichsverfassung von 1871 und der Weimarer Verfassung von 1919 konnte jedes Gesetz Verfassungsnormen ändern oder aufheben.[61]

V. Abschließende Betrachtung

Der kursorische Gang durch die Geschichte hat gezeigt, dass die Vorstellung von höherem Recht, das über dem Gesetz steht, seit der Antike nachweisbar ist – zunächst auf die Götter oder die Natur, dann auf Gott, die Natur, die Vernunft gestützt –, erst in der zweiten Hälfte des 19. Jahrhunderts verloren gegangen ist. Das führte zur Allmacht des Gesetzgebers, der als Exponent des Volkswillens keinem höheren Recht mehr im Sinne der überkommenen Rechtsgrundsätze unterworfen war. Nach der katastrophalen Entgleisung der Rechtsordnung im nationalsozialistisch regierten Staat, der freilich auch das formale Rechtsstaatsprinzip missachtete, hat eine Besinnung auf höheres Recht stattgefunden, die Eingang in das Grundgesetz gefunden hat. Damit sind vor allem die Grundrechte und die Gewaltenteilung gemeint. Ein Verfassungsgericht sichert die Geltung des Verfassungsrechts. Entsprechende Entwicklungen haben stattgefunden auf der iberischen Halbinsel nach Überweindung autoritärer Regierungssysteme, in Südafrika nach Überwindung der Apartheid und in den Mittel- und Osteuropäischen Staaten nach Überwindung kommunistischer Parteidiktaturen. Überall kam es zu Verfassungen mit Vorrang, geschützt durch Verfassungsgerichte.

Im Unterschied zu früheren Begründungen höheren Rechts aus Vorgaben der Götter, des christlichen Gottes, der Natur, beruhen die Verfassungen als höheres Recht auf dem Willen der verfassunggebenden Gewalt des Volkes und auf dem Umstand, dass sich in weiten Teilen der Welt als Maßgaben für die Verfassunggebung die Ideen der Volkssouveränität, der Gewaltenteilung und der Menschenrechte – die beiden letzten zusammengenommen auch Rechtsstaat – durchgesetzt haben und als Legitimationskriterien – gefestigt durch völkerrechtliche Verträge[62] – politisch wirksam sind.

Damit ist eine Erklärung des Begriffspaares „Gesetz und Recht" geliefert, wonach Recht in erster Linie Verfassungsrecht bedeutet, aber auch Rechtsgrundsätze umfasst, die sich nicht aus dem Gesetz ergeben, aber sich im Rahmen der Verfassung halten.

---

[61] Zu Art. 78 Reichsverfassung vgl. *Meyer/Anschütz* (Anm. 60), S. 689 f., zu Art. 76 WRV siehe *Gerhard Anschütz*, Die Verfassung des Deutschen Reiches, 14. Aufl. 1933, Art. 76 Bem. 1, 2.

[62] Europäische Konvention zum Schutz der Menschenrechte und Grundfreiheiten (1950); Internationaler Pakt über bürgerliche und politische Rechte (1966).

3. Kapitel

Das Gesetz und seine Anwendung durch die öffentliche Verwaltung*

I. Das Gesetz

Wenn man über das Gesetz spricht, geht es zunächst um das Verhältnis von Gesetz und Recht, die nicht identisch sind, wie im vorangehenden Kapitel dargelegt ist. Es geht um das Verfahren der Gesetzgebung, den Inhalt des Gesetzes, vor allem um dessen Allgemeinheit und Bestimmtheit. Das Gesetz muß abgegrenzt werden von niederrangigem Recht (Rechtsverordnungen, Satzungen) und höherrangigem Recht (Verfassung). Recht wird nicht nur durch Gesetze, sondern auch durch Verträge gesetzt. Das Gesetz wirft die Frage auf, ob und wie weit es praktisch wirksam ist oder nur im Gesetzblatt steht. Zum Gesetz, dem Ausgangspunkt unserer Überlegungen über die Anwendung des Gesetzes, möchte ich zunächst folgendes festhalten.

Das parlamentarische Gesetzgebungsverfahren setzt Gesetzesentwürfe voraus, die zumeist in den jeweils fachlich zuständigen Ministerien erstellt, seltener aus der Mitte des Parlaments eingebracht werden. Im Entwurfsstadium muss die Realität zuverlässig erfasst werden, auf die das Gesetz normativ wirken soll, und der Entwurf muss in die bestehende Rechtsordnung eingepasst werden, damit die Rechtsordnung nicht widersprüchlich wird. Wenn diese Voraussetzungen erfüllt sind, die im anschließenden parlamentarischen Gesetzgebungsverfahren erörtert werden können und sollen, entfaltet das Gesetzgebungsverfahren ein

* Aus: Heun/Starck (Hrsg.), Grundrechte, Rechtsstaat und Demokratie als Grundlagen des Verwaltungsrechts, Baden-Baden 2015, S. 29–40.

großes Legitimationspotential, was für Akzeptanz und Anwendung des Gesetzes eine wichtige Voraussetzung ist.[1]

Damit hat sich die enge Verbindung von Gesetzgebungsverfahren und Inhalt des Gesetzes gezeigt. Überlegungen zur Allgemeinheit und Bestimmtheit des Gesetzes sind von großem Interesse für die Anwendung des Gesetzes. Zwar muss ein Gesetz nicht stets allgemein sein. Aber es gibt verfassungsrechtliche Anforderungen, die die Allgemeinheit des Gesetzes verlangen, etwa bei Erlass von Wahlgesetzen[2] oder Gesetzen, die Grundrechte einschränken[3]. Auch erfordert der allgemeine Gleichheitssatz regelmäßig allgemeine Gesetze. Was die Bestimmtheit des Gesetzes anbelangt, kann diese immer nur relativ zur geregelten Materie sein. So gibt es Gesetze mit unbestimmten Rechtsbegriffen und Ermessensermächtigungen an die Verwaltung.

II. Gesetzmäßigkeit der öffentlichen Verwaltung

Wer wendet das Gesetz an? Hier ist vor allem an die öffentliche Verwaltung zu denken. Darum soll es auch im Folgenden gehen. Denn private Personen, die Rechtsgeschäfte abschließen, Testamente festlegen, sich straffrei verhalten, wenden keine Gesetze an, sondern verhalten sich im Rahmen der Gesetze. Das Besondere der öffentlichen Verwaltung ist deren Unterwerfung unter das Gesetz, das Grundlage und Maßstab für das Verwaltungshandeln ist. Die Verwaltung unterliegt dem Gesetzmäßigkeitsprinzip; danach ist das Gesetz zumeist nicht bloßer Rahmen, sondern Grundlage für behördliches Handeln.

Der *Gesetzesvorbehalt* besagt, dass für Handeln der Verwaltung zumeist eine gesetzliche Grundlage erforderlich ist, nicht nur für das Ob des Handelns, sondern auch für das Wie des Handelns. Die Bindung der Verwaltung an das Gesetz ist eine elementare Kompetenzregel der Rechtsordnung. Diese Regel sichert den Einfluss des demokratisch gewählten Parlaments als Gesetzgeber auf die Tätigkeit der Verwaltung. In rechtsstaatlicher Hinsicht bewirkt die Allgemeinheit und Bestimmtheit des Gesetzes Gleichheit, Berechenbarkeit und Rechtssicherheit. Der der öffentlichen Verwaltung unterworfene Bürger kann voraussehen, wie die Verwaltung handeln wird, er kann sich gegen Willkür wehren, zumal die Akte der Verwaltung gerichtlich überprüft werden können.[4]

Der *Vorrang des Gesetzes*, ebenfalls aus dem Demokratieprinzip fließend, bestimmt, dass jede untergesetzliche Regel (Verordnung, Verwaltungsvorschrift oder Gewohnheitsrecht) durch das Gesetz verdrängt wird. Das ist wiederum eine Kompetenzregel für das Verhältnis von Gesetz und Verwaltung, wodurch die Regelsetzung der Verwaltung beschränkt wird.

---

[1] *Christian Starck*, Der Gesetzesbegriff des Grundgesetzes, 1970, S. 162f.
[2] Art. 38 Abs. 1 Satz 1, Art. 28 Abs. 1 Satz 2 GG.
[3] Art. 19 Abs. 1 GG.
[4] Art. 19 Abs. 4 GG, §§ 40ff. VwGO.

III. Gesetz und Wirklichkeit

Wie lässt sich sicherstellen, dass das Gesetz Maßstab für die Verwaltung ist? Das Gesetz regelt mit Worten einen Aspekt der konkreten Wirklichkeit, der regelhaft in Erscheinung tritt. So soll die Polizei nach den Polizeigesetzen Gefahren abwehren. Wie lässt sich von den Worten, der Sprache des Gesetzes eine Brücke schlagen zur konkreten Wirklichkeit? Was stellt eine Gefahr dar? Zumeist definieren Polizeigesetze „Gefahr", was aber immer sprachlich abstrakt ist. Wie wirkt das abstrakte, sprachlich formulierte Gesetz normativ auf die Wirklichkeit? Die zum Zwecke der Normierung erforderliche Abstraktion geschieht mit den Mitteln der Sprache. Die Wirklichkeit, auf die normierend eingewirkt werden soll, ist aus anderem „Material". Sie ist konkret, unendlich konkret mit vielen Nuancen. Wie schlage ich die Brücke von der unendlich konkreten Wirklichkeit zur sprachlichen Abstraktion? Welche Vorgänge in der Wirklichkeit passen unter den Gefahrbegriff? Das Polizeigesetz definiert Gefahr als eine Sachlage, bei der im einzelnen Fall die hinreichende Wahrscheinlichkeit besteht, dass in absehbarer Zeit ein Schaden für die öffentliche Sicherheit oder Ordnung eintreten wird. Auch das ist Sprache und damit abstrakt. Welche Realitäten passen unter die abstrakten Begriffe des Gesetzes?

Wir können diese Frage nicht mit dem Hinweis darauf beantworten, dass mit den Mitteln der Sprache ein juristischer Sachverhalt formuliert wird, der mit dem sprachlich formulierten gesetzlichen Tatbestand in Beziehung gesetzt wird, also die ganze gedankliche Operation, die Subsumtion, auf der Ebene der Sprache stattfindet. Normative Wirkung auf die Wirklichkeit erreichen wir nur, wenn bereits die Herausarbeitung des sprachlich gefassten juristischen Sachverhalts aus der unendlichen Welt der Geschehensabläufe durch die Norm geleitet wird.[5] Die Brücke zwischen sprachlicher Abstraktion und Wirklichkeit hat Karl Engisch mit dem Hin- und Herwandern des Blicks zwischen Norm und Wirklichkeit beschrieben.[6] Dadurch werde die Konstitution des Sachverhalts bereits normativ geleitet. Die Frage bleibt aber, wie der Brückenschlag möglich ist. Blicken wir noch einmal auf das Verfahren der Gesetzgebung zurück.

Die Gesetze werden im Hinblick auf die Wirklichkeit formuliert. Die zu ordnende Wirklichkeit ist insofern an der Konstitution der Norm beteiligt.[7] Mit den Mitteln der Sprache werden Aspekte[8] der Wirklichkeit im gesetzlichen Tatbestand begrifflich erfasst und einer ebenfalls abstrakt-begrifflich gefassten Rechtsfolge unterworfen. Die tatbestandlich-begriffliche Formulierung der Wirklich-

---

[5] Ich folge hier meinen Ausführungen in *Christian Starck*, Der demokratische Verfassungsstaat, 1995, S. 71 f.

[6] *Karl Engisch*, Logische Studien zur Gesetzesanwendung, 3. Aufl., 1963, S. 15.

[7] *Emilio Betti*, Allgemeine Auslegungslehre als Methodik der Geisteswissenschaften, 1967, S. 620 ff.

[8] *Georg Simmel*, Das individuelle Gesetz (1913), Ausgabe 1968, hrsg. v. Michael Landmann, S. 175: „Der Inhalt des Allgemeinbegriffs, der ein konkretes Ding bezeichnet, schließt nur gewisse Teile, Aspekte, Bestimmtheiten des Dinges ein, sehr viele andere aber die ganze individuelle Konfiguration … lässt der Begriff gänzlich außerhalb seines Inhalts".

keit verlangt eine Wertung des Gesetzgebers, die u. a. bestimmt ist durch den Zweck der Regelung – im Beispiel der Gefahrenabwehr – und die leitenden Ideen, unter denen die Wirklichkeit betrachtet wird. Der so gebildete Begriff von der Wirklichkeit ist allgemein[9] in dem Sinne, dass er wiederholte Entsprechungen in der Wirklichkeit hat.

IV. Gesetzesanwendung

Bei der Gesetzesanwendung wird der geschilderte Vorgang umgekehrt. Die Entsprechungen der abstrakten Gesetzesformulierungen werden in der Wirklichkeit aufgesucht, um den juristischen Sachverhalt zu bilden.[10] Bei der Gesetzesanwendung kann an die Erfahrungen angeknüpft werden, die bei der Formulierung des Gesetzes maßgebend waren. Bei den Gesetzesanwendungen werden Entsprechungen des Allgemeinen in der Wirklichkeit gesucht, die der Gesetzgeber in Bezug genommen hat, als er die Norm formuliert hat.

Die Umkehrung des dem Gesetz zugrundeliegenden Abstraktionsprozesses bei der Entscheidung von Einzelfällen ist möglich, weil die Sprache kraft ihrer gemeinsamen Benutzung Verständigung über die Wirklichkeit erlaubt. Mit dem Wort „Tisch" werden abstrakt Erscheinungen in der Wirklichkeit bezeichnet, die wir sofort zuordnen können. „Küchentisch" oder „Schreibtisch" sind engere Abstraktionen, die jeweils nur Teilbereiche erfassen. Der Sprache wohnt eine vereinigende Kraft inne, die wesentliche Voraussetzung für die umgangssprachliche Kommunikation und für die Intersubjektivität der Wirklichkeitserfahrung ist.[11]

Die semantische Leistung der im Gesetz verwendeten Begriffe ist besonders groß, wenn es sich um neue Gesetze handelt, die möglichst präzise formuliert sind oder – wie heute in vielen Verwaltungsgesetzen üblich – Begriffsdefinitionen enthalten.[12] Handelt es sich um ältere oder weniger präzise formulierte Gesetze, so ist die Wirklichkeitsreferenz der Begriffe in der Regel auf Grund eines allgemeinen Vorverständnisses herstellbar. D. h. außer den verwendeten Worten spielen eine Rolle exemplarische Fälle in Präjudizien, gemeinsame soziale Erfahrungen, der Traditionszusammenhang und die Juristenausbildung. Es geht bei der Anwendung des Gesetzes stets um ein soziales, d. h. den meisten gemeinsamen Verständnis, das prägend auf das einzelne Subjekt wirkt. Soweit also den Begrif-

---

[9] *G. W. F. Hegel*, Phänomenologie des Geistes (1807) Werke Bd. III, Suhrkamp 1970, S. 91 f.

[10] *Helmut Schelsky*, Nutzen und Gefahren der sozialwissenschaftlichen Ausbildung von Juristen, in: JZ 1974, S. 410, 412 mit Hinweis auf die Notwendigkeit, Sachverhaltsfeststellungen in der juristischen Ausbildung zu lernen!.

[11] *Jürgen Habermas*, in: Hermeneutik und Ideologiekritik, 1973, S. 140.

[12] So enthält § 2 des Nieders. Gesetzes über die öffentliche Sicherheit und Ordnung 29 Definitionen. Z. B. „Eine konkrete Gefahr ist eine Sachlage, bei der im einzelnen Fall die hinreichende Wahrscheinlichkeit besteht, dass in absehbarer Zeit ein Schaden für die öffentliche Sicherheit oder Ordnung eintritt." Definitionen finden sich auch für „erhebliche Gefahr", „gegenwärtige Gefahr" und „abstrakte Gefahr".

fen ein Bedeutungskonsens zu Grunde liegt, ist die Verwaltung in der Lage, auf der Grundlage des Gesetzes in dem unendlich konkreten Geschehensablauf bestimmt Erscheinungen zu erkennen als Wiederholungen von Erscheinungen, die den Gesetzgeber zur gesetzlichen Regelung veranlasst haben.

Dazu ein Beispiel aus der Schönen Literatur. Friedrich Hölderlin schreibt:[13] „Wir waren zusammen aufs Feld gegangen, saßen vertraulich umschlungen im Dunkel des immergrünen Lorbeers …". Jeder, der deutsch versteht, kann den sprachlichen Text in Vorstellungen von der Wirklichkeit „übersetzen". Diese Auslöserfunktion von Sprache gehört zu wesentlichen Wirkungen der Schönen Literatur. Das Gemeinsame aller verschiedenen durch diesen Text ausgelösten Vorstellungen von Wirklichkeit ist im Text und in den verschiedenen Kontexten des Werkes auf den Begriff gebracht. Entsprechend verhält es sich beim Verstehen gesetzlicher Tatbestände.

V. Auslegungsregeln

Die bekannten juristischen Auslegungsregeln sind für den Brückenschlag zwischen Gesetzessprache und Wirklichkeit unentbehrlich, wenngleich sie nicht automatisch ein richtiges Ergebnis verbürgen. Sie helfen über ein vordergründiges Verständnis hinaus, den Inhalt der Gesetze zu klären und mögliche Sinnvarianten in dem vom Wortlaut abgesteckten Spielraum zu präzisieren.[14]

Die Auslegung eines Rechtstextes setzt stets voraus, dass man Wortbedeutung einschließlich Grammatik und Systematik sowie historische Regelungsabsicht berücksichtigt.[15] Auf die verfassungskonforme Auslegung wird noch einzugehen sein (siehe VI 2). Die teleologische Auslegung geht über Wortlaut, Grammatik, System und erkennbare subjektive Absicht des Normgebers hinaus; sie ist unverzichtbar, wenn eine Fallkonstellation zur Entscheidung steht, die vom Gesetz erkennbar nicht erfasst ist und aus den anderen Auslegungsregeln keine zuverlässigen Schlüsse gezogen werden können. Im Verwaltungsrecht gilt als Grenze der Teleologie, dass bei Eingriffen in die Bürgersphäre unter der Geltung des Gesetzesvorbehalts mit Hilfe der Teleologie gegen Wortlaut, Systematik und Entstehungsgeschichte keine Eingriffsgrundlage geschaffen werden darf.

Die Auslegungsregeln sind als Metaregeln zwar auch Sprache, aber eben Anleitungen oder Programme für den Brückenschlag. Eine allgemein verpflichtende Systematik der Auslegungsregeln gibt es nicht. Die Begründung einer problematischen Rechtsentscheidung, die auf die Auslegungsregeln nicht eingeht, würde als unzureichend, wenn nicht als willkürlich empfunden. Deshalb spielen die Auslegungsregeln und deren Einsatz eine große Rolle bei der Anwendung des Gesetzes durch die Verwaltung

[13] Werke und Briefe, hrsg. von Beißner und Schmidt, 1969, Bd. I, S. 315.
[14] *Friedrich Müller*, Juristische Methodik, 4. Aufl. 1990, S. 199ff., 213f.
[15] BVerfGE 60, 319, 325; 67, 100, 128ff.

VI. Rechtsstaatliche Grundsätze für die Gesetzesanwendung durch die Verwaltung

Die bisher behandelten Grundfragen der Anwendung von Gesetzen durch die Verwaltung waren: das Gesetzmäßigkeitsprinzip, die Möglichkeit normativer Wirkung auf die Wirklichkeit und die Auslegungsregeln. Es geht nun um die rechtsstaatlichen Grundsätzen, die bei der Gesetzesanwendung zu beachten sind. Ziel der Ausführungen ist es, den Gesamtvorgang der Anwendung des Gesetzes deutlich zu machen. Das sind die aus der Sache sich ergebenden Grenzen der Bestimmtheit gesetzlicher Regelungen, die zu Ermessensermächtigungen und unbestimmten Gesetzesbegriffen führen (1). Das ist ferner der Einfluss der Grundrechte bei der Anwendung der Gesetze und das dabei unverzichtbare Verhältnismäßigkeitsprinzip (2). Am Schluss folgen einige Bemerkungen zum Vertrauensschutz, soweit ihn die Verwaltung bei der Anwendung der Gesetzes zu gewährleisten hat (3).

1. Verwaltungsermessen und unbestimmte Gesetzesbegriffe

Zu Anfang wurde die Unterwerfung der öffentlichen Verwaltung unter das Gesetz betont und auf den Gesetzesvorbehalt hingewiesen, der eine elementare Kompetenzbestimmung jeder rechtsstaatlichen Rechtsordnung darstellt. Das Verwaltungsermessen bedeutet eine besondere Kompetenz der Verwaltung bei der Gesetzesanwendung.[16] So räumt die Gesetzgebung der Verwaltung Ermessen ein, wenn der zu regelnde Gegenstand eine genauere abstrakt-generelle gesetzliche Vorausbestimmung der Rechtsfolge nicht zulässt. Danach kann die Behörde ermächtigt werden zu entscheiden, ob sie eine im Gesetz vorgesehene Rechtsfolge anordnet (Entschließungsermessen), oder die Ermächtigung kann darauf gerichtet sein, unter mehreren Rechtsfolgen eine auszuwählen (Auswahlermessen).

Bei der Ermessensausübung geht es nicht um Freiheit der Verwaltung. Die Behörde darf nicht entscheiden, wie sie will. Bevor die Behörde handelt, muss sie im Rahmen der jeweils einschlägigen, mehr oder weniger weiten gesetzlichen Vorgaben die Sachlage – eventuell in einem besonderen gesetzlich geregelten Verfahren[17] – beurteilen. Wer Ermessen ausübt, würdigt Lebenssachverhalte im Rahmen gesetzlicher Zielvorgaben und entscheidet im Rahmen dieser Vorgaben. Im deutschen Verwaltungsverfahrensgesetz wird die Ausübung des Ermessens folgendermaßen geregelt: „Ist die Behörde ermächtigt, nach ihrem Ermessen zu handeln, so hat sie ihr Ermessen entsprechend dem Zweck der Ermächti-

---

[16] *Christian Starck*, Das Verwaltungsermessen und dessen gerichtliche Kontrolle, in: Festschrift für Horst Sendler, 1991, S. 167ff = *Starck*, Praxis der Verfassungsauslegung, 1994, S. 223ff.

[17] *Eberhard Schmidt-Aßmann*, Das allgemeine Verwaltungsrecht als Ordnungsidee, 1998, S. 178, 184; *Jens-Peter Schneider*, Strukturen und Typen von Verwaltungsverfahren, in: Hoffman-Riem/Schmidt-Aßmann/Voßkuhle (Hrsg.), Grundlagen des Verwaltungsrechts, Bd. II, 2008, S. 523, 546ff.

gung auszuüben und die gesetzlichen Grenzen des Ermessens einzuhalten" (§ 40 VwVfG).[18]

Hinter dem Zuständigkeitsproblem steht der rechtsphilosophische Gehalt des Ermessensbegriffs, in dem ein unabweisbares rechtliches Urphänomen zum Ausdruck kommt. Wenn im Hinblick auf die notwendige Entscheidung des Einzelfalls nicht weiter generalisierbare konkrete Sachverhalte vorliegen, ist es nicht vermeidbar, der zur Entscheidung berufenen Stelle Ermessen einzuräumen. Ermessen bedeutet, etwas ausmessen, beobachtend beurteilen, überlegend entscheiden.[19] Der dafür im angelsächsischen und romanischen Sprachbereich verwendete Ausdruck „discretion" leitet sich unmittelbar von dem Partizip Perfekt des lateinischen Verbs „discernere" ab, das scheiden, unterscheiden, beurteilen, entscheiden bedeutet.

Wem diese Beurteilung obliegt, der muss eine den Zielvorgaben des Gesetzes entsprechende Entscheidung treffen, die im Hinblick auf die je individuellen Verhältnisse angemessen, billig und gerecht ist. Wenn die Gleichheit durch das allgemeine Gesetz nicht verbürgt werden kann, weil die generalisierenden Begriffe des Gesetzes in unvorhergesehenen Fallkonstellationen Fehlerquellen oder Härten ergeben, oder wenn das Gesetz wegen der Besonderheit der Lebenssachverhalte nur allgemeine Zielbestimmungen festlegen kann, muss die Verwaltung im konkreten Fall die Gleichheitsfrage selbst entscheiden. Dafür hat die Verwaltung nach der Verallgemeinerungsfähigkeit ihrer Problemlösung nach Maßgabe der Wertungen des Gesetzgebers zu fragen.[20] Vergleichbare Fälle sind gleich zu entscheiden. Der Vergleichbarkeit unterzogene Fälle sind auf die Hervorbringung des Allgemeinen auszurichten. Sie sind nicht beliebigen Besonderheiten oder gar dem Interesse einer Partei dienstbar zu machen.

Ermessen kommt im Verwaltungsrecht z. B. vor zur Beurteilung von Risiken,[21] zur Gewährung von Dispensen,[22] zur Ermöglichung von Taktik,[23] als Freiraum zur Entfaltung besonderen Sachverstandes, auf Gebieten wie Kunst, Wissenschaft usf. und als Planungsermessen im Bau- und Straßenrecht.[24]

Außer dem Ermessen auf der Rechtsfolgeseite des Gesetzes gibt es auf seiner Tatbestandsseite sog. unbestimmte Gesetzesbegriffe. Beispiele sind: gute Sitten, Eignung, Verkehrssicherheit, unbillige Härte. Diese im Einzelfall ausfüllungsbedürftigen Begriffe verweisen auf normative Maßstäbe in Gestalt von akzeptierten, in der jeweiligen sozialen Wirklichkeit bestehenden Wertungen, mit deren Hilfe konkretes Verhalten beurteilt werden soll. Damit wird ein beobachtetes,

---

[18] Dem entspricht die Kontrollnorm des § 114 Verwaltungsgerichtsordnung.

[19] *Moritz Heyne*, Deutsches Wörterbuch, Bd. I, 2. Aufl. 1904, Sp. 806.

[20] *Hans-Ulrich Evers*, Das allgemeine Gesetz und seine Anwendung, in: Starck (Hrsg.), Die Allgemeinheit des Gesetzes, 1987, S. 96, 129 auch zum Folgenden.

[21] § 7 Abs. 2 Atomgesetz: Genehmigung darf nur erteilt werden, wenn bestimmte Voraussetzungen vorliegen, muss aber nicht erteilt werden.

[22] § 31 Abs. 2 Baugesetzbuch: von den Festsetzungen des Bebauungsplans kann befreit werden, wenn die Grundzüge der Planung nicht berührt werden und 3 weitere Voraussetzungen erfüllt sind.

[23] § 5 Nieders. Gesetz über die öffentliche Sicherheit und Ordnung.

[24] *Hartmut Maurer*, Allgemeines Verwaltungsrecht, 18. Aufl. 2011, § 7 Rn. 63.

als normal bewertetes Verhalten zum Maßstab für zukünftiges Verhalten.[25] Eine nähere begriffliche Beschreibung des geforderten Verhaltens findet nicht statt, weil die Verhaltensweisen so mannigfaltig sind, dass sie sich begrifflicher Präzision entziehen.[26] Bei der Anwendung unbestimmter Gesetzesbegriffe ist zunächst der Verwaltungsbeamte, später eventuell der Richter in eine lebendige juristische und gesellschaftliche Tradition hineingestellt, die er vor seinen subjektiven Wertvorstellungen zur Geltung bringen kann und muss.[27]

2. Grundrechte und Verhältnismäßigkeitsprinzip

Der Gesetzgeber ist beim Erlass der Gesetze und die Verwaltung ist bei Anwendung der Gesetze an die Grundrechte gebunden (Art. 1 Abs. 3 GG). Wenn das anzuwendende Gesetz nach den dargelegten Auslegungsregeln verschieden ausgelegt werden kann, so dass es entweder verfassungswidrig oder verfassungsmäßig ist, ist die Verwaltung verpflichtet, es verfassungskonform auszulegen. In dieser Pflicht manifestiert sich die unmittelbare Bindung der Verwaltung an die Verfassung. Gesetze, die Richtlinien der Europäischen Union umsetzen (Art. 288 Abs. 3 AEUV), müssen so ausgelegt werden, dass die Ziele der Richtlinie verwirklicht werden.

In Deutschland hat die Denkform des subjektiven öffentlichen Rechts in den Grundrechten und in der diesen vorangestellten Menschenwürdegarantie ihre verfassungsrechtliche Grundlage. Das subjektive öffentliche Recht ist aber auch eine Konsequenz des Rechtsstaatsprinzips. Subjektives Recht bedeutet allgemein Rechtsmacht, von einem anderen ein Tun, Dulden oder Unterlassen fordern zu können, als subjektives öffentliches Recht vom Staat oder einem anderen Träger öffentlicher Gewalt.[28]

Bei der Anwendung von Gesetzen durch die Verwaltung geht es regelmäßig um einen im Gesetz vorgeformten Ausgleich zwischen Rechten Einzelner und Gemeinwohlbelangen, die zumeist durch Grundrechtseinschränkungen realisiert werden. Wenn das bloße Ziel, Rechtsgüter zu schützen, für Grundrechtseinschränkungen beliebiger Art genügte, wäre die Bindung an die Grundrechte in Frage gestellt. Das lässt sich sowohl auf Gesetzesebene als auch bei der hier interessierenden Ebene der Gesetzesanwendung dadurch vermeiden, dass die zum Schutz der verfassungsrechtlich fundierten Rechtsgüter eingesetzten Mittel bestimmten Grenzen unterworfen sind. Diese sind zumeist schon im Gesetz festgelegt. Bei der Anwendung offener Gesetzesbegriffe oder von Ermessensermächtigungen spielt das Verhältnismäßigkeitsprinzip eine große Rolle.

---

[25] Vgl. *Josef Esser*, Grundsatz und Norm, 2. Aufl. 1964, S. 150.

[26] *Christian Starck*, Der Gesetzesbegriff des Grundgesetzes, 1970, S. 265.

[27] *Karl-Heinz Strache*, Das Denken in Standards, 1967, S. 17f.

[28] *Ottmar Bühler*, Die subjektiven öffentlichen Rechte und ihr Schutz in der deutschen Verwaltungsrechtsprechung, 1914, S. 224; *ders.*, Altes und Neues über Begriff und Bedeutung der subjektiven öffentlichen Rechte, in: Gedächtnisschrift für Walter Jellinek, 1955, S. 269, 274.

Bezeichnender Weise ist das Verhältnismäßigkeitsprinzip schon im 19. Jahrhundert im deutschen Polizeirecht aktualisiert worden,[29] um die Generalklausel als Grundlage polizeilichen Entscheidens rechtsstaatlich zu bändigen. Die auf einer Generalklausel beruhende Maßnahme der Verwaltung muss geeignet und erforderlich sein, um das gesetzlich vorgegebene Ziel zu erreichen. Außerdem ist abzuwägen, ob die Schwere des Eingriffs im angemessenen Verhältnis zum Nutzen für das Schutzgut steht. Je nach der Genauigkeit der Formulierung des Gesetzes hat die Verwaltung Spielräume, die unter dem Gesichtspunkt der Verhältnismäßigkeit des Eingriffs begrenzt werden.

3. *Vertrauensschutz*

Bei der Anwendung des Gesetzes gilt, wie dargelegt, das Gesetzmäßigkeitsprinzip. Deshalb kann ein rechtswidriger Verwaltungsakt, auch wenn er unanfechtbar geworden ist, ganz oder teilweise mit Wirkung für die Zukunft oder für die Vergangenheit zurückgenommen werden (§ 48 Abs. 1 Satz 1 VwVfG). Ist der Verwaltungsakt begünstigend, darf er jedoch nur unter Einschränkungen zurückgenommen werden, die in § 48 Abs. 2–4 VwVfG festgelegt sind und dem Vertrauensschutz dienen. In diesen Fällen weicht die Gesetzmäßigkeit der Verwaltung dem Vertrauensschutz, d. h. der rechtswidrige Zustand wird zugunsten des Betroffenen aufrechterhalten. Zur Begründung des Vertrauensschutzes wird das Rechtsstaatsprinzip herangezogen. Die Formulierung der allgemeinen Regel in § 48 Abs. 1 Satz 1 VwVfG, dass der rechtwidrige Verwaltungsakt ganz oder teilweise, für die Vergangenheit oder nur für die Zukunft zurückgenommen werden darf, ermöglicht der Verwaltung dem Gesetzmäßigkeitsprinzip den Umständen entsprechend[30] hinreichend Wirksamkeit zu verschaffen. Gleichwohl hat die Rechtsprechung des Bundesverwaltungsgerichts gewisse durchgehende Konturen entwickelt, so dass man, wie Hartmut Maurer[31] sagt, von einer in sich geschlossenen Rücknahmelehre des Bundesverwaltungsgerichts – also Richterrecht – sprechen kann.

VII. Zusammenfassung

1. Die rechtsstaatliche Verwaltung vollzieht sich auf der Grundlage, zumindest im Rahmen des Gesetzes.
2. Die Anwendung des Gesetzes durch die Verwaltung verlangt eine der Norm entsprechende Bildung des Tatbestandes aus der Wirklichkeit unter Beachtung der Regeln der Gesetzesauslegung.

---

[29] Preuß.OVG 13, 424, 426; Sächs.OVG, Jahrbuch 1907, S. 328, 331; Bad.VGH, Zeitschrift für Bad.Verw. 1923, S. 133.

[30] Beispielhaft BVerfGE 59, 128, 169 f.

[31] *Maurer* (Anm. 26), Rn. 23 f. mit Angaben aus der Rechtsprechung; *Kyrill-A. Schwarz*, Vertrauensschutz als Verfassungsprinzip, 2002, S. 321 ff.

3. Für die Gesetzesanwendung gelten rechtsstaatliche Grundsätze, die besonders hervorgehoben worden sind für die Ausführung von Ermessensermächtigungen und die Anwendung unbestimmter Gesetzesbegriffe.
4. Die Verwaltung ist – vermittelt durch das anzuwendende Gesetz und bei dessen Anwendung – unmittelbar an die Grundrechte gebunden, wofür das Verhältnismäßigkeitsprinzip leitend ist.
5. Bei der Gesetzesanwendung schützt die Verwaltung unter Zurückstellung der Gesetzmäßigkeitsprinzips das Vertrauen auf den Fortbestand begünstigender Verwaltungsakte.

4. Kapitel

Rechtsdogmatik und Gesetzgebung im Verwaltungsrecht*

Rechtsdogmatik ist ein zusammenhängendes Gefüge von juristischen Sätzen und Regeln, die intra legem, aber auch extra legem entwickelt werden und die allgemeine Anerkennung und Befolgung beanspruchen.[1] Aus dieser Feststellung resultiert ein ambivalentes Verhältnis von Rechtsdogmatik und Gesetzgebung, das für das Verwaltungsrecht dargestellt wird. Ich werde erst den Weg von der Rechtsdogmatik zum Gesetz und dann Beispiele für die Arbeit der Rechtsdogmatik am Gesetz aufzeigen; am Schluß werde ich mich der Frage nach den Stufen der Rechtsdogmatik zuwenden.

I. Von der Rechtsdogmatik zur Gesetzgebung

Unsere Dogmatik des allgemeinen Verwaltungsrechts ist seit dem Ausgang des letzten Jahrhunderts, also in den letzten hundert Jahren, mangels einschlägiger Gesetzgebung entwickelt, befestigt und verfeinert worden. Otto Bachof hat dargelegt,[2] wie sehr jedoch die für die Dogmatik des allgemeinen Verwaltungsrechts grundlegenden Autoren Friedrich Franz Mayer und Otto Mayer ihr Anschauungsmaterial den damals schon recht zahlreichen besonderen Verwaltungsgesetzen entnommen haben.

Der württembergische Oberamtmann *Friedrich Franz Mayer* arbeitete auf der Grundlage der Verwaltungsgesetze der deutschen Staaten in seinem 1862 veröffentlichten Buch nach Art der Lehrbücher zum gemeinen deutschen Staatsrecht, das in Verbindung mit dem Bundesrecht dargestellt wurde, die Grundsätze des Verwaltungsrechts mit besonderer Rücksicht auf gemeinsames deutsches Recht

---

* Aus: Behrends/Henckel (Hrsg.), Gesetzgebung und Dogmatik, Göttingen 1989, S. 106–119.

[1] *Franz Wieacker*, Zur praktischen Leistung der Rechtsdogmatik, in: Gadamer-FS Bd. II, 1970, S. 311, 319 m. w. H. in Anm. 22; *Christian Starck*, Empirie in der Rechtsdogmatik, JZ 1972, S. 609 = *ders.*, Der demokratische Verfassungsstaat 1995, S. 97.

[2] *Otto Bachof*, Die Dogmatik des Verwaltungsrechts vor den Gegenwartsaufgaben der Verwaltung, VVDStRL 30 (1972), S. 193, 203.

heraus.[3] Diese Grundsätze stellen in Deutschland die erste dogmatische Ausformung des allgemeinen Teils des Verwaltungsrechts dar. Allgemein bedeutet hier sowohl den Gegensatz zum besonderen Verwaltungsrecht des einzelnen deutschen Staates als auch gemeindeutsch[4]. Den Inhalt des (allgemeinen) Staatsverwaltungsrechts beschreibt *Friedrich Franz Mayer* als ein System rechtlicher Grundsätze und Einrichtungen, „in welchem zunächst die auch im Privatrecht anwendbaren Bestimmungen über juristisch wichtige Eigenschaften der Einzelnen (Personenrecht) aber dort in Richtung auf die Stellung der letzteren als Subjekte öffentlicher Rechtsverhältnisse Platz greifen, welches ferner gewisse allgemeine Rechtsbegriffe mit dem Privatrecht gemein hat, welches dann aber auch wesentlich in eigenthümlichen, der Natur der öffentlichen Verwaltung entsprechenden Formen und Gestaltungen sich ausbildete und entsprechend dem Wechsel der öffentlichen Bedürfnisse fortwährend ausbildet."[5] Man sieht, die Gesetzgebung spielt hier nur eine marginale Rolle. Zurückgegriffen wird auf das Privatrecht, auf die Natur der öffentlichen Verwaltung und auf den Wechsel der Bedürfnisse. Was die Gesetze anbelangt, so klagt Mayer über deren Vielzahl, obgleich er sie als Induktionsbasis für seine rechtsdogmatische Arbeit nutzt. Sie sind für ihn der Stoff, den er seiner Arbeit zugrundelegt. Als „erfahrener Praktiker" lege er „den Hauptwerth seiner Leistung in die Zurückführung des Einzelnen auf das Allgemeine, in die Anweisung der Stelle, die jedes einzelne Institut im öffentlichen Rechtsleben einnimmt, und im Zusammenhange mit den anderen und in die Darlegung der obersten, leitenden Grundsätze, alles, wo möglich, nach dem jetzigen Stande der Rechtserkenntniß".

Otto Mayer[6] machte zudem Anleihen bei dem schon weiter entwickelten französischen Verwaltungsrecht, das er gut kannte,[7] und förderte mit seinem Lehrbuch des Deutschen Verwaltungsrechts die Rechtsdogmatik weiter. Die juristische Herausarbeitung der allgemeinen Grundsätze, die in einzelnen Verwaltungsgesetzen stecken bzw. die an sie herangetragen werden und die deren Handhabbarkeit verbessern und rationalisieren, fand in ständiger Zwiesprache zwischen Rechtslehre und der von gelehrten Richtern ausgeübten Rechtsprechung statt. Dieses Gebäude des allgemeinen deutschen Verwaltungsrechts[8] galt

[3] Der genaue Titel des Werkes von *F. F. Mayer* lautet: „Grundsätze des Verwaltungs-Rechts mit besonderer Rücksicht auf gemeinsames deutsches Recht, sowie auf neuere Gesetzgebung und bemerkenswerte Entscheidungen der obersten Behörde zunächst der Königreiche Preußen, Baiern und Württemberg".

[4] Diese die Staatsgrenze überschreitende Bedeutung des allgemeinen Verwaltungsrechts wird heute noch in der Schweiz gepflegt, vgl. *Thomas Fleiner-Gerster*, Grundzüge des allgemeinen und schweizerischen Verwaltungsrechts, 2. Aufl. 1980.

[5] *F. F. Mayer* (Anm. 3), S. 8.

[6] *Otto Mayer*, Deutsches Verwaltungsrecht, 2 Bde., 1. Aufl. 1895/96, 2. Aufl. 1914/1917, 3. Aufl. 1924.

[7] *Otto Mayer*, Theorie des französischen Verwaltungsrechts, 1886; vgl. dazu *Erk Volkmar Heyen*, Otto Mayer: Frankreich und das Deutsche Reich, in: Der Staat 19 (1980), S. 444, 453 ff.

[8] Vgl. die jeweils weiterführenden Arbeiten von *Fritz Fleiner*, Institutionen des deutschen Verwaltungsrechts, 1911, 8. Aufl. 1928; *Paul Schoen*, Deutsches Verwaltungsrecht. Allgemeine Lehren und Organisation 1913, insbesondere durch Einbeziehung des Organisationsrechts; *Walter Jellinek*, Verwaltungsrecht, 1928, 3. Aufl. 1931 (unveränderter Neudruck 1948).

nach dem 2. Weltkrieg in Bund und Ländern als Gewohnheitsrecht weiter, soweit es nicht von der Gesetzgebung über einzelne Verwaltungsmaterien aufgenommen wurde oder soweit es nicht Ausdruck verfassungsrechtlicher Grundsätze war, denen Vorrang vor der Gesetzgebung zukommt. Die Bedeutung der überlieferten Dogmatik des allgemeinen Verwaltungsrechts für die Rechtsordnung läßt sich daran ermessen, daß die Gesetzgeber in Bund und Ländern vor der Alternative standen, es bei der gewohnheitsrechtlichen Geltung zu belassen oder die Materie ganz oder teilweise – unter Entscheidung der wenigen übriggebliebenen Kontroversen – zu kodifizieren.

1976 wurde ein Teil des allgemeinen Verwaltungsrechts im Verwaltungsverfahrensgesetz des Bundes und parallel dazu in Landesgesetzen kodifiziert. Ganz unzweifelhaft hat die fast ein Jahrhundert währende dogmatische Arbeit am allgemeinen Verwaltungsrecht der Gesetzgebung auf dem Gebiet des Verwaltungsrechts ganz wesentliche systematische Grundlagen geliefert und in Streitfragen Entscheidungsalternativen vorgelegt. Diese rechtsdogmatischen Grundlagen haben die Gesetzgebung zu den einzelnen Verwaltungsmaterien kontinuierlich bis hin zu dem Verwaltungsverfahrensgesetz beeinflußt.

Schon vor der Kodifikation eines Teils des allgemeinen Verwaltungsrechts hatte dieses bei der in Bund und Ländern vielfältigen Gesetzgebung auf den Gebieten des besonderen Verwaltungsrechts die wichtige Funktion, das Auseinanderdriften der einzelnen verwaltungsrechtlichen Gebiete zu verhindern, „dem Gebäude des Verwaltungsrechts Festigkeit und Geschlossenheit zu verleihen" und „Kurzlebigkeit wie Langatmigkeit des besonderen Verwaltungsrechts" zu kompensieren.[9] Diese Aufgabenstellung, so konservierend sie klingt, schließt nicht aus, geistesgeschichtliche und soziale Bedingtheiten der verwaltungsrechtlichen Dogmatik herauszuarbeiten und aus der Konfrontation mit den Veränderungen in der Gegenwart die notwendigen Konsequenzen zu ziehen und die Rechtsdogmatik vorsichtig weiterzuentwickeln.[10] Klaus Stern hat 1962 in einer Untersuchung von 16 Bundesgesetzen „eine erfreuliche Übereinstimmung in der Erhaltung und Verwendung der überkommenen Grundsätze und Institutionen des allgemeinen Verwaltungsrechts durch den Gesetzgeber des besonderen Verwaltungsrechts" feststellen können:[11] Begriffe und Formen, die von Wissenschaft und Rechtsprechung geprägt worden seien, besäßen offenbar ein größeres Beharrungsvermögen als die vom Gesetzgeber verwendeten Bauelemente. Zwar vermöge die Autorität des Gesetzgebers zu entscheiden, aber nicht minder wichtig sei, daß sie gut und richtig entscheide, d. h. im Einklang mit gefestigten Auffassungen und mit dem Ziel sach- und strukturgerechter, sauberer und sachlogisch einwandfreier Lösungen.[12]

---

[9] *Klaus Stern*, Das allgemeine Verwaltungsrecht in der neueren Bundesgesetzgebung, JZ 1962, S. 265 ff. und 297 ff., 267.

[10] Dazu *Winfried Brohm*, Die Dogmatik des Verwaltungsrechts vor den Gegenwartsaufgaben der Verwaltung, VVDStRL 30 (1972), S. 245, 253.

[11] *Stern* (Anm. 9), S. 302.

[12] Ähnlich jetzt *Eberhard Schmidt-Aßmann*, Das allgemeine Verwaltungsrecht als Ordnungsidee und System, 1982, S. 10 f.

Die Rechtsdogmatik erweist sich also auch im Verwaltungsrecht als notwendige Grundlage der Gesetzgebung[13], die ohne rechtsdogmatische Vorarbeiten und Systematisierungen ein rechtskulturell sehr niedriges Niveau hätte und den rechtsstaatlichen Anforderungen an Überschaubarkeit und Verläßlichkeit des Rechts nicht gerecht würde. Zur Gesetzgebung gehört auch die Rechtsdogmatik.[14]

Es gibt im Verwaltungsrecht jedoch noch immer Bereiche, die gesetzlich nicht geregelt und auch nicht oder nicht genügend rechtsdogmatisch durchgeformt sind. Man denke nur an das Behörden- und Organisationsrecht.[15] Besonders erwähnen möchte ich die rechtlichen Grundlagen für die Zusammenarbeit der Länder im Bundesstaat, eine weder verfassungsrechtlich noch gesetzlich geregelte Materie, die schon als tatsächliche Erscheinung kaum erfaßt ist, geschweige denn in ihren rechtsdogmatischen Strukturen, obgleich diese Kooperation keine neue Erscheinung ist und im Laufe der Zeit immer mehr zugenommen hat. Eine erste Durchforstung vom Tatsächlichen her und der rechtsdogmatischen Ordnung ist im Rahmen der Arbeit der Deutschen Gesellschaft für Rechtsvergleichung im Jahre 1987 versucht worden.[16]

Zur Zeit wird die Rechtsdogmatik eines europäischen Verwaltungsrechts erarbeitet. Es waren nicht die Gelehrten, die hier vorgearbeitet haben, sondern der Gerichtshof der Europäischen Gemeinschaften, der Entscheidungen zu treffen hatte, begann mit der Herausbildung eines den nationalen Rechtsordnungen gegenüber verselbständigten, aber aus diesen gespeisten europäischen Verwaltungsrechts. Der europäische Gerichtshof schöpft dabei aus dem Reservoir der hinter den einzelnen Verfassungs- und Verwaltungsordnungen stehenden gemeinsamen Wertvorstellungen der Mitgliedstaaten.[17] Nach seinen eigenen Worten entscheidet der Gerichtshof Grundfragen des Verwaltungsrechts unter Berücksichtigung der in Gesetzgebung, Lehre und Rechtsprechung der Mitgliedstaaten anerkannten Regeln. Dabei darf man nicht übersehen, daß das Verwaltungsrecht der Mitgliedstaaten national geprägte Eigenarten aufweist. Deshalb sind die meisten verwaltungsrechtlichen Institute juristisch nur aus der verfassungsrechtlich, politisch und historisch verankerten Struktur des jeweili-

---

13 Vgl. *Jan Harenburg*, Die Rechtsdogmatik zwischen Wissenschaft und Praxis, 1986, S. 365.

14 *Günther Winkler*, Gesetzgebung und Verwaltungsrecht, in: Winkler/Schilcher (Hrsg.), Gesetzgebung, 1981, S. 100, 109f.: Die Befassung mit dem „fertigen" Gesetz liefere Mängelkataloge, die zu einer kritischen Wegweisung für die künftige Gesetzgebung werden könnten und sollten. Vgl. ferner *Ulrich Karpen*, Zum gegenwärtigen Stand der Gesetzgebungslehre in der Bundesrepublik Deutschland, Zeitschrift für Gesetzgebung 1 (1986), S. 5, 8.

15 *Bachof* (Anm. 2), S. 233ff., kritisiert, daß das Behörden- und Organisationsrecht von der verwaltungsrechtlichen Dogmatik vernachlässigt wird.

16 Vgl. Fragenkatalog, Landesberichte und rechtsvergleichenden Generalbericht, in: Christian Starck (Hrsg.), Zusammenarbeit der Gliedstaaten im Bundesstaat, 1988.

17 *Gottfried Zieger*, Die Rechtsprechung des Europäischen Gerichtshofs, JöR 22 (1973), S. 299, 349f. m. w. N. sowie *Hans-Peter Ipsen*, Europäisches Gemeinschaftsrecht, 1972, S. 734; *Jürgen Schwarze*, Die Befugnis zur Abstraktion im europäischen Gemeinschaftsrecht, 1976, S. 224ff.; *Ulrich Everling*, Auf dem Wege zu einem europäischen Verwaltungsrecht, NVwZ 1987, S. 1ff.

gen Staates zu verstehen,[18] was an die rechtsdogmatische Herausbildung eines europäischen Verwaltungsrechts nicht unerhebliche Anforderungen stellt. Die sich entwickelnde Rechtsdogmatik eines europäischen Verwaltungsrechts wird vereinheitlichende Kraft auf die nationalen Verwaltungsrechtssysteme und damit auf die nationalen Gesetzgebungen entfalten.[19]

II. Gesetzgebung und dogmatische Nacharbeit

Aufbau, Weiterentwicklung und gegebenenfalls auch Umbau der Verwaltungsrechtsdogmatik geschah nicht gänzlich unbeeinflußt von der Gesetzgebung. Es ist schon bemerkt worden, daß einzelne Verwaltungsgesetze unter dem Gesichtspunkt, ihre Anwendung zu rationalisieren, von Beginn an Ausgangspunkte für die verwaltungsrechtliche Begriffsbildung waren, also Stoff für die dogmatische Arbeit darstellten. Die Gesetzgebung hat aber auch die Dogmatik unmittelbar beeinflußt, wie man an den Gesetzen über die Verwaltungsgerichtsbarkeit und über das Verwaltungsverfahren[20] zeigen kann. An drei Beispielen möchte ich darlegen, a) wie unvollkommene Gesetzgebung im Hinblick auf verfassungsrechtliche Anforderungen zu Verformungen der Rechtsdogmatik führt, b) wie dogmatische Konstruktionen flexible Gesetzgebung ohne Not verengen können und c) wie Rechtsdogmatik an der Verbesserung des Gesetzes arbeitet.

a) Da der verwaltungsgerichtliche Rechtsschutz wegen Art. 19 Abs. 4 GG zu einer zentralen Einrichtung unseres Verwaltungsrechtssystems gehört, wirken die Vorschriften über die Klagearten in die Dogmatik des Verwaltungsrechts ein. Als Beispiel erwähne ich die Wucherungen des Begriffs des Verwaltungsaktes unter der Geltung der Verwaltungsgerichtsgesetze[21] der zur amerikanischen Besatzungszone gehörenden Länder und der britischen Militärregierungsverordnung Nr. 165,[22] die den gerichtlichen Rechtsschutz an das Vorliegen eines Verwaltungsaktes knüpften. Die Folge war, daß der Begriff des Verwaltungsaktes in teleologischer Interpretation weit über seine ursprüngliche Bedeutung hinaus ausgeweitet wurde, indem alle möglichen Maßnahmen unter ihn subsumiert wurden,[23] und

---

[18] Dargestellt am Beispiel des Verwaltungsermessens bei *Christian Starck*, Rechtsvergleichender Generalbericht, in: Martin Bullinger (Hrsg.), Verwaltungsermessen im modernen Staat, 1986, S. 15ff.

[19] *Bachof* (Anm. 2), S. 236; *Jean Rivero*, Vers un droit commun européen, in: Cappelletti (ed.), New Perspectives for a Common Law of Europe, Florenz 1978, S. 389, 406; *Jürgen Schwarze*, Europäisches Verwaltungsrecht im Werden, 1982, S. 16ff.

[20] Dazu die ausführliche Untersuchung von *Ingo Heberlein*, Auswirkungen der Verwaltungsverfahrensgesetze auf die Dogmatik des Verwaltungsrechts (Speyerer Forschungsberichte 24), 2 Bände, 1981.

[21] Gesetze über die Verwaltungsgerichtsbarkeit, Bayern v. 25.09.1946 (GVBl., S. 281), Bremen v. 05.08.1947 (GVBl., S. 171), Hessen v. 31.10.1946 (GVBl., S. 194), Württemberg-Baden v. 16.10.1946 (RegBl., S. 221), später für Baden-Württemberg v. 12.05.1958 (GB1. S. 131).

[22] ohne Datum, VOBl. BZ 1948, S. 263.

[23] *Otto Bachof*, Über einige Entwicklungstendenzen im gegenwärtigen deutschen Verwaltungs.recht, in: Kulz/Naumann (Hrsg.), Staatsbürger und Staatsgewalt, Bd. II, 1963, S. 3, 9.

daß der Begriff auf die Bedürfnisse des verwaltungsgerichtlichen Rechtsschutzes hingebogen wurde. Immer wenn die Rechtsprechung, orientiert an Art. 19 Abs. 4 GG, gerichtlichen Rechtsschutz für erforderlich hielt, wurde die angegriffene Verwaltungsmaßnahme als Verwaltungsakt qualifiziert[24] und damit der Verwaltungsakt zu einem rein prozessualen Begriff umgeformt. Mit Inkrafttreten der Verwaltungsgerichtsordnung im Jahre 1960, die auch Leistungs- und Unterlassungsklagen zuließ, konnte der Verwaltungsakt wieder zu einem materiell-rechtlichen Institut zurückentwickelt werden, das als *solches* im Prozeßrecht seine Bedeutung hat, um die Notwendigkeit einer Anfechtungs- oder Verpflichtungsklage zu begründen, für die besondere Voraussetzungen gelten. In dem erwähnten Beispiel ist unvollkommene Gesetzgebung Anlaß für dogmatische Konstruktionen gewesen, die das Verwaltungsrechtssystem in seinem Zentralpunkt, der Lehre vom Verwaltungsakt, verformten, um im Rahmen der gesetzlichen Begrifflichkeit der verfassungsrechtlichen Rechtsschutzklausel des Art. 19 Abs. 4 GG Genüge zu tun.

b) In anderen Fällen dogmatischer Arbeit am Gesetz werden Unterscheidungen getroffen, die mit den Erfahrungen praktischer Verwaltungstätigkeit nicht im Einklang stehen. Als Beispiel erwähne ich die Auslegung des § 114 VwGO, der die gerichtliche Nachprüfung von Ermessensentscheidungen dahin regelt, daß zu prüfen ist, „ob der Verwaltungsakt oder die Ablehnung oder Unterlassung des Verwaltungsaktes rechtswidrig ist, weil die gesetzlichen Grenzen des Ermessens überschritten sind oder von dem Ermessen in einer dem Zweck der Ermächtigung nicht entsprechenden Weise Gebrauch gemacht ist". Die Rechtsdogmatik hat unter alsbaldiger Gefolgschaft der Rechtsprechung, insbesondere des Bundesverwaltungsgerichts,[25] den Ermessensbegriff auf die Rechtsfolge des Rechtssatzes beschränkt und vage Formulierungen auf dessen Tatbestandsseite als unbestimmte Rechtsbegriffe erklärt, die nicht unter den Ermessensbegriff und so nicht unter die eingeschränkte Prüfung des Verwaltungsgerichts fallen. Man wird sich ernsthaft fragen müssen, ob die Beurteilungsspielräume der unbestimmten Rechtsbegriffe nicht wieder unter den Ermessensbegriff gestellt werden sollen, wie dies in England, Frankreich und in den USA, sämtlich Rechtsstaaten, der Fall ist und damit der Verwaltung mehr Kompetenz zum Letztentscheid bleibt und die Verwaltungsgerichtsbarkeit wieder auf ihre Aufgabe der Rechtskontrolle beschränkt und von der Führung der Verwaltungspolitik ferngehalten wird.[26] Es geht letzten Endes um die Entscheidung einer Kompetenzfrage, die die Verwaltungsgerichte unter Zustimmung der herrschenden Lehre zu ihren Gunsten, d. h. im Sinne der Erweiterung ihrer Kompetenz, entschieden haben. Diese Entschei-

[24] Deutlich BVerwGE 3, 258, 262: „Für die Zweckbestimmung des Begriffs des Verwaltungsaktes im Rahmen der Verwaltungsgerichtsbarkeit ist das Rechtsschutzbedürfnis des Bürgers wesentlich." Vgl. auch BVerwGE 7, 296f.

[25] BVerwGE 8, 272, 275; anders früher vgl. BVerwGE 1, 92, 96; 4, 89, 91f.

[26] In diesem Sinne *Horst Ehmke*, Ermessen und unbestimmter Rechtsbegriff im Verwaltungsrecht, 1960; *Rupert Scholz*, Verwaltungsverantwortung und Verwaltungsgerichtsbarkeit, VVDStRL 34 (1976), S. 145, 166ff.; *Bullinger* (Anm. 18), S. 136ff.; *Schmidt-Aßmann*, in: Maunz/Dürig, GG, Art. 19 IV, Rdnr. 180ff., 186, 191.

dung ist in das Gewand dogmatischer Kategorien gekleidet worden. Diese Kategorien sind jedoch, wenn man sie genau betrachtet, schwach und führen auch rechtstheoretisch in die Irre. Das kann man an zwei Beispielen deutlich machen.

Die Ermächtigung der Gemeinden zur Anordnung eines Anschluß- und Benutzungszwangs für gesetzlich im einzelnen aufgezählte Einrichtungen, die der Volksgesundheit dienen, war früher nach § 8 Nr. 2 NGO davon abhängig, daß ein dringendes öffentliches Bedürfnis besteht.[27] Die Anwendung dieses unbestimmten Rechtsbegriffs wurde von den Verwaltungsgerichten vollständig überprüft.[28] Als Antwort darauf hat der Niedersächsische Landesgesetzgeber die entsprechende Ermächtigung dahin umgeformt, daß die Gemeinden den beschriebenen Anschluß- und Benutzungszwang vorschreiben dürfen, „wenn sie ein dringendes öffentliches Bedürfnis dafür feststellen."[29] In der amtlichen Begründung wird das Gesetz wie folgt motiviert:

„Die Schaffung von Einrichtungen, die der Volksgesundheit dienen, hängt in immer stärkerem Maße von langfristigen Planungen über die zukünftige Entwicklung des kommunalen Trägers ab, so daß die Frage, ob ein dringendes öffentliches Bedürfnis für die jeweilige Einrichtung vorliegt, nicht mehr eindeutig nach feststehenden Maßstäben beantwortet werden kann; vielmehr ist es erforderlich, hier den kommunalen Aufgabenträgern einen Ermessensspielraum einzuräumen, der sich aus ihrer Gestaltungsfreiheit für Planungen über ihre weitere Entwicklung ergibt. Demgemäß sieht der Entwurf vor, daß es entscheidend auf die Feststellung des dringenden öffentlichen Bedürfnisses durch die Gemeinde oder den Landkreis ankommt. Der gerichtlichen Überprüfung im Streitfall unterliegt die Frage, ob der kommunale Träger bei dieser Feststellung seine in der Planungshoheit wurzelnde Gestaltungsfreiheit überschritten hat.

Trotz der deutlichen Gesetzesänderung und der eindeutigen Bekundungen in den Gesetzesmaterialien hat das Oberverwaltungsgericht Lüneburg entschieden, daß die Entscheidung darüber, ob ein dringendes öffentliches Bedürfnis im Sinne dieser Vorschrift vorliege, nicht im Ermessen des Trägers hoheitlicher Verwaltung stehe, sondern als sog. unbestimmter Rechtsbegriff der vollen verwaltungsgerichtlichen Nachprüfung unterstehe (Urt. v. 26.02.1981 – 3 A 92/79 und vom 24.03.1988 – 3 A 262/86). Demgegenüber hat das Oberverwaltungsgericht Münster die Feststellung, ob ein öffentliches Bedürfnis vorliegt, auf Grund der alten, in Nordrhein-Westfalen fortgeltenden Fassung als Ermessensentscheidung anerkannt[30], die die Verwaltungsgerichte nur in den Grenzen des § 114 VwGO überprüfen.

---

[27] § 8 Nr. 2 Nieders. Gemeindeordnung v. 04.03.1955 (GVBl., S. 55); ähnlich die Formulierungen in den Gemeindeordnungen der anderen Länder, aber ohne „dringend".

[28] BayVGH, DVBl. 1954, S. 748 f.; VGH Mannheim, ESVGH 23, 21, 24; OVG Lüneburg, in: Die Gemeinde 1969, S. 138.

[29] Siehe § 8 Nr. 2 NGO i. d. F. des Änderungsgesetzes vom 09.07.1971 (GVBl., S. 232), dazu amtl. Begründung in LT Drucks. 7/125, S. 16 f.

[30] So schon OVG Münster, OVGE 11, 196, 197 f.; 14, 170, 172 f.; 18, 71, 72 ff.; später auch OVG Lüneburg, DVBl. 1991, S. 1004 f.

Wie wenig tragfähig die noch herrschende Unterscheidung von Ermessen und unbestimmtem Rechtsbegriff mit Beurteilungsspielraum im Hinblick auf die gerichtliche Kontrolle ist, zeigt das folgende Beispiel[31], in dem durch eine geringfügige Umformulierung des Gesetzestextes ein unbestimmter Rechtsbegriff, der in Wahrheit ein Beurteilungsermessen eröffnet, in ein Rechtsfolgeermessen umgeformt wird. Fassung A: Wenn die Volksgesundheit gefährdet ist, können Impfpflichten festgelegt werden. Das wäre eine Ermessensnorm. Fassung B: Wenn die Volksgesundheit gefährdet ist und wenn Schutzimpfungen erfolgversprechend erscheinen, hat die Behörde Impfpflichten festzulegen. In dieser Fassung ist das Ermessen sozusagen auf die Tatbestandsseite der Norm verlagert. Beide Normen unterscheiden sich im Hinblick auf ihre Anwendung in nichts. Das müßte die Rechtsdogmatik registrieren können[32]. Ihre Aufgabe besteht vielmehr darin, verschiedene Ermessentypen mit jeweils angepaßter Kontrolldichte herauszuarbeiten; so wäre etwa zwischen Vollzugs- und Gestaltungsfunktion der Verwaltung zu unterscheiden[33] und für Entscheidungen pluralistisch zusammengesetzter Ausschüsse ein besonders breites Beurteilungsermessen zu lassen, das die Rechtsprechung inzwischen konzediert.[34]

c) Ganz allgemein aber kann man feststellen, daß die Rechtsdogmatik an der Verbesserung des Gesetzes arbeitet. Wenn nämlich ein Rechtsgebiet auf Grund rechtsdogmatischer Vorarbeit gesetzlich geregelt wird, wird damit die Rechtsdogmatik nicht arbeitslos, sie entfaltet sich nun intra legem, gleicht Wertungswidersprüche aus, die sich im Gesetzgebungsverfahren ergeben haben, bemüht sich um verfassungskonforme Auslegung,[35] erarbeitet Lösungen für neu auftauchende Probleme, die zur Zeit der Gesetzgebung noch nicht erkannt waren. Durch Auslegung und dogmatische Durchformung von Generalklauseln werden die notwendigen Grundlagen für Sondergesetze gelegt, wie wir am Sonderordnungsrecht sehen können.[36]

Ob und inwieweit Gesetzgebung, besonders wenn sie kodifikatorisch ist, die Dogmatik hindert oder fördert, kann nicht losgelöst von der Art der gesetzlichen Regelung beantwortet werden[37]. Bleibt die Gesetzgebung in einem vorher ausgebildeten rechtsdogmatischen System, so wird die Aufgabe der Dogmatik darin bestehen, das System, wenn nötig, zu verfeinern. In anderen Konstella-

---

[31] Vgl. auch BVerwG, DVBl. 1972, S. 895 – § 12 AWG betreffend – mit Anm. v. *Redeker* sowie Gem. Senat der obersten Gerichtshöfe, DVBl. 1972, S. 604.

[32] Trotz des obiter dictum in BVerfGE 11, 168, 191 f.

[33] Dazu *Brohm* (Anm. 10), S. 305.

[34] BVerwGE 39, 197, 203 ff.; 77, 75, 78; zum Beurteilungsermessen bei der Kapazitätsermittlung zur Vergabe von Studienplätzen vgl. BVerwGE 60, 25, 44 ff.; 65, 303, 311 f.

[35] Zum Beispiel, was die Folgen der Rechtswidrigkeit öffentlich-rechtlicher Verträge (§§ 54 ff. VwVfG) anbelangt, vgl. dazu *Alexander Blankenagel*, Folgenlose Rechtswidrigkeit öffentlich-rechtlicher Verträge?, VerwArch 76 (1985), S. 276 ff., mit umfassenden Nachweisen; *Hartmut Maurer*, Allgemeines Verwaltungsrecht, 5. Aufl. 1986, S. 317 f.; *Volkmar Götz*, Allgemeines Verwaltungsrecht, 3. Aufl. 1985, S. 175 f.

[36] Zu der Entwicklung der einzelnen Materien vgl. *Volkmar Götz*, Allgemeines Polizei- und Ordnungsrecht, 9. Aufl. 1988, S. 28 ff.

[37] Dazu *Bachof* (Anm. 2), S. 203.

tionen muß die Dogmatik versuchen, ein neues System zu bilden. Immer aber arbeitet die Dogmatik weiter. Es hat sich bis jetzt immer als Irrtum erwiesen, daß neue Kodifikationen Rechtsdogmatik überflüssig machen. Vielmehr verlangen neue Kodifikationen nicht nur aus didaktischen Gründen eine dogmatische Aufarbeitung, sondern auch deshalb, weil immer wieder neue Fragen auftauchen, die nur aus einer dogmatisch erarbeiteten Gesamtsicht eines Gesetzes oder einer Kodifikation durch Auslegung oder Rechtsfortbildung richtig entschieden werden können.

Noch ein Wort zu dem sich immer mehr ausfächernden besonderen Verwaltungsrecht (Schulrecht, Hochschulrecht, Rundfunkrecht, Sozialrecht, Atomrecht usf.): Dieses Recht bleibt zwar am allgemeinen Verwaltungsrecht orientiert, entwickelt aber in dessen Rahmen Eigengesetzlichkeiten, die der rechtsdogmatischen Erschließung und Systematisierung zugänglich und bedürftig sind. Besonders nahe liegt mir das Beispiel der neuen Landesrundfunkgesetze, weil ich bei der Entstehung der verschiedenen Entwurfsstadien des niedersächsischen Gesetzes, das als erstes erging, beratend tätig war.[38] Was hier der rechtsvergleichenden Untersuchung der inzwischen ergangenen zahlreichen Landesrundfunkgesetze unter rechtsdogmatischen Gesichtspunkten bedarf, sind insbesondere das Organisationsmodell, die Erlaubnisvoraussetzungen, die Programmnormen, die Kontrollgremien und das Finanzierungssystem. Die Dogmatik solcher neuen Gebiete des besonderen Verwaltungsrechts, die regelmäßig durch gesetzgeberischen Zugriff geschaffen werden, ist nur auf dem Wege monographischer Erschließung und Durchforstung möglich.[39]

III. Stufen der Rechtsdogmatik

Gerne lasse ich mich auf die sehr produktive Frage ein, ob es unter dem Gesichtspunkt der Verbindlichkeit höhere und niedere Rangstufen der Dogmatik gibt.

a) Dabei denkt man zunächst an den *Vorrang der Verfassung*, der sich rechtsdogmatisch dahin auswirkt, daß die Verfassungsrechtsdogmatik die Dogmatik des Verwaltungsrechts beherrscht. So findet das in jeder Rechtsdogmatik, die ihren Namen verdient, steckende Prinzip der Verallgemeinerbarkeit eine Entsprechung im allgemeinen verfassungsrechtlichen Gleichheitssatz, der vorbehaltlich der ihn mit Inhalt füllenden Differenzierungsverbote, -gebote oder -erlaubnisse die Gesetzgebung ebenso beherrscht wie die rechtsdogmatische Regelbildung intra und extra legem.[40] Das rechtsdogmatisch aus den Grund-

---

[38] Vgl. *Christian Starck*, Die Konstruktionsprinzipien und verfassungsrechtlichen Grundlagen der gegenwärtigen mediengesetzlichen Aktivitäten in den deutschen Bundesländern, in: JZ 1983, S. 405 ff.; den gesamten Stoff des späteren Normenkontrollverfahrens gegen das Niedersächsische Landesrundfunkgesetz enthält das Werk Hoffmann-Riem/Starck (Hrsg.), Das Niedersächsische Rundfunkgesetz vor dem Bundesverfassungsgericht, 1988.

[39] *Bachof* (Anm. 2), S. 235 f.

[40] Schon *F. F. Mayer* (Anm. 3), S. 7 f., bezeichnet die Gehorsamspflicht und die Gleichheit als oberste Grundsätze der Rechtsdogmatik.

rechten und aus dem Rechtsstaatsprinzip folgende Verhältnismäßigkeitsprinzip[41] stellt keine beliebig verzichtbare dogmatische Größe dar; vielmehr hat es Teil am Vorrang der Verfassung und bestimmt das Verwaltungsrecht in Normierung und Anwendung. Schon Otto Mayer hat 1895 in der 1. Auflage seines Verwaltungsrechts darauf hingewiesen[42], wie die Regeln der Einrichtung des gewaltenteiligen Verfassungsstaates das Verwaltungsrecht bestimmten. Und Fritz Fleiner hat 1928 bemerkt,[43] daß die Neugestaltung des Verfassungsrechts in Deutschland „einen starken Einfluß auch auf das Verwaltungsrecht ausgeübt" hat. Alte Rechtsinstitute hätten einen veränderten Sinn bekommen, und neue Probleme seien aufgetaucht, die eine selbständige wissenschaftliche Behandlung erforderten. Die Stimmen über die Verfassungsabhängigkeit des Verwaltungsrechts nach 1949 sind Legion und allgemein bekannt.[44] Im einzelnen ging es hauptsächlich um die Einschränkung des Verwaltungsermessens, die Herausarbeitung von subjektiven Rechten, insbesondere um die Zurückdrängung der Verbote mit Befreiungsvorbehalt[45], die Schaffung des Folgenbeseitigungsanspruchs[46] und um die rechtliche Durchdringung der ursprünglich rechtsfrei gedachten Innenräume der Verwaltung, der sog. besonderen Gewaltenverhältnisse.[47] In den genannten Beispielen kam es zu einer Umformung der Verwaltungsrechtsdogmatik „von oben". Diese Entwicklungen sind bekannt und brauchen hier nicht ausgebreitet zu werden.

b) Ich möchte unser Augenmerk vielmehr auf rechtsdogmatische Bemühungen und Aufgaben lenken, für die man sich nicht so einfach auf die Verfassung und auf deren Vorrang berufen kann, die aber gleichwohl eine Art leitende Kraft für die Gesetzgebung entfalten (können). Die Sache liegt ziemlich kompliziert, weil man selbstverständlich dem demokratischen Gesetzgeber im strengen Sinne keine Rechtsdogmatik vorgeben kann, an die er ähnlich wie an Verfassungsrecht gebunden ist. Wenn man sich aber darauf besinnt, daß Rechtsdogmatik regelmäßig keine zwingende, sondern nur beratende Wirkung auf die Gesetzgebung ausübt, so kann man Gesetze darauf überprüfen, ob der Gesetzgeber gut beraten war, d. h. klug geregelt hat oder nicht. In solchen Regeln der *Gesetzgebungsklugheit* sehe ich eine zweite, im Rang zwar hinter der ersten Stufe zurückstehende, in der praktischen Bedeutung aber wichtige und zu Unrecht unterschätzte Stufe der Rechtsdogmatik.[48] Bei der heute obwaltenden Hypertrophie verfassungsrechtlicher Ableitungen scheint mir der Klugheitsaspekt von großer Bedeutung zu sein, weil er einerseits eine Entkrampfung in der verfassungsrechtlichen Argumentation und andererseits einen Zwang bewirken kann, über die Klugheit von

[41] *v. Mangoldt/Klein/Starck*, Das Bonner Grundgesetz, Bd. I, 3. Aufl. 1985, Art. 1 Rdnr. 182 mit Nachweisen aus der Rechtsprechung, in der 6. Aufl. 2010, Rdnr. 277 ff.

[42] S. 3 f.

[43] *Fritz Fleiner*, Institutionen des Deutschen Verwaltungsrechts, 8. Aufl. 1928, Vorwort.

[44] Vgl. z. B. *Peter Badura*, Das Verwaltungsrecht des liberalen Rechtsstaates 1967, S. 53 ff.; *Bachof* (Anm. 2), S. 206 ff., jeweils mit weiteren Nachweisen.

[45] Grundlegend BVerfGE 20, 150, 154 ff.

[46] *Wolff/Bachof*, Verwaltungsrecht I, 9. Aufl. 1974, S. 477 f., mit Nachweisen.

[47] BVerfGE 33, 1 (Strafvollzug), BVerfGE 45, 400, 417 f.; 47, 46, 78 (Schule).

[48] Juris-„prudenz".

Regelungen in offener Argumentation zu reden. Daß rechtsdogmatische Rationalität im Gesetzgebungsverfahren durchaus gefragt ist und auch hin und wieder Einfluß nahmen kann, hat Helmut Schulze-Fielitz in einer umfangreichen Studie über den 9. Deutschen Bundestag gezeigt[49] und können viele bestätigen, die im Gesetzgebungsverfahren beratend tätig waren.[50]

Im etablierten Verwaltungsrecht, das sich mit Eingriffen in die Bürgersphäre und mit Erlaubnisvorbehalten beschäftigt, ist eine Fülle von Klugheitsregeln enthalten. So schützen die Regeln über Bestandskraft von Verwaltungsakten, Anfechtungslast und Vertrauensschutz Einzelinteressen und das von der Verwaltung wahrzunehmende Allgemeininteresse. Auch viele Rechtsformen wirken janusköpfig und halten Einzelinteressen und Allgemeininteressen in der Waage.[51] Die dem Polizeirecht zugrunde liegenden Begriffe „Gefahr" und „öffentliche Sicherheit" sind wesentliche Garantien für die Freiheitlichkeit des Staates und für die Begrenzung eigenständiger Verwaltungspolitik.[52] Der nach überkommener Lehre „aus dem natürlichen Staatsrecht fließende,"[53] nur in Randbereichen flexible Steuerbegriff,[54] der auf die etatmäßige Verwertung der Steuereinnahmen abzielt, hat sich als beachtliche (verfassungsrechtliche) Grenze der Gesetzgebung erwiesen.[55] Die Rechtsdogmatik ist in den klassischen Gebieten des besonderen Verwaltungsrechts zumindest im Hinblick auf die Grundbegriffe hinreichend gefestigt und wird von den Gesetzgebern in Bund und Ländern durchgehend beachtet.

Anders liegen die Dinge im sozialstaatlichen und im sonstigen Leistungsrecht, das als Beispiel für fehlende rechtsdogmatische Durchdringung herangezogen werden kann[56]. Das Leistungsgesetz als Typ wirft unter dem Gesichtspunkt der Anwendung, der Wirksamkeit und der verfehlten Wirkungen andere dogmatische Probleme auf als das Eingriffsgesetz.[57] Peter Noll hat, soweit ersichtlich,

---

[49] *Helmut Schulze-Fielitz*, Theorie und Praxis parlamentarischer Gesetzgebung besonders des 9. Deutschen Bundestages (1980–1983), 1988, insbes. S. 523 ff., S. 331 f.: zu rechtsdogmatisch begründeten Verbesserungsvorschlägen des Bundesrates im Gesetzgebungsverfahren; 438: rechtsdogmatische Argumentation zur Gewinnung einer Mehrheit bei Kompromissen.

[50] Vgl. die unter dem hier erörterten Problem wichtige Einrichtung des Gesetzgebungs- und Beratungsdienstes des Nieders. Landtages; dazu *Gerd Kastendieck*, Gesetzgebungs- und Beratungsdienst beim Niedersächsischen Landtag, in: Die niedersächsische Gemeinde 1984, S. 166.

[51] Vgl. dazu *Schmidt-Aßman* (Anm. 12), S. 29 f.

[52] Vgl. *Wolfgang Martens*, in: Drews/Wacke/Vogel/Martens, Gefahrenabwehr, 9. Aufl. 1986, S. 221 f., 232 ff.

[53] *Heinrich Albert Zachariae*, Deutsches Staats- und Bundesrecht, 3. Aufl., Bd. II, 1867, S. 483; vgl. auch *F. F. Mayer* (Anm. 12), S. 87.

[54] § 3 Abs. 1 AO; vgl. *Christian Starck*, Überlegungen zum verfassungsrechtlichen Steuerbegriff, in: Wacke-FS 1972, S. 193, 197 ff. = *ders.*, Freiheit und Institutionen, 2002, S. 357, 362 ff.

[55] BVerfGE 67, 256, 282 f., 285 ff.

[56] Vgl. *Fritz Ossenbühl*, Daseinsvorsorge und Verwaltungsprivatrecht; DÖV 1971, S. 513, 515 m. w. N.; *Bachof* (Anm. 2), S. 212 f.; vgl. auch die Diagnose von *Wieacker* (Anm. 1), S. 316, der die dogmatische Unterbilanz im Recht der sozialen Sicherheit auf „die sozialen Interessen- und Wertungskonflikte" zurückführt.

[57] Vgl. *Christian Starck*, Gesetzgeber und Richter im Sozialstaat, DVBl. 1978, S. 937, 941 f.; = *ders.*, Der demokratische Verfassungsstaat, 1995, S. 265, 275 ff.; *Görg Haverkate*, Rechtsfragen des Leistungsstaates,1983; *Tzong-li Hsu*, Verfassungsrechtliche Schranken der Leistungsgesetzgebung im Sozialstaat, 1986.

als erster das Problem der unerwünschten Nebenfolgen und Spätfolgen nach den einzelnen Gesetzestypen getrennt untersucht.[58] Diese Trennung hat sich als wirklich produktiv erwiesen, weil Fehlfunktionen z. B. eingreifender Gesetze einerseits und begünstigender Gesetze andererseits aus verschiedenartigen anthropologischen Grundgegebenheiten resultieren. Siehe dazu die Beispiele im nächsten Kapitel auf S. 68. Eine grundsätzliche rechtsdogmatische Durcharbeitung des Leistungsrechts in seinen verschiedenen Systemen (Sozialversicherung, Wiedergutmachtung, Sozialhilfe, Wirtschaftssubventionen) gibt es erst in Ansätzen. Die Aufgabe der Rechtsdogmatik sehe ich darin, Rechtsformen und Gesetzeskonstruktionen zu entwickeln, die verfehlte Wirkungen sozialstaatlicher und sonstiger Leistungsgesetze vermindern, damit die knappen Mittel geschont bzw. die Höhe der Beiträge in Grenzen gehalten und die Gerechtigkeit der Leistungssysteme sichergestellt ist.

Diese Überlegungen klingen sehr politisch und scheinen außerhalb des Feldes der Rechtsdogmatik zu liegen. Dieser falsche Anschein gründet darauf, daß bisher solche Fragen in der Rechtsdogmatik und in der Gesetzgebungslehre kaum erörtert worden sind. Berücksichtigt man jedoch, daß die politische Entscheidung für bestimmte Leistungssysteme Ausgangspunkt der rechtsdogmatischen Überlegungen ist, denen es nur darum geht, das gewählte System kostengünstig und effektiv zu gestalten, so ist leicht zu erkennen, welch wertvollen Beitrag die Rechtsdogmatik für die Gesetzgebung noch leisten kann. Eine Rechtswissenschaft, die hier vorschnell ihre Aufgabe an die Rechtspolitiker abschiebt, verfehlt ein weites Feld ihrer Aufgaben wohl nur deshalb, weil es bisher noch nicht rechtsdogmatisch beackert worden ist. Was gemeint ist, kann man am Beispiel der rechtlichen Konstruktion von Selbstkontrollen kurz aufzeigen. Die gesetzliche Ausformung eines Leistungssystems darf keine Anreize oder auch nur Versuchungen enthalten, mit Geld, teueren Gütern und Dienstleistungen verschwenderisch umzugehen. Ich will hier nicht über notwendige Information, über Selbstbeteiligung an den Kosten usf. sprechen,[59] sondern als Beispiel nur die Organisation der Solidargemeinschaften herausgreifen. Organisationsfragen gehören zur Verwaltungsrechtsdogmatik.[60] Die Einrichtung kleinerer, für den einzelnen Versicherten überschaubarer Solidargemeinschaften würde das Verantwortungsgefühl des Einzelnen besonders im Zusammenhang einer intensiveren Selbstverwaltung stärken und die finanzielle Klammer zwischen Beitragshöhe und Inanspruchnahme wieder allgemein ins Bewußtsein heben.[61]

Betrachtet man die auffällig große Sensibilität der Rechtsdogmatik im Hinblick auf die Schaffung und Anwendung von Eingriffsgesetzen und ihr Miß-

---

[58] *Peter Noll*, Gründe für soziale Unwirksamkeit von Gesetzen, in: Rehbinder/Schelsky (Hsrg.), Zur Effektivität des Rechts (Jahrbuch für Rechtssoziologie und Rechtstheorie, Bd. III), 1972, S. 259 ff. = *ders.*, Der demokratische Verfassungsstaat, 1995, S. 286, 293 f.

[59] Vgl. *Christian Starck*, Ist der kategorische Imperativ ein Prinzip des Sozialstaats?, ZRP 1981, S. 97, 100 = *ders.*, Der demokratische Verfassungsstaat, 1995, S. 286, 293 f.

[60] *Brohm* (Anm. 10), S. 254, kritisiert zutreffend, daß verfahrens- und organisationsrechtliche Fragen in der Rechtsdogmatik nicht genügend erörtert würden.

[61] Vgl. dazu mit weiteren Argumenten *Starck* (Anm. 59), S. 100.

trauen gegenüber der öffentlichen Gewalt, die in unsere Rechte eingreift, so erstaunt die Gleichgültigkeit und Gutgläubigkeit gegenüber dem Bürger im Rahmen der Schaffung und Anwendung von Leistungsgesetzen. Als wenn nicht unsere Erfahrungen[62] auch hier zu Mißtrauen rieten und organisatorische und verfahrensrechtliche Vorkehrungen verlangten, die ohne unnötigen Kontroll- und Bürokratieaufwand den Eigennutz durch Selbstkontrollmechnismen zügeln.

c) Eine dritte Stufe der Rechtsdogmatik, die nicht immer scharf von den beiden soeben erörterten zu trennen ist, beschäftigt sich mit der *immanenten Stimmigkeit* des einzelnen Gesetzes und mit der *inneren Kohärenz* von Gesetzen, die sachliche Bezüge zueinander aufweisen,[63] und arbeitet dabei Wertungswidersprüche und Inkonsequenzen heraus. Diese Tätigkeit der Rechtsdogmatik spielt heute eine große Rolle angesichts der punktuellen Wertungen des Gesetzgebers, die in Maßnahmegesetzen und fortwährender Anpassungsgesetzgebung zum Ausdruck kommen.[64] Die Art und Weise der Einpassung von Änderungsgesetzen ins Gesetzessystem ist nur vordergründig eine politische Frage. In Wirklichkeit stärkt eine vernünftige Einpassung von Änderungen ins System die gesetzespolitischen Absichten, weil Stabilität und Effektivität des Gesetzes erhöht und verfehlte Wirkungen verhindert werden. Daß es bei der rechtsdogmatischen Herausarbeitung des Gesetzessystems und der notwendigen Konsequenzen nicht selten um Forderungen des verfassungsrechtlichen Gleichheitssatzes geht und damit eine verfassungsrechtliche Argumentation erforderlicht ist, kann im vorliegenden Zusammenhang nicht näher behandelt werden.[65]

---

[62] Vgl. *Helmut Helsper/Waltraud Hochrein*, Gesellschaftsgestaltendes Recht und überlieferte Gesetzgebungskunst, Zeitschrift für Gesetzgebung 3 (1988), S. 22, 31; allgemein dazu auch *Starck* (Anm. 1), S. 609 ff.

[63] *Schulze-Fielitz* (Anm. 49), S. 526 f.

[64] Vgl. *Brohm* (Anm. 10), S. 248 f.; *Schulze-Fielitz* (Anm. 49), S. 524, 526.

[65] Vgl. *v. Mangoldt/Klein/Starck* (Anm. 41), Art. 3 Rdnr. 33 ff., in 6. Aufl. Rdnr. 44 ff.

5. Kapitel

Fehlende oder verfehlte Wirksamkeit von Gesetzen*

I. Wirkungen und Wirksamkeit

Das Phänomen der *mangelnden Wirksamkeit* von Gesetzen ist aus dem Schulbeispiel des Obsoletwerdens durch Wegfall des problematischen Substrats der Norm bekannt. Heute denkt man an die hohe Dunkelziffer strafbaren Verhaltens, an die massenhafte Mißachtung von Verboten im Straßenverkehr, an die vielen Abtreibungen, in denen eine Notlage i. S. des § 218a Abs. 2 Nr. 3 StGB nach Maßgabe der Rechtsprechung des Bundesverfassungsgerichts in Wirklichkeit nicht vorliegt,[1] an die zahlreichen Mißachtungen des verfassungsrechtlichen Friedlichkeitsgebots bei Demonstrationen, an massenhafte Steuerverkürzungen usf. In diesen und vergleichbaren Fällen wirkt das Gesetz schwächer auf die Wirklichkeit, als von den gesetzgebenden Organen beabsichtigt. Mangelnde Wirksamkeit von Gesetzen ist aber häufig auch beabsichtigt in unverbindlichen Programmsätzen und in gesetzlichen Akten, die nur propagandistische Bedeutung haben sollen.

Verfehlte Wirkung des Gesetzes bedeutet, daß das Gesetz andere Wirkungen zeitigt als die vom Gesetzgeber beabsichtigten. Hauptbeispiele sind *unerwünschte Nebenwirkungen:* Die immer höher steigenden Sozialkosten, die die

---

* Aus: Zeitschrift für Gesetzgebung, Jg. 3 (1988), Überlegungen zur Gesetzgebungslehre, S. 1 ff., davon S. 16–22.

[1] Vgl. BVerfGE 39, 1, 50: Bei der Regelung der sozialen Indikation „muß der Gesetzgeber den straffreien Tatbestand so umschreiben, daß die Schwere des hier vorauszusetzenden sozialen Konflikts deutlich erkennbar wird und – unter dem Gesichtspunkt der Unzumutbarkeit betrachtet – die Kongruenz dieser Indikation mit den anderen Indikationsfällen gewahrt bleibt". Zur Neuregelung auf Grund des Zweiten Abtreibungsurteils (BVerfGE 88, 203) vgl. *Christian Starck*, Praxis der Verfassungsauslegung II, 2006, S. 68, 73 ff.

Arbeitgeber zu tragen haben, verteuern die Arbeitsstunden, die der Auftraggeber in Rechnung gestellt bekommt. Nebenwirkung dieser Gesetzgebung ist Schwarzarbeit, die mit aufwendigen bürokratischen Mitteln bekämpft werden muß. Die Rechtsweggarantie in Art. 19 Abs. 4 GG eröffnet eine umfassende Kontrolle der Verwaltungstätigkeit, soweit sie die Rechtssphäre des Bürgers berührt. Je nachdem, wie intensiv die Gerichte ihre Kontrollfunktion wahrnehmen, schwächen sie die Verantwortung der Verwaltung. Die gerichtliche Kontrolle der Anwendung von unbestimmten Rechtsbegriffen und Ermessensermächtigungen ist der eigentliche Hebel zu Gewichtsverlagerungen von der Exekutive zur Judikative.[2] Gegen diese richterstaatlichen Tendenzen kann die Spitze der Exekutive die Verwaltung nur schützen, indem sie Gesetzentwürfe genauer faßt und damit zur allgemein beklagten Gesetzesflut erheblich beiträgt. Je genauer die Gesetze gefaßt sind, umso intensiver können wiederum die Gerichte die Verwaltung kontrollieren. Die Gesetzesflut ist mithin umgekehrt auch Grund für die häufige Anrufung der Gerichte. Gesetzesflut und Anrufung der Gerichte steigern sich gegenseitig. Diesen Beispielen gemeinsam ist, daß die beabsichtigte (gute) Wirkung des Gesetzes eintritt, daß sich aber eine (schlechte) Nebenwirkung dazugesellt.

In einem zweiten Typ von Fällen entfaltet das Gesetz von vornherein *unmittelbar verfehlte Wirksamkeit*. Als Beispiel kann man auf das Sozialrecht zurückgreifen, auf das schon im vorangegangenen Kapitel kurz eingegangen worden ist. Im Hinblick auf die Wirksamkeit des Gesetzes und damit auch im Hinblick auf die Gesetzesanwendung besteht ein wesentlicher Strukturunterschied zwischen Eingriffsgesetzen und Leistungsgesetzen. Die gesetzlichen Tatbestandsvoraussetzungen, die den Staat zu Eingriffen in die Bürgersphäre befugen, werden vom Bürger tunlich zu vermeiden versucht bzw. wie im Abgabenrecht vom Bürger kritisch überwacht und kontrolliert. Zudem unterliegt die Mittel-Zweck-Relation von Eingriffen voller gerichtlicher Kontrolle, indem geprüft wird, ob der Eingriff geeignet, erforderlich und verhältnismäßig ist. Soweit verfehlte Wirkungen eines Eingriffsgesetzes den Bürger unnötig belasten, werden sie gerichtlicher Kontrolle unterworfen und regelmäßig alsbald beseitigt. Die Erfüllung der gesetzlichen Tatbestandsvoraussetzungen der Leistungsgesetze dagegen bringt dem Bürger Vorteile und wird daher von ihm nicht zu vermeiden, sondern im Gegenteil herbeizuführen versucht. Genauere Fassung gesetzlicher Tatbestände schafft zumeist keine Abhilfe, weil die Erfüllung Leistungen auslösender gesetzlicher Tatbestände fast gänzlich in der Sphäre der Bürger liegt. Man denke an gesundheitsschädliche Lebensführung in der Annahme, der Arzt werde alles kostenlos wieder reparieren, unnötigen und schädlichen Medikamentenkonsum oder ganz allgemein an das Erschlaffen eigener Kräfte und eigener Verantwortlichkeit durch die Wahrnehmung sozialstaatlicher Facilitäten, die den wirtschaftlichen Wert medizinischer Behandlung vergessen lassen. Solche Haltung wirkt ansteckend; daraus resultiert zweierlei: zum einen wird die finanzielle Leistungs-

[2] Vgl. zum Problem eingehend *Püttner*, *Kopp* und *Kaufmann* in: Götz/Klein/Starck (Hrsg.), Die öffentliche Verwaltung zwischen Gesetzgebung und richterlicher Kontrolle, 1985, S. 131 ff. und Diskussion S. 177 ff.

fähigkeit des Sozialsystems bzw. des allgemeinen Staatshaushalts überfordert, was auf die Mitglieder der Solidargemeinschaft bzw. auf die Staatsbürger alsbald zurückwirkt. Zum anderen verdirbt die verfehlte Wirkung sozialstaatlicher Gesetze die Selbstverantwortung des Bürgers für seine eigene Existenz, was auf die Dauer die Voraussetzungen des demokratischen Staates zerstört.

II. Einige Ursachen der fehlenden oder verfehlten Wirksamkeit von Gesetzen

Die Gründe für die mangelnde und verfehlte Wirksamkeit von Gesetzen sind zahlreich, miteinander verwoben und liegen teils in der Sphäre der Gesetze, teils außerhalb derselben. Bekannt sind die Fehlerursachen, die darauf zurückzuführen sind, daß die Gesetze nicht verständlich, nicht klar, nicht einfach genug sind, und daß sie Mißbrauch ermöglichen.[3] Die Gesetzgebung beachtet zu wenig Wirksamkeitsprobleme. Obgleich sich der Gesetzgeber beraten läßt und der Gesetzgebungsprozeß lange dauert, entstehen häufig ungenügende Gesetze: Das Unnormierbare wird zu normieren versucht. Menschlichen Grundhaltungen wird nicht genügend Rechnung getragen. Zuviele Gesetze werden auf einmal geändert. Gesetze zielen oft nur auf propagandistische Wirkung, um aufgebrachte Teile der Bevölkerung kurzfristig zu beruhigen. Einige für die Wirksamkeit von Gesetzen schädliche Gründe lassen sich beseitigen; andere, die im Gesetzgebungsverfahren zwingend angelegt sind, wie der oft notwendige politische Kompromiß, sind systembedingt und müssen hingenommen werden. Vom Bürger aus gesehen resultieren fehlende und verfehlte Wirksamkeit des Gesetzes daraus, daß festgefügte Auffassungen und Lebensgewohnheiten nicht durch einen Federstrich des Gesetzgebers und schon gar nicht durch hohe Regelungsintensität geändert werden können, und daß häufig bequeme Auswege zur Vermeidung der als unangenehm erachteten gesetzlichen Folgen zu Gebote stehen.[4] Im einzelnen kann man die folgenden Fehlerquellen unterscheiden:

1. Der Gesetzgeber kennt die *Realien des Soziallebens*, auf die er Regelungen erstreckt, nicht genügend. Dabei geht es einmal um Einzelheiten, über die man sich mit Hilfe von Sachverständigen informieren kann, aber auch um Zusammenhänge mit anderen gesetzlichen Regelungen, die nicht genügend berücksichtigt werden, wenn die Lebenswirklichkeit in den Ressorts und Referaten nur sektoral zur Kenntnis genommen wird. Häufig geht es aber um allgemeine Lebenserfahrungen über menschliches Verhalten, die zwar bekannt sind, die man aber aus ideologischen Gründen nicht wahrhaben will.[5] Hierüber wissenschaft-

---

[3] Vgl. den Katalog bei *Bülow*, Typische Mängel von Rechtsnormen, in: Bundesakademie der öffentlichen Verwaltung (Hrsg.), Praxis der Gesetzgebung, eine Lehr- und Lernhilfe, Regensburg 1983, S. 11 ff.

[4] Vgl. *Harald Kindermann*, ZRP 1983, 204, 205.

[5] Beispiel Gesetz zur Änderung des Wehrpflichtgesetzes und des Zivildienstgesetzes vom 13.07.1977 (BGBl. I S. 1229); dazu BVerfGE 48, 127, 168 f.

lich begründete Gutachten einzuholen, nutzt wenig. Der Glaube auch von wissenschaftlichen Gutachtern an die Machbarkeit der gesellschaftlichen Verhältnisse in einer sozialtechnologischen Sicht der Gesellschaft verführt dazu, über Lebenserfahrungen hinwegzusehen und diese als für die Zukunft nicht verbindlich zu betrachten. – Die Überlastung des Gesetzgebers und die schon erwähnte Spezialisierung der die Gesetze entwerfenden Ministerialbürokratie bewirken einen *Verlust an innerem Zusammenhang der Gesetze*. Da dieser Zusammenhang im Leben aber tatsächlich besteht, ist das Gesetz in dem Maße, in dem es diese Zusammenhänge nicht genügend berücksichtigt, in der Gefahr, am Leben vorbei zu regeln und die gesetzten Ziele zu verfehlen. Die Vielfalt und Vielzahl der Gesetze bedeutet bei Gesetzesänderungen eine Fülle sog. Folgeänderungen, um unerwünschte Nebenwirkungen von Gesetzen zu verhindern, die selbst gar nicht geändert worden sind, auf die aber andere Gesetzesänderungen einwirken. Die Produktion möglichst vieler Gesetze ist lange Zeit als Zeichen des Fleißes und der Sorge um die Rechtsordnung mißverstanden worden. Die personelle Aufblähung der Ministerien hat hierin ihre Ursache und ist immer noch Mitursache für weitere überflüssige oder überdifferenzierte Gesetzgebung.

2. Die von den Gerichten und der Verfassungsrechtslehre betriebene *Ausdehnung des Gesetzesvorbehalts*, gegen die hier sachlich gar nichts eingewandt werden soll, veranlaßt den Gesetzgeber häufig, mehr zu regeln, als der Gesetzesvorbehalt verlangt. Wegen Unklarheiten über den von den Gerichten z. T offengelassenen Umfang des Gesetzesvorbehalts sind Ministerialbürokratie und Parlament geneigt, Risiken zu vermeiden und umfassende Regelungen zu treffen. Hinzu kommt, daß das verfassungsrechtliche Verhältnismäßigkeitsprinzip zahlreiche Differenzierungen erfordert, wenn Grundrechte eingeschränkt werden. Starke Differenzierungen schwächen die Verständlichkeit, Klarheit und Akzeptanz des Gesetzes und verleiten zur Gesetzesumgehung. Hier wird eine alte Erkenntnis der Gesetzgebungslehre mißachtet: Mit dem Gesetz allein kann man Gerechtigkeit nicht erreichen. Gesetzesgerechtigkeit muß ergänzt werden durch Einzelfallgerechtigkeit (Billigkeit).[6]

3. Die *Expansion der Staatsaufgaben* hat immer Gesetzgebung zur Folge, die den Standard der Rechtsstaatlichkeit einhalten muß. Die Frage, ob unter diesem Gesichtspunkt der Staat überhaupt eine neue Aufgabe übernehmen soll, wird noch nicht erkannt. Aber auch Reformmaßnahmen, die selbst nur eines bescheidenen Einsatzes des Gesetzgebers bedürfen, erzeugen häufig in anderen Lebensbereichen einen ungeahnten Normenbedarf. So hat die Bildungsreform die Knappheit der Studienplätze gebracht, die auf Grund detaillierter Gesetze und Verordnungen auch auf Jugendliche verteilt werden, die den Anstrengungen eines Studiums nicht gewachsen sind. Die Regeln über die Studienplatzvergabe wirken zurück auf die Schulen, die vergleichbare Abiturnoten produzieren müssen, was zwangsläufig zu einer Vergleichbarkeit der Lernstoffe führt, die

[6] *Aristoteles*, Nikomachische Ethik, 1137b; *Thomas v. Aquin*, Summa Theologiae, I–II quae. 96 art. 1 et 6, quae. 97 art. 4; II–II quae. 60 art. 5, quae. 120, art. 1; *Kant*, Metaphysik der Sitten (1797), hrsg. von K. Vorländer, Leipzig 1922, S. 39f.

nur durch weitere Normierung des Unterrichts erreicht werden kann. Zugleich entstehen neuartige Rechtsschutzprobleme, die ihrerseits wieder Lücken der Gesetze aufdecken, die unter dem Gesichtspunkt rechtsstaatlicher Standards nicht erträglich erscheinen.

4. Das *Gesetzgebungsverfahren* hat eine nicht zu übersehende Wirkung auf die Gesetzesgestaltung. Die Bundesregierung, die mehr als 75 % der Gesetzesinitiativen beherrscht, verfügt in der *Ministerialbürokratie* über einen großen Stab von „Gesetzesbeamten" und hat als parlamentarisch eingesetzte Regierung die größte Chance, eine Parlamentsmehrheit für ihre Vorlagen zu gewinnen. Die Ministerialbeamten, die die Entwürfe herstellen, arbeiten nicht auf Grund der typischen Exekutiverfahrung (= Erfahrung der Gesetzesanwendung); denn sie sind in der Regel als Ministerialbeamte karrieremäßig von den Exekutivbeamten getrennt. Man wird – zumindest in den Bundesministerien – nicht Ministerialbeamter nach Bewährung als Exekutivbeamter. Die Ministerialbürokratie ist auch zuständig für den Inhalt der Rechtsverordnungen und zwar ebenso auf Bundesebene wie auf Landesebene. Wird z. B. auf Landesebene ein Schulgesetz entworfen, so gerät dieses Schulgesetz ziemlich lang und ausführlich, nicht weil der Gesetzesvorbehalt für die Materie des Schulwesens so viele Regelungen fordert, sondern weil die Grenze zwischen dem, was im Gesetz geregelt werden muß, und dem, was in einer späteren Verordnung geregelt werden kann, unklar ist und z. T. bewußt verwischt wird. Die Ministerialbürokratie hat ein Interesse daran, möglichst viel ins Gesetz zu packen. Der Grund dafür liegt in der verfassungsrechtlichen Unsicherheit darüber, welche Anforderungen die sehr strenge Delegationsnorm des Art. 80 Abs. 1 Satz 2 GG oder die entsprechende Landesverfassungsnorm stellt. Es gibt in der Rechtsprechung des Bundesverfassungsgerichts, das sich sehr häufig mit Delegationsproblemen beschäftigen muß, dazu keine klare Linie. Überfrachtete und wegen vieler Detailregelungen änderungsträchtige Gesetze muß das Parlament beraten und verabschieden. Unter den vielen Details geht die große Linie verloren, über die das Parlament nur beraten kann.[7] Je mehr Details im Entwurf stehen, umso mehr ist das Parlament nur noch Ratifikationsmaschine.[8]

Eigentlich exekutivisch denkender Geist beeinflußt das Gesetz, wenn es den *Bundesrat* passiert, der sich aus Mitgliedern der Landesregierungen zusammensetzt. Dabei können die Länder, die in der Regel für die Ausführung der Bundesgesetze zuständig sind, Bedenken und Abänderungsvorschläge unter dem Gesichtspunkt der besseren Ausführbarkeit des Gesetzes geltend machen. In den Ausschüssen des Bundesrates sitzen zumeist erfahrene Beamte aus dem Bereich der Landesexekutive. Wegen des immer noch existierenden „natürlichen" Antagonismus zwischen Bund und Ländern selbst bei parteipolitischer Parallelität funktioniert diese Art der Kontrolle im Gesetzgebungsverfahren noch. Die Exekutiverfahrungen der Ministerialbürokratie in den Ländern sind größer als

---

[7] Vgl. *Klaus Stern*, Das Staatsrecht der Bundesrepublik Deutschland, Bd. II, 1980, S. 645.
[8] *Werner Thieme*, Verwaltungslehre, 3. Aufl. 1977, S. 89.

im Bund,[9] weil die Länderministerien bessere Rekrutierungsmöglichkeiten aus der Exekutivbeamtenschaft haben. Bei Zustimmungsgesetzen kommen jedoch oft politische Kompromisse zustande, die Quellen für verfehlte Wirkungen von Gesetzen sein können. So werden Divergenzen zwischen Bundestag und Bundesrat im *Vermittlungsausschuß* zu bereinigen versucht. Der Vermittlungsausschuß kann – gerade wenn der große politische Kompromiß erforderlich ist – bewirken, daß das Gesetz in sich widersprüchlich wird, daß seine Anwendbarkeit Schaden leidet oder daß ein anderer Qualitätsverlust eintritt. Eine Einigung im Hinblick auf das politisch Gewollte, nach langen Diskussionen zu nächtlicher Stunde, läßt oft das Nichtgewollte, die verfehlte Nebenwirkung, aus dem Blick geraten.[10]

5. *Mangelnde Information* des Bürgers über die Gesetze ist gewiß auch Quelle und Ursache fehlender und verfehlter Wirksamkeit von Gesetzen. Es gibt Vorschläge für ein Gesetzes-Marketing,[11] das auf die Informationsgewohnheiten der Bevölkerung Rücksicht nehmen soll, oder für Gesetzes-public-relation.[12] Die eigentlichen Gründe liegen nicht in mangelnder Information, sondern in der Kompliziertheit der Gesetze, die sich kaum noch als Informationsobjekte für den durchschnittlichen Bürger eignen. Deshalb sollte man den Punkt der mangelnden Information nicht zu hoch ansetzen. *Symposien* über neu erlassene Gesetze, die von interessierten Privatleuten und Verbänden veranstaltet werden, sprechen nur Fachleute an; diese sind durchaus in der Lage, die Wirkungen und Nebenwirkungen genau auszuleuchten. *Elektronische Systeme* helfen wenig; sie vermögen nur, den Wissenden Einzelheiten zu vermitteln.

6. Die mangelnde Information des Bürgers über Gesetze wird oft mit deren *unerwünschter Abstraktheit* in Bezug gesetzt. Mit dem populären, negativ besetzten Begriff der Abstraktheit ist wenig anzufangen. Denn Gesetze als Sprache sind immer abstrakt. Außerdem ist es geradezu logische Folge der rechtsstaatlich organisierten Herrschaft, daß allgemeine – also zwangsläufig abstrakte – Regelungen bestehen. Die Rechtskultur, in der anfänglich der Richter vor dem Gesetzgeber, d. h. der Einzelfall vor der Regel, in Erscheinung trat, ist durch Präjudizien, Regelbildung und Abstraktion geformt worden. Auf den Abstraktionsvorwurf kann man nur antworten: Es kommt darauf an, daß das Gesetz am Regelungsziel gemessen richtig abstrahiert. Hierin liegt die Lösung – allerdings auch nur die abstrakte Lösung – des Problems der Wirksamkeit der Gesetze beschlossen.

7. Die Wirksamkeit von Gesetzen leidet schließlich auch daran, daß *Sozialnormen im Schwinden* begriffen sind, die die faktische Geltung von Gesetzen stützen könnten. Der Abbau von Sozialnormen hat verschiedene Gründe. Er wird aber auch unter dem politischen Schlagwort der Emanzipation von gesell-

---

[9] Vgl. *Gebhard Ziller*, Der Bundesrat, 6. Aufl. 1982, S. 96.

[10] Beispiele bei *Hermann Hill*, Einführung in die Gesetzgebungslehre, 1982, S. 51 f.

[11] *Kindermann* (Fn. 8), S. 204, 205.

[12] *H. J. M. Boukema*, Good Law, 1982, S. 90: „A sensible lawgiver has a good public-relation organization at work."

schaftlichen Zwängen von denjenigen Kräften betrieben, die durch Gesetze eine neue Einstellung der Bevölkerung erreichen wollen. Dabei wird die Kraft der Gesetze gründlich überschätzt; Grundregeln politischer Klugheit werden nicht beachtet.

*

Soweit die Gesetzgebungslehre nicht verfassungsrechtlich determiniert ist, ist sie ein Teil der Wissenschaft von der Politik, und diese ist Lehre über den Menschen. Denn die politischen Institutionen, Verfahren und Handlungen, mit denen sich die Wissenschaft von der Politik beschäftigt, haben letzten Endes den Menschen zum Gegenstand, um dessen staatlich geordnetes Zusammenleben es geht. Daß die Elemente des klassischen Gesetzesbegriffs bei jeder vertieften und kritischen Beschäftigung mit der Gesetzgebung zum Vorschein kommen und sich als fruchtbar erweisen, zeigt die Konstanten des Rechts und der Politik, die sich in der Wissenschaft wiederspiegeln müssen.

6. Kapitel

Rangordnung der Gesetze*

I. Rangprobleme

1. Die alte Spannung zwischen der lex humana positiva und der ihr übergeordneten lex naturae scheint heute eindeutig im Sinne eines positivistischen Gesetzesbegriffs beantwortet zu sein. Die demokratische Gesetzeskonzeption in ihrer reinen Form übersteigert insoweit noch die absolutistische. Betrachtet man die Rechtsordnung der Bundesrepublik, so liegen die Dinge komplizierter. Durch die Menschenwürdeklausel (Art. 1 Abs. 1 GG) und durch das Bekenntnis des deutschen Volkes „zu unverletzlichen und unveräußerlichen Menschenrechten als Grundlage jeder menschlichen Gemeinschaft in der Welt" (Art. 1 Abs. 2 GG) ist Naturrecht ins positive Recht inkorporiert und damit die Spannung zwischen dem naturrechtlichen und dem positivistischen Gesetzesbegriff in neuem Gewand wiederbelebt worden, und zwar überaus wirkungsvoll. Denn die Spannung ist nicht nur ein Reflexionsfeld für Rechtsgelehrte und ein Kampffeld für Rechtspolitiker. Die Spannung muß im Falle der Normenkontrolle vom Verfassungsgericht verbindlich aufgelöst werden.

Die hier angedeutete Rangordnung zwischen Verfassung und Gesetz kann sich freilich auf eine viel manifestere Vorgängerschaft beziehen, als es die lex naturalis ist. Höhere Gesetze[1] tauchen in der europäischen Rechtspraxis, soweit

---

* Aus: Christian Starck (Hrsg.), Rangordnung der Gesetze. 7. Symposion der Kommission „Die Funktion des Gesetzes in Geschichte und Gegenwart" (Abhandlungen der Akademie der Wissenschaften in Göttingen, Philologisch-Historische Klasse, III. Folge, Band 210), Göttingen 1995, S. 9–12 (Rangordnung der Gesetze), 29–38 (Verfassung und Gesetz).

[1] Vgl. dazu ausführlich mit weiteren Angaben *Christian Starck*, Vorrang der Verfassung und Verfassungsgerichtsbarkeit, in: Starck/Weber (Hrsg.), Verfassungsgerichtsbarkeit in Westeuropa, Teilband I, 1986, S. 15 ff. = *ders.*, Der demokratische Verfassungsstaat, 1995, S. 33 ff.

ersichtlich, zum ersten Mal in Frankreich im späten 16. Jahrhundert als die lois fondamentales du royaume auf.[2] Zu Beginn des 17. Jahrhunderts argumentiert der englische Richter Sir Edward Coke mit common law als höherem Recht gegen ein Parlamentsgesetz. In Deutschland wurde der Vertragsgedanke fruchtbar gemacht, um leges fundamentales, in denen u. a. die Religionsfreiheit verbürgt war und Erbfolgeregelungen getroffen wurden, vor der Derogation durch spätere einfache Gesetze zu bewahren.[3] Die Rechtsfigur der leges fundamentales ist unmittelbare Vorgängerin des Vorrangs der Verfassung. Was eine Verfassung ist, wird am Ende des 18. Jahrhunderts mit dem Begriff der lex fundamentalis erklärt. Das läßt sich bei Alexander Hamilton in den Federalist Papers (1788, Nr. 78) zeigen: „A constitution is in fact, and must be, regarded by the judges as a fundamental law". Und Emmanuel Sieyès bezeichnet in seiner Schrift über den dritten Stand (1789) die lois constitutionnelles als lois fondamentales.[4]

Die Rangordnung zwischen höherem und einfachem Recht soll die Macht der normalen gesetzgebenden Autorität beschränken, wirft aber selbst Machtprobleme auf, soweit es darum geht, den Inhalt des höheren Rechts verbindlich zu bestimmen und damit den Wirkungsbereich des einfachen Gesetzgebers abzustecken. Die Rechtstheorie hat die Rangordnung der Gesetze rechtssystematisch mit der Stufenordnung des Rechts zu erfassen versucht, wonach die Erzeugung von Recht durch Recht in einem fortlaufenden Prozeß geregelt wird.[5] Dabei ist aber das Machtproblem ausgespart, das in der Interpretationsprärogative des Verfassungsgerichts steckt und hier erörtert wird.

2. Neben der erwähnten Rangordnungsreihe Verfassung, Gesetz, Rechtsverordnung läßt sich eine anders strukturierte Rangordnungsreihe[6] vorstellen: supranationales Recht, Bundesrecht, Landesrecht, Kommunalrecht. Es wird zu erörtern sein, auf welche Art sich das supranationale Recht in diese zweite Rangordnungsreihe einordnen läßt. Sie beruht zum Teil auf materiellen und Kompetenzvorschriften, die höheres Recht im Sinne der ersten Rangordnungsreihe sind. Das Bundesrecht geht dem Landesrecht vor, wenn und soweit eine entsprechende konkurrierende oder Rahmengesetzgebungskompetenz des Bundes besteht. Ähnlich müßte der Vorrang supranationalen Rechts vor Bundes- und Landesrecht konstruiert werden. Auszuschließen ist jedoch ein Vorrang auf Grund einer allgemeinen Zielnorm, die Rechtseinheit herzustellen. Denn die zweite Rangordnungsreihe hat eine Schichtung selbständiger Träger öffentlicher Aufgaben zur Grundlage, garantiert selbständige Rechtskreise und soll nicht mehr und nicht weniger als eine dosierte Rechtseinheit sicherstellen durch Auf-

---

[2] *Georges Burdeau*, Traité de science politique, Bd. IV, 3. Aufl. 1984, S. 38.

[3] Siehe insbes. *Christoph Link*, Herrschaftsordnung und bürgerliche Freiheit, 1979, S. 179 ff.

[4] Qu'est-ce que le Tiers Etat? (1789), Ausgabe R. Zapperi, Genf 1970, S. 180 f.

[5] *Adolf Merkl*, Die Lehre von der Rechtskraft, 1923, S. 215 f.; *Hans Kelsen*, Reine Rechtslehre, 2. Aufl. 1960, S. 228 ff.

[6] Zur Unterscheidung dieser Rangordnungsreihe prinzipiell *Albert Hensel*, Die Rangordnung der Rechtsquellen, in: HbDStR Bd. II, 1932, S. 313, 315, 319.

teilung der Gesetzgebungsmaterien.[7] Dabei kann für bestimmte Materien auch ein Zugriffsrecht der höheren Einheit (= konkurrierende Kompetenz) vorgesehen werden. Ferner können verfassungsrechtliche Homogenitätsanforderungen (z. B. Art. 28 GG) sowie Rahmengesetze (z. B. der inzwischen außer Kraft getretene Art. 75 GG) oder Richtlinien (Art. 288 AEUV) und Grundsatzgesetze (Art. 109 Abs. 4 GG) von der höheren Einheit erlassen werden, die sämtlich in die erste Rangordnungsreihe gehören.

3. Die Rangordnung von Normen innerhalb eines Gesetzes umfaßt verschiedene Erscheinungen. Es kann sich um echtes, auch formal gesehen höheres Recht handeln, das sich von den anderen Normen dieses Gesetzes abhebt. Hauptbeispiele sind Art. 79 Abs. 3 GG und entsprechende Klauseln in ausländischen Verfassungen[8] und deutschen Landesverfassungen[9]: Über die Einhaltung dieser Verfassungsnormen höherer Ordnung – und das bestärkt ihren formal höheren Rang – wacht das Verfassungsgericht. Es handelt sich um eine Erscheinungsform der ersten Rangordnungsreihe machtbeschränkenden Charakters. Die verfassunggebende Gewalt verbietet für die Dauer der Geltung der Verfassung der verfassungsändernden Mehrheit bestimmte Verfassungsänderungen.

Dagegen liegt eine nur materiell höhere Norm innerhalb eines Gesetzes dann vor, wenn darin Verfassungsrecht zum Ausdruck gebracht wird, dessen formale Höherrangigkeit sich aber nur aus der Verfassung ergibt. Sollte es materiell höhere Normen (z. B. Rechtsgrundsätze) in einem Gesetz ohne Stütze in der Verfassung geben, so muß deren Geltungsvorrang im Wege der systematischen Auslegung des Gesetzes sichergestellt werden.

Auf der Ebene des Gesetzes oder der Verfassung gibt es eine Rangordnung von Normen aus dem Gesichtspunkt der Gesetzessystematik. So regeln Einführungsgesetze die Anwendung der Gesetze, die sie einführen. Gesetzliche Auslegungs- oder Definitionsnormen bestimmen – selbstverständlich vorbehaltlich ihrer eigenen Auslegung – den Sinn von anderen Normen, denen sie aus systematischen Gründen vorgeordnet sind. Die lex specialis hat Vorrang vor der lex generalis. Alle diese und ähnliche Fragen sind Gegenstände der Gesetzesauslegung, insbesondere der systematischen, mit deren Hilfe auch ermittelt werden kann, inwieweit z. B. vorrangige Spezialnormen aus dem Telos von allgemeinen Normen ausgelegt werden müssen. Auch aus anderen Auslegungsfragen resultieren gesetzesinterne Rangordnungsverhältnisse.

4. Die kurzen einleitenden Bemerkungen zeigen, daß die Rangordnung der Gesetze eine durchgehende Strukturerscheinung des Rechts ist. Diese ist herausgebildet worden, um bestimmte Funktionen zu erfüllen:

---

[7] Vgl. die Ergebnisse des 5. Symposions der Kommission „Die Funktion des Gesetzes in Geschichte und Gegenwartt" in Christian Starck (Hrsg.), Rechtsvereinheitlichung durch Gesetze, 1992.

[8] Z. B. Art. 89 Abs. 4 französ. Verf., Art. 110 Abs. 1 griech. Verf., Art. 139 ital. Verf., Art. 290 port. Verf.

[9] Z. B. Art. 64 Abs. 1 bad.-württ. Verf., Art. 46 Abs. 2 nieders. Verf., Art. 129 Abs. 2 rh.-pf. Verf., Art. 101 Abs. 2 saarl. Verf.

Durch Rangordnung der Gesetze wird Macht begrenzt. Insbesondere die Machtbegrenzung des einfachen Gesetzgebers, d.h. der einfachen Parlamentsmehrheit, stabilisiert das Recht und setzt dessen Dynamisierung Grenzen.

Rangordnung der Gesetze ermöglicht eine Schichtung selbständiger Träger öffentlicher Aufgaben mit Rechtssetzungsautonomie und zugleich dosierte Rechtseinheit.

Aus der Systematik einzelner Gesetze und aus dem Zusammenhang mehrerer Gesetze resultieren differenzierte Rangordnungen unter den einzelnen Normen.

Im Folgenden geht es um den Vorrang der Verfassung, um seine Genese und seine heutige Bedeutung.[10]

II. Vorrang der Verfassung

Das Verhältnis von Verfassung und Gesetz wird im Verfassungsstaat vom Vorrang der Verfassung bestimmt. In der Verfassung als *lex fundamentalis* wird der schon ältere Vorranggedanke aufgenommen und auf die gesamte rechtliche Grundordnung des Staates angewandt, die in einer oder mehreren besonderen Urkunden festgelegt ist.

Die rechtliche Grundordnung des Staates ist nicht beliebig. Sie besteht zumindest in der gewaltenteiligen Staatsorganisation und in der Gewährleistung der Grundrechte der Menschen, die der Staatsgewalt unterworfen sind. Das heißt, der Staat darf auf seine Bürger nur nach Maßgabe im voraus aufgestellter Regeln einwirken. Die Verfassung begrenzt die Formen und Bedingungen der Ausübung staatlicher Macht und schließt alle Macht aus, die außerhalb dieser Bedingungen und Formen ausgeübt wird.[11]

Der Umstand der Gewaltenteilung erklärt bereits die Notwendigkeit des Vorrangs der Verfassung. Anderenfalls stünde nämlich die Gewaltenteilung zur Disposition des in praxi stärksten Staatsorgans und verfiele damit. Und eine bundesstaatliche Verfassung ohne Vorrang stände zur Disposition des einfachen Bundesgesetzgebers und verdiente ihren Namen nicht. Auch die Verbürgung der Grund- und Menschenrechte zieht der Politik Grenzen. Das kommt deutlich in der Formulierung der Grundrechte in den Ergänzungen zur amerikanischen Verfassung zum Ausdruck. Die Grundrechte sind dort als Verbote an den Kongreß formuliert: „Congress *shall make no law* ... abridging the freedom of speech ... or the right of the people peacably to assemble." In diesem Sinne beschränken die liberalen Grundrechte die Kompetenzen der Staatsgewalt.

Wie hieraus deutlich wird, gehören Organisations- und Kompetenzrecht einerseits und andererseits die Verbürgung der Grundrechte zusammen. Beide begrenzen die Staatsgewalt und machen im wesentlichen die Verfassung als Recht

---

[10] Zu den beiden anderen Problemkreisen siehe *Peter Badura* und Theo Mayer-Maly in dem in Anm. 1 genannten Werk.

[11] *Raymond Carré de Malberg*, Contribution à la théorie générale de l'Etat, 1920, Bd. I, S. 232; *Georges Burdeau*, Traité de science politique, Bd. IV, 3. Aufl. 1984, S. 179.

höherer Ordnung aus. So kommt in Art. 16 der französischen Erklärung der Menschen- und Bürgerrechte (1789) eine tiefe Wahrheit über den Verfassungsstaat zum Ausdruck, wenn es heißt: Toute societé dans laquelle la garantie des droits n'est pas assurée, ni la séparation des pouvoirs déterminée, n'a point de Constitution.

Der Vorrang der Verfassung beschränkt die einfache demokratische Mehrheit, indem diese an eine Kompetenz- und Verfahrensordnung und an die Beachtung der Rechte gebunden wird. Das bedeutet Machtbegrenzung durch Kompetenzverteilung, Rechtsförmlichkeit und Minderheitenschutz und ferner ein gewisses Maß an Stabilität des Rechts durch Rationalisierung der Gesetzgebungsdynamik.

Der Vorrang der Verfassung ist prinzipiell bedroht

- durch die Gesetzgebung, die die Verfassung nach eigenem Gutdünken versteht,
- durch Auslegung der Verfassung am Maßstab gesetzlicher Rechtsbegriffe, auf die die Verfassung nicht selbst zurückgreift.[12]

III. Sicherung des Vorrangs der Verfassung

Die Hauptsicherung des Vorrangs der Verfassung ist schon erwähnt. Das ist die Gewaltenteilung, ein Begriffselement, d. h. ein eingebauter Mechanismus der Verfassung westlicher Prägung, um die es hier ausschließlich geht.

Ein weiteres: Der Vorrang der Verfassung fiele in sich zusammen, wenn das Parlament befugt wäre, auf dem Wege normaler Gesetzgebung die Verfassung zu ändern. Zum Begriff der Verfassung, der Vorrang zukommt, gehört, daß sie nur in einem qualifizierten Verfahren geändert oder ergänzt werden darf. Da die verfassunggebende Gewalt nicht für jede Verfassungsänderung mobilisiert werden kann, sind besondere Verfahren der Verfassungsänderung herausgebildet worden, die sich deutlich vom normalen Verfahren der Gesetzgebung abheben.[13] Entweder wird eine zweimalige Entscheidung des Parlaments (evtl. mit qualifizierter Mehrheit) verlangt, wobei zwischen den beiden Zustimmungen eine Wahl liegen muß; oder neuere Verfassungen lassen gewöhnlich eine qualifizierte, in der Regel eine Zweidrittelmehrheit der gesetzgebenden Körperschaft(en) genügen, evtl. verbunden mit einer fakultativen oder obligatorischen Volksabstimmung. – Das Grundgesetz verlangt für verfassungsändernde Gesetze die Zustimmung von zwei Dritteln der Mitglieder des Bundestages und von zwei Dritteln der Stimmen des Bundesrates (Art. 79 Abs. 2).

Der Vorrang der Verfassung setzt voraus, daß der Bestand des Verfassungsrechts hinreichend klar ist; deshalb gilt das Gesagte nur für geschriebene Verfassungen. Außerdem machen neuere Verfassungen zur Voraussetzung für eine

---

[12] *Walter Leisner*, Von der Verfassungsmäßigkeit der Gesetze zur Gesetzmäßigkeit der Verfassung, 1964.

[13] Vgl. auch zum folgenden *Christian Starck*, Vorrang der Verfassung und Verfassungsgerichtsbarkeit, in: Starck/Weber (Hrsg.), Verfassungsgerichtsbarkeit in Westeuropa, Teilband I, 1986, S. 11,24 ff. m. w. N. = *Starck*, Der demokratische Verfassungsstaat, 1995, S. 33, 43 ff.

gültige Verfassungsänderung, daß der Wortlaut der Verfassung geändert oder ergänzt wird.[14]

Eine weitere Sicherung des Vorrangs der Verfassung ist aus der Gewaltenteilung entwickelt worden, indem der Rechtsprechung eine besondere Aufgabe zufiel. Während in den europäischen Staaten unter Führung Frankreichs die Gesetzgebung von jeder gerichtlichen Kontrolle frei war, indem die absolutistische Gesetzeskonzeption beibehalten wurde,[15] waren die Gerichte in den USA zuständig für „all cases, in law and equity, arising under this Constitution" (Art. III sec. 2). Zusammen mit der in den USA etablierten Auffassung von der Verfassung als fundamental law[16] konnte diese weite Zuständigkeit der Gerichte zur gerichtlichen Kontrolle von Gesetzen anläßlich eines konkreten Falles führen. Das geschah erstmalig 1803 und wurde vom Chief Justice *John Marshall* durch folgende Erwägungen begründet:[17]

„Es ist ein Satz zu klar, um bestritten werden zu können, daß die Verfassung jeden legislativen Akt beeinflußt, der ihr widerspricht; oder daß die Gesetzgebung die Verfassung durch jeden gewöhnlichen Akt ändern kann. Diese Alternative verschließt jeden Mittelweg. Die Verfassung ist entweder ein höheres, übergeordnetes Recht (superior paramount law), unveränderbar durch gewöhnliche Gesetzgebung, oder sie steht auf einer Stufe mit den gewöhnlichen Gesetzen und ist, wie andere Akte, änderbar, wenn es der Gesetzgebung paßt, sie zu ändern. Wenn der erste Teil der Alternative stimmt, dann ist ein legislativer Akt, der gegen die Verfassung verstößt, kein Gesetz. Wenn der zweite Teil der Alternative wahr ist, dann sind geschriebene Verfassungen absurde Versuche von seiten des Volkes, eine Macht zu begrenzen, die ihrer Natur nach unbegrenzbar ist."

Von Ausnahmen abgesehen,[18] vermochte sich diese Auffassung von der Zuständigkeit der Gerichte, d. h. dieses amerikanische Modell der konkreten Normenkontrolle, in Europa nicht durchzusetzen. Es bedurfte hier erst der Einführung einer besonderen Staats- bzw. Verfassungsgerichtsbarkeit im 20. Jhd., um die Normenkontrolle durch ausdrückliche Zuständigkeitszuschreibung zu etablieren.[19] Außer diesem zweiten, österreichischen Modell,[20] das auf *Kelsen* zurückgeht, hat sich in Frankreich ein drittes – etwas schwächeres – Modell herausgebildet, wonach Gesetze nach ihrer Annahme durch das Parlament, aber vor ihrer Verkündung von dem gerichtsähnlichen Verfassungsrat präventiv auf ihre Vereinbarkeit mit der Verfassung kontrolliert werden können.

---

[14] Art. 79 Abs. 1 GG, Art. 289 port. Vf.

[15] Vgl. insbesondere Frankreich: Art. 10 Gesetz v. 16. und 24. August 1790 sowie Titel III Kapitel V Art. 3 der Verfassung von 1791.

[16] *AlexanderHamilton*, in: The Federalist Nr. 78 (1788).

[17] *Marbury v. Madison*, 2 Law Ed. U.S. 60, 73 (1803).

[18] Zu Portugal siehe *José Manuel Moreira Cardoso da Costa*, Die Verfassungsgerichtsbarkeit in Portugal, in: Starck/Weber (Anm. 2), S. 279, 283; zur Diskussion in Deutschland im 19. Jhd. vgl. *Franz-Josef Peine*, Normenkontrolle und konstitutionelles System, in: Der Staat 22 (1983), S. 521; *Starck* (Anm. 14), S. 32 m. w. N. = S. 50.

[19] *Herbert Haller*, Die Prüfung von Gesetzen, 1979, S. 45 ff., passim.

[20] So die Bezeichnung bei *Mauro Cappelletti/Theo Ritterspach*, Die gerichtliche Kontrolle der Verfassungsmäßigkeit der Gesetze in rechtsvergleichender Betrachtung, in: JöR 20 (1971), S. 65, 81 ff.

Insbesondere durch das österreichische Modell der Verfassungsgerichtsbarkeit ist eine äußerst wirksame institutionelle Voraussetzung geschaffen worden, durch die das Verhältnis von Verfassung und Gesetz geprägt, d. h. der Vorrang der Verfassung gesichert wird. Dem österreichischen Modell folgt das deutsche Grundgesetz. Da das Verfassungsgericht seine Entscheidungen begründen muß (z. B. § 30 Abs. 1 Satz 2 BVerfGG), gewinnt die Handhabung des Verfassungsrechts ein hohes Maß an Rationalität. Dies wirkt regelmäßig schon auf das Gesetzgebungsverfahren, bevor noch das Verfassungsgericht angerufen wird.

Man wird nicht zögern, darin einen großen Vorteil für die Autorität der Verfassung zu sehen. So vermochte das Bundesverfassungsgericht in Deutschland gegenüber dem einfachen Gesetzgeber vor allem, die Geltung der Grundrechte zu festigen, die zentralistische Aushöhlung des Föderalismus zu hemmen und den politischen Parteien äußerste Grenzen zu weisen. Das muß hier nicht näher dargelegt werden.[21]

IV. Verdichtung des Verfassungsrechts

1. Allgemeines

Die starke Sicherung, die die Verfassungsgerichtsbarkeit für den Vorrang der Verfassung bewirkt, hat ihre Kosten. Je detaillierter sich nämlich das Gebäude des Verfassungsrechts durch die Spruchtätigkeit des Verfassungsgerichts entfaltet, um so enger werden die Grenzen für die politische Gestaltung des Gesetzgebers gezogen. Soweit es sich dabei um rechtliche Stabilität im Grundsätzlichen handelt, wirkt sich der Vorrang der Verfassung funktionsgerecht als Gegengewicht zur Dynamik des politischen Prozesses aus. Mit der Zeit verdichtet sich aber das Verfassungsrecht mehr und mehr auch im Detail und verändert damit seinen Charakter als Rahmenordnung höheren Niveaus.

Diese Entwicklung führt zu einem neuartigen Verfassungsverständnis: In Anknüpfung an einzelne Aufträge und Richtlinien, die die Verfassung enthält, mehr noch, die ihr durch Interpretation entnommen werden, wird die Verfassung allmählich zur umfassenden Gesellschaftsordnung umgebaut, in der die Ansätze und Leitlinien für alle Gesetze stecken, auch was deren positive Ausrichtung anbelangt. Ein immer dichter werdendes Netz negativer, Rahmen setzender Verfassungsnormen geht ganz allmählich und zunächst unbemerkt über in ein System von Aufträgen und Richtlinien, die die richtige Gestaltung der Gesetze positiv anleiten. Die Gestaltungsfreiheit des Gesetzgebers beschränkt sich dann auf die im einzelnen richtige Determinierung einer verfassungsrechtlich vorgegebenen Gesetzesordnung. In Parallelität zum Gesetzesvollzug der Verwaltung beschäftigt sich die Gesetzgebung mit „Verfassungsvollzug“!

---

[21] Vgl. *Christian Starck*, Das Bundesverfassungsgericht im politischen Prozeß der Bundesrepublik, 1976, S. 7 ff., 16 ff.

Dies ist ein neuartiges Phänomen, das nicht zwingend aus der Verdichtung der Rahmenordnung folgt. Vielmehr bedarf es dazu einer Wandlung des Verfassungsbegriffs, die Hand in Hand geht mit einer Entgrenzung der Verfassungsauslegung.[22] Neuartige Auslegungsgesichtspunkte werden entdeckt und auf die Verfassung bezogen, die einen anderen Charakter habe als ein einfaches Gesetz und deshalb nach anderen Regeln auszulegen sei. So wird ein ganzes Bukett von Grundrechtstheorien angeboten – liberale, soziale, werthafte, funktionale –, aus dem man sich je nach Lage des Falles bedienen kann, um im äußeren Gewande der Rechtsauslegung Politik zu machen.

Wir sind hier am Kern des Problems des Verhältnisses von Verfassung und Gesetz: Je weiter die Ausschweifungen bei der Verfassungsauslegung gehen, um so hinfälliger und unbedeutender wird das Gesetz, das wie der Mond alles Licht von der Sonne, die hier die Verfassung ist, bekommt. Es ist bezeichnend, in welcher Terminologie das Verhältnis von Verfassung und Gesetz behandelt wird. Der klare und juristisch faßbare Unterschied von verfassungswidrigem und verfassungsmäßigem Gesetz wird aufgeweicht, indem davon gesprochen wird, eine Gesetzesänderung oder eine Auslegung rücke das Gesetz näher an die Verfassung oder rücke von ihr ab.[23] Vom Konzept der Verfassung als Rahmenordnung, die nur ausnahmsweise Direktiven enthält, ist das juristischer Nonsens. Von einem Verfassungsbegriff aus, nach dem die Verfassung das voll justiziable Grundgesetz für die Gesellschaftsgestaltung ist, läßt sich das Näher- und Fernerrücken verstehen, allerdings auf Kosten der Eigenständigkeit demokratisch verantworteter Rechtspolitik.

Je umfassender nun die Vorgaben, auch die positiven, auf Gestaltung drängenden sind, die aus der Verfassung abgeleitet werden, um so größer wird die Interpretationsmacht des Verfassungsgerichts. Mit dieser Interpretationsmacht übernimmt das Gericht auch gestaltende Aufgaben, ja es gibt Reformimpulse auf Gebieten, auf denen es jahrelang Gesetze nicht beanstandet hat. So wird das Besitzrecht des Mieters als Eigentum i. S. des Art. 14 GG auch gegenüber dem Wohnungseigentümer bewertet. Deshalb müsse der Gesetzgeber „in Erfüllung seines Auftrages aus Art. 14 Abs. 1 Satz 2 GG die beiden miteinander konkurrierenden Eigentumspositionen inhaltlich ausgestalten, gegeneinander abgrenzen und die jeweiligen Befugnisse so bestimmen, daß die beiden Eigentumspositionen angemessen gewahrt werden."[24] Es geht also nicht mehr um sozialstaatlich begründete Eigentumsbindung,[25] sondern um Grundrechtskonkurrenz.

Es kann 1994 nicht mehr ausgeschlossen werden, daß Art. 3 Abs. 2 GG, wonach Männer und Frauen gleichberechtigt sind, vom Bundesverfassungs-

---

[22] Vgl. kritisch *Christian Starck*, Die Verfassungsauslegung, in: *Isensee/Kirchhof* (Hrsg.), HStR Bd. VII, 1992, S. 189, 199 ff. Dieser Text ist in erweiterter 3. Auflage als Kapitel 3 des Dritten Teil abgedruckt, S. 279, 288 ff.

[23] Es werde ein Weg beschritten, der den Intentionen des Grundgesetzes eher zuwiderlaufe (BVerfGE 49, 304, 321).

[24] BVerfGE 89, 1, 5 ff.

[25] So noch BVerfGE 68, 361, 367 ff.; 79, 292, 302 f.

gericht – insbesondere von dessen Erstem Senat – im Sinne einer kollektiven Geschlechtergleichheit ausgelegt wird, so daß geschütztes Subjekt der Verfassungsnorm nicht mehr das Individuum ungeachtet seines Geschlechts, sondern die Gruppen der Frauen und Männer sind. Vorarbeiten im juristischen Schrifttum liegen vor.[26]

Die neue Kategorie der grundrechtlichen Schutzpflichten – aus der objektivrechtlichen Seite der Grundrechte gewonnen, gleichwohl mit subjektiv-grundrechtlichem Charakter begabt – vergrundrechtlichen potentiell das gesamte Privatrecht, das die Sphären der Rechtsgenossen gegeneinander abgrenzt und zu diesem Zweck Rechte und Pflichten festlegt.[27] Damit berühre ich das Thema Grundrechte und Privatrechte. Meine Betrachtungen sollen sich auf das öffentliche Recht beziehen. Ich greife exemplarisch heraus:

- das Übermaßverbot als allgemeinen Kontrollmaßstab grundrechtsbegrenzender Gesetze (2),
- die Kontrolle der Landesrundfunkgesetze am Maßstab der Rundfunkfreiheit (3),
- die Behandlung der Gesetze, betreffend die Parteienfinanzierung, am Maßstab des Art. 21 Abs. 1 GG (4)

2. *Übermaßverbot*

Das Übermaßverbot, dem das Verhältnismäßigkeitsprinzip zugrunde liegt, ist eine große Errungenschaft der Grundrechtsdogmatik, durch die der Vorrang der verfassungsrechtlich gewährleisteten Grundrechte vor dem Gesetz verwirklicht werden kann. Angesichts der Kompetenz der Gesetzgebung, Grundrechte einzuschränken, wie sie sich aus den Gesetzesvorbehalten der Grundrechte ergibt, könnten die Grundrechte vollständig in die Hand der einfachen Gesetzgebungsmehrheit gelegt und damit wieder zu bloßen Programmsätzen degradiert werden. Damit liefe die Bindungsklausel des Art. 1 Abs. 3 GG leer. Dies läßt sich vermeiden, wenn die zum Schutz der verfassungsrechtlich fundierten Rechtsgüter eingesetzten Mittel, die Grundrechte beschränken, darauf überprüft werden, ob sie geeignet, erforderlich und zumutbar sind. Geeignet ist ein grundrechtseinschränkendes Gesetz nur dann, wenn es überhaupt einen Schutz des gefährdeten Rechtsgutes bewirkt.[28] Geeignete Maßnahmen können jedoch übermäßig belastend sein; das kann mit dem Raster des Grundsatzes der Erforderlichkeit festgestellt werden. Dieser Grundsatz fordert den Einsatz des mildesten Mittels, das noch in der Lage ist, das gefährdete Rechtsgut wirksam zu schützen.[29] Schließlich soll drittens der Grundsatz der Zumutbarkeit sicherstellen, daß die Belastung des Einzelnen durch geeignete und erforderliche Einschränkungen des

[26] Z. B. *Ute Sacksofsky*, Das Grundrecht auf Gleichberechtigung, 1991, S. 167, 322 u. passim.
[27] Zur Kritik *Christian Starck*, Praxis der Verfassungsauslegung, 1994, S. 36 ff., 66 ff.
[28] BVerfGE 16, 147, 181, st. Rspr.
[29] BVerfGE 39, 156, 165, st. Rspr.

Grundrechts in einem vernünftigen Verhältnis zu dem geschützten Rechtsgut oder zu den der Allgemeinheit erwachsenden Vorteilen steht.[30]

Das Verhältnismäßigkeitsprinzip wird häufig – auch vom Bundesverfassungsgericht[31] – aus dem Rechtsstaatsprinzip abgeleitet. Nach einem Urteil aus dem Jahre 1965[32] folgt der Grundsatz der Verhältnismäßigkeit zutreffend jedoch „im Grunde bereits aus dem Wesen der Grundrechte selbst, die als Ausdruck des allgemeinen Freiheitsanspruchs des Bürgers gegenüber dem Staat von der öffentlichen Gewalt jeweils nur insoweit beschränkt werden dürfen, als es zum Schutze öffentlicher Interessen unerläßlich ist". Was mit dem „Wesen der Grundrechte" bezeichnet wird, ergibt sich aus der Bindungsklausel des Art. 1 Abs. 3 GG, die das Wesen der Grundrechte entscheidend prägt. Das Wesen der Grundrechte ist ein anderes, wenn sie durch die notwendigen Gesetzesvorbehalte allein dem Gesetzgeber anheimgegeben sind. Die Vermittlung zwischen Regelungskompetenz des Gesetzgebers im Grundrechtsbereich und Vorrang der Grundrechte als Verfassungsrecht vor dem Gesetz ist logisch nur möglich, wenn der im Grundrechtsbereich regelnde Gesetzgeber in der Auswahl der Schutzgüter und im Einsatz der Mittel zum Schutz der Güter verfassungsrechtlich gebunden ist.

Die skizzierten Figuren waren es, die aus den Grundrechtsproklamationen unmittelbar geltendes Recht mit Vorrang vor dem Gesetz gemacht haben. Und diese Figuren werden gegenwärtig in anderen europäischen Ländern, die, wie z. B. Frankreich, vom Dogma der Allmacht des Gesetzgebers Abschied nehmen,[33] zur Kenntnis genommen, geprüft und z. T. schon angewendet, um den Vorrang der Verfassung zu gewährleisten.

Diese Neuerung des Grundgesetzes und der Verfassungsrechtsprechung ist in ihrem unbestreitbaren Wert für die Rechtsordnung anerkannt. Man darf freilich nicht übersehen, daß diese Figuren bei der verfassungsgerichtlichen Kontrolle der Gesetze nur behutsam angewendet werden dürfen, um die Funktionenteilung zwischen politisch gestaltender Gesetzgebung und rechtsprechender Gewalt nicht zu untergraben. Das wird in dieser Abstraktheit auch vom Bundesverfassungsgericht gesehen und so gesagt,[34] in der konkreten Entscheidung jedoch nicht selten vergessen.

Bedenkt man, daß zur Antwort auf die Frage der Geeignetheit oder Erforderlichkeit von grundrechtseinschränkenden Gesetzen häufig Tatsachen beurteilt und Prognosen gestellt werden müssen,[35] zeigt sich, daß durch die Anwendung des Verhältnismäßigkeitsprinzips das Verfassungsgericht einen nicht unerheblichen Einfluß auf die politische Gestaltung nehmen kann, ohne daß es politi-

---

30 BVerfGE 16, 194, 202; 30, 292, 316; 67, 157, 178; *Eberhard Grabitz*, Der Grundsatz der Verhältnismäßigkeit, AöR 98 (1973), S. 568, 575 ff. m. w. N.

31 BVerfGE 23, 127, 133 m. w. N.

32 BVerfGE 19, 342, 348 f.; vgl. auch BVerfGE 39, 382, 401.

33 *Christian Starck*, Der Schutz der Grundrechte durch den Verfassungsrat in Frankreich, AöR 113 (1988), S. 632 ff. = *Starck*, Praxis der Verfassungsauslegung II, S. 110 ff.

34 BVerfGE 50, 290, 331 ff.; 71, 206, 215 f. u. ö.

35 *Peter Badura*, Die Verfassung im Ganzen der Rechtsordnung und die Verfassungskonkretisierung durch Gesetz, in: Isensee/Kirchhof (Hrsg.), HStR Bd. VII, 1992, S. 179 ff.

sche Verantwortung trägt, wenn sich später herausstellen sollte, daß es Tatsachen falsch beurteilt oder Prognosen falsch gestellt hat. In solchen Konstellationen manifestiert sich das tatsächlich bestehende Verhältnis von Verfassung und Gesetz, das ganz entscheidend von der Grundrechtsauslegung durch das Bundesverfassungsgericht und von der jeweils angewandten Kontrolldichte abhängt.

3. Rundfunkfreiheit

Auf dem Gebiete des Rundfunkrechts, das zur Gesetzgebungskompetenz der Länder gehört, hat das Bundesverfassungsgericht aus dem Grundrecht „die Freiheit der Berichterstattung durch Rundfunk (wird) gewährleistet" (Art. 5 Abs. 1 Satz 2 GG) und aus dem Demokratieprinzip ein dichtes Netz bundesverfassungsrechtlicher Vorgaben für die Rundfunkgesetze abgeleitet. Landesrundfunkgesetze sind Ausführungsvorschriften zu den jeweiligen Entscheidungen des Bundesverfassungsgerichts geworden:

- Die von den Landesgesetzgebern eingerichteten Landesrundfunkanstalten genießen zunächst eine verfassungsrechtliche Bestandsgarantie[36], später zusätzlich eine Entwicklungsgarantie[37] finanzieller und technischer Art.
- In einer weiteren Entscheidung wird eine Entwicklungsgarantie programmlicher Art noch darauf gesetzt. Über die in sich unklare, noch näher zu bestimmende „Grundversorgung" hinaus, zu der die öffentlich-rechtlichen Rundfunkanstalten verpflichtet seien,[38] werden die Rundfunkanstalten, gestützt auf das Grundrecht der Rundfunkfreiheit, für befugt erklärt, ihr Programmangebot zu vermehren. Dafür spricht ihnen das Bundesverfassungsgericht einen Anspruch auf finanzielle Mittel zu, soweit sie sich im Rahmen des zur Wahrung ihrer Funktion Erforderlichen hielten.[39]
- Für die Festsetzung der Rundfunkgebühr schreibt das Bundesverfassungsgericht ein besonderes Gesetzgebungsverfahren vor mit Begründungspflichten, wenn der von den Rundfunkanstalten angemeldete Bedarf nicht erfüllt wird.[40] Das Gericht empfiehlt den Ländern, beim Staatsvertrag über die Gebührenfestsetzung vom Prinzip der Einstimmigkeit abzugehen und sich auf ein Quorum zu einigen.

Hieraus ergeben sich bemerkenswerte Folgerungen für das Verhältnis von Verfassung und Gesetz: Durch Organisationsgesetze sind öffentlich-rechtliche Rundfunkanstalten errichtet worden. Die Rundfunkfreiheit gilt nicht nur für die gesetzlich zugelassenen Programme dieser Anstalten, sondern soll auch die Zulassung weiterer Programme dieser Anstalten garantieren.

---

[36] BVerfGE 73, 118, 158.
[37] BVerfGE 83, 238, 298.
[38] BVerfGE 74, 297, 332.
[39] BVerfGE 87, 181, 203; Kritisch *Christian Starck*, Praxis der Verfassungsauslegung, 1994, S. 157 ff.
[40] BVerfGE 90, 60, 90 ff.; dazu Kritisch *Thomas Oppermann*, Rundfunkgebühr – Rundfunkordnung – Rundfunkideologie, in: JZ 1994, S. 495 ff.

4. Parteienfinanzierung

Zur Parteienfinanzierung sagt das Grundgesetz nur, daß die Parteien über die Herkunft und Verwendung ihrer Mittel sowie über ihr Vermögen öffentlich Rechenschaft geben müssen (Art. 21 Abs. 1 Satz 4 GG). Was die Parteienfinanzierung anbelangt, besteht ein starkes Eigeninteresse der im Bundestag vertretenen Fraktionen, hinter denen die Parteien stehen. Der Zugriff der Parteien über ihre Fraktionen auf den Staatshaushalt bei der unmittelbaren und bei der mittelbaren staatlichen Parteienfinanzierung durch Steuergesetzgebung stellt eine Sondersituation dar, die das Bundesverfassungsgericht veranlaßt hat, sich mit der Parteienfinanzierung ausführlich zu beschäftigen und auf der Suche nach geeigneten Lösungen wechselnde Anforderungen an die staatliche Parteienfinanzierung zu stellen. Dies hat für das Verhältnis von Verfassung und Gesetz die Folge, daß die Gesetze über die Parteienfinanzierung verschiedenartigen Maßstäben der jeweiligen Rechtsprechung des Bundesverfassungsgerichts unterworfen sind:

- 1958 hielt es das Bundesverfassungsgericht für „zulässig, nicht nur für die Wahlen selbst, sondern auch für die die Wahlen tragenden politischen Parteien finanzielle Mittel von Staats wegen zur Verfügung zu stellen".[41]
- 1966 erschien es dem Bundesverfassungsgericht mit dem demokratischen Grundsatz der freien und offenen Meinungsbildung vom Volk zu den Staatsorganen „nicht vereinbar, den Parteien Zuschüsse aus Haushaltsmitteln des Bundes für ihre gesamte Tätigkeit im Bereich der politischen Meinungs- und Willensbildung zu gewähren".[42] Art. 21 Abs. 1 GG verbiete es, die dauernde finanzielle Fürsorge für die Parteien zu einer Staatsaufgabe zu machen. Dieses Verbot war mit der Bemerkung verknüpft, daß es sich verfassungsrechtlich rechtfertigen ließe, wenn unter Beachtung der Grundsätze der Parteienfreiheit und der Chancengleichheit den politischen Parteien die notwendigen Kosten eines angemessenen Wahlkampfes ersetzt werden.
- 1992 entschied das Bundesverfassungsgericht:[43] „Entgegen der bisher vom Senat vertretenen Auffassung ist der Staat verfassungsrechtlich nicht gehindert, den Parteien Mittel für die Finanzierung der *allgemein* ihnen nach dem Grundgesetz obliegenden Tätigkeit zu gewähren. Der Grundsatz der Staatsfreiheit erlaubt jedoch nur eine Teilfinanzierung der allgemeinen Tätigkeit der politischen Parteien aus staatlichen Mitteln," wofür das Gericht sich nicht scheut, eine relative und sogar eine absolute Obergrenze festzusetzen. Und die früher erlaubte steuerliche Begünstigung von Parteispenden, die von Körperschaften geleistet werden, sind 1992 einem verfassungsrechtlichen Verdikt verfallen.[44]

Der Vorrang der Verfassung gegenüber dem Gesetz besteht im Recht der Parteienfinanzierung im Vorrang der sich rasant entwickelnden nicht vorausberechen-

---

[41] BVerfGE 8, 51, 63.
[42] BVerfGE 20, 56, LS 4,97 f.
[43] BVerfGE 85, 264, LS 2.
[44] BVerfGE 85, 264, 312 ff., 314 f.

baren Rechtsprechung des Bundesverfassungsgerichts. Je konkreter die Folgerungen sind, die das Bundesverfassungsgericht aus einer Verfassungsnorm zieht, um so mehr engt es den Gesetzgeber ein und um so unberechenbarer werden seine Folgeentscheidungen. Das kann man vor allem im Recht der Parteienfinanzierung beobachten.

V. Schlußbemerkung

Das Verhältnis von Verfassung und Gesetz ist von verschiedenen teils normativen, teils tatsächlichen Voraussetzungen abhängig.

- Wie ist der verfassungsstaatliche Vorrang der Verfassung gesichert?
- Wenn die Sicherung durch ein Verfassungsgericht geschieht, welche Zuständigkeiten hat dieses?
- Welchen Inhalt hat die Verfassung über Gewaltenteilung und Sicherung der Rechte hinaus?
- Welcher Verfassungsbegriff wird vom Verfassungsgericht zugrunde gelegt?
- Welche Konzeption der Verfassungsauslegung besteht?

Die Antworten auf diese Fragen sind Grundlage für die genaue Bestimmung des Verhältnisses von Verfassung und Gesetz. Zahlreiche Nuancierungen, insbesondere bezüglich des Verfassungsbegriffs und der Konzeption der Verfassungsauslegung[45] können im Laufe der Zeit beobachtet werden. Diese Nuancierungen wirken sich sogar von Sachgebiet zu Sachgebiet oder gar von Entscheidung zu Entscheidung verschieden aus. Die Methodenlehre und die Staatsrechtslehre tun das ihrige und beeinflussen die Praxis des Verhältnisses von Verfassung und Gesetz.

---

[45] Siehe dazu das 3. Kapitel des Dritten Teils dieses Bandes.

7. Kapitel

Unitarisierung des Rechts im Bundesstaat*

Im Bundesstaat gibt es Gesetzgebung auf zwei Ebenen. Es entspricht der Grundidee und der praktischen Konstruktion des Bundesstaates, dass auch die Gliedstaaten über eigene Gesetzgebungskompetenz verfügen, die in der Bundesverfassung zur Gesetzgebungskompetenz des Bundes abgegrenzt wird. Diese notwendige Kompetenzabgrenzung kann technisch auf verschiedene Weisen vorgenommen werden und einer mehr zentralistischen oder einer länderfreundlichen Tendenz folgen. Dabei geht es um die Entscheidung der Frage, wie einheitlich das Recht im Bundesstaat sein soll. Dafür spielen historische Erfahrungen, wirtschaftliche Verhältnisse, Entwicklungsstand der Technik und die Mentalität der Bevölkerung eine Rolle. Diese einmal bei der Verfassunggebung entschiedene Frage nimmt im Laufe der Geltung der Verfassung zumeist eine dynamische Entwicklung, die nicht nur durch Verfassungsänderungen, sondern auch durch Auslegung und Anwendung der Verfassung, und zwar nicht nur der Kompetenznormen, bestimmt wird. Die Entwicklung hat regelmäßig eine schwer zu bremsende unitarische Tendenz.

Die Grundentscheidungen der Kompetenzzuteilung werden in den Kompetenzkatalogen der Verfassung getroffen. Deshalb sind zunächst diese Kataloge und ihre Änderungen im Laufe der Zeit daraufhin zu untersuchen, in welchem Maß sie unitarisch gehandhabt werden und ob sich Gegentendenzen erkennen lassen (I). Auch soweit die Gesetzgebung bei den Ländern verbleibt, sind Tendenzen der Unitarisierung der Gesetzgebung zu beobachten, wenn die Länder durch Staatsverträge oder über Modell- oder Mustergesetze, das sind zwischen den Ländern vereinbarte Gesetzgebungsempfehlungen, sich selbst koordinieren (II). Eine stille Unitarisierung des Rechts findet durch gerichtliche Grundrechtsauslegung statt, wobei man unterscheiden muss zwischen der Rechtsprechung des Bundesverfassungsgerichts in Normenkontrollverfahren und derjenigen des Bundesverwaltungsgerichts in Revisionsverfahren, in denen die Anwendung von Landesrecht an Hand der Grundrechte des Grundgesetzes überprüft wird (III).

---

* Aus: Verfassung als Verantwortung und Verpflichtung. Festschrift zum 50jährigen Bestehen des Bayerischen Verfassungsgerichtshofs, 1997, S. 229ff., der Abschnitt I ist auf die neue Rechtslage nach der Föderalismusreform 2006 angepasst worden.

I. Kompetenznutzung durch den Bund

Der Bundesstaat des Grundgesetzes ist so konstruiert, dass die Hauptmasse der Gesetzgebung beim Bund liegt und die Länder die Bundesgesetze in der Regel ausführen (Art. 83 GG). Dass der Bund eine so umfangreiche Gesetzgebungskompetenz hat, ist dem Grundgesetz nicht auf den ersten Blick zu entnehmen. Denn nach Art. 70 Abs. 1 GG haben die Länder das Recht der Gesetzgebung, soweit das Grundgesetz nicht dem Bund Gesetzgebungsbefugnisse verleiht. Die Gegenstände der ausschließlichen Gesetzgebungskompetenz des Bundes (Art. 71 GG) sind in Art. 73 GG in 14 Nummern aufgezählt, auf die nur ein Teil der Gesetzgebung des Bundes gestützt werden kann. Weitere ausschließliche Gesetzgebungskompetenzen des Bundes finden sich verstreut im Grundgesetz.[1]

Die Nutzung des umfangreichen Katalogs der konkurrierenden Gesetzgebung (Art. 74, 105 Abs. 2 GG) durch den Bundesgesetzgeber hatte früher ein Bedürfnis nach bundesgesetzlicher Regelung zur Voraussetzung, das von drei miteinander verflochtenen Zielen abhängig war (Art. 72 Abs. 2 GG a. F.). Die Bedürfnisfrage hat das Bundesverfassungsgericht von Anfang seiner Rechtsprechung an als nichtjustitiable Ermessensentscheidung betrachtet.[2] Damit war dem Bund das Tor der konkurrierenden Gesetzgebung weit geöffnet.[3] Das führte zu einer extensiven Nutzung dieser Kompetenzen. Verschiedene Erweiterungen dieses Kompetenzkataloges seit 1959[4] zielten unmittelbar auf die Wahrnehmung dieser konkurrierenden Gesetzgebungskompetenz durch den Bund.

Durch Verfassungsänderung vom 27. Oktober 1994 (BGBl. I 1994, S. 3146) wurden die Voraussetzungen für die Zuständigkeit des Bundes auf den Gebieten der konkurrierenden Gesetzgebungskompetenz verschärft und durch Art. 93 Abs. 1 Nr. 2a GG ausdrücklich verfassungsgerichtlicher Kontrolle zugänglich gemacht. Danach hat der Bund das Gesetzgebungsrecht nur dann, „wenn und soweit die Herstellung gleichwertiger Lebensverhältnisse im gesamtstaatlichen Interesse eine bundesgesetzliche Regelung erforderlich macht“ (Art. 72 Abs. 2 GG in der damaligen Fassung). Wegen der nahezu vollständigen Nutzung der konkurrierenden Kompetenz durch den Bund hatte die Verfassungsänderung die Masse des Bundesrechts nicht verringert, zumal Gesetzesänderungen auf dem einmal gewonnenen Terrain weiterhin möglich waren, ohne dass die Frage der Erforderlichkeit

---

[1] Z. B. Art. 21 Abs. 3 (Parteiengesetz), Art. 38 Abs. 3 (Bundeswahlgesetz), Art. 105 Abs. 1 (Zölle und Finanzmonopole), Art. 108 Abs. 5 Satz 1, Abs. 6 (Abgabenordnung, Finanzgerichtsordnung).

[2] BVerfGE 2, 213, 224 f.

[3] Vgl. Gemeinsame Verfassungskommission, Bericht, BT Drs. 12/6000, S. 33: „Haupteinfallstor für die Auszehrung der Länderkompetenzen“. Vgl. schon Kritik und Vorschläge im Schlußbericht der EnqueteKommission Verfassungsreform des Deutschen Bundestages, BT Drs. 7/5924, 9. Kapitel; *Reinhard Hendler*, Unitarisierungstendenzen im Bereich der Gesetzgebung, ZG 1987, S. 210, 213 ff.; *Rupert Scholz*, Gesetzgebung und Politikgestaltung aus der Mitte der Landesparlamente, ZG 1991, S. 26, 28, 32 f.

[4] Art. 74 Abs. 1 Nr. 11a GG (1959), Nr. 10a (1965), Nr. 19a (1969), Art. 74a (1971), Art. 74 Abs. 1 Nr. 24 (1972), Nr. 4a (1972), Nrn. 25, 26 (1994).

der Bundeskompetenz gestellt werden muss. Freilich konnte diese Frage gemäß Art. 72 Abs. 3 GG in der damaligen Fassung gestellt und vom Bundesgesetzgeber in eigener politischer Verantwortung dahin beantwortet werden, dass eine bundesgesetzliche Regelung „durch Landesrecht ersetzt werden kann“. Da die Länder nicht verpflichtet waren, solch eine „freigegebene“ Materie selbst zu regeln, konnte es im Bundesgebiet zu einem Nebeneinander von partikularem Bundesrecht, das in einigen Ländern gilt, und Landesrecht in anderen Ländern kommen.

Eine weitere Unitarisierung des Rechts hat die Rahmengesetzgebung des Bundes gebracht, zu der er im damals noch geltenden Art. 75 GG ermächtigt war.[5] Das Bundesverfassungsgericht hat zwar von Anfang an entschieden, dass Rahmenvorschriften „ausfüllungsfähig und ausfüllungsbedürftig, jedenfalls auf eine solche Ausfüllung hin angelegt sein“ müssen;[6] es hat aber auch für einzelne Teile eines Rahmengesetzes eine abschließende, nicht mehr ausfüllungsfähige Regelung zugelassen.[7]

Für die Nutzung der Rahmenkompetenz war ebenso wie für die Nutzung der konkurrierenden Gesetzgebungskompetenz ein – gerichtlich nicht überprüfbares – Bedürfnis erforderlich.[8] Die damalige Neufassung des Art. 72 Abs. 2 GG wirkte auch auf die Rahmenkompetenz; sollte der Bund ein geltendes Rahmengesetz nicht mehr für erforderlich halten, so konnte er die Materie an die Länder gänzlich zurückgeben (Art. 75 Abs. 1 Satz 2 GG). Durch die Verfassungsreform ist versucht worden, die Rahmenkompetenz schärfer zu konturieren und den Rahmencharakter nachhaltig zu sichern, „etwa in Anlehnung an die EG/EU-Richtlinienkompetenz“.[9]

Diese Änderungen der Vorschriften über das Gebrauchmachen der Gesetzgebungskompetenz durch den Bund konnten die Unitarisierung des Rechts nicht bremsen. Die letzte Änderung der Kompetenzkataloge für die Gesetzgebung (2006) hat dazu geführt, dass die Länder aus dem Katalog der konkurrierenden Gesetzgebung eigene ausschließliche Gesetzgebungskompetenzen gewonnen haben (z. B. Strafvollzug, Gaststätten- und Ladenschlussrecht). Die ursprüngliche Rahmengesetzgebungskompetenz des Bundes ist abgeschafft worden und deren Materien sind der konkurrierenden Gesetzgebungskompetenz zugeschlagen worden, allerdings mit der Maßgabe, dass die Länder abweichende Regelungen treffen dürfen, wenn der Bund von seiner Gesetzgebungskompetenz Gebrauch gemacht hat. Die konkurrierende Gesetzgebungskompetenz gibt es jetzt in drei verschiedenen Erscheinungsformen. Der Bund hat das Gesetzgebungsrecht ohne weitere Voraussetzungen (Art. 72 Abs. 1 GG); bei bestimmten Materien findet eine Erforderlichkeitsprüfung statt (Art. 72 Abs. 2 GG); schließlich gibt es Materien, bei denen die Länder die Möglichkeit haben, von Bundesgesetzen abweichende Regelungen zu erlassen (Art. 72 Abs. 3 GG).

---

[5] Vgl. auch Art. 98 Abs. 3 Satz 2 GG.

[6] BVerfGE 4, 115, 129.

[7] Vgl. BVerfGE 43, 291, 343: „Vollregelung mit unmittelbarer Wirkung“.

[8] Zum Zustand vor der Verfassungsänderung vgl. *Torben Schneider*, Die Rahmengesetzgebungskompetenz des Bundes, Arbeitspapier Nr. 37 des Lorenz-von-Stein-Instituts, Kiel, 1994.

[9] So Gemeinsame Verfassungskommission, Bericht, BT Drs. 12/6000, S. 35.

Die Zustimmung des Bundesrates zu Bundesgesetzen entfällt, wenn das Gesetz Behörden und Verwaltungsverfahren regelt. Dafür wird den Ländern die Befugnis verliehen, gänzlich oder teilweise abweichende Regelungen zu treffen (Art. 84 Abs. 1 Satz 2 GG). Ebenso wie bei der konkurrierenden Gesetzgebung der 3. Kategorie gilt jeweils das spätere Gesetz. Der Bund kann also eine landesrechtliche Abweichung wieder auf die Bahn der Bundesgesetzgebung lenken. Den Ländern bleiben aber sechs Monate Zeit, auf die neuerliche Bundesgesetzgebung mit erneuter Abweichung zu reagieren (Art. 72 Abs. 3 Satz 3, Art. 84 Abs. 1 Satz 3GG). Interpretationsprobleme und praktische Schwierigkeiten sind vorgezeichnet. Das wird sich insbesondere zeigen, wenn es auf Gebieten mit der Möglichkeit der Abweichungsgesetzgebung um die Umsetzung von EU-Richtlinien geht. Fehlt es an der vom EuGH geforderten Eindeutigkeit und Bestimmtheit des Rechtszustandes, wird der Bund europarechtlich in Pflicht genommen. Ohne dass ihm verfassungsrechtliche Instrumente zur Verfügung stehen, die erforderliche Eindeutigkeit zu garantieren.

Nicht zu vergessen ist die Grundsatzgesetzgebung des Bundes gemäß Art. 109 Abs. 3 GG, durch die das Haushaltsrecht, die Haushaltswirtschaft und die Finanzplanung von Bund und Ländern koordiniert werden. Die Vereinheitlichung aller drei Materien auf Bundes- und Landesebene soll die verfahrensrechtlichen und materiellrechtlichen Voraussetzungen einer konjunkturgerechten Haushaltswirtschaft des Gesamtstaates sichern. Diese in zwei Schritten 1967 und 1969 eingeführte Gesetzgebungskompetenz[10] war eine Reaktion auf die wirtschaftswissenschaftliche Erkenntnis, dass das Haushaltsgebaren der öffentlichen Hände konjunkturwirksam ist und dass eine vernünftige Konjunkturpolitik von einheitlichen Wirtschaftsdaten ausgehen und die Haushaltsdaten, um sie vergleichen zu können, transparent machen und nach einheitlichen Kategorien gestalten muss. Die Grundsatzgesetzgebung unterscheidet sich von der Rahmengesetzgebung dadurch, dass sich jene nicht nur unitarisierend auf die Länder auswirkt, sondern zugleich auch den Bund mit den Ländern koordiniert. Deshalb hat das Haushaltsgrundsätzegesetz einen höheren Rang als die Bundeshaushaltsordnung, die an jenes ebenso gebunden ist wie die Haushaltsordnungen der Länder.[11] Da das Haushaltsgrundsätzegesetz im Gegensatz zur Bundeshaushaltsordnung der Zustimmung des Bundesrates bedarf, ist der höhere Rang verfahrensrechtlich abgesichert. Die sachlichen Gründe für diese durch Koordination von Bund und Ländern bedingte Unitarisierung werden allgemein anerkannt, so dass die Grundsatzgesetzgebung nach Art. 109 Abs. 3 GG verfassungspolitisch nicht umstritten ist.

---

[10] 15. Gesetz zur Änderung des Grundgesetzes v. 08.06.1967 (BGBl. I, S. 581); 20. Gesetz zur Änderung des Grundgesetzes v. 12.05.1969 (BGBl. I, S. 357).

[11] Vgl. *Klaus Vogel/Markus Wiebel*, in: Bonner Kommentar, Art. 109, Zweitbearbeitung, 1971, Rn. 162, 170ff.; *Helmut Siekmann*, in: Sachs (Hrsg.), Grundgesetz, 1996, Art. 109 Rn. 38–42 m. w. N.

II. Selbstkoordination der Länder

Unitarisierend wirkt auch die Selbstkoordination der Länder durch staatsvertragliche Rechtssetzung und durch sog. Mustergesetze. Der Weg des Staatsvertrages muß immer dann beschritten werden, wenn auf dem Gebiete der Landesgesetzgebungskompetenz die Rechtsstellung der Landeseinwohner über Ländergrenzen hinweg, evtl. im ganzen Bundesgebiet einheitlich geregelt werden soll,[12] ohne dass eine Bundesgesetzgebungskompetenz vorhanden ist. Das gilt z. B. für die Erhebung der Rundfunkgebühr, andere rundfunkrechtliche Materien und für die Verteilung knapper Studienplätze an den Universitäten (vgl. dazu unter III.). Staatsvertragliche Rechtssetzung greift in das bundesstaatliche Gefüge weniger ein als die Verschiebung der Gesetzgebungskompetenz auf den Bund.

Mustergesetze, die andere Form der Selbstkoordination des Landesrechts, bewirken auf weichem Weg die Vereinheitlichung des Rechts. Die Landesindividualität der Gesetze wird aufgegeben, um das Geschäft der Verwaltung und die persönliche und wirtschaftliche Mobilität der Bürger zu erleichtern.[13] Auf dem Gebiet einiger Materien der Landesgesetzgebung erarbeiten Ausschüsse, die mit Landesministerialbeamten und Sachverständigen besetzt sind, Muster für Gesetzentwürfe, die die Landesregierungen in ihren Landtagen einbringen können.

Das wichtigste Beispiel ist das allgemeine Polizei- und Ordnungsrecht. Zur besseren Erfüllung der polizeilichen Aufgaben stellte die Innenministerkonferenz 1972 ein Programm für die innere Sicherheit auf, das unter anderem die Vereinheitlichung der Polizeigesetze durch Musterentwürfe eines einheitlichen Polizeigesetzes des Bundes und der Länder von 1976 und 1977 in die Wege leitete.[14] Seit dieser Zeit sind die Polizeigesetze der Länder und das Bundesgrenzschutzgesetz (jetzt Bundespolizeigesetz) auf der Linie des letzten Musterentwurfs freilich mit einigen Unterschieden vereinheitlicht worden.[15]

Nach dem Rechtsgutachten des Bundesverfassungsgerichts vom 16. Juni 1954[16] hat der Bund die konkurrierende Gesetzgebungszuständigkeit für das Bauplanungsrecht (Art. 74 Abs. 1 Nr. 18 GG). Eine Zuständigkeit des Bundes für das Baupolizeirecht, d. h. heute das Bauordnungsrecht, hat das Bundesverfassungsgericht abgelehnt. Nach Erlaß des Rechtsgutachtens wurde ein Koordinierungsbedarf für das Bauordnungsrecht der Länder erkannt. Die erste Musterbauordnung wurde 1959 verabschiedet. Fortschreibungen, die auf neue Bedürfnisse eingingen, entstanden 1981 und 1990 sowie zur Umsetzung von EG-Richtlinien

---

[12] *Hans Schneider*, Verträge zwischen Gliedstaaten im Bundesstaat, VVDStRL 19 (1961), S. 1, 9; *Jost Pietzcker*, Landesbericht Bundesrepublik Deutschland, in: Starck (Hrsg.), Zusammenarbeit der Gliedstaaten im Bundesstaat, 1988, S. 17, 46 ff. m. w. N.

[13] *Pietzcker* (Anm. 12), S. 39 f.; zu den Mustergesetzen siehe auch *Hendler* (Anm. 3), S. 222 f.

[14] *Volkmar Götz*, Allgemeines Polizei- und Ordnungsrecht, 12. Aufl. 1995, S. 33., 15. Aufl. (2013), S. 13 ff.

[15] Dazu zusammenfassend *Drews/Wacke/Vogel/Martens*, Gefahrenabwehr, 9. Aufl. 1986, S. 19 f.

[16] BVerfGE 3, 407, 423 ff., 439.

1992.[17] Die Entwicklung des Bauordnungsrechts der Länder zeigt, dass Mustergesetze nicht nur einmalige Grundlage der Unitarisierung des Landesrechts sind, sondern den Prozess der Rechtsentwicklung kontinuierlich begleiten. Auf diese Weise wird gewährleistet, dass sich das einmal unitarisierte Recht nicht wieder auseinanderentwickelt. Im Bauordnungsrecht zeigt sich darüber hinaus, wie die Selbstkoordinierung der Länder, die dem Bedürfnis der Bauwirtschaft, der Architekten und Ingenieure nach einheitlichem Recht entgegenkommt, nun noch durch Unitarisierungsforderungen der Europäischen Gemeinschaft überlagert wird.

Weitere Gebiete der Landesgesetzgebungskompetenz sind schon und werden noch einem Unitarisierungsprozeß durch das EG-Recht ausgesetzt: Rundfunkrecht, Bildungs- und Prüfungsrecht, Recht der freien Berufe usf. Durch Art. 23 Abs. 6 GG ist sichergestellt, dass in diesen Bereichen die Länder gemeinsam durch ihre Repräsentanz im Bundesrat Einfluss auf die EG-Rechtsetzung nehmen können, was im Vorfeld ebenfalls wieder Koordinierung voraussetzt.

Selbstkoordinierung des Rechts hat nach der Wiedervereinigung in starkem Maße dadurch stattgefunden, dass die Landtage der neuen Länder, die in kurzer Zeitspanne ein erhebliches Gesetzgebungspensum zu bewältigen hatten, Gesetze der alten Länder einfach übernahmen. Dadurch ist der zwischen den westlichen Ländern bestehende Unitarisierungsstandard auf die östlichen Länder übertragen worden. – Unitarisierung des Rechts durch Rezeption fand aber auch in den westlichen Ländern statt, wenn man nur die Verfassungsreformen betrachtet. So hat die durch eine Enquete-Kommission[18] gründlich vorbereitete Schleswig-Holsteinische Verfassungsreform[19] Einfluss nicht nur auf die Verfassunggebung in den neuen Ländern ausgeübt,[20] sondern auch die niedersächsische Verfassungsreform beeinflusst[21].

Eine weitere Form der Unitarisierung des Rechts durch Selbstkoordination ist die Übernahme von Bundesrecht durch Verweisung. Nicht alle Länder haben eigene vollständige Verwaltungsverfahrensgesetze erlassen.[22] Niedersachsen begnügt sich in seinem Verwaltungsverfahrensgesetz mit wenigen Regelungen und verweist im übrigen auf das Verwaltungsverfahrensgesetz des Bundes, wovon einige Ausnahmen gemacht sind. Die Verweisung ist nach dem Willen des niedersächsischen Landesgesetzgebers eine statische,[23] da die Verweisung auf einen bestimmten zeitlichen Geltungsstand des Bundesgesetzes immer wieder neu erfolgt.[24] In den meisten Ländern wird das Verfahren ihres

[17] Vgl. auch zum Vorangegangenen *Dieter Böckenförde/Heinz-Georg Temme/Winnifred Krebs*, Musterbauordnung für die Länder der Bundesrepublik Deutschland, 3. Aufl. 1993, S. VII ff.

[18] Deren Schlußbericht ist vom Schleswig-Holsteinischen Landtag herausgegeben und 1989 im Nomos Verlag, Baden-Baden, erschienen.

[19] Verfassung des Landes Schleswig-Holstein i. d. F. vom 13. Juni 1990 (GVBl. S. 391).

[20] *Christian Starck*, Die Verfassungen der neuen deutschen Länder, 1994, S. 22 f.

[21] *Christian Starck*, Die neue Niedersächsische Verfassung, NdsVBl. 1994, S. 1 Anm. 3, S. 4, 5 = *Starck*, Verfassungen, 2009, S. 245 Anm. 3, S. 249 f.

[22] Vgl. dazu den Musterentwurf 1963, 2. Aufl. 1968.

[23] So zutreffend *Theodor Elster*, in: Korte/Rebe (Hrsg.), Verfassung und Verwaltung des Landes Niedersachsen, 2. Aufl. 1986, S. 306.

[24] Vgl. zuletzt § 1 Abs. 1 NVwVfG i. d. F. des Gesetzes v. 17.12.1991 (GVBl. S. 367).

Verfassungsgerichts im Hinblick auf die Öffentlichkeit, die Sitzungspolizei, die Gerichtssprache, die Beratung und die Abstimmung durch Verweisung auf das Gerichtsverfassungsgesetz geregelt. In zwei Ländern werden darüber hinaus das Bundesverfassungsgerichtsgesetz oder bestimmte Vorschriften desselben in Verweisung genommen.[25] Diese zuletzt genannten Verweisungen sind deshalb statische, weil die Einrichtung und Funktion von Landesverfassungsorganen zur ursprünglichen Regelungsdomäne des Landesgesetzgebers gehören. Eine Unitarisierung des Verfassungsprozessrechts ist verfassungsrechtlich nicht zu beanstanden, wenn der Landesgesetzgeber einen ihm bekannten Normenbestand durch Verweisung übernimmt. Will er die Unitarisierung dynamisieren, bedürfte dies ständiger ausdrücklicher Übernahme von Änderungen des Bundesverfassungsgerichtsgesetzes. Eine dynamische Verweisung stände hingegen nicht im Einklang mit dem Bundesstaats- und dem Demokratieprinzip.[26]

III. Grundrechtsauslegung

Ein Grundrechtskatalog auf Bundesebene, der durch ein Bundesgericht geschützt ist, hat eine zunächst nicht absehbare unitarisierende Wirkung,[27] wenn die Grundrechte Maßstäbe auch für die Landesgesetzgebung sind, die sich im Rahmen der bundesverfassungsrechtlich verbürgten Grundrechte halten muß. Das ist nach Art. 1 Abs. 3 GG der Fall.[28] Wir waren lange Zeit gewohnt, bei den Grundrechten nur an den Schutz der Individuen und ihrer Zusammenschlüsse zu denken. Eine inzwischen wohl ernsthaft in den Blick genommene Nebenwirkung der Grundrechte und ihrer Interpretation durch ein Verfassungsgericht betrifft das Problem der Gewaltenteilung zwischen dem parlamentarischen Gesetzgeber und dem Verfassungsgericht.[29] Je mehr das Verfassungsgericht an Regelungsgehalt aus den Grundrechten herleitet, um so geringer wird die Gestaltungsfreiheit der Gesetzgebung. So werden den Grundrechten objektiv-rechtliche Wertentscheidungen, Schutzpflichten des Staates,[30] Finanz- und Organisationsgrundsätze[31] sowie Verfahrensgrundsätze[32] entnommen.

---

[25] § 16 Nieders. StGHG v. 31.03.1955 (allgemein); § 12 Nieders. StGHG v. 01.07.1996 (auf bestimmte Vorschriften bezogen); §§ 10 ff. Sächs. VfGHG.

[26] Vgl. *Christian Starck*, Sondervoten de lege lata, in: Starck/Stern (Hrsg.), Landesverfassungsgerichtsbarkeit, Bd. I, 1983, S. 307 ff.

[27] Vgl. dazu *Bettina Zimmermann*, Kanadische Verfassungsinstitutionen im Wandel: Unitarisierung durch Grundrechtsschutz, 1992, S. 52 ff., 173, 179 ff.

[28] *v. Mangoldt/Klein/Starck*, Grundgesetz, 3. Aufl. Bd. I, 1985, Art. 1 Rn. 138, 141, in der 6. Auflage 2010, Rdnr. 221, 224.

[29] *Christian Starck*, Praxis der Verfassungsauslegung, 1994, S. 42 f.

[30] *Starck* (Anm. 29), S. 46 ff.

[31] *Christian Starck*, Staatliche Organisation und staatliche Finanzierung als Hilfen zu Grundrechtsverwirklichungen?, in: Starck (Hrsg.), Bundesverfassungsgericht und Grundgesetz, Bd. II, 1976, S. 480 ff. = *Starck*, Freiheit und Institutionen, 2002, S. 158 ff.

[32] Vgl. z. B. *Peter Lerche*, Vorbereitung grundrechtlichen Ausgleichs durch gesetzgeberisches Verfahren, in: Lerche/Schmitt Glaeser/Schmidt-Aßmann, Verfahren als staats- und verwaltungsrechtliche Kategorie, 1984, S. 101 ff. m. w. N.

All das betrifft aber nicht nur das Verhältnis des Bürgers zum Staat und das Verhältnis des parlamentarischen Gesetzgebers zum Verfassungsgericht, sondern auch die verfassungsrechtliche Kompetenzverteilung zwischen Bund und Ländern auf Gebieten, in denen diese die Gesetzgebungskompetenz innehaben. Besonders die verfahrens- und organisationsrechtlichen Ableitungen aus den Grundrechten können die Landesgesetzgebung auf ihrem ureigenen Kompetenzterrain präjudizierend einengen und einen erheblichen Unitarisierungsdruck erzeugen. Gegen einfaches Bundesrecht können sich die Länder vor dem Bundesverfassungsgericht mit dem Argument zur Wehr setzen, der Bund habe die Grenzen seiner Gesetzgebungskompetenz überschritten. Grundrechte und deren Auslegung durch das Bundesverfassungsgericht haben dagegen am Vorrang der Verfassung teil und überschreiten wegen Art. 1 Abs. 3 GG schon logisch nicht die Bundeskompetenz.

Wenn das Bundesverfassungsgericht Landesgesetze am Maßstab der Grundrechte kontrolliert, unitarisiert es Landesrecht durch seine Grundrechtsauslegung, wobei sich der Intensitätsgrad der Unitarisierung nach der Art und Weise der Grundrechtsauslegung richtet. Soll Unitarisierung verhindert oder erschwert werden, so müsste auf die Zuständigkeit des Bundesverfassungsgerichts verzichtet werden, Landesgesetze zu überprüfen, und diese Aufgabe den Landesverfassungsgerichten übertragen werden. Solch eine Konstellation liegt nur bezüglich der bundesverfassungsrechtlichen Garantie der kommunalen Selbstverwaltung vor. Über kommunale Verfassungsbeschwerden wegen Verletzung des Rechts auf Selbstverwaltung nach Art. 28 GG durch ein Landesgesetz entscheidet das Bundesverfassungsgericht nur, soweit nicht Beschwerde beim Landesverfassungsgericht erhoben werden kann (Art. 93 Abs. 1 Nr. 4b GG). Die Länder haben es also in der Hand, die kommunale Verfassungsbeschwerde einzuführen und damit ihre Gesetzgebung auf dem Gebiete des Kommunalrechts vor unitarisierender Auslegung der Selbstverwaltungsgarantie durch das Bundesverfassungsgericht zu schützen. Der Austausch von Argumenten und die Einflüsse zwischen den Landesverfassungsgerichten sowie zwischen diesen und dem Bundesverfassungsgericht können dadurch freilich nicht verhindert werden. Daraus erwachsende Unitarisierung ist aber nicht von oben oktroyiert, sondern freiwillig vorgenommen.

Noch bevor der Bund von der damals geltenden Rahmengesetzgebungskompetenz für die allgemeinen Grundsätze des Hochschulwesens (Art. 75 Abs. 1 Satz 1 Nr. 1a GG)[33] durch die Verabschiedung des Hochschulrahmengesetzes am 26. Januar 1976[34] Gebrauch gemacht hat, hatte das Bundesverfassungsgericht im Numerus-clausus-Urteil vom 18. Juli 1972 aus dem Grundrecht „auf Zulassung zum Hochschulstudium" (Art. 12 GG) eine subsidiäre Pflicht der Länder in ihrer Gesamtheit abgeleitet, gemeinsam – etwa durch den Abschluss eines Staatsvertrages – Mitverantwortung für eine kooperative Verwirklichung des Grundrechtsschutzes zu übernehmen, indem alle freien Studienplätze durch eine überregionale

[33] Eingefügt durch 22. Gesetz zur Änderung des Grundgesetzes vom 12.05.1969 (BGBl. I, S. 363).

[34] BGBl. I, 1976, S. 185.

Stelle unter Anwendung einheitlicher Auswahlkriterien verteilt werden.[35] – Im Hinblick auf den Rundfunk hat das Bundesverfassungsgericht festgestellt,[36] dass ein funktionierendes System der Verbreitung von Rundfunk von einer Koordination der landesgesetzlichen Regelungen und damit von einer Kooperation der Länder abhänge. Einen Zwang zur Zusammenarbeit der Länder leitet das Bundesverfassungsgericht aus Art. 5 Abs. 1 Satz 2 GG in Verbindung mit dem Grundsatz des bundesfreundlichen Verhaltens ab.[37] In diesen beiden Urteilen wird die Kompetenzverteilung, die das Grundgesetz zugunsten der Länder festgelegt hat, mittels Grundrechtsauslegung durch Kooperationspflichten unitarisiert[38] und damit von der Regel abgewichen, dass der Gleichheitsanspruch durch den Föderalismus relativiert wird.[39] Im Falle des Hochschulzugangs nahm das Bundesverfassungsgericht durch die Auslegung und Anwendung des Art. 12 GG die spätere Rahmengesetzgebung auf dem Gebiet der Zulassung zum Studium (§§ 27 ff. HRG) vorweg.

Geradezu Maßstab setzend für das Hochschulrahmengesetz wirkte die Rechtsprechung des Bundesverfassungsgerichts auf dem Gebiete der Hochschulorganisation. In der grundrechtlichen Garantie „Wissenschaft, Forschung und Lehre sind frei“ (Art. 5 Abs. 3 Satz 1 GG) sieht das Bundesverfassungsgericht nicht nur die Gewährung eines individuellen Freiheitsrechts, sondern auch eine wertentscheidende Grundsatznorm,[40] die das Individualrecht verstärkt, schützt und die Positionen einzelner Grundrechtsträger zum Ausgleich bringt, woraus sich Organisationsprobleme ergeben. An Hand des auf Organisationsrecht beschränkten Vorschaltgesetzes für ein Niedersächsisches Gesamthochschulgesetz, das zur Prüfung stand, hat das Bundesverfassungsgericht den Rahmencharakter des Art. 5 Abs. 3 GG betont, dem kein bestimmtes Organisationsmodell entnommen werden könne[41]; es billigte das Gruppenprinzip und den dahinter stehenden Interessengedanken. Auf dieser Basis beanstandete es die fehlende Homogenität der Gruppenbildung[42] und den zu geringen Einfluss der für die Wissenschaft in erster Linie verantwortlichen Hochschullehrer.[43] Andere Organisationsmodelle, etwa die verantwortliche Einbeziehung gesellschaftlicher Kräfte als Abnehmer von Universitätsleistungen und als finanzielle Förderer der Universität, müssen darauf überprüft werden, ob sie den aus Art. 5 Abs. 3 GG hergeleiteten Prinzipien entsprechen. Wenn in Zukunft das Hochschulrahmengesetz normativ ausgedünnt wird, könnten die unmittelbar aus Art. 5 Abs. 3 GG herzuleitenden Schranken der Landesgesetzgebung wieder an Bedeutung gewinnen. Das Beispiel der Hochschulorganisation zeigt deutlich, dass die frühere Rahmengesetzgebung des Bundes und die Grundrechtsauslegung durch das Bundesverfassungsgericht, von ihrer materiellen Wirkung her gesehen, wenigstens zum Teil austauschbar sind.

[35] BVerfGE 33, 303, 357 f.
[36] BVerfGE 73, 118, 197.
[37] BVerfGE 73, 118, 152, 196 f.
[38] *Jost Pietzcker* (Anm. 12), S. 66.
[39] *v. Mangoldt/Klein/Starck* (Anm. 28), Art. 3 Rn. 165.
[40] BVerfGE 35, 79, 112 f.
[41] Dazu *Starck* (Anm. 31), S. 499 ff.
[42] BVerfGE 35, 79, 126 f.
[43] BVerfGE 35, 79, 139 ff.

Im Schulrecht hat das Bundesverfassungsgericht immer die Gestaltungsfreiheit des Landesgesetzgebers betont,[44] da sich aus der Entstehungsgeschichte des Art. 7 GG ergebe, „dass die weitgehende Selbständigkeit der Länder in Bezug auf die weltanschaulich-religiöse Ausprägung der öffentlichen Schulen beabsichtigt war".[45] Wiederholt hat es betont, dass die Länder in ihrer Zuständigkeit, die schulpolitischen Fragen zu regeln, nicht geschmälert werden dürften.[46] Die im Rahmen des Art. 7 GG erlassenen landesrechtlichen Bestimmungen über die religiös-weltanschauliche Gestaltung des Schulwesens müssten jedoch im Einklang mit Art. 4 Abs. 1 und 2 GG stehen.[47] Die jüngsten Erfahrungen mit dem Bundesverfassungsgericht haben ergeben, dass die Freiheit des Landesgesetzgebers davon abhängt, ob die in Art. 4 Abs. 1 mitgarantierte negative Religionsfreiheit als der positiven Religionsfreiheit gleich geordnet betrachtet[48] oder dieser übergeordnet wird[49]. Michael Brenner hat nicht zu Unrecht bemerkt, dass die zunehmende Unitarisierung unseres Bundesstaates nunmehr auch offensichtlich das Schulwesen erfasst.[50] Dies ist von zahlreichen Autoren beanstandet worden.[51]

Die dynamische Rechtsprechung des Bundesverfassungsgerichts auf dem Gebiete des Rundfunkrechts seit 1961[52] über Organisation, Finanzierung und Aufgaben der öffentlich-rechtlichen Rundfunkanstalten, insbesondere über deren „Grundversorgungsauftrag", über das duale Rundfunksystem und über die öffentlich-rechtliche Überwachung privatwirtschaftlich tätiger Rundfunkanstalten ist von einer Dichte, die einem Rahmengesetz entspricht. Obgleich es keinerlei Bundesgesetzgebungskompetenz auf dem Gebiet des Rundfunkrechts gibt, hat das Bundesverfassungsgericht aus den schlichten Worten „die Freiheit der Berichterstattung durch Rundfunk (wird) gewährleistet" (Art. 5 Abs. 1 Satz 2 GG) ein bundesverfassungsrechtliches Rundfunksystem nach Art eines Rahmengesetzes abgeleitet und dieses mehrfach schrittweise den sich schnell verändernden technischen Bedingungen anzupassen versucht.[53]

Welch bedeutsamen Unitarisierungshebel Grundrechte darzustellen vermögen, zeigt ferner die Wirkung der Datenschutzrechtsprechung des Bun-

---

[44] So schon im Konkordatsurteil, BVerfGE 6, 309, 355.

[45] BVerfGE 41, 29, 45.

[46] Vg. BVerfGE 41, 29, 46 f., 57; 41, 65, 77 ff.; 52, 223, 236 f.; ebenso abw. Meinung BVerfGE 93, 25 ff.; anders BVerfGE 93, 1, 15 ff.

[47] BVerfGE 41, 29, 47.

[48] So noch BVerfGE 52, 223, 247 (Schulgebet).

[49] So BVerfGE 93, 1, 15 ff. (Kruzifix).

[50] *Michael Brenner*, Der Kruzifix-Beschluss des Bundesverfassungsgerichts, in: ThürVBl. 1996, S. 145, 151; der föderalistische Aspekt ist auch im abweichenden Votum festgehalten, BVerfGE 93, 25, 28, 33.

[51] Vgl. vor allem *Martin Heckel*, Das Kreuz im öffentlichen Raum. Zum „Kruzifix-Beschluss" des Bundesverfassungsgerichts, DVBl. 1996, S. 453, 459 m. w. N. in Anm. 25.

[52] BVerfGE 12, 205, 259 ff.; 31, 314, 325 ff.; 57, 295, 319 ff.; 73, 118, 152 ff.; 74, 297, 325 ff.; 83, 238, 295 ff.; 87, 181, 196 ff.; 90, 60, 87 ff.

[53] Vgl. vor allem die Schritte in BVerfGE 57, 295, 319 ff.; 73, 118, 152 ff.; vgl. kritisch *Starck* (Anm. 30), S. 157 ff.; *ders.*, „Grundversorgung" und Programmauftrag des öffentlich-rechtlichen Rundfunks, in: Festschrift für Stern, 1997, S. 777 ff. m. w. N. = *Starck*, Freiheit und Organisation, 2002, S. 495 ff.

desverfassungsgerichts auf das Polizei- und Ordnungsrecht der Länder. In der polizeirechtlichen Literatur wird das Volkszählungsurteil des Bundesverfassungsgerichts[54] als Beginn einer zweiten Periode der Vereinheitlichung der Landespolizeigesetze bezeichnet[55]; die erste Periode hatte 1976 mit dem Musterentwurf eines einheitlichen Polizeigesetzes des Bundes und der Länder begonnen (vgl. oben II.). Die in den novellierten Gesetzen geschaffenen besonderen Befugnisnormen über die Erhebung und Verbreitung personenbezogener Informationen repräsentieren heute einen umfangreichen Regelungskomplex, der gemeindeutsches Ordnungsrecht zum Ausdruck bringt.

Unitarisierungspotential steckt auch in der Revisionstätigkeit des Bundesverwaltungsgerichts, soweit es Gerichtsurteile überprüft, die auf der Grundlage von Landesrecht ergangen sind. Das geschieht vor allem im Kommunalrecht, Schulrecht, Prüfungsrecht, Berufsrecht, Staatskirchenrecht sowie im Rundfunkrecht. Verschieden dichte grundgesetzliche Garantien sind als Bundesrecht Revisionsmaßstäbe (§ 137 Abs. 1 Nr. 1 VwGO): Art. 28 Abs. 2 für das Kommunalrecht, Art. 7 für das Schulrecht, Art. 12 für das Prüfungs- und Berufsrecht, Art. 140 GG i. V. m. Art. 136–139, 141 WRV für das Staatskirchenrecht, Art. 5 Abs. 1 Satz 2 für das Rundfunkrecht. Hinzu kommt der Einfluss unspezifischer Grundrechte wie z. B. der Art. 1 bis 6.

Unitarisierende Wirkung von Grundrechten auf die Landesgesetzgebung und auf die Auslegung der Landesgesetze ist eine zwingende Konsequenz eines bundesverfassungsrechtlichen Grundrechtskatalogs, der durch Bundesgerichte gesichert ist. Entsprechendes gilt übrigens bei international- oder gar supranationalrechtlich verbürgten und gerichtlich gesicherten Grundrechten gegenüber den Nationalstaaten.[56] Dieser Befund sollte die Ansicht bestärken, dass die Grundrechte nicht ganz bestimmte gesetzliche Regelungen verlangen.[57] Die Wohlgeordnetheit der Verfassung besteht gerade darin, dass vieles von ihr nicht geregelt ist und dass somit notwendige Handlungsspielräume für die zuständigen Staatsorgane bestehen. So verlangt auch die im Grundgesetz festgelegte bundesstaatliche Verteilung der Gesetzgebungskompetenz, dass die Grundrechte in ihrem Rahmencharakter erkannt werden und demgemäß dem Landesgesetzgeber nicht ganz bestimmte Lösungen durch die Grundrechte vorgegeben sind. Der hier behandelte bundesstaatliche Problemaspekt der Grundrechtsauslegung bestätigt, was auch sonst wahr ist,[58] dass die Verfassung und die ihr inkorporierten Grundrechte Rahmencharakter haben.

---

[54] BVerfGE 65, 1, 41 ff.

[55] *Götz* (Anm. 14), S. 33, 15. Aufl. (2013), S. 13 ff., 52.

[56] Vgl. Diskussionsbeitrag von *Rudolf Bernhardt*, in: Link (Hrsg.), Der Gleichheitssatz im modernen Verfassungsstaat, 1982, S. 91 f.

[57] In diesem Sinne *Ernst-Wolfgang Böckenförde*, Methoden der Verfassungsinterpretation, NJW 1976, S. 2089, 2091; *Rainer Wahl*, Der Vorrang der Verfassung, in: Der Staat 20 (1981), S. 485, 507; *Christian Starck*, Die Verfassungsauslegung, HStR VII, 1992, § 164, Rn. 5 ff. siehe das 3. Kapitel im III. Teil dieses Bandes, S. 281 ff.; *Konrad Hesse*, Verfassungsrechtsprechung im geschichtlichen Wandel, JZ 1995, S. 265, 268.

[58] *Christian Starck*, Verfassungsgerichtsbarkeit und Fachgerichte, JZ 1996, S. 1033, 1038 ff. = *Starck*, Freiheit und Organisation, 2002, S. 333, 347.

8. Kapitel

Gesetz und Vertrag*

I. Methodische Vorüberlegungen

Die Begriffe „Gesetz“ (lex, loi, law) und „Vertrag“ (contractus, conventio, pactum; contrat, convention, traité, pacte; contract, convention, treaty, agreement)[1] gehören zum Urgestein des Rechtsdenkens und der Rechtswissenschaft, die theoretischer Erfassung zugänglich sind. Ihre begriffliche Struktur kann freilich nicht von einem Begriffshimmel herabgeholt werden. Vielmehr findet die Rechtstheorie ihren Stoff in den historischen und aktuellen rechtlichen Gegebenheiten, die jedoch wiederum nur mit Hilfe begrifflicher Strukturen erforscht und erkannt werden können. Es findet also ein Hin- und Herwandern des Blickes statt zwischen dem vorgefundenen Rechtsstoff und begrifflichen Kategorien, mit deren Hilfe versucht wird, den Rechtsstoff begrifflich zu erfassen.

---

* Aus: Behrends/Starck (Hrsg.), Gesetz und Vertrag II, Göttingen 2005, S. 9–25.

[1] Zur lateinischen, französischen und englischen Terminologie vgl. *Jörg Fisch*, Vertrag usf., XIV. Exkurs, in: Geschichtliche Grundbegriffe. Hist. Lexikon zur politisch-sozialen Sprache in Deutschland, Bd. 6, 1990, S. 951 f.

Wir befinden uns bei dieser Vorgehensweise auf dem Gebiet der Rechtsvergleichung, und zwar einer Rechtsvergleichung, die die historische Tiefendimension einschließt. Die Rechtsvergleichung hat nicht nur wichtige praktische Zwecke,[2] sondern dient auch der wissenschaftlichen Erkenntnis, um die es hier geht. Rechtsvergleichung wird betrieben, um Gemeinsamkeiten und – genau so wichtig – Unterschiede der Rechtsordnungen zu erkennen.[3] Da das Recht Lebensverhältnisse regelt, sind diese in die Vergleichung einzubeziehen, wenn man Sinn und Funktion rechtlicher Regelungen oder rechtlicher Institutionen erkennen will. Um Rechtsvergleichung zur wissenschaftlichen Erkenntnis geht es vor allem in der Allgemeinen Staatslehre, der Allgemeinen Rechtslehre und in der Rechtsphilosophie,[4] soweit diese sich dabei einer induktiven Methode bedienen.

Gegenstand der Rechtsvergleichung sind hier die Rechtsinstitute „Gesetz" und „Vertrag". Den Vergleich einzelner Rechtsinstitute bezeichnet man als Mikrovergleichung. Diese setzt aber Makrovergleichung voraus, die erst das normative und soziale Geflecht als Ganzes enthüllt, indem sie uns Auskunft gibt über die rechtssystematischen Zusammenhänge und über Geist und Stil der betreffenden Rechtsordnung, in der das untersuchte Institut steht. Was den räumlichen und zeitlichen Umfang der Rechtsvergleichung anbelangt, so bietet sich für unsere Zwecke zunächst eine Beschränkung auf den kontinentalen Rechtskreis und die ihm zugrunde liegenden historischen Prägungen an.

Da die konkrete Rechtsordnung sprachlich gefaßt ist, muß der Rechtsvergleicher auf die Begriffe achten. Um Mißverständnisse zu vermeiden, darf man nicht einfach die Ausdrücke aus den verglichenen Rechtsordnungen übernehmen, sondern muß eine Metasprache finden, d. h. autonome Begriffe der Rechtsvergleichung bilden. Das rechtsvergleichend untersuchte Problem muß von den Systembegriffen der eigenen Rechtsordnung gereinigt und zunächst in einer Sprache beschrieben werden, die in gemeinverständlichen Ausdrücken den untersuchten Sachverhalt kennzeichnet,[5] gleichgültig ob es um die Regelung von Interessenkollisionen, staatlichen Handlungsformen oder Verfahren geht.

Begriffe der Allgemeinen Staats- und Rechtslehre wie Gewaltenteilung, Rechtsetzung, Rechtsquellen, Menschenrechte usf. sind bereits für die Rechtsvergleichung verwendungsfähige Metabegriffe. Sowohl das Gesetz als auch der Vertrag sind Instrumente der Rechtsetzung. Das Gesetz, von wem auch immer erlassen, ist normalerweise eine abstrakt-generelle Anordnung, in der bestimmte Lebenssachverhalte beschrieben und mit einer Rechtsfolge verknüpft sind.[6] Durch den Vertrag wird zwischen den Parteien ein Sachverhalt rechtlich geregelt,

---

[2] Vgl. *Christian Starck*, Rechtsvergleichung im öffentlichen Recht, JZ 1997, S. 1021, 1024 f. = *Starck*, Verfassungen, 2009, S. 338, 345 ff.: Förderung staatlicher Gesetzgebung, Auslegungshilfe für den innerstaatlichen Richter, Rechtsbildung im internationalen Recht, Schaffung supranationalen Rechts.

[3] *Christian Starck*, Der demokratische Verfassungsstaat, 1995, S. 406 f.

[4] *Rudolf Bernhardt*, Eigenheiten und Ziele der Rechtsvergleichung im öffentlichen Recht, ZaöRV 24 (1964), S. 431, 435 f.; *Herbert Krüger*, Stand und Selbstverständnis der Verfassungsvergleichung heute, in: Verfassung und Recht in Übersee, 1972, S. 25 ff.

[5] *Hein Kötz*, Rechtsvergleichung und Rechtsdogmatik, RabelsZ 54 (1990), S. 203, 209.

[6] *Christian Starck*, Der Gesetzesbegriff des Grundgesetzes, 1970, S. 177 ff.

der einen Einzelfall, eine Beziehung oder sich wiederholende Einzelfälle oder Beziehungen darstellt. An dieser groben Definition von Gesetz und Vertrag läßt sich schon ablesen, daß sich Gesetz und Vertrag nicht gegenseitig ausschließen oder in einem bestimmten hierarchischen Verhältnis zueinander stehen, etwa in dem Sinne, daß Verträge stets im Rahmen des Gesetzes geschlossen werden oder daß jedem Gesetz eine vertragliche Einigung zugrunde liegt.

II. Schema zum Verhältnis von Gesetz und Vertrag

Zum besseren Verständnis der folgenden Ausführungen über das Verhältnis von Gesetz und Vertrag in den verschiedenen Epochen und Rechtsordnungen möchte ich ein Schema vorwegstellen, das ich aus der folgenden Betrachtung gewonnen habe. In diesem Schema geht es um den Vertrag als Form der Rechtsetzung zunächst unter dem Gesetz und sodann zur Herstellung des Gesetzes; dabei wird die Intensität von konsensualen Elementen, die den Gesetzesbegriff bestimmen, abgestuft dargestellt. Ich unterscheide zwischen dualistischen Formen, in denen dem Vertrag substantielle Bedeutung zukommt, monistischen Formen, die keine vertraglichen Elemente aufweisen, und einem Quasidualismus, in dem eine monistische Grundstruktur der Gesetzgebung auf verschiedene Weise dualistisch überformt wird.

1. Der gesetzlich gezähmte Vertrag

a) Der Vertrag *im Rahmen* des Gesetzes
- zivilrechtlicher Vertrag
- verwaltungsrechtlicher Vertrag
- Staatsvertrag zwischen Ländern eines Bundesstaates

b) Der Vertrag *auf Grund* gesetzlicher Ermächtigung
- strafprozessuale Kooperation
- Vertrag zwischen Bund und Ländern

2. Dualistische Formen der Gesetzgebung

c) Inhalt und *Geltung* eines Gesetzes werden durch Vertrag bestimmt. Die Vertragsparteien sind gemeinsam die Gesetzgeber.
- völkerrechtlicher Vertrag
- Verfassungsvertrag
- Europäischer Verfassungsvertrag.

d) Der Inhalt eines Gesetzes wird autoritativ festgelegt und einer Volksversammlung oder repräsentativen Versammlung zur Billigung vorgelegt, wobei nur ja oder nein möglich ist. Antrag und Billigung führen dazu, daß das Gesetz vertraglich in *Geltung* gesetzt wird.

e) Über den *Inhalt* des Gesetzes wird ein Vertrag geschlossen, der durch einen Gesetzgebungsakt in Geltung gesetzt wird, an dem höchstens einer der Vertragspartner beteiligt ist.

3. *Monistische Formen der Gesetzgebung*

f) Gesetzgebung durch Mehrheitsentscheidung einer repräsentativen Versammlung (Parlament), die auf periodisch abgehaltenen allgemeinen, gleichen, freien und geheimen Wahlen beruht. Inhalt und Geltung des Gesetzes werden durch reale Repräsentation der Gesetzesunterworfenen legitimiert.

g) Gesetzgebung durch Diktator, Junta, Zentralkomitee oder ernanntes Parlament, die behaupten, die Gesetzesunterworfenen zu repräsentieren.

4. *Quasidualistische Formen der Gesetzgebung*

h) Repräsentative Versammlung beschließt über Gesetzesinhalt, der einem Plebiszit unterworfen wird und bei Annahme Geltung erlangt.

i) In einem Zweikammersystem ist die Gesetzgebung vom Konsens der beiden Kammern abhängig, der durch Vermittlung gefördert werden kann.

j) Regierung und gesellschaftliche Kraft verhandeln über Gesetzesinhalt, der durch repräsentative Versammlung im Gesetzgebungsverfahren (ggf. mit Änderungen) in Geltung gesetzt wird.

III. Vertrag als Form der Rechtsetzung

1. *Vertrag als Institut des Konsenses*

Im Vertrag wird inter partes durch *Konsens* Recht erzeugt. Dabei kann es sich um zwei oder mehrere Beteiligte, um natürliche oder juristische Personen handeln, die übereinkommen, daß das zwischen ihnen Vereinbarte als Recht gilt. Grundlage dieser Art Rechtserzeugung ist die Freiheit der Person, die hier als Vertragsautonomie wirkt. In diesem Begriff kommt zum Ausdruck, daß durch Verträge selbst, d. h. eigenständig zwischen den Parteien, Recht erzeugt wird. Das Verfahren der Konsensgewinnung kann verschieden ausgestaltet sein. Es können einander entsprechende stillschweigende oder mündliche Willenserklärungen der Vertragschließenden genügen, es kann Schriftform oder amtliche Beglaubigung erforderlich sein. In frühen Rechtsordnungen sind Verträge häufig formalisiert, z. B. die römische mancipatio oder das nexum.[7] Die Einhaltung bestimmter For-

---

[7] *Sohm/Mitteis*, Institutionen, Geschichte und System des römischen Rechts, 17. Aufl. 1928, S. 48ff.

men soll die vertragliche Bindung nach außen, d. h. für Dritte deutlich und damit sichtbar und sicher machen.

2. *Der gesetzlich gezähmte Vertrag*

Am geläufigsten ist uns nach geltendem Recht der privatrechtliche Vertrag, der im Rahmen der Gesetze abgeschlossen wird. Durch Vertrag werden Austausch von Gütern und Leistungen, gemeinsame Tätigkeiten in Vereinen und Gesellschaften oder Normen[8] vereinbart. Die in der Vertragsautonomie verwirklichte Bürgerfreiheit steht unter dem Gesetz. Die Freiheit bemißt sich nach der Ausgestaltung der Gesetze.

Man unterscheidet zwischen Gesetzen, die die Freiheit sichern oder überhaupt erst ermöglichen,[9] und Gesetzen, die die Freiheit beschränken. So enthalten das Vereinsrecht und das Gesellschaftsrecht Formen, in denen Privatrechtssubjekte gemeinsame Ziele verwirklichen können. Gute gesellschaftsrechtliche Regelungen ermöglichen Funktionsfähigkeit und Nutzbarkeit.

Zum Ausgleich verschiedener sozialer Mächtigkeit der Vertragschließenden enthält das Gesetz zwingende Normen. Bei Gefahr der Überrumpelung des Vertragspartners werden z. B. Widerrufsrechte gewährleistet; damit wird die reale Vertragsfreiheit gesichert. Freilich ist auch zu beobachten, daß die Anzahl einschränkender Gesetze zur „Besserung" der gesellschaftlichen Verhältnisse tendenziell vermehrt wird, was die Vertragsfreiheit einschnürt. Es ist aber nicht nur das Gesetz, sondern auch der das Gesetz und gegebenenfalls den Vertrag auslegende Richter, der das Ausmaß der Vertragsfreiheit bestimmt. Da die Vertragsfreiheit aber verfassungsrechtlich gewährleistet ist,[10] hat der Gesetzgeber nicht das letzte Wort.

Während im Zivilrecht die Vertragsfreiheit im Rahmen der Gesetze Normalität bedeutet, sind Strafverfolgung und Bestrafung in der Strafprozeßordnung und im Strafgesetzbuch prinzipiell gesetzlich streng geregelt. Mit der Ausdehnung des Opportunitätsprinzips entsteht jedoch ein Raum für kooperatives Verhalten zwischen Staatsanwalt und Beschuldigtem bzw. zwischen Richter und Angeklagtem. Grundlage für entsprechende konsensuale Lösungen enthalten z. B. §§ 153a, b StPO, die das Absehen von der öffentlichen Klage oder die Einstellung des Verfahrens bei Erfüllung von Auflagen und Weisungen vorsehen, und die Kronzeugenregelung in § 261 Abs. 10 StGB. Man scheut sich freilich, von einem Anklagevermeidungsvertrag oder Strafvermeidungs- oder -verminderungsvertrag zu sprechen. Denn im Strafrecht gilt ein strenges Gesetzmäßigkeitsprinzip, das selbst bei der Eröffnung von Ermessensräumen vertraglichen Lösungen widerstreitet. Die ohne Zweifel vorliegende Koope-

---

[8] Z. B. Tarifverträge (§ 1 Abs. 1 TVG), Vereinssatzungen (§ 25 BGB) und Allgemeine Geschäftsbedingungen (§ 305 ff. BGB); siehe dazu umfassend *Ferdinand Kirchhof*, Private Rechtsetzung, 1986, S. 57 ff.; 98 ff., 181 ff., 265 ff.

[9] *v. Mangoldt/Klein/Starck*, Das Bonner Grundgesetz, Bd. I, 4. Aufl. 1999, Art. 1 Rdnr. 251 f., in der 6. Auflage 2010, Rdnr. 287 ff.

[10] *v. Mangoldt/Klein/Starck* (Anm. 9), Art. 2 Rdnr. 136 ff., in der 6. Auflage 2010, Rdnr. 145 ff.

ration schafft aber Vertrauenstatbestände, auf die sich der Angeklagte bzw. Beschuldigte berufen kann.

Ein Beispiel für den Vertrag im Rahmen des Gesetzes ist der öffentlich-rechtliche Vertrag, wie ihn das Verwaltungsverfahrensgesetz in § 54 regelt. Dort heißt es: „Ein Rechtsverhältnis auf dem Gebiete des öffentlichen Rechts kann durch Vertrag begründet, geändert oder aufgehoben werden ..., soweit Rechtsvorschriften nicht entgegenstehen."

Länder der Bundesrepublik können die ihnen verfassungsrechtlich zustehenden Kompetenzen gemeinsam wahrnehmen, worüber Verträge geschlossen werden, die weder gegen die Bundesverfassung noch gegen die jeweiligen Landesverfassungen verstoßen dürfen. Solche Staatsverträge können auch gesetzliche Regelungen enthalten, die in sämtlichen vertragschließenden Ländern einheitlich gelten (z. B. der Rundfunkstaatsvertrag). Soweit jedoch der Bund mit den Ländern zur Wahrnehmung von Kompetenzen Verträge schließt, bedarf es dazu ausdrücklicher verfassungsrechtlicher Ermächtigungen (z. B. Art. 91b GG). Der Vertrag im Rahmen des Gesetzes und, soweit es um Staatsverträge geht, im Rahmen oder auf der Grundlage der Verfassung, sind Ausdruck des normativ beschränkten oder gezähmten Vertrages. Das sind also Phänomene, die unter die Kategorien 1 und 2 des Schemas fallen.

3. *Der Vertrag als Gesetz*

a) Völkerrechtliche Verträge

Der Konsens als Grundlage des Vertrages bestimmt auch den völkerrechtlichen Vertrag, der im Mittelalter und in der Neuzeit als Vertrag zwischen Herrschern durchaus personalistisch begriffen wurde.[11] Im Mittelalter existierte der Begriff des völkerrechtlichen Vertrages nicht, weil sich der Souveränitätsbegriff noch nicht herausgebildet hatte. Es wurde nur ein Mindestmaß an politischer Handlungsfähigkeit der Vertragschließenden vorausgesetzt, da ohne diese die Erfüllung der Vertragspflichten nicht gesichert gewesen wäre. Vom 18. Jahrhundert an wurden völkerrechtliche Verträge nicht mehr als persönliche Verpflichtungen der Souveräne betrachtet; vielmehr schlossen diese sie für den von ihnen repräsentierten und verkörperten Staat ab.[12] Mit der klaren juristischen Herausarbeitung der Staatspersönlichkeit und der nationalen Souveränität war die vertragschließende Partei als juristische Person – modernen Anforderungen des Rechts entsprechend – hinreichend bestimmt.

Völkerrechtliche Kollektivverträge, die etwas für die Zukunft regeln, wirken als völkerrechtliche Legislativakte. Mit diesen law-making treaties verfolgen die vertragschließenden Staaten unmittelbar keine eigenen Interessen, sondern das höhere Ziel, allgemeine Regelungen verbindlich zu machen.[13] Berühmtes frühes

---

[11] *Wilhelm G. Grewe*, Epochen der Völkerrechtsgeschichte, 1984, S. 87, 99.

[12] *Grewe* (Anm. 11), S. 421.

[13] *Hans Kelsen*, Principles of International Law, 2. Aufl. 1967, S. 456 f., der alle Verträge als law-making treaties bezeichnet, unterscheidet dann konsequent zwischen Verträgen, die individuelle und die generelle Normen setzen.

Beispiel ist die Haager Landkriegsordnung von 1907. *Heinrich Triepel* unterschied folgerichtig zwischen rechtsgeschäftlichen und rechtssetzenden Verträgen.[14] Als solche zu nennen wären heute insbesondere die Charta der Vereinten Nationen von 1945 sowie die universalen und regionalen Menschenrechtsverträge, die Gesetzescharakter, nach im Vordringen befindlicher Meinung sogar Verfassungscharakter haben.[15] Die Wiener Vertragsrechtskonvention von 1969, die Völkergewohnheitsrecht kodifiziert hat, ist ein weiteres eindrucksvolles Beispiel für den völkerrechtlichen Vertrag, der rechtsetzende Wirkung hat,[16] indem er Maßstäbe für weitere völkerrechtliche Verträge aufstellt.

In neueren Lehrbüchern des Völkerrechts wird die Unterscheidung von rechtsgeschäftlichen und rechtssetzenden Verträgen vielfach als überholt bezeichnet.[17] Als Gründe dafür werden angegeben, daß sich aus dieser Unterscheidung keine völkerrechtlichen Konsequenzen, etwa für die Frage der Vertragsauslegung oder Vertragsbeendigung, ergäben, „da die meisten völkerrechtlichen Verträge sowohl Züge eines Rechtsgeschäfts als auch Vereinbarungselemente enthielten". Ob die daraus gezogenen Schlüsse richtig sind, kann hier dahinstehen.[18] Problematisch ist aber das weitere Argument, daß das Völkerrecht noch keine dem innerstaatlichen Gesetz analoge besondere Form für die Erzeugung genereller Normen kenne. Damit wird zu Unrecht der Vertrag als Rechtsform für generelle Normsetzung in Frage gestellt. Im übrigen wird in der ausländischen Völkerrechtslehre deutlich zwischen law-making treaty and contractual treaty[19] bzw. zwischen traité-loi und traité-contrat unterschieden[20] und damit die vertragliche Rechtsetzung anerkannt,[21] die sich sowohl auf den Inhalt als auch auf den Geltungsgrund des Vertrages bezieht.

---

[14] *Heinrich Triepel*, Völkerrecht und Landesrecht, 1899, S. 27ff.

[15] Vgl. *Jochen Abr. Frowein*, Die Intervention im heutigen System der Weltverfassung, in: J. Jäckel (Hrsg.), Ist das Prinzip Nichteinmischung überholt?, 1996, S. 9, 21f.; *Bardo Faßbender*, The United Nations Charter as Constitution of the International Community, in: Columbia Journal of Transnational Law 36 (1998), S. 529ff.; *Georg Nolte*, Kosovo und Konstitutionalisierung. Zur humanitären Intervention der NATO-Staaten, ZaöRV 59 (1999), S. 941; auf die EMRK bezogen: *Christian Walter*, Die Europäische Menschenrechtskonvention als Konstitutionalisierungsprozeß, in: ZaöRV 59 (1999), S. 961, 962f.

[16] Allgemein *Wilhelm Karl Geck*, Völkerrechtliche Verträge und Kodifikation, in: ZaöRV 36 (1976), S. 96ff.

[17] *Verdross/Simma*, Universelles Völkerrecht, 3. Aufl. 1984, S. 339; *Wolf Heintschel von Heinegg*, in: Knut Ipsen, Völkerrecht, 4. Aufl. 1999, S. 98.

[18] Die Unterscheidung halten für die Auslegung für bedeutsam *Dahm/Delbrück/Wolfrum*, Völkerrecht, Bd. I/3, 2. Aufl. 2002, S. 521.

[19] *Rudolf Bernhardt*, in: EPIL, Bd. IV, 2000, S. 928f.; *Clive Parry/John P. Grant*, Encyclopedic Dictionary of International Law, 1986, S. 182: „international legislation"; *Daniel Patrick O'Connell*, International Law, Bd. I, 2. Aufl. 1970, S. 23f.; *Malcolm Shaw*, International Law, 3. Aufl. 1991, S. 79ff.

[20] *J. Maurice Arbour*, Droit international public, 3. Aufl. 1997, S. 38 : une véritable legislation internationale; *Nguyen Quoc Dinh/Patrick Daillier/Allain Pellet*, Droit international public, 5. Aufl. 1994, S. 121f.

[21] Vgl. *Karl Doehring*, Völkerrecht, 1999, S. 141, unter Hinweis auf Art. 5, 19ff., 40, 58 WVK; *Dahm/Delbrück/Wolfrum*, Völkerrecht, Bd. I/3, 2. Aufl. 2002, S. 520ff.

b) Verfassungsverträge

In einer gewissen Parallelität zu den völkerrechtlichen Verträgen treten seit dem 16., spätestens dem 17. Jahrhundert, Verfassungsverträge in Erscheinung. Ich beziehe mich hier vor allem auf *Gerald Stourzh*.[22]

Zwar ist der princeps legibus solutus, d. h. er kann sich als Gesetzgeber nicht selbst durch Gesetze die Hände binden. Aber Normen, die nicht von ihm – wie göttliches und Naturrecht – oder nicht von ihm allein gesetzt sind – wie Verträge –, sind für ihn verbindlich.[23] Mit Hilfe der Rechtsfigur des Vertrages konnte nun in Parallelität zu den völkerrechtlichen Verträgen auch eine innerstaatliche Bindung des Herrschers begründet werden. Ausgangspunkte waren zum einen der empirische Dualismus von Herrscher und Beherrschten und zum anderen die überkommene und nicht völlig verdrängte Vorstellung, daß wichtige Gesetze als Verträge zwischen Herrscher und Ständen aufgefaßt wurden. Es spielte aber auch die Idee des Herrschaftsvertrages eine Rolle, durch den wenigstens theoretisch wichtige Maßstäbe der politischen Ordnung festgelegt wurden. Das waren die wechselseitige Verpflichtung von Schutz und Gehorsam, die vom Herrscher zu respektierende Sphäre der Freiheit[24] und damit die Grenzen der Gesetzgebung und überhaupt der Herrschaft.

Hierher gehören die Wahlkapitulationen anläßlich der Wahl des Königs zwischen ihm und den für das Reich handelnden Kurfürsten (capitulationes Caesareae). Ihre Publikation, spätestens seit der Mitte des 17. Jahrhunderts, und ihre Bindungswirkung, die *Hans-Jürgen Becker* auf dem ersten Symposion über Gesetz und Vertrag im einzelnen dargelegt hat,[25] sprechen für ihren Gesetzescharakter.[26] Es waren nämlich nicht nur die Vertragspartner, also der Gewählte und die Mitglieder der Wahlkörperschaft gebunden, sondern auch die Stände, die Gerichte und Behörden und die Untertanen, die vom Kurfürstenkollegium repräsentiert worden waren.

Wahlkapitulationen und andere Herrschaftsverträge nahmen an der Verpflichtungskraft des naturrechtlichen Satzes „pacta sunt servanda" teil. Ihre die Gesetze übersteigende Geltungskraft kam dadurch zum Ausdruck, daß sie *leges fundamentales* genannt wurden, denen gegenüber einfache leges posteriores keine derogierende Kraft entfalten konnten. Die vertragliche Konstruktion fungierte hier als Hilfsmittel, die politische Ordnung nicht allein vom Wollen des Fürsten abhängig sein zu lassen. *Johann Jakob Moser* (1701–1785) sieht das überkommene Staatsrecht in den Verträgen des Kaisers und der Stände verkörpert, deren Rechtsverbindlichkeit nicht durch Vernunftsdenken verunsichert

---

22 *Gerald Stourzh*, Naturrechtslehre, leges fundamentales und die Anfänge des Vorrangs der Verfassung, in: Starck (Hrsg.), Rangordnung der Gesetze, 1995, S. 13 ff.

23 Dazu und zum folgenden *Christoph Link*, Herrschaftsordnung und bürgerliche Freiheit, 1979, S. 181 ff.

24 *Thomas Würtenberger*, Die Idee der paktierten Verfassung in der Neuzeit bis zum 19. Jahrhundert, in: Behrends/Starck (Hrsg.), Gesetz und Vertrag I, 2004, S. 107, 111.

25 Wahlkapitulationen und Gesetz, in: Behrends/Starck, Gesetz und Vertrag I, 2004, S. 91, 101 ff.

26 *Link* (Anm. 23), S. 178 ff.

werden dürfe.[27] *Johann Stephan Pütter* (1725–1807) hat auf das Reich bezogen zum Problem in großer Klarheit folgendes geschrieben:[28] Wenn der Kaiser auf der einen Seite und das gesamte Reich (corpus statuum) auf der anderen Seite über ihre Rechte und Verbindlichkeiten sich vertragsweise einigen, so gibt dieses allgemeine Reichsgesetze. Der Vertragsgedanke bestimmt also die Entstehung der leges fundamentales und ist die Voraussetzung für ihre vorrangige Geltung, d. h. für ihre höhere Legitimität.[29]

Im 19. Jahrhundert bekommt der Verfassungsvertrag Konkurrenz durch das demokratische Prinzip, insbesondere durch die demokratische Repräsentation, die den Gesamtwillen darstellt, der allein über die Organisation der Regierung und das Verfassungsrecht bestimmen dürfe.[30] Die aber noch fortbestehende vertragliche Legitimierung der Verfassung steht gewissermaßen in der Mitte zwischen monarchisch oktroyierter und demokratisch legitimierter Verfassung.

Thomas Würtenberger hat verschiedene Erscheinungsformen vertraglicher Legitimierung der Verfassung im 19. Jahrhundert herausgearbeitet:

(1) Die Verfassungsurkunde für das Königreich Württemberg von 1819 war ein zwischen den in Württemberg traditionell starken Landständen und der königlichen Verhandlungskommission ausgehandelter Vertrag. In der Präambel werden die Verhandlungen zwischen der Ständeversammlung und den königlichen Kommissarien erwähnt. Die Präambel schließt mit den Worten: „..., so ist endlich durch höchste Entschließung und allerunterthänigste Gegenerklärung eine vollkommene beiderseitige Vereinigung über folgende Punkte zu Stande gekommen."

(2) Die badische und die bayerische Verfassung von 1818 waren ebenso wie die als Muster dienende französische Verfassung von 1814 vom Landesherrn oktroyiert,[31] wurden aber in paktierte Verfassungen uminterpretiert, und zwar mit dem Argument, daß das Volk durch Teilnahme an den Wahlen im Nachhinein der Verfassung zustimme.[32] Damit wurden die beiden Verfassungen dem Ideal einer vernunftrechtlichen Verfassung im Sinne von *Kant*[33] angepaßt, die auf Vertrag beruht.

(3) Die weitere Verfassungsentwicklung in Deutschland zeitigte 1848/49 den Versuch, auf einer ganz anderen als einer vertraglichen, nämlich auf der Basis

---

[27] Gedanken über das neu erfundene vernünftige Staatsrecht des teutschen Reiches, 1767, S. 13, 26.

[28] *Johann Stephan Pütter*, Kurzer Begriff des Teutschen Staatsrechts, 1764, S. 36.

[29] So auch deutlich die Beurteilung durch *Heinz Mohnhaupt*, Die Lehre von der „Lex Fundamentalis" und die Hausgesetzgebung europäischer Dynastien, in: Kunisch/Neuhaus (Hrsg.), Der dynamistische Fürstenstaat, 1982, S. 3, 9; *Stourzh* (Anm. 22), S. 19.

[30] *Würtenberger* (Anm. 24), S. 113f.

[31] Präambel der Bayerischen Verfassung: „Dies sind die Grundzüge der aus Unserm freyen Entschlusse euch gegebenen Verfassung." Die Präambel der französischen Verfassung endet so: „Nous avons volontairement, et par le libre exercice de notre autorité royale accordé et accordons. Fait concession et octroi à nos sujets, tant pour nous que pour nos successeurs, et à toujours, de la Charte constitutionelle qui suit.".

[32] Siehe dazu die Nachweise bei *Würtenberger* (Anm. 24), S. 9f.

[33] *Kant*, Metaphysik der Sitten, Rechtslehre, § 47.

der nationalen Souveränität eine Verfassung für ganz Deutschland zu schaffen. Nachdem dieser Versuch gescheitert war, kam es knapp 20 Jahre später 1867 zum Verfassungsvertrag des Norddeutschen Bundes,[34] der durch weitere Verträge mit den süddeutschen Staaten zur Reichsverfassung von 1871 erweitert worden ist.[35] Die Parteien sind souveräne Staaten, die einen völkerrechtlichen Vertrag schließen, und zwar einen Bundesvertrag, der als Verfassung gilt, die ihnen einen neuen Status zuweist als Staaten, die Mitglieder eines Bundesstaates sind. Der neue Status kommt besonders deutlich in der Schlußbestimmung über Verfassungsänderungen zum Ausdruck, die nicht durch Vertrag, sondern im Wege der Gesetzgebung erfolgen.[36]

c) Europäischer Verfassungsvertrag

Daß eine europäische Verfassung nur durch völkerrechtlichen Vertrag der Mitgliedstaaten zustande kommen kann, ist selbstverständlich und muß hier nicht näher begründet werden.[37] Denn mit solch einem Verfassungsvertrag wird das völkerrechtlich zustande gekommene Primärrecht der Europäischen Gemeinschaften und der sie umschließenden Union geändert. Die Verwendung des Verfassungsbegriffs für die Europäische Union präjudiziert nicht die Annahme einer bundesstaatlichen Struktur.[38] Jedes Primärrecht oder vorrangige Recht, das die Ausübung öffentlicher Gewalt grundsätzlich regelt, kann Verfassung genannt werden. So galt auch die Deutsche Bundesakte, die 1815 den Deutschen Bund, einen Staatenbund, konstituierte, und die sie ergänzende Wiener Schlußakte, beides Verträge der souveränen deutschen Fürsten, als Bundesverfassung.[39] Auch wenn die Mitgliedstaaten der Europäischen Union nach der Vereinbarung der Europäischen Verfassung Herren der Verträge[40] – also für jede Verfassungsänderung zuständig – bleiben, schmälert das nicht die Verwendung des Verfassungsbegriffs, der eben nicht auf Staaten beschränkt ist.

d) Zusammenfassung

Der völkerrechtliche Vertrag, soweit er allgemeine Rechtsregeln aufstellt, der Verfassungsvertrag der europäischen Neuzeit, die Württembergische Verfassungsurkunde von 1819, die Verfassung des Deutschen Reiches von 1871 und die

---

[34] Genaue Schilderung bei *E. R. Huber*, Deutsche Verfassungsgeschichte seit 1789, Bd. III 1963, S. 666 f.

[35] *Huber* (Anm. 34), S. 735 f., 748 ff.

[36] Art. 78 Abs. 1 lautet: „Veränderungen der Verfassung erfolgen im Weg der Gesetzgebung. Sie gelten als abgelehnt, wenn sie im Bundesrathe 14 Stimmen gegen sich haben.".

[37] *Thomas Schmitz*, Integration in der Supranationalen Union, 2001, S. 425 m. w. N. in Anm. 114.

[38] *Stefan Oeter*, Europäische Integration als Konstitutionalierungsprozeß, in: ZaöRV 59 (1999), S. 901 m. w. N.

[39] *E. R. Huber*, Deutsche Verfassungsgeschichte seit 1789, Bd. I, 2. Aufl. 1967, S. 583; *Dietmar Willoweit*, Deutsche Verfassungsgeschichte, 3. Aufl. 1997, S. 229; *Klaus Stern*, Staatsrecht der Bundesrepublik Deutschland, Bd. V. Die geschichtlichen Grundlagen 2000, S. 196 f.

[40] BVerfGE 89, 155, 190.

geplante Europäische Verfassung gehören in die dritte Kategorie des vorliegenden Schemas, weil Inhalt und Geltung konsensual bestimmt sind. Was den südafrikanischen Verfassungsvertrag vom 18. November 1993 anbelangt, den ich auf dem ersten Symposion zum Thema Gesetz und Vertrag analysiert habe,[41] liegen alle Voraussetzungen eines gesetzgebenden Vertrages vor: besondere Vertragssituation, die Vertragspartner, Vertragsschluß, Vertragssicherung. Die parlamentarische Verabschiedung des Vertrages bedeutet nur eine Bestätigung des Handelns der Regierung, die eine der Vertragsparteien war. In Geltung gesetzt wurde die Verfassung vertraglich. Dieses Verfahren war von Anfang an Grundlage für die Befriedung der Gesellschaft und für die Stabilität der später auf Grund des Vertrages erlassenenen Verfassung.

4. Vertrag über die Geltung des Gesetzes

Okko Behrends hat in seinem Vortrag über den Vertragsgedanken im römischen Gesetzesbegriff auf dem ersten Symposion über „Gesetz und Vertrag" dargelegt,[42] daß auf allen Entwicklungsstufen bis einschließlich zur klassischen lex publica das Gesetz als Frucht einer Verständigung zwischen dem Inhaber hoheitlicher Befugnisse und den Gesetzesadressaten gedeutet wurde. Schon die archaische lex publica hat in Analogie zum privaten Vertrag ein Einvernehmen zwischen der Rogatio des Magistrats und der Zustimmung der Volksversammlung vorausgesetzt, um in genereller Form Rechte und Pflichten der Bürger zu regeln. Dieses Gesetzesverständnis beherrschte die Praxis auch der vorklassischen und der klassischen Zeit,[43] und zwar untermauert von der nach Rom dringenden griechischen Lehre von der gemischten Verfassung. Die Gesetzgebung ordnet sich in dieses System der wechselseitige Abhängigkeiten erzeugenden Gewaltenmischung ein: Rogatio des Magistrats, Beteiligung des Senats an der Vorbereitung der Gesetzesinitiative und Iussum (Gesetzesbefehl) durch das Volk. Über Geltung oder Nichtgeltung der Vorlage entschied das Volk. Das ist ein Beispiel für die 4. Kategorie des vorliegenden Schemas. Der Magistrat als Träger der Gesetzesinitiative hatte Interesse am Geltungsbefehl und mußte deshalb die Belange der Abstimmenden berücksichtigen.

5. Vertrag über den Inhalt des Gesetzes

Anders als in den behandelten Beispielen, in denen Inhalt und Geltung des Gesetzes oder nur dessen Geltung durch Vertrag bestimmt sind, erscheint der Vertrag auch als Grundlage des Gesetzes, indem der Inhalt des Gesetzes vertraglich vereinbart ist, die Geltung aber „von oben" angeordnet wird. Wenn sich eine

---

[41] *Christian Starck*, Der südafrikanische Verfassungsvertrag von 1993, in: Behrends/Starck (Hrsg.), Gesetz und Vertrag I, 2004, S. 125 ff., 131 ff. = *Starck*, Verfassungen, 2009, S. 406, 412 ff.
[42] in: Behrends/Starck (Hrsg.), Gesetz und Vertrag I, 2004, S. 9, 43 ff.
[43] *Franz Wieacker*, Römische Rechtsgeschichte, Bd. I, 1988, S. 388 ff.

gesetzgebende Autorität zu etablieren im Begriffe ist, kann es politisch zwingend, zumindest für die Akzeptanz des Gesetzes nützlich sein, den Inhalt des Gesetzes zu paktieren oder bei der Gesetzgebung auf Verträge gesellschaftlicher Mächte zurückzugreifen.

Als Beispiel für diese 5. Kategorie des vorliegenden Schemas nenne ich das sog. Stinnes-Legien-Abkommen vom 15. November 1918.[44] Um in den Wirren nach dem Ende des Ersten Weltkrieges eine sozialistische Diktatur zu verhindern, schlossen sich Gewerkschaftsführer und Unternehmer zur Zentralarbeitsgemeinschaft zusammen und vereinbarten Regelungen für die Umstellung der Kriegswirtschaft auf die Friedenswirtschaft unter Wiedereingliederung der zurückkehrenden Soldaten in den Produktionsprozeß.[45] Die zwölf Punkte der Vereinbarung werden in dem Publikationspatent des Rates des Volksbeauftragten, das der Vereinbarung die staatsrechtliche Sanktion verleiht, ausdrücklich als Vertrag bezeichnet. Inhalte dieser Vereinbarung sind zunächst in die Verordnung über Tarifverträge, Arbeiter- und Angestelltenausschüsse und Schlichtung von Arbeitsstreitigkeiten vom 23. Dezember 1918[46] und wenig später in die Weimarer Verfassung (Art. 159, 165) eingegangen.[47] *E. R. Huber* schreibt dazu:[48] „Auf dem Wege des Reichs zum vollentfalteten Sozialstaat bedeutete die Verordnung vom 23. Dezember 1918 den entscheidenden Schritt. ... Das war nur möglich, weil das Abkommen vom 15. November 1918 zu einem Konsens zwischen den beteiligten Verbänden der Arbeitgeber und der Arbeitnehmer über die Grundfragen der neuen Sozialordnung geführt hatte."

IV. Gesetz als Anordnung von oben

1. Volkssouveränität und reale Repräsentation

Mit dem Ende der Fürstensouveränität und der Einführung der Volkssouveränität verschwanden der Dualismus zwischen Herrscher und Beherrschten und damit die Vertragselemente aus dem Gesetzesbegriff. Das Gesetz wird vom Parlament erlassen. Wenn es periodisch nach den Grundsätzen der allgemeinen, gleichen, freien und geheimen Wahl gewählt wird, liegt eine reale Repräsentation der dem Gesetz Unterworfenen vor. Bei diesem Gesetzgebungsmonismus liegt die Garantie für die Richtigkeit und Akzeptanz des Gesetzes hauptsächlich in der Beachtung des Gesetzgebungsverfahrens und höherer, verfassungsrechtlicher evtl. auch moralischer Normen. Der Einfluß der Bevölkerung ist durch die perio-

---

[44] Reichsanzeiger vom 18.11.1918 Nr. 273, abgedruckt als Dokument Nr. 27 bei *E. R. Huber*, Dokumente zur deutschen Verfassungsgeschichte, Bd. 3, 1966, S. 19f.

[45] *E. R. Huber* (Anm. 34), Bd. V, 1978, S. 768ff.

[46] RGBl. S. 1456.

[47] *Franz Gamillscheg*, Kollektives Arbeitsrecht, Bd. I, 1997, S. 116ff., auch zur weiteren Entwicklung, dazu schon im ersten Symposion als Vergleich *Starck* (Anm. 41), S. 140f.

[48] *E. R. Huber* (Anm. 45), S. 868.

dischen Wahlen gesichert, zugleich aber auf die Repräsentanten personalisiert und – was den Inhalt des Gesetzes betrifft – entsachlicht. Vgl. Punkt 6 des vorliegenden Schemas.

2. *Behauptete Repräsentation*

Nach Ausrufung der Formel von der Volkssouveränität fällt es schwer, Staatsgewalt und Gesetzgebung anders als auf die Volkssouveränität zu gründen. Deshalb berufen sich fast alle autokratischen und diktatorischen Regime bis auf den heutigen Tag auf das Volk, dessen Wille der Diktator oder das die Diktatur ausübende Komitee verkörpere. Das entscheidende Merkmal dieser Regime ist das Fehlen eines frei gewählten Parlaments auf der Basis eines Parteienpluralismus und des Rechts auf freie Meinungsäußerung. Repräsentation ist nicht real, sondern Ideologie.

Auch aus Rom ist eine entsprechende Entwicklung bekannt. Die Vertragsstruktur des rogare und iubere der republikanischen lex publica war im Prinzipat in der kaiserlichen Gesetzgebung nicht mehr real, sondern lebt nur noch gedanklich fort, und zwar, wie *Okko Behrends* dargelegt hat, unter den folgenden Annahmen: Nach dem Sieg im Bürgerkrieg galt der Kaiser als Friedensgarant, der „zur Einsetzung einer ‚vertraglichen' Rechtsordnung befugt war".[49] Der Kaiser konnte überall als Ermächtigter des Volkes handeln, wenn er in seiner außerordentlichen Rechtsetzung alles tut, was zur Erhaltung der Rechtsordnung erforderlich ist. Da der Kaiser insoweit den Volkswillen ausdrückte, war das vom Ermächtigten des Volkes erlassene Gesetz vom Willen des Ermächtigten her auszulegen. Der Vertragsgedanke in Gestalt des vom Volk ausgehenden Gesetzgebungsmandats ist Ideologie geworden.

Die behauptete Repräsentation ebenso wie die Gesetzgebung allein durch den „beauftragten" Fürsten stellen monistische Lösungen der Gesetzgebung dar, denen der Repräsentationsgedanke bzw. der Vertragsgedanke allenfalls als Ideologie zugrunde liegt. Soviel zur 7. Kategorie des Schemas.

V. Vereinbarungselemente im repräsentativen Gesetzgebungsverfahren

1. *Repräsentation und Plebiszit*

Die monistische Form der Gesetzgebung in repräsentativen Demokratien nimmt konsensuale Elemente an, wenn ein Gesetz von der repräsentativen Versammlung nicht endgültig beschlossen werden kann, sondern einer Bestätigung durch eine Volksabstimmung bedarf. Dies ist bekanntlich der Fall in der Schweiz, wo

[49] *Behrends* (Anm. 43), S. 13, auch zum folgenden.

z. B. die Änderung der Bundesverfassung, der Beitritt zu Organisationen für kollektive Sicherheit oder zu supranationalen Gemeinschaften sowie die dringlich erklärten Bundesgesetze, die keine Verfassungsgrundlage haben, einem obligatorischen Referendum unterliegen (Art. 140 der Bundesverfassung). In Frankreich ist in Art. 89 der Verfassung vorgesehen, daß Verfassungsänderungen normalerweise nach dem Beschluß der beiden Kammern durch einen Volksentscheid angenommen werden müssen. Seit der letzten Wahl in Bayern ist allgemein bekannt, daß dort für eine Verfassungsänderung eine Zweidrittelmehrheit des Landtages nicht genügt, sondern entsprechende Beschlüsse des Landtages dem Volk zur Entscheidung vorgelegt werden müssen (Art. 75 Abs. 2 BV). Gesetzgebung bzw. Verfassunggebung mit Zustimmung des Volkes erinnert an die römische lex publica, die oben unter der Rubrik „Vertrag über die Geltung des Gesetzes" (= Nr. 4 des Schemas) behandelt worden ist. Der Landtagsbeschluß mit Zweidrittelmehrheit enthält gewissermaßen die Rogatio und der Volksentscheid das Iussum. Gleichwohl habe ich diese Kategorie der Gesetzesentstehung nicht unter die rein dualistischen Formen eingeordnet, sondern erblicke darin einen Quasidualismus (vgl. Punkt 8 des Schemas), weil in den genannten Ländern das Parlament, das zunächst beschließt, das Volk, das gefragt wird und endgültig entscheidet, repräsentiert.

2. *Zweikammersystem und Einigungsverfahren*

In Zweikammersystemen ist für das Zustandekommen der Gesetze, zumindest bestimmter Gesetze, die Zustimmung der Zweiten Kammer erforderlich. Insbesondere in Bundesstaaten, in denen sich die Kreation der Kammern unterscheidet, liegt keine parallele Repräsentation vor. Zumeist steht neben der zentralstaatlichen Repräsentation des Volkes eine föderale Repräsentation der einzelnen Landesvölker, direkt durch gewählte Senatoren oder indirekt durch die Landesregierungen. Gesetzentwürfe werden nacheinander in den beiden Kammern des Parlaments mit dem Ziel beraten, zur Annahme einer übereinstimmenden Fassung zu gelangen. Sollte dies aufgrund des Beschlusses der Ersten Kammer nicht möglich sein, so sehen die Verfassungen einen Vermittlungsausschuß vor, der mit dem Ziel, ein Einvernehmen zu erreichen, einen Änderungsvorschlag erarbeitet, der erneut den Kammern zur Abstimmung unterbreitet wird.[50] Ein entsprechendes Verfahren gibt es auch in Staaten, die nicht föderalistisch organisiert sind, in denen aber die Zweite Kammer – etwa unter dem Gesichtspunkt der Mäßigung der Ersten Kammer[51] – ein eigenständiges Gewicht hat.[52] Die Aufgabe der Vermittlungsausschüsse ist Konsenssuche, die durchaus mit Vertragsverhandlungen vergleichbar ist, insbesondere wenn eine Vermittlung durch ein do ut des erreicht wird. Siehe Punkt 9 des Schemas.

---

[50] Z. B. Art. 77 Abs. 2 GG.

[51] Dieser Gedanke bei *Alexander Hamilton*, in: The Federalist Nr. 9: „the introduction of legislative balances and checks".

[52] Vgl. Art. 45 Abs. 2 der Französischen Verfassung: Commission mixte paritaire.

3. Einwirkung gesellschaftlicher Kräfte auf den Inhalt des Gesetzes

Der Entwurf eines Gesetzes, der von der Regierung oder von den Regierungsparteien in das Parlament eingebracht wird, kann mehr oder weniger beeinflußt sein durch außerparlamentarische Kräfte, die einen Einfluß auf den Gesetzesinhalt genommen haben. In Frage kommen hier insbesondere die Wirtschaftsverbände, d. h. Gewerkschaften und Arbeitgeberverbände, und die großen Kirchen. Je nach dem Inhalt des Gesetzes kommen auch andere Verbände in Betracht. Die Regierung kann sich zum Beispiel das „Stillhalten" von Verbänden dadurch erkaufen, daß der Gesetzesinhalt mit dem entsprechenden Verband vereinbart wird. Selbstverständlich ist das Parlament dadurch nicht gebunden. Bedenkt man aber, daß die Regierung regelmäßig über die Mehrheit im Parlament verfügt, ist durchaus vorstellbar, daß die Regierung, die ein Gesetz inhaltlich mit einem Verband vereinbart, auch die Verabschiedung durch das Parlament durchzusetzen vermag. Ein solcher Vertrag als Grundlage eines Gesetzes erhöht in repräsentativen Regierungssystemen nicht die Legitimität des Gesetzes. Denn der Gesetzgeber hätte von dem Vertrag abweichen können. Weicht er nicht ab, sondern akzeptiert er den Inhalt und verschafft ihm Geltung, so kann der Vertrag sogar für die Auslegung des Gesetzes bedeutsam sein.[53]

Mit diesen Beispielen zu Punkt 10 des vorliegenden Schemas möchte ich meine Überlegungen zu „Gesetz und Vertrag" beenden, die wesentliche Aspekte zum Thema „Woher kommt das Recht?" vermitteln konnten.

---

[53] *Karl Heinrich Friauf*, Zur Problematik des verfassungsrechtlichen Vertrages, in: AöR 88 (1963), S. 257, 304f.

Zweiter Teil

Grundrechte

1. Kapitel

Die philosophischen Grundlagen der Menschenrechte*

I. Menschenrechte in den Verfassungen am Ende des 18. Jahrhunderts

In seinem ersten Artikel erklärt das Grundgesetz die *Würde des Menschen* für unantastbar und verpflichtet alle staatliche Gewalt, sie zu achten und zu schützen. Es heißt dann weiter: „Das Deutsche Volk bekennt sich darum", also wegen der Menschenwürde, „zu unverletzlichen und unveräußerlichen *Menschenrechten* als Grundlage jeder menschlichen Gemeinschaft, des Friedens und der Gerechtigkeit in der Welt." Damit nimmt das Grundgesetz auf die kurz vorher, im Dezember 1948, im Rahmen der Vereinten Nationen verkündete Menschenrechtserklärung Bezug. Mit diesem Bekenntnis des Deutschen Volkes wird an die Menschenrechtstradition angeknüpft, die naturrechtlich begründet worden ist.[1]

In diesem Sinne spricht § 83 der Einleitung zum Allgemeinen Landrecht für die Preußischen Staaten (1794) von den „allgemeinen Rechten des Menschen", die sich auf die *natürliche* Freiheit gründen, sein eigenes Wohl ohne die Kränkung der Rechte eines anderen suchen und befördern zu können. Die zitierte Bestimmung stand nicht allein.

Am Ende des 18. Jahrhunderts werden vor allem Verfassungen erlassen, die Menschenrechtserklärungen enthalten. Das ist etwas Neues. Denn die früher entstandenen britischen Rechteerklärungen garantieren Rechte nur dem freien Mann – so die Magna Charta Libertatum (1215) – oder dem Untertan – so die

---

* Aus: Brenner/Huber/Möstl (Hrsg.), Der Staat des Grundgesetzes – Kontinuität und Wandel. Festschrift für Peter Badura zum 70. Geburtstag, Tübingen 2004, S. 553–570.

[1] Dazu vor allem *Werner Kägi*, Die Verfassung als rechtliche Grundordnung des Staates, 1945, S. 166 ff.; *Luis Legaz y Lacambra*, Rechtsphilosophie, 1965, S. 280 ff.; 296 f.; *John Finnis*, Natural Law and Natural Rights, 1982, S. 198 f.; *Peter Badura*, Staatsrecht, 2. Aufl. 1996, S. 74 f.

Habeas-Corpus-Akte (1679) und die Bill of Rights (1689). Diese paktierten Rechteerklärungen sind höchst bedeutsam. Sie bannen Willkür und Tyrannei, sichern das Recht und begründen die Rule of Law.[2] Die Zielsetzung der Bill of Rights war konkret, praktisch und begrenzt. Sie steht philosophischen Prinzipien auf den ersten Blick fern, obgleich sie in europäischen Rechtsvorstellungen wurzelt. Die Glorious Revolution, in deren Gefolge die Bill of Rights zustande kam, war nur eine begrenzte Revolution, die aber die Rule of Law befestigt hat.

Hundert Jahre später, am Ende des 18. Jahrhunderts, ist neu auch das Zustandekommen der Menschenrechtserklärungen. Sie sind revolutionären Ursprungs. In der amerikanischen Unabhängigkeitserklärung vom 4. Juli 1776 lösen sich die englischen Kolonien vom Mutterland und nennen sich von Rechts wegen freie und unabhängige Staaten.[3] Kurz vorher, am 12. Juni 1776, erging die Verfassung von Virginia; deren Bill of Rights beginnt mit den berühmten Worten: „That all men are by nature equally free and independent and have certain inherent rights ...; namely, the enjoyment of life and liberty, with the means of acquiring and possessing property, and pursuing and obtaining happiness and safety." Kurz nach der amerikanischen Unabhängigkeitserklärung wurde am 28. September 1776 die Verfassung von Pennsylvania erlassen, deren erster Artikel ähnlich lautet wie der der Verfassung von Virginia. Weitere Verfassungen ehemaliger Kolonien folgten.[4]

Revolutionären Ursprungs ist auch die von der Nationalversammlung verabschiedete französische Erklärung der Menschen- und Bürgerrechte vom 26. August 1789, die sich in ihrer Präambel auf die natürlichen, unveräußerlichen und geheiligten Menschenrechte – Freiheit, Eigentum und Sicherheit – beruft und in Art. 3 die Souveränität in der Nation verankert sieht.

Die Verfassung der Vereinigten Staaten von 1787 enthielt keine Menschenrechte. In der Präambel heißt es allerdings, daß das Volk der Vereinigten Staaten von der Absicht geleitet ist, das Glück der Freiheit für sich selbst und seine Nachkommen zu bewahren. 1791 wurden der amerikanischen Verfassung zehn Zusatzartikel mit Grundrechten angefügt. Diese Bill of Rights stellt keinen kompletten Grundrechtskatalog dar, später folgten weitere Zusatzartikel mit Grundrechten.

Die genannten Verfassungen beruhen auf einer inneren Verknüpfung von Volkssouveränität und Menschenrechten. Daß die Menschenrechte nichts bloß Hinzugetanes sind, zeigt sich schon im sprachlichen Ausdruck. So erklären die Repräsentanten des „guten Volkes von Virginia" in voller und freier Konvention versammelt, die Rechte, die ihm und seinen Nachkommen gehören, und

---

[2] *George Burton Adams/Robert L. Schueler*, Constitutional History of England, 2. Aufl. 1938, S. 121 ff.; *E. C. S. Wade*, Introduction to *A. V. Dicey*, An Introduction to the Study of the Law of the Constitution, 10. Aufl. 1985, S. C I.

[3] That these United Colonies are, and of Right ought to be Free and Independent States; that they are Absolved from all Allegiance to the British Crown, and that all political connection between them and the State of Great Britain, is and ought to be totally dissolved.

[4] Z. B. 1780 die Verfassung von Massachusetts, vgl. Albert P. Blaustein/Jay A. Sigler (ed.), Constitutions that made History, 1988, S. 38 ff.

bezeichnen sie als die Basis der Regierung (1776). Das Volk der Vereinigten Staaten erläßt die Verfassung, u. a. um die Gerechtigkeit zu verwirklichen, die Ruhe im Innern zu sichern, das allgemeine Wohl zu fördern und den Segen der Freiheit sich selbst und seinen Nachkommen zu bewahren (1787).

Die Repräsentanten des französischen Volkes, das sind hauptsächlich die Deputierten des Dritten Standes, die sich in einem revolutionären Akt[5] als Nationalversammlung konstituiert haben, halten – wie es in der Präambel der Menschenrechtserklärung heißt – die Unkenntnis, das Vergessen oder die Verachtung der Menschenrechte für die alleinige Ursache des öffentlichen Unglücks und der Verdorbenheit der Regierungen. Deshalb beschließen sie in einer feierlichen Erklärung die natürlichen, unveräußerlichen und geheiligten Menschenrechte darzulegen, damit sie allen Mitgliedern der Gesellschaft ständig gegenwärtig sind und sie unablässig an ihre Rechte und Pflichten erinnert.

Wenn die französische Nationalversammlung von der Unkenntnis, dem Vergessen oder der Verachtung der Menschenrechte spricht oder die Repräsentanten des „guten Volkes von Virginia" von natürlichen, angeborenen Rechten sprechen, so können die Menschenrechte keine Erfindung des ausgehenden 18. Jahrhunderts sein, obgleich sie zu dieser Zeit erstmals in Verfassungstexten in Erscheinung treten. Die Geschichte der Rechtsbegriffe, so auch der Menschenrechte, beginnt nicht in dem Moment, in dem der Begriff eine äußerlich erkennbare Form annimmt, sondern schließt die Mächtigkeit früherer Erfahrungen und Gedanken ein.

Die Menschenrechte sind in der politischen Philosophie vorbereitet worden. Politische Philosophie ist der Zweig der praktischen Philosophie, der sich mit Herrschaftsordnungen und der Stellung der Menschen darin beschäftigt.

II. Die Wurzeln der Menschenrechte in philosophischen Büchern

Gewöhnlich werden die Menschenrechte als Erkenntnisse und Produkte der Aufklärung bezeichnet, also einer Epoche, in der eine neue Weltsicht bestimmend ist. In allen Lebensbereichen – Staat, Kirche, Gesellschaft – setzt sich zunehmend eine kritische, auf Emanzipation aus alten Bindungen strebende Betrachtung durch. Sieht man zunächst von Vorformen der Aufklärung ab, sind das 17. und 18. Jahrhundert die Epoche der Aufklärung. *Christian Wolff*, *Samuel Pufendorf*, *John Locke* und *Hugo Grotius* gaben durch ihre modernen Naturrechtslehren wichtige Anstöße für die Entwicklung der Menschenrechte. „Unangreifbar" begründetes Naturrecht konnte dabei helfen, die tradierte Sozialordnung zu revidieren und neuen Formen der Produktion und des Handels gerecht zu werden. Mit der Aufklärung beginnt außerdem ein Säkularisierungsprozeß, durch den Bindungen vor allem an die Kirche aufgelöst werden.

---

[5] *Christian Starck*, Der demokratische Verfassungsstaat, 1995, S. 380.

Schlägt man die philosophischen Werke auf, kann man die Grundlagen der Menschenrechte erkunden. Nun gibt es eine Fülle solcher Werke, die nicht alle aufgeschlagen werden können. Die folgende Auswahl orientiert sich am Ausmaß der Verbreitung und an der Zahl der Auflagen der Werke. Denn Einfluß auf Verfassungen haben nur zeitgeistprägende Bücher. Läßt man den insoweit einflußreichen *Christian Wolff* aus, der viel geschrieben hat, häufig aufgelegt und viel gelesen worden ist, kommt man zu dem ein halbes Jahrhundert älteren *Samuel Pufendorf*.

1. Samuel Pufendorf (1632–1694)

Pufendorfs naturrechtliches Hauptwerk De iure naturae et gentium libri octo (1672) und dessen Kurzfassung De officiis hominis et civis iuxta legem naturalem libri duo (1673) sind bis zur Mitte des 18. Jahrhunderts in mehr als 60 Auflagen erschienen und in fast alle europäischen Kultursprachen übersetzt worden. Sie waren ein Jahrhundert lang die wichtigsten Lehrbücher des Naturrechts.[6] Sieht man sich die Übersetzungen und Auflagen im einzelnen an, so zeigt sich, daß zwischen 1710 und 1763, also bis zum Vorabend der Menschenrechtserklärungen sechs englischsprachige Ausgaben in England und Amerika erschienen sind. Von 1706 bis 1771 sind elf französischsprachige Ausgaben nachweisbar, die in den Niederlanden, Deutschland, der Schweiz und in Frankreich erschienen sind.[7] Die Naturrechtslehre *Pufendorfs* war also weit verbreitet. *Horst Denzer*, der sich gründlich mit der Lehre und Wirkung *Pufendorfs* beschäftigt hat,[8] weist daraufhin, daß *John Locke* (1632–1704), ein Zeitgenosse *Pufendorfs*, dessen Natur- und Völkerrecht als das beste Buch für die Prinzipien des bürgerlichen Rechts und der Politik bezeichnet und daraus den größten Nutzen bei der Abfassung der Two Treatises of Government (erschienen 1690, also 18 Jahre nach *Pufendorfs* Naturrecht) gezogen habe. *John Wise* (1652–1725), ein Pfarrer aus Massachusetts, griff auf das Naturrecht *Pufendorfscher* Prägung zurück, um die Demokratie in der Kirchenverfassung zu verteidigen.[9] Die beiden Schweizer *Jean de Barbeyrac* (1674–1744) und sein Schüler *Jean-Jacques Burlemaqui* (1694–1748) verbreiteten durch ihre Übersetzungen *Pufendorfs* Werk in Frankreich und gründeten darauf ihre eigenen Naturrechtslehren. *Rousseau* (1712–1778) hat *Pufendorf* als Autorität auf dem Gebiete des Naturrechts anerkannt und ihn kräftig

---

[6] Dazu *Klaus Luig*, Die Verbreitung des Naturrechts in Europa, in: Tijdschrift voor Rechtsgeschiedenis 40 (1972), S. 539 ff.

[7] Vgl. die Angaben von *Walter Simons*, in der Einleitung zum Nachdruck von Pufendorfs De iure naturae et gentium libri octo, Oxford/London 1934, S. 64a ff.

[8] *Horst Denzer*, Moralphilosophie und Naturrecht bei Samuel Pufendorf. Eine geistes- und wissenschaftsgeschichtliche Untersuchung zur Geburt des Naturrechts aus der Praktischen Philosophie, 1972.

[9] *Hans Welzel*, Ein Kapitel aus der Geschichte der amerikanischen Erklärung der Menschenrechte (John Wise und Samuel Pufendorf), in: Festschrift für R. Smend, 1952, S. 387, 389 ff., 393 ff.

ausgewertet. *William Blackstone* (1723–1780) zitierte in seinen Commentaries on the Laws of England *Pufendorf.* Für *Thomas Jefferson* (1743–1826), *James Madison* (1751–1836) und *Alexander Hamilton* (1757–1804) bildete *Pufendorf* eine Stütze für ihre Argumente zu Unabhängigkeit und Recht des neuen Staates in Nordamerika.[10] *Hamilton* und *Madison* sind immerhin zwei der drei Autoren des Federalist.[11]

Was lehrt nun *Pufendorf?* Das Fundamentalgesetz des Naturrechts ist nach *Pufendorf* das der gegenseitigen Verpflichtung der Menschen zur Sozialität.[12] Daraus folgt als wichtigste Pflicht, daß niemand dem anderen Schaden zufügt.[13] An zweiter Stelle unter den Pflichten aller gegen alle steht, „daß jeder jeden anderen Menschen als jemanden, der ihm von Natur aus gleich ist und in gleicher Weise Mensch ist, ansieht und behandelt".[14] Auf Grund solcher Regeln wird immer wieder hervorgehoben, daß *Pufendorf* nicht die Individualität, sondern die Sozialität des Menschen betone.

Schaut man genauer hin, so steckt in der Sozialität eine ausgearbeitete naturrechtliche Lehre der menschlichen Person. In den ersten Paragraphen seines Naturrechts unterscheidet *Pufendorf* zwischen der Natur im materiellen Sinne, der psychophysischen Realität, die er entia physica nennt, und der nur dem Menschen zukommenden Natur, die durch Willensfreiheit und Verstand gekennzeichnet ist, die entia moralia. Die Freiheit des menschlichen Handelns und das Wissen um das, was man will, sind die Grundvoraussetzungen für das Dasein einer moralischen Welt,[15] in der vertragliche Pflichten eingegangen werden, Straftaten zugerechnet und Rechte innegehabt werden können.

Die Überformung der entia physica durch die entia moralia bei *Pufendorf* hat *Hans Wetzel* als Ausdruck einer neuen Kulturphilosophie gewürdigt[16] und von dem radikalen Naturalismus derjenigen Naturrechtslehren abgegrenzt, für die die Natur hauptsächlich das Prinzip der Selbsterhaltung bereithält. Dieser Aspekt der Naturrechtslehre *Pufendorfs* kommt in der Sozialität hinreichend zum Ausdruck, erfaßt aber nicht die Tiefe von *Pufendorfs* naturrechtlichem Ansatz. Die Entia moralia haben Seinscharakter. Sie sind ein Modus, der einem physischen Seienden hinzugefügt ist, was dessen intelligentes Wesen ausmacht, seine Freiheit zu lenken und eine Ordnung seines Lebens gewinnen zu wollen.[17]

---

[10] *Gerhard Oestreich*, Die Entwicklung der Menschenrechte und Grundfreiheiten, in: Bettermann/Neumann/Nipperdey (Hrsg.), Die Grundrechte, Bd. I/1, 1966, S. 41.

[11] Die 85 Essays, die im Federalist zusammengefaßt sind, sind in der Zeit vom 27.10.1787 bis zum Mai 1788 als Zeitungsartikel erschienen. Der dritte Autor war *John Jay.*.

[12] *Samuel Pufendorf*, De jure naturae liber II, caput 3 § 15.

[13] *Samuel Pufendorf*, De officiis hominis et civis liber I, caput 6 § 2.

[14] De officiis (Anm. 13), liber I, caput 7 § 1 (zitiert nach der deutschen Übersetzung von *K. Luig*)..

[15] *Hans Welzel*, Die Naturrechtslehre Samuel Pufendorfs, 1958, S. 21 ff., unter Hinweis auf De jure naturae, liber I, caput 4 § 3.

[16] *Welzel* (Anm. 15), S. 19.

[17] So *Theo Kobusch*, Die Entdeckung der Person. Metaphysik der Freiheit und modernes Menschenbild, 2. Aufl. 1997, S. 71; *Erik Wolf*, Große Rechtsdenker, 3. Aufl. 1951, S. 338 ff.

Deshalb ist der Mensch Person, und die Dinge werden auf die Personen bezogen betrachtet. Wie sehr *Pufendorf* über eine bloße Kulturphilosophie hinausgeht, ergibt sich aus der Selbsteinschätzung seiner Lehre, die er in Abhebung von partikularen Ethiken, etwa der Griechen und Römer, Ethica universalis nennt[18] und damit das ankündigt, was bei *Kant* Metaphysik der Sitten heißt.

Obwohl *Kants* Metaphysik der Sitten 1797, also erst nach den Menschenrechtserklärungen des ausgehenden 18. Jahrhunderts erschienen ist und insofern nicht zu den Büchern gehört, die hier zu behandeln sind, weil sie Einfluß auf diese Erklärungen hatten, zeigt ein *Kant*-Zitat deutlicher als die Darlegungen *Pufendorfs* die Universalität der entia moralia. *Kant* bezeichnet die Person als „dasjenige Subjekt, dessen Handlungen einer Zurechnung fähig sind. Die moralische Persönlichkeit ist also nichts anderes als die Freiheit eines vernünftigen Wesens unter moralischen Gesetzen".[19] Durch die Selbstzweckhaftigkeit unterscheidet sich also die Person von Sachen. Und: „Der Mensch kann von keinem Menschen ... bloß als Mittel, sondern muß jederzeit zugleich als Zweck gebraucht werden, und darin besteht eben seine Würde (die Persönlichkeit), dadurch er sich über alle anderen Weltwesen, die nicht Menschen sind und doch gebraucht werden können, mithin über alle Sachen erhebt."[20]

Die Stellung des Menschen als Person mit der ihr eigenen Würde, wie sie in der Ethica universalis des deutschen Aufklärungsphilosophen *Pufendorf* beschrieben worden ist, entfaltete sich zunächst außerhalb Deutschlands, in Nordamerika und Frankreich, zur weltverändernden Kraft, die die Lehre von den unveräußerlichen Menschenrechten darstellt?[21]

2. *Spanische Spätscholastik*

Gehen wir in der Geschichte der politischen Philosophie weiter zurück und suchen ältere, intellektuelle Quellen der Menschenrechte, auf die *Pufendorf* zurückgreifen konnte, so stößt man auf die spanische Spätscholastik. Diese beginnt grob gerechnet am Anfang des 16. Jahrhunderts mit *Francisco de Vitoria* und endet im 17. Jahrhundert mit *Francisco Suárez*. Sie ist das wichtigste Bindeglied zwischen der scholastischen Philosophie des Mittelalters und der deutschen Schulphilosophie der Aufklärung. Im Spanien des 16. und des begin-

---

[18] Brief von *Pufendorf* an *Thomasius* vom 19.06.1688, in: Historische Zeitschrift, n. F. 34 (1893), S. 30,31 f. Die Stelle lautet: Aristotele aber geht mehr [sc. als Platon] auf civitates, wie sie actu constituiret befunden werden. Es befindet sich aber sowohl bei Aristolele als allen Graecis, daß sie ihre democratias für die beste art von republiquen halten und danach auch ihre moral einrichten, wie denn auch Cicero in libris de officiis stets formam reipublicae Romanae ftir augen gehabt. ... So ist auch das summum bonum Aristotelicum nichts anders als daß ein burger, der in vita perfecta, das ist in einer graeca bene constituirten democratia lebet, allen obbesagten officiis eine genuge thut, und von keinem höheren fine weis er. ... Wir aber suchen ethicam universalem.

[19] *Kant*, Metaphysik der Sitten, Einleitung IV (Vorbegriffe zur Metaphysik der Sitten).

[20] *Kant*, Metaphysik der Sitten, Tugendlehre, § 38.

[21] *Christoph Link*, Herrschaftsordnung und bürgerliche Freiheit, 1979, S. 127.

nenden 17. Jahrhunderts herrschte eine bemerkenswerte geistige Blüte, ausgelöst und herausgefordert durch die Entdeckung Amerikas und der dort wohnenden Menschen. Die „Geburt des neuzeitlichen Naturrechts in der iberischen Spätscholastik“[22] ist wohl hauptsächlich auf dieses epochale Ereignis zurückzuführen. Das zu Recht sogenannte goldene Zeitalter der Rechts- und Staatsphilosophie[23] wirkte im Sinne einer Frühaufklärung auf ganz Europa[24] und so auch auf *Hugo Grotius* (1583–1645)[25], auf dessen Schultern *Pufendorf* stand.[26] *Grotius*[27], 50 Jahre älter als *Pufendorf*, definierte das Recht im subjektiven Sinne als „eine moralische Eigenschaft, kraft der eine Person etwas mit Recht haben oder tun kann“. Recht sei Macht sowohl über sich selbst, was Freiheit bedeutet, als auch über andere; auch das Eigentum wird darunter verstanden, das volle wie das beschränkte. Endlich gehört hierher das Recht des Gläubigers, dem die Schuld des Schuldners entspricht. Soweit *Grotius*.

a) *Francisco Suárez* (1548–1617)

Die Freiheit ist auch das Thema der Spanier. *Francisco Suárez*, eine Generation älter als *Grotius*, hat seine Rechts- und Staatsphilosophie in seinem Hauptwerk Tractatus de legibus ac Deo legislatore in decem libri distributus, 1613, niedergelegt, das bis 1621 in sechs Auflagen erschienen ist und der ganzen gebildeten Welt in Europa bekannt war. *Suárez* hat die Freiheit des Menschen herausgearbeitet, die der Einzelne auch gegenüber dem Staat hat. Wir lesen hier schon die Formel, die die revolutionären Menschenrechtserklärungen einleiten: ex natura rei omnes homines nascuntur liberi.[28] Die lex naturalis enthält die sittlichen Pflichten des Menschen, aber auch seine Rechte. Die Sozialnatur des Menschen, um die es in der lex naturalis geht, umfaßt auch seine facultas agendi et utendi, also das eigennützige Recht (ius utendi), das Recht im subjektiven Sinne, die Freiheit.[29] Dies wird wie folgt erklärt: Im Naturrecht kann vielerlei kraft des Naturgesetzes in sittlich erlaubter Weise geschehen, was weder vorgeschrieben noch Gegenteiliges verboten ist. So kann es auch nach Naturrecht etwas Erlaubtes geben, wie das

---

22 So der Untertitel des Werkes von *Kurt Seelmann*, Theologie und Jurisprudenz an der Schwelle zur Moderne, 1997.

23 So der Titel des Werkes von *Joseph Höffner*, Christentum und Menschenrechte. Das Anliegen der spanischen Kolonialethik im goldenen Zeitalter, 1947. Der Ausdruck wird wohl besonders von Spaniern verwendet, vgl. z. B. *E. Tierno Galván*, El tacitismo en las doctrinas políticas del Siglo de Oro Español, in: Anales de la Universidad de Murcia, Bd. IV (1947–48), S. 895 ff. In der schönen Literatur wird das Siglo de Oro hauptsächlich repräsentiert durch *Miguel de Cervantes Saavedra* (1547–1616), *Lope Félix de Vega Carpio* (1562–1635), *Francisco Gómez de Quevedo y Villegas* (1580–1645) und *Calderón de la Barca* (1600–1681).

24 *Antonio Truyoly Serra*, Historia de la Filosofia dei Derecho y del Estado, vol. 2, 4. Aufl. 1995, S. 78 ff.

25 Im Prolog (Nr. 52) von De jure belli ac pacis hebt *Grotius* den Scharfsinn der Scholastiker hervor; er lobt sie, weil sie mit Gründen argumentieren.

26 Vgl. *Welzel* (Anm. 15) passim.

27 *Hugo Grotius*, De jure belli ac pacis (1625), deutsche Ausgabe 1950, I. Buch, 1. Kap. §§ 4, 5, danach das Zitat.

28 *Francisco Suárez*, De legibus ac Deo legislatore, liber III caput 2 § 3.

29 De legibus (Anm. 28), liber II caput 18 § 2.

Recht, eine Frau zu heiraten, und das Recht, die *eigene Freiheit*[30] zu bewahren. Denn solch ein Verhalten ist sittlich erlaubt, vom Naturrecht gebilligt, aber nicht vorgeschrieben.[31]

Das menschliche Gesetz ist vom Naturgesetz abhängig, woraus sich Grenzen für die Verbindlichkeit des menschlichen Gesetzes ergeben.[32] Die Reflexion über das Wesen des Menschen, zu dem die Freiheit des Willens gehört, und die daraus folgenden Aufgaben und Ziele der Staatsgewalt ermöglichen *Suárez* Aussagen über deren Grenzen. Der scholastischen Tradition entsprechend unterscheidet *Suárez* drei menschliche Lebensbereiche, die er vitae nennt:[33] Die vita monastica (Individualleben), die vita oeconomica (Familienleben) und die vita politica (Gemeinschaftsleben im weiteren Sinne). Diesen vitae ordnet *Suárez* die Individualnatur bzw. die Sozialnatur des Menschen zu und leitet daraus absolute und relative Schranken der Staatsgewalt ab.[34] Dem Zugriff der Staatsgewalt vollständig entzogen ist die vita monastica; in die vita oeconomica darf der Staat nur eingreifen, wenn es um des Gemeinwohls willen notwendig ist. Dagegen ist die vita politica die Domäne der Staatsgewalt,[35] allerdings nur soweit es um Temporalia geht. Für die Spiritualia dagegen ist die Kirche zuständig.[36] Das natürliche Glück (felicitas naturalis) der menschlichen Gemeinschaft, für das der Staat zuständig ist (felicitas politica), grenzt er ab von der übernatürlichen ewigen Glückseligkeit.

Suárez hat in seiner Rechts- und Staatsphilosophie deutliche Grundlagen der Menschenrechte herausgearbeitet. Was fehlt, sind die Instrumente zur Verteidigung und Durchsetzung der Rechte. Hier kommt er über das traditionelle Widerstandsrecht nicht hinaus.[37]

b) *Francisco de Vitoria* (1483–1548)

Wir gehen in der Geschichte der politischen Philosophie weiter zurück: Das Naturrecht als subjektives Recht hat fast ein Jahrhundert vor *Suárez* schon *Francisco de Vitoria* herausgearbeitet, und zwar an Hand des dominium,[38] das als

---

[30] Daß die Freiheit aus dem Naturrecht folgt, wird auch in liber II caput 17 § 2 dargelegt: Nam ius utile naturale dicitur, quando ab ipsa natura datur, seu cum illa provenit, quomodo libertas dici potest ex iure naturali.

[31] Der Text lautet im Original (liber II caput 18 § 2): Quia in iure naturali multa sunt, quae honeste fieri possunt ex vi legis naturalis, quae non praecipiuntur, nec contraria prohibentur, & ita etiam dari potest ius naturale concessivum, quale est ius ducendi uxorem, ius retinendi & conservandi *propriam* libertatem: hoc enim honestum est & illud ius naturae concedit, non praecipit.

[32] De legibus (Anm. 28), liber I caput 9 § 4.

[33] De legibus (Anm. 28), liber I caput 8 § 7.

[34] De legibus (Anm. 28), liber III caput 11 § 7. Siehe dazu die Darstellung von *Heribert Franz Köck*, Der Beitrag der Schule von Salamanca zur Entwicklung der Lehre von den Grundrechten, 1987, S. 55 ff.

[35] *Suárez* scheint in der Dreizonentheorie politischer Gerechtigkeit von *Dietmar v. d. Pfordten*, Rechtsethik, 2001, S. 436 ff., fortzuleben.

[36] De legibus (Anm. 28), liber III caput 1 I § 6.

[37] De legibus (Anm. 28), liber III caput 10 § 7.

[38] Über die Verbindung von dominium und Freiheit siehe *Kurt Seelmann*, Die Denkfragen des subjektiven Rechts in der spanischen Spätscholastik, in: Mate/Niewöhner (Hrsg.), Spaniens Beitrag zum politischen Denken in Europa um 1600, 1994, S. 149.

ius bezeichnet wird. Ius est potestas vel facultas utendi re,[39] heißt es in seinem Kommentar zur Summa Theologiae des *Thomas v. Aquin.* Also Recht ist Herrschaft oder Vermögen (Möglichkeit). *Vitoria* geht von der theologischen Lehre aus, wonach Gott als Schöpfer primärer Eigentümer aller Dinge ist, er das Eigentum aber den Menschen als dominium omnium übertragen hat,[40] weil es auf die Menschen hin geschaffen worden ist. Wie kommt *Vitoria* nun vom dominium omnium, vom Gemeineigentum, zur divisio rerum, zur Teilung der Dinge?

Vitoria hält weder das Naturrecht noch das positive göttliche Recht für die Rechtsgrundlage. Also beruht die Teilung der Dinge auf Akten menschlicher Rechtssetzung.[41] Insoweit stimmt *Vitoria* mit der Lehre von *Duns Scotus* und *William Ockham* überein.[42] Dieses ius humanum widerspricht nach Ansicht von *Vitoria* aber nicht dem Naturrecht. Denn Gott habe im Vorwissen um die sündige menschliche Natur keine lex naturalis erlassen, die die Güterteilung und damit das Privateigentum verboten hätte. *Vitoria* bemerkt dazu, daß die Verwirklichung des naturrechtlichen Gebotes, in Frieden zu leben, durch die Existenz des Privateigentums erleichtert werde.[43] In den weiteren Ausführungen wird das Privateigentum vertragstheoretisch begründet[44] und die Frage des Zeitpunkts der divisio rerum prozeßartig verstanden, was die Aneignung herrenlosen Gutes ermöglicht.[45] *Vitorias* Theorie der Entstehung des Privateigentums durch Vertrag, die sich von der *Thomas v. Aquins*, den er kommentiert, unterscheidet, führt ihn zur Vorstellung eines subjektiven Rechts. Die divisio rerum ist Ergebnis autonomer menschlicher Setzung und nicht eine dem menschlichen Willen entzogene Naturnotwendigkeit.[46]

Die geschilderte Eigentumslehre *Vitorias* war Grundlage seiner mutigen Stellungnahmen zur Rechtsstellung der „Inder", d. h. der Ureinwohner der Neuen Welt, die dem theologischen Grundverständnis entsprechend als Geschöpfe und Ebenbilder Gottes anerkannt wurden.[47] Auf einige Einschränkungen, die die Okkupation der Spanier für eine bestimmte Zeit rechtfertigen sollten und ihnen eine Art Treuhandstellung einräumten,[48] kommt es hier nicht an. Festzuhalten ist, daß *Vitoria* nicht nur das subjektive Recht herausgearbeitet hat, sondern im Hinblick auf die Neue Welt auch die Universalität des Rechts auf Eigentum

---

[39] *Francisco de Vitoria*, Comentarios de la Secunda secundae de Santo Tomás, Tomo II, Ausgabe Salamanca 1934 (im folg. zitiert Com STh) II – II qu. 62 a. 1 § 5: Non habeo ius faciendi hoc, id est non mihi licet; item, iure meo utor, id est licet.

[40] Com STh (Anm. 39), §§ 10,12.

[41] A. a. O., § 20: Divisio et appropriatio rerum facta fuit jure humano.

[42] Siehe dazu *Daniel Deckers*, Gerechtigkeit und Recht. Eine historisch-kritische Untersuchung der Gerechtigkeitslehre des Francisco de Vitoria, 1991, S. 181 ff.

[43] Com STh (Anm. 39), II – II qu. 57 a. 3 § 4.

[44] Com STh (Anm. 39), § 22.

[45] Com STh (Anm. 39), § 26.

[46] *Deckers* (Anm. 42), S. 188; *Dietmar Willoweit*, Dominium und proprietas, in: Historisches Jahrbuch 94 (1974), S. 131, 154; *Seelmann* (Anm. 38), S. 145 ff.

[47] *Francisco de Vitoria*, De indis recenter inventis (1539), Ausgabe W. Schätzel, 1952, S. 132 (= Sectio I Nr. 6: Dominium fundatur in imagine Dei; sed homo est imago Dei per naturam, scilicet per potentias rationales.

[48] *Vitoria*, De Indis recenter inventis, sectio III § 18.

und damit auch der anderen Menschenrechte, wie sich sogleich zeigen wird. So scheint es fast, daß der Schutz des Eigentums die Mutter der Menschenrechte ist.

Zehn Jahre nach Veröffentlichung von *Vitorias* Werk über die neu entdeckten Inder fand 1550 ein Streitgespräch zwischen *Bartolomé de Las Casas* und *Juan Ginés de Sepúlveda* über die Menschennatur der amerikanischen Indios und entsprechend über die Anerkennung ihres Rechts auf Freiheit in Valadolid statt. *Sepúlveda* begründete auf aristotelischer Grundlage die „natürliche Knechtschaft" der Indios. *Las Casas* begründete auf thomistischer Grundlage so wie *Vitoria* die ursprüngliche Freiheit aller Angehörigen der menschlichen Gattung;[49] *Las Casas* erscheint deshalb zu Recht als ein Vater der Menschenrechtserklärungen.

Daß es *Vitoria* nicht nur um das Eigentum (proprietas) ging, zeigt sein weitreichender Begriff „res". Dort, wo er auf die Frage eingeht, ob das dominium rerum des Menschen nach Naturrecht eingeschränkt oder uneingeschränkt ist, unterscheidet er danach, auf welche Güter (bona) sich das jeweilige dominium bezieht. Er unterscheidet drei Typen von Gütern:[50] Güter der Natur, des Glücks und der Seele. Natürliche Güter sind das Leben, die körperliche Unversehrtheit und die Gesundheit; als die Güter des Glücks nennt *Vitoria* den Reichtum, den Ruhm und die Ehre; Güter der Seele sind die Tugenden und die Gnade. Geradezu modern wirkt es, wenn *Vitoria* die Güter der Seele für uneinschränkbar durch staatliche Gesetze hält.[51] Hier kommt zum Ausdruck, daß die Spiritualia nicht zur Kompetenz der weltlichen Gewalt gehören. An zweiter Stelle stehen die natürlichen Güter, die eingeschränkt werden können.[52] Wir haben hier eine Vorform eines Menschenrechtskatalogs vor uns. In der Virginia Bill of Rights wird es heißen: life, liberty, property, safety and happiness.

3. Mittelalterliche Scholastik und Kanonistik

Geht man weiter zurück, so zeigt sich schon bei *Wilhelm von Ockham* (1285–1349), wie der Begriff Recht (ius) die Bedeutung von Macht erhält[53] und damit schon den vollen Sinn des subjektiven Rechts annimmt. Diese Entwicklung bei *Ockham* beruht auf seiner voluntaristischen Ausprägung des Freiheitsverständnisses, das auf die weitere Entwicklung ohne Zweifel entscheidend gewirkt hat.[54]

---

[49] Vgl. die ausführliche Schilderung bei *Antonio-Enrique Pérez Luño*, Die klassische spanische Naturrechtslehre in 5 Jahrhunderten, 1994, S. 179ff., 216ff.; zum folgenden Halbsatz S. 205ff.

[50] Com STh (Anm. 39), II – II quae. 62 a. 1 § 50: triplex est bonum, scilicet naturae, et fortunae et animae. Bona naturalia sunt ut vita, integritas membrorum, sanitas, etc.; bona spiritualia sunt ut virtutes, gratia, etc., bona fortunae sunt divitiae, etc. [sc. fama et honor, a. a. O. § 15].

[51] Com STh (Anm. 39), II – II quae. 62 a. 1 § 50: homo est dominus illorum bonorum spiritualium quae sunt in ipso ... Homo est liber in spiritualibus.

[52] Ausführlich dazu *Deckers* (Anm. 42), S. 176ff.

[53] Anschaulich schreibt *Michel Villey*, La formation de la pensée juridique moderne, 1975, S. 239 : „Le glissement de sens du mot *ius* vers l'idée de pouvoir caractérise au Moyen Age le langage de la pratique.".

[54] *Seelmann* (Anm. 22), S. 24f., weist darauf hin, daß die iberische Spätscholastik nicht einseitig dem scotischen Voluntarismus folgt, sondern auch dem Ideenrealismus verpflichtet ist.

Gleichwohl sind wir bei *Wilhelm von Ockham* noch nicht am Endpunkt unserer Investigationen angekommen,[55] sowohl was den Personbegriff als auch die Vorstellung vom subjektiven Recht anbelangt.

Brian Tierney hat in einer gründlichen Untersuchung des Gebrauchs des Wortes *ius* in der Kanonistik des 12. Jahrhunderts gezeigt, daß die Vorstellung von einem subjektiven Recht damals bereits lebendig war.[56] *Gratian* habe über die iura libertatis geschrieben; die Verknüpfung von potestas und ius sei im 12. Jahrhundert ein Gemeinplatz in der kanonistischen Diskussion gewesen. Im Gegensatz zu den Stoikern und *Cicero* hätten die Kanonisten mit ius naturale nicht eine objektive Ordnung in Verbindung gebracht, die das ganze Universum durchdringe, sondern Macht, Fähigkeit und freien Willen, eben subjektive Rechte.

Die spanische Spätscholastik hatte diese kanonistischen Denkformen übernommen, aber auch den für die Menschenrechte so wichtigen Personbegriff aus der mittelalterlichen Philosophie und Theologie des frühen 13. Jahrhunderts.[57] Theologische Traktate über die Trinität – drei Personen in einer göttlichen Substanz – konstruieren einen Personbegriff, der kein Naturbegriff, sondern ein Moralbegriff ist. Die Person ist kein Was (quid), sondern ein Wer (quis), individuell und einzigartig. Person fügt zum Begriff Individuum oder Subjekt noch das Akzidens dignitas, Würde, hinzu. In Anknüpfung an den antiken Würdebegriff, der mit einem Amt oder einer sonstigen Hervorhebung verbunden war,[58] wird jetzt der Begriff auf jedes menschliche Wesen ausgedehnt, da die Vernunftnatur an sich eine Würde ist, die jedem Menschen als solchem zukommt. Im Sein der Person ist das natürliche und das vernunfthafte Sein aufgehoben, i. S. von aufgenommen und bewahrt.[59] Das personale Sein enthält seine eigentliche Bestimmung durch die Würde, die im moralischen Sein begründet ist, was Freiheit bedeutet.

Die mittelalterliche Philosophie hat das moralische Sein des Menschen, das die Personeigenschaft jedes einzelnen Menschen ausmacht, letzten Endes darauf gestützt, daß – wie es in der Schöpfungsgeschichte heißt (Gen. 1,27) – Gott den Menschen nach seinem Bilde geschaffen hat. In der Gottesebenbildlichkeit des Menschen ist auch die Wurzel für die Gleichheit der Menschen zu sehen. Die mittelalterliche Theologie hat den Personbegriff für den Menschen auch benötigt wegen seiner Beziehung zu Gott. Die Einmaligkeit der individuellen Person findet theologisch Ausdruck in der Unsterblichkeit der Seele und in der persön-

---

[55] Ich folge insoweit *Villey* (Anm. 53) nicht, der annimmt, daß der Begriff des subjektiven Rechts erst im 14. Jahrhundert entstanden ist.

[56] *Brian Tierney*, Origins of Natural Law Rights Language: Texts and Contexts, 1150–1250, in: History of Political Thought, vol. X (1989), S. 615, 626 ff.; siehe auch *Hans Liermann*, Das Kanonische Recht als Grundlage europäischen Rechtsdenkens, ZevKR 6 (1957/58), S. 37, 42.

[57] Siehe dazu *B. Th. Kible*, in: Historisches Wörterbuch der Philosophie, Bd. 7, 1989, Sp. 283 ff.; *Kobusch* (Anm. 17), S. 23 ff.

[58] Zum dignitas-Begriff im antiken Rom vgl. *Viktor Pöschl*, in: Brunner/Conze/Koselleck (Hrsg.), Geschichtliche Grundbegriffe, Bd. 7, 1992, S. 637 ff.

[59] *Alfons Hufnagel*, Die Wesensbestimmung der Person bei Alexander von Hales (1185–1245), in: Freiburger Zeitschrift für Philosophie und Theologie 4 (1957), S. 148, 166; *Kobusch* (Anm. 17), S. 26 f.; *Hans Hattenhauer*, Europäische Rechtsgeschichte, 1992, S. 207.

lichen Verantwortung vor Gott, die Freiheit voraussetzt. *Ernst Troeltsch* hat diesen folgenreichen theologischen Freiheitsgedanken gerade im Hinblick auf seine weltlichen Folgen soziologisch folgendermaßen gewürdigt:[60]

„Das Individuum, das Gottes Kind ist, darf sich als unendlich wertvoll betrachten ... Nicht an die naturhafte Individualität, sondern an einen erst in der Gottesgemeinschaft zu gewinnenden Wert ist gedacht. Es ist begreiflich, daß ein solcher Individualismus ein schlechthin radikaler, auch alle Naturschranken und Unterschiede durch das Ideal des religiösen Seelenwertes überwindender ist, und ebenso begreiflich, daß ein solcher Individualismus nur auf dieser religiösen Grundlage überhaupt möglich ist. Nur die Gottesgemeinschaft gibt dem Individuum diesen Wert, und nur in der über alles Irdische übergreifenden gemeinsamen Beziehung auf Gott verschwinden die Naturunterschiede."

Die Freiheit des Menschen als Zentralbegriff der christlichen Theologie seit dem Mittelalter ist Individualfreiheit. Die Freiheit ist biblisch-theologisch auch Voraussetzung für Schuld und Sünde. Der theologische Freiheitsbegriff ist primär auf Gott bezogen. Auf dieser Grundlage ist die Freiheit des Menschen in der mittelalterlichen Philosophie als metaphysischer Begriff herausgearbeitet worden.[61] Dieser theologische Freiheitsbegriff ist schon im Mittelalter auf das Verhältnis der Menschen untereinander angewandt worden. Insoweit haben wir schon ein erstes Aufflammen der Menschenrechtsidee bemerken können.

4. Säkularisierungsvorgänge und Condiciones sine quibus non der Menschenrechte

Im Laufe der weiteren Entwicklung hat der theologische Freiheitsbegriff in doppelter Weise auf die weltlichen Verhältnisse gewirkt. Der vor Gott verantwortliche Christ kann mit den Geboten in Konflikt geraten, die die weltliche Herrschaft aufstellt. Wenn er sich entscheidet, erhebt er einen innerweltlichen Freiheitsanspruch. Freiheit und Rechte gegenüber der politischen Gemeinschaft, dem Staat, werden gefordert, um der Verantwortung vor Gott genügen zu können, wie es das Gewissen befiehlt. In den Zeiten der Glaubensspaltung wurde Religionsfreiheit gefordert und stufenweise z.T. in Gestalt staatlicher Toleranz oder der Gewissensfreiheit gewährt.[62] Häufig wird deshalb die Religionsfreiheit als Mutter der Menschenrechte betrachtet,[63] die die Meinungs- und Preßfreiheit sowie die Versammlungs- und Vereinsfreiheit nach sich gezogen habe.[64]

Ein anderer Weg zu einem innerweltlichen Freiheitskonzept führt über einen Säkularisierungsvorgang. Trennt man nämlich die Freiheitsposition des Menschen von ihrer theologischen Grundlage ab und verweltlicht sie, so kann sie

---

[60] *Ernst Troeltsch*, Die Soziallehren der christlichen Kirchen und Gruppen, 1912, S. 39f.

[61] *Kobusch* (Anm. 17) S. 17ff.

[62] *Martin Heckel*, Gesammelte Schriften, Bd. II, 1989, S. 711ff.

[63] *Georg Jellinek*, Die Erklärung der Menschen- und Bürgerrechte (1919), abgedruckt in: R. Schnur (Hrsg.), Zur Geschichte der Erklärung der Menschenrechte, 1964, S. 1, 39ff.

[64] *Jellinek* (Anm. 63), S. 57f.

gegenüber der weltlichen Herrschaft geltend gemacht werden, und zwar auch ungeachtet einer eventuell weiterempfundenden religiösen Verantwortlichkeit.

Der biblisch-theologische Keim der Freiheitskonzeption macht verständlich, warum andere Kulturen, die nicht jüdisch-christlich, zumindest nicht monotheistisch, geprägt sind, die Vorstellung von der Freiheit des Menschen als Grenze staatlicher Herrschaft nicht hervorgebracht haben. Weder in China[65] noch in Japan oder Indien[66] ist solch eine Vorstellung entwickelt worden.

Ernst Wolf hat die Erklärung der Menschenrechte zutreffend als „Produkt der Religion des Abendlandes" bezeichnet.[67] Das bedeutet freilich nicht, daß allein die jüdisch-christliche Tradition die Menschenrechte hervorgebracht hat, sondern nur, daß dieser Tradition die Wurzeln der Menschenrechte entstammen. Das sind der Personbegriff, der daran geknüpfte Würdebegriff und die Denkform des subjektiven Rechts. Das sind freilich condiciones sine quibus non der späteren Menschenrechte.

III. Härtung der Menschenrechte durch gerichtliche Gesetzeskontrolle

Damit sind die Wurzeln der Menschenrechte freigelegt. Hinter das 12. Jahrhundert zurückzugehen, verspricht keine weitere Erkenntnis über die Grundlagen der Menschenrechte. Fragt man nun, was die Menschenrechtserklärungen am Ende des 18. Jahrhunderts den Menschen gebracht haben, so ist die Bilanz schnell gezogen und wenig günstig. Mit den Menschenrechtserklärungen begann erst ein langer Weg, auf dem zunächst Verwaltungsentscheidungen durch Gerichte am Maßstab der Gesetze überprüft wurden. Zu verschiedenen Zeiten setzte sich zunächst in den Vereinigten Staaten von Amerika und erst später in Europa die gerichtlich kontrollierte Bindung der Gesetze an die Menschenrechte durch.

Der Franzose *Emile Boutmy* hat 1902 den Unterschied zwischen den amerikanischen bills of Rights und der französischen Erklärung der Menschen- und Bürgerrechte drastisch wie folgt beschrieben:[68] „Alle Deklarationen der Vereinigten Staaten sind in der Weise verfaßt, daß man sich vor Gericht auf sie berufen kann. Die Amerikaner ... haben sich ausschließlich damit beschäftigt, juristische

---

[65] *Rudolf G. Wagner*, Ein chinesisches Plädoyer gegen die autonome Person, in: Köpping/Welker/Wiehl (Hrsg.), Die autonome Person – eine europäische Erfindung?, 2002, S. 83 ff.

[66] *Klaus Butzenberger*, Identitätskonzeptionen in Indien, in dem in Anm. 65 zitierten Werk, S. 29 ff.

[67] *Ernst Wolf*, Die Freiheit und Würde des Menschen, in: Recht, Staat, Wirtschaft, Bd. IV (1953), S. 27; ähnlich *Gerhard Ritter*, Ursprung und Wesen der Menschenrechte (1949), in: R. Schnur (Hrsg.), Zur Geschichte der Erklärung der Menschenrechte, 1964, S. 205 ff.; *Hans Maier*, Die Grundrechte des Menschen im modernen Staat, 1973, S. 18 f.; *Christian Starck*, Freiheit und Institutionen, 2002, S. 42 f.

[68] *Emile Boutmy*, Die Erklärung der Menschen- und Bürgerrechte und Georg Jellinek (1902), in deutscher Übersetzung, abgedruckt in: Schnur (Hrsg.), Zur Geschichte der Erklärung der Menschenrechte, 1964, S. 78, 88 f.

Argumente vorzubereiten, Rechtsmittel, auf die man sich bei einem Verfahren würde berufen können, und der gesamte Text trägt Spuren dieser Absicht. Für die Franzosen ist ihre Deklaration nur ein oratorisches Meisterstück, die Artikel stehen da in abstrakter Reinheit, allein im Glanz ihrer Majestät. Kein Gericht kann sie als Rechtsmittel verwenden oder sie zur Urteilsbegründung heranziehen. Zur Belehrung der ganzen Welt schreiben die Franzosen;[69] die amerikanischen Verfassunggeber dagegen haben die Artikel ihrer Deklaration zum Nutzen und zur Annehmlichkeit ihrer Mitbürger verfaßt."

Boutmy hat recht, was seine Landsleute, die Franzosen, betrifft. Die Erklärung von 1789 hatte einen Konstruktionsmangel, der in ihrem Art. 6 zu sehen ist, wo das Gesetz, im *Rousseauschen* Sinne verstanden, als Ausdruck des allgemeinen Willens bezeichnet wird. Der Gesetzgeber war also der authentische Interpret der Menschenrechte.[70] Erst 1985 stellte der Conseil constitutionnel fest, daß das Gesetz nur in Übereinstimmung mit der Verfassung den allgemeinen Willen ausdrückt.[71] Damit war der Vorrang der Verfassung anerkannt.[72]

In den USA war die Situation von vornherein besser, weil dort die Verfassung als lex fundamentalis, als Grundgesetz, anerkannt wurde, das Vorrang vor den normalen Gesetzen hat. Dem Richter wurde die Aufgabe zuerkannt, Gesetze auf ihre Verfassungsmäßigkeit zu prüfen und verfassungswidrige Gesetze nicht anzuwenden. Das stand schon im Federalist[73] und ist im Anschluß daran 15 Jahre später erstmalig in der Entscheidung Marbury vs. Madison 1803[74] vom Obersten Gerichtshof anerkannt worden. Die Menschenrechte hatten nun am Vorrang der Verfassung teil und standen als Maßstäbe für die Gesetzgebung bereit. Schon früh ist in amerikanischen Gerichtsentscheidungen darauf hingewiesen worden, daß die fundamentalen Rechte der Individuen der staatlichen Macht Grenzen setzen.[75] Es dauerte aber noch viele Jahre, bis der Oberste Gerichtshof erstmalig ein Gesetz am Maßstab der inzwischen materiell verstandenen Grundrechte (Vertragsfreiheit und Eigentum) als unvereinbar mit der Verfassung nicht anwandte.

---

69 Diese belehrende Absicht kommt sehr deutlich in Art. 16 zum Ausdruck, in dem „geregelt" ist, daß jede Gesellschaft, in der die Rechte nicht garantiert und die Gewalten nicht getrennt sind, keine Verfassung hat.

70 Zu dem gescheiterten Versuch *Emmannuel de Sieyès'*, eine Gesetzeskontrolle einzuführen, vgl. *Starck* (Anm. 5), S. 46f.

71 Art. 6 Satz 1 lautet: La loi est l'expression de la volonté générale. Der Conseil constitutionnel (Recueil 1985, S. 70,76) sagt vom Gesetz, „qu'elle n'exprime la volonté générale que dans le respect de la Constitution.".

72 Siehe zu dieser 1971 beginnenden Rechtsprechung mit zahlreichen Nachweisen *Christion Starck*, Der Schutz der Grundrechte durch den Verfassungsrat in Frankreich, AöR 113 (1988), S. 632ff. = *Starck*, Praxis der Verfassungsauslegung II, 2006, S. 110ff.

73 Vgl. *Hamilton*, The Federalist (1788), Nr. 78: A constitution is in fact and must be, regarded by the judges as a fundamental law. It therefore belongs to them to ascertain its meaning as well as the meaning of any particular act proceeding from the legislative body. ... The constitution ought to be preferred to the statute.

74 2 Law Ed. U.S. 60, 73 (1803).

75 Vgl. *Winfried Brugger*, Grundrechte und Verfassungsgerichtsbarkeit in den Vereinigten Staaten von Amerika, 1987, S. 345f.

Eine kontinuierliche Rechtsprechung am Maßstab der Menschenrechte ist erst nach dem Ersten Weltkrieg feststellbar.

In Deutschland nahm das Reichsgericht 1925 das richterliche Prüfungsrecht für Gesetze in Anspruch, hielt im zu entscheidenden Fall das Gesetz aber für verfassungsmäßig.[76] Erst nach dem Zweiten Weltkrieg ist im deutschen Grundgesetz in Art. 1 Abs. 3 ausdrücklich die Bindung auch der Gesetzgebung an die Grundrechte festgelegt und im Bundesverfassungsgericht ein Gericht geschaffen worden, das die Gesetzeskontrolle ausübt. In Frankreich gibt es die präventive Normenkontrolle am Maßstab der Menschenrechte seit 1971.[77] Zahlreiche Länder in Südeuropa und in Mittel- und Osteuropa haben Verfassungsgerichte eingesetzt, die Gesetze am Maßstab der Menschenrechte prüfen.[78] Damit sind die Menschenrechte hartes Recht geworden. Dem Schutz der Menschenrechte nehmen sich inzwischen auch regionale völkerrechtliche Verträge an, wie die Europäische Konvention zum Schutze der Menschenrechte und Grundfreiheiten (EMRK), die nicht nur Rechte erklären, sondern auch durch einen Gerichtshof schützen.[79] Und in Art. 46 EMRK verpflichten sich die Vertragspartner, die Urteile des Gerichtshofs zu befolgen.

---

[76] RGZ 111, 320.

[77] Conseil constitutionnel, Entscheidung v. 16. Juli 1971, *Favoreu/Philip*, Les grandes décisions du Conseil constitutionnel, 11. Aufl., S. 241, soweit die Menschenrechte geschützt sind durch die principes fondamentaux reconnus par les lois de la République, dazu a. a. O., S. 253 ff.

[78] Vgl. *Albrecht Weber*, in: Starck/Weber (Hrsg.), Verfassungsgerichtsbarkeit in Westeuropa, Bd. I, 1986, S. 64 ff.: siehe die Berichte in: Frowein/Marauhn (Hrsg.), Grundfragen der Verfassungsgerichtsbarkeit in Mittel- und Osteuropa, 1998, S. 89 ff.: sowie in: Giuseppe de Vergottini (cura), Giustizia costituzionale e sviluppo democratico nei paesi dell'Europa centro-orientale, Turin 2000, passim.

[79] *Rudolf Bernhardt*, Der Schutz der Menschenrechte durch internationale Gerichte: Erfahrungen und Perspektiven, Köln, 2003, S. 7 ff., 18 f.

2. Kapitel

Grundrechte und Gesetz*

Eine Entwicklungsgeschichte

Einleitung

Seit dem Ende des 18. Jahrhunderts werden Menschenrechte und Bürgerrechte, später Grundrechte in Verfassungen verbürgt. Die Menschenrechte sind schon lange vorher in der politischen Philosophie als Idee entwickelt worden (siehe oben 1. Kapitel des Zweiten Teils). Als die Rechte in den Verfassungen erschienen, erhob sich die Frage ihrer Geltungsqualität und ihres Geltungsranges. Sind sie bloße Direktiven für die Gesetzgebung, die frei über das Ob und Wie der Umsetzung entscheidet, oder kommt ihnen bindende normative Kraft zu? Hat der parlamentarische Gesetzgeber die Souveränität vom Monarchen aus der Zeit des monarchischen Absolutismus übernommen, ist schwer zu begründen, dass er an höherrangiges Recht gebunden sein soll, wenn man nicht naturrechtliche Grundsätze oder Völkerrecht annimmt. Wo Souveränität gemeinsam bei Fürst und Volksvertretung ruht, sind Gesetze als übereinstimmende Entscheidungen beider Staatsorgane schwerlich einem innerstaatlichen Recht höherer Ordnung unterworfen. Daraus folgt, dass verfassungsrechtlich verbürgte Grundrechte effektive Geltungskraft erst nach Maßgabe der Gesetzgebung erhalten. Wo jedoch die Verfassung auf Volkssouveränität beruht und die Staatsgewalt ursprünglich durch die Verfassung begründet und kompetenziell aufgeteilt wird wie in den USA, ist weder die Legislative noch ein anderes Organ souverän. Die Einhaltung der Verfassung durch Exekutive und Legislative kann die Judikative

* Aus: Sachs/Siekmann (Hrsg.), Der grundrechtsgeprägte Verfassungsstaat. Festschrift für Klaus Stern zum 80. Geburtstag, Berlin 2012, S. 197–216.

bewirken, wenn sie wie in den USA gleichrangig mit den anderen Zweigen der Staatsgewalt durch die Verfassung eingerichtet ist.

Die verfassungsrechtlich gewährleisteten Grundrechte werden heute in vielen Staaten nicht nur im Rahmen der Gesetze gegenüber der öffentlichen Verwaltung durch Gerichte gesichert, sondern auch gegenüber dem Gesetzgeber durch gerichtliche Normenkontrolle, wofür in einigen Staaten das Monopol eines besonderen Verfassungsgerichts besteht. Soweit die Grundrechte Abwehrrechte gegenüber dem Staat sind, d. h. den status negativus des Bürgers umschreiben, sind sie in der Regel unmittelbar geltendes Recht,[1] das durch prinzipale oder inzidente Normenkontrolle durchgesetzt werden kann.

Die folgenden Ausführungen beschreiben den Weg dahin. Dieser ist gekennzeichnet zunächst durch die „Souveränität" des Gesetzgebers mit überragender Bedeutung für die Grundrechte (I), durch die abschließende gesetzliche Definition und Einschränkung der Grundrechte durch Grundrechtsgesetze (II) und durch den Kampf um den Vorrang der Verfassung (III). Zum Schluss wird das Ergebnis der Entwicklung, die „Souveränität" der Grundrechte, skizziert (IV).

I. Die Souveränität des Gesetzes

1. Frankreich und Rousseau

Seit den ersten katalogartig proklamierten Menschen- und Bürgerrechten[2] spielt das Gesetz eine große Rolle. In der französischen Erklärung der Menschen- und Bürgerrechte (1789) fungiert das Gesetz als wesentliches Instrument der Definition der Freiheit. Die Freiheit besteht nach Art. 4[3] darin, alles tun zu dürfen, was dem anderen nicht schadet; somit hat die Ausübung der natürlichen Rechte jedes Menschen nur die Grenzen, welche den anderen Mitgliedern der Gesellschaft den Genuss derselben Rechte sichern. Da die Grenzen aber im Einzelnen streitig sein können, heißt es weiter, dass diese Grenzen nur durch das Gesetz bestimmt werden können. Den Gesetzgeber beschränkend heißt es dann in Art. 5[4], dass das Gesetz nur Handlungen verbieten darf, die der Gesellschaft schaden. Was das Gesetz nicht verbietet, darf nicht verhindert werden und nicht darf erzwungen werden, was es nicht anordnet. Die entscheidende Rolle des Gesetzes folgt

[1] So ausdrücklich Art. 1 Abs. 3 GG, Art. 25 Abs. 1 griechische Verf., Art. 40 Abs. 3 Nr. irische Verf., Art. 31 Abs. 3 polnische Verf., Art. 18 Abs. 1 portugiesische Verf., Art. 53 Abs. 1 spanische Verf.

[2] Über die Entwicklung dahin vgl. das vorangehende Kapitel.

[3] La liberté consiste à pouvoir faire tout ce qui ne nuit pas à autrui: ainsi, l'exercice des droits naturels de chaque homme n'a de bornes que celles qui assurent aux autres membres de la société la jouissance de ces mêmes droits. Ces bornes ne peuvent être déterminés que par la loi.

[4] La loi n'a le droit de défendre que les actions nuisibles à la société. Tout ce qui n'est pas défendu par la loi ne peu être empêché, et nul ne peut être contraint à faire ce qu'elle n'ordonne pas.

aus seinem repräsentativen Charakter. Denn nach Art. 6[5] haben alle Bürger das Recht, persönlich oder durch ihre Repräsentanten an seiner Bildung mitzuwirken. So wird das Gesetz als Ausdruck des allgemeinen Willens bezeichnet. Im Weiteren wird angeordnet, dass das Gesetz für alle gleich sein müsse, sei es, dass es schützt, sei es, dass es bestraft. Es folgen in Art. 7–9 Garantien für den Strafprozess und das Strafrecht jeweils durch Gesetz. Art. 10 und 11 garantieren die Religions- und Meinungsfreiheit, und zwar wiederum im Rahmen der Gesetze. In den acht dargestellten Artikeln kommt achtmal das Wort Gesetz vor, das begrenzt, schützt, festlegt, verbietet.

Die zentrale Rolle des Gesetzes in der französischen Erklärung der Menschen- und Bürgerrechte ist von *Jean-Jacques Rousseau* (1712–1778) vorgeprägt worden. Sein Gesetzesbegriff ist eng mit seiner Vorstellung vom Gesellschaftsvertrag und der volonté générale verknüpft. Der Gesellschaftsvertrag[6] dient der Erhaltung der Menschen und ihrer Freiheit. Er ist Grundlage eines Bundes (foedus), der mit gemeinsamer Kraft die Person und deren Güter schützt. Mit dem Zusammenschluss zu einem Bund versprechen die Menschen Gehorsam. Dieser Gehorsam gilt nicht einem allein berechtigten Herrscher, sondern dem Verband, der Träger der Souveränität ist. So besteht ein Rechtsverhältnis zwischen dem Einzelnen und dem Verband, dem Träger der Souveränität. Der Souverän, also die Gemeinschaft, darf nur das für das gemeinsame Interesse Notwendige fordern[7], wie es wenige Jahre später in dem zitierten Art. 5 der Erklärung der Menschen- und Bürgerrechte heißt.

Das in der Republik vereinigte Volk, das als Ganzes souverän über jedem Mitglied steht, äußert sich in der volonté générale. Diese unterscheidet sich von der volonté particulière und der volonté de tous dadurch, dass sie im Sinne des Gemeininteresses Gerechtigkeit und Gleichheit verbürgt.[8] Gemeinwille ist das, was alle *für alle* wollen. Da nach dem Gesetz der Vernunft jeder Wille jeweils das Beste für sich will, will dies auch der Gemeinwille für die Gemeinschaft. Deshalb, so folgert *Rousseau*, ist der Gemeinwille immer gut und kann niemals irren.[9] Gemeinwille wird also nicht empirisch begriffen, sondern ist normativ zu verstehen.[10] Auch Republik und Volk sind bei *Rousseau* normative Begriffe. Konsequent nimmt *Rousseau* an, dass das Volk seinen Charakter verlieren und eine bloße Zusammenfügung von Menschen (agrégation) werden kann.[11] Ähn-

---

[5] La loi est l'expression de la volonté générale. Tous les citoyens ont droit de concourir personnellement, ou par leur représentants à sa formation. Elle doit être la même pour tous, soit quelle protège, soit quelle punisse. Tous les citoyens, étant égaux à ses yeux, sont également admissible à toutes dignités, places et emplois publics, selon leur capacité et sans autre distinction que celle de leurs vertus et de leurs talents.

[6] *Jean-Jacques Rousseau*, Du Contrat Social (= C. S.) I 6; vgl. *Volker Schlette*, Konzeption des Gesetzes im französischen Verfassungsrecht, in JöR 33 (1984), S. 279 ff.

[7] C. S. II 4: Mais le souverain, de son côté, ne peut charger les sujets d'aucune chaîne inutile à la communité.

[8] C. S. I 7, II 1.

[9] C. S. II 3.

[10] So auch *Iring Fetscher*, Rousseaus politische Philosophie, 1960, S. 120 ff.

[11] C. S. II 1.

lich spricht Goethe von der „Volkheit" im Gegensatz zum Volk, die der Gesetzgeber hören müsse, sie spreche immer dasselbe aus, sei vernünftig, beständig, rein und wahr.[12]

Das Gesetz ist feierlicher[13] Ausdruck der volonté générale. Es steht als Erzeugnis des Souveräns über den einzelnen und gewährleistet politische Freiheit. Da der allgemeine Wille nur über einen allgemeinen Gegenstand beschließen kann, darf das Gesetz niemals einen bereits konkretisierten Einzelfall betreffen.[14] Die Adressaten des Gesetzes sind die „sujets en corps", niemals Einzelpersonen.[15] Was über die Normativität des Begriffs des allgemeinen Willens gesagt worden ist, gilt auch für den Gesetzesbegriff, dem die Gemeinwohlklausel ebenso innewohnt wie der volonté générale. Gesetze sind nur solche Beschlüsse des Souveräns, die „gerecht" sind. Dies entspricht dem Motto, unter das *Rousseau* seinen Contrat social stellt: Foederis, aequas dicamus leges[16] (Nennen wir die gerechten Gesetze des Bundes).

Die *Rousseau*sche normative Begrifflichkeit von Gesellschaftsvertrag, volonté générale und Gesetz geht von einer nicht zutreffenden Analogie aus: So wie der Einzelwille stets das dem Einzelnen Nützliche und Beste anstrebe (was schon fraglich ist), so soll dies auch der Gemeinwille für das Gemeinwohl tun. Auch der als Erzieher eingesetzte législateur[17] kann da nicht weiterhelfen.[18] Gleichwohl hat *Rousseau* die französische Gesetzeslehre bis in die 2. Hälfte des 20. Jh. stark beeinflusst. So blieb der freilich empirische Gesetzgeber, wie in den zitierten Vorschriften der Menschenrechtserklärung von 1789 vorgesehen, bis in die zweite Hälfte des 20. Jahrhunderts der authentische Interpret der Menschen- und Bürgerrechte.[19] Die idealistische Überhöhung der Souveränität des Gesetzgebers machte blind dafür, dass der empirische Gesetzgeber Gesetze erlassen kann, die nach *Rousseaus* Theorie ungerecht, also keine Gesetze sind, weil sie z. B. entgegen Art. 5 der Erklärung der Menschen- und Bürgerrechte etwas verbieten, was der Gesellschaft nicht schadet. Die Souveränität der Nationalversammlung als Gesetzgeber und der von ihr eingesetzten Regierung ersetzte die Souveränität des absoluten Monarchen.

---

[12] *Johann Wolfgang von Goethe*, Maximen und Reflexionen Nr. 682 (Ausgabe Verlag Cotta 1950) = Nr. 154 (Ausgabe Beck Verlag 1981).

[13] Vgl. Art. 4 der Französischen Verfassung v. 1793: La loi est l'expression libre et solennelle de la volonté générale.

[14] C. S. II 6.

[15] C. S. II 6.

[16] Virgil, Aeneas XI, 321.

[17] C. S. II 7.

[18] Zur Kritik siehe *Christian Starck*, Der Gesetzesbegriff des Grundgesetzes, 1970, S. 128 ff., 132 ff.

[19] Vgl. in diesem Sinne noch *Georges Burdeau*, Les Libertés publiques, 4. Aufl. 1972, S. 74 ff.; für die präventive Normenkontrolle am Maßstab der Grundrechte *François Luchaire*, La Protection constitutionnelle des droits et des libertés, 1987, S. 17; *Christian Starck*, Praxis der Verfassungsauslegung II, 2006, S. 110 ff.

2. Deutschland und Kant

In Deutschland treten Rechtekataloge in den frühkonstitutionellen Verfassungen in Erscheinung. Gewährleistet werden keine Menschenrechte, sondern Staatsbürgerrechte der Bayern, Badener, Württemberger usw.: Eigentum und persönliche Freiheit, Religions- und Glaubensfreiheit, Pressefreiheit, Auswanderungsfreiheit und strafprozessuale Garantien werden gewährt. Da der Vorrang der Verfassung vor dem einfachen Gesetz in Deutschland und in den anderen europäischen Staaten noch nicht anerkannt war, konnten diese Rechte durch Gesetz beliebig eingeschränkt werden. Einige Verfassungen enthielten ausdrückliche Gesetzesvorbehalte, z. B. bei der Pressefreiheit[20], der Gewerbefreiheit[21] usf. Immerhin bedurfte die Exekutive einer gesetzlichen Grundlage, wenn sie in Grundrechtspositionen einzugreifen gedachte. Nach § 65 der Badischen Verfassung (1818) „ist zu allen ... die Freiheit der Person oder das Eigentum der Staatsangehörigen betreffenden allgemeinen neuen Landesgesetzen oder zur Abänderung oder authentischen Erklärung der bestehenden, die Zustimmung der absoluten Mehrheit einer jeden der beiden Kammern erforderlich"[22]. Der Schutz wurde damals vor allem im Gesetz gesehen, das nur zustande kommen konnte, wenn die Ständeversammlung bzw. die Kammern zustimmten. Die in den 30er Jahren des 19. Jahrhunderts erlassenen deutschen Territorialverfassungen enthalten durchgehend ausdrückliche Gesetzesvorbehalte.[23] Die Gleichheit wird entsprechend Art. 3 der französischen Verfassung von 1793 als Gleichheit vor dem Gesetz (devant la loi) gewährleistet. Dieses „devant la loi" muss im Zusammenhang mit der Definition des Gesetzes als l'expression libre et solennelle de la volonté générale (Art. 4) gesehen werden. Gilt das Gesetz als Ausdruck des allgemeinen Willens[24] d. h. der Vernunft und ist damit allgemein im materiellen Sinne, d. h. gerecht, so fängt das Gleichheitsproblem erst *nach* der Gesetzgebung bei der Anwendung des Gesetzes an. Gleichheit bedeutet folglich Gesetzmäßigkeit.

Nicht nur im Zusammenhang mit der Gleichheit sondern auch bei den Freiheitsrechten kommt dem Gesetz, das im Rahmen der Repräsentativverfassung idealer Weise als Ausdruck der Vernunft[25] angesehen wurde, eine entscheidende, die zu schützende Freiheit definierende Funktion zu. So schreibt *Carl v. Rotteck*, dass Gründe für die Rechtsungleichheit vom wahren Gesamtwillen getragen sein und auf vernünftigen Gründen beruhen müssten, was eine repräsentative Verfassung voraussetze.[26]

---

[20] § 28 württ.Verf. (1819), Teil IV, § 11 bayer.Verf. (1818).

[21] § 29 württ.Verf.

[22] Entspr. Teil VII § 2 bayer.Verf. (1818).

[23] §§ 31, 32, 36, 37 Kurhessische Verf. (1831), §§ 27, 28, 31, 32, 35 Sächsische Verf. (1831).

[24] *Immanuel Kant*, Metaphysik der Sitten (1797), hrsg. von K. Vorländer, 1922, Rechtslehre §§ 46 f.

[25] Hemmung der Verwirklichung der Bürgerrechte durch Vorbehalte aus der Wiener Schlussakte (1820), durch den Wahlzensus, durch Karlsbader Beschlüsse (1819), vgl. zusammenfassend *Christian Starck*, Der demokratische Verfassungsstaat, 1995, S. 149 ff.

[26] *Carl v. Rotteck*, Art. „Gleichheit", in: v. Rotteck/Welcker, Staatslexikon, 2. Aufl., Band VI, 1847, S. 44, 47 f.

Der Gesetzesvorbehalt bei Eingriffen in Freiheit und Eigentum war ein großer Fortschritt. An der Gesetzgebung waren die Ständeversammlungen, später die Parlamentskammern, in der Weise beteiligt, dass jedes Gesetz ihrer Zustimmung bedurfte. Obwohl in den deutschen Fürstentümern ebenso wenig wie in den europäischen Staaten ein gleiches und allgemeines Wahlrecht galt, wurde im Gesetzesvorbehalt die Sicherung der Bürgerrechte gesehen.

Hierfür konnte man sich nicht nur auf die *Rousseau*sche Theorie berufen, sondern auch auf *Kant* (1724–1804). Er schrieb im *Rousseau*schen Geist:[27] „Die gesetzgebende Gewalt kann nur dem vereinigten Willen des Volkes zukommen. Denn da von ihr alles Recht ausgehen soll, so muss sie durch ihr Gesetz schlechterdings niemand unrecht tun können. Nun ist es, wenn jemand etwas gegen einen anderen verfügt, immer möglich, dass er ihm dadurch unrecht tue, nie aber in dem, was er über sich selbst beschließt (denn volenti non fit iniuria). Also kann nur der übereinstimmende und vereinigte Wille aller, sofern ein jeder über alle und alle über einen jeden eben dasselbe beschließen, mithin nur der allgemein vereinigte Volkswille gesetzgebend ist." *Kant* sieht die gesetzliche Freiheit des aktiven Staatsbürgers darin, keinem anderen Gesetz zu gehorchen, als zu welchem er seine Beistimmung gegeben hat.[28] Diese Aussage muss man freilich unter dem Vorbehalt sehen, dass *Kant* der damaligen allgemeinen Meinung entsprechend zwischen aktiven (= wahlberechtigten) und passiven Staatsbürgern (bloßen Staatsgenossen) unterschied.

Die drei Gewalten im Staat sieht er jeweils als Ergänzungsstücke der anderen zur Vollständigkeit der Staatsverfassung, wobei keine der anderen untergeordnet sei. Der Wille des Gesetzgebers sei in Ansehung dessen, was das äußere Mein und Dein betrifft, untadelig (irreprehensibel), das Ausführungsvermögen des Oberbefehlshabers unwiderstehlich (irresistibel) und der Rechtsspruch des obersten Richters unabänderlich (inappelabel).[29] Im Begriff der Untadeligkeit des Gesetzgebers steckt der *Rousseau*sche Gedanke des Gemeinwillens. Die Untertanen seien zugleich Staatsbürger, die nach Gesetzen ihrer eigenen Selbständigkeit behandelt werden, jeder besitze sich selbst und hänge nicht vom absoluten Willen eines anderen neben oder über ihm ab. Man muss dabei freilich in Rechnung stellen, dass nur die aktiven Staatsbürger durch Abgeordnete im Parlament repräsentiert werden und dass es neben den aktiven Staatsbürgern auch passive, bloße Staatsgenossen gibt.[30]

Das Entscheidende freilich ist, dass bei *Kant* wie bei *Rousseau* das Gesetz den Freiheitsstandard bestimmt. Das wird ebenso in den französischen Verfassungen der Revolutions- und Nachrevolutionszeit wie in den Verfassungen der deutschen Fürstentümer zum Ausdruck gebracht.

---

[27] *Kant* (Anm. 24), Rechtslehre § 46.
[28] *Kant* (Anm. 24), § 46 auch zum folgenden.
[29] *Kant* (Anm. 24), § 48, weiter ausgeführt in § 49, insbes. unter A.
[30] Gesellen, Dienstboten, Hauslehrer, Unmündige und „alles Frauenzimmer" (*Kant*, aaO, § 46).

3. England/USA und John Locke

In England war schon früher als in Frankreich und den deutschen Fürstentümern der Freiheitsstandard durch acts of Parliament bestimmt. Was Freiheitserklärungen im einzelnen besagten, wurde vom Parlament bestimmt, soweit es seine Entscheidungen nicht delegierte, und ergab sich aus dem Common Law. Diese Parlamentssouveränität ist später von *A. V. Dicey* wie folgt klassisch beschrieben worden:[31] Sie bedeute nicht mehr und nicht weniger, als dass das so definierte Parlament nach der englischen Verfassung das Recht hat, jedes Gesetz zu erlassen oder aufzuheben, und dass nach dem englischen Recht keine Person oder Körperschaft das Recht hat, die Gesetzgebung des Parlaments außer Kraft zu setzen oder außer Acht zu lassen.

Das ist von *John Locke* (1632–1704) schon früh formuliert worden: Die Freiheit der Menschen in einem Staat bedeute, unter einem Gesetz zu leben, das für alle Glieder der Gesellschaft gültig sei und von der in ihr errichteten Legislative geschaffen worden sei.[32] Er fügt hinzu, dass Freiheit dort herrscht, wo man nicht dem unbeständigen, ungewissen, unbekannten, eigenmächtigen Willen eines anderen Menschen unterworfen ist.[33] Freiheit ist nach *Locke* nur unter der Herrschaft eines von der Vernunft gelehrten natürlichen Gesetzes möglich. In der bürgerlichen Gesellschaft, d. h. im Staat, bestimme das positive Recht den Bereich der bürgerlichen Freiheit. Die bürgerlichen Gesetze schränkten die natürliche Freiheit ein.[34] Dies bewirke keinen Gegensatz von Gesetz und Freiheit, sondern eine Zivilisierung des Naturzustandes. Die Freiheitsbestimmung durch Gesetz wird bei *Locke* vom individualistischen Zweck der Staatsgründung her definiert (sc. Schutz von Freiheit und Eigentum) und durch die gesetzgebende Versammlung gesichert, deren Mitglieder, wenn die Versammlung aufgelöst wird, gleich allen übrigen Menschen den allgemeinen Gesetzen unterworfen sind.[35] Die besondere Betonung der Bindung auch der Mitglieder der gesetzgebenden Körperschaften, erst nachdem ihre Mitgliedschaft beendet ist, irritiert zunächst, soll aber wohl nur besagen, dass sie dem Gesetz unterworfen sind.

In der Bill of Rights der Verfassung der englischen Kolonie Virginia (1776), die Freiheit und Gleichheit gewährleistet, ist von government (sect. 3) und legislative power (sect. 5) die Rede, und die Repräsentation wird durch Wahlgesetz in sect. 6 gesichert. Die Staatsorgane sind eingesetzt für das Gemeinwohl, für Schutz und Sicherheit des Volkes. – In den heute noch geltenden Zusatzartikeln der US-amerikanischen Verfassung von 1791, die die Bill of Rights des Bun-

---

[31] *A. V. Dicey*, An Introduction to the Study of the Law of the Constitution, 10. Aufl. 1959, S. 39 f.: „The principle of Parlamentary sovereignty means neither more nor less than this, that Parliament thus defined has, under the English constitution, the right to make or unmake any law whatever; and, further, that no person or body is recognised by the law of England as having a right to override or set aside the legislation of the Parliament.".

[32] *John Locke*, Second Treatise of Government (= S. T.), § 22.

[33] S. T. § 6.

[34] S. T. § 129.

[35] S. T. § 139.

des darstellen, kommt das Gesetz einmal vor, und zwar um ein Verbot an den Gesetzgeber zum Ausdruck zu bringen, nämlich: Der Kongress darf kein Gesetz erlassen, das eine Staatsreligion einführt, die freie Religionsausübung verbietet, die Rede- oder Pressefreiheit oder das Recht des Volkes einschränkt, sich friedlich zu versammeln und die Regierung durch Petition um Abstellung von Missständen zu ersuchen (Zusatzartikel I). Die ersten zehn amerikanischen Zusatzartikel knüpfen inhaltlich an das Common Law an und stellen Anforderungen an bestimmte staatliche Handlungen vor allem auf dem Gebiete des Strafrechts und des Prozessrechts. Auch im amerikanischen Verfassungsrecht des ausgehenden 18. Jahrhunderts waren Schutz, d. h. Definition und Einschränkung der Grundrechte dem Gesetz und dem Common Law anheimgegeben, die im konkreten Streitfall von den Gerichten ausgelegt und angewandt wurden.

4. Zusammenfassung

Die Entstehung der verfassungsrechtlichen Grundrechtskataloge war verbunden mit der Beauftragung der Gesetzgebung, die Grundrechte zu sichern. Dazu gehört die souveräne Definition dessen, was wieweit zu schützen ist. Deshalb hatte die Gesetzgebung eine Schlüsselfunktion für den Grundrechtsschutz. Die entsprechende Formel im deutschen monarchischen Konstitutionalismus war der Gesetzesvorbehalt für Eingriffe in Freiheit und Eigentum des Bürgers.[36] Die Gesetzgebung wurde als befähigt angesehen, die Grundrechte zu schützen, indem die Interessen des Grundrechtsträgers und die Gemeinwohlbelange gegen einander abgewogen wurden. In der zweiten Hälfte des 19. Jahrhunderts haben sich daraus die sog. Grundrechtsgesetze ergeben. Diese definierten die Grundrechte, schränkten sie ein und schützten sie. Da sich der Gedanke des Vorrangs der Verfassung in Europa noch nicht durchgesetzt hatte, war die Gesetzgebung relativ frei in der Gestaltung der Grundrechtsgesetze, die Maßstäbe für die Gerichte waren, die gegen Grundrechtsverletzungen durch die Exekutive angerufen werden konnten.

II. Grundrechtsgesetze

Die Deutsche Reichsverfassung von 1871 enthält keine Grundrechte. Sie liegt damit auf einer Linie mit der französischen Verfassungsentwicklung seit 1852. Realpolitischer Pragmatismus, die Erinnerung an das Schicksal der Grundrechte von 1848/49 und die Rücksicht auf die in Deutschland für den Rechtsvollzug zuständigen Staaten sprachen gegen eine reichsverfassungsrechtliche Grundrechtsproklamation.[37] In der letzten Auflage des von *Georg Meyer* und *Gerhard*

---

[36] *Ernst-Wolfgang Böckenförde*, Gesetz und gesetzgebende Gewalt, 1958, S. 320 f.

[37] *Ernst-Rudolf Huber*, Grundrechte im Bismarckschen Reichssystem in: *ders.*, Bewahrung und Wandlung, 1975, S. 133 ff.; *Meyer/Anschütz*, Lehrbuch des deutschen Staatsrechts, 7. Aufl. 1919, S. 956–973.

Anschütz verfassten Lehrbuchs des deutschen Staatsrechts (1919) heißt es auf S. 955 f. im Hinblick auf die Grundrechtsproklamationen in den Verfassungen der deutschen Einzelstaaten: „Derartige allgemeine Aussprüche leiden aber meist an dem Übelstande, dass sie sich zur unmittelbaren praktischen Anwendung nicht eignen, sondern zu ihrer Durchführung besonderer Ausführungsgesetze bedürfen, in deren Ermangelung aber sich als wertlos erweisen." So regelte das Reichsrecht zahlreiche Rechtsgebiete mit Grundrechtsbezug z. B. auf den Gebieten der Gerichtsverfassung, des Prozessrechts und des Strafrechts, des Gewerberechts, des Presserechts usf. Insgesamt sind 18 Grundrechtsgesetze nachweisbar.[38] Entsprechende Grundrechtsgesetze gab es auch in Frankreich.[39]

Da im 19. Jahrhundert in Deutschland und auch in den anderen europäischen Staaten der Vorrang der Verfassung noch nicht anerkannt war, vor allem nicht auf Grundrechte angewandt wurde, sah man in Grundrechtsgesetzen eine willkommene Stärkung der Grundrechte und kam nicht auf den Gedanken, diese Gesetze an verfassungsrechtlichen Grundrechten, sofern es diese überhaupt gab, zu messen.[40] In Frankreich hatte die Menschenrechtserklärung die Bedeutung eines staatsphilosophischen Textes, der die Gesetzgebung der ganzen Welt anregen sollte, hatte selbst aber keine normative Wirkung.[41] Grundrechte waren ebenso wie in England in Gesetzen geregelt. Mit dem Vordringen der positivistischen Rechtsauffassung in der zweiten Hälfte des 19. Jahrhunderts ging die Vorstellung von der Freiheit und den Freiheitsrechten als vorstaatlich verloren, die noch v. Rotteck in der 2. Auflage des Staatslexikons 1847 vertreten hatte.[42] Die „allmächtige" Staatsgewalt, in England das Parlament (King in Parliament), wurde die alleinige Quelle des Rechts und so auch der Freiheitsrechte. Einen bemerkenswerten Schutz der gesetzlich gefassten Grundrechte gegen Eingriffe der Exekutive gewährte die Verwaltungsgerichtsbarkeit. Auch das gilt für Frankreich, dort der Conseil d'Etat. So ist die Grundrechtsgeltung über Spezialgesetze ganz ins Verwaltungsrecht mit Schutz durch die Verwaltungsgerichte und ins Strafprozessrecht mit Schutz durch die ordentlichen Gerichte verlagert worden. Gegen legislative Grundrechtsverletzungen z. B. durch die Sozialistengesetze und Kulturkampfgesetze vor allem in Preußen, Hessen und Baden waren die Grundrechtsgesetze machtlos.[43]

---

[38] *E.-R. Huber* (Anm. 37), S. 138 f.; *Klaus Stern*, Staatsrecht V, 2000, S. 362 f.

[39] Z. B. Loi relative aux Associations syndicales (1865), loi sur les Réunions publiques (1881), loi concernant l'exercice public des cultes (1907).

[40] So deutlich *Ludwig v. Rönne*, Das Staatsrecht der Preußischen Monarchie Bd. 2, 1882, S. 37.

[41] *Emile Boutmy*, Die Erklärung der Menschen- und Bürgerrechte und Georg Jellinek (1902), in: Schnur (Hrsg.), Zur Geschichte der Erklärung der Menschenrechte, 1964, S. 88 f.

[42] *Karl v. Rotteck*, Staatslexikon, 2. Aufl. 1847, Band V, S. 184: „Der Staat als Rechtsanstalt hat in dieser Eigenschaft die Freiheit seiner Angehörigen als ein ihnen in allen Sphären der menschlichen Tätigkeit schon schlechthin als Personen zukommendes Recht anzuerkennen und zu schützen und braucht also nicht erst ihnen dieselben zu verleihen, oder gar nur einzelne Bruchstücke derselben unter dem Titel von ‚Freiheiten', Ihnen zu verleihen …".

[43] *E.-R. Huber* (Anm. 37), S. 145 f.

Zu Beginn des 20. Jahrhunderts hat *Gerhard Anschütz* in seinem Kommentar zur Preußischen Verfassung den Stand der Grundrechtsentwicklung wie folgt zusammengefasst:[44] Er teilte die Grundrechte ein in solche, die sich ausschließlich an den Gesetzgeber wenden; diese würden auf keinen Fall subjektive Rechte erzeugen, „da Ansprüche von Individuen gegen den Staat als Gesetzgeber, sei es auf Vornahme, sei es auf Unterlassen oder Zurücknahme eines legislativen Akts, nach unseren Rechtsanschauungen zu den Unmöglichkeiten gehören". Hier wird die in Frankreich und England gleichermaßen geltende Vorrangstellung der Gesetzgebung deutlich, die Geltung, Inhalt und Reichweite der Grundrechte bestimmte. So heißt es auch bei *Anschütz* konsequent, verfassungsrechtliche Grundrechte seien nicht gegebene Gesetze, „sondern Direktiven für zu gebende Gesetze". Eine zweite Kategorie von Vorschriften enthalte aktuelles, aber rein objektives Recht, das ebenfalls keine Ansprüche der Bürger begründe. Subjektive Rechte ergäben sich immer erst aus den Gesetzen. *Anschütz* weist zutreffend darauf hin, dass die gesetzlich geschützte Freiheit der Preußen weit über das hinausgehe, was die Verfassung schütze, so z. B. die Freiheit des Berufs, des Vertragsschlusses, der Verehelichung, des Wettbewerbs, des Gemeingebrauchs an öffentlichen Wegen und Gewässern usw. Der Grundsatz der Gesetzmäßigkeit der Verwaltung sicherte die *gesetzlich* gewährte Freiheit.

Die Periode der Grundrechtsgesetze markiert zwar den Verlust an menschenrechtlichem Elan, wie er noch in der ersten Hälfte des 19. Jahrhundert zum Ausdruck gebracht worden war. Der Weg von den naturrechtlichen Menschenrechten zum positivistischen formalen Gesetzmäßigkeitsprinzip kann aber durchaus als Fortschritt gesehen werden, und zwar als Fortschritt des wirksamen Schutzes einzelner Rechte gegenüber der Verwaltung, gesichert durch die Verwaltungsgerichtsbarkeit, vor allem durch das Preußische Oberverwaltungsgericht.[45]

Die kurze Zeit der Geltung der Weimarer Verfassung hat trotz des umfangreichen verfassungsrechtlichen Katalogs von Grundrechten neben Grundpflichten keine wesentliche Änderung gebracht. Denn der Vorrang der Verfassung, mithin die Bindung des Gesetzgebers an die Grundrechte als unmittelbar geltendes Recht wurde in der Praxis abgelehnt und selbst bei Annahme einer solchen Bindung[46] mangels gerichtlicher Normenkontrolle nicht hätte durchgesetzt werden können.

---

[44] *Gerhard Anschütz*, Die Verfassungs-Urkunde für den Preußischen Staat vom 31.01.1850, Bd. 1, 1912, S. 94 ff. auch zum Folgenden. Ähnlich *Hermann Schulze*, Das Preußische Staatsrecht, 2. Aufl. 1888, Band I, S. 369.

[45] Ausführlich *v. Rönne* (Anm. 40), S. 38–211; *Ulrich Scheuner*, Die rechtliche Tragweite der Grundrechte in der deutschen Verfassungsentwicklung des 19. Jahrhunderts, in: Festschrift für Ernst-Rudolf Huber, 1973, S. 139, 159–165.

[46] Diese wurde von einigen Autoren vertreten, so *Carl Schmitt*, HbDStR II (1932), § 101, S. 580: Der bürgerliche Rechtsstaat „hat den Zweck und die Aufgabe, bestimmt geartete Grundrechte nicht zu gewähren, sondern nur zu gewährleisten, zu sichern und zu wahren".

III. Begründung und Sicherung des Vorrangs der Verfassung

Der Vorrang der Verfassung hat eine Vorgeschichte, die bis ins Mittelalter zurückreicht und insbesondere in der frühen Neuzeit in den leges fundamentales eine Vorform gefunden hat, die als Herrschaftsverträge über den einfachen Gesetzen des Souveräns standen.[47] Aber erst die amerikanische Unabhängigkeitserklärung von 1776 und die Präambel der Bundesverfassung von 1787 schufen die politische Grundlage für den Vorrang der Verfassung: „We the People of the United States ... do ordain and establish this Constitution for the United States of America." Nach diesen Worten der Präambel begründet und begrenzt das Volk als Souverän durch die Verfassung die Staatsgewalt, organisiert sie, verleiht Kompetenzen und bestimmt die Verfahren, in denen die Staatsgewalt ausgeübt wird.[48] Die durch die Verfassung eingerichtete Staatsgewalt ist an die Verfassung gebunden; davon macht die Gesetzgebung als Zweig der Staatsgewalt keine Ausnahme. Dies ist in England aufmerksam registriert worden, wo wegen der Souveränität des Parlaments das Prinzip der begrenzten Gesetzgebung unbekannt war.[49]

Die Begrenzung der Gesetzgebung durch die Verfassung kommt ferner deutlich im ersten Zusatzartikel der US-amerikanischen Verfassung (1791) zum Ausdruck, wonach der Kongress kein Gesetz erlassen darf, dass die Einführung einer Staatsreligion zum Gegenstand hat, die freie Religionsausübung verbietet, die Rede- oder Pressefreiheit oder das Recht des Volkes einschränkt, sich friedlich zu versammeln und die Regierung durch Petition um Abstellung von Missständen zu ersuchen. Grundrechte sind damit zu Schranken der Gesetzgebung geworden, die wie auch die anderen Staatsorgane an das in der Verfassung geregelte Organisations-, Kompetenz- und Verfahrensrecht gebunden ist.[50] Gewaltenteilung und Garantie der Menschenrechte werden in Art. 16 der französischen Erklärung der Menschen- und Bürgerrechte (1789) als condiciones sine quibus non einer Verfassung erklärt. Als der Vorrang der Verfassung in der Gründersituation der USA gedacht wurde, bedurfte es der Instrumente, mit denen er praktisch gesichert werden konnte.

Alexander Hamilton hat 1788 im Zusammenhang mit der Verfassunggebung im Federalist – ausgehend vom Vorrang der Verfassung – folgendes über dessen Sicherung geschrieben (Nr. 78): Die eigentliche Aufgabe der Gerichtshöfe besteht in der Auslegung der Gesetze. Eine Verfassung ist ihrem Wesen nach ein Grundgesetz (fundamental law) und muss von den Richtern als solches ausgelegt werden. Es obliegt ihnen daher, dessen Sinn zu ermitteln, ebenso wie sie den Sinn aller von der Legislative erlassenen Gesetze zu ermitteln haben. Sollte sich zwischen beiden ein unvereinbarer Widerspruch ergeben, so muss das Gesetz

---

[47] Vgl. im Einzelnen mit weiteren Nachweisen *Starck* (Anm. 25), S. 34 ff.

[48] *Georges Burdeau*, Traité de science politique, tome IV, 3. Auflage, 1984, S. 49; *Raymond Carré le Malberg*, Contribution à la théorie générale de l'Etat, 1920, Bd. I, S. 232.

[49] *John W. Gough*, Fundamental Law in English Constitutional History, 1955, S. 3.

[50] *Klaus Stern*, Grundideen europäisch-amerikanischer Verfassungsstaatlichkeit, 1984, S. 15 f.

den Vorrang erhalten, welches die höhere Verbindlichkeit und Geltung hat. In anderen Worten: Die Verfassung muss über ein erlassenes Gesetz gestellt werden, die Absicht des Volkes über die Absicht seiner Vertreter.

Wenige Jahre später hat sich *Emmanuel de Sieyès* über die gerichtliche Sicherung der Verfassung Gedanken gemacht und in einem Gutachten für den Nationalkonvent eine Jury constitutionnaire vorgeschlagen und folgendes geschrieben:[51] „Eine Verfassung ist eine Einheit verpflichtender Gesetze oder sie ist nichts. Wenn sie eine Einheit von Gesetzen ist, so fragt man: wo ist der Wächter, wo ist die Richterschaft für diesen Kodex? Darauf muss man eine Antwort finden können. Ein Versäumnis dieser Art wäre in der bürgerlichen Ordnung ebenso unbegreiflich wie lächerlich; warum duldet ihr es im politischen Leben? Gesetze, um welche es sich auch immer handelt, schließen die Möglichkeit ihrer Missachtung ein, weshalb das Bedürfnis besteht, ihre Einhaltung zu bewirken."[52]

Während in Frankreich solche Gedanken nicht in die Praxis umgesetzt wurden, weil die Ideologie vom souveränen Gesetzgeber herrschte, der, wie oben dargestellt, eine unkritisierbare volonté générale zum Ausdruck bringt,[53] sind die Worte *Hamiltons* vom Obersten Gerichtshof der USA schon 1803 in der Entscheidung Marbury v. Madison aufgegriffen und in die Praxis umgesetzt worden.[54] Die Argumentation des Gerichtspräsidenten *Marshall* geht von dem höheren Rang der Verfassung aus, die über den Gesetzen steht. Dafür konnte er sich auf europäische Vorbilder berufen. Seit der frühen Neuzeit gab es die leges fundamentales, die höherrangiges Recht waren und über die Gültigkeit niederrangigeren Rechts bestimmten. Was Verfassungsrecht ist, erklärten bemerkenswerterweise *Hamilton* und *Sieyès* gleichermaßen unter Hinweis auf die leges fundamentales,[55] die den Monarchen bindendes Recht darstellten. Auf dieser Basis bildet *Marshall* die Alternative:[56] Entweder beeinflusst die Verfassung jeden legislativen Akt, der ihr widerspricht, oder die Gesetzgebung kann durch jeden gewöhnlichen Akt die Verfassung ändern. Diese Alternative eröffnet keinen Mit-

---

[51] *Emmanuel de Sieyès*, Opinion sur les attributions et l'organisation du jury constitutionnaire proposée le 2 thermidor, prononcée à la Convention Nationale le 18 du même mois, l'an 3 de la République (1795), imprimée par l'ordre de la Convention Nationale, Paris, S. 3, 20.

[52] Da dieses Gutachten schwer zugänglich ist, füge ich den Originaltext aus der in der vorangegangenen Fußnote zitierten Parlamentsdrucksache hinzu: „Une constitution est un corps de lois obligatoires ou ce n'est rien; si c'est un corps de lois, on se demande où sera le gardien, où sera la magistrature de ce code. Il faut pouvoir répondre. Un oubli de ce genre serait inconcevable entant que ridicule dans l'ordre civil: pourquoi le souffririez–vous dans l'ordre politique? Des lois, quelles qu'elles soient, supposent la possibilité de leur infraction avec un besoin réel de les faire observer.".

[53] *Burdeau* (Anm. 48), S. 379f. äußert Zweifel an der Kontrollfähigkeit der Jury constitutionnaire; vgl. auch *Gerhard Robbers*, Emmanuel Joseph Sieyès – Die Idee der Verfassungsgerichtsbarkeit in der Französischen Revolution, in: Festschrift für Wolfgang Zeidler, 1987, S. 247, 250ff.

[54] *Stern* (Anm. 50), S. 30f. m. w. N.

[55] *Sieyès*, Qu'est ce que le Tiers Etat? (1789), édition critique par R. Zapperi, Genf 1970, S. 180f., bezeichnet die lois constitutionnelles erläuternd als lois fondamentales; *Hamilton*, The Federalist Nr. 78: „A constitution is in fact, and must be, regarded by the judges as a fundamental law.".

[56] Marbury v. Madison, 2 Law Ed. U. S. 60, 73 (1803).

telweg. Wenn der erste Teil der Alternative stimmt, dann ist ein legislativer Akt, der der Verfassung widerspricht, kein Gesetz. Wenn der zweite Teil der Alternative wahr ist, dann sind geschriebene Verfassungen absurde Versuche von Seiten des Volkes, eine Macht zu begrenzen, die unbegrenzbar ist.

Wer in der Kategorie denkt, dass eine Verfassung die Grundlegung für alle Zweige der Staatsgewalt ist, auch für die Gesetzgebung, wird deren gerichtliche Kontrolle für notwendig halten. Hier liegt der große Unterschied zum damaligen England, in dem die Parlamentssouveränität als oberster Verfassungsgrundsatz (King in Parliament) galt. In den USA war freilich eine gerichtliche Kontrolle von Gesetzen nicht vorgesehen, weder in der Verfassung noch in einem Prozessgesetz. Aber der Oberste Gerichtshof gehört mit dem Kongress und dem Präsidenten zu den drei Obersten Staatorganen, die mit ihren verfassungsrechtlich geregelten Kompetenzen konkreter Ausdruck der Idee der Gewaltenteilung sind. Die Verfassung regelt in den Art. I–III in je einem Artikel die Stellung des Kongresses, des Präsidenten und des Obersten Gerichtshofs, gewissermaßen ebenbürtig. Die erwähnte Entscheidung von 1803 traf in den folgenden Jahren auf Akzeptanz vor allem wegen der notwendigen Kompetenzgerichtsbarkeit für Streitigkeiten zwischen dem Bund und den Staaten.[57] In der Verfassung sind aber nicht nur Kompetenzen festgelegt, sondern in den Verfassungsergänzungen auch Grund- und Menschenrechte, die am Vorrang der Verfassung teilhaben und Maßstäbe für die Gesetzgebung sind, wie es besonders deutlich im I. Zusatzartikel zum Ausdruck kommt: Congress shall make no law respecting …, prohibiting …, abridging …

In Europa waren die verfassungsrechtlichen Voraussetzungen für die Anerkennung des Vorrangs der Verfassung ungünstig, wie oben dargestellt: In England blieb es bei der Parlamentssouveränität. In Frankreich war die richterliche Gewalt nur schwach ausgebildet, und der überwundene monarchische Absolutismus wurde durch den Absolutismus der gesetzgebenden Gewalt abgelöst, die die volonté générale verkörperte. In Deutschland wurden in den einzelnen Fürstentümern Verfassungen gegeben oder vereinbart, die die ursprüngliche Herrschaftsgewalt der Kronen durch Volksvertretungen eingeschränkten, die bei der Gesetzgebung als Organe zur Wahrung der Freiheit verstanden wurden. Politisch gesehen waren die Verfassungen ein Kompromiss zwischen dem Fürsten und dem Bürgertum. Streitigkeiten zwischen ihnen sollte nicht der Richter entscheiden.

In der deutschen Staatsrechtslehre war diese Sicht die herrschende. Das kommt besonders deutlich zum Ausdruck in *Robert v. Mohls* Buch „Das Bundesstaatsrecht der Vereinigten Staaten von Nordamerika“(1824); *v. Mohl* unterschied zwischen Verfassungen, die auf der Volkssouveränität beruhen, und Verfassungen, die in einer Monarchie gegeben oder vereinbart wurden. In diesen sog. repräsentativen Erbmonarchien seien der Fürst und die Volksvertretung zusammen souverän und keiner Kontrolle unterworfen. Die Volksvertretung wahre die Verfassungsmäßigkeit der Gesetze, an die die Richter gebunden und

[57] Z. B. McCulloch v. Maryland et al., 4 Law Ed. U. S. 579, 601 (1819).

somit ungeeignet seien, diese zu prüfen. Viele Jahre später stellt *v. Mohl* auf den Vorrang der Verfassung ab, woraus das Recht des Richters erwachse, Gesetze auf ihre Verfassungsmäßigkeit zu überprüfen.[58] 1863 beschäftigte sich der Deutsche Juristentag mit der richterlichen Normenkontrolle, die einige Redner forderten; die Mehrheit wandte sich dagegen und stimmte nur für ein formelles Prüfungsrecht.[59] Bismarck lehnte es scharf ab, die Machtverteilung zwischen der Krone und dem Landtag von einem richterlichen Urteil abhängig zu machen[60] und traf damit den Kern des Problems des monarchischen Konstitutionalismus. Ihm folgte *Paul Laband*.[61] *Georg Jellinek* dagegen schlug einen Verfassungsgerichtshof für Österreich vor.[62] In der Praxis des Verfassungsrechts hat sich nichts getan. Auch die erste Hälfte des 20. Jahrhunderts brachte dem Konstitutionalismus keinen wirklichen Fortschritt. Verfassungen wurden auf eine eher existentialistische Weise als politisch und flexibel verstanden. Ihnen fehlte zumeist die gerichtliche Sicherung. Wo zu diesem Zweck ein Verfassungsgericht eingerichtet wurde wie in Österreich, blieb dessen Wirksamkeit schwach. Das gilt besonders im Hinblick auf den Schutz der Grundrechte vor der Gesetzgebung. Diese wurde als befugt angesehen, die Grundrechte einzuschränken. Das wurde auf die verfassungsrechtlichen Gesetzesvorbehalte gestützt, ohne dass Argumentationsinstrumente zur Verfügung standen, um zwischen erlaubter Grundrechtsbegrenzung und verbotener Grundrechtsverletzung zu unterscheiden.

Der Staatsgerichtshof für das Deutsche Reich (Art. 108, 172 WRV) war nicht zuständig für Normenkontrollen am Maßstab der Grundrechte.[63] Das gleiche gilt für die damals bestehenden Landesstaatsgerichtshöfe.[64] Das Reichsgericht machte im Jahre 1925 im Hinblick auf den Eigentumsschutz den Versuch, den Vorrang der Verfassung zu realisieren. Das Reichsgericht hatte zugunsten einer Normenkontrolle so argumentiert: Die Reichsverfassung sei dem einfachen Reichsgesetz übergeordnet. Die Verfassung enthalte keine Vorschrift, nach der die Entscheidung über die Verfassungsmäßigkeit der Reichsgesetze den Gerichten entzogen sei.[65] Diese Aussage hätte der Ausgangspunkt für eine Entwicklung sein können, die 120 Jahre früher in den USA die Entscheidung Marbury v. Madison ausgelöst hat. Die Verhältnisse in Deutschland seit Januar 1933 schlossen eine solche Entwicklung aus.

---

[58] *Robert v. Mohl*, Staatsrecht, Völkerrecht und Politik, Bd. I, 1860, S. 66, 81 ff.

[59] *Scheuner* (Anm. 45), S. 156.

[60] Zitiert nach *Klaus Stern*, Das Staatsrecht der Bundesrepublik Deutschland, Bd. II, 1980, S. 972.

[61] *Paul Laband*, Das Staatsrecht des Deutschen Reiches, Bd. II, 1878, S. 43 ff.

[62] *Georg Jellinek*, Ein Verfassungsgerichtshof für Österreich, 1885.

[63] *Ernst Friesenhahn*, Die Staatsgerichtsbarkeit, in: HbDStR II, 1932, S. 523, 529 f.; *Stern* (Anm. 39), S. 649 ff.

[64] *Friesenhahn* (Anm. 63), S. 531 f.

[65] RGZ 111, 320, 323.

IV. Souveränität der Grundrechte

Die Vorgeschichte zum Thema Grundrechte und Gesetz findet ihr Ende mit dem Inkrafttreten des Grundgesetzes im Jahre 1949 und der Einrichtung des Bundesverfassungsgerichts im Jahre 1951. Unmittelbare Bindung auch der Gesetzgebung an die Grundrechte (Art. 1 Abs. 3 GG) und Normenkontrolle durch das Bundesverfassungsgericht (Art. 93 Abs. 1 Nr. 2, Art. 100 Abs. 1) ermöglichen nicht nur die formellen Grenzen von Grundrechtseingriffen zu prüfen, sondern mit dem Instrument des Verhältnismäßigkeitsprinzips auch die materiellen Voraussetzungen gesetzlicher Grundrechtseinschränkungen unter verfassungsgerichtliche Kontrolle zu stellen.[66] Diese Geschichte und ihre Ausbreitung in viele andere Länder nicht nur Europas seit den 70er und 90er Jahren des vorigen Jahrhunderts wird hier noch kurz erzählt.

Nach dem Ende der nationalsozialistischen Diktatur und des Zweiten Weltkrieges ist bei der Schaffung des Grundgesetzes ein neues Konzept der Grundrechtsgewährleistung zum Tragen gekommen. Das findet Ausdruck im Bekenntnis des Deutschen Volkes zu den unverletzlichen und unveräußerlichen Menschenrechten als Grundlage jeder menschlichen Gemeinschaft, des Friedens und der Gerechtigkeit in der Welt (Art. 1 Abs. 2 GG) und darin, dass die nachfolgenden Grundrechte Gesetzgebung, vollziehende Gewalt und Rechtsprechung als unmittelbar geltendes Recht binden (Art. 1 Abs. 3 GG).

Was die Formulierung der Grundrechte anbelangt, heißt es im schriftlichen Bericht des Abgeordneten *Hermann v. Mangoldt*[67], den dieser im Parlamentarischen Rat gegeben hat:[68] „Der Ausschuss beschloss in seiner Sitzung am 21. September auch die Grundrechte nicht in der weiten und rechtlich unbestimmten Fassung von Weimar aufzunehmen, sondern einen Versuch zu machen, sie stärker zu konkretisieren. Eine Mischung von Sätzen, die zu einem Teil aber nur ein Programm für die Gesetzgebung aufstellen oder zur Durchführung erst eingehender Regelung bedürfen oder nicht nur Freiheitsrechte, sondern auch die Beibehaltung gewisser Institutionen oder Rechtsinstitute sichern, wie sie im Zweiten Hauptteil der Weimarer Verfassung vorhanden war, hat rechtlich zu erheblichen Schwierigkeiten geführt. Diese Schwierigkeiten sollten nach Möglichkeit vermieden werden. Die Absicht ging dahin, die Grundrechte so zu formulieren, dass sie, wie Abs. 3 des Artikels 1 dann auch zum Ausdruck gebracht hat als *unmittelbar geltendes Recht* (Hervorbebung im Original) angesehen werden können,

---

[66] Vgl. das Apothekenurteil von 1958 als Leitentscheidung BVerfGE 7, 377, 378 (Leitsatz 6), 407.

[67] *Hermann v. Mangoldt* hatte 1934 seine Habilitationsschrift „Geschriebene Verfassung und Rechtssicherheit in den Vereinigten Staaten von Amerika" veröffentlicht, siehe *Christian Starck*, Hermann von Mangoldt (1895–1953). Mitglied des Parlamentarischen Rates und Kommentator des Grundgesetzes, in: AöR 121 (1996), S. 438 ff.

[68] Anlage zum Stenographischen Bericht der 9. Sitzung des Parlamentarischen Rates am 6. Mai 1949, Schriftlicher Bericht zum Entwurf des Grundgesetzes für die Bundesrepublik Deutschland (Drucksachen Nr. 850, 854), S. 5 f.

das sowohl die Gesetzgebung[69] wie Verwaltung und Rechtsprechung, und zwar sowohl des Bundes als auch der Länder in gleicher Weise bindet."[70] Für Art. 6 und 7 stellte *v. Mangoldt* im zitierten Schriftlichen Bericht eine Ausnahme fest. Er betont dann, „dass die Geschichte der Grundrechte zugleich die Geschichte der menschlichen Freiheit ist. Bei aller durch die Sache selbst gegebenen Abhängigkeit von früheren Grundrechtskatalogen ist das Verhältnis des Einzelnen zum Staat hier doch in einer eigenen, durch die Zeit bedingten Art geregelt. Trotz der sehr bewussten Reaktion gegen die Unterdrückung menschlicher Freiheit in der jüngsten Vergangenheit ist der Gedanke von der Notwendigkeit der sozialen Einordnung jedes Einzelnen bei der Formulierung jeder einzelnen Bestimmung von maßgebendem Einfluss gewesen."

Die Grundrechte des Grundgesetzes haben gegenüber den Grundrechten der Weimarer Reichsverfassung eine ausdrücklich angeordnete und durchgehend unbestrittene Geltungskraft vor dem Gesetz. Es waren wohl die grundrechtliche Garantie gerichtlichen Rechtsschutzes gegen Maßnahmen der öffentlichen Gewalt (Art. 19 Abs. 4 GG) und die zunächst gesetzliche und ab 1969 verfassungsrechtlich garantierte Verfassungsbeschwerde (Art. 93 Abs. 1 Nr. 4a GG) und die anderen verfassungsgerichtlichen Verfahren der Normenkontrolle (Art. 93 Abs. 1 Nr. 2, Art. 100 Abs. 1 GG), die sicherstellten, dass die Grundrechte auch gegenüber dem Gesetzgeber Effektivität entfalten konnten. Hinzu kommt, dass die Grundrechte des Grundgesetzes nur den status negativus schützen, somit Abwehrrechte darstellen und keine schwer einlösbaren Versprechungen enthalten. Der heute in Deutschland bestehende Freiheitsstandard wäre ohne Verfassungsgerichtsbarkeit nicht erreicht worden.[71] Diese hat insbesondere ein hinreichend klares Konzept der Grundrechtsschranken entwickelt, wonach alle Einschränkungen der Grundrechte zum Schutze eines mit der Verfassung im Einklang stehenden Rechtsgutes geeignet, erforderlich und verhältnismäßig im engeren Sinne sein müssen.[72] Damit wurde die früher herrschende Vorstellung überwunden, dass die den einzelnen Grundrechten beigefügten Gesetzesvorbehalte den Gesetzgeber zu beliebigen Grundrechtseinschränkungen ermächtigten, wenn nur der Wesensgehalt des betreffenden Grundrechts nicht verletzt wird. Da in Art. 19 Abs. 2 GG der Wesensgehalt der Grundrechte garantiert ist, war die Versuchung groß, die einzelnen Grundrechtsgarantien darauf zu beschränken, wie das in Österreich bis 1984 der Fall war. Der dortige Verfassungsgerichtshof[73] hielt Gesetze nur dann für grundrechtswidrig, wenn sie gegen das Wesen des Grundrechts verstoßen, wenn sie den Wesensgehalt des Grundrechts aushöhlen

---

[69] AaO, S. 7 konstatiert insoweit *v. Mangoldt* eine klare „Fortbildung" der Weimarer Verfassung.

[70] Siehe dazu *Hermann v. Mangoldt*, Das Bonner Grundgesetz, 153, S. 25 ff.

[71] So zutreffend *Klaus Stern*, Das Staatsrecht der Bundesrepublik Deutschland, Band III 1, 1988, S. 1292 ff. mit umfangreichen Nachweisen S. 1294 Anm. 187.

[72] Vgl. v. Mangoldt/Klein/*Starck*, Kommentar zum Grundgesetz, Band I, 6. Aufl. 2010, Art. 1 Rdnr. 262 ff. .

[73] VfGSlg. 8991/1980.

oder wenn sie in ihrer Wirkung einer Aufhebung des Grundrechts gleichkommen. Eine ähnliche Entwicklung war in Italien zu beobachten.[74]

Seit 1985 haben der österreichische und der italienische Verfassungsgerichtshof die Argumentation in Grundrechtsfällen auf das Verhältnismäßigkeitsprinzip gestützt.[75] Auch vom Europäischen Gerichtshof für Menschenrechte ist die Rechtsprechung des Bundesverfassungsgerichts zur Einschränkung der Grundrechte übernommen worden.[76] Das Verhältnismäßigkeitsprinzip gilt als Maßstab für Grundrechtseinschränkungen auch in Spanien[77] sowie in den mittel- und osteuropäischen Staaten, soweit eine intakte Verfassungsgerichtsbarkeit existiert[78] und ist in einigen neueren Verfassungen ausdrücklich statuiert.[79] Insgesamt kann man feststellen, dass die Bindung der Gesetzgebung an die Grundrechte in Staaten mit Verfassungsgerichtsbarkeit mittels des Instruments des Verhältnismäßigkeitsprinzips realisiert werden kann. Dabei bleibt dem Gesetzgeber aber immer noch hinreichende Gestaltungsfreiheit.[80]

Das Thema Grundrechte und Gesetz umfasst auch die gesetzlichen Verfahren, Rechtsformen und Organisationen, die notwendig sind um grundrechtliche Freiheit zu realisieren.[81] Beispiele sind das Vertragsrecht, Sachenrecht, Familienrecht, Vereins- und Gesellschaftsrecht. Ferner erlässt der Gesetzgeber Leistungsgesetze, die materielle Grundrechtsvoraussetzungen sichern sollen.[82] Unabhängig von der Antwort auf die Frage, ob der Gesetzgeber verfassungsrechtlich zum Erlass von Leistungsgesetzen verpflichtet ist, stehen solche Leistungsgesetze im engen Zusammenhang mit den Grundrechten, vor allem dem Gleichheitssatz.[83] Ferner richtet der Gesetzgeber grundrechtsrelevante Leistungsverhältnisse ein

---

[74] *Heinz Schäffer*, Die Entwicklung der Grundrechte und ihrer Interpretation durch die Verfassungsgerichtshöfe in Österreich und Italien. In: Starck (Hrsg.), Fortschritte der Verfassungsgerichtsbarkeit in der Welt II, 2006, S. 121 ff.

[75] *Karl Korinek*, Grundrechte und Verfassungsgerichtsbarkeit, 2000, S. 48 ff.; *Paolo Barile*, in: AA. VV., Il principio di ragionevolezza nella giurisprudenza della Corte costituzionale, 1994, S. 21 ff.

[76] *Jochen Abr. Frowein*, in: Frowein/Peukert, EMRK-Kommentar, 3. Aufl. 2009, S. 286.

[77] STC (= Sentencias del Tribunal Constitucional) 66/1995, 55/1996, 270/1996; *Markus González Beilfuß*, El principio de proporcionalidad en la jurisprudencia del Tribunal Constitucional, 2003.

[78] *Andreas Zimmermann*, Bürgerliche und politische Rechte in der Verfassungsrechtsprechung mittel- und osteuropäischer Staaten unter besonderer Berücksichtigung der Einflüsse deutscher Verfassungsgerichtsbarkeit, in: Frowein/Marauhn (Hrsg.), Grundfragen der Verfassungsgerichtsbarkeit in Mittel- und Osteuropa, 1998, S. 89, 92.

[79] Siehe z. B. 36 Abs. 3 Schweiz. Bundesverfassung, Art. 52 Abs. 1 Charta der Grundrechte der EU.

[80] Siehe v. Mangoldt/Klein/*Starck* (Anm. 72), Art. 1 Rdnr. 279; *Friederike Valerie Lange*, Grundrechtsbindung des Gesetzgebers, 2010, S. 218 ff. m. w. N.

[81] *Matthias Jestaedt*, Grundrechtsentfaltung im Gesetz, 1999, S. 108 ff.; *Matthias Cornils*, Die Ausgestaltung der Grundrechte, 2005.

[82] *Christian Starck*, Staatliche Organisation und staatliche Finanzierung als Hilfen zu Grundrechtsverwirklichungen, in: ders. (Hrsg.), Bundesverfassungsgericht und Grundgesetz, Band II, 1976, S. 480 ff.; zuletzt BVerfGE 125, 175, 223, 226.

[83] *Christian Starck*, Der demokratische Verfassungsstaat, 1995, S. 267 ff.; *ders.*, Soziale Rechte in Verträgen, Verfassungen und Gesetzen, in: Gedächtnisschrift für Peter J. Tettinger, 2007, 761, 770 ff.

wie z. B. das Schulverhältnis, durch das der Staat vor allem seinem Bildungsauftrag nachkommt.

Das Thema Grundrechte und Gesetz enthält auch die neue Institution der grundrechtlichen Schutzpflichten.[84] Aus der objektiv-rechtlichen Dimension der Grundrechte hat das Bundesverfassungsgericht staatliche Schutzpflichten abgeleitet, die der Gesetzgeber vor allem durch Zivilrecht und Strafrecht erfüllt. Es handelt sich um die klassischen Pflichten des Staates, vor allem Leben und Gesundheit, Freiheit, Eigentum und andere Rechtsgüter seiner Bürger vor Angriffen Dritter zu schützen.[85] In diesem Sinne sah schon *Kant* das Privatrecht unter dem Prinzip der Einstimmung der Freiheit des einen mit der Freiheit des anderen.[86] Das Allgemeine Landrecht für die Preußischen Staaten (1794) schützte die natürliche Freiheit des Menschen, „sein eigenes Wohl ohne Kränkung der Rechte eines anderen suchen und befördern zu können".[87] Obwohl solchen staatlichen Schutzpflichten auf Seiten der Bürger nach dem Wortlaut der Verfassung regelmäßig keine Schutzrechte entsprechen[88], hat das Bundesverfassungsgericht im Wege der Fortbildung der Verfassung aus den objektivrechtlichen staatlichen Schutzaufgaben subjektive Grundrechte auf Schutz der Bürger abgeleitet.[89] Diese Neuerung beruht auf dem Gedanken, dass, soweit die Grundrechte Anknüpfungspunkte für bestimmte Rechtspositionen sind, sie auch einen Anspruch auf Durchsetzung entfalten müssen.[90] Auch der Europäische Gerichtshof für Menschenrechte hat aus den Menschenrechten Schutzpflichten entwickelt.[91] Besonders Ansprüche an das „Wie" und das erforderliche Ausmaß des Schutzes wirkten sich auf das gewaltenteilige Verfassungssystem aus.[92] Denn Schutzansprüche verlangen staatliche Leistungen, die nicht unmittelbar aus den Grundrechten folgen, sondern Gesetzgebung voraussetzen.[93]

Diese Variante zum Thema Grundrechte und Gesetz eröffnet eine neue Dimension der Kontrolle des Gesetzes am Maßstab der Grundrechte. Gilt in der klassischen Fallgestaltung für die Eingriffsbeschränkung das Übermaßverbot,

---

[84] *Klaus Stern*, Die Schutzpflichtenfunktion der Grundrechte: Eine juristische Entdeckung, in DÖV 2010, S. 241 ff.; *Lange* (Anm. 80), S. 397 ff. m. w. N.

[85] Das ist mit der sûreté in Art. 2 der Französischen Erklärung der Menschen- und Bürgerrechte gemeint; *v. Rönne* (Anm. 40), S. 38.

[86] *Kant* (Anm. 24), §§ 5, 10, 18.

[87] § 83 Einleitung PrALR.

[88] Ausnahmen sind Art. 1 Abs. 1 und Art. 6 Abs. 1, 4 GG, in denen ausdrücklich von „Schutz" die Rede ist; in Art. 6 Abs. 4 heißt es sogar „Anspruch auf Schutz".

[89] BVerfGE 49, 89, 141; 53, 30, 57; 77, 170, 214; 79, 174, 201 f.; 96, 56, 64; *Christian Starck*, Praxis der Verfassungsauslegung, 1994, S. 57–62; *ders.* (Anm. 72), Art. 1 Rdnr. 196.

[90] *Peter Unruh*, Zur Dogmatik der grundrechtlichen Schutzpflichten, 1996, S. 64 f.; die Rechtsprechung wird bestätigt durch *Stern* (Anm. 71), S. 978; *Hans H. Klein*, Die grundrechtliche Schutzpflicht, DVBl. 1994, S. 489 ff.

[91] *Rengeling/Szczekalla*, Grundrechte in der Europäischen Union, 2004, s. 222 ff.; *Heike Krieger*, Funktion von Grund- und Menschenrechten, in: Grote/Marauhn (Hrsg.), EMRK/GG, 2006, S. 278 ff.

[92] *Starck* (Anm. 89), S. 46, 64 ff.; *Werner Heun*, Funktionell-rechtliche Schranken der Verfassungsgerichtsbarkeit, 1992, S. 68 ff.

[93] *Josef Isensee*, Grundrechte als Abwehrrechte und als staatliche Schutzpflichten, in: HStR V (1992), § 111, Rdnr. 151 ff.

werfen die Schutzrechte ein Untermaßverbot auf, da sie hinreichenden Schutz verlangen. So kann der Gesetzgeber z. B. bei der Einschränkung der Pressefreiheit zum Schutze des Persönlichkeitsrechts in die Klemme zwischen Übermaßverbot und Untermaßverbot geraten.[94] Es geht um eine Balancierung von Abwehrrecht und Schutzrecht. Diese läuft nicht auf eine ganz bestimmte, verfassungsrechtlich allein erlaubte Lösung hinaus. Zwischen der Obergrenze des Eingriffs und der Untergrenze des Schutzes liegt der Gestaltungsspielraum der Gesetzgebung.[95] So bleibt es bei der unverzichtbaren Funktion des Gesetzgebers, im Rahmen der grundrechtlichen Vorgaben das gesellschaftliche Leben zu gestalten und dabei insbesondere Freiheit und Sicherheit den zeitlichen Umständen entsprechend zu gewährleisten.

---

[94] *Karl-E. Hain*, Der Gesetzgeber in der Klemme zwischen Übermaß- und Untermaßverbot, in: DVBl. 1993, S. 982 ff.

[95] BVerfGE 79, 174, 202.

3. Kapitel

Wie kommen die Grundrechte ins Privatrecht und wie wirken sie dort?*

Das Thema „Grundrechte und Privatrecht" ist nicht neu. Es wird herkömmlich nicht unter historischen Gesichtspunkten betrachtet. Ich möchte zeigen, dass die frühen Erklärungen „natürlicher Rechte" am Ende des 18. Jahrhunderts sich nicht nur auf das Verhältnis von Staat und Bürger bezogen haben, sondern zunächst vor allem das Verhältnis der Bürger unter einander betrafen (I). Die rechtlich nicht verbindlichen Kataloge natürlicher Rechte waren Ausdruck der beiden Staatszwecke, den innerstaatlichen Frieden zu sichern und Freiheit zu gewährleisten (II). Sie fanden zunächst in zivilrechtlichen Kodifikationen bzw. im Common Law und später in sog. Grundrechtsgesetzen rechtlich verbindliche Ausprägung (III). Den Grundrechten des Grundgesetzes und anderer moderner Verfassungen wurde durch die Verfassung selbst unmittelbare Rechtswirkung zugeschrieben, die sich allerdings nur ausnahmsweise auf das Zivilrecht erstrecken sollte. Im Laufe der Zeit leiteten die Verfassungsgerichte, angeführt vom Bundesverfassungsgericht aus den Grundrechten objektiv-rechtlich wirkende Schutzpflichten ab, die Maßstäbe für Gesetzgebung und Rechtsprechung im Zivilrecht aufstellten (IV). Daraus ergeben sich institutionelle und prozessrechtliche Probleme in Ländern, die die Urteilsverfassungsbeschwerde vor Verfassungsgerichten haben, was in Deutschland der Fall ist (V).

---

* Erweiterte Fassung eines Vortrages, den der Verfasser auf Einladung des Präsidenten des Oberlandesgerichts Celle am 29. Februar 2012 gehalten hat, erschienen in: Bruns/Kern u. a. (Hrsg.), Festschrift für Rolf Stürner zum 70. Geburtstag, Bd. I, Tübingen 2013, S. 61–77.

I. Die natürlichen Rechte

Die Vorgänger unserer Grundrechte waren am Ende des 18. Jahrhunderts die „natürlichen Rechte“, die in den amerikanischen Bills of Rights (1776 ff.) und in der Französischen Erklärung der Menschen- und Bürgerrechte (1789) formuliert worden sind.

In Section 1 der Virginia Bill of Rights (1776) heißt es: „That all men are *by nature* equally free and independent, and have certain *inherent* rights ...; namely the enjoyment of life and liberty, with the means of acquiring and possessing property, and pursuing and obtaining happiness and safety“.

Entsprechend aber weniger emphatisch heißt es in der Französischen Erklärung, Art. 1: „Les hommes *naissent et demeurent libres et égaux en droits* ...; Art. 2: Le but de toute association politique est la conservation des *droits naturels* et imprescriptibles de l'homme. Ces droits sont la liberté, la propriété, la sûreté et la résistance à l'oppression.“ In den weiteren Artikeln wird zum Ausdruck gebracht, dass die Freiheit darin besteht, alles tun zu dürfen, was einem anderen nicht schadet und dass somit die Ausübung der natürlichen Rechte jedes Menschen nur die Grenzen hat, die den anderen Mitgliedern der Gesellschaft den Genuss der gleichen Rechte sichern (Art. 4). – In diesem Sinne schützt auch das Allgemeine Landrecht für die Preußischen Staaten (1794) die *natürliche Freiheit* des Menschen, sein eigenes Wohl ohne Kränkung der Rechte eines Anderen sichern und befördern zu können (§ 83 Einl. ALR).

Während die amerikanischen bills die Geltung des Common Law voraussetzten, ruft die Französische Erklärung den Gesetzgeber auf, die Grenzen der Rechte zu bestimmen (Art. 5). Dabei geht es vor allem um Gesetzgebung im Privatrecht. Ebenso sieht Kant in derselben Zeit das Privatrecht unter dem Prinzip des Ausgleichs zwischen der Freiheit des einen und der Freiheit des anderen:[1] „Das Recht ist also der Inbegriff der Bedingungen, unter denen die Willkür des einen mit der Willkür des anderen nach einem allgemeinen Gesetz der Freiheit zusammen vereinigt werden kann“.[2]

Die Französische Erklärung der Menschen- und Bürgerrechte ist sehr allgemein gefasst und war nicht als Rechtstext gedacht, sondern mehr als eine rechtphilosophische Erklärung zur Belehrung der übrigen Welt.[3] In Art. 12 wird als notwendige Folgerung aus der Garantie der Rechte eine öffentliche Gewalt, d. h. Staatsgewalt, gefordert, die zum Vorteil aller und nicht zum Nutzen derer eingerichtet wird, denen sie anvertraut ist.

Nach den Wirren der Französischen Revolution und nach dem Erlass von nicht weniger als vier kurzlebigen Verfassungen, die ersten drei jeweils mit Menschen- und Bürgerrechten (1791, 1793, 1795, 1799) trat 1804 der Code civil in Kraft, in dem die Rechtsgrundsätze der Menschenrechtserklärungen detailliert

---

1 *Immanuel Kant*, Metaphysik der Sitten, Rechtslehre (1797) §§ 5, 10, 18.

2 *Kant* (Anm. 1), Einleitung § B.

3 *Emile Boutmy*, Die Erklärung der Menschen- und Bürgerrechte und *Georg Jellinek*, in: Schnur (Hrsg.), Geschichte der Erklärung der Menschenrechte, 1964, S. 78, 88 f.

durchnormiert worden sind, nämlich Gleichheit vor dem Gesetz und Freiheit der Person im ersten Buch, das den Personen gewidmet ist. Im zweiten Buch ist das Eigentum und seine Nutzung im engen Anschluss an Art. 16 der Verfassung von 1793 und Art. 5 Satz 2 der Menschenrechtserklärung wie folgt gesichert: La propriété est le droit de jouir et disposer des choses de la manière la plus absolue pourvu qu'on ne fasse pas un usage prohibité par la loi ou par les réglemens. Im dritten Buch wird die Vertragsfreiheit (Art. 1101 ff.) unter Einschluss der Freiheit wirtschaftlicher Betätigung gewährleistet[4] und das Deliktsrecht geregelt.[5] Der Code civil ist das Gesetzbuch des Bürgertums, das der Motor der Revolution war und dem die vier Verfasser des Entwurfs entstammten.[6] Ebenso wie die Menschenrechtserklärung nicht die Gleichberechtigung von Mann und Frau proklamierte, so ging auch der Code civil von dem traditionellen Rollenverständnis aus. Es galt sogar ausgesprochene Zurückhaltung des Staates vor Eingriffen in den Familienverband. Erst im Laufe des 19. und 20. Jahrhunderts wurde der Code civil dem modernen Verständnis im Familienrecht und Arbeitsrecht angepasst. Wichtig erscheint in unserem Zusammenhang, dass der Code civil auf dem Gebiete des Bürgerlichen Rechts die Freiheits- und Gleichheitsproklamationen der Menschenrechtserklärung in geltendes Recht umsetzte, das damals schon vor Gericht eingeklagt werden konnte.

In der Gedankenwelt der Französischen Revolution stehend hat Carl v. Rotteck im Staatslexikon[7] dem Staat als Rechtsanstalt die Aufgabe zugesprochen, „die *Freiheit* seiner Angehörigen als ein ihnen in allen Sphären der menschlichen Tätigkeit schon schlechthin als *Personen* zukommendes Recht *anzuerkennen* und *zu schirmen*". Es heißt dann weiter: „Hat ... der Staat sich der selbsteigenen Eingriffe in die Freiheitsrechte seiner Angehörigen enthalten, so bleibt ihm noch übrig, dieselben auch gegen diejenigen zu schirmen, womit sie in ihrer Wechselwirkung *unter einander* selbst bedroht sein mögen". Außer dem hier notwendigen Einsatz des Strafrechts, nennt v. Rotteck Freiheitsgefährdungen, die durch das Privatrecht bekämpft werden. In seinem Artikel über Civilrecht[8] verlangt er „die Übereinstimmung desselben mit den Principien einer einmal bestehenden und als gut anerkannten *Verfassung*; so auch die alle Arten der Wechselwirkung erleichternde und tausenderlei Rechtsstreitigkeiten verhütende, auch für Richter und Rechtsfreunde höchst vorteilhafte *Gleichförmigkeit* des Rechts über den ganzen Staat". 40 Jahre später kann man bei von Rönne zu Art. 5 der preußischen Verfassung, welcher lautet: „Die persönliche Freiheit ist gewähr-

---

[4] *Franz Wieacker*, Privatrechtsgeschichte der Neuzeit, 2. Aufl. 1967, S. 339 ff.; *Konrad Zweigert/Hein Kötz*, Einführung in die Rechtsvergleichung, 3. Aufl. 1996, S. 92 ff.

[5] Art. 1382: Tout fait quelconque de l'homme qui cause à l'autrui un dommage, oblige celui par la faute duquel il est arrivé, à le réparer. Art. 1383: Chacun est responsible du dommage qu'il a causé non seulement par son fait, mais encore par sa négligence ou par son imprudence.

[6] Jean Etienne Marie Portalis (1745–1806), François Denis Tronchet (1726–1806), Jacques de Maleville (1741–1824), Felix Julien Jean Bigot de Préameneu (1747–1825).

[7] Staatslexikon, hrsg. von v. Rotteck/Welcker, 2. Aufl., Bd. V (1847), S. 184, 186. Hervorhebungen im Original.

[8] Staatslexikon (Anm. 7), Bd. III (1846), S. 262 f.

leistet", folgendes lesen:[9] „Der hierdurch gesicherte Schutz der Person bezieht sich sowohl auf jede widerrechtliche Beeinträchtigung der persönlichen Freiheit von Seiten anderer Staatsangehörigen, als auch Seitens des Staates selbst". Den „Schutz der persönlichen Freiheit betreffend, welcher den Staatsbürgern gegen widerrechtliche Beschränkungen ihrer Person seitens anderer Staatsangehörigen gebührt, so ist in dem Art. 5 der Verfassungsurkunde die Gewähr gegen jede Art solcher Beeinträchtigung enthalten". Auch im Hinblick auf das Eigentum stellt von Rönne staatliche Schutzpflichten fest.[10] Und die Gleichheit vor dem Gesetz (Art. 4) gelte unmittelbar auch im Privatrecht.[11]

II. Die Staatszwecke Frieden und Freiheit

Freiheit und Gleichheit als verfassungsrechtlich gewährleistete Rechte verpflichten also den Staat in doppelter Weise; er muss sie selbst achten und, was das Verhältnis der Bürger untereinander anbelangt, schützen. Dies ergibt sich deutlich aus den verfassungsrechtlichen Erklärungen der Rechte am Ende des 18. Jahrhunderts und aus der Interpretation der Rechtekataloge im 19. Jahrhundert. Genau genommen sind die in den Rechteerklärungen enthaltenen staatlichen Schutzpflichten keine wirklichen Neuerungen, da die Sicherung des Friedens unter den Bürgern ein wesentlicher Staatszweck immer war und ist, ja Urstaatszweck und ursprüngliche Legitimation jeder Staatlichkeit.[12] In den Rechtekatalogen kommt die staatliche Verpflichtung *hinzu*, die in den Katalogen genannten Rechte der Bürger zu achten. Das ist das Staatsziel „Freiheitsgewährleistung"[13]. In den Proklamationen der natürlichen Rechte gehen die Staatszwecke Frieden und Freiheit eine Verbindung ein.

Sieht man einmal von dem hier nicht interessierenden Strafrecht ab, das Rechtsgutsverletzungen pönalisiert, kommt das Zivilrecht in den Blick, das zur Sicherung des Friedens Freiheitssphären zwischen den Bürgern abgrenzt und Vertragsverletzungen und unerlaubte Handlungen sanktioniert.

Da das Zivilrecht kodifiziert war oder das System des Gemeinen Rechts galt, spielten die verfassungsrechtlichen Erwähnungen staatlicher Schutzpflichten, praktisch gesehen, keine besondere Rolle.[14] Die Abgrenzung der Rechte der Bürger untereinander war im Zivilrecht normiert, und zwar in detaillierter Weise, so dass Maßstäbe für die Rechtsgenossen und im Streitfalle für die Gerichte gegeben waren. Dagegen wurden die Rechtegarantien als willkommene Beschränkung der Staatsgewalt gewürdigt und geschätzt, obwohl man sich nicht unmittelbar auf sie berufen konnte, sondern auf gesetzliche Ausführungen warten musste.

---

[9] Ludwig von Rönne, Das Staatsrecht der Preußischen Monarchie, 4. Aufl. 1882, Bd. II, S. 38.

[10] *v. Rönne* (Anm. 9), S. 97 in Anknüpfung an § 76 Einl. Preuß. Allg. Landrecht.

[11] *v. Rönne* (Anm. 9), S. 262 f.

[12] *Christian Starck*, Der demokratische Verfassungsstaat, 1995, S. 231, 235 ff. m. w. N.

[13] Vgl. *Georges Burdeau*, Traité de science politique, vol. I/2, 3. éd., 1980, S. 299: „Dire que le Pouvoir a pour fin la liberté, cela signifie, qu'il existe un domaine où il ne peut pénétrer".

[14] So deutlich *Konrad Hesse*, Verfassungsrecht und Privatrecht, 1988, S. 10 f. m. w. N.

III. Parallele zum kodifizierten Zivilrecht: Grundrechtsgesetze

In der 2. Hälfte des 19. Jahrhunderts werden Verfassungen ohne Bürgerrechte erlassen. Hauptbeispiele dafür sind in Frankreich die Verfassung von 1852 und die Verfassungsgesetze von 1875 und in Deutschland die Reichsverfassung von 1871 sowie ihre Vorgängerin, die Verfassung des Norddeutschen Bundes von 1867. Die Bürgerrechte wurden in einfachen Gesetzen, den sogenannten Grundrechtsgesetzen, gewährt,[15] d. h. definiert, beschränkt und geschützt. Die Abgrenzung der Freiheitssphären, die im Zivilrecht einigermaßen stabil normiert waren, wurden im Verhältnis Staat/Bürger in Gesetzen über die Gewerbefreiheit, das Briefgeheimnis, die Pressefreiheit, die Vereinsfreiheit und in strafprozessualen Vorschriften über den Schutz von Freiheit und Eigentum normiert.

Damals war in Europa der Vorrang der Verfassung und damit die Bindung der Gesetzgebung an die Grundrechte noch nicht bekannt.[16] Deshalb waren die Grundrechtsgesetze eine willkommene Sicherung der jeweiligen Freiheit. Die Grundrechtsgesetze wurden aber immer im Zusammenhang mit den entsprechenden verfassungsrechtlichen Grundrechten gesehen. Im Hinblick auf das Zivilrecht war das anders. Der Faden zum Verfassungsrecht riss ab. Die Grundrechte, begriffen als Freiheitsrechte des status negativus, wurden mehr und mehr rein staatsbezogen betrachtet. Das machte sich schon in der Frankfurter Reichsverfassung bemerkbar[17] und setzte sich im Grundrechtskatalog der Weimarer Verfassung fort. Die vorangegangene Kodifikation des Bürgerlichen Rechts im Jahre 1900 schuf ein Zivilrecht, in dem Freiheitsschutz und Abgrenzung von Freiheitssphären den damaligen Vorstellungen entsprechend autonom gelöst und normiert waren.

In der Einleitung zum Zweiten Hauptteil über „Grundrechte und Grundpflichten" schreibt Gerhard Anschütz in seinem einflussreichen Kommentar zur Weimarer Verfassung,[18] dass eine richtige und vollständige Verfassung nicht nur die Organisation des Staates regele, sondern auch „Schranken zwischen Staat und Individuum" errichte, der Staatsgewalt gegenüber der Freiheit des Einzelnen Maß und Ziel setze und in Erfüllung dieses Auftrags einen eigenen Abschnitt enthalten müsse, „worin jene Freiheit in ihren wichtigsten Betätigungsmöglichkeiten durch Zusicherung entsprechender subjektiver Rechte – Menschenrechte und Bürgerrechte, Freiheitsrechte, Grundrechte – staatlich verbrieft und gewährleistet" würde. In dieser reinen Staatsgerichtsbarkeit der Grundrechte sieht sich Anschütz bestätigt durch Art. 118 Abs. 1 Satz 2 WRV, wonach die Meinungsfreiheit auch in (privatrechtlichen) Arbeits- oder Angestelltenverhältnissen gilt.

---

[15] Siehe das vorangehende Kapitel.

[16] Anders in den USA, vgl. *Christian Starck*, Der demokratische Verfassungsstaat, 1995, S. 48 ff.

[17] Vgl. die Beurteilung durch *Jörg-Detlev Kühne*, Die Reichsverfassung der Paulskirche, 1985, S. 231, 285, 529 f. Bei *v. Rönne* (siehe oben Anm. 9) blieb jedoch der verfassungsrechtliche Bezug des Zivilrechts erhalten.

[18] *Gerhard Anschütz*, Die Verfassung des Deutschen Reiches, 14. Aufl. 1933, S. 506.

Dazu Anschütz:[19] Der Satz bilde „eine bemerkenswerte Ausnahme von der Regel, wonach die Grundrechte die Freiheit des Einzelnen nur gegen öffentliche Gewalt, nicht aber gegen Privatpersonen" schützten. Eine weitere Ausnahme, die Art. 159 WRV für die Vereinigungsfreiheit zur Wahrung und Förderung der Arbeits- und Wirtschaftsbedingungen enthält, kommentiert Anschütz in ähnlicher Weise.[20] Zum Beleg für den eng zu verstehenden Ausnahmecharakter beider Vorschriften möchte ich auf die Bemerkungen Anschütz' zur Gewährleistung des Brief- und Fernsprechgeheimnisses (Art. 117 WRV) verweisen.[21] Die im Straf- und Zivilrecht enthaltenen Normen zum Schutz des Briefgeheimnisses durch Privatpersonen hält Anschütz nicht für eine Konsequenz aus dem Grundrecht. Für die Verneinung spreche, „dass die Grundrechte ihrer ganzen Struktur nach die individuelle Freiheitssphäre im allgemeinen nur gegen Eingriffe der öffentlichen Gewalt, nicht aber gegen unbefugtes Handeln Dritter (Privatpersonen) schützen wollen ... und dass die bisher geltenden Bestimmungen über das Post- und Telegraphengeheimnis ... jedenfalls in diesem engeren Sinn auszulegen waren".

Man sieht, am Ende der Weimarer Zeit, vor dem Beginn der nationalsozialistischen Diktatur, wirkten die Grundrechte, von den beiden genannten Ausnahmen abgesehen, nur im Verhältnis Bürger-Staat, soweit sie überhaupt unmittelbar geltendes, „anwendungspflichtiges" Recht waren.[22]

IV. Wirkung der Grundrechte des Grundgesetzes im Zivilrecht

1. Unmittelbare Geltung

Das Grundgesetz enthält die klassischen Grundrechte. Die Absicht des Parlamentarischen Rates bei der Formulierung der Grundrechte kennzeichnet der Abgeordnete v. Hermann Mangoldt in seinem schriftlichen Bericht[23] dahin, „dass sie, wie Abs. 3 des Art. 1 dann auch zum Ausdruck gebracht hat, als *unmittelbar geltendes Recht*[24] angesehen werden können, das sowohl die Gesetzgebung, die Verwaltung und Rechtsprechung, und zwar sowohl des Bundes als auch der Länder in gleicher Weise bindet". Die Grundrechte des Grundgesetzes haben gegenüber den Grundrechten der Weimarer Reichsverfassung eine verstärkte Geltungskraft, wenn nicht überhaupt erst durchgehend unbestrittene Geltungskraft. Diese ist in Art. 1 Abs. 3 ausdrücklich angeordnet und realisierbar, weil der Grundrechtskatalog keine schwer einlösbaren oder uneinlösbaren Versprechungen enthält, wie z. B. soziale Grundrechte, sondern sich weitgehend auf Abwehrrechte des Bürgers gegen den Staat beschränkt.

---

[19] *Anschütz* (Anm. 18), S. 556.
[20] *Anschütz* (Anm. 18), S. 731.
[21] *Anschütz* (Anm. 18), S. 549.
[22] Dazu *Anschütz* (Anm. 18), S. 515 f.
[23] Parl.Rat, Drucks. 850, 854, S. 5 f., Anlage zum stenographischen Bericht der 9. Sitzung des Parl.Rates am 6. Mai 1949.
[24] Im Original hervorgehoben.

2. Wirkung im Zivilrecht

In Art. 9 Abs. 3 Satz 2 hat das Grundgesetz, insoweit der Weimarer Reichsverfassung folgend, die Garantie der Vereinigungsfreiheit zur Förderung der Arbeits- und Wirtschaftsbedingungen mit Wirkung auf privatrechtliche Beziehungen übernommen. Außerdem enthält der Grundrechtskatalog ausdrückliche Schutzpflichten des Staates im Hinblick auf die Menschenwürdegarantie (Art. 1 Abs. 1) und auf Ehe und Familie sowie Mutterschaft (Art. 6 Abs. 1 und 4) und Gewährleistungspflichten im Hinblick auf die ungestörte Religionsausübung (Art. 4 Abs. 2) und das Eigentum (Art. 14 Abs. 1), die Wirkungen im Privatrecht entfalten. Mit der Gleichberechtigung von Mann und Frau (Art. 3 Abs. 2 i. V. mit Art. 117 Abs. 1) hat das Grundgesetz eine klare Entscheidung in Abweichung von der Weimarer Verfassung und vom damals geltenden Ehe- und Familienrecht getroffen, die das Zivilrecht beeinflusst, soweit in ihm die Beziehungen zwischen Mann und Frau vor allem in der Ehe geregelt werden. Die Schutz- und Gleichberechtigungsaufträge wirken unmittelbar ins Zivilrecht.[25]

Auffälligerweise handelt es sich bei den erwähnten Grundrechten um Gleichheitsrechte und Schutzpflichten, deren Verwirklichung eine entsprechende Gestaltung des Zivilrechts verlangt. Das gilt auch für die Garantie des elterlichen Erziehungsrechts (Art. 6 Abs. 2). Betrachtet man die genannten verfassungsrechtlichen Garantien und Institute der Ehe, der Familie, des Eigentums und des Erbrechts, die das Zivilrecht bestimmen, haben wir es mit Privatrecht im Verfassungsrang[26] zu tun, das der Gesetzgeber des Zivilrechts näher ausführen muss, wobei er – wie im Zivilrecht üblich – Rechtssphären voneinander abgrenzen muss. Die hier genannten Schutzpflichten gehören zum status positivus, soweit ein subjektives Verfassungsrecht auf ihre Erfüllung besteht. Schwierigkeiten bereiten die Maßstäbe für das „Wie" des Schutzes, die bis zu einem bestimmten Grad im Ermessen der Gesetzgebung stehen.

3. Sonstige grundrechtliche Schutzpflichten

Wenn auch im Verkehr der Rechtsgenossen untereinander Leben, Gesundheit, Freiheit, Ehre und Eigentum beachtet werden müssen, so folgt dies nicht aus einer unmittelbaren Grundrechtsbindung aller Staatsbürger,[27] sondern aus den zivilrechtlich fixierten überkommenen Regeln menschlichen Zusammenlebens, auf denen auch die Grundrechte beruhen. So drückt es Art. 1 Abs. 2 GG aus, wonach die Menschenrechte die Grundlage jeder menschlichen Gemeinschaft,

---

[25] Vgl. das folgende Kapitel und die Darstellung bei *Volkmar Götz*, Die Verwirklichung der Grundrechte im Zivilrecht, in: Heyde/Starck (Hrsg.), Vierzig Jahre Grundrechte in ihrer Verwirklichung durch die Gerichte, München 1990, S. 51 ff.

[26] Vgl. *Peter A. Windel*, Über Privatrecht mit Verfassungsrang und Grundrechtswirkungen auf der Ebene des einfachen Privatrechts, in: Der Staat 37 (1998), S. 385, 393 ff.; ähnlich *Matthias Ruffert*, Vorrang der Verfassung und Eigenständigkeit des Privatrechts, 2001, S. 287 ff. („Rechtsgüter der Verfassung im Privatrecht").

[27] *Claus-Wilhelm Canaris*, Grundrechte und Privatrecht, 1999, S. 93.

des Friedens und der Gerechtigkeit in der Welt sind, d. h. sein sollen. Menschliche Gemeinschaft ist auch das Verhältnis der Bürger untereinander, die gegenseitig keine öffentliche Gewalt ausüben. Aus diesem Gesichtspunkt lässt sich begründen, dass die menschenrechtlich fundierten Grundrechte das Zivilrecht beeinflussen.[28] Verfassung und Privatrecht stehen nicht beziehungslos nebeneinander. Ohne eine unmittelbare Bindung der Rechtsgenossen unter einander an die Grundrechte ist der Staat objektiv-rechtlich verpflichtet, eine Rechtsordnung zu schaffen, die sich an dem in den Grundrechten zum Ausdruck kommenden Menschenbild orientiert.

Das Bundesverfassungsgericht hat diesem Gedanken erstmalig im sog. Lüth-Urteil 1958 Wirksamkeit verschafft.[29] Der Boykottaufruf gegen den Filmregisseur Veit Harlan hatte entgegen dem Urteil des zuständigen Fachgerichts keinen Schadensersatz nach § 826 BGB zur Folge, weil kein Verstoß gegen die guten Sitten vorgelegen habe, sondern das Grundrecht der freien Meinungsäußerung ausgeübt worden sei. Das Bundesverfassungsgericht berief sich darauf, dass in den Grundrechten des Grundgesetzes eine „objektive Wertordnung aufgerichtet" worden sei, die die Geltungskraft der Grundrechte verstärke. Verweise eine Vorschrift auf außerrechtliche Maßstäbe wie die guten Sitten, nähmen die Grundrechte auf die Auslegung dieser Begriffe Einfluss. Bei der Beurteilung der Frage, ob eine Verhaltensweise den guten Sitten entspreche, müsse sich der Richter an die grundgesetzlichen Wertentscheidungen und sozialen Ordnungsprinzipien halten, die er im Grundrechtsabschnitt der Verfassung finde. Zu den entsprechenden Ausfüllungen offener Gesetzesbegriffe sei der Zivilrichter zuständig.[30] Dabei habe er die Grundrechte in ihrer objektiv-rechtlichen Geltung zu beachten.

Elf Jahre später heißt es im Blinkfüer-Beschluss[31] in Bezug auf § 823 Abs. 1 BGB: „Die vom Grundgesetz in seinem Grundrechtsabschnitt aufgerichtete objektive Wertordnung wirkt … auf die Auslegung dieser Vorschriften ein". „Im Rahmen des § 823 Abs. 1 BGB ist das Verfassungsrecht für die Feststellung der Widerrechtlichkeit der Verletzung von Bedeutung. Einerseits ist dabei zu prüfen, inwieweit ein Boykott (hier der Wochenzeitung Blinkfüer durch ein mächtiges Berliner Verlagshaus) durch das Recht auf Meinungsfreiheit gedeckt ist, andererseits aber auch, inwieweit der Beschwerdeführer das Grundrecht der Pressefreiheit für sich in Anspruch nehmen kann." Die Abwägung ging zugunsten der Wochenzeitung Blinkfüer aus.

Beide Entscheidungen sind auf Grund von Verfassungsbeschwerden ergangen, die das Bundesverfassungsgericht für zulässig befunden hat, obwohl die einschlägigen Grundrechte nur in ihrer objektiv-rechtlichen Bedeutung wirksam waren. Die vom Bundesverfassungsgericht vorgenommene Umwertung der

---

[28] V. Mangoldt/Klein/*Starck*, Grundgesetz Kommentar, 6. Aufl. 2010, Bd. I, Art. 1, Rn. 138 m. w. N.

[29] BVerfGE 7, 198 ff.

[30] BVerfGE 7, 198 ff.; 35, 202 ff.; *Götz* (Anm. 26), S. 58 ff.

[31] BVerfGE 25, 256, 263.

objektiv-rechtlich begründeten Staatsaufgabe, Sicherheit und inneren Frieden zu schützen, in ein Bündel subjektiver Verfassungsrechte stellt eine weitreichende Neuerung dar, die einen erheblichen Einfluss auf das gesamte gewaltenteilige Verfassungssystem hat,[32] insbesondere wenn es um das „Wie" des Schutzes geht. Schutzansprüche gehen auf staatliche Leistungen, die nicht unmittelbar aus den Grundrechten folgen, sondern politisches Ermessen des Gesetzgebers voraussetzen.[33] Inzwischen wird man bezüglich der subjektiven Rechte auf Schutz, den grundrechtlichen Schutzrechten[34], die in ständiger Rechtsprechung aus fast allen Grundrechten abgeleitet werden, von einer Fortbildung der Verfassung durch das Bundesverfassungsgericht sprechen müssen, die von der Lehre weitgehend akzeptiert worden ist und auf die Rechtsprechung des Europäischen Gerichtshof und des Europäischen Gerichtshofs für Menschenrechte ausstrahlt.[35]

Lüth und Blinkfüer betrafen die Auslegung und Anwendung zivilrechtlicher Generalklauseln durch die Zivilgerichte. Da Generalklauseln flexibel sind, wurde nicht das Gesetz, sondern die richterliche Gesetzesanwendung verfassungsrechtlich überprüft und beanstandet. Das Problem der Wirkung der Grundrechte im Zivilrecht steckt aber zumeist in der Zivilgesetzgebung. Die beiden Beispielsfälle im folgenden Abschnitt sollen deutlich machen, wie intensiv die Wertungen, die das Bundesverfassungsgericht der Verfassung, hier der Berufsfreiheit (Art. 12 Abs. 1 GG) entnimmt, die Gestaltung des Zivilrechts zu beinflussen.

4. Beispiele aus dem Vertragsrecht

a) Im deutschen Handelsrecht gibt es eine Norm, den § 90a HGB, wonach der Unternehmer mit dem Handelsvertreter vereinbaren kann, dass dieser nach Beendigung des Vertragsverhältnisses für einen Zeitraum von längstens zwei Jahren in seiner gewerblichen Tätigkeit beschränkt ist. Solch eine Wettbewerbsabrede soll den Unternehmer vor Konkurrenz durch seinen ehemaligen Handelsvertreter schützen, der dafür eine angemessene Entschädigung erhält. Der Unternehmer braucht jedoch nach der ursprünglichen Fassung des § 90a nicht zu zahlen, wenn er den Vertrag aus wichtigem Grunde wegen schuldhaften Verhaltens des Handelsvertreters gekündigt hat (außerordentliche Kündigung).

Diese Regelung hielt das Bundesverfassungsgericht für unvereinbar mit der Berufsfreiheit (Art. 12 Abs. 1 GG).[36] Der Gesetzgeber müsse das Wettbewerbsverbot nach Beendigung des Vertrages so regeln, dass einerseits für die Interessenwahrnehmung auf Seiten der Unternehmer ausreichender Spielraum bleibe,

---

[32] *Christian Starck*, Praxis der Verfassungsauslegung,1994, S. 46, 64 ff., 70 ff.; *Werner Heun*, Funktionell-rechtliche Schranken der Verfassungsgerichtsbarkeit, 1992, S. 68 ff.

[33] Statt vieler *Josef Isensee*, Das Grundrecht als Abwehrrecht und staatliche Schutzpflicht, in: Isensee/Kirchhof (Hrsg.), HStR Bd. V, 1992, S. 151 ff.

[34] So die Terminologie von *Martin Borowski*, Grundrechte als Prinzipien, 1998, S. 237.

[35] *Rengeling/Szczekalla*, Grundrechte in der Europäischen Union, 2004, S. 222 ff.; *Heike Krieger*, Funktionenen von Grund- und Menschenrechten, in: Grote/Marauhn (Hrsg.), EMRK/GG, 2006, S. 278 ff.

[36] BVerfGE 81, 242, 260 ff.

andererseits aber die Verhandlungsschwäche auf Seiten des Handelsvertreters ausgeglichen werde. Das Regelungsermessen des Gesetzgebers sei nach beiden Seiten begrenzt, weil es sowohl für die Unternehmer als auch für die Handelsvertreter um *grundrechtlich geschützte Positionen* gehe. Weder Freiheitsbeschränkung noch Freiheitsschutz dürften in einer solchen Wechselbeziehung unverhältnismäßig sein.

Diese Argumentation zeigt in aller Deutlichkeit, wie weit die Grundrechte ins Zivilrecht vorgedrungen sind. Die notwendigen Interessenabwägungen und das Ausmaß der zu lassenden Freiräume der Vertragschließenden werden durch die Grundrechte regiert, so wie sie das Bundesverfassungsgericht auslegt. Die Karenzentschädigung hält das Bundesverfassungsgericht für besonders geeignet, die gegenläufigen Interessen auszugleichen, ohne übermäßig in die Vertragsfreiheit einzugreifen. Zugunsten des Handelsvertreters wird berücksichtigt, dass dieser auf die Nutzung seiner Berufsfreiheit zur Sicherung seiner wirtschaftlichen Existenz angewiesen sei und bei beruflichen Beschränkungen eines finanziellen Ausgleichs bedürfe. Dem Unternehmer bleibe die freie Entscheidung, ob er Wettbewerb dulde oder zahle.

Die gesetzliche Regelung wurde vom Bundesverfassungsgericht für verfassungswidrig erklärt, weil die undifferenzierte und vollständige Verweigerung einer Vergütung für jedwede Fallgestaltung bei außerordentlicher Kündigung und für die Höchstdauer von zwei Jahren keine sachliche Grundlage in den Besonderheiten einer vorzeitigen und verschuldeten Vertragsbeendigung finde. Eine solche Sanktion sei nicht erforderlich, um einem wettbewerbsrechtlichen Nachteil des kündigenden Unternehmers zu begegnen. Dem Handelsvertreter sei sie wegen ihrer einschneidenden Folgen vielfach nicht zumutbar. Sie wirke also in dieser Allgemeinheit unverhältnismäßig.

b) Nach Bestimmungen des Kündigungsschutzgesetzes ist die Kündigung eines Arbeitsverhältnisses durch den Arbeitgeber nur dann zulässig, wenn sie sozial gerechtfertigt ist. Dies ist nach § 1 Abs. 2 des Gesetzes nur dann der Fall, wenn sie durch Gründe, die in der Person oder dem Verhalten des Arbeitnehmers liegen, oder durch dringende betriebliche Erfordernisse, die einer Weiterbeschäftigung des Arbeitnehmers in diesem Betrieb entgegenstehen, bedingt ist. Darüber hinaus wird das Kündigungsrecht des Arbeitgebers im Kündigungsschutzgesetz weiteren Beschränkungen unterworfen. Nach § 23 Abs. 1 Satz 2 des Kündigungsschutzgesetzes gelten all diese Beschränkungen nicht für Kleinbetriebe, in denen in der Regel fünf oder weniger Arbeitnehmer beschäftigt werden. Das Bundesverfassungsgericht, das auf Verfassungsbeschwerde die Verfassungsmäßigkeit der Kleinbetriebsklausel zu prüfen hatte, nahm die Berufsfreiheit (Art. 12 Abs. 1 GG) zum Maßstab.[37] Das Grundrecht begründe zwar weder einen Anspruch auf Bereitstellung eines Arbeitplatzes noch eine Bestandsgarantie für den einmal gewählten Arbeitsplatz. Jedoch obliege dem Staat eine aus dem Grundrecht folgende Pflicht zum Schutze des Arbeitnehmers vor Kündigung durch den Arbeitgebers.

---

[37] BVerfGE 97, 169, 175 ff.

Bei der Prüfung der Verfassungsmäßigkeit der Kleinbetriebsklausel als einer das private Vertragsrecht ausgestaltenden Norm seien zu berücksichtigen *die durch Art. 12 Abs. 1 GG geschützten Interessen sowohl* des Arbeitnehmers an der Erhaltung seines Arbeitsplatzes *als auch* des Arbeitgebers, in seinem Unternehmen nur Personen zu beschäftigen, die seinen Vorstellungen entsprächen, und ihre Zahl auf das von ihm bestimmte Maß zu beschränken. Für den Gesetzgeber stelle sich damit ein Problem praktischer Konkordanz. Die Kleinbetriebsklausel löse diese Konkordanz angemessen, vor allem weil der Kleinunternehmer in hohem Maß schutzwürdig sei. Denn im Kleinbetrieb komme dem Vertrauensverhältnis zwischen Arbeitgeber und Arbeitnehmer ein besonders hoher Stellenwert zu. Dem Arbeitnehmer in Kleinbetrieben sei das größere rechtliche Risiko eines Arbeitsplatzverlustes daher eher zuzumuten, zumal er durch die zivilrechtliche Generalklausel vor einer sitten- oder treuwidrigen Kündigung geschützt sei.

V. Institutionelle Probleme der Wirkung der Grundrechte im Privatrecht

1. Verfassungsgericht und Revisionsgerichte

Geht es nicht um die Kontrolle von Gesetzen, sondern von Gerichtsurteilen ergeben sich zusätzliche institutionelle Problem. Denn die rechtliche Wirkung der Grundrechte auf das Privatrecht ist nicht nur ein materiell-rechtliches Problem, sondern hat erhebliche institutionelle und prozessrechtliche Konsequenzen. Am einfachsten wäre die Lage, wenn es keine besonderen Verfassungsgerichte gäbe. Die verfassungsrechtlich geschützten Grundrechte würden durch die normalen Gerichte, letztinstanzlich durch das oberste Gericht geschützt, das als Revisionsgericht zugleich Verfassungsgerichtsbarkeit ausübt, indem es bei der Gesetzesauslegung den Vorrang der verfassungsrechtlichen Grundrechte vor dem Privatrecht zur Geltung bringen kann. Wäre die Verfassungsgerichtsbarkeit also in die gerichtliche, insbesondere revisionsgerichtliche Tätigkeit eingegliedert – was in den Vereinigten Staaten und der Schweiz der Fall ist –, kann es nicht zu Konflikten zwischen dem Revisionsgericht und einem besonderen Verfassungsgericht kommen. Für einen effektiven Grundrechtsschutz käme es allerdings darauf an, dass das oberste Gericht/die obersten Gerichte die Grundrechte als unmittelbar geltende Rechtsnormen anerkennen und Rechtslehre und Rechtsprechung eine nachvollziehbare Methode entwickeln, durch die die in den Grundrechten steckenden objektiven Prinzipien auf die Auslegung des Privatrechts Einfluss nehmen können, ohne dessen dogmatische Struktur in einer reinen Billigkeitsrechtsprechung aufzulösen.

Soweit in anderen Ländern besondere Verfassungsgerichte eingerichtet worden sind, wie in Österreich, Italien, Portugal und in schwächerer Form der Conseil constitutionnel in Frankreich, aber eine Urteilsverfassungsbeschwerde nicht existiert, kann es nicht zu Konflikten zwischen dem Verfassungsgericht und den Revisionsgerichten kommen. So berührt die präventive Normenkontrolle durch den Conseil constitutionnel nicht unmittelbar die Revisionstätigkeit der Cour de Cassation und des Conseil d'Etat. Nur mittelbare Wirkungen ergeben sich daraus, dass der Conseil constitutionnel in der Menschenrechtserklärung von 1789 und in den Präambeln der Verfassungen von 1946 und 1958 Grundrechte entdeckt hat,[38] die Vorrang vor dem Gesetz genießen. Damit hat der Conseil constitutionnel auch für Frankreich den Weg eröffnet, Grundrechte bei der Auslegung der Privatrechtsgesetze zu berücksichtigen.[39] Direkte Eingriffe des Conseil constitutionnel in das Privatrecht sind nicht möglich, wenn eine präventive Normenkontrolle gegen einen Gesetzesbeschluss der Kammern auf dem Gebiet des Privatrechts stattfindet. Es handelt sich dann nicht um geltendes Privatrecht, sondern um eine von den Kammern beabsichtigte Privatrechtsreform. Unabhängig von der Rechtsprechung hat der französische Gesetzgeber das Familienrecht an die Verfassung[40] und an das allgemeine Prinzip der Gleichheit angepasst[41]. – In Österreich, Italien und Portugal und neuerdings auch in Frankreich kann die konkrete Normenkontrolle dazu führen, dass Privatrecht anlässlich seiner Anwendung auf seine Verfassungsmäßigkeit überprüft wird. Somit kann das Verfassungsgericht Einfluss auf geltendes Privatrecht nehmen und dieses an den Grundrechten messen. Eine Konkurrenz zwischen Verfassungsgericht und Fachgerichten wird nicht entstehen, da das Verfassungsgericht immer nur auf Antrag eines Fachgerichts Normenkontrolle ausübt.

Zu einem Konkurrenzverhältnis zwischen Verfassungsgericht und Fachgerichten, insbesondere Revisionsgerichten, kommt es in den Ländern, in denen das Verfassungsgericht auch über Verfassungsbeschwerden gegen (letztinstanzliche) Gerichtsurteile entscheidet. Außer Deutschland kennen z. B. Spanien[42] und Südafrika[43] die Urteilsverfassungsbeschwerde. Besonders in Deutschland und Spanien hat das zu einer ständigen, von Jahr zu Jahr steigenden Überlastung der

---

[38] Entscheidung v. 18.07.1971, in: *L. Favoreu/L. Philip*, Les grandes décisions du Conseils constitutionnel, 11. Aufl. 2001, S. 238 ff. mit Oberservations, S. 242–256; vgl. dazu *Christian Starck*, Praxis der Verfassungsauslegung II, 2006, S. 110 ff. m. w. N.

[39] Vgl. dazu *Louis Favoreu*, L'influence de la jurisprudence du Conseil constitutionnel sur les diverses branches du droit, in: Mélange Hamon, Paris 1982, S. 33 ff.; *François Luchaire*, Les fondements constitutionnels du droit civil, in: Revue trimestrielle de droit civil 1982, S. 249 ff.; *M. Frangi*, L'apport du droit constitutionnel aux droits des personnes et aux droits économiques individuels. Contribution à l'étude de la constitutionalisation du droit privé, Thèse juridique, Aix-en-Provence 1990; *Yves Guyon*, Le droit de propriété devant la Cour de Cassation et le Conseil constitutionnel, in: Groupe d'Etudes et de recherches sur la justice constitutionnelle (dir.), La Cour de Cassation et la Constitution de la République, 1995, S. 173 ff.; *Roger Beauvois*, La liberté d'opinion et d'expression, loc. cit., S. 183 ff.; *Louis Favoreu et alii*, Droit des libertés fondamentales, 2e éd. 2001, S. 131 ff., 182 ff.

[40] Präambel der Verfassung von 1958 verweist auf die Präambel der Verfassung von 1946 mit gewissen die Familie betreffenden Zielen.

[41] *Frangi* (Anm. 39), S. 74.

[42] Art. 161 Abs. 1 lit. b Spanische Verfassung, Art. 44 Organgesetz über das Verfassungsgericht.

[43] Nr. 167 Abs. 6 Südafrikanische Verfassung.

Verfassungsgerichte und in Spanien zu problematischen Beziehungen zwischen Verfassungsgericht und Oberstem Gericht geführt.[44] Die Urteilsverfassungsbeschwerde steht in der Gefahr zur zweiten Revisionsinstanz zu werden. Um dies zu vermeiden, muss sich das Verfassungsgericht über das Verhältnis von Verfassung, Gesetz und Gesetzesanwendung Klarheit verschaffen.[45] Was bedeutet das?

2. Rahmencharakter der Verfassung

Die Verfassung stellt einen Rahmen für die Gesetze dar, sie verlangt nicht ganz bestimmte gesetzliche Regelungen, sondern setzt der Gesetzgebung nur Grenzen.[46] Die Wohlgeordnetheit der Verfassung besteht gerade darin, dass vieles von ihr nicht geregelt ist und dass somit Handlungsspielräume für die zuständigen Staatsorgane bestehen. Der politische Prozess im demokratischen Verfassungsstaat verlangt, dass wichtige Fragen der Mehrheitsentscheidung offen stehen und dass nicht alles durch die Interpretation der Verfassung entschieden wird. Dies gilt insbesondere auch für die rechtlichen Beziehungen zwischen Privaten. Die sachgerechte Wahrnehmung der fachrichterlichen Funktion, die das Privatrecht auf den Einzelfall anzuwenden hat, verlangt ebenfalls Spielräume, die die Gesetze je nach Materie in verschiedenem Ausmaß gewähren. In der Revisionsinstanz des gerichtlichen Verfahrens werden allgemeine Kriterien für die Entscheidung von zukünftigen Fällen erarbeitet, die auch im Gesetz stehen könnten. Diese Tätigkeit der Revisionsgerichte beruht auf dem Umstand, dass Gesetze nicht nur im Hinblick auf den Einzelfall mehr oder weniger unbestimmt sind, sondern auch als allgemeine Regelungen lückenhaft sein können. Aufgrund der Kenntnis einer Vielzahl von Rechtsfällen, die der Gesetzgeber nicht kennen konnte, ist der Revisionsrichter in der Lage, ein Gesetz zu verbessern, zu präzisieren, zu differenzieren, kurz gesagt, Richterrecht zu schaffen und damit das Recht fortzubilden.[47]

Das Verfassungsgericht, das einzelne Urteile der Revisionsgerichte am Maßstab der Verfassung prüft, muss von der Verfassung, d. h. vom Rahmen her denken, der auf verschiedene Weise ausgefüllt werden kann.[48] Je bestimmter ein verfassungsmäßiges Gesetz ist, um so weniger kann die lege artis vorgenommene Gesetzesanwendung mit der Verfassung in Widerspruch geraten. Wird ein sol-

---

[44] *Christian Starck*, Verfassungsgerichtsbarkeit und Fachgerichte, JZ 1996, S. 1033, 1039 f. = *Starck*, Freiheit und Institutionen, S. 333, 349 ff.; *ders.*, Die Bedeutung der Schumannschen Formel für Rechtssysteme mit Urteilsverfassungeschwerde, in: Roth (Hrsg.), Symposion „50 Jahre Schumannsche Formel", 2014, S. 29, 35 ff.; *Enrique Álvarez Conde*, Curso de Derecho constitucional, vol. II, 3e ed., 2000, S. 333 f.

[45] *Canaris* (Anm. 27), S. 71 ff.

[46] *Ernst-Wolfgang Böckenförde*, Methoden der Verfassungsinterpretation, in: NJW 1976, S. 2089, 2091; *Christian Starck*, Die Verfassungsinterpretation, in: Isensee/Kirchhof (Hrsg.), HStR Bd. VII, 1992, § 164 Rn. 5 ff., in 3. Aufl. 2014, siehe III. Teil, 3. Kapitel in diesem Band, S. 282 ff.

[47] Diese Aufgaben der Revisionsgerichte legen die Prozessgesetze fest, vgl. § 132 Abs. 4 GVG, § 11 Abs. 4 VwGO, § 11 Abs. 4 FGO, § 32 SGG, § 45 Abs. 4 ArbGG.

[48] Mustergültig BVerfGE 94, 1, 7, 10, die sich widersprechenden Entscheidungen der Instanzgerichte beide für verfassungsmäßig haltend.

ches Gesetz falsch angewandt, so liegt darin nur dann zugleich ein Verfassungsverstoß, wenn die falsche Gesetzesauslegung als Inhalt eines Gesetzes gedacht im Widerspruch zur Verfassung stände. Anderenfalls wäre jede Gesetzesverletzung ein Verfassungsverstoß, zumindest ein Verstoß gegen den verfassungsrechtlichen Gleichheitssatz. Das kann nicht richtig sein, weil die Verfassungsgerichtsbarkeit keine Superrevision ist.[49] Bei relativ unbestimmten Gesetzen hat der anwendende Richter mehr Freiheit, die endgültige Bestimmung im Hinblick auf den konkreten Fall zu treffen. Er nimmt hier an der Freiheit des Gesetzgebers teil, *im Rahmen* der Verfassung zu entscheiden.

Zusammengefasst im Hinblick auf das Privatrecht ergibt sich: Den Einfluss der Grundrechte auf die Privatrechtsordnung über besondere Schutz- und Gleichberechtigungsaufträge sowie über die objektiv-rechtliche Wirkung der Grundrechte hat unter Abwägung der gegenüberstehenden Rechtspositionen in erster Linie der Gesetzgeber zu realisieren.[50] Zur Ausfüllung offener Gesetzesbegriffe ist der Fachrichter zuständig:[51] Dieser entscheidet den einzelnen Fall und verwirklicht dabei die der Rechtsprechung aufgetragene Einzelfallgerechtigkeit im Rahmen des Gesetzes. Das Bundesverfassungsgericht darf nur prüfen, ob (1) die Sachverhaltsermittlung durch das Fachgericht nicht willkürlich ist, (2) die fachrichterliche Entscheidung – zur Norm verallgemeinert – mit dem einschlägigen Grundrecht vereinbar ist und (3) die verfassungsrechtlichen Grenzen der Rechtsfortbildung eingehalten worden sind.[52]

3. Verfassungsrechtlich verankerte Rechtspositionen

Über den notwendigen Ausgleich von Rechtspositionen kann hier allgemein nur gesagt werden, dass die jeweilige Tiefe (Intensität) des Eingriffs in eine Rechtsposition eingehend analysiert[53] und der Ausgleich unter Wahrung der einander gegenüberstehenden Positionen getroffen werden muss.[54] Beispiele sind:
– Vertragsfreiheit und Diskriminierungsverbote (Art. 3 Abs. 3 GG),[55]

---

[49] Vgl. dazu ausführlich *Starck* (Anm. 44), S. 1033, 1039 ff. = 349 ff.; v. Mangoldt/Klein/*Starck*, Grundgesetz Kommentar, 6. Aufl., Bd. I, 2010, Art. 3 Rdnr. 284 f.

[50] Z. B. BVerfGE 14, 263 ff.; 39, 1 ff.; 73, 261, 270; *Konrad Hesse*, Verfassungsrecht und Privatrecht, 1998; *Götz* (Anm. 25), S. 46 ff.; *Peter Badura*, Kodifikatorische und rechtsgestaltende Wirkung von Grundrechten, in: Festschrift für Walter Odersky 1996, S. 159, 172 f.

[51] Z. B. BVerfGE 7, 198 ff.; 35, 202 ff.; *Götz* (vgl. Anm. 25), S. 58 ff.

[52] Vgl. *Starck* (Anm. 44), S. 1033, 1039 f. = S. 349 ff. im Anschluss an *Ekkehard Schumann*, Verfassungs- und Menschenrechtsbeschwerde gegen richterliche Entscheidungen, 1963, S. 206 ff.

[53] *Wolfgang Rüfner*, Grundrechtskonflikte, in: C. Starck (Hrsg.), Bundesverfassungsgericht und Grundgesetz, Bd. II, 1976, S. 465 ff.; ähnlich *Herbert Bethge*, Zur Problematik der Grundrechtskollisionen, 1977, S. 323; *Jürgen Schwabe*, Probleme der Grundrechtsdogmatik, 1977, S. 317 f.

[54] *Konrad Hesse*, Grundzüge des Verfassungsrechts, 20. Aufl. 1995, Rn. 354 f.; *Friedrich Müller*, Normativität und Normstruktur, 1966, S. 213 m. w. N. ; aus der Rspr. BVerfGE 35, 202, 219–244.

[55] EuGH v. 01.03.2011 – C 269/07, in: EuR 2011, S. 683 ff.; vgl. dazu *Kai P. Purnhagen*, ebda., S. 690 ff.; *Dirk Loscheelders*, Diskriminierung und Schutz vor Diskriminierung im Privatrecht, JZ 2012, S. 105, 109 f. m. w. N.

- Vertragsfreiheit und strukturelle Unterlegenheit eines Vertragspartners,[56]
- Meinungsäußerungsfreiheit und Schädigungsverbote,[57]
- freie Berichterstattung und Persönlichkeitsrecht,[58]
- Kunstfreiheit und Menschenwürde,[59]
- Eigentum des Kleinaktionärs und Eigentum des Großaktionärs.[60]

Diese Beispiele zeigen, dass auch das Zivilrecht selbst Regeln für den Ausgleich zur Verfügung stellt. Sowohl die erforderliche Analyse wie die Differenziertheit des Ausgleichs, der verfassungsgerichtlich überprüft wird, verweisen auf Fallrecht. Die entschiedenen Fälle zeigen – wie unter IV 4 dargelegt – deutlich die Tendenz, die einander gegenüberstehenden Rechtspositionen grundrechtlich zu verankern. Viele Gebiete des Schuldrechts sind inzwischen grundrechtlich durchdrungen. Dadurch werden verfassungsrechtliche Abwägungspositionen gewonnen, die überhaupt erst die Entscheidungskompetenz des Verfassungsgerichts eröffnen. Das hat u. a. zu der merkwürdigen Annahme geführt, dass der Mieter Eigentümerrechte gegen den Vermieter geltend machen kann.[61] Es ist nicht Aufgabe des Verfassungsgerichts, die bestmögliche Abwägung zu suchen; vielmehr darf es nur prüfen, ob sich die vom Gesetzgeber oder vom gesetzesanwendenden Richter gefundene Abwägung im Rahmen der Verfassung hält.

Zum Schluss zeigt ein Fall zur Bedeutung der Religionsfreiheit (Art. 4 Abs. 1 GG) im Vereinsrecht, wie das Bundesverfassungsgericht mit Hilfe der Grundrechte zu angemessenen Entscheidungen kommt. Nach deutschem Vereinsrecht erlangt ein Verein die Rechtsfähigkeit durch Eintragung in das Vereinsregister, wenn der Verein bestimmte in §§ 21 ff. BGB aufgeführte Voraussetzungen erfüllt und seine Satzung mit den Grundsätzen der Selbständigkeit und Selbstverwaltung des Vereins (Vereinsautonomie) vereinbar ist.

Die Religionsgemeinschaft der Bahá'i wird in Deutschland durch den Nationalen Geistigen Rat vertreten, als dessen Untergliederung auf nationaler Ebene Örtliche Geistige Räte gewählt werden. Der Antrag solch eines Rates auf Eintragung ins Vereinsregister wurde von den zuständigen Gerichten abgewiesen, da die Satzung Regelungen enthalte, durch die dem Nationalen Geistigen Rat das

---

[56] BVerfGE 89, 214, 232 f. (Bürgschaft); vgl. dazu *Gerhard Spieß*, Inhaltskontrolle von Verträgen, DVBl. 1994, S. 1222 ff.; *Joachim Gernhuber*, Ruinöse Bürgschaften als Folge familiärer Verbundenheit, JZ 1995, S. 1086; *Reinhard Singer*, Vertragsfreiheit, Grundrechte und Schutz des Menschen vor sich selbst, JZ 1995, S. 1133, 1136; *Peter Derleder*, Unterlegenenschutz im Vertragsrecht, KritJ 1995, S. 320, 325 f.; BVerfGE 97, 169, 175 (Vertragsfreiheit und Kündigungsschutz), siehe oben unter IV 4 b.

[57] BVerfGE 7, 198, 203 f.; 62, 230, 243 ff.; zum Problem *Rolf Stürner*, Die verlorene Ehre des Bundesbürgers. Bessere Spielregeln für öffentliche Meinungsbildung?, in: JZ 1994, S. 865, 874.

[58] BVerfGE 35, 202, 219; 101, 361, 395 ff.; 120, 180, 196 ff.; *Christian Starck*, Das Caroline-Urteil des Europäischen Gerichtshofs für Menschenrechte und seine rechtlichen Konsequenzen, in: JZ 2006, S. 76 ff. = *Starck*, Praxis der Verfassungsauslegung II, 2006, S. 85 ff.; Urteil des EGMR, JZ 2004, S. 1015 m. Anm. von *Rolf Stürmer*, ebda., S. 1018.

[59] BVerfGE 30, 173, 195 ff.

[60] BVerfGE 14, 263, 282 ff.

[61] BVerfGE 89, 1, 5 ff.; zur Kritik vgl. *Otto Depenheuer*, in: v. Mangoldt/Klein/Starck, Grundgesetz Kommentar, Bd. I, 6. Aufl. 2010, Art. 14 Rdnr. 54.

Entscheidungsrecht über den Ausschluss von Mitgliedern, Satzungsänderungen, die Vereinsauflösung und andere Vereinsbelange übertragen werde. Ein derart umfassender Fremdeinfluss auf die Organisation eines Vereins sei unzulässig und mit dem Grundsatz der Vereinsautonomie nicht vereinbar.

Eine Verfassungsbeschwerde des Vereins hatte Erfolg. Das Bundesverfassungsgericht gelangte zu dem Ergebnis,[62] dass die Entscheidungen der Gerichte die Bedeutung des in Art. 4 Abs. 1 und 2 GG in Verbindung mit Art. 140 GG/Art. 137 Abs. 2 und 4 WRV gewährleisteten Grundrechts der religiösen Vereinigungsfreiheit bei der Auslegung und Handhabung des Vereinsrechts des Bürgerlichen Gesetzbuches nicht gerecht geworden seien und dadurch die Beschwerdeführer in ihren Grundrechten verletzt hätten. Die religiöse Vereinigungsfreiheit gebiete, das Selbstverständnis der Religionsgesellschaft, soweit es durch Art. 4 Abs. 1 und 2 GG geschützt sei, bei der Ausgestaltung und Handhabung des einschlägigen Vereinsrechts besonders zu berücksichtigen. Spielräume bei der Auslegung der entsprechenden Normen seien deshalb, soweit erforderlich, zu Gunsten der Religionsgesellschaften zu nutzen. So dürfe die Religionsgesellschaft mit Blick auf ihre innere Organisation nicht gänzlich von der Teilnahme am allgemeinen Rechtsverkehr ausgeschlossen werden. Auch in satzungsmäßigen Beschränkungen des Selbstverwaltungsrechts des Vereins könne eine Ausübung der Vereinsautonomie erblickt werden. Zudem hätten viele Religionsgesellschaften eine glaubensgebundene hierarchische Organisation. Insbesondere die Einordnung von örtlichen Teilgliederungen einer Religionsgesellschaft in die Strukturen der übergeordneten Religionsgesellschaft, die sich gerade als Ausdruck der religiösen Selbstbestimmung der Mitglieder in ihrem gemeinsamen Glauben darstelle, müsse nicht schlechthin als Preisgabe der Selbstbestimmung des Vereins beurteilt werden.

Hiernach lasse das Vereinsrecht zu, bei einem als Teilgliederung einer Religionsgesellschaft konstituierten religiösen Verein Einschränkungen der autonomen Auflösungs-, Ausschließungs- oder Betätigungsbefugnis nicht als mit der Vereinsautonomie unvereinbare Fremdbestimmung von außen anzusehen, sofern sie der Sicherung der Einordnung in die größere Religionsgesellschaft im Rahmen der bestehenden religionsrechtlichen Verknüpfungen dienten und sich darauf beschränkten. Bei einer solchen Begrenzung der Eingriffsbefugnisse einer hierarchisch übergeordneten Instanz bleibe noch ein hinreichender Bestand an Selbstbestimmung und Selbständigkeit des Vereins gewahrt. Die Ablehnung der Eintragung ins Vereinsregister verletze danach die Beschwerdeführer in ihrem Grundrecht der religiösen Vereinigungsfreiheit.

---

[62] BVerfGE 83, 341, 353 ff.

VI. Zusammenfassung

Der Gang durch die Grundrechtsgeschichte hat ergeben: Ende des 18. Jahrhunderts wurden natürliche Rechte der Menschen im umfassenden Sinne in Menschenrechtskatalogen proklamiert. Diesen wuchs Rechtsgeltung erst zu durch die Kodifikationen des Zivilrechts und durch besondere Grundrechtsgesetze. Die Verbindung zwischen Grundrechten und Zivilrecht riss in der zweiten Hälfte des 19. Jahrhunderts allmählich ab, und Grundrechte galten im Zivilrecht nur ausnahmsweise durch besondere verfassungsrechtliche Anordnung. Erst seit dem Ende der 50er Jahre des letzten Jahrhunderts erkannte die Rechtsprechung des Bundesverfassungsgerichts die umfassende – aber ursprünglich nicht normativ gesicherte – Bedeutung der Grundrechte wieder, was der Ausgangspunkt der Lehre von den grundrechtlichen Schutzpflichten wurde. So wurden privatrechtliche Gesetze am Maßstab der Grundrechte geprüft und für verfassungswidrig erklärt, soweit sie die grundrechtlich gesicherten Positionen beider Seiten nicht angemessen zum Ausgleich gebracht haben. Soweit es nur um die Auslegung von Gesetzen durch die Gerichte geht, ist in den Ländern mit Urteilsverfassungsbeschwerde bei einem besonderen Verfassungsgericht eine rechtsdogmatisch noch zu festigende Abgrenzung der Zuständigkeiten der Revisionsgerichte und des Verfassungsgerichts notwendig.

VII. Zusammenfassung

4. Kapitel

Gleichberechtigung und Gleichstellung von Männern und Frauen*

I. Vorgeschichte

Die Gleichberechtigung von Männern und Frauen hat sich erst seit Beginn des 20. Jahrhundert und nur allmählich durchgesetzt. Frauen standen früher unter der Vormundschaft des Vaters, nach ihrer Eheschließung ihres Ehemannes. Konsequenterweise hatten sie kein Wahlrecht. Das allgemeine Wahlrecht, das in der Verfassung der Frankfurter Paulskirche und dem Reichswahlgesetz (1849) vorgesehen war und unter der Geltung der deutschen Reichsverfassung von 1871 eingeführt wurde, war Männerwahlrecht. Zur damaligen Zeit hatten in keinem Staat der Welt Frauen das Wahlrecht. Kant hatte in der Metaphysik der Sitten 1797 (Rechtslehre, Staatsrecht § 46) geschrieben, dass „alles Frauenzimmer" als passive Staatsbürger vom Wahlrecht ausgeschlossen sei.

Sieht man sich Tabellen über die Einführung des Frauenwahlrechts in den verschiedenen Staaten an, so zeigt sich, dass Neuseeland das erste Land war, das 1893 dauerhaft das Frauenwahlrecht einführte. Es folgten Finnland 1906, Australien 1908, Norwegen 1913, Island 1915, Dänemark und Österreich 1918. Die Weimarer Reichsverfassung (1919) brachte für Deutschland das Frauenwahlrecht. Danach folgten Großbritannien (1928), Frankreich und Italien (1946), die Schweiz (1971), Portugal (1974), Liechtenstein 1984.

Die Klausel des Art. 109 Abs. 2 WRV lautet: *„Männer und Frauen haben grundsätzlich dieselben staatsbürgerlichen Rechte und Pflichten."*

Im maßgebenden Kommentar zur Weimarer Reichsverfassung von *Gerhard Anschütz* heißt es dazu:[1] „Abs. 2 verkündet die Gleichberechtigung der Frauen

---

* Aus: Löhnig/Preisner/Schlemmer (Hrsg.), Ordnung und Protest. Eine gesamtdeutsche Protestgeschichte von 1949 bis heute, Tübingen 2015, S. 209–216.

[1] *Gerhard Anschütz*, Die Verfassung des Deutschen Reiches, 14. Aufl. 1933, S. 529 (Hervorhebung im Original).

mit den Männern. Diese Gleichberechtigung erstreckt sich jedoch nur auf den Kreis der *staatsbürgerlichen* Rechte und Pflichten (d. h. derjenigen Rechte und Pflichten, die ein organschaftliches Handeln oder persönliche Dienstleistungen für den Staat zum Gegenstand haben), und auch hier gilt sie nicht unbeschränkt, sondern nur ‚*grundsätzlich*', d. h. unter Vorbehalt aller Reichs- und Landesgesetze, welche Ausnahmen von dem Grundsatz vorschreiben oder zulassen." Anschütz weist dann darauf hin,[2] dass sich Abs. 2 nicht auf privatrechtliche Verhältnisse beziehe; ein Antrag in der verfassunggebenden Nationalversammlung, welcher ihn auf dieses Gebiet ausdehnen wollte, sei abgelehnt worden. So seien auch die Vorrechte des Ehemannes gegenüber der Ehefrau im Familienrecht von dem Prinzip des Art. 109 Abs. 2 unberührt geblieben.

II. Neuanfang 1949

Mit dem Grundgesetz ist 1949 ein Neuanfang gemacht worden. Art. 3 Abs. 2 Satz 1 GG lautet: „*Männer und Frauen sind gleichberechtigt.*" Damit erweitert das Grundgesetz den Art. 109 Abs. 2 WRV, in dem nur von den staatsbürgerlichen Rechten und Pflichten die Rede war. Da die vielen Ungleichbehandlungen besonders im Familienrecht, im Staatsangehörigkeitsrecht und im Internationalen Privatrecht neue gesetzliche Vorschriften erforderten, war in Art. 117 Abs. 1 GG geregelt worden, dass dem Art. 3 Abs. 2 entgegenstehendes Recht bis zu seiner Anpassung an diese Bestimmung in Kraft bleibt, jedoch nicht länger als bis zum 31. März 1953. Diese Regelung war notwendig, da die Grundrechte gemäß Art. 1 Abs. 3 GG unmittelbar galten, das Zivilrecht aber erst gesetzgeberisch umgeformt werden musste. Neu geschaffenes Recht musste allerdings dem Art. 3 Abs. 2 von Anfang an entsprechen. Nach dem 31. März 1953 war nach einer Entscheidung des Bundesverfassungsgerichts vom 18. Dezember 1953[3] das dem Art. 3 Abs. 2 GG widersprechende Recht durch richterliche Auslegung anzupassen. Der Gesetzgeber zog zumeist erst nach solchen richterlichen Anpassungen im Zivilrecht, im internationalen Privatrecht und im Staatsangehörigkeitsrecht nach.

Art. 3 Abs. 2 Satz 1 GG *gebietet* Gleichberechtigung von Männern und Frauen; Art. 3 Abs. 3 *verbietet* Benachteiligung oder Bevorzugung u. a. wegen des Geschlechts. Gebotsnorm und Verbotsnorm haben denselben Inhalt. Die Doppelung der Norm erklärt sich aus ihrer Entstehungsgeschichte. Die besondere Regelung der Gleichberechtigung in Art. 3 Abs. 2 GG macht den Unterschied zu Art. 109 Abs. 2 WRV deutlich. Art. 3 Abs. 3 bringt das Differenzierungsverbot besser zum Ausdruck und hat somit klarstellende Funktion.

---

2 *Anschütz* (Anm. 1), S. 530.
3 BVerfGE 3, 225, 243 ff.

III. Uminterpretation und Verfassungsergänzung

In den 1980er Jahren ist in der juristischen Literatur versucht worden, Art. 3 Abs. 2 GG in Verbindung mit dem Sozialstaatsprinzip (Art. 20 Abs. 1, 28 Abs. 1 Satz 1 GG) als Auftrag zur faktischen Gleichstellung von Männern und Frauen zu interpretieren, ja sogar die Forderung nach faktischer Geschlechterparität daraus abzuleiten. Das Bundesverfassungsgericht hat 1987 solche Gedanken über faktische Gleichstellung erörtert, aber offen gelassen, ob der Gesetzgeber „aus Art. 3 Abs. 2 GG in Verbindung mit dem Sozialstaatsprinzip verpflichtet sein könnte, die Voraussetzungen für eine faktische Gleichberechtigung (sic!) zwischen Männern und Frauen zu schaffen"[4]. Fünf Jahre später hat das Bundesverfassungsgericht, Verfassungs- und Rechtspolitik antreibend, obiter dictum zum Verhältnis der Abs. 2 und 3 des Art. 3 folgendes ausgeführt[5]: „Der über das Diskriminierungsverbot des Art. 3 Abs. 3 hinausgehende Regelungsgehalt von Art. 3 Abs. 2 GG besteht darin, dass er ein Gleichberechtigungsgebot aufstellt und dieses auch auf die gesellschaftliche Wirklichkeit erstreckt." Diese Vorschrift ziele auf die Angleichung der Lebensverhältnisse. Faktische Nachteile, die typischerweise Frauen träfen, dürften wegen des Gleichberechtigungsgebots des Art. 3 Abs. 2 durch begünstigende Regelungen ausgeglichen werden. Diese politisch motivierte, vom Zeitgeist getriebene erweiternde Auslegung des Art. 3 Abs. 2 in seiner ursprünglichen Fassung ist inzwischen überholt, nachdem diese Vorschrift durch Verfassungsänderung vom 27. Oktober 1994 durch folgenden zweiten Satz ergänzt worden ist: *„Der Staat fördert die tatsächliche Durchsetzung der Gleichberechtigung von Frauen und Männern und wirkt auf die Beseitigung bestehender Nachteile hin."*

IV. Gleichberechtigung (Satz 1) und tatsächliche Durchsetzung (Satz 2)

Die soeben zitierte Ergänzung des Art. 3 Abs. 2 normiert ein Staatsziel, durch das die zuständigen staatlichen Organe angehalten werden, Maßnahmen zur Angleichung der Lebensverhältnisse von Männern und Frauen zu ergreifen, indem (1) die tatsächliche Durchsetzung der Gleichberechtigung von Frauen und Männern gefördert und (2) auf die Beseitigung bestehender Nachteile hingewirkt wird. Während Abs. 2 Satz 1 mit „Männer" und „Frauen" die einzelnen Individuen schützt und sie mit subjektiven Rechten ausstattet, meint Abs. 2 Satz 2 mit „Frauen und Männern" ebenfalls die Individuen, aber durchaus in Relation zu den Geschlechtergruppen, wie sie sich in der gesellschaftlichen Wirklichkeit darstellen.[6]

---

[4] BVerfGE 74, 163, 179 f.

[5] BVerfGE 85, 191, 206 f. und wiederholend, ebenfalls nicht entscheidungsrelevant BVerfGE 89, 276, 285; 92, 91,109.

[6] Im Folgenden greife ich zum Teil wörtlich zurück auf meine Ausführungen in v. Mangoldt/Klein/*Starck*, Kommentar zum Grundgesetz, 6. Aufl. 2010, Bd. I, Art. 3 Rdnrn. 309–318.

Nach der Begründung der Gemeinsamen Verfassungskommission, die 1993 den Entwurf unterbreitet hat, handelt es sich weniger um den Versuch der Lösung eines rechtlichen als eines gesellschaftlichen Problems.[7] Es gehe darum, „eine faktische Gleichberechtigung zwischen Frauen und Männern zu erreichen". Die Formulierung als Staatsziel mache deutlich, „dass kein Individualanspruch auf ein bestimmtes staatliches Handeln eingeräumt werden soll." Der Gesetzgeber kann deshalb im Rahmen seines Gestaltungsermessens entscheiden, wie er dem Gebot des Art. 3 Abs. 2 Satz 2 nachkommt,[8] wie das Bundesverfassungsgericht 2003 entschieden hat. Die Kommission war sich darin einig, dass Frauenförderung durch starre Quoten nicht gestattet sei. Offen blieb in den Beratungen jedoch, ob andere Formen bevorzugender Ungleichbehandlung zur Förderung von Frauen erlaubt seien, insbesondere ob bei gleicher Eignung und Befähigung Frauen Männern so lange vorgezogen werden dürfen, wie die Gruppe der Frauen im jeweiligen Bereich unterrepräsentiert sei. Dies ist nun durch Verfassungsinterpretation zu klären.

Staatsziele werden unter Beachtung der Grenzen verwirklicht, die die Verfassung durch Kompetenzregeln, Grundrechte und sonstige Bestimmungen zieht. So hat das Bundesverfassungsgericht zutreffend formuliert, dass das im Sozialstaatsprinzip enthaltene soziale Staatsziel nur in den Grenzen der Rechtsstaatlichkeit verwirklicht werden dürfe.[9] Entsprechendes gilt für das neue, verfassungsrechtlich verankerte Staatsziel des Art. 3 Abs. 2 Satz 2. Bei der Förderung der tatsächlichen Durchsetzung der Gleichberechtigung von Frauen und Männern muss das strikte Differenzierungsverbot des ersten Satzes des Abs. 2 und des Abs. 3 Satz 1 bezüglich des Geschlechts, das heißt das individuelle Recht auf Gleichbehandlung beachtet werden. So ist z. B. beim Zugang zu öffentlichen Ämtern eine leistungsbezogene Quotenregelung dergestalt, dass bei Bewerbern mit gleicher Leistung Frauen so lange bevorzugt werden müssen, bis die gesetzlich vorgeschriebene Quote erfüllt ist, verfassungswidrig, weil das Geschlecht nach Art. 33 Abs. 2 GG kein erlaubtes Differenzierungskriterium ist und nach Art. 3 Abs. 2 Satz 1 und Abs. 3 Satz 1 als Auswahlkriterium ausdrücklich verboten ist.[10]

Deshalb sind Interpretationsansätze verfehlt, die das Staatsziel des Art. 3 Abs. 2 Satz 2 auf die grundrechtliche Ebene der strikten Differenzierungsverbote bezüglich des Geschlechts heben und mit der Zauberformel von der „praktischen Konkordanz" eine Einschränkung des strikten Differenzierungsverbotes begründen[11], als wenn es sich um die Einschränkung eines Freiheitsrechts zur Sicherung der Freiheit anderer handelte. So wird geprüft, ob die Einschränkung

---

[7] BT-Drucksache 12/6000, S. 50, auch zum Folgenden.

[8] BVerfGE 109, 64, 90; *Lerke Osterloh*, in: Sachs, GG, Art. 3, Rn. 262: Keine subjektiven Rechte, insbesondere keine originären Teilhabe- bzw. Leistungsansprüche.

[9] BVerfGE 88, 203, 319.

[10] OVG Lüneburg, DVBl. 1995, S. 1254, 1256 f.; *Laubinger*, VerwArch 87 (1996), S. 305, 473, 510 ff., 527 ff. mit umfassenden Nachweisen; *Wolfgang Rüfner*, Bonner Kommentar, Art. 3 Abs. 2 und Abs. 3, Rn. 767 ff.; *Rupert Scholz*, in: Maunz/Dürig, Grundgesetz, Art. 3 Abs. 2, Rn. 61 ff.

[11] Vgl. zu diesem Vorgehen *Ingwer Ebsen*, Gleichberechtigung von Männern und Frauen, in: HbVerfR I, § 8, Rn. 42 ff.

des strikten Gleichberechtigungsgebots geeignet, erforderlich und verhältnismäßig zur Förderung der tatsächlichen Durchsetzung der Gleichberechtigung sei.

Damit wird die rechtsdogmatische Struktur der strikten Differenzierungsverbote des Art. 3 Abs. 2 Satz 1 und Abs. 3 Satz 1 verkannt. Von einem strikten Differenzierungsverbot, wie es die Garantie der Gleichberechtigung von Männern und Frauen darstellt, darf nicht zugunsten der Verwirklichung von Staatszielen abgewichen werden. Differenzierungen sind nur erlaubt, soweit sie den Schutz der Frau aufgrund ihrer biologisch-geschlechtlichen Andersartigkeit dienen oder unabhängig davon verfassungsrechtlich unmittelbar angeordnet sind. Darauf komme ich noch zurück. Im Übrigen sind Staatsziele unter Beachtung der subjektiven Individualrechte zu verwirklichen. Während sich der normative Inhalt des allgemeinen Gleichheitssatzes erst aus dem verfassungsrechtlichen Kontext erschließt, zu dem auch die verfassungsrechtlichen Staatsziele gehören, stehen die speziellen Differenzierungsverbote der Art. 3 Abs. 2 Satz 1 und Abs. 3 Satz 1 nicht unter dem Vorbehalt von Staatszielen.[12]

Dieses Auslegungsergebnis stimmt mit der Rechtsprechung des Europäischen Gerichtshofs überein, der in mehreren Entscheidungen leistungsbezogene Quoten für unvereinbar hält mit der Richtlinie des Rates vom 09.02.1976 zur Verwirklichung des Grundsatzes der Gleichbehandlung von Männern und Frauen hinsichtlich des Zugangs zur Beschäftigung, zur Berufsbildung und zum beruflichen Aufstieg sowie in Bezug auf die Arbeitsbedingungen.[13] Im ersten Urteil (Kalanke 1995) hat der EuGH gegen das Bremische Gleichstellungsgesetz entschieden, dass Rechtsgleichheit beim Zugang zum Öffentlichen Dienst individualrechtlich zu verstehen sei und hat damit jedem Gleichheitsverständnis eine Absage erteilt, nach dem das Kollektiv der Frauen dem Kollektiv der Männer gegenübersteht.

Weitere Urteile zur Frauenförderung durch die nordrhein-westfälische und hessische Gesetzgebung legen starre Quoten so aus, dass sie weich werden.[14] Der EuGH unterscheidet zwischen Förderung der Chancengleichheit, die er für vereinbar hält mit dem individuellen Recht auf Gleichbehandlung, und der Herstellung von Ergebnisgleichheit, die mit diesem Recht unvereinbar ist. Aus den EuGH-Urteilen ergibt sich eindeutig, dass allein das Kriterium „weibliches Geschlecht" bei einer Beförderung nie ausschlaggebend sein darf. Insoweit ist jegliche Frauenquote zur Sicherung der Ergebnisgleichheit ebenso wenig mit dem EU-Recht wie mit dem deutschen Verfassungsrecht vereinbar.[15]

---

[12] *Udo Di Fabio*, Die Gleichberechtigung von Mann und Frau, in: AöR 122 (1997), S. 404, 443.

[13] RiL 76/207 EWG; EuGH v. 17.10.1995 – Kalanke-Urteil, JZ 1996, S. 196 m. Anm. v. *Christian Starck.*.

[14] EuGH v. 11.11.1997 – Marschall-Urteil, JZ 1998, S. 139 ff. mit Anm. von *Starck;* EuGH vom 28.03.2000 – Badeck-Urteil, JZ 2000, S. 667 ff. mit Anm. von *Starck.* Zur Notwendigkeit einer europarechtskonformen Interpretation des Art. 3 Abs. 2 GG vgl. *Claus Dieter Classen*, Wie viele Wege führen zur Gleichberechtigung von Männern und Frauen?, in JZ 1996, S. 921, 930. Quoten halten für unzulässig z. B. *Jörn Ipsen*, Staatsrecht II, Rn. 822; *Di Fabio* (Anm. 12), S. 441 ff.; OVG Münster, NVwZ 1996, S. 494 f.

[15] *Werner Heun*, in: Dreier, Grundgesetz, Bd. 1, Art. 3, Rn. 113, er will aber flexible Quoten zulassen, die keine zwingende, automatische Bevorzugung für Frauen zusehen.

Staatliche Maßnahmen zur Förderung der tatsächlichen Durchsetzung der Gleichberechtigung der Frauen mit den Männern müssen also ihrerseits mit den Grundrechten einschließlich Art. 3 Abs. 2 Satz 1 im Einklang stehen, auf den sich Männer ebenso berufen können wie Frauen. Das verfassungsrechtliche Problem besteht darin, Regelungen zu erlassen, die die Chancengleichheit der Frauen sichern, aber im Ergebnis das Recht der einzelnen Männer auf Gleichberechtigung nicht verletzen. Die Frage kann nicht pauschal, sondern nur für die einzelnen Regelungen am Maßstab der einschlägigen Verfassungsnormen beantwortet werden.[16] Eine gesetzliche Pflicht, eine bestimmte Quote Frauen anzustellen, würde gegen die Vertragsfreiheit oder gegen die verfassungsrechtliche Regelung über den Zugang zu öffentlichen Ämtern verstoßen.

Die Chancengleichheit, das heißt die Ausgangslage der Frauen, kann dadurch verbessert und kompensatorisch der Situation der Männer angeglichen werden, dass im Öffentlichen Dienst z. B. Geburten und Erziehungsjahre angerechnet werden. Geburten beruhen auf biologischem Unterschied. Erziehungszeiten werden nicht geschlechtsspezifisch, sondern sozial-gesellschaftlich in der Regel von Frauen wahrgenommen und können deshalb rechtlich als geschlechtsneutral formuliertes Kriterium herangezogen werden, das faktisch zugunsten von Frauen wirkt. Andere Mittel zur Förderung der Chancengleichheit sind: Flexible familiengerechte Gestaltung von Arbeitsplätzen und Arbeitszeit, wozu auch Halbtagsarbeit gehört, sowie die Förderung der beruflichen Wiedereingliederung von Frauen nach Geburt und (geschlechtsneutral formuliert) nach Kindererziehung. Aber auch organisatorische Maßnahmen kommen in Betracht, wie Frauenbeauftragte, Berichte usw.[17] Die Frauen müssen sich, auch wenn sie in vielen Bereichen des Öffentlichen Dienstes noch unterrepräsentiert sind, den Zugangsvoraussetzungen in Konkurrenz mit den Männern stellen. Erst im Laufe der Zeit wird eine weitgehende faktische Gleichstellung von Männern und Frauen eintreten, die für die Lehrerberufe im Beamtenstand bereits zugunsten der Frauen ausgeschlagen ist.

Der durch das Staatsziel des Art. 3 Abs. 2 Satz 2 zum Ausdruck gebrachte Auftrag, die tatsächliche Durchsetzung der Gleichberechtigung zu fördern, rechtfertigt es z. B., Frauen bei der Förderung selbständiger Betriebsgründungen im Handwerk durch Subventionen günstigere Bedingungen einzuräumen, als Männern. Frauen wurde eine Frist von fünf Jahren nach Bestehen der Meisterprüfung eingeräumt, Männern dagegen nur eine Frist von zwei Jahren. Damit werden – pauschal betrachtet – vor allem berufliche Nachteile der Frauen in der Zeit der Familiengründung ausgeglichen.[18]

---

[16] *Hans-Joachim Mengel*, Maßnahmen „Positiver Diskriminierung" und Grundgesetz, in: JZ 1982, S. 530, 535.

[17] Aus der umfangreichen Literatur s. vor allem *Ursula Köbl*, Welche Maßnahmen empfehlen sich, um die Vereinbarkeit von Berufstätigkeit und Familie zu verbessern?, JZ 1994, 840, 843 ff.; *Ulrike Bumke*, Art. 3 GG in der aktuellen Verfassungsreformdiskussion zur ergänzenden Änderung des Art. 3 Abs. 2 Grundgesetz, in: Der Staat, 32 (1993), S. 117, 124 f.; *Hans-Werner Laubinger*, VerwArch 87 (1996), S. 473, 532 f.; *Osterloh* (Anm. 8), Art. 3, Rn. 282.

[18] BVerwG, DVBl. 2003, S. 139, 141.

V. Differenzierungserlaubnisse

Die speziellen Differenzierungsverbote des Art. 3 Abs. 2, 3 erlauben ausnahmsweise Differenzierungen, wovon einige schon genannt worden sind. Die Rechtsgleichheitsgarantie (Art. 3 Abs. 2 Satz 1 GG) darf nicht zum Nachteil der Frau angewandt werden, soweit es um deren Schutz geht, der an die biologisch-geschlechtlichen Besonderheiten der Frau anknüpft. Das Differenzierungsverbot gilt nicht im Hinblick auf Sachverhalte, die nur bei der Frau verwirklicht werden können, wie Schwangerschaft, Gebären, Stillen. Hingegen können nicht aus einer angeblich schwächeren körperlichen Konstitution der Frau allgemeine rechtliche Folgerungen gezogen werden. Die Andersartigkeit der Frau muss einen konkreten Bezug zum geregelten Sachverhalt haben. So sei ein Nachtarbeitsverbot für Frauen unvereinbar mit der Rechtsgleichheit, da arbeitsmedizinische Untersuchungen ergeben hätten, dass Frauen aufgrund ihres Geschlechts durch Nachtarbeit nicht stärker beeinträchtigt würden als Männer. Das Argument, dass Frauen durch Nachtarbeit stärker beeinträchtigt werden wegen ihrer zusätzlichen Belastung durch Hausarbeit und Kindererziehung ließ das Bundesverfassungsgericht nicht gelten, da es nicht geschlechtsspezifisch, sondern rollenspezifisch begründet sei[19]. Schwangerschaft, Geburt und Stillzeit stehen unter dem besonderen Schutz der Verfassung in Art. 6 Abs. 4 GG (jede Mutter hat Anspruch auf den Schutz und die Fürsorge der Gemeinschaft) und erlauben Differenzierungen. Ein Minimum an Schutz ist sogar geboten (Differenzierungsgebot des Art. 6 Abs. 4 GG). Schutzvorschriften müssen so gestaltet werden, dass sie sich nicht faktisch diskriminierend auswirken, z. B. für die Einstellungsvoraussetzungen von Frauen im gebärfähigen Alter.

VI. Abschließende Bemerkungen

Die kurze Darstellung der Entwicklung der Gleichberechtigung von Männern und Frauen, seit dem Beginn des 20. Jahrhunderts, in Deutschland seit 1919 zeigt deutliche Stufen: 1919 grundsätzlich gleiche staatsbürgerliche Rechte, 1949 allgemeine Gleichberechtigung, 1994 Staatsziel „fördern". Insgesamt möchte ich das Ergebnis dieser Entwicklung als eine Errungenschaft der Rechtskultur bezeichnen. Diese würde allerdings durch rechtlich vorgeschriebene Quoten gestört. Quoten zur Herstellung faktischer Gleichheit sind freiheitsfeindlich. Im Rahmen der grundrechtlich garantierten Freiheit der Ausbildung, der Berufswahl (Art. 12 Abs. 1 GG) und fairer Auswahlverfahren (Art. 3, 33 Abs. 2 GG) und des Staatsziels des Art. 3 Abs. 2 Satz 2 GG wird die Errungenschaft voll zur Geltung kommen.

---

[19] BVerfGE 85, 191, 210.

5. Kapitel

Die Gewährleistung der Menschenwürde in der Biowissenschaft*

I. Biowissenschaftliche Praxis

1. Erzeugung von Embryonen außerhalb des weiblichen Körpers

Die Fortpflanzungsmedizin ist seit einigen Jahren in der Lage, die Zeugung eines Menschen außerhalb des weiblichen Körpers in der Retorte (*in vitro*) zu veranstalten, wo weibliche Eizelle und männliche Samenzelle verschmelzen. Der so entstandene Embryo wird dann in die Gebärmutter der Frau „eingepflanzt“, von der die Eizelle stammt. Ziel dieser Methode ist es, körperliche Defekte der Zeugungswilligen, z. B. eine Eileiterfehlfunktion, zu überwinden und eine Schwangerschaft herbeizuführen. Der *in vitro* erzeugte Embryo hat den in sich selbst liegenden Zweck, d. h. den Selbstzweck, nach Einnistung im Uterus der Frau, von der die Eizelle stammt, sich als Mensch zu entwickeln.[1] Die Bundesärzte-

---

* Aus: Revista catalana de dret públic, núm. 36 (2008), p. 79–100.

[1] *Christian Starck*, „Die künstliche Befruchtung beim Menschen. Verfassungsrechtliche Fragen“. Gutachten A für den 56. Deutschen Juristentag, Verhandlungen Bd. I, München

kammer e.V. als Spitzenorganisation der verfassten deutschen Ärzteschaft spricht in der Richtlinie zur Durchführung von In-vitro-Fertilisation und Embryotransfer von einer Behandlungsmethode der menschlichen Sterilität. Diese Zweckbestimmung schließt eine andere Verwendung des *in vitro* erzeugten Embryos als zur Einpflanzung in den weiblichen Körper aus. Obgleich zu Heilungszwecken entwickelt, schuf die In-vitro-Fertilisation die Möglichkeit, die Zeugung eines Menschen und das Ergebnis der Zeugung unter Kontrolle zu bringen.

2. *Präimplantationsdiagnostik*

Damit ist ein weites neues Feld der Medizin eröffnet worden. Die Zeugungsingredienzien und nach der Zeugung die befruchtete Eizelle können unter dem Mikroskop diagnostiziert und selektiert werden. Dabei kam der Gedanke der Präimplantationsdiagnostik auf. Ein Philosoph hat geschrieben, dass die In-vitro-Fertilisation nur zu verantworten sei, wenn man die befruchtete Eizelle zunächst diagnostiziere und im Fall genetischer Schäden nicht einpflanze.[2] Mit der Präimplantationsdiagnostik wird der Zweck der In-vitro-Fertilisation verändert auf die Einpflanzung eines unter genetischen Gesichtspunkten diagnostizierten und einer Selektion unterworfenen Embryos. Damit wird die In – vitro – Fertilisation auch interessant für Paare, die zwar auf natürlichem Wege zeugungsfähig sind, aber wegen eines erhöhten Risikos, erbkranken Nachwuchs zu erzeugen, eine Präimplantationsdiagnostik wünschen.

3. *Forschung mit embryonalen Stammzellen*

Maßnahmen der Fortpflanzungsmedizin werfen „Material" für die Forschung der Biowissenschaft ab. So sollen befruchtete Eizellen, also Embryonen, als Forschungsmittel zu dem Zweck benutzt werden, schwere Krankheiten, insbesondere Erbkrankheiten, heilen zu lernen oder vielleicht gar in Zukunft „bessere Menschen" zu züchten. Embryonen, die sich im Stadium der Blastozyste befinden (5. bis 6. Tag), können Stammzellen entnommen werden. Embryonale Stammzellen sind Urzellen, aus denen der Organismus entsteht. Sie können sich über einen langen Zeitraum hinweg vermehren. Daher genügen wenige Embryonen zur Herstellung vieler Stammzellen. Die daraus sich entwickelnden Stammzelllinien vermögen sich in ein breites Spektrum von Gewebearten zu differenzieren, z. B. Herzmuskelgewebe, Lebergewebe, Knochenmark usf. Bei der Gewinnung von Stammzellen werden Embryonen „verbraucht", d. h. abgetötet. Es geht dabei zunächst um Forschung. Die Einpflanzung solcher Gewebe in Patienten ist noch ungeklärt.

1986, S. 30 f., wiederabgedruckt in: *Christian Starck*, Freiheit und Institutionen, Tübingen 2002, S. 106 f.

[2] *Volker Gerhardt*, „Der Mensch wird geboren", in: Merkur, Heft 625, Stuttgart 2001, S. 38, 47.

4. Therapeutisches Klonen

Beim sogenannten therapeutischen Klonen (griech. *Klón* = Sprössling), das verharmlosend auch „Zellkerntransplantation" genannt wird[3], wird der Zellkern einer Körperzelle des zu behandelnden Patienten in eine entkernte, unbefruchtete Eizelle übertragen, die sich in der Metaphase der zweiten Reifeteilung befindet. Unter der Voraussetzung, dass die Membranen von Körperzelle des Patienten und Empfängereizelle eng und in ausreichendem Umfang aneinanderliegen, kann durch Anlegen geeignete elektrischer Pulse eine lokal begrenzte Fusion der beiden Membranen erreicht werden. Bei dieser ungeschlechtlichen Fortpflanzung entsteht eine neue totipotente Zelle, die eine embryonale Entwicklung beginnt.[4] Mittels dieser Methode hofft man, embryonale Stammzellen mit dem Erbgut des Patienten zu erhalten, von dem die Körperzelle stammt. Damit würde man Gewebe und Organe mit dem für den Patienten charakteristischen Merkmalen gewinnen, die keine Abwehrreaktion des Körpers auslösen. Durch die Entnahme der für die Therapie notwendigen Stammzellen kommt es zum Verbrauch des auf ungeschlechtliche Weise erzeugten Embryos. Die Einschleusung von Stammzellen in das kranke Organ des Patienten führt möglicherweise zu Tumoren, weshalb diese Technik (noch) nicht zu Heilzwecken praktisch angewandt wird. Erfolgsberichte aus Südkorea (Mai 2005) erwiesen sich alsbald als Schwindel des Professors Woo Suk Hwang.

Diese Technik des therapeutischen Klonens wirft als weiteres Problem auf, dass weibliche Eizellen begehrt sind. Die Gewinnung geeigneter Eizellen verlangt, dass die Eizellen möglichst jungen Frauen durch chirurgischen Eingriff entnommen werden.[5] Dazu gehört eine medikamentöse Stimulierung, eine Ausweitung des Bauchraumes mit CO_2-Gas, eine Verbesserung des Zugangs zu den Eierstöcken, der Einsatz von Instrumenten zur Entnahme der Eizellen. Dies alles setzt eine Vollnarkose voraus.

Nach Zeitungsberichten hat die britische Aufsichtsbehörde *Human Fertilisation and Embryology Authority (HFEA)* am 21. Februar 2007 bekannt gegeben, dass Frauen künftig Eizellen für die Forschung spenden dürfen. Großbritannien ist das erste Land in der Europäischen Union, das eine solche Praxis legalisiert, um den Zugriff von Stammzell- und Klonforschern auf weibliche Eizellen zu erleichtern. Die Bezahlung der Eizellspende ist verboten. Handel mit und damit Kommerzialisierung von menschlichen Eizellen sollen ausgeschlossen werden.

---

[3] Vgl. das Protestschreiben von 40 amerikanischen Nobelpreisträgern gegen das in den USA damals geplante gesetzliche Verbot des Klonens von Menschen, siehe Frankfurter Allgemeine Zeitung (FAZ) vom 15.04.2002/Nr. 87, S. 43.

[4] Zur Darstellung der Vorgänge siehe Bericht zur Frage eines gesetzgebenden Handlungsbedarfs beim Embryonenschutzgesetz auf Grund der beim Klonen von Tieren angewandten Techniken und der sich abzeichnenden weiteren Entwicklung, in: *Deutscher Bundestag*, Drucksache 13/11263 vom 26.06.1998, S. 8.

[5] Vgl. die Beschreibung durch *Lieselotte Mattler*, „Medizinisch-gynäkologische Aspekte der In-vitro-Fertilisation und des Embryotransfers beim Menschen", in: Ulrich Jüdes (Hrsg.), In-vitro-Fertilisation und Embryotransfer, 1983, S. 53 ff.

Altruistische Beweggründe werden vorausgesetzt. Im Sommer 2007 hörte man aus Großbritannien als weitere, gewissermaßen überholende Neuigkeit, dass die oben genannte HFEA einen Weg gefunden hat, auf dem die Forscher nicht mehr auf menschliche Eizellen angewiesen sind. Es sollen nämlich Eizellen von Kühen entkernt und auf die oben beschriebene Weise mit Körperzellen von Patienten zusammengebracht und ein Embryo erzeugt werden, der nach Gewinnung der Stammzellen, was innerhalb von 14 Tagen zu geschehen hat, absterben soll. Eine entkernte Eizelle einer Kuh ist kein bloßes Gefäß, sondern bleibt zu einem gewissen Promillesatz tierisch, es sind die Mitochondrien mit mitrochondrialer DNA, die die genetische Entkernung überleben.

5. Fazit

Die hier dargestellten Praktiken laufen in der Regel darauf hinaus, *in vitro* erzeugten menschlichen Embryonen die Chance der Entwicklung als Mensch im Uterus einer Frau zu nehmen: Präimplantationsdiagnostik führt zur Selektion, d. h. zur Verwerfung von Embryonen aus eugenischen oder sonstigen Gründen. Stammzellenforschung und therapeutisches Klonen führen zum Verbrauch, d. h. zur Vernichtung geschlechtlich oder ungeschlechtlich erzeugter Embryonen. Soweit tierische Eizellen verwendet werden, kann ein lebensfähiger Embryo nicht entstehen.

II. Reaktionen des Gesetzgebers in Deutschland und der Verfassungsgeber in anderen europäischen Staaten und des Völkerrechts

Die hier geschilderten Praktiken riefen bereits zum Ende der achtziger Jahre des letzten Jahrhunderts den Gesetzgeber in Deutschland auf den Plan, der nach langen Diskussionen 1990 das Embryonenschutzgesetz erließ.[6] Das Gesetz enthält strafrechtlich bewehrte Verbote folgender Handlungen: (1) Die In-vitro-Fertilisation zu anderen Zwecken, als die Schwangerschaft der Frau herbeizuführen, von der die Eizelle stammt (§ 1 Abs. 1 Nr. 2); damit wird eine strenge Konnexität zwischen künstlicher Befruchtung und Einpflanzung der Embryonen in die Gebärmutter festgelegt, die jede andere Verwendung des *in vitro* erzeugten Embryos abweist. Daraus folgen zwingend die Verbote, (2) mehr Eizellen zu befruchten, als der Frau innerhalb eines Zyklus eingepflanzt werden sollen (§ 1 Abs. 1 Nr. 5), sowie (3) die Erbinformationen (Klonen) eines Menschen, eines Verstorbenen, eines Fötus oder eines Embryos auf einen (anderen) Embryo zu übertragen (§ 6 Abs. 1). Als Embryo bezeichnet das Gesetz in § 8 Abs. 1 „die befruchtete, entwicklungsfähige menschliche Eizelle vom Zeitpunkt der Kernverschmelzung an, ferner jede einem Embryo entnommene totipotente Zelle, die sich bei Vorlie-

[6] Gesetz v. 13.12.1990 (BGBl. I, S. 2747).

gen der dafür erforderlichen weiteren Voraussetzungen zu teilen und zu einem Individuum zu entwickeln vermag". 2011 ist durch Gesetzesergänzung die Präimplatationsdiagnostik unter bestimmten Voraussetzungen zugelassen worden.

In der Schweiz enthält die Verfassung von 1999 in Art. 119 detaillierte Bestimmungen über Fortpflanzungsmedizin und Gentechnologie im Humanbereich. Allgemein heißt es, dass der Mensch vor Missbräuchen der Fortpflanzungsmedizin und der Gentechnologie geschützt ist. Der Bund wird aufgefordert, Vorschriften über den Umgang mit menschlichem Keim- und Erbgut zu erlassen und dabei dafür zu sorgen, dass Menschenwürde, Persönlichkeit und Familie geschützt werden. Dabei hat er folgende sieben Grundsätze zu beachten:

- Alle Arten des Klonens und Eingriffe in das Erbgut von menschlichen Keimzellen und Embryonen sind unzulässig.
- Nichtmenschliches Keim- und Erbgut darf nicht in menschliches Keimgut eingebracht oder mit ihm verschmolzen werden.
- Die Verfahren der medizinisch unterstützten Fortpflanzung dürfen nur angewendet werden, wenn die Unfruchtbarkeit oder die Gefahr der Übertragung einer schweren Krankheit nicht anders behoben werden kann, nicht aber um beim Kind bestimmte Eigenschaften herbeizuführen oder um Forschung zu betreiben; die Befruchtung menschlicher Eizellen außerhalb des Körpers der Frau ist nur unter den vom Gesetz festgelegten Bedingungen erlaubt; es dürfen nur so viele menschliche Eizellen außerhalb des Körpers der Frau zu Embryonen entwickelt werden, als ihr sofort eingepflanzt werden können.
- Die Embryonenspende und alle Arten von Leihmutterschaft sind unzulässig.
- Mit menschlichem Keimgut und mit Erzeugnissen aus Embryonen darf kein Handel getrieben werden.
- Das Erbgut einer Person darf nur untersucht, registriert oder offenbart werden, wenn die betroffene Person zustimmt oder das Gesetz es vorschreibt.
- Jede Person hat Zugang zu den Daten über ihre Abstammung.

Diese ungewöhnlich detaillierte Regelung in der Verfassung, die dem deutschen Embryonenschutzgesetz ähnelt, beruht auf der schweizerischen Volksgesetzgebung. Insoweit stellt die Schweiz eine Ausnahme dar. Freilich finden sich in Verfassungen anderer europäischer Staaten vereinzelt auch Spezialgarantien im Bereich der Biowissenschaften. So schützt Art. 5 Abs. 5 der Griechischen Verfassung die genetische Identität der Person und überträgt dem Gesetzgeber den diesbezüglichen Schutz der Person gegen biomedizinische Eingriffe. Nach Art. 26 Abs. 3 der Portugiesischen Verfassung garantiert das Gesetz die persönliche Würde und die genetische Identität der Persönlichkeit, insbesondere im Zusammenhang mit der Entwicklung und Verwendung von Technologien und im wissenschaftlichen Versuch.

Die Europäische Grundrechte-Charta nimmt diese Regelungstypik auf, indem sie in Art. 3 Abs. 2 vorschreibt, dass im Rahmen der Medizin und der Biologie u. a. Folgendes beachtet werden muss:

- das Verbot eugenischer Praktiken, insbesondere derjenigen, welche die Selektion von Menschen zum Ziele haben,

- das Verbot, den menschlichen Körper und Teile davon als solche zur Erzielung von Gewinnen zu nutzen,
- das Verbot des reproduktiven Klonens von Menschen.

Zum Teil greift diese Formulierung auf das Übereinkommen des Europarates über Menschenrechte und Biomedizin vom 4. April 1997 zurück, das 1999 in Kraft getreten und inzwischen von 20 Staaten ratifiziert worden ist. Dieses Übereinkommen verbietet ausdrücklich die Erzeugung menschlicher Embryonen zu Forschungszwecken (Art. 18 Abs. 2) und verlangt von der Rechtsordnung der Unterzeichnerstaaten einen angemessenen Schutz des Embryos, sofern die Forschung an Embryonen *in vitro* zugelassen wird (Art. 18 Abs. 1). In einem Zusatzprotokoll vom 12. Januar 1998 wird das Klonen von menschlichen Lebewesen verboten. In einem weiteren Zusatzprotokoll zum Übereinkommen über Menschenrechte und Biomedizin über biomedizinische Forschung v. 25. Januar 2005 heißt es in Art. 1 Abs. 2 überraschend, dass das Protokoll auf Forschung von Embryonen *in vitro* nicht anwendbar sei. Deutschland hat die genannten Übereinkommen des Europarates nicht unterzeichnet, weil der Embryonenschutz ungenügend ist.

Eine nähere Betrachtung des Art. 3 Abs. 2 Grundrechte-Charta ergibt, dass das Verbot eugenischer Praktiken „Strategien generationsübergreifender Optimierung des menschlichen Genpools erfasst", besonders Keimbahninterventionen.[7] Das Selektionsverbot erfasst die Präimplantationsdiagnostik.[8] Das Verbot reproduktiven Klonens umfasst nicht andere Zwecke des Klonens, was sich auch aus den Erläuterungen des Präsidiums des EU-Konvents zur Charta ergibt.

Die hier angeführten völkerrechtlichen Normen regeln punktuell durch einzelne Verbote Grenzen der biowissenschaftlichen Verfahren. Es besteht Forschungs- bzw. Behandlungsfreiheit außerhalb der einzelnen Verbote, die freilich zumeist erst noch interpretiert und in ihrem inhaltlichen Umfang ausgemessen werden müssen. Da die Thematik der vorliegenden Abhandlung auf die Menschenwürde verweist, ist als nächster Schritt der Maßstabcharakter der Menschenwürdegarantie für die Praxis der Biowissenschaft zu untersuchen.

III. Maßstabcharakter der Menschenwürde

1. Befund in Verfassungen europäischer Staaten und in völkerrechtlichen Menschenrechtsgarantien

Sieht man von einer frühen Erwähnung der Menschenwürde in der Präambel der irischen Verfassung von 1937 ab, so treten Menschenwürdegarantien erst nach

[7] *Wolfram Höfling*, in: Tettinger/Stern (Hrsg.), „Europäische Grundrechte-Charta", 2006, Art. 3 Rn. 19 m. w. N.

[8] *Stefan Rixen*, in: Heselhaus/Novak (Hrsg.), „Handbuch der Europäischen Grundrechte", 2006, § 11 Rn. 31; a. A. *Christian Calliess*, in: Calliess/Ruffert, EUV/EGV, 3. Aufl. 2007, Art. 3 GRCh Rn. 14.

dem Zweiten Weltkrieg in den Verfassungen auf.[9] Die italienische Verfassung (1947) erwähnt in Art. 41 die Würde des Menschen bloß im Zusammenhang mit der freien privatwirtschaftlichen Initiative, die nicht im Gegensatz zum Gemeinwohl oder in einer Weise ausgeübt werden dürfen, die der Sicherheit, der Freiheit und der Würde des Menschen schade. Sie knüpft damit an Art. 151 der Weimarer Reichsverfassung (1919) an, wonach die Ordnung des Wirtschaftslebens den Grundsätzen der Gerechtigkeit mit dem Ziel der Gewährleistung eines menschenwürdigen Daseins für alle entsprechen müsse.

Diese auf das Arbeits- und Wirtschaftsleben bezogenen Menschenwürdegarantien werden nach dem Zweiten Weltkrieg ins Allgemeine gehoben und erscheinen in den Verfassungen an prominenter Stelle als Grundlage der politischen Ordnung (so Art. 1 Abs. 1 GG und Art. 10 Abs. 1 der Spanischen Verfassung) oder als Fundamentalnormen, durch die zum Ausdruck gebracht wird, dass der Staat um des Menschen willen da ist.[10] Die vor dem Grundgesetz erlassenen deutschen Landesverfassungen von Bayern, Hessen, Bremen, Rheinland-Pfalz und dem Saarland enthalten ebenso wie das Grundgesetz Würdegarantien, die als unmittelbare Reaktion auf die nationalsozialistische Menschenverachtung zu verstehen sind. Die Allgemeine Erklärung der Menschenrechte, 1948 von der Generalversammlung der Vereinten Nationen beschlossen, spricht in der Präambel von der „allen Mitgliedern der menschlichen Familie innewohnenden Würde". Diese Klausel ist in die Präambel des Internationalen Paktes über bürgerliche und politische Rechte (1966) übernommen worden. In den Verfassungen westeuropäischer Staaten, die seit 1975 neu erlassen oder durchgehend revidiert worden sind, finden sich Menschenwürdegarantien: Schweden Kapitel 1 § 2 Abs. 1 (1975), Griechenland Art. 2 (1975), Portugal Art. 1 (1976), Spanien Art. 10 Abs. 1 (1978), Schweiz Art. 7 (1999), Finnland Art. 1 Abs. 2 (2000), Europäische Grundrechte Charta Art. 1 (2003). Klauseln über den Schutz der Menschenwürde enthalten auch einige Verfassungen der 2004 der Europäischen Union beigetretene mitteleuropäische Staaten: Lettland Art. 95 (1992), Litauen Art. 21 Abs. 2 (1992), Polen Art. 30 (1997), Slowakei Art. 12 Abs. 1, 19 (1992).

In den meisten Verfassungen heißt es, dass der Staat die Menschenwürde zu achten und zu schützen habe. Wo es nur „schützen" heißt, schließt dies die Achtung ein. Wenn es nämlich Aufgabe des Staates ist, die Menschenwürde gegen Angriffe Dritter zu schützen, muss er selbst sie achten. Wo es nur „achten" heißt, schließt dies die Aufgabe des Schutzes ein, zumal die Durchsetzung der Achtung durch Dritte staatlichen Schutz bedeutet. Wenn Verfassungen die Menschenwürde für unverletzlich erklären oder sie als Grundlage der politischen Ordnung bezeichnen, folgt daraus, dass sie geachtet und geschützt werden muss.

---

[9] Die Sammlung Religión y libertades fundamentales en los países de Naciones Unidas: lextos constitucionales, Granada 2003, hrsg. v. *Ana Mª. Vega Guttierrez* weist 82 Verfassungen nach, in denen die Menschenwürde oder die Heiligkeit der menschlichen Person verbürgt ist.

[10] *Christian Starck*, in: v. Mangoldt/Klein/Starck, „Grundgesetz Kommentar", 5. Aufl. 2005, Bd. I, Art. 1 Rn. 1.

2. Herkunft, Zweck und Gehalt der Garantie

a) Geistesgeschichtliche Grundlagen

Menschenwürde ist also ein Begriff des positiven Verfassungsrechts. Der Begriff kann allerdings nicht ohne Rücksicht auf seine geistesgeschichtlichen Wurzeln verstanden und rechtsdogmatisch handhabbar gemacht werden. Viele Grundbegriffe des positiven Rechts, die keine Schöpfungen des Augenblicks sind, können nur aus ihren geistesgeschichtlichen Wurzeln und ihrer systematischen Stellung in der Verfassung richtig verstanden werden. Mit dem Hinweis auf ein von subjektiven Wertvorstellungen geleitetes Naturrecht[11] kann man diese unverzichtbaren Interpretationsgrundlagen nicht beiseite schieben. Ebenso wenig wie eine Bezugnahme auf ein philosophisches Gebäude ist skeptische Resignation über die Vielgestaltigkeit philosophischer Menschenbilder ein geeigneter Ausgangspunkt für die Verfassungsinterpretation. Die hohe Bedeutung des einzelnen Menschen als Individuum in der abendländischen Zivilisation unterscheidet diese von anderen Hochkulturen. Da die abendländische Zivilisation entscheidend vom Christentum geprägt ist, liegt es nahe, die Wurzeln der Menschenwürdegarantie im Christentum zu suchen. Dabei ist freilich nicht zu erwarten, dass dort der Rechtsbegriff der Würde des Menschen oder gar deren rechtliche Garantie aufgespürt werden kann. Es geht vielmehr um die geistigen Voraussetzungen oder – bildlich gesprochen – um die Keime für die spätere Herausbildung der verfassungsrechtlichen Menschenwürdegarantie.[12]

Diese Voraussetzungen sind im christlichen Menschenbild zu sehen. Auch wenn dieses Menschenbild einflussreichen zeitgenössischen geistigen Strömungen nicht entspricht, so kann es doch bei der Ermittlung unseres auf die Gegenwart wirkenden geistigen Erbes nicht unbeachtet bleiben. Die hohe Bewertung des einzelnen Menschen beruht auf der biblisch begründeten Vorstellung, dass der Mensch als Ebenbild Gottes geschaffen worden ist[13] und dass er eine persönliche Beziehung zu Gott hat, die in der Unsterblichkeit seiner Seele und in seiner Verantwortung vor Gott zum Ausdruck kommt. Die Freiheit des Menschen als Zentralbegriff der christlichen Theologie ist Individualfreiheit, sie gründet in der Unfertigkeit und Offenheit des Menschen.[14] Diese sind nicht nur Fundament der Freiheit, sondern auch der Gleichheit und Brüderlichkeit, weil alle Menschen gleichermaßen Ebenbilder Gottes sind. Menschenwürde ist Basis für die Selbstbestimmung des Menschen, und zwar auf der Grundlage des Eigenwertes jedes Menschen, also auch des Mitmenschen, mit dem man in Berührung kommt. Die-

---

[11] *Mathias Herdegen*, in: Maunz/Dürig, „Grundgesetz“, Art. 1 Abs. 1 Rn. 7–12, 17 (2005).

[12] *Christian Starck*, „Freiheit und Institutionen“, 2002, S. 29, 40 ff.; *ders.*, „Die philosophischen Grundlagen der Menschrechte“, in: Festschrift für Peter Badura, 2004, S. 533, 536 ff., in diesem Band 1. Kapitel des Zweiten Teils, S. 119, 121 ff.; *Christoph Enders*, „Die Menschenwürde in der Verfassungsordnung“, 1997, S. 177 ff.

[13] Gen. 1, 27; Eph. 4, 24.

[14] Dazu aus neuzeitlicher Sicht *Karl Jaspers*, „Die geistige Situation unserer Zeit“, 5. Aufl. 1932 (Nachdruck 1979), S. 135 ff.: „... der Mensch ist mehr, als er von sich weiß.“.

sem Menschenbild entspricht es, dem einzelnen Menschen von Rechts wegen nicht nur Würde zuzumessen, sondern diese rechtlich zu gewährleisten, d. h. von den Staatsorganen zu achten und vor Bedrohung durch Dritte zu schützen.

Stellt somit das biblisch-theologische Menschenbild einen Keim für die Herausbildung der Menschenwürdegarantie dar, so ist mit ebenso großem Nachdruck zu betonen, dass es für die Entstehung dieser Garantie weiterer Voraussetzungen bedurfte, die wir im Humanismus[15], in der Aufklärung, der Revolution und der Gesetzgebung erkennen.[16] Es handelt sich dabei um historische Kräfte, die entwicklungsgeschichtlich mit dem Christentum verbunden sind, selbst wenn sie gegen Kirche und theologisch-religiöse Praxis kämpften. Diese Entwicklung beruht auf einem Säkularisierungsprozess, in dem der theologische, metaphysisch orientierte Freiheits- und Würdebegriff für ein innerweltliches Konzept Pate stand. Deren strukturelle Verwandtschaft beruht auf der Betonung der Stellung des individuellen Menschen einmal Gott gegenüber, zum anderen der weltlichen Gemeinschaftsautorität gegenüber. Trennt man die Freiheitsposition des Menschen von ihrer theologischen Grundlage ab und säkularisiert sie, so kommt man zu der philosophischen Aussage Kants[17]: „... der Mensch kann von keinem Menschen ... bloß als Mittel, sondern muss jederzeit zugleich als Zweck gebraucht werden, und darin besteht eben seine Würde (die Persönlichkeit), dadurch er sich über alle anderen Weltwesen, die nicht Menschen sind und doch gebraucht werden können, mithin über alle Sachen erhebt."

Halten wir fest: Die Vorstellung von der Würde jedes einzelnen Menschen, die in zahlreiche Verfassungen Eingang gefunden hat, hat ihren Keim im christlichen Menschenbild und ist in einem komplizierten Säkularisierungsprozess philosophisch ausgearbeitet und rechtlich gesichert worden.[18] In dieser Entwicklungsstufe kann die Menschenwürdegarantie auch Staaten zur Grundlage ihrer Rechtsordnung dienen, die keine christlichen Wurzeln haben, wenn sie nur den Selbstzweck des menschlichen Individuums anerkennen. Mit der Menschenwürdegarantie sind Grenzen für die staatliche Macht gesetzt. Jeder weltliche Absolutheitsanspruch wird zurückgewiesen, auch für das Recht, das die Verhältnisse der Menschen untereinander regelt.

b) Zweck und normativer Gehalt der Garantie

Sehr deutlich hat der Berichterstatter im Parlamentarischen Rat, Professor Dr. Hermann v. Mangoldt, der spätere erste Kommentator des Grundgesetzes[19] in der 9. Sitzung am 6. Mai 1949 erklärt: „In Artikel 1 ist, um den ganzen Geist des

---

[15] *Giovanni Pico della Mirandola* (1463–1494), „Oratio de hominis dignitate", Bologna 1496, Ausgabe Opera omnia, hrsg. v. Wimpfeling, Straßburg 1504.

[16] Vgl. *Panajotis Kondylis*, Art. „Würde", in: Brunner/Conze/Koselleck (Hrsg.), Geschichtliche Grundbegriffe, Bd. VII, 1992, S. 658–675.

[17] *Kant*, „Metaphysik der Sitten (1797)", Tugendlehre § 38. Dazu *Karl-E. Hain*, „Die Grundsätze des Grundgesetzes", 1999, S. 214 ff.

[18] *Klaus Stern*, „Staatsrecht", Bd. III/1, 1988, S. 7 ff.; *Peter Unruh*, Der Verfassungsbegriff des Grundgesetzes, 2002, S. 341 ff.

[19] *Hermann von Mangoldt*, „Das Bonner Grundgesetz", 1953, S. 43.

neuen Staatswesens in seinem Gegensatz zu der im Mai 1945 vernichteten Staatsordnung darzutun, das Gebot der Achtung der Menschenwürde an den Anfang gestellt." Zugleich wehrt die Menschenwürdegarantie als oberstes Konstitutionsprinzip für die Zukunft auch jedes Regierungssystem ab, das dem konkreten Menschen den Respekt verweigert und ihn in einem kollektiven Zwangssystem aufgehen lässt. Die Menschenwürdegarantie am Eingang einer Verfassung stellt klar, dass der Staat um des Menschen willen da ist, somit die Menschenwürde die Wahrnehmung der Staatsaufgaben beeinflusst. Der Respekt gilt dem konkreten Menschen. Kollektivistische Vorstellungen, die das Endziel anstreben, mittels genetischer Manipulation „den wahren Menschen voller Würde" hervorzubringen, lassen sich nicht mit der verfassungsrechtlichen Garantie der Menschenwürde in Einklang bringen. Es kommt nicht auf das „humanistische" Endziel an, auch der Weg, auf dem das Ziel erreicht werden soll, muss human sein, d. h. die Würde des konkreten Menschen ist zu achten.

Die Menschenwürdegarantie richtet sich an den Gesetzgeber, vor allem im Hinblick auf die in ihr steckenden Schutzpflicht. Die Menschenwürde garantiert nicht alles ausdenkbare Gute, Angenehme und Nützliche, insbesondere kein Sozialprogramm, vielmehr geht es um eine elementare Garantie, die den Menschen davor schützen soll, durch den Staat oder durch seine Mitbürger als bloßes Objekt, das unter vollständiger Verfügung eines anderen Menschen steht, als Nummer eines Kollektivs, als Rädchen im Räderwerk behandelt zu werden. Die Objektformel, in der das Gesagte eingefangen ist, hat das Bundesverfassungsgericht von Kant entlehnt und mehrfach benutzt[20], sie lautet: „Handle so, dass du die Menschheit, sowohl in deiner Person als in der Person eines jeden anderen, jederzeit zugleich als Zweck, niemals bloß als Mittel brauchst"[21].

3. Träger der Menschenwürde

Das Bundesverfassungsgericht hat in seinen beiden Abtreibungsurteilen 1975 und 1993 entschieden, dass auch das ungeborene menschliche Leben unter dem Schutz der Menschenwürdegarantie steht.[22] Die Würde des Menschen liegt auch für das ungeborene Leben im Dasein um seiner selbst willen. Da für das Werden und das spätere Entfalten der Person das Leben existentielle Grundlage ist, umfasst die Würdegarantie den Lebensschutz, der im Grundgesetz (Art. 2 Abs. 2 Satz 1), in der Spanischen Verfassung (Art. 15) und in anderen Verfassungen (z. B. Irland Art. 40 Abs. 3 Nr. 2, Nr. 3 [ungeborenes Leben], Portugal Art. 24, Polen Art. 38, Ungarn Art. 54 Abs. 1, Estland Art. 16, Lettland Art. 93, Litauen Art. 19) gesondert gewährleistet ist. In den Abtreibungsurteilen ging es um den Schutz des im weiblichen Körper befindlichen Embryos, für den vor der Einnistung eine große Lebensunsicherheit besteht und dessen Existenz vor der Einnistung nicht

---

20 BVerfGE 27, 1, 6; 45, 178, 228; 87, 209, 228.

21 Kant, „Grundlegung der Metaphysik der Sitten" (1785), Ausgabe 1957 von K. Vorländer, S. 52.

22 BVerfGE 39, 1, 41; 88, 203, 252.

nachweisbar ist. Wegen dieser Umstände und weil die Abtreibungsgesetzgebung verfassungsrechtlich zu überprüfen war, erklärt sich die zurückhaltende Feststellung des Bundesverfassungsgerichts, dass das ungeborene Leben „zumindest" von der Nidation an den Schutz der Menschenwürde genieße. Immerhin heißt es in den beiden zitierten Urteilen: „Wo menschliches Leben existiert, kommt ihm Würde zu". Anders gewendet, kann man sagen: Träger der Menschenwürde sind alle Lebewesen, die von Menschen erzeugt worden sind. Diese weitestmögliche Definition der Trägerschaft der Menschenwürde ist kein biologistisch-naturalistischer Fehlschluss[23], sondern eine Wertung, die auf der notwendigen Bescheidung des Menschen beruht. Denn alle Abgrenzungen, die vertreten werden, führen dazu, dass der Gesetzgeber oder der Verfassungsinterpret Würde „zuschreibt" und „versagt".

Einschlägig interessierte Biowissenschaftler scheuen nicht davor zurück, die angebliche Unsicherheit über den Beginn des Lebens damit zu begründen, dass im orthodoxen Judentum heute noch die Enstehung des Lebens auf den 40. Tag nach der Empfängnis festgelegt wird, so wie früher die Kirche eine Beseelung am 40. Tag annahm. Diese theologische Vorstellung beruhte auf der Unkenntnis der Existenz der weiblichen Eizelle und der damit zusammenhängenden Annahme, dass der männliche Samen im weiblichen Körper eine Art Acker findet, in den er gesenkt wird und als Saat später aufgeht. Aus dieser Vorstellung erklärt sich auch die traditionelle Verwendung des aus der Botanik stammenden Wortes Samen (lateinisch *semen*, griechisch *sperma*). Danach hat das Kind nur eine biologische Beziehung zu seiner Mutter. Erst nach der Entdeckung der weiblichen Eizelle durch den Naturforscher Karl Ernst Ritter von Baer im Jahre 1827 konnte erkannt werden, daß die Zellkernfusion der Beginn des neuen individuellen Lebens ist und die Frau über ihren biologischen Anteil hinaus wie der Mann einen genetischen Anteil am Kind hat. Das ist übrigens eine für die Stellung der Frau in der Generationenfolge, der Familie und der Gesellschaft wichtige Erkenntnis.

Ebenso wie die durch wissenschaftliche Erkenntnis überholte 40-Tage-Grenze wäre die Geburt eine willkürliche Abgrenzung, da der Mensch am Ende der Schwangerschaft den Zeitpunkt der Geburt bestimmen kann. Wie will man begründen, dass einem lebensfähigen Fötus im Mutterleib kein Würdeschutz zukommt, wohl aber der gleichaltrigen Frühgeburt? Auch andere Grenzziehungen, die den Beginn des Menschenwürdeschutzes bestimmen sollen, haftet Willkür an: Lebensfähigkeit des Fötus, Ende des 3. Monats der Schwangerschaft, Beginn der Hirnentwicklung, Nidation. Die Willkürlichkeit der Nidation als Beginn des Würdeschutzes wird bestritten, weil erst der Steuerungsapparat der Mutter die „Befehle zur Embryogenese" gebe.[24] Die Willkürlichkeit ergibt sich jedoch bereits daraus, dass bei der In-vitro-Fertilisation es wiederum der Mensch ist, der über die Einpflanzung des Embryos entscheidet und damit über den Beginn des

---

[23] So aber *Horst Dreier*, in: Dreier, „Grundgesetz Kommentar", Bd. I, 2. Aufl. 2004, Art. 1 I, Rn. 66.

[24] *Jochen Taupitz*, „Der rechtliche Rahmen des Klonens zu therapeutischen Zwecken", *Neue Juristische Wochenschrift* 2001, S. 3438.

Menschenwürdeschutzes entscheiden würde. Wer gerade den Umstand, dass die Implantation, die vom Menschen abhängt, als Argument für die Zäsur benutzt[25], vergisst, dass zwischen In-vitro-Fertilisation und Einpflanzung des Embryos in die Gebärmutter der Frau, von der die Eizelle stammt, ein strenges, verfassungsrechtlich aber auch moralphilosophisch begründetes Konnexitätsverhältnis besteht. Das bedeutet, man kann nicht mit der „Unbehaustheit" des noch nicht eingenisteten Embryos argumentieren, um seine Entwicklungsfähigkeit in Frage zu stellen, und ihn als Rohstoff versachlichen und der Forschung anheimgeben.

4. *Der menschliche Embryo ist Person, nicht Sache*

Die In-vitro-Fertilisation hat die Vorstellung aufkommen lassen, dass die der Frau und dem Mann entnommenen Zeugungsingredienzien, die Eizelle und die Samenzelle, Sachen sind, die – im Reagenzglas vereinigt – ihre Sacheigenschaft nicht verlieren, allenfalls eine neuartige Sache werden.[26] Die Sprache, in der über in vitro befruchtete Eizellen gesprochen wird, zeigt dies deutlich: „Zellklumpen in einer Petrischale", „millimetergroße Zellwände" oder – nüchtern-wissenschaftlich ausgedrückt – die Relation zwischen Trophoblastzellen und Embryoblastzellen von 93 : 7 betonend.[27] Solche Betrachtungsweisen übersehen, dass die Zeugung eines Menschen auf einer Handlung beruht. Wird dieser Vorgang aus dem weiblichen Körper heraus in eine Retorte verlegt, um körperliche Fehlfunktionen der Zeugungswilligen zu überwinden, sind zwar die Zeugungszutaten getrennt von den zeugenden Personen. Dies ändert den Vorgang aber nicht qualitativ. Er bleibt ein Zeugungsakt. Jede andere Betrachtung der In-vitro-Fertilisation führt zu unlösbaren Schwierigkeiten. Versagt man nämlich der befruchteten Eizelle die Personenwürde und betrachtet sie folglich als Sache, so müsste begründet werden können, dass aus einer Sache irgendwann einmal eine Person werden kann, was philosophisch und juristisch unmöglich erscheint.[28]

Die Personeneigenschaft der befruchteten Eizelle wird dadurch infrage zu stellen versucht, dass im Anschluss an angelsächsische Literatur[29] bestritten wird,

---

[25] So *Rüdiger Wolfrum*, *Aus Politik und Zeitgeschichte* 2001, Nr. 27, S. 4; ihm folgend *Taupitz* (Anm. 24), S. 3438.

[26] Das oben unter II erwähnte Zusatzprotokoll des Europarates zum Übereinkommen über Menschenrechte und Biomedizin über biomedizinische Forschung v. Januar 2005 will nach der Präambel alle menschlichen Lebewesen schützen (siehe auch Artikel 1), schließt erstaunlicherweise aber Embryonen in vitro ausdrücklich aus (Artikel 2 Absatz 2 Satz 1).

[27] *Werner Heun*, Juristenzeitung 2002, S. 519.

[28] Dazu ausführlich *Christian Starck*, „Verfassungsrechtliche Grenzen der Biowissenschaft und Fortpflanzungsmedizin", in: JZ 2002, S. 1065, 1069 f.; *ders.*, „Der kleinste Weltbürger. Person, nicht Sache: Der Embryo", in: FAZ vom 25. April 2002/Nr. 96, S. 50; *Josef Isensee*, in: Höffe/Honnefelder/Isensee/Kirchhof, Gentechnik und Menschenwürde, 2002, S. 37, 52 f.; *E.-W. Böckenförde*, JZ 2003, S. 809, 811 f., der allerdings nicht mit dem Personbegriff argumentiert, im Ergebnis aber wie hier; *Jens Kersten*, „Das Klonen von Menschen", Tübingen 2004, S. 411 ff., 419 ff.; *Wolfgang Graf Vitzthum*, „Back to Kant! An Interjection in the Debate on Cloning and Human Dignity", in: Vöneky/Wolfrum (eds.), *Human Dignity and Human Cloning*, 2004, S. 87, 101.

[29] Nachweise und Darstellung bei *Heun*, JZ 2002, S. 519 ff.

dass schon aus der Zugehörigkeit des Embryos zur *species* Mensch, der Kontinuität seiner Entwicklung, der Potentialität, sich als Mensch zu entwickeln, und der Identität des genetischen Programms von Embryo und geborenem Menschen der Menschenwürdeschutz des Embryos begründet werden könne.

Das *Species-Argument* wird mit dem Argument zu entkräften versucht, dass der Embryo nicht die Fähigkeit zum moralischen Handeln habe. Da das auch für das Kleinkind gilt, dem unbestrittenermaßen Würdeschutz zukommt, ist das Species-Argument nicht widerlegt. Das Entscheidende ist, dass sich ein Embryo als Mensch entwickeln kann. Das gilt auch für ungeschlechtlich erzeugte Embryonen durch Zellkerntransfer oder Embryosplitting.

Das *Kontinuitätsargument* wird außer Kraft zu setzen versucht unter Hinweis auf das Übergewicht an Trophoblastzellen gegenüber Embryoblastzellen, auf Kontinuitäten schon vor Zellkernverschmelzung und auf die Kontinuität im Leben des geborenen Menschen, für das zahlreiche Zäsuren gelten (z. B. Volljährigkeit). Soweit die Gründe nicht an den Haaren herbeigezogen sind oder sofort erkennbar gänzlich neben der Sache liegen, ist festzustellen, dass das ganze Leben über das Individuum hinaus kontinuierlich ist. Die Verschmelzung der Vorkerne von Ei- und Samenzelle, die zu der „neuen zellulären Struktur in Form der sog. Zygote" führt[30], ist aber unter dem hier allein interessierenden Gesichtspunkt des Beginns *individuellen* menschlichen Lebens die entscheidende Zäsur. Das Potential zu einer individuellen Entwicklung ist erst mit der Kernverschmelzung gegeben und nicht bereits der Eizelle und der Samenzelle innewohnend. Erst nach dem Eindringen der Samenzelle in die Eizelle entscheidet sich, welcher der beiden mütterlichen Chromosomensätze an das neue Leben weitergegeben wird. Die Kontinuität in der Entwicklung des *in vitro* erzeugten Embryos wird nicht dadurch infrage gestellt, dass es noch der Einpflanzung in die Gebärmutter der Frau bedarf, von der die Eizelle stammt.[31]

Das *Potentialitätsargument* hängt mit dem Kontinuitätsargument zusammen. Es wird mit dem Argument *ad absurdum* zu führen versucht, dass ebenso wie der Embryo als späterer Grundrechtsträger ein Interesse habe, nicht im pränatalen Stadium getötet zu werden, „der Einzelne" ein Interesse habe, „nicht durch kontrazeptive Mittel an seiner Entstehung gehindert zu werden". Dabei wird geflissentlich übersehen, dass im zuletzt erwähnten Fall die „neue zelluläre Struktur in Form der sog. Zygote" noch nicht vorliegt, es also an der Grundgegebenheit fehlt, an die das Recht anknüpft. Die Potentialität des Embryos ist eine aktive Potentialität mit fertigem Programm, das nicht erst bei der Nidation vervollständigt wird. So verfügt der Embryo in seinem frühesten Stadium bereits über Instrumente zur Reparatur von Längenverlusten der Chromosomen, die bei der Zellteilung auftreten können.[32]

---

[30] So ausdrücklich *Heun*, JZ 2002, S. 519 r. Sp.

[31] Zur sog. Unbehaustheit des noch nicht implantierten Embryos siehe oben unter III 3 am Ende und *Kersten* (Anm. 28), S. 550 f.

[32] *Josef Wisser*, FAZ vom 20.07.2001, S. 44.

Das *Identitätsargument* wird damit bekämpft, dass die genetische Identität nicht genüge. Was den individuellen Menschen ausmache, komme dem Embryo noch nicht zu. Es fehle an der Entwicklung des Gehirns. Dabei wird wiederum geflissentlich übersehen, dass die Entwicklung des Gehirns im Embryo seit seiner Entstehung als Programm angelegt ist. Die genetische Identität mit der Möglichkeit der Zwillingsbildung zu bestreiten, ist wenig hilfreich; denn wegen der Möglichkeit der Zwillingsbildung sind gegebenenfalls zwei Personen zu schützen[33], die genetisch identisch sind und später als eigenständige Individuen Grundrechtsträger sind.

5. Was sagt Kant dazu?

Die Verfassungsgarantie der Menschenwürde steht, wie oben unter III 2 a bereits dargelegt, in einem geistesgeschichtlichen Horizont, der bei der Auslegung der Garantie berücksichtigt werden muss. Lesen wir Kant dazu:

Person wird von Kant als dasjenige Subjekt bezeichnet, „dessen Handlungen einer Zurechnung fähig sind. Die moralische Persönlichkeit ist also nichts anderes als die Freiheit eines vernünftigen Wesens unter moralischen Gesetzen". Dagegen ist *Sache* „ein Ding, was keiner Zurechnung fähig ist. Ein jedes Objekt der freien Willkür, welches selbst der Freiheit ermangelt, heißt daher Sache".[34]

Kant beschäftigt sich in der Metaphysik der Sitten mit dem Kind. Dort heißt es vom Kind im ersten Vierteljahr seines Lebens, dass es ihm vorgehaltene glänzende Gegenstände mit den Augen verfolge. Kant bezeichnet es als merkwürdig, dass das Kind, das sprechen kann, zunächst von sich in der dritten Person und erst später in der ersten Person als Ich rede: „Vorher fühlte es bloß sich selbst, jetzt denkt es sich selbst."

In der Metaphysik der Sitten behandelt Kant das Kind in den §§ 28 und 29 im Zusammenhang mit dem Elternrecht. Aus der Zeugung in der Gemeinschaft beider Geschlechter folge eine Pflicht der Erhaltung und Versorgung in Absicht auf ihr Erzeugnis.[35]

Die bisherigen Zitate aus der Metaphysik der Sitten zeigen, dass das Kind, noch bevor es Bewusstsein von sich selbst erlangt und bevor ihm Handlungen zugerechnet werden können, wegen der Fähigkeit, dies zu entwickeln, als Person begriffen wird. Da in fast allen Rechtsordnungen die Rechtsfähigkeit des Menschen mit der Vollendung der Geburt beginnt (z. B. § 1 BGB), besteht bezüglich der Personenwürde des Kindes weder moralphilosophisch noch rechtlich ein Zweifel.

Ist auch das noch nicht geborene Kind, der nasciturus, die Leibesfrucht, der Anlage nach Person? Jedenfalls das Schuldrecht, Familienrecht und besonders das Erbrecht enthalten zahlreiche Vorschriften, die dessen künftige Rechte

---

[33] Dazu wie hier *Kersten* (Anm. 28), S. 552 f. m. w. N.

[34] *Immanuel Kant*, „Metaphysik der Sitten" (1797), hg. von Karl Vorländer, Hamburg [4]1922, 26 f. (= Akadmie-Ausgabe Bd. VI, 223).

[35] *Kant*, „Metaphysik der Sitten" (Anm. 34), 94 f. (Akademie-Ausgabe, Bd. VI, 280).

sichern.[36] Kant begründet in der Metaphysik der Sitten (Rechtslehre § 28) die ursprünglich angeborenen Rechte des Kindes gegen seine Eltern mit dem Akt der Zeugung: „Denn da das Erzeugte eine *Person* ist, und es unmöglich ist, sich von der Erzeugung eines mit Freiheit begabten Wesens durch eine physische Operation einen Betriff zu machen: so ist es eine in praktischer Hinsicht ganz richtige und auch notwendige Idee, den Akt der Zeugung als einen solchen anzusehen, wodurch wir eine Person ohne ihre Einwilligung auf die Welt gesetzt und eigenmächtig in sie herübergebracht haben ... (Die Eltern) können ihr Kind nicht gleichsam als ihr *Gemächsel* (denn ein solches kann kein mit Freiheit begabtes Wesen sein) und als ihr Eigentum zerstören oder es auch nur dem Zufall überlassen, weil sie an ihm nicht bloß ein Weltwesen, sondern auch einen Weltbürger in einen Zustand herüberzogen, der ihnen nun auch nach Rechtsbegriffen nicht gleichgültig sein kann."

Im Akt der Zeugung sieht Kant die praktische Grundlage für die Personeneigenschaft des Gezeugten, obgleich wir uns – wie Kant schreibt – von der Erzeugung eines mit Freiheit begabten Wesens durch eine physische Operation keinen Begriff machen können. Der Rückschluss auf den Anfang ist insofern berechtigt, weil alle sonst angenommen dazwischen liegenden Grenzziehungen beliebig sind.[37] Eine persönliche Notiz Kants[38] belegt dies sehr schön. Sie lautet: „Wenn man aus der Natur des erwachsenen Menschen auf dessen ewige Dauer schließen kann, so muß auch der neugebohrne Mensch eben dieses hoffen lassen. Also auch der Embryo ...". Folgerichtig wird also die Sacheigenschaft des Gezeugten abgelehnt: kein „Gemächsel", das man wie sein Eigentum zerstören dürfte.

Unabhängig von dieser Begründung ist die Sacheigenschaft des menschlichen Keimlings auch deshalb ausgeschlossen, weil Person und Sache begrifflich einander ausschließen. Aus einer Sache kann niemals eine Person werden.

6. Die Verbindung von Lebensschutz und Würdeschutz

In der juristischen Literatur vor allem in Deutschland wird versucht, dem menschlichen Embryo den Schutz der Menschenwürdegarantie zu entziehen, indem Würdeschutz und Lebensschutz von einander getrennt werden. Der befruchteten Eizelle wird nur Lebensschutz, nicht aber Würdeschutz „zugesprochen".[39] Mit dieser Konstruktion wird die Uneinschränkbarkeit der Menschen-

---

[36] Für Deutschland z. B. §§ 844, 1912, 1918, 1923, 1963, 2043, 2101, 2105 f., 2108, 2141, 2178 BGB.

[37] Entsprechend Preußisches Allg. Landesrecht (1794), I. Teil, 1. Titel § 10: „Die allgemeinen Rechte der Menschheit gebühren auch den noch ungeborenen Kindern, schon von der Zeit ihrer Empfängniß."

[38] Reflexion Nr. 4239, Akademie-Ausgabe Bd. XVII, 475.

[39] *A. Podlech*, „Alternativkommentar zum Grundgesetz", Art. 1 Abs. 1 Rn. 58: *Hasso Hofmann*, AöR 118 (1993), S. 353, 376; *H. Dreier*, in: *ders.*, „Grundgesetz Kommentar", Bd. I, 2. Aufl. 2004, Art. 1 I Rn. 67–70; *Herdegen*, in: Maunz/Dürig, Grundgesetz, Art. 1 Abs. 1 Rn. 57 ff.; *Schmidt-Jortzig*, DÖV 2001, S. 925, 928 f.; *Ipsen*, JZ 2001, S. 989, 994; *Hans Georg Dederer*, „Menschenwürde des Embryos in vitro?", AöR 127 (2002), S. 1, 18.

würdegarantie umgangen. Der in Art. 2 Abs. 2 GG verankerte Lebensschutz ist dagegen durch Gesetz einschränkbar (Art. 2 Abs. 2 Satz 3 GG).

Die Entkoppelungsversuche – auch bezogen auf die Verfassungen anderer Länder – leuchten noch nicht einmal auf den ersten Blick ein. Denn mit dem Lebensschutz für die befruchtete Eizelle wird zugegeben, dass es sich um menschliches Leben handelt. Der Gesetzgeber wird keine durchschlagenden Argumente finden, in das Leben befruchteter Eizellen einzugreifen; denn in menschliches Leben darf nur eingegriffen werden, wenn es das Leben eines anderen Menschen bedroht und die Bedrohung nicht anders als durch Tötung abgewehrt werden kann. Die befruchtete Eizelle *in vitro* bedroht niemanden. Bekannt ist nur die Abtreibung aufgrund medizinischer Indikation; diese ist zulässig, weil der Nasciturus das Leben der Mutter bedroht. Noch so hochrangige medizinisch-biologische Forschungsziele (Heilung schwerer Krankheiten, Verlängerung des Lebens) dürfen nicht durch den Verbrauch menschlichen Lebens verfolgt werden. Auch wenn man dem Embryo die Menschenwürde versagt und ihn als menschliches Leben nur unter den Lebensschutz stellt, ist verbrauchende Forschung mit Embryonen verboten.

Auch die aus dem Strafrecht bekannte Abstufung des Lebensschutzes, wonach ungeborenes Leben durch geringere Strafdrohung geschützt wird als das Leben von geborenen Menschen, hilft nicht weiter, weil Abstufung nicht den Verzicht auf Lebensschutz einschließt. Die in einigen Ländern in den ersten drei Monaten freigegebene Abtreibung oder der durch bloße obligatorische Beratung in den ersten drei Monaten geschwächte Schutz des ungeborenen Lebens in Deutschland kann nicht als Argument verwendet werden, extrakorporal erzeugten Embryonen das Lebensrecht zu versagen. Versäumnisse der Gesetzgebung und faktische Schwierigkeiten beim Schutz des ungeborenen Lebens im Mutterleib vermögen den Schutz künstlich durch einen Dritten *in vitro* erzeugter Embryonen nicht in Frage zu stellen.

7. Bilanz

Zusammenfassend kann also festgestellt werden: Vom Moment der Kernverschmelzung an ist die befruchtete menschliche Eizelle (Embryo) Person, sie gehört zur *species* Mensch. Ihr genetisches Programm enthält die Potentialität der Entwicklung als Mensch, die kontinuierlich ohne eine besondere Zäsur erfolgt. Die Identität von Embryo und geborenem Kind ist eine genetische, um mehr kann es nicht gehen, da später bei der Entwicklung des Menschen weitere der Umwelt entstammende Faktoren hinzukommen, die die volle, im Übrigen im Laufe des Lebens durchaus veränderbare Identität des Menschen ausmachen. Da in der befruchteten Eizelle individuelles menschliches Leben vorliegt, kommen der verfassungsrechtliche Würdeschutz und Lebensschutz zum Tragen.

IV. Grenzen der Freiheit von Wissenschaft und Forschung

Verbrauchende Forschung mit Embryonen würde diese menschlichen Keimlinge ausschließlich den Zwecken anderer dienstbar machen, sie also verdinglichen. Deshalb kann man eine Regelung, die verbrauchende Forschung mit Embryonen erlaubt, – in der Tradition der Philosophie der Aufklärung stehend – niemals als liberal bezeichnen. Diese Ausdrucksweise zeigt die Verdinglichung des Embryos an, die sich wohl als Folge der In-vitro-Fertilisation in das Denken einzuschleichen beginnt. So spricht man schon von einer Abwägung zwischen Forschungsfreiheit und der Existenz des Embryos und macht gute, d. h. gesellschaftlich nützliche Zwecke der Forschung geltend, Erbkrankheiten zu erforschen und zu heilen, kranke Organe zu ersetzen, menschliches Leiden zu vermindern.

Das genügt utilitaristisch gestimmten Zeitgenossen, verbrauchende Forschung mit Embryonen zuzulassen. Man nennt das „Ethik des Heilens". Zur Begründung wird die utilitaristische Tradition des Sozialen beschworen, die mit der Kantischen Idee der Autonomie in einem neuen internationalen Ethos verschmelze. Von Verschmelzung keine Spur. Vielmehr käme der alte Jeremy Bentham (1748–1832) wieder zu Ehren, der in seiner Kritik der französischen Erklärung der Menschen- und Bürgerrechte die *droits naturels* als *„nonsense upon stilts"* bezeichnete.[40] Aus seiner utilitaristischen Sicht übrigens durchaus konsequent. Denn es sind häufig Konstellationen denkbar, in denen der größtmögliche Nutzen für die größtmögliche Zahl von Betroffenen die Benachteiligung Einzelner oder einzelner Gruppen verlangt, deren *„droits naturels"* das Glück der großen Zahl stören. Die guten Zwecke, die mit der verbrauchenden Embryonenforschung angestrebt werden, passen genau in das utilitaristische Argumentationsschema Benthams, den die neuerliche Chance freuen würde, über die Kantische Idee der Autonomie zu triumphieren.

Was bleibt der biowissenschaftlichen Forschung? Zwei Strategien sind möglich: Forschung mit adulten menschlichen Stammzellen, die aus Rückenmark, Nabelschnurblut, Hoden, Fruchtwasser oder anderen Körperteilen gewonnen werden können, denen besondere Leistungsfähigkeit im Hinblick auf Stammzellgewinnung anhaftet. Oder Forschung mit tierischen embryonalen Stammzellen. Innerhalb beider Strategien geht es zunächst um die Vertiefung der biologischen Grundlagenforschung. Dafür sind im Hinblick auf embryonale Stammzellen tierische Embryonen ausreichend. Der zweite Schritt ist dann die Erforschung der Therapiemöglichkeiten, da vieles noch unbekannt ist, z. B. wie sich die Einschleusung von Gewebe auf den Körper des Patienten auswirkt. Auch insoweit genügen Versuche mit tierischen embryonalen Stammzellen an Tieren. Soweit es sich um embryonale Stammzellen handelt, ist zu erforschen, wie sich die Zerstörung des Embryos vermeiden läßt, damit die Verfahren eventuell später auf menschliche embryonale Stammzellen übertragen werden können.

---

[40] Anarchical Fallacies. Being an examination of the Declaration of Rights issued during the French Revolution, in: *Jeremy Waldrom* (ed.) Nonsens upon stilts. Bentham, Burke and Marx on the Rights of Man, 1987, S. 46, 53.

6. Kapitel

Teilnahmerechte*

I. Allgemeiner Teil

1. Teilnahmerechte als staatsrechtliche Kategorie

Teilnahmerechte unterscheiden sich von Teilhaberechten und Abwehrrechten. Teilhaberechte bezeichnen Ansprüche auf staatliche Leistungen, auf ein Haben, vermittelt durch den Staat.[1] Abwehrrechte bezeichnen Ansprüche, vom Staat in Ruhe gelassen zu werden oder sich vom Staat ungestört entfalten zu dürfen. Im Unterschied dazu kennzeichnen Teilnahmerechte „Ansprüche auf Teilnahme am Staat". Diese Bezeichnung findet sich in der Statuslehre von *Georg Jellinek*,[2] und vorher schon in Verfassungskommentaren und Lehrbüchern des 19. Jahrhunderts[3] und der Sache nach bei *Carl Friedrich Gerber*.[4] Insoweit haben wir es

---

* Aus: Merten/Papier (Hrsg.), Handbuch der Grundrechte, Bd. II, Heidelberg 2006, S. 709–739.

[1] Der Ausdruck Teilhabe wird auch als Begriff für demokratische Mitwirkung benutzt; vgl. *Dietrich Murswiek*, Grundrechte als Teilhaberechte, soziale Grundrechte, in: HStR V (1992), § 112, S. 249 ff.: „Teilhabe an der politischen Willensbildung", Verfahrens- und Organisationsteilhabe. Siehe auch *Christian Starck*, Freiheit und Institutionen, 2002, S. 143 Anm. 1.

[2] *Georg Jellinek*, System der subjektiven öffentlichen Rechte, 2. Aufl. 1905, S. 136, 141 u. ö.; zusammenfassend *ders.*, Allgemeine Staatslehre, 3. Aufl., 7. Nachdruck 1960, S. 421 ff.

[3] *Heinrich Albert Zachariae*, Deutsches Staats- und Bundesrecht, 1. Band, 3. Aufl. 1865, S. 638 ff.; weitere Nachweise bei *Klaus Stern*, Staatsrecht Bd. III/1, 1988, S. 420 f.

[4] *Carl Friedrich Gerber*, Über öffentliche Rechte, 1852, zitiert nach dem Nachdruck, 1913, S. 39 ff.

bei den Teilnahmerechten mit einem seit langem anerkannten und dogmatisch geprägten staatsrechtlichen Begriff zu tun.

Da staatlicher Wille immer nur durch Menschen zum Ausdruck gebracht werden kann, die als Staatsorgane für den Staat handeln, müssen Rechtssätze bestimmen, „welche Personen unter welchen Bedingungen ... die staatliche Willensbildung auszuüben oder an ihr teilzunehmen haben.“[5] Damit ist das Recht der Organisation und der Kompetenzen auf allen Gebieten der Staatsgewalt gemeint, das man auf den ersten Blick nicht mit Teilnahmerechten in Verbindung bringen möchte. *Jellinek* fragt, wie der Staat die physischen Willen gewinnt, in denen seine Willensbildung sich vollzieht.[6] Er könne Menschen dazu verpflichten oder sie berechtigen. Als Pflichten, die nicht Gegenstand dieses Artikels sind, kommen die Wehrpflicht, die Schöffenpflicht und ähnliche gesetzliche Dienstleistungspflichten in Betracht. Als Berechtigung wird die Sphäre des Individuums nicht durch eine Pflicht beschränkt (status passivus), sondern durch rechtliche Handlungsfähigkeiten erweitert. Dem dergestalt Berechtigten kommt das Recht zu, als Einzelner oder zusammen mit anderen für den Staat zu handeln (status activus). Die Handlungen erfolgen im Gemeininteresse auf Grund einer Kompetenzordnung und im Rahmen von Verfahren, also gemäß objektivem Recht.

Es sind aber subjektive Rechte, die den Zugang zu der betreffenden Stellung verschaffen. So steht dem Monarchen als Individuum auf Grund des Thronfolgerechts der Anspruch zu, als Monarch Staatsorgan zu werden.[7] In derselben Weise ist das Wahlrecht ein subjektives Recht, an der Konstitution des Parlaments oder an der Bestimmung des Staatsoberhauptes mitzuwirken und dadurch mittelbar an deren Entscheidungen teilzunehmen.[8] In Art. 6 der französischen Erklärung der Menschen- und Bürgerrechte (1789) ist dieses Recht deutlich so formuliert: „Das Gesetz ist der Ausdruck des allgemeinen Willens. Alle Bürger haben das Recht, persönlich oder durch ihre Repräsentanten an seiner Gestaltung mitzuwirken.“[9]

Die Teilnahmerechte an der Staatswillensbildung waren nach der Reichsverfassung von 1871 (RV) wie folgt verteilt: Dem König von Preußen stand das Präsidium des Bundes zu, in dieser Eigenschaft führte er den Titel Deutscher Kaiser (Art. 11 RV). Die Mitglieder des Bundes, die deutschen Monarchien und die drei hanseatischen Republiken, wirkten über ihre Vertretungen im Bundesrat an der Gesetzgebung (Art. 5 Abs. 1 RV) und der Verwaltung des Reiches mit (Art. 7 RV). Der Reichstag ging aus allgemeinen und direkten Wahlen hervor (Art. 20 Abs. 1 RV) und repräsentierte somit das Volk, das im Rahmen der Zuständigkeit

---

[5] *Jellinek*, System (Anm. 2), S. 136.

[6] *Jellinek*, System (Anm. 2), S. 138f. auch zum Folgenden.

[7] Vgl. z. B. *Ludwig v. Rönne*, Das Staatsrecht der Preußischen Monarchie, 4. Aufl., 1. Band, 1881, S. 164ff.; für das Vereinigte Königreich siehe Act of Settlement (1701) section I; als Beispiele der Gegenwart siehe die Regelungen im dänischen Thronfolgegesetz von 1953, in Art. 57 der Span. Verfassung und Art. 85 der Belg. Verfassung.

[8] Vgl. *Zachariae* (Anm. 3), S. 94, 638f.

[9] „La loi est l'expression de la volonté générale. Tous les citoyens ont droit de concourir personnellement ou par leurs représentants à sa formation.“.

des Reichstages an der Ausübung der Staatsgewalt, insbesondere an der Gesetzgebung (Art. 5 RV), mittelbar beteiligt war.

Für die Existenz von subjektiven Teilnahmerechten ist die Volkssouveränität nicht Voraussetzung. Die bisherigen Darlegungen zeigen, daß der Rechtsgrund für die Teilnahme ganz verschieden sein kann. Das monarchische Haus- und Erbrecht kommt ebenso in Betracht wie das allgemeine oder ein irgendwie beschränktes Wahlrecht eines Repräsentativsystems. Teilnahme beruht aber auch auf dem Zugangsrecht zum öffentlichen Dienst oder auf dem Recht, in einem staatlichen Verfahren angehört zu werden. Zu den Teilnahmerechten gehören auch das Petitionsrecht und das Recht, vor Gericht Rechtsschutz zu suchen. Die Ausübung dieser Rechte ist Voraussetzung für staatliche Entscheidungen. Allein der Umstand, daß die Führung der Staatsgeschäfte der Menschen bedarf, führt zum Begriff der Teilnahmerechte, zu deren Ausübung auch eine Pflicht bestehen kann.

2. *Teilnahmerechte im Rahmen der Volkssouveränität*

Mit der demokratischen Revolution 1918, die zur Abschaffung der deutschen Monarchien führte, wurden die Teilnahmerechte im wesentlichen auf die Volkssouveränität gegründet (Präambel und Art. 1 Abs. 2 WRV). Das Volk war über die bloße Teilnahme an der Reichsgesetzgebung durch den Reichstag (Art. 5 RV) hinaus nun Ausgangspunkt aller Zweige der Staatsgewalt geworden: Unmittelbare Wahl des Reichstages (Art. 22 WRV), des Reichspräsidenten (Art. 41 Abs. 1 WRV) und der Landtage durch das Volk. Auf diese vom Volk gewählten Organe wurde die Einsetzung der Beamten und Richter zurückgeführt (Art. 46 WRV), welche im Rahmen ihrer Kompetenzen an der Staatswillensbildung teilnehmen.

Teilnahmerechte im öffentlichen Recht sind mit der Einführung der Volkssouveränität Erscheinungsformen der demokratischen Freiheitsidee, die neben der grundrechtlichen Freiheitsidee eine wichtige Legitimationsgrundlage des Staates ist.[10] Die demokratische Freiheitsidee als Legitimation staatlicher Herrschaft beruht auf dem Gedanken der Selbstbestimmung des Volkes, die gegen die monarchische Legitimität erkämpft worden ist.[11] Selbstbestimmung des Volkes setzt sich zusammen aus den Mitbestimmungsakten der einzelnen Staatsbürger. Das ist die demokratische Freiheit. Diese ist von der grundrechtlichen Freiheit, d. h. der Selbstbestimmung des Einzelnen in seinen Angelegenheiten, zu unterscheiden. Demokratische Freiheit darf nicht gegen grundrechtliche Freiheit ausgespielt werden, indem diese zurückgedrängt wird. Die demokratische Gesetzgebung darf Grundrechte mithin nur einschränken, um die Rechte anderer und Gemeinwohlgüter zu schützen, wobei die Einschränkungen geeignet, erforderlich und angemessen sein müssen.

---

[10] *Christian Starck*, Grundrechtliche und demokratische Freiheitsidee, in: HStR II, 2. Aufl. 1998, S. 3 ff. = *ders.*, Der demokratische Verfassungsstaat, 1995, S. 161 ff.

[11] *Dolf Sternberger*, Herrschaft und Vereinbarung, 1986, S. 39 ff.

Teilnahmerechte im öffentlichen Recht sind Rechte des status activus, der Grundlage für die Konstitution der Staatsorgane und anderer Träger öffentlicher Gewalt (z. B. kommunaler Organe) ist. Der status activus kommt aber auch zum Tragen, wenn es um einzelne staatliche Entscheidungen geht, die von Menschen im Rahmen eines Mandats oder eines Amtes getroffen werden, oder im Falle der Ausübung des Widerstandsrechts gegen jeden, der es unternimmt, die Ordnung des Grundgesetzes zu beseitigen, wenn andere Abhilfe nicht möglich ist (Art. 20 Abs. 4 GG). Unter diesen Bedingungen besteht das Teilnahmerecht in der Aufrechterhaltung oder Wiederherstellung der vom Grundgesetz verfaßten freiheitlichen demokratischen Grundordnung.

Über die Teilnahmerechte des status activus hinaus wirken als Teilnahmerechte auch Anhörungs- sowie Mitwirkungsrechte (siehe unter B I 7) und die Wahrnehmung von Rechten des status negativus. Politisches Engagement der Bürger kann sich auch in Inanspruchnahme der Meinungsfreiheit, der Informationsfreiheit, der Pressefreiheit, der Rundfunkfreiheit sowie der Versammlungs- und Vereinigungsfreiheit äußern[12] (siehe unter II 1e).[13] Dabei spielt Art. 21 Abs. 1 GG eine wichtige Mittlerrolle. Denn die Parteienfreiheit ist aus der dem status negativus zugehörenden Vereinsfreiheit erwachsen. Aus diesem ambivalenten Grundrecht, das sowohl Distanz zum Staat als auch Mitwirkung an den öffentlichen Dingen gewährleistet, ist in Art. 21 GG ein aktives zielbestimmtes Mitwirkungsrecht herausgelöst und mit Pflichten verbunden selbständig verbürgt worden (siehe unter II 1f).

Sieht man von den Besonderheiten der Parteienfreiheit ab, muß beachtet werden, daß die Kommunikationsfreiheiten zum status negativus gehören und nicht zu „demokratischen Grundrechten" mutieren. Vielmehr geht es um die Vorformung der politischen Willensbildung des Volkes im gesellschaftlichen Raum, die das Bundesverfassungsgericht im Volksbefragungsurteil deutlich von der rechtlich geordneten Teilnahme des Bürgers an der Ausübung der Staatsgewalt unterscheidet.[14]

3. Träger der Teilnahmerechte

Träger der Teilnahmerechte im Rahmen der Volkssouveränität sind die deutschen Staatsangehörigen (Art. 116 Abs. 1 GG), was in der Verfassung dadurch zum Ausdruck gebracht wird, daß vom Volk (Art. 21 Abs. 1 Satz 1, Art. 28 Abs. 1 Satz 2,[15] Art. 38 Abs. 1 Satz 2 GG) die Rede ist oder staatsbürgerliche Rechte und das Widerstandsrecht auf Deutsche beschränkt sind (Art. 33 Abs. 1, 2, Art. 20 Abs. 4 GG).

---

[12] *Starck* (Anm. 10), S. 22 ff. = S. 181 ff.

[13] *Walter Schmitt Glaeser*, Die grundrechtliche Freiheit des Bürgers zur Mitwirkung an der Willensbildung, in: HStR II, 2. Aufl. 1998, S. 49 ff.

[14] BVerfGE 8, 104, 115; mißverständlich dagegen BVerfGE 69, 315, 347, Versammlungen enthielten „ein Stück ursprünglich-ungebändigter unmittelbarer Demokratie". Vgl. *Wolfram Höfling*, Demokratische Grundrechte. Zu Bedeutungsgehalt und Erklärungswert einer dogmatischen Kategorie, in: Der Staat 33 (1994), S. 493, 505 ff.

[15] Bezügl. Art. 28 müßte dies das Bundesverfassungsgericht erst ausdrücklich feststellen, vgl. BVerfGE 83, 37, 53.

Bei Kommunalwahlen sind neuerdings[16] auch Staatsangehörige der Mitgliedstaaten der Europäischen Gemeinschaft, die ihren Wohnsitz in der betreffenden Kommune haben, wahlberechtigt und wählbar. Damit wurde innerstaatlich dem Art. 19 Abs. 1 Satz 1 EGV, jetzt Art. 22 AEUV genüge getan, der wie folgt lautet: „Jeder Unionsbürger mit Wohnsitz in einem Mitgliedstaat, dessen Staatsangehörigkeit er nicht besitzt, hat in dem Mitgliedstaat, in dem er seinen Wohnsitz hat, das aktive und passive Wahlrecht bei Kommunalwahlen, wobei für ihn dieselben Bedingungen gelten wie für die Angehörigen des betreffenden Mitgliedstaates."

Die strikte verfassungsrechtliche Regelung, daß nur Deutsche Zugang zum öffentlichen Dienst haben (Art. 33 Abs. 2 GG), ist durch Art. 39 EGV, jetzt Art. 45 AEUV, der die Freizügigkeit der Arbeitnehmer festlegt, in seiner Geltung eingeschränkt worden; zwar wird in seinem Abs. 4 ausdrücklich gesagt, daß dieser Artikel keine Anwendung auf die Beschäftigung in der öffentlichen Verwaltung findet.[17] Der Europäische Gerichtshof hat aber entschieden, daß Abs. 4 lediglich diejenigen Stellen umfasse, „die eine unmittelbare oder mittelbare Teilnahme an der Ausübung hoheitlicher Befugnisse und an der Wahrnehmung solcher Aufgaben mit sich bringen, die für die allgemeinen Belange des Staates oder anderer öffentlicher Körperschaften besonders bedeutsam sind".[18] Soweit diese Entscheidung reicht, ist Art. 33 Abs. 2 GG außer Anwendung gesetzt. Jenseits der Grenzen des Art. 39 Abs. 4 EGV, jetzt Art. 45 Abs. 4 AEUV in der Auslegung des Europäischen Gerichtshofs bleibt es bei der Verbindung von deutscher Staatsangehörigkeit und Beamtenstatus.[19]

Bei berufsbezogenen Personalkörperschaften des öffentlichen Rechts gibt es keinen Staatsangehörigkeitsvorbehalt. Wer der Personalkörperschaft angehört, hat aktives Wahlrecht und ist für alle Ämter innerhalb der Körperschaft wählbar.[20] Jedermann ist schließlich vor Gericht oder vor Behörden anhörungsberechtigt, wenn entsprechende Tatbestände vorliegen.

Die Teilnahmerechte sind vom Erreichen eines Mindestalters abhängig, bei allen Wahlen und Abstimmungen ist dies die Vollendung des 18. Lebensalters,[21] nach einigen Kommunalwahlgesetzen die Vollendung des 16. Lebensjahres[22]. Das Wahlrecht besteht das Leben lang. Ausnahmsweise entfällt das Wahlrecht (§ 13 BWahlG), wenn es durch Richterspruch aberkannt worden ist,[23] bei geistigen Mängeln, die die Geschäftsfähigkeit ausschließen, und auf Grund einer richterlichen Einweisung in ein psychiatrisches Krankenhaus.

---

[16] Art. 28 Abs. 1 Satz 3 GG i. d. F. des Gesetzes v. 20.10.1997 (BGBl. I, 2470).

[17] *Thomas Rieckhoff*, Die Entwicklung des Berufsbeamtentums in Europa, 1993, S. 23; *Monika Jachmann*, in: v. Mangoldt/Klein/Starck, Das Bonner Grundgesetz, Bd. II, 4. Aufl. 2000, Art. 33 Rdnr. 14 m. w. N.

[18] EuGRZ 1992, S. 102.

[19] *Peter Michael Huber*, Der Staatsangehörigkeitsvorbehalt im deutschen Beamtenrecht, in: FS für Leisner, 1999, S. 937, 947 ff.

[20] *Starck* (Anm. 10), S. 25 = S. 184.

[21] Art. 38 Abs. 2 GG i. V. mit § 2 BGB; z. B. Art. 8 Abs. 2 NV.

[22] Z. B. in Niedersachsen, § 34 Abs. 1 Nr. 1 NGO.

[23] § 45 Abs. 5 StGB für eine Zeit von zwei bis zu fünf Jahren.

Ein Mindestalter von 40 Jahren ist vorgesehen für die Wahl zum Bundespräsidenten (Art. 54 Abs. 1 GG) und zum Bundesverfassungsrichter (§ 3 Abs. 1 BVerfGG), zumeist ein Mindestalter von 35 Jahren für die Wahl zum Richter eines Landesverfassungsgerichts.[24] Für Beamte und Richter ergeben sich automatisch Altersgrenzen wegen der erforderlichen Ausbildung, die zunächst absolviert werden muß. Das Teilnahmerecht als Amtsträger, Richter oder Beamter, erlischt mit Ablauf der Amtszeit, für die die Person gewählt worden ist, oder mit Eintritt in den Ruhestand, der grundsätzlich bei 65 Jahren liegt, für Bundesverfassungsrichter bei 68 Jahren (§ 4 Abs. 3 BVerfGG).

4. Gesetzliche Ausgestaltung und Beschränkung der Teilnahmerechte

Die Teilnahmerechte, die Grundlagen für die Konstituierung der Staatsgewalt sind und die Teilnahme an Staatsentscheidungen vermitteln, bedürfen gesetzlicher Regelungen. Das wird bezüglich des Wahlrechts zum Bundestag in Art. 38 Abs. 3 GG zum Ausdruck gebracht, wonach das Nähere ein Bundesgesetz bestimmt.[25] Volksabstimmungen über die Neugliederung des Bundesgebietes bedürfen einer gesetzlichen Grundlage (Art. 29 Abs. 6 Satz 2 GG).[26] Das Recht der Amtsträger und Richter, die die staatlichen Entscheidungen treffen, ist durch Gesetz zu regeln[27] (Art. 33 Abs. 5, Art. 98 Abs. 1 und 3 GG). Auch das Recht der Parteien, die an der politischen Willensbildung des Volkes mitwirken, ist durch Bundesgesetze zu regeln (Art. 21 Abs. 3 GG).

Die genannten Regelungsaufträge an den Gesetzgeber zeigen, daß die in der Verfassung verbürgten Teilnahmerechte organisatorisch und verfahrensrechtlich ausgestaltet werden müssen. Der verfassungsrechtliche Auftrag, gesetzliche Regelungen zu erlassen, eröffnet zugleich Regelungsspielräume. So legt Art. 38 Abs. 1 Satz 1 GG nur fest, daß die Abgeordneten des Deutschen Bundestages in allgemeiner, unmittelbarer, freier, gleicher und geheimer Wahl gewählt werden. Damit bleibt dem Gesetzgeber die Entscheidung überlassen, ob Mehrheitswahl, Verhältniswahl oder eine Zwischenform eingeführt wird.[28] Entsprechendes gilt auf Grund des Art. 28 Abs. 1 Satz 2 GG bezüglich der Landtagswahlen. Im Hinblick auf die Beamten bestimmt das Grundgesetz nur, daß sie in einem öffentlich-rechtlichen Dienst- und Treueverhältnis stehen, das unter Berücksichtigung der hergebrachten Grundsätze des Berufsbeamtentums zu regeln ist. Die Rechtsstellung der Richter, deren Unabhängigkeit das Grundgesetz garantiert, ist durch Bundesgesetz und Landesgesetze zu regeln (Art. 98 Abs. 1 und 3 GG).

---

[24] Z. B. § 2 Nieders. StGHG, § 3 Berl. VerfGHG: 35 Jahre, § 3 Brem.StGHG; aber 40 Jahre gem. § 5 BayVfGHG.

[25] Entsprechendes gilt für die Wahlen zum Landtag, vgl. z. B. Art. 8 Abs. 5 NV.

[26] Zu den Volksentscheiden auf Landesebene vgl. z. B. Art. 50 Abs. 2 NV.

[27] In Art. 33 Abs. 5 GG heißt es nur „regeln“, dazu *Gertrude Lübbe-Wolff*, in: Dreier, Grundgesetz, Bd. II, 1998, Art. 33 Rdnr. 65.

[28] BVerfGE 1, 208, 246 ff.; 95, 335, 349; *Christian Starck*, Freiheit und Institutionen, 2002, S. 285 ff.

Was das Parteienrecht anbelangt, hat es auf der Grundlage des Art. 21 Abs. 3 GG schon viele verschiedene gesetzliche Regelungen über die innere Ordnung der Parteien, über die staatliche Finanzierung, das Spendenwesen und die Rechenschaftslegung gegeben.[29] Selbst wenn manche davon vom Bundesverfassungsgericht für verfassungswidrig erklärt worden sind, hat sich im Laufe der Zeit eine nicht unbeachtliche Gestaltungsfreiheit des Gesetzgebers gezeigt.

Die notwendige gesetzliche Ausgestaltung der Rechte des status activus ist zu trennen von der Rechtsfigur der Grundrechtseinschränkung. Ausdrückliche Schranken weisen die Teilnahmegrundrechte, von Art. 21 Abs. 2 GG abgesehen, nicht auf. Gleichwohl sind sie vom Gesetzgeber vereinzelt gezogen und von der Rechtsprechung des Bundesverfassungsgerichts anerkannt worden. Die 5 %-Sperrklausel, die die Chance von Wählern kleinerer Parteien vermindert, die Repräsentation des Volkes im Bundestag und im Landtag mitzubestimmen, ist mit Sicherung der Arbeitsfähigkeit des Parlaments begründet und gerechtfertigt worden.[30] Einige Landesverfassungen sehen Sperrklauseln ausdrücklich vor.[31] Beschränkungen der Allgemeinheit der Wahl sind oben unter 3. erörtert worden. Die Geheimheit der Wahl, die im engeren Zusammenhang mit der Freiheit der Wahl steht, soll den Wähler vor jeglichem Druck schützen. Die Briefwahl, bei der Verstöße gegen die Geheimheit der Wahl nicht auszuschließen sind, wird damit gerechtfertigt, daß eine möglichst umfassende Wahlbeteiligung erreicht werden soll.[32]

Andere Teilnahmerechte sind bereits tatbestandlich beschränkt gewährleistet wie Art. 33 Abs. 2 GG, wonach Eignung, Befähigung und fachliche Leistung Voraussetzungen für den Zugang zu jedem öffentlichen Amt sind. Diese Voraussetzungen müssen freilich im Gesetz näher bestimmt werden,[33] ebenso wie die besondere Befähigung zum Richteramt.[34]

Die Inanspruchnahme von Grundrechten des status negativus, um politischen Einfluß auszuüben, steht unter den allgemeinen Schranken des betreffenden Grundrechts. Weder sind politische Äußerungen anderen Äußerungen gegenüber privilegiert, noch gelten für politische Äußerungen zusätzliche Schranken.

Verfassungsunmittelbare formelle und materielle Beschränkungen der Teilnahmerechte der ins Parlament gewählten Bürger ergeben sich aus den Vorschriften über Verfassungsänderungen. Diese werden dadurch erschwert, daß

---

[29] BVerfGE 8, 51, 63: Es sei zulässig, nicht nur für die Wahlen selbst, sondern auch für die die Wahlen tragenden politischen Parteien finanzielle Mittel von Staats wegen zur Verfügung zu stellen; BVerfGE 20, 56, 97 f.: Es sei verboten, die dauernde finanzielle Fürsorge für die Parteien zur Staatsaufgabe zu machen; es dürften nur notwendige Kosten eines angemessenen Wahlkampfes ersetzt werden; BVerfGE 85, 264: Der Staat sei verfassungsrechtlich nicht gehindert, den Parteien Mittel für die Finanzierung der allgemeinen ihnen nach dem Grundgesetz obliegenden Tätigkeit zu gewähren; dabei dürfe es sich immer nur um eine Teilfinanzierung handeln.

[30] Ständige Rechtsprechung, vgl. BVerfGE 1, 208, 248, 256; 95, 408, 419.

[31] Art. 28 Abs. 3 BWV; Art. 14 Abs. 4 BV; Art. 39 Abs. 2 BeV; Art. 75 Abs. 3 BrV; Art. 75 Abs. 3 HV; Art. 8 Abs. 3 NV; Art. 80 Abs. 4 RPV; Art. 49 Abs. 2 ThV.

[32] BVerfGE 21, 200, 204; 59, 119, 125 f.

[33] § 7 BeamtStG.

[34] §§ 5 ff. DRiG.

sie nur durch qualifizierte Mehrheit zustande kommen (Art. 79 Abs. 2 GG).[35] Darin kommt der Vorrang der Verfassung[36] zum Ausdruck. Außerdem unterliegen Verfassungsänderungen materiellen Grenzen (Art. 79 Abs. 3 GG).[37] Weitere Schranken der Teilnahmerechte sehen Art. 18 GG (Grundrechtsverwirkung) und der bereits erwähnte Art. 21 Abs. 2 GG (Parteiverbot) vor, die im Einzelfall vom Bundesverfassungsgericht ausgesprochen werden.

5. Teilnahmerechte in der staatlichen Normenhierarchie

Die Darlegungen der letzten beiden Abschnitte haben bereits gezeigt, daß die Teilnahmerechte verschiedene Stellungen in der Normenhierarchie einnehmen. Das Wahlrecht zum Bundestag, das Recht auf Zugang zum öffentlichen Dienst, der Anspruch auf Gehör vor Gericht und die damit verbundenen Garantien haben den Rang von Grundrechten, gegen deren Verletzung das Bundesverfassungsgericht im Verfahren der Verfassungsbeschwerde angerufen werden kann (Art. 93 Abs. 1 Nr. 4a GG).

Andere verfassungsrechtlich garantierte Teilnahmerechte sind nicht (oder nicht auf Bundesebene) durch die Möglichkeit der Erhebung einer Verfassungsbeschwerde abgesichert: Art. 29[38] und Art. 28 Abs. 1 Satz 2 GG[39]. In Art. 29 GG fehlt zudem die Garantie der Wahlrechtsgrundsätze. Da in Art. 20 Abs. 2 Satz 2 GG Wahlen und Abstimmungen nebeneinander stehen und keinerlei Gründe ersichtlich sind, warum bei Abstimmungen die Wahlrechtsgrundsätze nicht gelten sollen, liegt eine unbeabsichtigte Lücke vor, die durch Analogie zu Art. 38 Abs. 1 GG geschlossen werden muß.[40] Diese Analogie muß sich dann auch auf Art. 93 Abs. 1 Nr. 4a GG erstrecken mit der Folge, daß Verletzungen der Wahlrechtsgrundsätze bei Abstimmungen gemäß Art. 29 GG mit der Verfassungsbeschwerde angegriffen werden können.[41]

In der Garantie der Allgemeinheit und Gleichheit der Wahl in Art. 28 Abs. 1 Satz 2 GG hatte das Bundesverfassungsgericht eine spezielle Ausprägung des allgemeinen Gleichheitssatzes gesehen, die aus prozeßrechtlichen Gründen von Bedeutung war, um das Fehlen des Art. 28 Abs. 1 GG im Katalog des Art. 93 Abs. 1 Nr. 4a GG zu kompensieren. Landesgesetze, die das Wahlrecht zum Landesparlament oder zu kommunalen Vertretungskörperschaften regeln, konnten danach unter Berufung auf Art. 3 Abs. 1 GG mit der Verfassungsbeschwerde angegriffen werden.[42] Art. 3 Abs. 1 GG hatte nur die Funktion, ein subjektives

---

[35] Entsprechende Regelungen in den Landesverfassungen.

[36] *Christian Starck*, Der demokratische Verfassungsstaat, 1995, S. 33 ff.

[37] *Karl-E. Hain*, Die Grundsätze des Grundgesetzes. Eine Untersuchung zu Art. 79 Abs. 3 GG, 1999, S. 35 ff.

[38] BVerfGE 49, 15, 19.

[39] BVerfGE 99, 1, 7.

[40] BVerfGE 13, 54, 91 f.; 28, 220, 224; *Michael Sachs*, in: Sachs, Grundgesetz, 3. Aufl. 2003, Art. 20 Rdnr. 34.

[41] BVerfGE 13, 54, 91 f.; 28, 220, 224.

[42] BVerfGE 57, 43, 54, ein Kommunalwahlgesetz betreffend.

Recht zur Eröffnung einer Verfassungsbeschwerde zum Bundesverfassungsgericht zu liefern; materieller Maßstab war jedoch Art. 28 Abs. 1 Satz 2 GG. Diese Rechtsprechung hat das Bundesverfassungsgericht neuerdings aufgegeben und entschieden,[43] daß bei Wahlen zu Volksvertretungen in den Ländern die Verletzung der Allgemeinheit und Gleichheit der Wahl nicht mit der Verfassungsbeschwerde zum Bundesverfassungsgericht angreifbar ist. Diese Grundsätze seien ebensowenig wie die anderen Wahlrechtsgrundsätze bei Wahlen zu den Volksvertretungen in den Ländern vom Grundgesetz subjektiv-rechtlich gewährleistet. Verwiesen wird auf die Wahlprüfungsverfahren nach Landesrecht.

Die verfassungsrechtlich gewährleisteten Teilnahmerechte sind nur zum Teil tatbestandsmäßig begrenzt, entweder durch klare Begriffe wie Altersgrenzen oder durch definitionsbedürftige Begriffe wie Eignung, Leistung usf. Solche Definitionen finden auf der Ebene der Gesetzgebung statt. Gesetze sind es auch, die die Teilnahmerechte näher ausgestalten (siehe oben unter 4), wie etwa die Wahlgesetze die Organisation und das Verfahren der Wahlen, das Parteiengesetz mit der Sicherung der demokratischen inneren Ordnung der Parteien und den Vorschriften über deren Finanzgebarung, die Beamtengesetze mit den Zugangsvoraussetzungen sowie den Rechten und Pflichten der Beamten. Das Widerstandsrecht, das als geschriebenes Recht ohnehin problematisch ist,[44] kann gesetzlich nicht näher ausgestaltet werden. Deshalb ist es, soweit wie sprachlich überhaupt möglich, bereits auf Verfassungsebene tatbestandlich eingegrenzt worden.

Das Bundeswahlgesetz und die Beamtengesetze enthalten Ermächtigungen zum Erlaß von Rechtsverordnungen, in denen weitere Detailfragen der Teilnahmerechte geregelt werden.[45] Das Bundesbeamtengesetz sieht darüber hinaus noch den Erlaß von Verwaltungsvorschriften vor.

Die Übersicht zeigt, daß die Teilnahmerechte, soweit sie verfassungsrechtlich gewährleistet sind, mit Ausnahme des Widerstandsrechts, erhebliche Ausgestaltung, z. T. Einschränkung, durch Gesetze erfahren, die zur Regelung weiterer Einzelfragen Ermächtigungen zum Erlaß von Rechtsverordnungen aussprechen.

Ebenso wie auf Bundesebene gibt es auf Landesebene verfassungsrechtlich verbürgte Teilnahmerechte, die gesetzlich ausgestaltet und z. T. beschränkt werden. Insoweit liegt bezüglich des Wahlrechts und des Beamtenrechts eine parallele Situation vor. Auch die Landesgesetze sehen entsprechende Ermächtigungen zum Erlaß von Rechtsverordnungen vor.

---

[43] BVerfGE 99, 1, 7 ff., 17 f.

[44] *Josef Isensee*, Das legalisierte Widerstandsrecht, 1969; *Christian Starck*, Widerstandsrecht, in: Staatslexikon (hrsg. von der Görresgesellchaft), 7. Aufl., Bd. V, Sp. 991 f.

[45] Z. B. § 52 BWahlG enthält die Ermächtigung des Bundesministers des Inneren, eine Bundeswahlordnung zu 17 im einzelnen benannten Gegenständen zu erlassen, die der Zustimmung des Bundesrates bedarf. Das Bundesbeamtengesetz enthält zahlreiche Ermächtigungen an die Bundesregierung, Rechtsverordnungen zu erlassen; siehe Arbeitszeitverordnung, Mutterschutzverordnung, Erholungsurlaubsverordnung, Sonderurlaubsverordnung, Nebentätigkeitsverordnung, Laufbahnverordnung.

Landesverfassungen enthalten weitere Teilnahmerechte in Gestalt besonderer Selbstverwaltungsgarantien. Neben der kommunalen Selbstverwaltung, zu deren Gewährleistung die bundesverfassungsrechtliche Homogenitätsklausel des Art. 28 Abs. 2 GG zusammen mit der Garantie demokratisch gewählter Vertretungen des Volkes (Art. 28 Abs. 1 Satz 2 GG) die Länder verpflichtet, finden sich Garantien der Selbstverwaltung der Sozial- und Arbeitslosenversicherung,[46] der Hochschulen[47] und sonstiger öffentlich-rechtlicher Körperschaften.[48] Landesverfassungsrechtliche Selbstverwaltungsgarantien der Sozialversicherung sind unanwendbar, da der Bund auf diesem Gebiet von der konkurrierenden Gesetzgebungskompetenz (Art. 74 Abs. 1 Nr. 12 GG) Gebrauch gemacht hat und damit für landesrechtliche Regelungen kein Raum mehr verbleibt. Bei den sonstigen öffentlich-rechtlichen Körperschaften handelt es sich hauptsächlich um die Berufskammern der freien Berufe, die, soweit Landesgesetzgebungskompetenz gilt, in allen Ländern gesetzlich eingerichtet und zur Selbstverwaltung berechtigt sind. Soweit für das Berufsrecht Bundesgesetzgebungskompetenz besteht,[49] sind entsprechende Berufskammern durch Bundesgesetze gebildet.[50] Sofern verfassungsrechtliche Gewährleistungen von Selbstverwaltung vorliegen, werden diese vom Gesetzgeber ausgestaltet; soweit verfassungsrechtliche Garantien fehlen, beruhen die entsprechenden Teilnahmerechte allein auf gesetzlicher Grundlage.

Das rechtliche Gehör vor Gericht (Art. 103 Abs. 1 GG) ist in den Prozeßordnungen ausgestaltet. Ansprüche auf Anhörung durch Verwaltungsbehörden, die eine rechtsstaatliche Verwaltung kennzeichnen, sind in den Verwaltungsgesetzen normiert (insbesondere § 28 VwVfG).

6. *Völkerrechtliche Anerkennung von Teilnahmerechten*

Getrennt von der innerstaatlichen Normenhierarchie, in der die Teilnahmerechte stehen, sind Probleme zu erörtern, die sich daraus ergeben, daß Teilnahmerechte im universalen und regionalen Völkerrecht anerkannt und garantiert sind, wodurch Einflüsse auf die nationalen Rechtsordnungen bewirkt werden.

Das universale Völkerrecht enthält in der Allgemeinen Erklärung der Menschenrechte vom 10. Dezember 1948 als Absichtserklärung und im Internationalen Pakt über bürgerliche und politische Rechte vom 19. Dezember 1966 als normative Verbürgung das Wahlrecht und das Zugangsrecht zu öffentlichen Ämtern (Art. 21 Erklärung, Art. 25 Pakt). Gemäß Art. 25 des Paktes hat jeder Staatsbürger in seinem Staat das Recht und die Möglichkeit, an der Gestaltung der öffentlichen Angelegenheiten unmittelbar oder durch frei gewählte Vertreter

---

46 Art. 57 Abs. 4 BrV, Art. 35 Abs. 1 HV, Art. 53 Abs. 4 RPV, Art. 46 Abs. 1 Satz 2 SlV.

47 Art. 20 Abs. 2 BWV, Art. 138 Abs. 2 BV, Art. 32 Abs. 1 BbV, Art. 60 Abs. 1 HV, Art. 7 Abs. 3 MVV, Art. 5 Abs. 3 NV, Art. 16 Abs. 1 NWV, Art. 39 Abs. 1 RPV, Art. 33 Abs. 2 SlV, Art. 107 Abs. 2 SV, Art. 31 Abs. 2 SAV, Art. 28 Abs. 1 ThV.

48 Art. 71 Abs. 1 Satz 3 BWV, Art. 57 Abs. 1 NV.

49 Art. 74 Abs. 1 Nr. 1 GG: Rechtsanwaltschaft, Notariat.

50 §§ 175 ff. BRAO Bundesrechtsanwaltskammer; §§ 65 ff. BNotO Notarkammern.

teilzunehmen, „bei echten, wiederkehrenden, allgemeinen, gleichen und geheimen Wahlen, bei denen die Äußerung des Wählerwillens gewährleistet ist, zu wählen und gewählt zu werden," und „unter allgemeinen Gesichtspunkten der Gleichheit zu öffentlichen Ämtern seines Landes Zugang zu haben". Die Vertragsstaaten des Paktes haben sich verpflichtet, diese Rechte ohne Diskriminierung zu gewährleisten, wirksame Beschwerdeverfahren vorzusehen, in denen man die Verletzung dieser Rechte rügen kann, und schließlich zu gewährleisten, daß stattgegebenen Beschwerden Geltung verschafft wird (§ 2 Pakt). Ein obligatorisches periodisches Berichtssystem (§ 40 Pakt) soll die Anwendung des Paktes in den Vertragsstaaten sicherstellen. Damit sind völkerrechtliche Maßstäbe für die innerstaatliche Organisation festgelegt, die unter dem Gesichtspunkt der Verwirklichung demokratischer Prinzipien in den Blickwinkel des Völkerrechts gerät.[51] Darüber hinaus gibt es allerdings nur auf Grund besonderer Vereinbarung die Staatenbeschwerde (§ 41 Pakt).[52]

Regionales europäisches Völkerrecht garantiert in Art. 3 des 1. Zusatzprotokolls vom 20. März 1952 zur Konvention zum Schutze der Menschenrechte und Grundfreiheiten das Recht auf freie und geheime Wahlen, die in angemessenen Zeitabständen abzuhalten sind. Gemeint sind nicht nur Wahlen zu nationalen Parlamenten, sondern auch zu Länderparlamenten und zu regionalen und kommunalen Vertretungskörperschaften.[53] Die Allgemeinheit und die Gleichheit der Wahl sind in Art. 3 nicht erwähnt. Die Allgemeinheit der Wahl kann aus Art. 14 EMRK hergeleitet werden, der Diskriminierungen wegen des Geschlechts, der Rasse etc. verbietet, allerdings ausdrücklich nur im Hinblick auf die in der Konvention anerkannten Rechte.[54] Aus Sinn und Zweck der Zusatzprotokolle ist aber zu schließen, daß der jeweilige Unterzeichnerstaat eines Zusatzprotokolls auch insoweit das Diskriminierungsverbot anerkennt.[55] Was die Gleichheit der Wahl anbelangt, hat der Europäische Gerichtshof für Menschenrechte entschieden, daß für die Ausübung des Wahlrechts das Prinzip der Gleichheit der Staatsbürger aus der Garantie des Wahlrechts folge.[56]

---

[51] So zutreffend *Philip Kunig*, in: Vitzthum (Hrsg.), Völkerrecht, 2. Aufl., 2001, S. 94; zu den einschlägigen Resolutionen der UN-Generalversammlung *Hans Joachim Heintze*, in: Ipsen (Hrsg.), Völkerrecht, 4. Aufl. 1999, S. 376.

[52] Vgl. dazu umfassend *Katrin Weschke*, Internationale Instrumente zur Durchsetzung der Menschenrechte, 2001.

[53] *Jan De Meyer*, Electoral Rights, in: MacDonald u. a. (ed.), The European System of the Protection of Human Rights, 1993, S. 553.

[54] Nun aber allgemeiner Gleichheitssatz im 12. Zusatzprotokoll, das aber noch nicht ratifiziert ist, vgl. *Christoph Grabenwarter*, Europäische Menschenrechtskonvention, 2003, § 26 Rdnr. 17 f.

[55] In der Präambel des 1. Zusatzprotokolls heißt es, daß die Unterzeichnerregierungen entschlossen sind, „Maßnahmen zur kollektiven Gewährleistung gewisser Rechte und Freiheiten zu treffen, die in Abschnitt I der am 4. November 1950 in Rom unterzeichneten Konvention zum Schutze der Menschenrechte und Grundfreiheiten noch nicht enthalten sind.".

[56] GH 113, 4, 24; vgl. auch Kommission, Entscheidung v. 10.03.1988 – 11406/85, Décisions et Rapports, Bd. 55, 130; Entscheidung v. 15.04.1996 – 25035/94, Décisions et Rapports, Bd. 85, 112, 115.

Die im 1. Zusatzprotokoll i. V. mit der Konvention gewährleisteten demokratischen Rechte stehen unter dem Schutz des Europäischen Gerichtshofs für Menschenrechte (Art. 19 EMRK), der auf Individualbeschwerde (Art. 34 EMRK), die nach Erschöpfung des innerstaatlichen Rechtsweges zulässig ist (Art. 35 Abs. 1 EMRK), entscheidet. Die Unterzeichnerstaaten haben sich verpflichtet, in allen Rechtssachen, in denen sie Partei sind, das endgültige Urteil des Gerichtshofs zu befolgen (Art. 46 Abs. 1 EMRK).

Berichtssystem und Staatenbeschwerde im universellen Völkerrecht sowie Individualbeschwerde und Befolgungspflicht der Urteile des Europäischen Gerichtshofs für Menschenrechte durch die Unterzeichnerstaaten beeinflussen das innerstaatliche Rechtssystem verschieden intensiv. Wo kein judizielles Kontrollsystem, möglichst mit der Individualbeschwerde verbunden, existiert, sind die völkerrechtlichen Garantien der Teilnahmerechte wenig effektiv, da es an geeigneten Instrumenten zu ihrer Durchsetzung fehlt.

II. Besonderer Teil

1. Teilnahmerechte auf staatlicher Ebene: Bund und Länder

a) Verfassunggebende Gewalt

Die verfassunggebende Gewalt liegt beim Deutschen Volk, soweit es um das Grundgesetz als Bundesverfassung geht (Präambel, Art. 146 GG), und beim entsprechenden Landesvolk, soweit es um die Landesverfassungen geht.[57] Wie das Deutsche Volk seine verfassunggebende Gewalt ausübt, ist verfassungsrechtlich nicht konstituierbar. Im Begriff der Volkssouveränität steckt aber eine mindestens repräsentative Verfassunggebung auf Grund freier, allgemeiner, gleicher und geheimer Wahlen der verfassunggebenden Versammlung.[58] Diese sind durch Art. 25 des internationalen Paktes über bürgerliche und politische Rechte vom 19. Dezember 1966[59] völkerrechtlich garantiert.

Die Verfassunggebung in den deutschen Ländern ist durch das Grundgesetz konstituiert. Da Art. 28 Abs. 1 GG die Länder auf das Demokratieprinzip (S. 1) und die Wahlgrundsätze verpflichtet (S. 2), muß die verfassunggebende Gewalt zumindest repräsentativ durch eine vom Volk unmittelbar gewählte Versammlung ausgeübt werden. Keine bundesverfassungsrechtlichen Vorgaben existieren

[57] Vgl. die Präambeln der meisten Landesverfassungen sowie Art. 101 Abs. 1 BeV, Art. 155 BrV, Art. 160 HV, Art. 80 MVV, Art. 144 RPV, Art. 106 ThV.

[58] Zur Verfassunggebung 1949 vgl. *v. Mangoldt/Klein/Starck*, Das Bonner Grundgesetz, Bd. I, 4. Aufl. 1999, Präambel Rdnr. 17ff.; allgemein zum Subjekt und Verfahren der verfassunggebenden Gewalt siehe *Klaus Stern*, Das Staatsrecht der Bundesrepublik Deutschland, Bd. I, 2. Aufl. 1984, S. 147ff. m. w. N.; *Hans-Peter Schneider*, Die verfassunggebende Gewalt, HStR VII, 1992, S. 3ff.; *Josef Isensee*, Das Volk als Grund der Verfassung (Nordrhein-Westf. Akademie der Wissenschaften, Vorträge G 334), 1995; *Starck* (Anm. 10), S. 3, 17 = S. 175f.

[59] Am 23.03.1976 – auch für Deutschland (BGBl. 1976 II, S. 1068) – in Kraft getreten.

darüber, ob die Landesverfassung von einer verfassunggebenden Versammlung endgültig verabschiedet und in Geltung gesetzt wird, ob sie von der Versammlung als vorläufige Verfassung verabschiedet und später einer Volksabstimmung unterworfen wird oder ob die Versammlung einen bloßen Verfassungsentwurf erstellt, der zur Volksabstimmung gestellt wird.[60] Die bundesverfassungsrechtlichen Vorgaben für die Landesverfassunggebung sagen nichts über qualifizierte Mehrheiten oder Quoren bei einer Volksabstimmung. Im Gegensatz zu Verfassungsänderungen, die zur Gewährleistung des Vorrangs der Verfassung von einer qualifizierten Mehrheit abhängig sein müssen, ist die Verfassunggebung selbst nicht an qualifizierte Mehrheiten gebunden.

Die Teilnahmerechte bei der Verfassunggebung sind verschieden ausgestaltet, je nachdem, ob zumindest die Repräsentanten der Wahlberechtigten in der verfassunggebenden Versammlung auf den Inhalt der Verfassung Einfluß nehmen können oder ob darüber hinaus noch der einzelne Abstimmungsberechtigte bei einer Volksabstimmung mit ja oder nein stimmen kann. Die repräsentative Teilnahme des Deutschen Volkes in den Westzonen an der Verfassunggebung 1949 war noch weiter verdünnt. Denn die Mitglieder des Parlamentarischen Rats, der das Grundgesetz ausgearbeitet hat, waren nicht unmittelbar vom Deutschen Volk, sondern von den Landtagen gewählt worden. Die Landtage konnten zum Grundgesetz, wie es der Parlamentarische Rat ausgearbeitet hatte, nur ja oder nein sagen. Gründe für diese abgeschwächte Teilnahme des Deutschen Volkes an der Verfassunggebung sind darin zu sehen, daß es organisierte Staatlichkeit mit Wahlgesetzen nur in den Ländern gab. Das ist auch in der ursprünglichen Fassung der Präambel zum Ausdruck gebracht worden: „hat das Deutsche Volk in den Ländern Baden, Bayern ..., um dem staatlichen Leben für eine Übergangszeit eine neue Ordnung zu geben, kraft seiner verfassunggebenden Gewalt dieses Grundgesetz der Bundesrepublik Deutschland beschlossen". Die Besonderheit der Entstehung des Grundgesetzes klingt in der Neufassung der Präambel von 1990 noch nach:[61] „Die Deutschen in den Ländern Baden-Württemberg, Bayern ... haben in freier Selbstbestimmung die Einheit und Freiheit Deutschlands vollendet."

Mit dem Akt der Verfassunggebung entsteht eine Bindung aller Staatsorgane an die Verfassung, die in der verfahrensrechtlichen Erschwerung der Verfassungsänderung (Art. 79 Abs. 2 GG) und in Änderungsverboten (Art. 79 Abs. 3 GG) zum Ausdruck kommt. In der Verfassung ist festgelegt, was das Volk in Wahlen und Abstimmungen selbst bestimmt und was repräsentative Organe entscheiden (Art. 20 Abs. 2 Satz 2 GG).

---

[60] Vgl. die Darstellung der Verfahren der Verfassunggebung in den neuen Ländern 1991/93 bei *Christian Starck*, Die Verfassungen der neuen Länder; HStR IX, 1997, S. 353, 358–363 = *Starck*, Verfassungen 2009, S. 194, 198–204; zur Landesverfassunggebung in Westdeutschland nach 1945 kurz *Schneider* (Anm. 58), S. 17f.

[61] Neugefaßt durch Art. 4 Nr. 1 des Einigungsvertrages vom 31.08.1990 (BGBl. II, S. 889).

b) Wahlen und Abstimmungen

aa) Wahlen

Die Teilnahme der einzelnen wahlberechtigten Mitglieder des Volkes an Wahlen ist unmittelbare Folge und unverzichtbarer Ausdruck des Demokratieprinzips. Die Wahlen der Parlamente in Bund und Ländern sind die entscheidenden Akte demokratischer Willensbildung,[62] die periodisch wiederkehrend stattfinden muß, weil demokratische Teilnahmerechte Legitimation nur auf Zeit verschaffen.[63]

Wahlsysteme sind Methoden, Wählerstimmen in Parlamentssitze umzuwandeln.[64] Zweck der Wahlen ist, das Volk zu repräsentieren. Was repräsentiert wird, ist das empirische Volk, in dem stets ein Pluralismus von Interessen und von Vorstellungen über die gerechte Ordnung herrscht.[65] Die Ausgestaltung des Wahlsystems muß darauf Rücksicht nehmen, daß die Wahlen im Rahmen des natürlichen Pluralismus der Gesellschaft ein Mindestmaß an Integration der Bevölkerung bewirken.[66] Das Wahlrecht muß deshalb im Vorfeld der Wahlen parteibildend und später mehrheitsbildend wirken und darf nicht nur vereinzelte Abgeordnete liefern.[67] Wahlen und Regierungsbildungen sind Synthesen, in denen das Staatsvolk in seiner Gesamtheit als Wirklichkeit in Erscheinung tritt.

Repräsentation und Integration sind ihrerseits Voraussetzungen für die legitimierende Wirkung der Wahlen. Diese ermöglicht, die konkret ausgeübte Staatsgewalt auf das Volk zurückzuführen, weil die Wahlen die Grundlage für die konkrete Konstituierung der obersten politischen Staatsorgane sind. Legitimation in einer Demokratie ist immer Legitimation auf Zeit; deshalb steckt in der periodisch zu erneuernden Legitimation die demokratische Kontrollfunktion von Wahlen.

Im einzelnen: Die Teilnahmerechte bei Wahlen unterstehen den Grundsätzen der Allgemeinheit und Gleichheit. Die Allgemeinheit der Wahl, „verbietet dem Gesetzgeber, bestimmte Bevölkerungsgruppen aus politischen, wirtschaftlichen oder sozialen Gründen von der Ausübung des Wahlrechts auszuschließen".[68] Die Allgemeinheit der Wahl knüpft unmittelbar an den Volksbegriff (Art. 28 Abs. 1 Satz 2, Art. 38 Abs. 1 Satz 2 GG) an[69] (siehe oben I 3) und läßt nur traditionelle Begrenzungen (Altersgrenze, Seßhaftigkeit sowie die Gründe des § 13 BWahlG) zu.

Die Gleichheit der Wahl ist ein wesentliches Element der Teilnahmerechte bei Wahlen.[70] Sie bedeutet zunächst formal gleiche Ausübung des Wahlrechts

---

[62] BVerfGE 20, 56, 113; 29, 154, 164.

[63] BVerGE 20, 56, 113; 41, 399, 414.

[64] *Vernon Bogdanor*, in: ders./Butler (Hrsg.), Democracy and Elections, 1983, S. 1; *Hans Meyer*, Demokratische Wahl und Wahlsystem, HStR II, 2. Aufl. 1998, S. 254 f.

[65] *Starck* (Anm. 10), S. 5 f. = S. 163 f.

[66] *Karl Löwenstein*, Verfassungslehre, 3. Aufl. 1975, S. 277 ff.; *Dieter Nohlen*, Wahlrecht und Parteisystem, 1989, S. 45 f.

[67] Vgl. *Rudolf Smend*, Verfassung und Verfassungsrecht (1928), in: *ders.*, Staatsrechtliche Abhandlungen, 2. Aufl. 1968, S. 154 f.

[68] BVerfGE 58, 202, 205.

[69] BVerfGE 83, 37, 50 f., 53 f.

[70] BVerfGE 47, 253, 277 m. w. N.

und gleichen Zählwert der abgegebenen Stimmen. Hingegen kann ein gleicher Erfolgswert nur bei reinem Verhältniswahlrecht garantiert werden. Bei allen Formen des Mehrheitswahlrechts gehen die Stimmen verloren, die an nicht erfolgreiche Bewerber abgegeben werden. In diesen Fällen erschöpft sich das Teilnahmerecht für diejenigen, die einen erfolglosen Kandidaten gewählt haben, im Wahlakt. Hinter dem Mehrheitswahlrecht, das auch unter dem Grundgesetz zulässig wäre, steht ein anderer Repräsentationsgedanke als hinter den Verhältniswahlsystemen: Jeder Wahlkreis wird als ein Ganzes, als eine Gemeinschaft, betrachtet. Repräsentiert werden soll die vorherrschende Auffassung dieser Gemeinschaft. Was man nicht wünscht, ist die Repräsentation einzelner Meinungsrichtungen, sondern eine Mehrheitsüberzeugung, die die ganze Gemeinschaft repräsentiert.[71] Im Parlament sollen nur Repräsentanten von Mehrheitsüberzeugungen sitzen. Also nehmen Minderheiten nicht teil am Repräsentiertsein. Ausgeglichen wird dieses Defizit der Teilnahme wenigstens in den Fällen, in denen in anderen Wahlkreisen gerade die Richtung durchdringt, die anderenorts nicht repräsentiert ist. Politische Auffassungen und Gruppierungen, die in allen Wahlkreisen Minderheiten sind, haben keine Repräsentationschance. – Zur Gleichheit der Wahl gehört ferner, daß die Regierung vor den Wahlen nicht staatliche Mittel in Anspruch nimmt, um für die sie unterstützenden Parteien und Bewerber zu werben.[72]

Die Freiheit der Wahl verlangt ein freies Wahlvorschlagsrecht für alle an der Wahl Beteiligten. Die politischen Parteien haben kein Vorschlagsmonopol.[73] Das Teilnahmerecht an Wahlen wird weiter geschützt durch die Geheimheit der Wahl, um jeden Druck zu vermeiden, der die Entscheidungsfreiheit einengen könnte.

Die ins Parlament gewählten Abgeordneten haben ein gesteigertes Teilnahmerecht (Art. 38 Abs. 1 Satz 2 GG). Sie wählen den Bundeskanzler (Art. 63, 67 GG), beschließen über Gesetze (Art. 77 GG) und den Haushalt (Art. 110 Abs. 2 GG), kontrollieren die Regierung (z. B. Art. 43 GG) usf. Der Zusammenschluß der gewählten Abgeordneten, die derselben Partei angehören, zu einer Fraktion (vgl. § 10 GeschOBTag) steigert das Teilnahmerecht des einzelnen Abgeordneten. Ein Fraktionsausschluß stellt einen Eingriff in diese Rechte dar, weshalb er nur unter strengen formellen und materiellen Voraussetzungen vorgenommen werden darf.[74] – Der vom Bundestag gewählte Bundeskanzler und die von diesem eingesetzten Minister üben im Rahmen ihrer Kompetenzen andere Teilnahmerechte aus als die Parlamentsabgeordneten.

bb) Abstimmungen

Bei Abstimmungen werden die Teilnahmerechte der abstimmungsberechtigten Bürger dadurch verstärkt, daß sie über Sachfragen mitentscheiden können, wäh-

---

[71] Siehe dazu *George Horwill*, Proportional Representation – its Dangers and Defects, 1925, S. 113.

[72] BVerfGE 44, 125, 141.

[73] BVerfGE 41, 399, 418.

[74] Dazu *Thorsten Ingo Schmidt*, Der Fraktionsauschluß als Eingriff in das freie Mandat des Abgeordneten, DÖV 2003, S. 846 ff.

rend es bei Wahlen nur sehr mittelbar, wenn überhaupt, um Sachfragen geht. Abstimmungen von territorial bestimmten Teilen des Volkes sieht das Grundgesetz bisher nur für Maßnahmen der Neugliederung des Bundesgebietes vor. Entsprechende Gesetze bzw. Staatsverträge bedürfen der Bestätigung durch Volksentscheid (Art. 29 Abs. 2, 3, 7 GG). Es sind auch Volksbegehren zur Änderung der Landeszugehörigkeit möglich, die Volksbefragungen auslösen können (Art. 29 Abs. 4, 5 GG).

Auf anderen Gebieten, als in Art. 29 GG[75] vorgesehen, verbietet das derzeit geltende Verfassungsrecht Volksentscheide, sowohl auf Grund Volksbegehrens als auch auf Grund einfachen Bundesgesetzes. Dies ist durch Auslegung des Art. 20 Abs. 2 Satz 2 GG gründlich geklärt.[76] Das Grundgesetz in seiner derzeit geltenden Fassung geht von der höheren inhaltlichen Qualität repräsentativer Gesetzgebung aus. Die Teilnahme des Volkes unmittelbar an Sachentscheidungen müßte erst durch Verfassungsergänzung zugelassen werden. Dies böte sich für die Entscheidung über die Europäische Verfassung an. Diese Grundlage für die Weiterentwicklung der Europäischen Union, deren Wichtigkeit dadurch zum Ausdruck gebracht wird, daß der Unionsvertrag Verfassung genannt wird, bedarf aus politischen Gründen einer unmittelbaren Bestätigung durch das Deutsche Volk. Das ist auch ein Gebot der Symmetrie, da in zahlreichen anderen Mitgliedstaaten Volksabstimmungen über die Europäische Verfassung veranstaltet werden (müssen).

Konsultative Volksbefragungen, die den Gesetzgeber rechtlich nicht binden, bewirken eine beratende Teilnahme der Abstimmenden. Nimmt man jedoch Volksabstimmungen ernst – was in einer Demokratie selbstverständlich sein sollte –,[77] erzeugt auch ein rechtlich nicht verbindliches, nur konsultatives Votum des Staatsvolkes einen so starken Druck auf die Gesetzgebung, daß dadurch die vom Grundgesetz vorgesehene ausschließlich repräsentative Gesetzgebung deformiert würde. Deshalb bedürfte auch die Einführung konsultativer Volksbefragungen einer Änderung des Grundgesetzes.[78]

In den Ländern wird durchweg die repräsentative parlamentarische Gesetzgebung durch die Möglichkeit der Gesetzgebung durch Volksentscheid ergänzt. Je nachdem, wie hoch das Quorum für das Volksbegehren ist und welche Mehrheit, gemessen an der Zahl der Abstimmenden oder an der Zahl der Stimmberechtigten, für den Volksentscheid gefordert wird,[79] differiert das Teilnahmerecht der Abstimmenden. Das durch die Volksgesetzgebung eröffnete sachliche Teilnahmerecht der Abstimmungsberechtigten ist durch das sog. Finanztabu beschränkt.

---

[75] Vgl. auch Art. 118a GG.

[76] So *Klaus Stern*, Staatsrecht, Bd. II, 1980, S. 11 ff.; *Ingwer Ebsen*, Abstimmungen des Bundesvolkes als Verfassungsproblem, AöR 110 (1985), S. 2 ff.; *Karl-Peter Sommermann*, in: v. Mangoldt/Klein/Starck, Grundgesetz, Bd. II, 4. Aufl. 2000, Art. 20 Rdnr. 156.

[77] BVerfGE 8, 104, 114, sieht in jeder Art Volksabstimmung die „Teilnahme des Bürgers als Glied des Staatsvolkes bei der Ausübung der Staatsgewalt".

[78] So auch *Sommermann* (Anm. 76), Art. 20 Rdnr. 156 m. w. N.; a. A. *Horst Dreier*, in: Dreier, Grundgesetz, Bd. II, 1998, Art. 20 (Demokratie), Rdnr. 102 m. w. N.; *Ebsen* (Anm. 76), S. 20 ff.

[79] Vgl. für die neuen Länder die Übersicht bei *Starck* (Anm. 60), S. 400 = S. 242; im übrigen vergleichend *Jörg Menzel*, Landesverfassungsrecht, 2002, S. 398 ff.

Dieses schließt Volksbegehren und damit auch Volksentscheide über den Landeshaushalt, über öffentliche Abgaben sowie über Dienst- und Versorgungsbezüge aus. Man mag hierin eine Höherbewertung der repräsentativen parlamentarischen Gesetzgebung sehen, die auf Grund von Beratungen stattfindet und nicht vor der Ja-Nein-Alternative steht.[80]

c) Bundesstaatlichkeit

Durch die Bundesstaatlichkeit sind die Staatsaufgaben auf zwei prinzipiell selbständige Ebenen der Staatlichkeit verteilt. Diese vertikale Funktionenteilung verstärkt die Teilnahmerechte der Bevölkerung in mehrfacher Hinsicht: Zu der Wahl zum Bundestag kommen die Wahlen zum Landtag, dort können andere Mehrheitsverhältnisse zustande kommen; die demokratischen Ableitungszusammenhänge werden verkürzt; die aktiven Mitwirkungsmöglichkeiten in den Parlamenten und den Regierungen werden gesteigert.[81] Die zwischen Bund und Ländern variierenden Mehrheitsverhältnisse ermöglichen es der Opposition, politische Führer für die Wahrnehmung politischer Staatsämter zu schulen. Dies ist eine notwendige Voraussetzung für effektive Ausübung der Teilnahmerechte der Wähler und der Gewählten, die die Mehrheit repräsentieren. Die Teilnahmerechte der Landtagsabgeordneten sind nicht nur durch die Vorschriften über Verfassungsänderungen beschränkt (siehe unter I 4), sondern auch durch die Kompetenzbestimmungen des Grundgesetzes als Bundesverfassung.

d) Gleicher Zugang zum öffentlichen Dienst

An der Erledigung der Staatsaufgaben nimmt man nicht nur politisch durch Wählen und in politische Ämter Gewähltwerden teil, sondern auch durch die Führung administrativer und richterlicher Staatsämter. In der Demokratie werden diese Teilnahmerechte nur nach „Eignung, Befähigung und fachlicher Leistung“ (z.B. Art. 33 Abs. 2 GG) vergeben, wobei der Gleichheitssatz (Art. 3, 33 Abs. 3 GG) besonders zu beachten ist. Dasselbe gilt für den Zugang zu den Richterämtern, und zwar auch insoweit, als Richter gewählt werden.[82] Denn es handelt sich nicht um politische Wahlen.

Soweit das Amt auf Zeit besetzt wird, gilt das Teilnahmerecht für diesen vorweg bemessenen Zeitraum (z. B. bei Wahlbeamten, Verfassungsrichtern des Bundes und der Länder, Schöffen etc.), in allen anderen Fällen bis zum Eintritt der gesetzlich festgelegten Altersgrenze.

---

[80] Dazu *Menzel* (Anm. 79), S. 402 f., mit Angaben aus der Rechtsprechung der Landesverfassungsgerichte; siehe insbesondere BVerfGE 102, 176, 188 ff.

[81] *Maunz/Zippelius*, Deutsches Staatsrecht, 29. Aufl. 1994, S. 105 f.; *Josef Isensee*, Idee und Gestalt des Föderalismus im Grundgesetz, HStR IV, 1990, S. 659 f., 684; *Konrad Hesse*, Grundzüge des Verfassungsrechts der Bundesrepublik Deutschland, 20. Aufl. 1995, 100 ff. m. w. N.; *ders.*, Bundesstaatsreform und Grenzen der Verfassungsänderung, AöR 98 (1973), S. 1, 12 f. auch zum folgenden; deutlich zur inneren Verbindung von Föderalismus und Demokratie *Görg Haverkate*, Verfassungslehre, 1992, S. 340 f.

[82] So für die Wahl von Landesrichtern durch Ausschuß des Landtages *Jachmann* (Anm. 17), Art. 33 Rdnr. 14.

Der Deutschen vorbehaltene Zugang zu den öffentlichen Ämtern[83] ist unmittelbarer Ausdruck des aus dem Demokratieprinzip fließenden status activus,[84] der Grundlage für die Teilnahmerechte ist. Die demokratisch legitimierte Staatsgewalt (Art. 20 Abs. 2 Satz 1 GG), die vom deutschen Volk ausgeht, wirkt sich auf die Besetzung der öffentlichen Ämter aus, durch die die Staatsgewalt ausgeübt wird.[85]

e) Kommunikationsgrundrechte

Die Kommunikationsgrundrechte, klassische Freiheitsrechte des status negativus, also Abwehrrechte, stellen zugleich Teilnahmerechte dar. Das Bundesverfassungsgericht hat dazu allgemein ausgeführt:[86] „Die Grundrechte sollen in erster Linie die Freiheitssphäre des Einzelnen gegen Eingriffe der staatlichen Gewalt schützen *und ihm insoweit zugleich* (Hervorhebung C. S.) die Voraussetzungen für eine freie aktive Mitwirkung und Mitgestaltung im Gemeinwesen sichern."

Teilnahmerechte im demokratischen Verfassungsstaat können nicht auf den Wahlakt und die Möglichkeit, selbst zu kandidieren oder ein öffentliches Amt i. S. des Art. 33 Abs. 2 GG zu übernehmen, beschränkt sein. Zwar ist die Wahl des Parlaments Grundlage für die Legitimationskette „vom Volke" zu den besonderen Organen i. S. des Art. 20 Abs. 2 GG, Demokratie bedarf aber darüber hinaus auch zwischen den Wahlen bürgerschaftlicher Teilnahme.[87] In diesem Sinne hält das Bundesverfassungsgericht für eine freiheitlich-demokratische Staatsordnung das Grundrecht der Meinungsäußerungsfreiheit für „schlechthin konstituierend, denn es ermöglicht erst die ständige Auseinandersetzung, den Kampf der Meinungen, der ihr Lebenselement ist".[88] Diese Aussage hat das Bundesverfassungsgericht auch auf die Presse- und Rundfunkfreiheit[89] sowie auf die Informationsfreiheit[90] und die Versammlungsfreiheit[91] erstreckt. Das wird in der verfassungsrechtlichen Literatur genauso gesehen. Ebenso wie die erwähnten Kommunikationsgrundrechte stellt Art. 9 GG, der die Bildung von Vereinen und Gesellschaften garantiert, eine wichtige Grundlage für die Ausübung auch von politischen Teilnahmerechten dar. Denn politische Meinungsäußerungen von Verbänden entfalten ein stärkeres Gewicht als Meinungsäußerungen Einzelner. Das gilt gesteigert für Koalitionen zur Wahrung und Förderung der Arbeits- und Wirtschaftsbedingungen (Art. 9 Abs. 3 GG). Die Geschäftsordnungen der obersten Bundesorgane sehen beratende Einflußnahme von Verbänden auf den Gesetzgebungsprozeß vor.[92]

---

[83] Wegen Ausnahmen im Hinblick auf die Europäische Union vgl. A III.

[84] So noch sehr deutlich *Hermann v. Mangoldt*, Das Bonner Grundgesetz, 1953, Art. 33 Bem. 2 (S. 208).

[85] Zu den gemeinschaftsrechtlichen Einschränkungen dieses Prinzips für Beamtenstellen, durch die keine hoheitlichen Befugnisse ausgeübt werden, vgl. oben I 3.

[86] BVerfGE 21, 362, 369.

[87] *Hesse* (Anm. 81), Rdnr. 153 f.

[88] BVerfGE 7, 198, 208; 62, 230, 247; 76, 196, 208 f.

[89] BVerfGE 20, 56, 97 f.

[90] BVerfGE 27, 71, 81.

[91] BVerfGE 69,315, 345.

[92] § 70 GeschOBTag, §§ 47, 48 GemGeschO der Bundesministerien.

Die „ungehemmte Verständigung über die öffentlichen Angelegenheiten" ist schon im 19. Jahrhundert als Voraussetzung für die repräsentative Verfassung angesehen und zur Grundlage für die Forderung nach Pressefreiheit genommen worden. *Karl Heinrich Jaup* schreibt dazu im Staatslexikon:[93] „In den Staaten mit repräsentativer Verfassung tritt für das System freier Presse noch ein weiterer Grund ein. Das Grundprinzip dieser Verfassungen setzt bekanntlich eine *öffentliche Meinung* voraus, die Stimme über physische und geistige Bedürfnisse des Volkes, begründet in dem moralischen Urtheil aller Bessern und Verständigern. Die öffentliche Meinung muß sich zugleich aussprechen können, damit sie beitrage, dem Volk die Wohlthaten der Verfassung zu sichern; ..."

Im gegenwärtigen Handbuch des Staatsrechts ist unter der Rubrik „Willensbildung des Volkes" ein Artikel von *Walter Schmitt Glaeser* über „die grundrechtliche Freiheit des Bürgers zur Mitwirkung in der Willensbildung" aufgenommen,[94] in dem der grundrechtliche Schutz der Teilnahme an der demokratischen Willensbildung im einzelnen dargestellt wird. Den Bezug zur demokratischen Teilnahme bekommt die primär menschenrechtlich begründete Meinungs- und Pressefreiheit dadurch, daß politische und gesellschaftliche Themen tatsächlich behandelt werden. Aus dieser Feststellung folgt nicht, daß irgend jemand verfassungsrechtlich verpflichtet wäre (i. S. einer sog. Grundpflicht), an der politischen Meinungsbildung aktiv teilzunehmen.[95]

Die Menschenrechte, zu denen sich das Deutsche Volk in Art. 1 Abs. 2 GG bekennt, werden als Grundlage jeder menschlichen Gemeinschaft, des Friedens und der Gerechtigkeit in der Welt bezeichnet. Erst die Menschenrechte, die im Grundgesetz gewährleistet sind, sichern den einzelnen Bürgern die Möglichkeit, am politischen Leben teilzunehmen, und bieten zugleich Schutz vor erzwungener Politisierung.[96]

f) Parteienfreiheit

Diesen Bezug der Teilnahme zur grundrechtlichen Freiheitsidee hat das Bundesverfassungsgericht 1956 im KPD-Urteil folgendermaßen gekennzeichnet:[97] „Ein Staat, der seine verfassungsrechtliche Ordnung als freiheitlich-demokratisch bezeichnet und sie damit in die große verfassungsgeschichtliche Entwicklungslinie der liberalen rechtsstaatlichen Demokratie einordnet, muß aus dem Grundrecht der Freiheit der Meinungsäußerung ein grundsätzliches Recht der freien politischen Bestätigung und damit auch der freien Bildung politischer Parteien

---

[93] *Karl-Heinrich Jaup*, Artikel „Pressefreiheit", in: C. Rotteck/C. Welcker (Hrsg.), Staatslexikon, 2. Aufl. 1848, Bd. 11, S. 9 (Hervorhebung im Original); vgl. dazu *Jörg-Detlev Kühne*, Die Reichsverfassung der Paulskirche, 1985, S. 389: „Preßfreiheit wurde hier nicht mehr allein abwehrrechtlich, sondern auch als Mitgestaltungsrecht am Staatsganzen verstanden.".

[94] Hrsg. von *Isensee* und *Kirchhof*, Bd. II, 1. Aufl. 1987, 2. Aufl. 1998 mit Literaturnachweisen.

[95] In diesem Sinne auch *Hans Hugo Klein*, Die Grundrechte im demokratischen Staat, 1972, S. 45 ff.; *v. Mangoldt/Klein/Starck* (Anm. 58), Art. 5 Rdnr. 1–3.

[96] *Josef Isensee*, Grundrechte und Demokratie. Bonner Akademische Reden, Bd. 53, 1981, S. 23.

[97] BVerfGE 5, 85, 134 f.

entwickeln, wie in Art. 21 Abs. 1 Satz 2 GG geschehen ist." Das Teilnahmerecht des Art. 21 garantiert den Parteien, an der politischen Willensbildung des Volkes mitzuwirken, und jedem Einzelnen, einer Partei seiner Wahl beizutreten oder mit Gleichgesinnten eine Partei zu gründen.

Wenn die politischen Parteien gemäß Art. 21 Abs. 1 Satz 1 bei der politischen Willensbildung des Volkes mitwirken, ist darin ein Teilnahmerecht zu sehen. Art. 21 GG stellt eine demokratiestaatliche Ausprägung der allgemeinen Vereinigungsfreiheit mit besonderen Privilegien (Art. 21 Abs. 2 GG) und Pflichten (Art. 21 Abs. 1 Sätze 3 und 4 GG) dar. § 1 Abs. 1 PartG bezeichnet die Parteien als verfassungsrechtlich notwendigen Bestandteil der freiheitlich-demokratischen Grundordnung. Die Mitwirkung der Parteien an der politischen Willensbildung des Volkes umschreibt § 1 Abs. 2 PartG dahin, daß sie „auf die Gestaltung der öffentlichen Meinung Einfluß nehmen, die politische Bildung anregen und vertiefen, die aktive Teilnahme der Bürger am politischen Leben fördern, zur Übernahme öffentlicher Verantwortung befähigte Bürger heranbilden, sich durch Aufstellung von Bewerbern an den Wahlen in Bund, Ländern und Gemeinden beteiligen, auf die politische Entwicklung in Parlament und Regierung Einfluß nehmen, die von ihnen erarbeiteten politischen Ziele in den Prozeß der staatlichen Willensbildung einführen und für eine ständige lebendige Verbindung zwischen dem Volk und den Staatsorganen sorgen." In § 2 Parteiengesetz werden Parteien dahin begriffen, daß sie dauernd oder für längere Zeit im Bund oder in einem Land auf die politische Willensbildung Einfluß nehmen und an der Vertretung des Volkes im Bundestag oder einem Landtag mitwirken wollen. Hinzu kommt die Einflußnahme auf die Besetzung der obersten Staatsämter.[98]

Den Parteien als Ganzen stehen Rechte zu, die ausdrücklich als Teilnahmerechte ausgewiesen sind („wirken mit"). Die Teilnahmerechte beziehen sich auf die politische Willensbildung: vor den Wahlen das Recht der Kandidatenaufstellung (§ 17 PartG, §§ 18 ff. BWahlG), über die gewählten Parlamentsabgeordneten Einfluß auf die Besetzung von Staatsämtern, Entgegennahme staatlicher Parteienfinanzierung (§§ 18 ff. PartG), kostenlose Sendezeit in öffentlich-rechtlichen Rundfunkanstalten vor Wahlen.[99] Die einzelnen Parteimitglieder, insbesondere die Inhaber von Parteiämtern, haben verstärkte Möglichkeiten, politische Teilnahmerechte zu verwirklichen. Die aktiven Parteimitglieder üben politische Teilnahmerechte gesteigert aus und regen die Ausübung von Teilnahmerechten in der Bevölkerung an.

g) Mitwirkungs- und Betätigungsrechte im Verwaltungsverfahren

Als „Partizipation an Verwaltungsentscheidungen"[100] wird die Teilnahme des Bürgers im Verwaltungsverfahren bezeichnet. Zu nennen sind Anhörungsrechte

---

[98] BVerfGE 52, 63, 82 f.

[99] Vgl. dazu *Rudolf Streinz*, in v. Mangoldt/Klein/Starck, Grundgesetz, Bd. II, 4. Aufl. 2000, Art. 21 Rdnr. 137 f.; *v. Mangoldt/Klein/Starck* (Anm. 58), Art. 3 Rdnr. 41.

[100] So das 2. Thema in VVDStRL 31 (1973), behandelt von *Robert Walter* und *Walter Schmitt Glaeser*.

Beteiligter (§§ 28, 66 VwVfG, § 91 AO) und Interessierter (§ 73 Abs. 4 VwVfG), die Beteiligung von Bürgern oder Gruppen an planungs- und umweltrechtlichen Verwaltungsverfahren (z. B. § 3 BauGB) und schließlich die Zusammenarbeit der Verwaltung mit der Wirtschaft.[101] Vom Anhörungsrecht bis zur Beteiligung der Öffentlichkeit besteht eine gleitende Skala von gesetzlich festgelegten Teilnahmerechten. Das Ausmaß der Einwirkung auf die Verwaltungsentscheidung geht vom bloßen Angehörtwerden bis zur behördlichen Übernahme von Vorschlägen Mitwirkender. Dies bedeutet freilich letzten Endes nicht Mitentscheidung, weil die zuständige Behörde die Verantwortung für die Sachentscheidung im Rahmen der parlamentarischen Verantwortung des Ressortministers allein trägt.

Das Bundesverfassungsgericht hat diese Partizipationsformen mit der Stellung des Bürgers im Staat in Verbindung gebracht:[102] Danach darf die Verfahrensgestaltung nicht ausschließlich an den Bedürfnissen der Verwaltung ausgerichtet sein. Wörtlich heißt es: „Die Notwendigkeit des Gesprächs zwischen Verwaltung und Bürger entspricht dem grundgesetzlichen Verständnis der Stellung des Bürgers im Staat." Neben der grundgesetzlichen Stellung des Bürgers im Staat haben die Teilnahmerechte auch Bedeutung für die Qualität und die Richtigkeit der Entscheidung, weil der Bürger als Betroffener oder sonst Beteiligter und Interessierter an der Ermittlung des Tatbestandes und der Konkretisierung finaler Gesetzestatbestände, insbesondere im Planungsrecht, mitwirkt. Es wird sogar von „mitgestalteter Partizipation" gesprochen, die die sachlich-inhaltliche demokratische Legitimation insofern verbessere, als sie die vom Parlament geschaffenen offenen Entscheidungsprogramme von innen her mit aufbereite.[103] Eine Steigerung dieser Teilnahmeformen sind die Beteiligung von Interessen und Sachverstand in Beiräten und Kommissionen sowie die ehrenamtliche Mitwirkung in Verwaltungsbehörden, wie sie Art. 56 der Hamburgischen Verfassung vorsieht.

h) Schüler- und Elternmitwirkung

Die Schüler- und Elternmitwirkung in der Schule ist eine spezielle Erscheinungsform verwaltungsrechtlicher Partizipation, die besonders zu behandeln ist, weil sie in zwei grundverschiedenen Formen vorkommt, und zwar zum einen grundrechtlich, zum anderen demokratisch-partizipatorisch fundiert.

Nach der Rechtsprechung des Bundesverfassungsgerichts sind staatlicher Erziehungsauftrag in der Schule (Art. 7 Abs. 1 GG) und elterliches Erziehungsrecht (Art. 6 Abs. 2 GG) gleichgeordnet und in einem sinnvoll aufeinander bezogenen Zusammenwirken zu erfüllen.[104] Insoweit nehmen die einzelnen Eltern im

---

[101] Dazu eingehend *Walter Schmitt Glaeser*, Die Position des Bürgers als Beteiligter im Entscheidungsverfahren gestaltender Verwaltung, in: Lerche/ders./Schmidt-Aßmann, Verfahren als staats- und verwaltungsrechtliche Kategorie, 1984, S. 35, 45 ff.

[102] BVerfGE 45, 297, 335.

[103] *Eberhard Schmidt-Aßmann*, Das allgemeine Verwaltungsrecht als Ordnungsidee, 1998, S. 100; ähnlich *Schmitt-Glaeser* (Anm. 101), S. 35, 53 ff.

[104] BVerfGE 34, 165, 183.

Gespräch mit den Lehrern an der staatlichen Erziehungsaufgabe teil. Damit ist sichergestellt, daß die Eltern im Rahmen der Leistungsfähigkeit und Begabung ihrer Kinder deren Bildungsweg bestimmen können.

Davon zu trennen ist eine von gewählten Elternräten und Schülerräten ausgeübte Mitwirkung bei schulischen Angelegenheiten, auf Klassen-, Schul-, Gemeinde- und Kreisebene. Diese repräsentativ ausgeübten Teilnahmerechte sind nicht aus den Grundrechten der Schüler und dem Elternrecht (Art. 6 Abs. 2 GG) abgeleitet, die nur individuell wahrgenommen werden können. Wegen der Verantwortung des Staates für die Schule kann es sich nur um Erörterung, Unterrichtung, Beratung und Anhörung handeln,[105] nicht aber um echte Mitbestimmung.[106] „Mitbestimmung" von Eltern- und Schülervertretern darf nie endgültig sein. Es müssen Aufsichtsmechanismen zur Verfügung stehen, die die staatliche Verantwortung für die Schule (vgl. Art. 7 Abs. 1 GG) praktisch durchsetzbar machen. Der Niedersächsische Staatsgerichtshof hat in diesem Sinne entschieden, daß die Funktionsfähigkeit der staatlichen Schulaufsicht trotz der Aufsichtsmöglichkeiten nicht mehr gewährleistet ist, wenn Eltern- und Schülervertreter bei Konferenzentscheidungen über Zeugnisse, Versetzungen, Abschlüsse und Übergänge Stimmrecht haben.[107]

2. *Teilnahmerechte auf unterstaatlicher Ebene*

a) Kommunen

Die kommunale Selbstverwaltung als dritte Ebene des Aufbaus der öffentlichen Verwaltung (Art. 28 Abs. 2 GG) im Sinne einer gegliederten Demokratie[108] eröffnet in den Kommunalgesetzen der Länder den Gemeindebürgern ein weites Feld von Teilnahme- und Mitwirkungsrechten.[109] Nach der bundesrechtlichen Garantienorm des Art. 28 Abs. 1 Satz 2 GG und den Landesverfassungen[110] muß das Volk in den Kreisen und Gemeinden eine Vertretung haben, die aus allgemeinen, unmittelbaren, freien, gleichen und geheimen Wahlen hervorgegangen ist. Das Wahlrecht für die Wahl der Ratsmitglieder bzw. der Kreistagsabgeordneten, des Bürgermeisters[111] bzw. des Landrates haben alle Deutschen im Sinne des Art. 116 Abs. 1 GG und die Staatsangehörigen eines anderen Mitgliedstaates der Europäischen Union, soweit sie mindestens drei Monate in der Gemeinde bzw.

---

105 Vgl. z. B. §§ 96, 99 NdsSchulG.

106 *Starck* (Anm. 28), S. 192f.

107 Nds.StGHE 3, 221, 244ff.

108 *Georg Friedrich v. Unruh*, Demokratie und kommunale Selbstverwaltung, in: DÖV 1986, S. 217.

109 *Starck* (Anm. 28), S. 150f.

110 Z. B. Art. 57 Abs. 2 NV, Art. 72 BWV, Art. 12 BV, Art. 3 SHV, Art. 95 ThV.

111 Auch in der Direktwahl des Bürgermeisters ist eine Steigerung der Teilnahmerechte der Bürger zu erblicken, vgl. *Bernd Göttrup*, Direktwahl des Bürgermeisters und Demokratiereform, in: ZG 1995, S. 316ff.

dem Landkreis wohnen (Hauptwohnsitz).[112] In den meisten Ländern wird das Wahlrecht für Kommunalwahlen mit Vollendung des 18. Lebensjahres erreicht. In einigen Ländern sind schon Jugendliche von der Vollendung des 16. Lebensjahres ab wahlberechtigt.[113] Die Wahlberechtigten, die ihr Wahlrecht ausüben, nehmen durch ihre Repräsentanten an der Verwaltung ihrer Gemeinden und ihres Landkreises mittelbar teil.

Das passive Wahlrecht verschafft den gewählten Rats- bzw. Kreistagsmitgliedern ein gesteigertes Teilnahmerecht, soweit der Rat bzw. der Kreistag nach dem einschlägigen Kommunalgesetz zuständig ist. Vor der Abstimmung finden Beratungen in Ausschüssen und im Plenum statt, in denen sich das Mitglied selbst oder durch Parteifreunde äußern, d. h. durch Rede und Gegenrede an der Willensbildung unmittelbar teilnehmen kann. Soweit Entscheidungen durch interne Beratung von Ratsfraktionen bzw. Kreistagsfraktionen vorbereitet werden, verdichtet sich das Teilnahmerecht des einzelnen Mitglieds.

Das passive Wahlrecht verschafft dem Bürgermeister bzw. dem Landrat ein gesteigertes Teilnahmerecht im Rahmen der gesetzlichen Zuständigkeiten. Hinzu kommen in größeren Gemeinden Wahlbeamte auf Zeit, die mit leitenden Funktionen betraut werden. Die Kommunalgesetze sehen auch Ehrenämter vor, durch die noch mehr Bürger Teilnahmerechte ausüben, indem sie z. B. als Ortsbürgermeister,[114] Schiedsmänner, Denkmalpfleger, Jugendhelfer[115] tätig werden.

Zu den Teilnahmerechten gehört auch die Möglichkeit, daß eine gesetzlich festgesetzte Mindestzahl von Einwohnern beantragen kann, daß der Rat bzw. der Kreistag eine bestimmte Angelegenheit berät.[116] Über die periodischen Wahlen hinaus können Bürger auch plebiszitär auf Sachentscheidungen ihrer Kommune (Gemeinde, Landkreis) im eigenen Wirkungskreis Einfluß nehmen. Dafür ist zunächst ein Bürgerbegehren notwendig, das von einem gesetzlich bestimmten Prozentsatz der Bürger unterzeichnet ist und folgende weitere Voraussetzungen erfüllt:[117]

- Die gewünschte Sachentscheidung muß so genau bezeichnet sein, daß mit Ja oder Nein darüber abgestimmt werden kann;
- das Bürgerbegehren muß schriftlich begründet sein, und
- es darf bestimmte gesetzlich bezeichnete Gegenstände nicht betreffen (z. B. Haushaltssatzung, Bauleitplanung).

---

112 Art. 19 Abs. 1 EGV, jetzt Art. 22 AEUV, Art. 28 Abs. 1 Satz 3 GG, z. B. § 34 Abs. 1 NGO, § 29 Abs. 1 NLO, jetzt statt beider § 48 Nds. Kommunalverfassungsgesetz ((NKomVG); dazu *Bodo Pieroth/Markus Schmülling*, Die Umsetzung der Richtlinie des Rates zum Kommunalwahlrecht der Unionsbürger in den deutschen Ländern, in: DVBl. 1998, S. 365 ff.

113 Z. B. § 34 Abs. 1 Nr. 1 NGO, § 29 Abs. 1 Nr. NLO, jetzt § 48 Abs. 1 NKomVG.

114 Oder Ortsvorsteher, vgl. § 55h NGO, jetzt § 96 NKomVG.

115 Vgl. § 73 SGB VIII.

116 Einzelheiten z. B. in Niedersachsen §§ 22a NGO und § 17a NLO, jetzt § 31 NKomVG.

117 *Thomas von Danwitz*, Bürgerbegehren in der kommunalen Willensbildung, in: DVBl. 1996, S. 134 ff.; *Utz Schliesky*, Aktuelle Rechtsprobleme bei Bürgerbegehren und Bürgerentscheid, in: DVBl. 1998, S. 169 f.; *Christian Wefelmeier*, Unzulässige Gegenstände eines Bürgerbegehrens, in: Nds.VBl. 2000, S. 261 ff.

Der Bürgerentscheid kommt zustande, wenn die Mehrheit der gültigen Stimmen auf Ja lautet und diese Mehrheit mindestens 25 Prozent der Wahlberechtigten beträgt. Der Bürgerentscheid hat die Wirkung eines Ratsbeschlusses, der vom Rat nicht sogleich wieder aufgehoben oder geändert werden darf; hier gilt eine gesetzlich bestimmte Frist.

Die Teilnahmerechte der Bürger bzw. Einwohner gehen noch weiter, wenn sie vom Rat in Angelegenheiten der Kommune konsultativ befragt werden. Einige Gemeindeordnungen[118] sehen sogar die Beteiligung von Kindern und Jugendlichen bei Planungen und Vorhaben vor, die ihre Interessen berühren. Hierzu müssen erst noch geeignete Verfahren entwickelt werden, wozu das Gesetz auffordert. Ein Teilnahmerecht für Ausländer, besonders die nicht wahlberechtigten, gibt es in den Gemeinden, die Ausländerbeiräte begründet haben.

b) Berufskammern

Den öffentlich-rechtlichen Berufsverbänden ist durch die Gesetzgebung das Recht der Selbstverwaltung gewährt.[119] Damit wird bestimmten qualifizierten, auf beruflicher Grundlage gebildeten Sozialgruppen die Äußerung ihrer Kräfte, Interessen und Wertvorstellungen im Rahmen der Gesetze in Form hoheitlicher Funktion ermöglicht. Es handelt sich dabei um die Freien Berufe und um bestimmte wirtschaftliche und handwerkliche Berufe. Für die Rechtsanwälte und Notare (Art. 74 Abs. 1 Nr. 1 GG), für die Industrie- und Handelskammern sowie die Handwerkskammern (Art. 74 Abs. 1 Nr. 11 GG) steht dem Bund die Gesetzgebung zu, für die anderen Freien Berufe den Ländern (Art. 70 Abs. 1 GG). Mit dem Selbstverwaltungsrecht sind Teilnahmerechte der Berufsangehörigen verbunden. Diese haben kein grundrechtliches Fundament. Vielmehr überträgt der Staat ihm zustehende Regelungs- und Überwachungsaufgaben an die Kammern und beschränkt sich auf Rechtsaufsicht über die Kammern. Die Kammerangehörigen wählen die Kammerversammlung und diese den Vorstand. Die Teilnahmerechte der Wähler und Gewählten treten im aktiven und passiven Wahlrecht in Erscheinung. Gemessen an den Teilnahmerechten des Wählers in Landtags- und Bundestagswahlen bedeuten die Einrichtung von Personalkörperschaften und das Wahlrecht zur Vertretersammlung eine Verdichtung und Intensivierung des Teilnahmerechts der Mitglieder der betreffenden Personalkörperschaft im Hinblick auf die dort zu erledigenden, ihren Beruf betreffenden Verwaltungsaufgaben.

c) Wissenschaftliche Hochschulen

Die Länder unterhalten wissenschaftliche Hochschulen, die in der Weise organisiert werden müssen, daß die Wissenschaftsfreiheit gesichert ist.[120] Dies geschieht

---

[118] Z. B. § 22e NGO, jetzt § 36 NKomVG.

[119] Siehe aber Art. 71 Abs. 1 Satz 3 BWV, Art. 57 Abs. 1 NV mit Verfassungsrang.

[120] BVerfGE 35, 79, 107 ff., 124 ff.; 56, 192, 211; 95, 193, 209 f.; *v. Mangoldt/Klein/Starck* (Anm. 58), Art. 5 Rdnr. 333, 340 ff. mit weiteren Nachweisen.

nicht nur durch die besondere subjektiv-rechtliche Stellung der in der Universität tätigen Wissenschaftler, sondern auch durch Selbstverwaltung im akademischen, d. h. dem auf Forschung und Lehre unmittelbar bezogenen Bereich. Diese universitäre Selbstverwaltung ist in den meisten Landesverfassungen ausdrücklich garantiert.[121] Selbstverwaltung der staatlich organisierten und finanzierten Hochschulen bedeutet unter dem Gesichtspunkt der hier behandelten Teilnahmerechte, daß die an der Hochschule tätigen Wissenschaftler nicht nur höchst mittelbar über die Landtagswahlen Einfluß auf die Organisation und Finanzierung der Hochschulen haben dürfen. Da der Staat – zumeist landesverfassungsrechtlich verpflichtet – alle wissenschaftsrelevanten Angelegenheiten der universitären Selbstverwaltung zur Beratung oder Entscheidung überläßt, verdichten sich die Teilnahmerechte der in der Universität tätigen Wissenschaftler durch ihr aktives und passives Wahlrecht zu den Selbstverwaltungsgremien der Universität.

Die Teilnahmerechte sind verschieden gestaltet, je nach der Konstruktion der Selbstverwaltung. Das kann am Beispiel der für die Universität wichtigen Finanzentscheidungen deutlich gemacht werden:[122]

- Die im Haushaltsplan in ihrem Gesamtvolumen festgelegten staatlichen Mittel werden global der Universität zugewiesen, deren zentrales Selbstverwaltungsgremium die Mittel auf die Fakultäten zur weiteren Verteilung oder unmittelbar auf kleinere Einheiten verteilt. Das bedeutet eine Intensivierung der Teilnahmerechte bei den Wahlen zu dem entsprechenden Gremium und bei dessen Entscheidungen. Das allgemeine staatsbürgerliche Teilnahmerecht durch die Repräsentanten im Parlament wird entsprechend geschwächt.
- Die staatlichen Mittel werden auf Vorschlag der Selbstverwaltungsgremien durch Ansätze im staatlichen Haushaltsplan verteilt. Das führt nicht automatisch zu einer Schwächung der Selbstverwaltung, da diese das Vorschlagsrecht hat, das Grundlage für die Entscheidung distanzierter staatlicher Stellen ist.

Dieses zuletzt genannte Verfahren hat den Vorteil, daß das Gremium, das vorschlägt, unter einem Zwang zum vernünftigen Ausgleich steht und Minderheiten nicht einfach außer acht lassen wird. Das allgemeine staatsbürgerliche Teilnahmerecht an den haushaltspolitischen Entscheidungen bleibt in höherem Maße erhalten, zumindest im Sinne einer Reservefunktion.

Je nachdem, wo die einzelnen Finanzentscheidungen getroffen werden, kommen Teilnahmerechte zum Tragen, auf Landesebene oder auf der Ebene der universitären Selbstverwaltung. Die Gesamtzuweisung an die Universität ist immer eine haushaltspolitische Entscheidung des Landtages. Die entsprechenden Teilnahmerechte ergeben sich insoweit aus dem aktiven und passiven Wahlrecht zum Landtag. Für die auf Grund dieser Entscheidung zu treffenden weiteren Entscheidungen gilt: Je größer die entscheidende Einheit ist (z. B. Land), um so

---

[121] Vgl. Art. 20 Abs. 2 BWV; Art. 138 Abs. 2 BV; Art. 32 Abs. 1 BbV; Art 60 Abs. 1 HV; Art 7 Abs. 3 MVV; Art. 5 Abs. 3 NV Art. 16 Abs. 1 NWV; Art. 39 Abs. 1 RPV; Art 33 Abs. 2 SlV; Art. 107 Abs. 2 SV; Art. 31 Abs. 2 SAV; Art. 28 Abs. 1 ThV.

[122] Vgl. *Starck* (Anm. 1), S. 153 ff.

verdünnter ist das Teilnahmerecht, je kleiner die Einheit ist (z. B. Universität, Fakultät), um so stärker ist das Teilnahmerecht. Da es nicht allein um die Teilnahmerechte in der jeweils kleineren Einheit geht, sondern um die Sicherung vernünftiger Entscheidungen, ist ein ausgewogenes Organisationsmodell zwischen universitärer Selbstverwaltung und demokratisch legitimierten Parlaments- oder Regierungsentscheidungen anzustreben.[123]

Beschränkt sich der Staat auf eine globale Zuweisung der Mittel, gewinnen die inneruniversitären Teilnahmerechte (aktives und passives Wahlrecht zu den zuständigen Organen) an Bedeutung. Das bedeutet zugleich, daß den Staat Einzelheiten der Verteilung der Mittel in der Universität prinzipiell nicht interessieren (dürfen). Argumente von Seiten der Universität für Erhöhung und gegen Kürzungen der Mittel müssen global an der Geldentwertung, der gestiegenen Bedeutung der Wissenschaft oder der Erhöhung der Studentenzahl ansetzen. Einzelforderungen sind bei globaler Zuweisung irrelevant und provozieren die Antwort, im Rahmen der globalen Zuweisung einen Ausgleich vorzunehmen. Behält sich der Staat dagegen Einflußmöglichkeiten auf die interne Verteilung der Mittel (z. B. durch Ausweisung der einzelnen Professorenstellen und der sächlichen Mittel für Fakultäten oder Institute im Staatshaushalt) vor, gewinnt die Universität Argumentationsmöglichkeiten für die Erhöhung oder gegen die Minderung der Mittel für bestimmte Fächer oder Einrichtungen. Die Verminderung der inneruniversitären Teilnahmerechte verbessert also die Lage der Universität. Denn sie hat umfassende Vorschlagsrechte, die sie sachkundig ausüben kann, und der Staat trägt unmittelbar Verantwortung, und zwar fachbezogen, für Kürzungen oder für die Verweigerung einer Etatsteigerung. Die Einbindung der Sachkunde der Betroffenen in die Entscheidung und die Sicherung einer besonderen Entscheidungsqualität durch Distanz führt zu einem gestuften Condominium, durch das die auf dem Selbstverwaltungsgedanken beruhenden inneruniversitären Teilnahmerechte und die Teilnahmerechte am demokratisch organisierten Staat in ein ausgewogenes Verhältnis gebracht werden, das bessere Entscheidungen hervorbringt.

Solange der Staat die Universitäten durch Steuergelder alimentiert, ist es abwegig, die geschilderte Kombination der Teilnahmerechte der Bürger bei den Haushaltsentscheidungen mit den Teilnahmerechten der Universitätsangehörigen in den Gremien der Selbstverwaltung zurückzudrängen zugunsten von Gremien, die weder demokratisch noch durch wissenschaftliche Selbstverwaltung legitimiert sind.[124]

---

[123] *Starck* (Anm. 1), S. 153 ff.

[124] *Christian Starck*, Die „Stiftung" der Landesuniversität, in: Okko Behrends (Hrsg.), Göttingen Stiftungsuniversität? Eine rechtswissenschaftliche Überprüfung der gesetzlichen Grundlagen der niedersächsischen Stiftungsuniversitäten, 2003, S. 65, 74 f.

[125] BVerfGE 89, 155, 182 begründet diesen so: „Das durch Art. 38 GG gewährleistete Recht, durch die Wahl an der Legitimation von Staatsgewalt teilzunehmen und auf deren Ausübung Einfluß zu nehmen, schließt es im Anwendungsbereich des Art. 23 GG aus, dieses Recht durch Verlagerung von Aufgaben und Befugnissen des Bundestages so zu entleeren, daß das demokratische Prinzip, soweit es Art. 79 Abs. 3 i. V. m. Art. 20 Abs. 1 und 2 GG für unantastbar erklärt, verletzt wird.".

3. Teilnahmerechte auf supranationaler Ebene

Die Europäische Union übt öffentliche Gewalt aus, die ihr von den Mitgliedstaaten übertragen worden ist (für Deutschland Art. 23 Abs. 1 GG). Die Wahrnehmung staatlicher Aufgaben und die Ausübung staatlicher Befugnisse müssen sich auf das Staatsvolk, über das die öffentliche Gewalt ausgeübt wird, zurückführen lassen. Dieser notwendige Zurechnungszusammenhang[125] wird wegen der Fülle der Aufgaben der Europäischen Union nicht mehr allein durch die Mitwirkung demokratisch legitimierter nationaler Regierungsmitglieder bewirkt, sondern verlangt auch parlamentarische Repräsentation der Völker der Europäischen Union.[126] Dazu hat das Bundesverfassungsgericht 1993 im Maastricht-Urteil folgendes ausgeführt:[127]

> „Bereits in der gegenwärtigen Phase der Entwicklung kommt der Legitimation durch das Europäische Parlament eine stützende Funktion zu, die sich verstärken ließe, wenn es nach einem in allen Mitgliedstaaten übereinstimmenden Wahlrecht gemäß Art. 138 Abs. 3 EGV[128] gewählt würde und sein Einfluß auf die Politik und Rechtssetzung der Europäischen Gemeinschaften wüchse. Entscheidend ist, daß die demokratischen Grundlagen der Union schritthaltend mit der Integration ausgebaut werden und auch im Fortgang der Integration in den Mitgliedstaaten eine lebendige Demokratie erhalten bleibt. Ein Übergewicht von Aufgaben und Befugnissen in der Verantwortung des europäischen Staatenverbundes würde die Demokratie auf staatlicher Ebene nachhaltig schwächen, so daß die mitgliedstaatlichen Parlamente die Legitimation der von der Union wahrgenommenen Hoheitsrechte nicht mehr ausreichend vermitteln könnten."[129]

Die Teilnahmerechte der Angehörigen der Völker Europas verlangen jedoch, daß das Europäische Parlament über ausreichende Zuständigkeiten in substantiellen Angelegenheiten verfügt. Wahlen zu Repräsentativkörperschaften, die keine oder kaum Kompetenzen haben, stellen keine Teilnahmerechte dar.[130]

In Art. 190 Abs. 1 EGV, jetzt Art. 14 Abs. 3 EUV sind die Grundsätze der Allgemeinheit und Unmittelbarkeit der Wahl ausdrücklich für die Wahlen zum Europäischen Parlament verankert. Jeder Unionsbürger mit Wohnsitz in einem Mitgliedstaat, dessen Staatsangehörigkeit er nicht besitzt, hat an seinem Wohnsitz das aktive und passive Wahlrecht bei den Wahlen zum Europäischen Parlament.[131] Daß die Wahlen überdies frei und geheim sein müssen, versteht sich von selbst und ist in den Entwurf über eine Verfassung für Europa[132] (Teil I Art. 19

---

[126] BVerfGE 89, 155, 185 f.

[127] BVerfGE 89, 155, 186.

[128] Jetzt fast gleichlautend Art. 190 Abs. 4.

[129] Siehe dazu eingehend *Astrid Epiney*, Der Status activus des citoyen, in: Der Staat 34 (1995), S. 557 ff.

[130] So *Peter Michael Huber*, Demokratie ohne Volk oder Demokratie der Völker? – Zur Demokratiefähigkeit der Europäischen Union, in: Drexl/Kreuzer/Scheuing/Sieber (Hrsg.), Europäische Demokratie, 1999, S. 27, 34 f.

[131] Richtlinie 93/109/EG des Rates vom 06.12.1993, Amtsblatt Nr. L 329 v. 30.12.1993, S. 0034–0038; dazu *Markus Dürig*, Das neue Wahlrecht der Unionsbürger bei den Wahlen zum Europäischen Parlament, NVwZ 1994, S. 1180 ff.; *Michael Borchmann*, Änderungen im deutschen Europawahlrecht, NJW 1994, S. 1522 ff.

[132] Stand 20.06.2003.

Abs. 2 Satz 1, jetzt Art. 22 EUV) ausdrücklich aufgenommen worden. Nicht gewährleistet ist die Gleichheit der Wahl, weil Art. 190 Abs. 2 EGV, jetzt Art. 14 Abs. 2 EUV, die Zahl der in jedem Mitgliedstaat zu wählenden Abgeordneten in einer Weise festlegt, daß die Einwohner der kleinen Mitgliedstaaten stärker repräsentiert werden als die Einwohner der großen Mitgliedstaaten. Die Repräsentationschance eines Luxemburgers ist mehr als zehnmal größer, die eines Portugiesen und dessen Repräsentation immerhin noch mehr als zweimal größer als die eines Deutschen. Der Entwurf über eine Verfassung für Europa garantiert ebenfalls nicht die Gleichheit der Wahl, sondern sieht vor (Teil I Art. 19 Abs. 2 Satz 3, jetzt Art. 14 Abs. 2 EUV), daß die europäischen Bürger im Europäischen Parlament degressiv proportional, mindestens jedoch mit vier Mitgliedern je Mitgliedstaat vertreten sind. Die Teilnahmemöglichkeiten, die sich in der demokratischen Repräsentation verwirklichen, sind also für die Unionsbürger je nach Staat, dem sie angehören, verschieden.[133]

Wahlen setzen die Existenz politischer Parteien voraus, die die politischen Strömungen bündeln und in Wahlkämpfen um Stimmen werben. Diese Aufgaben nehmen immer noch die nationalen Parteien wahr, die nach der Wahl im Europäischen Parlament mit anderen nationalen Parteien gleicher politischer Richtung lockere Verbindungen eingehen. Art. 191 EGV, jetzt Art. 10 Abs. 4 EUV, erklärt als zukünftiges Ziel, daß die politischen Parteien auf europäischer Ebene wichtige Faktoren der Integration in der Union seien. Sie trügen dazu bei, ein europäisches Bewußtsein herauszubilden und den politischen Willen der Bürger der Union zum Ausdruck zu bringen.[134]

Der Zugang zu den Dienstposten der europäischen Verwaltung für Staatsangehörige der Mitgliedsstaaten richtet sich nach einem Länderproporz und setzt die Teilnahme an einem Auswahlverfahren voraus, das dem französischen Concours nachgebildet ist.[135] Der Wettbewerb des Concours-Verfahrens soll gewährleisten, daß nur Beamte ernannt werden, „die in bezug auf Befähigung, Leistung und Integrität höchsten Ansprüchen genügen" (Art. 27 Abs. 1 Satz 1 Beamtenstatut der EG).[136] Das Auswahlverfahren wird von einem Prüfungsausschuß durchgeführt. Auf der Grundlage von vorgelegten Befähigungsnachweisen und/oder Prüfungen wird ein Verzeichnis geeigneter Bewerber aufgestellt, an das die Anstellungsbehörde grundsätzlich gebunden ist,[137] aus dem die plazierten Bewerber allerdings kein subjektives Recht auf Ernennung ableiten können.[138]

---

[133] Dazu eingehend *Marietta Hovehne*, Ein demokratisches Verfahren für die Wahlen zum Europäischen Parlament, 1999, S. 318–388; *Rudolf Streinz*, Europarecht, 5. Aufl. 2001, S. 115 f.; *Matthias Herdegen*, Europarecht, 1997, S. 93; *Peter Michael Huber*, Recht der Europäischen Integration, 1996, S. 212; *ders.* (Anm. 130), S. 35 f.; *Hans Heinrich Rupp*, Wahlrechtsgleichheit bei der Verteilung der Sitze im Europäischen Parlament auf die Mitgliedstaaten, in: NJW 1995, S. 2210 f.

[134] Dazu ausführlich *Rainer Stenzel*, Integrationsziel Parteiendemokratie, 2002, insbes. S. 113 ff., 350 ff.

[135] *Thomas Oppermann*, Europarecht, 2. Aufl. 1999, Rdnr. 790; *Huber* (Anm. 133), S. 327 f.

[136] Das Beamtenstatut – Verordnung Nr. 31 (EWG)/11 (EAG) v. 18.12.1961 (Abl. EG 1962, S. 1385) i. d. F. der Verordnung (EWG, Euratom, EGKS) Nr. 259/68 v. 29.02.1968 (Abl. EG Nr. L 56/1) – ist erlassen worden auf Grund Art. 283 EGV.

[137] EuGH, Urt. v. 15.12.1966, RS 62–65, Slg. 1966, 844 ff.

[138] EuGH, Urt. v. 14.04.1970, RS 24–69, Slg. 1970, 145 ff.

Immerhin bedeutet das Zugangsrecht zum Auswahlverfahren und die Chance, in das Verzeichnis der geeigneten Bewerber aufgenommen zu werden, auch eine Chance, angestellt zu werden und an der Verwaltung der Europäischen Union mitzuwirken. Das Beamtenstatut der Europäischen Union ist Ausdruck des demokratischen Teilnahmeprinzips, das auch die Besetzung öffentlicher Ämter beherrscht, durch die öffentliche Gewalt ausgeübt wird.

Das Recht der Europäischen Union nimmt Einfluß auf das innerstaatliche Wahlrecht zu den kommunalen Vertretungen (siehe oben II 2a). Jeder Unionsbürger mit Wohnsitz in einem Mitgliedstaat, dessen Staatsangehörigkeit er nicht besitzt, hat in diesem Mitgliedstaat das aktive und passive Wahlrecht bei Kommunalwahlen (Art. 19 Abs. 1 EGV, jetzt Art. 20 Abs. 2 lit. b AEUV).[139] Eine entsprechende Klausel ist in Art. 28 Abs. 1 Satz 3 GG aufgenommen worden,[140] die im Kommunalrecht der Länder ausgeführt wird. Damit wird ein demokratisches Teilnahmerecht an nichtdeutsche Unionsbürger verliehen, das nicht nur den engen Zusammenschluß der Mitgliedstaaten der Europäischen Union zum Ausdruck bringt, sondern auch die Unionsbürgerschaft (Art. 17 EGV, jetzt Art. 20 AEUV) ausformt. Für die Teilnahme an der Kommunalpolitik ist nicht mehr die Staatsangehörigkeit des Mitgliedstaates maßgebend, in dem die Wahl stattfindet, sondern der Wohnsitz des Unionsbürgers. Der Wortlaut des Art. 19 Abs. 1 EGV nennt nur Wahlen, nicht Plebiszite; entsprechend lautet Art. 28 Abs. 1 Satz 3 GG. Gegenteilige Vorschläge wurden nicht aufgegriffen. Deshalb erstreckt sich das Teilnahmerecht nicht auf Abstimmungen.[141]

Teilnahmerechte von Unionsbürgern, die nicht Deutsche sind, an der Ausübung hoheitlicher Befugnisse in Deutschland gibt es nicht. Art. 39 EGV, jetzt Art. 45 AEUV, enthält zwar die Garantie der Freizügigkeit der Arbeitnehmer, zugleich aber in Abs. 4 eine Ausnahme für die Beschäftigung in der öffentlichen Verwaltung. Diese Ausnahme ist zwar eng auszulegen und gilt z. B. nicht für die Beamtenstellen in Schule und Universität. Die Ausnahmevorschrift umfaßt aber diejenigen Stellen, durch die hoheitliche Befugnisse ausgeübt werden (siehe oben II 1d).[142] Das sind gerade die Stellen, um die es bei der Behandlung der Teilnahmerechte geht.

---

[139] Siehe Richtlinie 94/80/EG des Rates vom 19.12.1994 (Amtsblatt Nr. L 368 vom 31.12.1994, S. 0038–0047) über die Einzelheiten der Ausübung des aktiven und passiven Wahlrechts bei den Kommunalwahlen für Unionsbürger mit Wohnsitz in einem Mitgliedsstaat, dessen Staatsangehörigkeit sie nicht besitzen. Diese Richtlinie ist gemäß Art. 8b EGV (alt) ergangen.

[140] Gesetz zur Änderung des Grundgesetzes vom 21.12.1992 (BGBl. I, S. 2086).

[141] So auch *Ludger Schrapper*, Die Richtlinie 94/90/EG zum aktiven und passiven Kommunalwahlrecht für Unionsbürger, DVBl. 1995, S. 1167, 1170; *Bernhard Burkholz*, Teilnahme von Unionsbürgern an kommunalen Bürgerentscheiden?, DÖV 1995, S. 816 ff.; *Klaus-G. Meyer-Teschendorf/Hans Hofmann*, Teilnahme von Unionsbürgern nicht nur an Kommunalwahlen, sondern auch an kommunalen Plebisziten?, ZRP 1995, S. 290 ff.; die Offenheit der entsprechenden europa- und verfassungsrechtlichen Regelung betont *Klaas Engelken*, Einbeziehung der Unionsbürger in kommunale Abstimmungen (Bürgerentscheide, Bürgerbegehren)?, NVwZ 1995, S. 432 ff.

[142] EuGH, Urt. v. 17.12.1980, RS 149–79, Slg. 1980, 3881, 3900; siehe auch Kommissionsbeschluß 88/C 72/02, ABl. Nr. C 72/2; *Rieckhoff* (Anm. 17), S. 108 ff.; *Huber* (Anm. 19), S. 949, 953; vgl. auch die Darstellungen bei *Jachmann* (Anm. 17), Art. 33 Rdnr. 14; *Lübbe-Wolff* (Anm. 27), Art. 33 Rdnr. 20.

Soziale Rechte in Verträgen, Verfassungen und Gesetzen*

I. Sozialen Rechte im Völkerrecht

In der *Satzung der Organisation Amerikanischer Staaten* (1948) in der Fassung vom 29.01.1996[1] heißt es in Art. 3 lit. j: „Soziale Gerechtigkeit und soziale Sicherheit sind die Grundpfeiler eines dauerhaften Friedens". Dieser Grundsatz wird durch wirtschaftliche und soziale Richtlinien sowie durch Richtlinien für Erziehung, Wissenschaft und Kultur näher ausgeführt. Diese Richtlinien sind sachlich eng miteinander verknüpft, weil die wirtschaftliche und die soziale Entwicklung zusammenhängen (siehe Art. 30 ff.) und beide von Bildung und Erziehung abhängen (Art. 34 lit. h). Die Verhältnisse in den südamerikanischen Staaten deutlich vor Augen heißt es in Art. 45 lit. f der Satzung:

„Die am Rande der Gesellschaft lebenden Bevölkerungsteile sowohl in städtischen als auch in ländlichen Gebieten sollen in zunehmendem Maße in das wirtschaftliche, soziale, staatsbürgerliche, kulturelle und politische Leben der Nation einbezogen und an ihm beteiligt werden, um somit die volle Integration der nationalen Gemeinschaft, die Beschleunigung des Prozesses der sozialen Mobilität und die Konsolidierung des demokratischen Systems zu erreichen. Alle Bemühungen um die Hebung des allgemeinen Niveaus und um die Zusammenarbeit, die Entwicklung und den Fortschritt der Gemeinschaft zum Ziele haben, sollen gefördert werden."

---

* Aus: Ennuschat/Geerlings/Mann/Pielow (Hrsg.), Wirtschaft und Gesellschaft im Staat der Gegenwart. Gedächtnisschrift für Peter J. Tettinger, Köln 2007, S. 761–774.

[1] UNTS Bd. 119, S. 3; Ergänzungen Bd. 721, S. 324 (Buenos Aires 1967); 25 ILM (= International Legal Materials) 527 (Cartagena 1985); 33 ILM 1005 (Washington 1992); 33 ILM 1009 (Managua 1993). Bestärkung durch Art. 26 der Amerikanischen Menschenrechtskonvention v. 22.11.1969.

In dem zitierten Art. 45 werden auch erste soziale Rechte formuliert: Recht auf materiellen Wohlstand (lit. a), Recht auf Arbeit und Arbeit als soziale Pflicht (lit. b), Vereinigung zu Arbeiterverbänden und Streikrecht (lit. c), leistungsfähige Sozialversicherungssysteme (lit. h).

Der *Internationale Pakt über wirtschaftliche, soziale und kulturelle Rechte* vom 19.12.1966[2] verfolgt global gesehen ähnliche Ziele und formuliert entsprechende, oft weitergehende soziale Rechte:

- Recht auf Arbeit und gerechte Arbeitsbedingungen (Art. 6, 7)
- Recht auf Bildung von Gewerkschaften und Streikrecht (Art. 8)
- Recht eines jeden auf soziale Sicherheit unter Einschluss der Sozialversicherung (Art. 9)
- Recht eines jeden auf angemessenen Lebensstandard (Art. 11)
- Recht eines jeden auf das für ihn erreichbare Höchstmaß an körperlicher und geistiger Gesundheit (Art. 12)
- Recht eines jeden auf Bildung (Art. 13)
- Recht eines jeden, am kulturellen Leben teilzunehmen und an den Errungenschaften des wissenschaftlichen Fortschritts und seiner Anwendung teilzuhaben (Art. 15)

Diese Rechte sind freilich vor keinem nationalen oder internationalen Gerichtshof einklagbar, vielmehr sind die Vertragsstaaten nur verpflichtet, Berichte über die von ihnen getroffenen Maßnahmen und über die Fortschritte vorzulegen, die hinsichtlich der Beachtung der in dem Pakt anerkannten Rechte erzielt wurden (Art. 16 Abs. 1). Der Wirtschafts- und Sozialrat überprüft diese Berichte und kann der Generalversammlung der Vereinten Nationen eigene Berichte und Empfehlungen vorlegen (Art. 21).

Ähnlich ist die *Europäische Sozialcharta* vom 18.10.1961[3] aufgebaut. Sie zählt soziale Rechte auf, noch detaillierter als im Pakt, und verlangt Berichte (Art. 21), die der Generalsekretär des Europarats durch einen Sachverständigenrat prüfen lässt (Art. 24, 25). Das Verfahren kann in Empfehlungen des Ministerrates an Mitglieder münden (Art. 29). Die Europäische Sozialcharta sieht im V. Teil eine Notstandsklausel und Einschränkungen vor. Daran zeigt sich, dass die Verpflichtungen aus der Charta eigentlich ernst zu nehmen sind und nur ausnahmsweise nicht erfüllt werden müssen.

Die bisherigen Erfahrungen zeigen jedoch, dass die völkerrechtlich vereinbarten Garantien sozialer Rechte gänzlich auf den guten Willen des einzelnen Vertragsstaats angewiesen sind.

---

[2] UNTS Bd. 993, S. 3; BGBl. 1973 II, S. 1570.
[3] UNTS Bd. 529, S. 89; BGBl. 1964 II, S. 1262.

II. Soziale Rechte in den Staatsverfassungen

Wenn man über soziale Rechte in Staatsverfassungen Aussagen machen will, empfiehlt es sich, für einen Moment den Blick zu weiten allgemein auf die Leistungsrechte des status positivus.[4] Das sind Rechte des Einzelnen auf bestimmte Leistungen des Staates, z. B. auf Rechtsschutz, auf Organisation und Verfahren,[5] auf die Benutzung öffentlicher Einrichtungen, auf staatliche Information usf. Die sozialen Rechte, um die es hier geht, sind eine besondere Kategorie der Rechte des status positivus.[6]

Ein Blick in die Staatsverfassungen zeigt, dass soziale Rechte erst relativ spät in Erscheinung treten. Die Italienische Verfassung von 1947 und das Deutsche Grundgesetz von 1949 enthalten nur allgemeine soziale Staatsziele. Art. 20 Abs. 1 GG spricht vom sozialen Bundesstaat und Art. 28 Abs. 1 vom sozialen Rechtsstaat. In Art. 3 Satz 2 der italienischen Verfassung heißt es etwas ausführlicher: „Es ist Aufgabe der Republik, die Hindernisse wirtschaftlicher und gesellschaftlicher Art zu beseitigen, die die Freiheit und Gleichheit der Bürger tatsächlich beschränken und die volle Entfaltung der menschlichen Persönlichkeit und die wirksame Teilnahme aller Arbeitenden an der politischen und sozialen Gestaltung des Landes verhindern". Die Französische Verfassung von 1958 inkorporiert die Präambel der Vorgängerverfassung von 1946, in der sich soziale Grundsätze als Leitlinien der Politik finden. Die Irische Verfassung von 1937 enthält Leitsätze der Sozialpolitik für das Parlament, allerdings unter ausdrücklichem Ausschluss einer Bindung der Gerichte (Art. 45).

In den 50er Jahren des 20. Jahrhunderts wurde über die Aufnahme sozialer Rechte in die Staatsverfassungen heftig diskutiert.[7] Dabei wurde bemerkt, dass die sozialen Rechte in Konflikt zu den klassischen Grundrechten stehen.[8] So sei „ein Recht auf Arbeit nicht ohne Eingriffe in Vertragsfreiheit, Gewerbefreiheit und Eigentum sowie Aufhebung der Freizügigkeit zu verwirklichen." Soziale Grundrechte förderten die Nivellierung und die Bürokratie, die das gesellschaftliche Leben erfassen, planen und rationieren müsse. Abstoßend wirkten die Verhältnisse in den kommunistischen Staaten, deren Verfassungen umfangreiche Kataloge sozialer Rechte enthielten, auf die von sozialistischer Seite mit Stolz hingewiesen wurde.

Erst seit der Mitte der 1970er Jahre entstehen in Europa zahlreiche Verfassungen, die Kataloge sozialer Rechte enthalten, die zumeist als staatliche Pflichten formuliert sind und über einen engeren staatlichen Sozialauftrag hinauszugehen

---

[4] *Georg Jellinek*, System der subjektiven öffentlichen Rechte, 2. Aufl. 1905, S. 124 ff.

[5] *Christian Starck*, in: v. Mangoldt/Klein/Starck, Kommentar zum Grundgesetz, 6. Aufl. 2010, Bd. I Art. 1 Rdnr. 199 ff.

[6] *Wolfgang Rüfner*, Leistungsrechte, in: HGR II, 2006, § 40 Rdnr. 1.

[7] *Hans Huber*, Soziale Verfassungsrechte?, in: Festgabe der Juristischen Fakultäten der schweizerischen Universitäten zur Jahrhundertfeier der Bundesverfassung, 1948, S. 149 ff.; *Ulrich Scheuner*, Die institutionellen Garantien des Grundgesetzes, in: Recht-Staat-Wirtschaft, Bd. IV, 1953, S. 88 ff.

[8] *v. Mangoldt/Klein*, Das Bonner Grundgesetz, 2. Aufl. 1957, S. 75.

scheinen. Außer den schon aus dem Internationalen Pakt aufgezählten Rechten findet man in den Verfassungen Griechenlands (1975), Portugals (1976) und Spaniens (1978) noch folgende Rechte:[9]

- Recht auf Wohnung oder die Pflicht des Staates, für Wohnungen zu sorgen
- Schutz der Umwelt
- Förderung von Wissenschaft und Kunst
- Sorge um Behinderte
- Angemessene Vermögensbildung
- Einrichtung von Sozialversicherungen

Die sozialen Rechte sind in den genannten Verfassungen in besonderen Kapiteln – getrennt von den klassischen Rechten und Freiheiten – aufgezählt. So schließen die Portugiesische Verfassung in Art. 18 Abs. 1 und die Spanische Verfassung in Art. 53 die unmittelbare Bindung der Gerichte an die Sozialrechte ausdrücklich aus. Die Gerichte dürfen also nicht unmittelbar aufgrund der Verfassung soziale Rechte zusprechen. Dies ist der Gesetzgebung vorbehalten, die die verfassungsrechtlich formulierten sozialen Rechte in den Gesetzen verwirklichen soll. Insoweit figurieren die sozialen Rechte als bloße Leitsätze wie in der Irischen Verfassung.

Nach dem Zusammenbruch der kommunistischen Parteidiktaturen in Mittel- und Osteuropa haben sich die befreiten Staaten neue Verfassungen gegeben. In Deutschland gilt dies für die fünf neuen Länder, die aus der Deutschen Demokratischen Republik entstanden und der Bundesrepublik Deutschland beigetreten sind. Soweit diese Verfassungen soziale Rechte enthalten, sind sie zumeist getrennt vom Katalog der klassischen Freiheitsrechte aufgeführt.[10] Einige ostdeutsche Landesverfassungen und osteuropäische Staatsverfassungen trennen nicht zwischen klassischen und sozialen Rechten. Soweit ersichtlich, wenden die Gerichte dieser Staaten die Sozialrechte nicht unmittelbar an.

Das Eingangszitat aus der Satzung der Organisation der Amerikanischen Staaten macht deutlich, dass die sozialen Rechte ein globales Problem darstellen. Deshalb ist noch ein Blick auf Brasilien, beispielhaft für Südamerika, erforderlich. Dabei muß man allerdings in Betracht ziehen, dass die dortigen sozialen Verhältnisse sich erheblich von denen in Westeuropa unterscheiden. Die von 1988 stammende, inzwischen häufig geänderte Verfassung von Brasilien enthält in Art. 7 einen Katalog von nicht weniger als 34 sozialen Rechten: Diese sich auf Erziehung, Gesundheit, Arbeit, Entspannung, soziale Sicherheit, Schutz der Mutterschaft und der Kinder sowie Sozialhilfe beziehenden Rechte sind zum Teil ausdrücklich abhängig von der Gesetzgebung oder setzen Gesetzgebung voraus wie z. B. Arbeitslosenversicherung. Aber auch unmittelbare verfassungsrechtliche Gewährleistungen kommen vor: Z. B. Mutterschaftsurlaub von 120 Tagen ohne Verlust des Berufes oder des Gehaltes sowie die Garantie des 13. Monatsgehaltes.

Während § 1 des Art. 5 mit 78 individuellen und kollektiven Rechten und Pflichten eine unmittelbare Anwendbarkeit dieser „Rechte und Garantien"

---

[9] Vgl. *Christian Starck*, Der demokratische Verfassungsstaat, 1995, S. 215.

[10] Polen, Slowakei, Tschechien, Sachsen, Sachsen-Anhalt.

anordnet,[11] findet sich keine entsprechende Klausel am Ende des Katalogs der sozialen Rechte. Freilich muss man beachten, dass sich die sozialen Rechte im II. Titel befinden, der überschrieben ist mit „direitos e garantias fundamentais“ und Art. 5 § 1 eben diese Worte benutzt, wenn er die unmittelbare Anwendung anordnet, wird auf die unmittelbare Anwendbarkeit auch der sozialen Rechte geschlossen.[12] So hat auch der Oberste Gerichtshof (Supremo Tribunal Federal) im Hinblick auf Gesundheit und Erziehung unmittelbar aus der Verfassung fließende originäre Leistungsansprüche anerkannt.[13] Es gibt auch Gegenstimmen.[14] Diesen erscheint das Pendant zur Klausel des Art. 5 § 1 bei den klassischen Rechten der Titel VIII der Verfassung zu sein, der ausführliche Leitlinien für die Sozialgesetzgebung aufstellt,[15] die erst tätig werden muss, bevor Ansprüche bestehen, auf die man sich unmittelbar berufen kann. Freilich gibt es soziale Ansprüche in Art. 7, die keiner gesetzlichen Ausgestaltung bedürfen wie z. B. das 13. Monatsgehalt, basierend auf dem vollen Gehalt oder der Pensionszahlung.

Nach Kenntnisnahme der verschiedenen völkerrechtlichen und verfassungsrechtlichen Verankerungen der Sozialrechte ist jetzt nach deren Ort in der Staatstheorie zu fragen. Denn die sozialen Rechte sind nur eine besondere Ausprägung einer vernünftigen Staatszwecklehre

III. Ein Blick auf die Staatszwecklehre

Solange die Staatsrechtslehre vernunftrechtlich orientiert war, also etwa bis zur Mitte des 19. Jahrhunderts, wurden in den Lehrbüchern und Kompendien des Staatsrechts die Zwecke oder Ziele des Staates behandelt.[16] Damit wurde zugleich eine Rechtfertigung des Staates gegeben. Mit Vernunftgründen lässt sich

---

[11] As normas definidoras dos direitos e garantias fundamentais têm aplicação imediata.

[12] Vgl. *Ingo Sarlet*, Soziale Grundrechte in Brasilien: Probleme ihrer Verwirklichung unter dem Druck der Globalisierung, in: Zeitschrift für ausländisches und internationales Arbeits- und Sozialrecht (ZIAS), 16 (2002), S. 1, 11 ff., besonders S. 12 („eine Art Mittelweg“ beschreibend).

[13] STF, RE 436.996/SP, DJ (= Diário de Justiça) de 02.12.2005 – Kinderkrippe (Art. 208 Verf.); RE 271.286/RS, DJ de 24.11.2000 – kostenlose Medikamente (Art. 196 Verf.); AI 468.961/MG, DJ de 05.05.2004 –kostenlose Medikamente (Art. 196 Verf.); ADI 1.458/DF, DJ de 20.09.1996 – Mindestlohn (Art. 7 IV Verf.); ADI 1.439/DF, DJ de 30.05.2003 – Mindestlohn (Art. 7 IV Verf.); ADI 3.128/DF, DJ de 18.02.2005 – Existenzminimum; ADPF 45/DF, DJ de 04.05.2004 – Existenzminimum; RE 197.807/RS, DJ de 18.08.2000 – Mutterschaftsurlaub (Art. 7 XVIII Verf.).

[14] Siehe die genaue und differenzierende Darstellung bei *Ingo Sarlet* (Anm. 12), S. 11 ff.; zutreffend für „Grundrechtspolitik“ (= den sozialen Grundrechte günstige, diese umsetzende Gesetzgebungspolitik) plaidierend *Ingo Sarlet* (Anm. 12, S. 19); vgl. auch *ders.*, Die Problematik der sozialen Grundrechte in der brasilianischen Verfassung und im deutschen Grundgesetz, 1997, S. 130–271.

[15] Soziale Sicherheit (Art. 194/195), Gesundheit (Art. 196–200), Sozialversicherung (Art. 201/202), Fürsorge (Art. 203/204), Erziehung (Art. 205–214).

[16] *Heinrich-Albert Zachariae*, Deutsches Staats- und Bundesrecht, 3. Aufl. 1865, Bd. I, S. 45 ff.; Angaben bei *K. Hespe*, Zur Entwicklung der Staatszwecklehre in der deutschen Staatsrechtswissenschaft im 19. Jahrhundert, 1964, S. 20 ff.; *Christoph Link*, Staatszwecke im Verfassungsstaat, in: VVDStRL 48, 1990, S. 10 f.

der Staat nicht als bloßer Befehlsgeber rechtfertigen.[17] Vielmehr kommt es auf den Inhalt der staatlichen Befehle an. Es war noch gemeinsame Auffassung der liberalen Staatsrechtslehre des 19. Jahrhunderts, dass der Frieden nur zusammen mit der vom Staat gewährleisteten und geschützten gemeinverträglichen Freiheit Zweck des Staates sein kann.[18] Der Streit der Staatsrechtslehre – in der damaligen Terminologie Lehre von der Politik – ging zunächst nur darum, ob und inwieweit der Staat auch einen Wohlfahrtszweck hat. Neben der Aufrechterhaltung eines geordneten Rechtszustandes wurde es als Aufgabe des Staates betrachtet, solche Einrichtungen und Anstalten zu bewirken, deren Beschaffung außerhalb der Kraft des Individuums liegt.[19] Hier erscheint eine wohlfahrtsstaatliche Vernunft,[20] an die anzuknüpfen uns heute leicht fällt.[21] Das folgende Zeitalter des Positivismus verzichtete auf diese vernunftrechtliche Tradition. Die Staatszwecklehre verschwand hinter dem Faktum des Staates als Machtverband, der Ordnung und Frieden durch Dezision herzustellen in der Lage ist.[22] Letzte Giftblüte dieser Lehre war der nationalsozialistische Staat.

Der Konstitutionalismus der Zeit nach dem Zweiten Weltkrieg hat eine Renaissance der Staatszwecke hervorgebracht. Wir gehen heute von einer Trias der Staatszwecke aus, nämlich Frieden, Freiheit und sozialer Ausgleich.[23] Wenn man die Freiheit, die der Staat auch um des Friedens willen gewährleisten und schützen soll, von vornherein als gemeinverträglich ausgeübte Freiheit versteht, so kann sich der Staat heute so wenig wie früher darauf beschränken, Freiheit im beschriebenen Sinne zu schützen. Denn die Freiheit schafft faktische Ungleichheit unter den Bürgern. Die Menschen sind verschieden begabt, verschieden interessiert und verschieden fleißig. Auch Glück und Gunst der Stunde unterscheiden sich für die handelnden oder abwartenden Menschen. Aus großen faktischen Ungleichheiten können Abhängigkeiten erwachsen, die als ungerecht empfunden werden. So muss jede menschliche Gemeinschaft für sozialen Ausgleich unter den Bürgern sorgen, um den Frieden zu sichern. Solch ein Ausgleich, der immer wieder durch Reformen vorgenommen worden ist, wie uns in der Antike schon die Reformen der großen Gestalten von Solon in Athen (594/93) und der Brüder Tiberius und Gaius Gracchus in Rom (133–121) zeigen, bedeutet nicht die ohnehin unmögliche Herstellung faktischer Gleichheit, sondern Existenzsicherung der Armen und deren Schutz vor Ausbeutung.

---

[17] *Georges Burdeau*, Traité de science politique, vol. I/2, 3. Aufl. 1980, S. 292.

[18] *Carl v. Rotteck*, in: Rotteck/Welcker, Staatslexikon, 2. Aufl. 1847, Bd. V., S. 192 f.

[19] *Heinrich Zoepfl*, Grundzüge des gemeinen deutschen Staatsrechts mit besonderer Rücksicht auf das allgemeine Staatsrecht und auf die neuesten Zeitverhältnisse, 5. Aufl. 1863, S. 49; *Zachariae* (Anm. 16), S. 45.

[20] Deutlich *Lorenz v. Stein*, Geschichte der sozialen Bewegung in Frankreich (1849/50), Ausgabe 1921, Bd. 3, S. 38 f.

[21] *Peter Unruh*, Kant-Menschenwürde-Sozialstaat, in: Festschrift für Christian Starck, 2007, S. 133, 140 ff.

[22] *Christoph Link*, Herrschaftsordnung und bürgerliche Freiheit, 1979, S. 133.

[23] Vgl. auch die in Anm. 1 zitierte Satzung der Organisation amerikanischer Staaten, insbes. Präambel, Art. 17, Art. 45 Satz 1.

Dieses dritte Staatsziel, das auf sozialen Ausgleich geht, ist heute in den Verfassungen entweder durch das Sozialstaatsprinzip oder durch einen Katalog sozialer Rechte umschrieben. Damit ist eine permanente Aufgabe des modernen Staates bezeichnet. Denn die Dynamik der Industriegesellschaft und die Möglichkeiten freien Wirtschaftens mit Hilfe von Maschinen und Organisationen bringen bei allen Fortschritten in Technik und Wirtschaft auch Verwerfungen der Sozialordnung hervor, die – heute durch Folgewirkungen der Globalisierung der Wirtschaft verschärft – vielfältige staatliche Kompensation erfordern. So ist der Staat gehalten, Fürsorge zu leisten, Sozialversicherunssysteme zu schaffen; er ist für gleiche Bildungschancen verantwortlich nicht nur durch die Einrichtung und Unterhaltung von Schulen, sondern auch durch finanzielle Hilfen, um Schulbesuch zu ermöglichen.

Der Staatszweck des sozialen Ausgleichs gewinnt Konturen, wenn man ihn mit den beiden anderen Staatszwecken in Beziehung setzt und damit ein Staatszweckedreieck in den Blick bekommt.[24]

Die grundrechtliche und die demokratische Freiheit setzt zunächst voraus, dass alle Bürger in das wirtschaftliche, soziale, kulturelle und politische Leben einbezogen und an ihm beteiligt werden, wie es in der eingangs zitierten Satzung der Organisation amerikanischer Staaten heißt. Vollständige Rechtsgleichheit genügt dafür nicht. Um Chancengleichheit zu sichern, bedarf es sozialstaatlicher Kompensation gröbster faktischer Ungleichheiten. Grundrechtliche und demokratische Freiheit verbietet es jedoch,[25] den sozialen Ausgleich so aufzufassen, dass faktische Gleichheit herzustellen versucht wird. Sozialstaatliche Gesetzgebung darf mit Rücksicht auf den Staatszweck Freiheit in seiner doppelten Ausprägung als liberale und demokratische Freiheit weder Freiheitsbedürfnis noch Verantwortungsfreude der Menschen untergraben. Sozialer Ausgleich muss durch die Weckung von Eigenverantwortung an das Freiheitsprinzip rückgebunden werden. Auch die demokratische Freiheit verbietet, die Herstellung faktischer Gleichheit zum Staatszweck zu erklären, weil damit jeder Pluralismus politischen Denkens mit der Freiheit zusammen abgeschafft würde. Der Pluralismus der Vorstellungen über die gerechte Ordnung verlangt parlamentarische Mehrheitsentscheide mit Minderheitenschutz.

Aus dem Verhältnis des Staatszwecks sozialer Ausgleich zum Staatszweck Frieden ergibt sich Folgendes: Sozialer Ausgleich schafft Frieden bzw. hilft, ihn zu bewahren. Eine gerechte Ordnung setzt nicht nur Freiheit, sondern auch sozialen Ausgleich voraus. Eine harmonisierende Verwirklichung der Staatszwecke Freiheitsschutz und sozialer Ausgleich schafft die besten Bedingungen für eine staatliche Ordnung, die Entscheidungen hervorbringt, die man als gerecht bezeichnen kann. Wichtiger ist noch, dass solch eine Ordnung bei aller notwendigen Stabilität lernfähig genug ist, um aufgrund neuer tatsächlicher Verhältnisse die Konsequenzen aus den Staatszwecken neuerlich zu ziehen.

---

[24] *Starck* (Anm. 9), S. 235 ff. auch zum Folgenden.
[25] *Starck* (Anm. 9), S. 161 ff.

Der häufig überlieferte Ausspruch und bildliche Darstellung, dass Gerechtigkeit und Frieden sich küssen oder Hand in Hand gehen,[26] dass der Frieden das Werk der Gerechtigkeit ist, bringt die zeitlose Einsicht zum Ausdruck, dass eine gerechte Sozialordnung eine wichtige Voraussetzung eines dauerhaften Friedens ist. Daneben bedarf freilich auch der Sozialstaat des staatlichen Gewaltmonopols.

Umgekehrt ist der Frieden existenzielle Basis jeder gerechten Sozialordnung. Die Verwirklichung von Gerechtigkeitsutopien sollte man nicht anstreben. Das Staatsziel Frieden bindet uns an das Irdische. Wer wie manche Friedensforscher Frieden umdefiniert als Zustand vollkommener sozialer Gleichheit, macht den Frieden und die Friedfertigkeit der Bürger von Gerechtigkeitsutopien abhängig, die nicht dem Frieden dienen, sondern ihn untergraben.

Die sozialen Rechte kommen also aus der alten Staatszwecklehre, indem sie die Pflicht des Staates zum sozialen Ausgleich in Rechte der Bürger ummünzen. Uns wird nun die Frage beschäftigen, ob die sozialen Rechte eine echte Weiterentwicklung der Staatszwecklehre darstellen oder ob sie, als Grundrechte formuliert, nur einen prunkvolleren Ausdruck der Staatszwecklehre darstellen. Dafür müssen wir die Struktur der sozialen Rechte untersuchen.

IV. Strukturprobleme der Sozialrechte

Die klassischen Freiheitsrechte verlangen vom Staat, dass er sich zurückhält oder dass er Regelungen trifft, die die Rechte der Grundrechtsträger voneinander abgrenzen, z. B. die Rechte der Pressefreiheit mit den Rechten auf Ehrenschutz zum Ausgleich bringen.[27] Demgegenüber sind Sozialrechte mit erheblichen finanziellen Aufwendungen verbunden.[28] Leiten die Gerichte, insbesondere die Verfassungsgerichte, unmittelbar aus den sozialen Grundrechten Ansprüche ab, müssten sich die Gerichte Einflüsse auf den Staatshaushalt und dessen Prioritäten verschaffen. Das für die Finanzierung der sozialen Grundrechte erforderliche Geld muss aber erst aufgebracht werden, was die Verfassung oder das die Verfassung interpretierende Verfassungsgericht nicht garantieren kann.[29] Die natürliche Knappheit der Anspruchsobjekte ist eine Schranke aller sozialer Grundrechte. Ferner würden unmittelbar angewandte soziale Rechte dazu führen, dass nahezu die gesamte Haushaltspolitik verfassungsrechtlich festgelegt würde. Die hieraus

---

[26] *Otto Brunner*, Land und Herrschaft, 4. Aufl. 1980, S. 32. *Hans Hattenhauer*, Pax et Iustitia, 1983. Zur Darstellung von Gerechtigkeit und Friede in der bildenden Kunst vgl. *Wolfgang Pleister/Wolfgang Schild* (Hrsg.), Recht und Gerechtigkeit im Spiegel der europäischen Kunst, 1988, S. 97 (Justitia und Pax umarmen sich. Aus dem Stundenbuch des Kardinals Alessandro Farnese), S. 139 (Frieden und Gerechtigkeit. Vincent Sellaert), S. 140 (Justitia und Pax. Otto van Veen), S. 147 (Justitia und Pax huldigen Venetia. Paolo Veronese).

[27] Siehe zuletzt einerseits BVerfGE 101, 395 – Caroline und andererseits EGMR, Urteil v. 24.06.2004, JZ 2004, S. 1015 ff.; dazu *Christian Starck*, Praxis der Verfassungsauslegung II, 2006, S. 85 ff.

[28] *Rüfner* (Anm. 6), § 40 Rdnr. 14 ff.

[29] *Christian Starck*, Freiheit und Institutionen, 2002, S. 196.

entstehenden Konflikts- und Spannungslagen würden die Grundrechtsdogmatik vor unlösbare Schwierigkeiten stellen.

Ein weiteres kommt hinzu: Die meisten sozialen Rechte lassen sich tatbestandlich nicht deutlich genug fassen. Welchen Anspruch gewährt ein Recht auf Bildung oder auf saubere Umwelt?[30] Was besagt ein Recht auf Gesundheit? Der Leistungsumfang bleibt unklar. Mit den sozialen Rechten ist also wohl der Gesetzgeber angesprochen, ohne dass er unmittelbar durch die sozialen Rechte einklagbar verpflichtet wäre, bestimmte soziale Positionen zu gewähren oder fortzuentwickeln, oder gehindert wäre, soziale Positionen abzubauen. Prinzipiell gibt es soziale Grundrechte nur nach Maßgabe der in den Gesetzen zum Ausdruck kommenden Sozialpolitik. Selbst wenn sich die Anspruchsobjekte der sozialen Rechte klarer umgrenzen ließen, könnte der Staat über viele Anspruchsobjekte nicht verfügen. So müsste ein Recht auf Arbeit, wenn es ernst gemeint ist, die Verfügung des Staates über die Arbeitsplätze voraussetzen, ebenso wie ein Recht auf Wohnung über die Wohnungswirtschaft. Solche sozialen Rechte ständen in unlösbarem Konflikt mit den klassischen Freiheitsrechten.

Es gibt allerdings eine Ausnahme. Zwar hat das Bundesverfassungsgericht zu Anfang seiner Rechtsprechung eine staatliche Schutzpflicht vor materieller Not und damit ein Recht auf Gewährleistung des Existenzminimums abgelehnt,[31] später aber aus der Menschenwürdegarantie (Art. 1 Abs. 1 GG) ein Recht auf die Mindestvoraussetzungen für ein menschenwürdiges Dasein abgeleitet[32] mit sozialrechtlichen und steuerrechtlichen Konsequenzen und einem Einschätzungsspielraum des Gesetzgebers.

Abgesehen von diesem aus der Menschenwürdegarantie abgeleiteten Anspruch kann die Verfassung soziale Grundrechte wegen der Unbestimmtheit des Anspruchsobjekts und wegen der nicht überwindbaren Knappheit der Finanzen nicht mit derselben strengen Verbindlichkeit garantieren wie die klassischen Freiheitsrechte. Der moderne Konstitutionalismus baut in bewusster Abkehr von früherer Verfassungstradition darauf auf, dass die klassischen Freiheitsrechte die Gesetzgebung als unmittelbar geltendes Recht binden. Das ist in den meisten neueren Verfassungen europäischer Staaten ausdrücklich geregelt oder von den Verfassungsgerichten oder Obersten Gerichten anerkannt. Verstärkt wird diese unmittelbare Bindung durch die Einrichtung der Verfassungsgerichtsbarkeit und durch die verfassungsrechtliche Gewährleistung entsprechender verfassungsgerichtlicher Verfahren,[33] insbesondere durch die Normenkontrolle.

---

[30] *Hans H. Klein*, Ein Recht auf saubere Umwelt?, in: Festschrift für Werner Weber, 1974, S. 643 ff.; zum Staatsziel „Schutz der natürlichen Lebensgrundlagen" (Art. 20a GG) siehe *Astrid Epiney*, in: v. Mangoldt/Klein/Starck, Kommentar zum Grundgesetz, 6. Aufl. 2010, Bd. II, Art. 20a Rdnr. 57–88 (Gesetzgeber), Rdnr. 95 (Rechtsprechung müsse Gestaltungsspielraum der Gesetzgebung beachten).

[31] BVerfGE 1, 97, 104.

[32] BVerfGE 40, 121, 133; 82, 60, 85; 87, 153, 170; 91, 93, 111; 99, 216, 233.

[33] Siehe dazu ausführlich *Starck/Weber* (Hrsg.), Verfassungsgerichtsbarkeit in Westeuropa, 2 Bde., 2. Aufl. 2007; *Luchterhandt/Starck/Weber* (Hrsg.), Verfassungsgerichtsbarkeit in Mittel- und Osteuropa, 2 Bde., 2007.

Diese Strukturanalyse der sozialen Grundrechte bringt uns wieder zurück auf den Staatszweck des sozialen Ausgleichs, der sich unmittelbar an den Gesetzgeber wendet, ihm aber politische Freiheit lässt, wie der soziale Ausgleich zusammen mit den anderen Staatszwecken verwirklicht wird. Damit verlassen wir die Ebene der Verfassung und wenden uns der Gesetzgebung zu.

V. Sozialgesetzgebung

1. Erscheinungsformen

Sozialgesetzgebung ist immer staatliche Gesetzgebung, sodass sich eine globale Betrachtung der sozialen Gesetzgebung schwer bewerkstelligen lässt. Vor allem unterscheiden sich die Staaten erheblich im Hinblick auf die sozialen Verhältnisse und die damit im Zusammenhang stehende Gesetzgebungstradition. Das zeigt sich schon im Vergleich der europäischen Sozialstaaten untereinander und mit den USA, noch deutlicher aber werden die Unterschiede, wenn man die südamerikanischen Staaten in den Vergleich einbezieht. Greift man noch einmal auf die in den völkerrechtlichen Verträgen genannten sozialen Rechte zurück, lassen sich doch gewisse Arten von sozialer Gesetzgebung ausmachen. Damit ist aber noch nicht gesagt, ob und wie sich diese in den einzelnen Staaten realisieren lassen. Zu Deutschland siehe das folgende 8. Kapitel über Sozialversicherungsgesetzgebung

a) Sozialversicherung

Für die Versorgung im Alter, bei Krankheit, Unfall und Arbeitslosigkeit können Sozialversicherungssysteme gesetzlich festgelegt und zur Pflicht gemacht werden, in die der einzelne Versicherte nach der Höhe seines Lohnes Beiträge entrichtet und gegen die er nach Eintritt des Versicherungsfalles gesetzlich festgelegte Ansprüche hat. Dieses sind echte soziale Rechte, die gesetzlich genau bemessen sind und aus einem Fonds gespeist werden, der von den Versicherten und deren Arbeitgebern aufgebracht wird. Die gesetzlich vorausgesetzte Solidarität der Versicherten bewirkt einen sozialen Ausgleich zwischen den Versicherten, je nachdem sie das System in Anspruch nehmen müssen: Einer ist häufiger krank als der andere, einer bezieht länger Rente als der andere, der eher stirbt.

Sollte der Staat diese Versicherungssysteme mit weiteren Aufgaben belasten, muss er den Systemen entsprechende Mittel aus dem allgemeinen Staatshaushalt zur Verfügung stellen. Diese Sozialversicherungssysteme haben sich sehr bewährt, sie werden nicht über den allgemeinen Staatshaushalt, sondern über die Haushalte der Systeme abgewickelt. Die klare Trennung zwischen dem allgemeinen Haushalt und den Haushalten der einzelnen Versicherungssysteme geht mehr und mehr verloren, wenn Steuern zu dem Zweck erhöht werden, um einzelne Versicherungen finanziell zu stützen. Die Tabaksteuer sollte die Rentenkasse entlasten, also: „Rauchen für die Rente". Oder der Sozialversicherungshaushalt wird durch regelmäßige, meist steigende Zuschüsse aus dem Bundeshaushalt subventioniert, um die Beiträge der Versicherten und die Lohnnebenkosten in Grenzen zu halten.

b) Staatliche Finanzierung und Organisation von Schule und Bildung

Das Recht auf Bildung wird auf gesetzlicher Ebene realisiert entweder durch kostenlosen Schulunterricht und (fast) kostenloses Universitätsstudium sowie durch die Gewährung von Stipendien an diejenigen, die ohne finanzielle Hilfe nicht studieren können. Bei dem Recht auf Bildung und dem Schulunterricht kommt es freilich nicht nur auf finanzielle Leistungen des Staates an; vielmehr ist durch geeignete Lehrer sicherzustellen, dass die Begabung und der Fleiß der Schüler gefördert werden. Überhaupt ist hier der Staat nicht nur als Finanzier gefordert, vielmehr sind Bildungseinrichtungen zu schaffen, zu organisieren, mit geeigneten Personen zu besetzen und zu beaufsichtigen.[34] Zu den staatlichen Bildungsgewährleistungen gehört auch die Durchsetzung der Schulpflicht, um späteren sozialen Problemen vorzubeugen.

c) Sozialhilfe

Neben solchen speziellen sozialen Rechten, kommt ein allgemeines soziales Recht auf Sicherung des Existenzminimums in Betracht, das ebenfalls aus dem allgemeinen Staatshaushalt finanziert wird. Darüber hinaus ist der Staat gut beraten, wenn er zum Schutz der Familie, der Mütter und Kinder weitere gesetzliche Sozialansprüche gewährt und damit sowohl das verfassungsrechtliche Gebot der Sozialstaatlichkeit erfüllt als auch den besonderen Schutzgeboten des Art. 6 Abs. 1 und 4 GG (Familie und Mütter betreffend) gerecht wird. Der allgemeine Staatshaushalt hat die staatlichen Steuereinnahmen zur Grundlage. Wenn der Staat eine gewisse Steuerprogression gesetzlich festlegt, wonach diejenigen prozentual mehr Steuer bezahlen müssen, die ein höheres Einkommen haben, so liegt darin bereits ein sozialstaatlicher Ausgleich.

d) Zivilrecht

Im Zivilrecht werden Sozialleistungen nicht vom Staat, also von der Allgemeinheit, sondern von den Vertragspartnern erbracht. Hier kristallisiert sich sozialstaatliche Gesetzgebung vor allem im arbeitsrechtlichen Kündigungsschutz und im Mieterschutz. Der Gesetzgeber bestimmt, wieweit der Mieter oder der Arbeitnehmer geschützt und damit der Eigentümer oder der Arbeitgeber beschränkt wird. Dabei muss der Gesetzgeber die Freiheitsrechte der Unternehmer und das Eigentumsrecht der Vermieter angemessen berücksichtigen. Das gilt auch dann, wenn in der Verfassung von einem Recht auf Arbeit oder auf Wohnung die Rede ist.

---

[34] Art. 7 Abs. 1 GG spricht davon, dass das gesamte Schulwesen unter der „Aufsicht des Staates" steht. Zum Begriff siehe *Gerhard Robbers*, in: v. Mangoldt/Klein/Starck, Kommentar zum Grundgesetz, 5. Aufl. 2005, Bd. I, Art. 7 Rdnr. 61 ff.

2. *Sozialleistungen im Gleichgewicht zu den anderen Staatszwecken*

Die hier aufgezählten Instrumente zur Schaffung von gesetzlich festgelegten sozialen Rechten werden in den verschiedenen Ländern ganz verschieden eingesetzt. Wichtig ist, dass es der staatlichen Gesetzgebung in der konkreten gesellschaftlichen Situation des jeweiligen Landes gelingt, dabei ein Gleichgewicht zu den beiden anderen Hauptstaatszwecken, der Sicherung des Friedens und der Freiheit herzustellen.

Ein solches Gleichgewicht wird verfehlt, wenn die Sozialleistungen aus dem allgemeinen Staatshaushalt oder aus den Sozialversicherungssystemen im Übermaß in Anspruch genommen werden können, was zwei negative Folgen hat. Die Systeme werden immer teurer, sodass immer mehr in sie eingezahlt werden muss. Was den Staatshaushalt anbelangt, müssen andere Aufgaben zurückgestellt werden, um die Soziallasten zu tragen. Je höher die Steuern und die Sozialversicherungsbeiträge sind, umso geringer ist die Freiheit der Bürger, mit ihrem Einkommen selbstverantwortlich zu wirtschaften. Wenn die Besteuerung und die Belastung mit Sozialversicherungsbeiträgen die ökonomische Leistungsfähigkeit der Steuerpflichtigen überfordert oder deren Leistungswillen erlahmen lässt, werden sich die Steuereinnahmen für die Bedienung der sozialen Rechte verringern. Wenn niedrig entlohnte Arbeit weniger einbringt als Sozialleistungen, fördert das die Mentalität des Nehmens und Sich-versorgen-lassens und lässt die Verantwortlichkeit für die eigene wirtschaftliche Existenz erlahmen, was sich auf die Kinder solcher Eltern „vererben" kann.

Der Staatszweck des sozialen Ausgleichs kann aber auch in andere Richtung aus dem Gleichgewicht mit den Staatszwecken Freiheitssicherung und Friedenssicherung geraten. Wenn es dem Staat nicht gelingt, ein effektives Bildungssystem zu begründen, angemessene soziale Rechte im Rahmen von Sozialversicherungssystemen und darüber hinaus auf der Grundlage des allgemeinen Staatshaushalts zu gewähren, ist die freie Entfaltung der Persönlichkeit der Minderbemittelten nicht gewährleistet und ist der innere Frieden innerhalb der staatlichen Gemeinschaft in großer Gefahr. Die negative Entwicklung kann so weit gehen, dass – auch territorial abgegrenzte – Nebengesellschaften entstehen, die kriminelle Verhaltensweisen herausbilden und die Bevölkerung bedrohen.

Es sind nicht pompöse soziale Rechte, die hier weiterhelfen, sondern ein effektives Schul- und Bildungssystem und solide Sozialgesetzgebung, die realisierbare Rechte gewährt. Im Hinblick auf diese Aufgaben steht am Anfang dieses Kapitels das Zitat aus der Satzung der Organisation Amerikanischer Staaten. Der Text stammt aus dem Jahre 1967 und dürfte nach 40 Jahren immer noch eine dringende Forderung beschreiben.

VI. Europäische Sozialunion

Die ehemalige Europäische Wirtschaftsgemeinschaft erstreckt sich inzwischen auch auf soziale und kulturelle Fragen, die in die Regelungen des Vertrages über die Europäische Gemeinschaft/Union aufgenommen worden sind. Die weitere Entwicklung zur Europäischen Union als Staatenverbund, wie man im Anschluss an das Bundesverfassungsgericht[35] sagt, kann sich nicht auf die Wirtschaft beschränken und diese immer weiter liberalisieren, sondern muss den Menschen insgesamt in Betracht ziehen, dazu gehört auch das Sozialwesen und die Kultur. Das kommt deutlich in Art. 136 Abs. 1 EGV, jetzt Art. 151 AEUV, zum Ausdruck:

„Die Gemeinschaft und die Mitgliedstaaten verfolgen eingedenk der sozialen Grundrechte, wie sie in der am 18. Oktober 1961 in Turin unterzeichneten Europäischen Sozialcharta und in der Gemeinschaftscharta der sozialen Grundrechte der Arbeitnehmer von 1989 festgelegt sind, folgende Ziele: Die Förderung der Beschäftigung, die Verbesserung der Lebens- und Arbeitsbedingungen, um dadurch auf dem Wege des Fortschritts ihre Angleichung zu ermöglichen, einen angemessenen sozialen Schutz, den sozialen Dialog, die Entwicklung des Arbeitskräftepotentials im Hinblick auf ein dauerhaft hohes Beschäftigungsniveau und die Bekämpfung von Ausgrenzungen."

Diese Ziele, die in den folgenden Artikeln näher ausgeführt werden, sind in den Entwurf eines Vertrages über eine Verfassung für Europa (EVV) fast wörtlich übernommen worden (Art. III-209 ff.). Es fehlen jedoch im EGV und im EVV soziale Rechte, die über den Schutz der Arbeiter hinausgehen. Daran sieht man noch den Ausgangspunkt der Europäischen Gemeinschaft als Wirtschaftsgemeinschaft.

Die Europäische Grundrechtecharta geht über diese Rechte hinaus. Allerdings werden die Mitgliedstaaten nicht auf einen bestimmten Standard verpflichtet. Es heißt in Art. 34 Abs. 2 der Charta:

„Jeder Mensch, der in der Union seinen rechtmäßigen Wohnsitz hat und seinen Aufenthalt rechtmäßig wechselt, hat Anspruch auf die Leistungen der sozialen Sicherheit und die sozialen Vergünstigungen nach dem Unionsrecht und den einzelstaatlichen Rechtsvorschriften und Gepflogenheiten."

Absatz 3 dieser Bestimmung geht noch weiter:

„Um die soziale Ausgrenzung und die Armut zu bekämpfen, anerkennt und achtet die Union das Recht auf eine soziale Unterstützung und eine Unterstützung für die Wohnung, die allen, die nicht über ausreichende Mittel verfügen, ein menschenwürdiges Dasein sicherstellen sollen, nach Maßgabe des Unionsrechts und der mitgliedstaatlichen Rechtsvorschriften und Gepflogenheiten."

Die Europäische Union als Staatenverbund hat von den Mitgliedstaaten Staatsaufgaben übertragen bekommen. Allerdings gehört dazu nicht die Aufgabe,

[35] BVerfGE 89, 155, 184 ff.

für sozialen Ausgleich zu sorgen.[36] Die Europäische Union ist kein Bundesstaat, sondern ein Verbund souveräner Staaten, die jeder für sich den sozialen Ausgleich sicherstellen müssen. Auch innerhalb der Europäischen Union sind Berichte vorgesehen, die die Kommission erstellt, um die soziale Lage in den Mitgliedstaaten zu prüfen (Art. 143 u. 145 EGV, jetzt Art. 159, 161 AEUV). Diese Vorschriften bestätigen noch einmal, dass es eine natürliche Zuständigkeit der Staaten gibt, für sozialen Ausgleich zu sorgen. Dieser hängt von den Verhältnissen im jeweiligen Staate ab, dem Budget und der Auffassung der Mehrheit der Bevölkerung über die soziale Angleichung. Es gibt Staaten, die insoweit vor enormen Herausforderungen stehen. Die Lösung besteht nicht einfach im Geld ausgeben. Es kommt letzten Endes darauf an, dass die „Armen“, „Unterprivilegierten“, „Ausgegrenzten“ – wie man immer sie nennt – zu motivieren, berufliche Fähigkeiten zu erwerben, um für sich selbst und die Familie zu sorgen und damit zugleich den eigenen Kindern ein Vorbild zu sein, wie man sein Leben gestaltet. Bloße politische Aktivitäten genügen nicht, wenn nicht gleichzeitig an einer Wandlung der Gesellschaftsstruktur gearbeitet wird.

Zur Koordinierung der Anwendung der in den Mitgliedstaaten verschiedenen sozialversicherungsrechtlichen Regelungen als Folge der Freizügigkeit der Arbeitnehmer, der Dienstleistungsfreiheit und der Niederlassungsfreiheit siehe im folgenden Kapitel S. 253 f.

---

[36] So deutlich *Angelika Nußberger*, in: Tettinger/Stern (Hrsg.), Europäische Grundrechte-Charta, 2006, Art. 34 Rdnr. 105; *Thorsten Kingreen*, in: Calliess/Ruffert (Hrsg.), EUV/EGV Kommentar, 3. Aufl. 2007, Art. 34 GRCh, Rdnr. 8; *Streinz*, in: Streinz, EUV/EGV, 2003, Art. 34 GR-Charta, Rdnr. 5.

8. Kapitel

Die Entwicklung der Sozialversicherungsgesetzgebung in Deutschland und die europäische Sozialunion*

I. Die Anfänge der Sozialversicherung nach der Reichsgründung

Zu Beginn der Industrialisierung gab es in den deutschen Staaten ebenso wenig wie in den anderen Staaten umfassende Sozialversicherungen. Es existierten Fürsorge- und Versicherungseinrichtungen auf genossenschaftlicher, berufsständischer, kommunaler und kirchlicher Basis.[1] Dabei handelte es sich nicht nur um Armenfürsorge, sondern bereits um Versorgungssysteme für ehemalige Berufstätige. Beamte und Soldaten erhielten Pension, mit der sie der Staat alimentierte. Zu erwähnen sind auch soziale Hilfseinrichtungen von Unternehmen für ihre Mitarbeiter, z. B. der Essener Firma Krupp oder der Stuttgarter Firma Bosch.

---

* Aus: Heckmann/Schenke/Sydow (Hrsg.), Verfassungsstaatlichkeit im Wandel. Festschrift für Thomas Würtenberger zum 70. Geburtstag, Berlin 2013, S. 293–303.

[1] Dazu und zum Folgenden vgl. *Manfred G. Schmidt*, Sozialpolitik in Deutschland, 2. Aufl. 1998, S. 23 f.; zu den europäischen Staaten vgl. *Eberhard Eichenhofer*, Geschichte des Sozialstaats in Europa, 2007, S. 37 ff.

Nach der Gründung des Deutschen Reiches im Jahre 1871 ging es im Rahmen der Rechtsvereinheitlichung, der so genannten „inneren Reichsgründung"[2], auch um Sozialversicherung. Dabei kam es zur Kontroverse zwischen Wirtschaftsliberalen und Sozialreformern, zu denen auch die Sozialdemokraten gehörten. Mit dem Sozialistengesetz vom 21. Oktober 1878 versuchte *Bismarck* „die gemeingefährlichen Bestrebungen der Sozialdemokratie" einzudämmen. Auf die Dauer siegte jedoch in Deutschland der Gedanke der Sozialreform. Zu Beginn der 1880er Jahre war eine Änderung der Reichspolitik zu beobachten, die in der Ersten Kaiserlichen Botschaft zur sozialen Frage vom 17. November 1881 zum Ausdruck kam. Dort heißt es:[3]

„Schon im Februar dieses Jahres haben Wir Unsere Überzeugung aussprechen lassen, dass die Heilung der sozialen Schäden nicht ausschließlich im Wege der Repression sozialdemokratischer Ausschreitungen, sondern gleichmäßig auf dem der positiven Förderung des Wohles der Arbeiter zu suchen sein werde." Der Kaiser hofft, „dereinst das Bewusstsein mitzunehmen, dem Vaterlande neue und dauernde Bürgschaften seines inneren Friedens und den Hilfsbedürftigen größere Sicherheit und Ergiebigkeit des Beistandes, auf den sie Anspruch haben, zu hinterlassen."

Kurz darauf erklärte *Bismarck* im Reichstag:[4] „Wir wollen dahin streben, dass es im Staate wo möglich niemanden oder doch so wenige wie möglich gebe, die sich sagen, wir sind nur dazu da, um die Lasten des Staates zu tragen, wir haben aber kein Gefühl davon, dass der Staat um unser Wohl und Wehe sich irgendwie bekümmert ... Es gehört zu den Traditionen der Dynastie, der ich diene, sich des Schwachen im wirtschaftlichen Kampfe anzunehmen."

Das ist in den Worten von *Lorenz vom Stein* „soziales Königtum". Sozialpolitische Gesetze dienten ohne Zweifel aber auch der Sicherung vor sozialen Unruhen. Durch Sozialreform von oben sollte der neue Staat stabilisiert und vor revolutionären Bestrebungen geschützt werden. Hierbei war das Deutsche Reich, das in der Industrialisierung durchaus hinter den westlichen Staaten hinterherhinkte, sehr fortschrittlich. Deutschland war Pioniernation der Sozialpolitik in der Welt vor Dänemark, Belgien, Österreich, Großbritannien und Frankreich.[5] Zur inneren Reichsgründung gehörten die verschiedenen Zweige der Sozialversicherung. Das war der Beginn der deutschen Sozialstaatlichkeit.[6]

---

[2] *Michael Stolleis*, „Innere Reichsgründung" durch Rechtsvereinheitlichung 1866–1880, in: Starck (Hrsg.), Rechtsvereinheitlichung durch Gesetze, Göttingen 1992, S. 15 ff.

[3] Abgedruckt, in: *Ernst Rudolf Huber*, Dokumente zur deutschen Verfassungsgeschichte Bd. II, 1964, S. 398.

[4] AaO, S. 399.

[5] Vgl. *Gerhard A Ritter*, Der Sozialstaat. Entstehung und Entwicklung im internationalen Vergleich„ 2. Aufl. 1991, S. 62; *Schmidt* (Anm. 1), S. 28 ff., Tabelle S. 180 mit Erläuterungen S. 181 ff.

[6] Vgl. *Ernst Rudolf Huber*, Rechtsstaat und Sozialstaat in der modernen Industriegesellschaft, in: ders., Nationalstaat und Verfassungsstaat, 1965, S. 249, 254 ff.; *Ritter* (Anm. 5), S. 69 ff. m. w. N.

II. Die Sozialversicherungsgesetze der 1880er Jahre

Betrachtet man die verschiedenen Gesetze der Sozialversicherung, so sind in den 1880er Jahren drei große Sozialversicherungen zu unterscheiden: Krankenversicherung der Arbeiter, Unfallversicherung der Arbeiter und Rentenversicherung. Diese sind folgendermaßen einheitlich konstruiert:

- Es sind Arbeitnehmerversicherungen, die zur Pflicht gemacht sind, das heißt öffentlich-rechtliche Zwangsversicherungen.
- Es geht stets um nachträglichen Sozialschutz, nicht um Prävention.
- Auf die Leistung besteht bei Vorliegen der gesetzlichen Tatbestandsmerkmale ein Rechtsanspruch.
- Die Finanzierung erfolgt durch Beiträge der Arbeitnehmer und der Arbeitgeber. Soweit eine Sozialversicherung verpflichtet wird, versicherungsfremde Leistungen zu erbringen, werden ihr diese vom Staat erstattet oder er zahlt einen pauschalen Zuschuss. Darüber hinaus gehende Staatszuschüsse waren umstritten zwischen Liberalen und Interventionisten. In der Praxis wurden aber Staatszuschüsse gezahlt.
- Die vom Staatshaushalt getrennten Versicherungssysteme mit ihren vom Staatshaushalt getrennten Sonderhaushalten sind jeweils gesetzlich geregelt und unterstehen einer demokratisch gewählten Selbstverwaltung.

Am 15. Juni 1883 erging das Gesetz betreffend die *Krankenversicherung der Arbeiter.*[7] Dieses Gesetz bewirkte, dass fast alle Lohnabhängigen in einer der schon bestehenden oder neu errichteten Krankenkasse zwangsversichert wurden und Arzt-, Arznei- und Krankenhauskosten sowie 60 % des Lohnes für 13 Wochen, später für 26 Wochen als Krankengeld erhielten. Die Krankenversicherung wurde zu zwei Dritteln von den Arbeitnehmern und zu einem Drittel von den Arbeitgebern finanziert. Dem entsprach die prozentuale Zusammensetzung der Selbstverwaltungsgremien. Die gesetzlich normierte Zwangsmitgliedschaft führte zu einer starken Vermehrung der Versicherten, die sich zusammen mit den Familienangehörigen auf fast zwei Drittel der Bevölkerung belief. Öffentliche Krankenversicherungen wurden in Großbritannien 1911 eingeführt, Italien folgte 1919 und Frankreich 1930.

Am 6. Juli 1884 wurde die *Unfallversicherung* eingeführt. Das Gesetz verdrängte die zivilrechtliche Haftung, die nicht mehr zu den Unfallgefahren in den Fabriken passte, und führte für betriebliche Unfälle eine Zwangsversicherung ein, die nach dem sozialen Prinzip der Gefährdungshaftung mit Risikostreuung funktionierte.[8] Die Finanzierung der Unfallversicherung oblag den Arbeitgebern, die die Beiträge zu zahlen hatten. Die Verwaltung unter Einschluss von Rechtsprechung geschah durch Versicherungsämter, an der Spitze stand das Reichsversicherungsamt. Die Leistungen waren: Unfallrente ab der 14. Woche

---

[7] Vgl. *Michael Stolleis*, Geschichte des Sozialrechts in Deutschland, 2003, S. 76 ff.

[8] *Stolleis* (Anm. 7) S. 81.

und medizinische Heilbehandlung. Öffentliche Unfallversicherungen wurden 1894 in den nordischen Staaten eingeführt, 1898 in Frankreich und Italien.

Als drittes großes Versicherungsgesetz trat am 22. Juni 1889 das Gesetz betreffend die *Invaliditäts- und Altersversicherung* in kraft, auf dessen Grundlage der Versicherte bei Invalidität eine Invaliden- und vom 70. Lebensjahr an eine Altersrente beanspruchen konnte.[9] Der Invalide musste mindestens 5 Jahre, der 70jährige mindestens 30 Jahre Beiträge gezahlt haben. Die Rente garantierte nicht den Lebensstandard, sondern war ein Sicherheitszuschuss zum Lebensunterhalt. Die Beiträge wurden je zur Hälfte von den Arbeitnehmern und den Arbeitgebern aufgebracht. Der Staat zahlte von Anfang an Zuschüsse zur Rentenversicherung, und zwar 50 Reichsmark für jede Rente. Da die meisten Arbeiter vor ihrem 70. Geburtstag starben, brauchten nicht viele Altersrenten bezahlt zu werden. Rente für die Witwe gab es noch nicht.

III. Die Entwicklung der Sozialversicherungsgesetze

1. Vor dem Ersten Weltkrieg

Nachdem die Sozialversicherung in den 1880er Jahren eingeführt worden war, wurde sie im Laufe der Zeit ausgebaut, d. h. der versicherte Personenkreis erweitert und der Schutz der Krankenversicherung verlängert sowie die Hinterbliebenen in die Unfallversicherung eingeschossen. Bei Tod des Versicherten vor Erreichung des Rentenalters wurden die Beiträge erstattet, wodurch die Hinterbliebenen besser gestellt wurden. 1911 erging ein Versicherungsgesetz für Angestellte. Im selben Jahre wurden die verschiedenen Sozialversicherungen in der Reichsversicherungsordnung zusammengefasst, die 80 Jahre lang galt. Dieser Kodifikation lag eine wissenschaftliche Durcharbeitung zugrunde, die im Allgemeinen Teil und den sechs speziellen Büchern zum Ausdruck kam. Das Sozialversicherungsrecht wurde zu einem eigenständigen Rechts-, Forschungs- und Lehrgebiet, das den Staat als Sozialstaat auswies.

2. Weimarer Demokratie

Nach dem Ersten Weltkrieg und der Revolution galt das Sozialversicherungsrecht unter der Weimarer Verfassung weiter und passte besonders gut in die sozialpolitischen Ziele der neuen demokratischen Verfassung (vgl. Art. 151 ff.).[10]

Die Krankenversicherung wurde auf die Familienangehörigen erweitert. Auch die Arbeitslosen hatten Ansprüche an die Krankenversicherung. Insgesamt gesehen wurde die Sozialversicherung in all ihren Zweigen eine Volksversicherung. Die Unfallversicherung wurde auf weitere Personenkreise erstreckt (z. B. auf

---

[9] *Stolleis* (Anm. 7) S. 84 f.

[10] *Werner Abelshauser* (Hrsg.), Die Weimarer Republik als Wohlfahrtsstaat, 1987.

Schauspieler und Krankenpfleger) und räumlich ausgedehnt auf den Weg von und zur Arbeitsstätte. Eine Rolle begann auch die Unfallprävention zu spielen.

1927 wurde die Arbeitslosenversicherung eingeführt durch das Gesetz über Arbeitsvermittlung und Arbeitslosenversicherung vom 16. Juli 1927. Hier war Großbritannien 1911 vorangegangen. Diese neue Versicherung umfasste die Versicherten der einzelnen Versicherungszweige. Finanziert wurde die Arbeitslosenversicherung je zur Hälfte von Arbeitnehmern und Arbeitgebern. Arbeitslosenunterstützung wurde ein halbes Jahr gezahlt. Danach gab es Krisenfürsorge oder allgemeine Fürsorge. Kaum eingeführt, erwies sich die Arbeitslosenversicherung als extrem defizitär wegen des enormen Anstiegs der Arbeitslosigkeit zu Beginn der 1930er Jahre. Im Jahre 1932 waren 6,2 Mio. Menschen arbeitslos. Über dem politischen Streit der Sanierung der Arbeitslosenversicherung zerbrach die Große Koalition zwischen Deutscher Volkspartei, Deutscher Demokratischer Partei, Zentrum und SPD, weil diese ihren Kanzler, Hermann Müller, im Stich ließ und den Kompromiss, den die anderen Parteien gefunden hatten, ablehnte. Das war der Anfang vom Ende der Weimarer Demokratie, begleitet vom Wachstum der Nationalsozialistischen Arbeiterpartei und der Kommunistischen Partei.

3. Nationalsozialistische Diktatur

Während der Zeit der nationalsozialistischen Diktatur blieb das dargestellte Versicherungssystem im Wesentliche in Takt.[11] Allerdings fanden typische nationalsozialistische Eingriffe statt: Die Selbstverwaltung musste dem Führerprinzip weichen. Kassenzulassungen von jüdischen, sozialistischen und „staatsfeindlichen" Ärzten wurden entzogen. Aber es gab auch Fortschritte: Allgemein gesagt wurde der Versichertenkreis erweitert, neue Leistungen wurden eingeführt und traditionelle Leistungen erhöht. In der Unfallversicherung wurde die Liste der Berufskrankheiten erweitert. Unfälle in Berufs- und Fachschulen wurden dem Versicherungsschutz unterstellt. Ein weiterer Fortschritt war der Übergang vom Betriebsunfall zum Arbeitsunfall. Dies bedeutete eine Anpassung an die personal geprägten Strukturen der übrigen Sozialversicherungen.[12] Die Rentenversicherungen mussten finanziell stabilisiert werden, was unter anderem dadurch gelang, dass die Rentenversicherungen für alle Deutschen unter 40 Jahre geöffnet wurden. Die Handwerker wurden in der Angestelltenversicherung pflichtversichert, soweit sie nicht anderweitig versichert waren. Administrativ wurde in den Versicherungssystemen vieles vereinfacht.

---

[11] *Volker Hentschel*, Geschichte der deutschen Sozialpolitik 1880–1980, 1983, S. 136 ff.; *Schmidt* (Anm. 1) S. 63 ff.

[12] *Stolleis* (Anm. 7) S. 200.

IV. Bundesrepublik Deutschland

1. Wiederaufbau und Kontinuität

Die Zeit unmittelbar nach dem Zweiten Weltkrieg ist für die Entwicklung des deutschen Sozialversicherungsrechts untypisch. Es bestand große Not. Die Sozialversicherungssysteme waren zahlungsunfähig, weil das untergegangene Regime die Rücklagen, d. h. den Kapitalstock, für den Krieg verwendet hat. Viele Rentner litten Not. Hinzu kamen die Kriegshinterbliebenen, die Witwen und Waisen. Nach der Währungsreform im Sommer 1948, dem Inkrafttreten des Grundgesetzes mit der Sozialstaatsgarantie im Jahre 1949 und dem wirtschaftlichen Aufschwung in den frühen 1950er Jahren wurden die Sozialversicherungssysteme Kontinuität wahrend wieder aufgebaut.[13] Dies wurde dadurch erleichtert, dass die Fachleute der Sozialversicherung aus der Weimarer Zeit nach der zwölfjährigen nationalsozialistischen Diktatur weiter aktiv waren. Es gab Reformvorschläge, über die diskutiert wurde, vor allem die Einheitsversicherung nach russischem Muster. Solche Vorschläge setzten sich aber nicht durch.

Die weitere Darstellung könnte nach den einzelnen Epochen der letzten 60 Jahre vorgehen und die einzelnen Änderungen verzeichnen. Da im I. Teil die einzelnen Versicherungssysteme dargestellt worden sind, bietet es sich an, hier genau so vorzugehen. Ich beginne aber mit der Alters- und Invalidenrente (2), behandele dann die weitere Entwicklung der Krankenversicherung (3) und die Unfallversicherung (4). Es folgt die Arbeitslosenversicherung (5). Am Schluss steht die 1994 eingerichtete Pflegeversicherung (6). Die Wiedervereinigung im Jahre 1990 hat nicht zu einer Änderung der Systeme der Sozialversicherung, sondern nur zu einer extremen finanziellen Belastung geführt, auf die ich hier nicht besonders eingehen kann.

2. Alters- und Invalidenrenten

Nach der Währungsreform von 1948 wurde ein „Gesetz über die Anpassung von Leistungen der Sozialversicherung an das veränderte Lohn- und Preisgefüge und ihre finanzielle Sicherstellung“ erlassen.[14] Das Gesetz erhöhte die Beiträge und die Renten, führte die Witwenrente ein. Immer noch blieben aber die Renten hinter der Lohnentwicklung zurück. Spätere Angleichungen führten zu einer Dynamisierung der Rente. Dafür wurden Staatszuschüsse benötigt, die in Art. 120 Abs. 1 Grundgesetz vorgesehen waren. Der bis heute (jetzt Art. 120 Abs. 1 Satz 4) geltende Passus lautet: „Der Bund trägt … die Zuschüsse zu den Lasten der Sozialversicherung mit Einschluss der Arbeitslosenversicherung und der Arbeitslosenhilfe.“

---

[13] Zum institutionellen Wiederaufbau der Sozialversicherung siehe *Stolleis* (Anm. 7), S. 268 ff.

[14] Vom 17.07.1949 (WiGBl. 1949, S. 99).

In den 1950er Jahren wurde das Rentensystem vor dem Hintergrund des Zusammenbruchs 1945 gründlich diskutiert. Es wurde erkannt, dass man nicht mit einem dauerhaft stabilen Geldwert rechnen kann, also die Bildung eines Kapitalstocks aus Beiträgen, aus dem später die Rente gezahlt wird, nicht in Frage kam. Die Lösung war auf Betreiben des Bundeskanzlers Adenauer der sog. Generationenvertrag. Danach wurden die Renten aus den Beiträgen der heute arbeitenden Generation bezahlt. Außerdem wurde die Rente nicht mehr als Hilfe zum Lebensunterhalt, sondern als Lohnersatz konzipiert und damit an das Lohnniveau gekoppelt.[15] Obwohl Versicherungen, Volkswirte und Arbeitgeber vor diesem Weg warnten, setzte Adenauer sich mit dem Rentenreformgesetz von 1957 durch. Die Beiträge und die Renten richteten sich nach dem Arbeitsverdienst, und zwar ging man für die Berechnung der Rente vom Lohn aus, den der Versicherte bei Eintritt des Versorgungsfalls gehabt hätte, wenn er den Durchschnitt seines Einkommens in seinem ganzen Arbeitsleben, angehoben auf das Lohnniveau zur Zeit des Versicherungsfalls, verdient hätte. Abgestellt wurde zudem auf die Dauer der Versicherung. Damit setzte sich das Leistungsprinzip als Grundlage für die Höhe der Rente durch. Allerdings gab es eine Beitragsbemessungsgrenze, die zugleich die spätere Rente begrenzte.

Die Rentenreform von 1957 hat die Rentner teilhaben lassen am „Wirtschaftswunder" und Adenauer und der CDU bei der Wahl 1957 die absolute Mehrheit der Stimmen gebracht. Langfristig war die Dynamisierung der Rente, die sich aus dem Generationenvertrag gewissermaßen automatisch ergab, eine wichtige Grundbedingung für die Integration der Gesellschaft. Mit der Rentenreform von 1957 ist eine dauerhafte Lösung gelungen, fern von einer liberalen marktorientierten Sicherung einerseits und andererseits einer allgemeinen Volksversicherung. Später wurden Randänderungen vorgenommen, die hier nicht interessieren. Wichtig war die Erweiterung des Kreises der Versicherten. Im Laufe der Zeit kamen zu den Industriearbeitern die Arbeiter in der Landwirtschaft, die Handwerker und die Angestellten, die Angehörigen der freien Berufe und die Selbständigen, zum Schluss noch die Künstler und Publizisten. Die berufsständischen Versicherungen blieben selbständig. Soweit es an Arbeitgebern fehlte, wurde bei den Künstlern die Künstlersozialabgabe eingeführt und durch einen Bundeszuschuss verstärkt.

Die seit den 1980er Jahren auftretenden Probleme der Rentenversicherung folgen aus der demographischen Veränderung. Es treffen zwei Veränderungen zusammen. Es werden weniger Kinder geboren und die Menschen werden immer älter. Auf Grund des so genannten Generationenvertrages müssen immer weniger Berufstätige für immer mehr Rentner aufkommen. Hinzu kamen hohe Arbeitslosigkeit und Frühverrentungen, die relativ leicht zu erreichen waren. Gesetzliche Änderungen des Jahres 1972 wirkten darüber hinaus belastend: Flexible Altersgrenze, Verbesserung der Rente für Geringverdiener, Anrechnung von Kindererziehungszeiten, Gleichstellung von Witwern und Witwen. Gelöst

---

[15] Vgl. dazu die Grundgedanken von *Wilfried Schreiber*, Existenzsicherung in der industriellen Gesellschaft, 1955.

wurde das Finanzierungsproblem durch Beitragserhöhung und Erhöhung der Bundeszuschüsse. Auf die Dauer wird man die Bundeszuschüsse wohl erhöhen müssen, um soziale Unruhen bei den Beitragszahlern zu vermeiden. Das könnte auf eine Grundrente hinauslaufen, die aus Steuereinnahmen finanziert wird, und eine ergänzende Leistungsrente, die sich nach den Beiträgen zur Rentenversicherung richtet, die nach dem Arbeitslohn bemessen werden.

Der heutige Beitragssatz zur gesetzlichen Rentenversicherung beträgt ab 1. Januar 2011 19,9 % des Bruttolohnes des Arbeitnehmers. Davon trägt der Arbeitgeber die Hälfte, also 9,95 %. Die gesetzliche Rentenversicherung hat im Jahre 2009 Beiträge in Höhe von 181,6 Mrd. € eingenommen und Bundeszuschüsse in Höhe von 63,3 Mrd. € erhalten und diesen Gesamtbetrag von 246 Mrd. € verausgabt.

3. *Krankenversicherung*

Auch die Anfänge der Krankenversicherung nach 1945 waren schwer. Als Hauptstrukturproblem erwies sich das komplizierte Interessengeflecht von Beitragszahlern (Arbeitnehmer und Arbeitgeber), Patienten, Kassenärzten, Apothekern, Krankenhäusern und ihren Trägern sowie den Krankenkassen. Nachdem das Bundesverfassungsgericht 1960 die Zulassungsbeschränkung der Kassenärzte als Verstoß gegen das Grundrecht der Berufsfreiheit für nichtig erklärt hatte[16], führte das zu einem vermehrten Zugang von Studenten in den medizinischen Fakultäten, die Zulassungsbeschränkungen verhängten. Die Erhöhung der Zahl der Ärzte und Apotheker führte zu Kostensteigerungen, die die Krankenkassen bewältigen mussten. Kosten steigernd wirkten auch die Erweiterung des Kreises der Versicherten und die Verbesserung der Leistungen, was hier im Einzelnen nicht dargestellt werden kann.[17] Nach der Rechtsprechung des Bundessozialgerichts sollten Kranke so früh wie möglich und so umfassend wie nötig erhalten, was sie brauchen. Rechtsfortbildung durch Begriffsausdehnungen hat die Kosten der Krankenversicherung erhöht.[18] Zahlreiche Kostendämpfungsgesetze haben Einhalt versucht, aber nicht erreicht. Immer wieder werden neue Diagnose- und Heilmethoden entwickelt, die extrem teuer sind und großzügig in Anspruch genommen werden. Der Medikamentenverbrauch in Deutschland ist einer der höchsten der Welt.

Derzeit belaufen sich die Beiträge für die Krankenversicherung auf 14,6 % des Bruttolohnes, wovon der Arbeitgeber die Hälfte trägt. Zu den 7,3 %, die der Arbeitnehmer zu tragen hat, kommen 0,9 % dazu, also 8,2 % seines Bruttoloh-

---

[16] BVerfGE 11, 30, 39 ff. im Anschluss an das Apothekenurteil BVerfGE 7, 377, 397 ff.

[17] Siehe zusammenfassend *Stolleis* (Anm. 7), S. 289–294.

[18] Dazu *Walter Ecker*, Sozialgerichtliche Rechtsfortbildung, in: Entwicklung des Sozialrechts. Aufgaben der Rechtsprechung, 1984, S. 299 ff.; dazu kritisch *Christian Starck*, Die Bindung des Richters an Gesetz und Verfassung, in: Veröffentlichungen der Vereinigung der deutschen Staatsrechtslehrer, Bd. 34 (1976), S. 43, 83 ff. = *Starck*, Der demokratische Verfassungsstaat, 1995, S. 58, 93 ff.; Beispiele aus der Rechtsprechung BSGE 35, 10; 35, 105; 39, 167.

nes. Diese kommen zu den 9,95 % für die Rentenversicherung dazu: Das sind 18,15 % des Bruttolohnes. Die gesetzliche Krankenversicherung hat im Jahre 2009 172,2 Mrd. € an Beiträgen eingenommen.

4. Unfallversicherung

Auch bei der gewerblichen Unfallversicherung blieben die alten Strukturen erhalten. Die Flüchtlinge und Vertriebenen mussten in die Unfallversicherung eingegliedert werden, die Liste der Berufskrankheiten wurde erweitert. Die Leistungen wurden verbessert und dynamisiert. Neu einbezogen in die Unfallversicherung wurden ehrenamtlich Tätige, Entwicklungshelfer, Schüler, Studenten, Kinder in Kindergärten. Von allen Versicherungszweigen ist die seit 1884 bestehende Unfallversicherung derjenige, der bis heute am wenigsten politische Probleme verursacht hat und dessen Finanzen am solidesten geordnet sind.[19] Die Finanzierung der Unfallversicherung obliegt allein der Arbeitgeberseite und da, wo es keinen Arbeitgeber gibt, dem Staat.

5. Arbeitslosenversicherung

Im Jahre 1952 wurde die Bundesanstalt für Arbeitsvermittlung und Arbeitslosenversicherung gegründet. Das Gesetz von 1927 über die Arbeitslosenversicherung galt weiter. Mit dem Aufschwung der Wirtschaft wuchsen die Zahlungen an die einzelnen Arbeitslosen, deren Zahl sich zunächst kontinuierlich verminderte. Die Beiträge wurden stufenweise reduziert. Erst 1967 kam es zu einer Störung des Marktes und einer Vermehrung der Arbeitslosigkeit. Das 1969 beschlossene Arbeitsförderungsgesetz versuchte das Problem der Arbeitslosigkeit durch bessere Ausbildung zu bewältigen und war adressiert an die Arbeitsuchenden und die Arbeitgeber. Auf die zweite Rezessionsphase reagierte der Gesetzgeber erneut. Die Arbeitslosigkeit ist ein Strukturproblem Deutschlands geworden. Die hohen Löhne und Lohnnebenkosten (= Anteile der Arbeitgeber an den Versicherungsbeiträgen) führen zur Verlagerung von Produktionen in Länder, wo die Löhne niedriger sind. Die Beiträge zur Arbeitslosenversicherung betragen derzeit 3 % des Bruttolohns, wovon der Arbeitgeber die Hälfte zahlt.

6. Pflegeversicherung

Die Zahl der alten Menschen, die nicht eigentlich krank, aber pflegebedürftig sind, nimmt zu. Pflegebedürftige wurden früher regelmäßig in den Familien betreut, das gilt auch heute noch. Viele Pflegebedürftige leben heute aber in Heimen. Wenn der Pflegebedürftige die Kosten nicht selber übernehmen konnte,

---

[19] So *Stolleis* (Anm. 7), S. 299 unter Berufung auf *W. Gitter*, Unfallversicherung, in: B. v. Maydell/F. Ruland (Hrsg.), Sozialrechtshandbuch, 2. Aufl. 1996, S. 821 ff.

trat die öffentliche Fürsorge (Sozialhilfe) dafür ein. Auf die Dauer war die Sozialhilfe überfordert. In die Krankenversicherung passten die Pflegefälle nicht, weil Pflegebedürftige nicht krank sind.

1994 ist die Volksversicherung für den Pflegefall geschaffen worden, und zwar in Anlehnung an die Krankenversicherung, in der ca. 92 % der Bevölkerung versichert ist. Für den Rest der Bevölkerung gibt es private Pflegeversicherungen. Die Leistungen der Pflegeversicherung bestehen je nach Pflegestufe in häuslicher Pflege, Sachleistungen, Pflegegeld, stationäre Pflege. Die Pflegeversicherung erhebt 1,95 % des Bruttolohns, wovon die Hälfte der Arbeitgeber bezahlt. Arbeitnehmer ohne eigene Kinder zahlen zusätzlich 0,25 %. Da die Pflegeversicherung defizitär ist und es immer mehr wird, wird überlegt, ob die Pflege aus den allgemeinen Steuereinnahmen finanziert wird. In den nächsten Jahren steht eine Entscheidung an.

7. *Individuelle Belastung und Gesamtaufkommen*

- Es ist zu unterscheiden zwischen Sozialleistungen, die aus dem Staatshaushalt finanziert werden (diese waren nicht Gegenstand der Ausführungen) und Leistungen aus den verschiedenen Sozialversicherungssystemen. Soweit zu einzelnen Sozialversicherungen Staatszuschüsse gezahlt werden, ändert das nicht ihren Charakter als Versicherungsleistung, die auf Beiträgen beruhen und in Sonderhaushalten verwaltet werden.
- Die hier erörterten Sozialversicherungen belasten seit 1. Januar 2011 den Arbeitnehmer mit zusammen 20,65 % des Bruttoarbeitslohns und den Arbeitgeber mit 19,73 % des Gesamtarbeitslohnes seiner Mitarbeiter. Hinzu kommen noch die Beiträge zur Unfallversicherung, die allein der Arbeitgeber trägt.
- Das Aufkommen der gesetzlichen Rentenversicherung betrug 2009 246 Mrd. €. Davon sind 181,6 Mrd. € Beiträge und 63,4 Mrd. € Bundeszuschüsse. Die Beträge sind vollständig ausgegeben worden. Das Aufkommen der gesetzlichen Krankenversicherung betrug im Jahre 2009 172,2 Mrd. €. Die Ausgaben liegen 2 Mrd. € niedriger. Zum Vergleich: Der Bundeshaushalt 2010 umfasste Ausgaben von 327,7 Mrd. € bei einer Neuverschuldung von 86 Mrd. €. Die Hälfte ist Sozialhaushalt, also 160 Mrd. €. Rechnet man die Renten- und Krankenversicherung ohne Bundeszuschüsse dazu, kommt man auf ca. 500 Mrd. € Sozialausgaben jährlich, die durch Steuern und Sozialversicherungsbeiträge aufgebracht werden.
- Die einzelnen Zweige der Sozialversicherung sind inzwischen alle im sog. Sozialgesetzbuch geregelt. Dieses ist eine Zusammenfassung aus mehreren Gesetzen, zur Zeit 12 Bücher. Die einzelnen Bücher des Sozialgesetzbuches (SGB) enthalten Versicherungsrecht, Fürsorgerecht, Verfahrensrecht und einen allgemeinen Teil. Die hier behandelten Versicherungen sind wie folgt ins Sozialgesetzbuch eingeordnet: Gesetzliche Rentenversicherung (SGB VI), Gesetzliche Krankenversicherung (SGB V), Unfallversicherung (SGB VII), Arbeitslosenversicherung (SGB III) und Pflegeversicherung (SGB XI).

V. Europarat und Europäische Union[20]

1. Europäische Sozialcharta

Die Europäische Sozialcharta vom 18. Oktober 1961[21] enthält in Art. 12 Verpflichtungen der Vertragsstaaten, Systeme sozialer Sicherheit einzuführen, auf einem befriedigenden Stand zu halten und fortlaufend zu verbessern. Neben dieser nach innen weisenden Verpflichtung sollen zwischenstaatliche Vereinbarungen geschlossen werden, die die Gleichbehandlung der Staatsangehörigen anderer Vertragsstaaten mit ihren eigenen Staatsangehörigen gewährleisten hinsichtlich der Leistungsansprüche aus den Systemen der sozialen Sicherheit. So sollen die Ansprüche auf Alters- und Hinterbliebenenrente errechnet werden z. B. durch Zusammenrechnen von Versicherungs- und Beschäftigungszeiten, die nach den Rechtsvorschriften jeder der Vertragsparteien, in denen Arbeit geleistet worden ist, zurückgelegt wurden.

2. Unionsrecht

Was die Sozialcharta des Europarats anregt, ist durch die Gemeinschaftsverträge (jetzt Art. 48 AEUV, Art. 34 ChGrEU) verbürgt und in Verordnungen näher ausgeführt.[22] Dabei geht es nicht um die Harmonisierung oder Vereinheitlichung des Sozialversicherungsrechts, sondern um Koordinierung der Anwendung der in den Mitgliedstaaten verschiedenen sozialversicherungsrechtlichen Regelungen als zwingende Folge der Freizügigkeit der Arbeitnehmer (Art. 45 ff. AEUV), der Dienstleistungsfreiheit (Art. 56 ff. AEUV) und der Niederlassungsfreiheit (Art. 49 ff. AEUV).

Der Ausgangspunkt ist klar. Der Zugang zu den Systemen sozialer Sicherheit ist nicht von der nationalen, sondern von der sozialen Zugehörigkeit des Individuums abhängig,[23] die sich nach dem Wohnsitz richtet. Im Einzelnen bestehen Probleme, weil die soziale Sicherheit in den Mitgliedstaaten verschieden geregelt ist. Neben den reinen Versicherungssystemen gibt es egalitäre Volksversicherungen,[24] die allein aus dem Staatshaushalt, also aus Steuern finanziert werden, aber auch Mischsysteme. Wer in diesen Ländern als Ausländer arbeitet, zahlt Steuern. Wer in Ländern mit Sozialversicherungssystemen arbeitet, der zahlt außer Steuern auch Beiträge zur Sozialversicherung

Daraus ergeben sich die einzelnen Regelungen, die sich in den zitierten Verordnungen finden:[25] Bei Krankheit eines Arbeitnehmers und seiner Familienan-

---

[20] *Christian Starck*, Soziale Rechte in Verträgen, Verfassungen und Gesetzen, in: Gedächtnisschrift für Tettinger, 2007, S. 761 f., 772 ff. = das vorangehende Kapitel.

[21] BGBl. II, S. 1262.

[22] VO EWG 1408/71, ABl. EG Nr. I 149 v. 05.07.1971; VO EG 873/2004.

[23] *Eichenhofer* (Anm. 1), S. 98.

[24] *Eichenhofer* (Anm. 1), S. 120.

[25] Siehe Anm. 22.

gehörigen aus einem anderen Mitgliedstaat richten sich die Leistungsvoraussetzungen nach den Bestimmungen des Wohnsitzstaates. Die Leistungen sind vom dortigen Sozial (versicherungs)träger zu erbringen. Entsprechendes gilt im Prinzip für Arbeitsunfälle und je nach der konkreten Konstellation für Berufskrankheiten. Für Alters- und Hinterbliebenenrenten wird die insgesamt zu zahlende Rente verteilt auf die beteiligten Sozial(versicherungs)träger nach dem Verhältnis der in ihrem Zuständigkeitsbereich zurückgelegten Zeiten. Zu allen hier dargestellten Regelungen gibt es Ausnahmen und Besonderheiten, deren Kenntnis zum Verständnis des Regelungsprinzips nicht erforderlich sind. Leistungen für Krankheit und Unfall erbringt der Sozial(versicherungs)träger, in dessen Zuständigkeitsbereich das Ereignis eintritt. Alters- und Hinterbliebenrenten beziehen sich auf den gesamten Zeitraum des Arbeitslebens und werden auf die verschiedenen Sozial(versicherungs)träger pro rata temporis verteilt.

Die Systeme der sozialen Sicherheit in den Mitgliedstaaten der Europäischen Union unterscheiden sich vor allem in der Art ihrer Finanzierung so stark, dass eine Rechtsangleichung nach Maßgabe der Art. 114 ff. AEUV nicht in Betracht zu ziehen ist. Zur Sicherung der Freizügigkeiten dient die möglicherweise noch ausbaufähige Koordinierung der Leistungsansprüche aus den verschiedenen Systemen, wenn der Berufstätige von einem System ins andere wechselt.

Dritter Teil

Rechtskultur

1. Kapitel

Freiheit*

Das Wort „Freiheit" kommt in der Verfassung und in den Gesetzen häufig vor. Der damit zum Ausdruck gebrachte Begriff ist Schlüssel zum Verständnis des Rechts. Denn das Recht grenzt die Freiheits- und Handlungssphären der Menschen von einander ab. Tiere, die nach ihrem natürlichen Instinkt leben, brauchen kein Recht. Ubi societas, ibi ius: Wo Menschen zusammenleben, gibt es Recht. Die Notwendigkeit der Rechtsbildung ist eine Urerfahrung der Menschen, die zugleich erste Aufschlüsse für das Verständnis von Freiheit gibt. Die mit der Rechtserfahrung unmittelbar zusammenhängende Freiheitserfahrung zeigt besonders in entwickelten Rechtsordnungen, dass man bei der Frage nach der Freiheit in der Rechtslehre einen guten Ausgangspunkt findet. Gleichwohl stehen am Anfang einige philosophische Überlegungen vor allem zur Willensfreiheit (I), bevor das Verhältnis von Recht und Freiheit behandelt wird (II), wozu auch der verfassungsrechtliche Schutz der Freiheit gehört (III). Am Schluss steht die Frage nach Freiheit und Wahrheit (IV).

I. Willensfreiheit

Ob es einen freien Willen gibt, wird seit langem streitig erörtert. So wird behauptet, der Mensch sei den kausalen Naturgesetzen, seinen Leidenschaften oder göttlicher Prädestination unterworfen, die alle Entscheidungen des Menschen bestimmten. Diese Auffassung wird neuerdings von Neurobiologen gestützt, wonach alle Prozesse im Gehirn naturgesetzlich determiniert sein sollen. Welche Absichten erzeugt würden und ob sie zur Ausführung gelangten, hänge nicht vom Bewusstsein ab, sondern von unbewussten Instanzen im Gehirn. Dazu gehörten Nervenzellen, die für den inneren Antrieb notwendig seien. Ein

* Abschnitt I–III aus: Kube/Mellinghoff u. a. (Hrsg.), Leitgedanken des Rechts. Paul Kirchhof zum 70. Geburtstag, Bd. I, Heidelberg 2013, S. 507–512. Abschnitt IV aus: Aldo Loiodice/Massimo Vari (cura), Giovanni Paolo II, le vie della Giustizia. Omaggio dei Giuristi a Sua Santità nel XXV anno di Ponificato, Roma 2003, S. 476–478.

Handlungsplan, der im Großhirn entstehe, könne nur dann in die Tat umgesetzt werden, wenn die Nervenzellen Ihre „Zustimmung" gäben. Die Befehle dazu kämen aus dem limbischen System, in dem elementare Erlebnisse zusammen mit Emotionen gespeichert seien.[1] Das limbische System sei das Unbewusste, das dem subjektiven Bewusstsein Gedanken und Handlungen suggeriere, ohne von diesem Bewusstsein erreicht werden zu können. Danach gebe es keine rationale Selbststeuerung der Person und folglich keine Verantwortlichkeit der Person. Es seien neuronale Ereignisse, die zwar im Handeln eines bestimmten Menschen lokalisierbar seien, ihm aber nicht mehr in der Weise einer verantwortlichen Urheberschaft zugerechnet werden könnten. Danach sind freier Wille und Verantwortung Illusionen.

Den Hirnforschern geht es um naturwissenschaftlich erkennbare Ursachen. Gründe für die Entscheidungen von Individuen sind danach nur interessant, als sie kausal-naturwissenschaftlich erklärt werden können.[2] Damit werden Fragestellungen der Ethik durch die gewählte naturwissenschaftliche Methode irrelevant. Das hohe Ansehen der Naturwissenschaft in unserer Gesellschaft verleitet zu der Annahme, dass die Welt und der Mensch rein naturalistisch erklärt werden können, wobei die Freiheit auf der Strecke bleibt.

Herkömmlich und neuerdings in Opposition zur naturwissenschaftlichen Hirnforschung[3] wird dem Menschen eine Reflexionsebene zugestanden, auf der er freie Entscheidungen treffen kann, deren Umsetzung in Handlungen freilich von allerhand natürlichen, rechtlichen und finanziellen Umständen abhängig ist. Diese zweite Auffassung hat gegenüber dem Determinismus den Vorteil, dass Handeln aus Pflicht außerhalb der Kausalgesetze erklärt werden kann. Zudem besteht das subjektive Empfinden der Wahlfreiheit, der oft längere Überlegungen und Abwägungen zugrunde liegen. Das Selbstverständnis des Menschen verlangt das Sichten und Ordnen, das Durchspielen von Alternativen und deren Zuordnung zum eigenen Lebensentwurf, bevor die Schlussfolgerung gezogen und die Handlungsentscheidung getroffen wird. Auch wenn solche Abwägungen einer Entscheidung nicht zugrunde liegen, kann der Handelnde regelmäßig Gründe nennen, warum er in bestimmter Weise gehandelt hat. Der Überlegungsprozess und die Entscheidung vermag eigenständig zu sein gegenüber Erwartungen der Mitmenschern und gegenüber der eigenen Triebhaftigkeit[4]. Subjektives Schuldbewusstsein nach einer Handlung kann nur entstehen, wenn der Handelnde auch hätte anders handeln können; er also willentlich so gehandelt hat, wie er, im Nachhinein erkennend, nicht hätte handeln sollen. Wir wissen, dass wir immer

---

[1] *Gerhard Roth*, Fühlen, Denken, Handeln. Wie das Gehirn unser Verhalten steuert, neue, vollständig überarbeitete Auflage, 2003, S. 256 ff.

[2] Das ist im Hinblick auf die sogenannte chaotische Hirndynamik nicht möglich, zur Kritik auch von Seiten der Quantenchemie, vgl. *Martin Quack*, Time and Time Reversal Symmetry in Quantum Chemical Kinetics, in: E. J. Brändas/E. S. Kryachko (eds.), Fundamental World of Quantum Chemistry, vol. III, 2004, p. 423, 452 ff.

[3] *Peter Bieri*, Das Handwerk der Freiheit. Über die Enstehung des eigene Willens, 4. Aufl. 2005.

[4] *Maximilian Forschner*, Willensfreiheit als philosophisches Problem, in: Fundamenta Psychiatrica 1988, S. 131–140.

wieder entscheiden und dass wir verantwortlich dafür sind. Wer das bestreitet und sich nicht für verantwortlich hält, kann auch vom anderen Menschen keine Verantwortlichkeit verlangen. Dabei mögen die Entscheidungen – für den Entscheidenden erkennbar oder nicht erkennbar – auf Erziehung, religiöser Überzeugung oder Erfahrung beruhen.

Die Entstehung von Kunstwerken der Bildenden Kunst, der Dichtung, der Musik und von Werken der Wissenschaft lassen sich kausalgesetzlich nicht erklären. So kommt die verfassungsrechtlich garantierte Freiheit der Kunst und der Wissenschaft in den Blick. Im Anschluss an *Kant*, *Schiller*, *Simmel*, *Cassirer* und *Adorno* schreibt *Birgit Recki*[5], dass in der autonomen Kunst die menschliche Freiheit anschauliche Gestalt annehme. In der Freiheit der Kunst spiegelten und brächen sich wie in einem bevorzugten Medium die Vorstellungen von der eigenen Freiheit, die der moderne Mensch mit seinem Selbstbewusstsein verbinde.

Wenn es um die Freiheit des Menschen geht, ist er nicht Objekt der Forschung. *Karl Jaspers* hat diese Ungegenständlichkeit des Menschen folgendermaßen Beschrieben:[6] „Was der Mensch (sc. in seiner Ungegenständlichkeit) ist, können wir nicht erschöpfen in einem Gewusstsein von ihm, sondern nur erfahren im Ursprung unseres Denkens und Tuns. Der Mensch ist grundsätzlich mehr, als er von sich wissen kann." An anderer Stelle schreibt *Jaspers* im Anschluss an *Kant*: „Freiheit ist weder beweisbar noch widerlegbar."[7] Freiheit ist eine Setzung der praktischen Vernunft und Voraussetzung für Selbstbestimmung und Würde des Menschen.[8]

II. Recht und Freiheit

Unser Recht setzt die Willensfreiheit voraus. Anderenfalls wären Begriffe wie Verantwortung und Schuld gegenstandslos und Strafe könnte nicht gerechtfertigt werden.[9] Der Vertrag setzt Entschließungsfreiheit und Bindungswillen voraus. Wenn es keine Freiheit gäbe, könnte es auch kein Sollen geben. Auch Wahlen und Abstimmungen als Ausdruck der demokratischen Freiheit wären sinnlos. Mit der Bejahung der Willensfreiheit bekommt die rechtliche Freiheit eine anthropologische Grundlage, wobei Anthropologie nicht als reine Naturwissenschaft verstanden wird. Die Freiheit als anthropologische Grundgegebenheit ist Bedingung für richtiges Recht. Man stelle sich eine Rechtsordnung vor, die nicht von der Freiheit des Menschen ausgeht: Sicherungsverwahrung statt Strafe, keine Verpflichtung aus Vertrag, nirgendwo Verantwortlichkeit. Ärzte und Psychiater würden die notwendigen Ordnungsmaßnahmen treffen.

---

[5] *Birgit Recki*, Freiheit, 2009, S. 102.

[6] *Karl Jaspers*, Einführung in die Philosophie, 1950, S. 61 f.

[7] *Karl Jaspers*; Philosophie, Bd. II, 1956, S. 169.

[8] *Immanuel Kant*, Kritik der praktischen Vernunft (1787), hrsg. von Karl Vorländer, 9. Aufl. 1929, S. 39 f.

[9] *Claus Roxin*, Strafrecht. Allgemeiner Teil, Bd. I, 1992, S. 547: Schuld ist unrechtes Handeln trotz normativer Ansprechbarkeit.

Auf der Grundlage der Freiheit des Menschen bezeichnet Kant das Recht als „Inbegriff der Bedingungen, unter denen die Willkür des einen mit der Willkür des anderen nach einem allgemeinen Gesetz der Freiheit zusammen vereinigt werden kann."[10] Willkür ist die subjektive Freiheit. Das Gesetz der Freiheit ist die Ordnung des Zusammenlebens der Menschen. Man könnte auch sagen, Willkür ist die naturwüchsige Freiheit, und das Gesetz der Freiheit ist die vom Staat gesicherte bürgerliche Freiheit. Diese ist zuallererst Freiheit des status negativus, die Entfaltungsräume garantiert und gerade das vermittelt, was die Beschränkung der staatlichen Herrschaftsansprüche ausmachen soll. Die Freiheit des status negativus ist keine positive Ordnung, sondern bleibt Willkürfreiheit, die gebändigt ist unter dem Gesichtspunkt der Gemeinverträglichkeit. Diese verbleibende Freiheit bezeichnet *Josef Isensee*[11] anschaulich als „legitime Willkür".

In der französischen Erklärung der Menschen und Bürgerrechte (1789) erscheint das Gesetz, Erscheinungsform des Rechts, als Instrument zur Bestimmung der Freiheit. Die Freiheit besteht nach Art. 4 der Erklärung darin, alles tun zu dürfen, was dem anderen nicht schadet; somit hat – wie es weiter heißt, die Ausübung der natürlichen Rechte jedes Menschen, d. h. der Freiheit, nur die Grenzen, welche den anderen Mitgliedern der Gesellschaft den Genuss derselben Rechte sichern. Da die Grenzen aber streitig sein können, heißt es in Art. 5 der Erklärung, dass der Gesetzgeber nur Handlungen verbieten dürfe, die die Gesellschaft schädigten. Was das Gesetz nicht verbiete, dürfe nicht verhindert werden und nicht dürfe erzwungen werden, was es nicht anordne. Diese Wechselbezüglichkeit von Recht und Freiheit ist im ersten Buch des Contrat social von *J.-J. Rousseau* vorgeprägt worden. Dass nicht beliebige Gesetze gemeint sind, ergibt sich aus dem Begriff volonté générale[12] und dem Motto des Contrat social „Foederis, aequas dicamus leges" (benennen wir die gerechten Gesetze des Gesellschaftsvertrages).

Gerechte Gesetze, d. h. Freiheit durch Recht kann nur ein Staat gewährleisten, der selbst rechtlich geordnet ist, und zwar in einer Weise, dass Missbrauch bei der Ausübung der Staatsgewalt möglichst verhindert wird. Dazu gehört eine Verteilung der Kompetenzen auf die verschiedenen Staatsorgane, die einander kontrollieren können. Da das demokratische Mehrheitsprinzip noch keine hinreichende Garantie für Freiheit und Gerechtigkeit und gegen Machtmissbrauch ist, ist die Gewaltenteilung auch im demokratischen Staat ein wesentliches Element des Staatsaufbaus[13]. Hemmung und Kontrolle der Staatsgewalt dürfen allerdings nicht so weit getrieben werden, dass der Staat nicht mehr mächtig genug ist, seine Aufgabe der Friedenssicherung zu erfüllen, wozu die Sicherung der Freiheit des einen vor Angriffen des anderen gehört. Bei der Staatsorganisation geht es um die für den Freiheitsschutz richtige Kombination von Gewaltenteilung und Gewal-

---

[10] *Immanuel Kant*, Metaphysik der Sitten (1797), hrsg. v. Karl Vorländer, 4. Aufl. 1922, S. 34 f.

[11] *Josef Isensee*, Was heißt Freiheit?, in: Festschrift für Edzard Schmidt-Jortzig, 2011, S. 275, 282.

[12] Vgl. dazu *Christian Starck*, Der Gesetzesbegriff des Grundgesetzes, 1970, S. 129 f.

[13] The Federalist (1788), Nr. 51 (Madison), Nr. 9 (Hamilton).

tenverbindung[14]. Der Kern der klassischen Gewaltenteilungslehre ist die Unterscheidung zwischen allgemein regulierender Gewalt, ausführender Gewalt und davon unabhängiger richterlicher Gewalt. Gewaltenteilung ist das organisatorische Rückgrat der Menschenrechtsidee. Deshalb kommt es für effektiven Freiheitsschutz stärker auf eine gewaltenteilige Staatsorganisation als auf prunkvolle Grundrechtskataloge an.

Die rechtliche Freiheit[15] tritt in Erscheinung als grundrechtliche und demokratische Freiheit, d. h. als Selbstbestimmung der Individuen und als deren Mitbestimmung im Rahmen vorgegebener Staatsorganisation.[16] Die Sphären der Selbstbestimmung müssen von denen der Mitbestimmung positiv-rechtlich abgegrenzt werden. Soweit ich mich selbst bestimmen darf, hat niemand mitzubestimmen, falls ich dies nicht selbstbestimmt wünsche. Die grundrechtlich gewährleisteten Freiheitsrechte binden den demokratisch legitimierten Gesetzgeber. Bei der Gesetzgebung im Grundrechtsbereich berühren sich beide Freiheitsaspekte. Da Grundrechte nicht beliebig eingeschränkt werden dürfen, hat der demokratisch legitimierte Gesetzgeber nicht das letzte Wort.

III. Verfassungsrechtlicher Schutz der Freiheit

Der positiv verfassungsrechtliche Schutz der Freiheit ist mehrstufig organisiert. Freiheitsaspekte (Religionsfreiheit, Meinungsfreiheit, Berufsfreiheit usw.) sind als Grundrechte formuliert, die Gesetzgebung, vollziehende Gewalt und Rechtsprechung als unmittelbar geltendes Recht binden (Art. 1 Abs. 3 GG). Wird jemand durch die öffentliche Gewalt in seinen Rechten verletzt, so steht ihm der Rechtsweg offen (Art. 19 Abs. 4 GG). Gegen Grundrechtsverletzungen durch die letzte Gerichtsinstanz und durch den Gesetzgeber gibt es die Verfassungsbeschwerde zum Bundesverfassungsgericht (Art. 93 Abs. 1 Nr. 4a GG).

Da Grundrechte zum Schutze von Gütern der Allgemeinheit und von Rechten anderer durch Gesetz eingeschränkt werden dürfen, entsteht das Problem, wie die Bindung des Gesetzgebers an die Grundrechte gesichert werden kann und illegitime Grundrechtseinschränkungen vermieden werden können. Eine Lösung bietet das Verhältnismäßigkeitsprinzip, mit dessen Hilfe die zum Schutz des Rechtsguts eingesetzten Mittel, wie folgt, überprüft werden können: Geeignet ist eine grundrechtseinschränkende Norm nur, wenn sie in der Lage ist, das gefährdete Rechtsgut wirksam zu schützen. Geeignete Maßnahmen können jedoch übermäßig belastend sein. Der Grundsatz der Erforderlichkeit schränkt geeignete Maßnahmen auf den Einsatz des mildesten Mittels ein, das noch in

---

[14] *Werner Kägi*, Von der klassischen Dreiteilung zur umfassenden Gewaltenteilung, In: Festschrift für Hans Huber, 1961, S. 151 ff.

[15] *Paul Kirchhof*, Menschenbild und Freiheitsrecht, in: Ordnung der Freiheit. Festschrift für Christian Starck zum 70. Geburtstag, 2007, S. 275 ff.

[16] *Christian Starck*, Grundrechtliche und demokratische Freiheitsidee, in: Isensee/Kirchhof (Hrsg.), Handbuch des Staatsrechts, 3. Aufl., Bd. III, 2005, S. 3 ff.

der Lage ist, das gefährdete Rechtsgut wirksam zu schützen. Schließlich stellt drittens der Grundsatz der Verhältnismäßigkeit im engeren Sinne sicher, dass die Belastung des Einzelnen durch eine geeignete und erforderliche Einschränkung seines Grundrechts in einem vernünftigen Verhältnis zu den der Allgemeinheit erwachsenden Vorteilen steht.

Bei der Abwägung zwischen dem Grundrecht und dem zu schützenden Rechtsgut geht es nicht um eine Optimierung beider Rechtswerte, die praktisch nur eine richtige Lösung zuließe und die Gestaltungsfreiheit des demokratisch legitimierten Gesetzgebers zunichte machte. Deshalb darf das Bundesverfassungsgericht bei der Normenkontrolle und bei der Kontrolle letztinstanzlicher richterlicher Entscheidungen nur prüfen, ob die angegriffene Grundrechtseinschränkung „schlechthin ungeeignet"[17] oder unverhältnismäßig ist[18]. Der negative Prüfungsansatz kommt in dem Begriff Übermaßverbot zum Ausdruck,[19] der sich von einem positiven Optimierungsgebot unterscheidet.

Der Freiheitsschutz durch Grundrechte hat weiterte Dimensionen. Die Grundrechte wirken als objektives Recht ins Zivilrecht als staatliche Schutz- und Organisationspflichten. Eine Schutzpflichtendimension folgt auch aus dem Sozialstaatsprinzip, das den Gesetzgeber zu sozialem Ausgleich und zur Sicherung der Chancengleichheit verpflichtet, um den tatsächlichen Gebrauch der Freiheit zu ermöglichen.

Das Bundesverfassungsgericht hat unter argumentativer Hilfe der Rechtslehre aus der objektiven Dimension der Grundrechte staatliche Schutzpflichten abgeleitet, die der Gesetzgeber schon immer vor allem durch Zivilrecht und Strafrecht erfüllt. Es handelt sich um klassische Pflichten des Staates, neben anderen Rechtsgütern die Freiheit seiner Bürger vor Angriffen Dritter zu schütze. In diesem Sinne sah schon Kant das Privatrecht unter dem Prinzip der Einstimmung der Freiheit des einen und der Freiheit des anderen.[20] Obwohl solchen staatlichen Schutzpflichten auf Seiten der Bürger nach dem Wortlaut des Grundgesetzes regelmäßig keine Schutzrechte entsprechen, hat das Bundesverfassungsrecht im Wege der Fortbildung der Verfassung aus den objektiv-rechtlichen staatlichen Schutzpflichten subjektive Schutzrechte der Bürger konstruiert.

Gesetze beschränken nicht nur die Freiheit durch Grundrechtsschranken, sondern schaffen durch Verfahrensrecht, Organisationsrecht[21] und Rechtsformen Voraussetzungen für die Ausübung von Freiheit im Vertragsrecht, Eherecht, Sachenrecht, Vereinsrecht, Gesellschaftsrecht, Sozialversicherungsrecht usw. Für Ausgestaltung dieser Rechtsgebiete durch den Gesetzgeber besteht ein Gestaltungsspielraum, er darf aber nicht beliebig sein, der Gesetzgeber muss sich insbesondere vor unnötigen Beschränkungen der Freiheit hüten.[22] Der Eingriff-

---

[17] BVerfGE 71, 206, 216; ähnlich E 117, 163, 188 f.

[18] BVerfGE 94, 268, 285.

[19] BVerfGE 90, 145, 191.

[20] *Kant* (Anm. 6), S. 83 f.

[21] *Christian Starck*, Freiheit und Organisation (1976), in *ders.*, Freiheit und Institutionen, 2002, S. 143 ff.

[22] *Matthias Cornils*, Ausgestaltung der Grundrechte, 2005, S. 54 ff., 650 ff.

scharakter von Ausgestaltungen ist stets in Betracht zu ziehen, weshalb Verhältnismäßigkeitserwägungen anzustellen sind.

Außer Organisations- und Verfahrensgesetzen sichern auch Leistungsgesetze materielle Freiheitsvoraussetzungen. Beispiele sind Ausbildungsförderung, Sozialhilfe usw. Selbst wenn der Gesetzgeber zum Erlass von Leistungsgesetzen verfassungsrechtlich nicht verpflichtet ist, stehen solche Gesetze in engem Zusammenhang mit den Grundrechten.[23] Ferner richtet der Gesetzgeber freiheitsrelevante Leistungsverhältnisse ein, wie das Schulverhältnis und sonstige Bildungsangebote. Wenn der Staat damit seinem Bildungsauftrag nachkommt, schafft er Freiheitsvoraussetzungen, die allerdings unter eigener Anstrengung wahrgenommen werden müssen.

IV. Freiheit und Wahrheit

Ist das bisher über Freiheit Ausgeführte wahr? Die Trennung von Recht und Moral, die sich in den modernen zivilisierten Gesellschaften weitgehend durchgesetzt hat, bedeutet nicht, daß das Recht nichts mit den moralischen Grundsätzen oder Regeln für das menschliche Zusammenleben zu tun hat. Denn weiten Bereichen des Rechts, nicht nur dem Strafrecht und dem Zivilrecht, liegen moralische Regeln oder Grundsätze zugrunde. Recht als moralfreie Ordnung· ist nicht vorstellbar, weil ihm die Legitimität fehlte. Die Trennung von Recht und Moral kann deshalb vernünftigerweise nur bedeuten, daß moralische Regeln, die nicht vom Recht aufgenommen worden sind, keine rechtliche Verbindlichkeit beanspruchen können. Was rechtlich nicht verboten oder geboten ist, umreißt eine Freiheitssphäre und macht auf den ersten Blick die Freiheitlichkeit der Rechtsordnung aus.

Häufig wird die Trennung von Recht und Moral so erklärt, daß das Recht keine Tugend- und Wahrheitsordnung, sondern eine Freiheits- und Friedensordnung sei. Bezüglich der Tugendordnung wird man – wiederum auf den ersten Blick – schnell Einigkeit darüber erzielen können, daß damit die nicht vom Recht aufgenommene Moralordnung, d. h. die Sphäre der Freiheit gemeint ist. Das schwierige Problem besteht nun darin festzustellen, ob die in Frage stehende Rechtsordnung zuviel Freiheit läßt oder umgekehrt die Freiheit übermäßig beschneidet. Unterstellt man einmal, daß diese Abgrenzung gelungen ist, ist die Unterscheidung von Rechtsordnung, die moralischen Grundsätzen entspricht, und darüber hinausgehende Moralordnung(en) sinnvoll. Diese Unterscheidung drückt sogar eine Errungenschaft der Zivilisation aus.

Man ist geneigt, die Gegenüberstellung von Freiheitsordnung und Wahrheitsordnung in gleicher Weise als Errungenschaft der Zivilisation zu betrachten. Das

---

[23] *Christian Starck*, Soziale Rechte in Verträgen, Verfassungen und Gesetzen, in: Gedächtnisschrift für Tettinger, 2007, S. 761, siehe in diesem Band das 7. Kapitel des Zweiten Teils.

würde bedeuten, daß die Freiheit von der Wahrheit getrennt wird, daß also die Freiheitsordnung keine Wahrheitsordnung ist. Das Gegenteil ist richtig. Warum?

Kant hat dasjenige Subjekt als Person bezeichnet, „dessen Handlungen einer Zurechnung fähig sind. Die moralische Persönlichkeit ist also nichts anderes als die Freiheit eines vernünftigen Wesens unter moralischen Gesetzen." Schon in der Philosophie lange vor Kant ist Person kein Was (quid) sondern ein Wer (quis). Person fügt zum Begriff Individuum oder Subjekt noch das Akzidens Würde hinzu. Es ist allein die Vernunftnatur des Menschen, die seine Würde und damit Freiheit ausmacht. Auf dieser Grundvoraussetzung beruht das Recht. Strafrechtliche Schuld, Vertragsautonomie und demokratische Mitbestimmung setzen die Freiheit des Menschen voraus.

Die Freiheit als das Unbedingte im Menschen umschließt notwendigerweise die Anerkennung der Freiheit des anderen Menschen, d. h. die Mitmenschlichkeit. In diesem Sinne hat *Georg Simmel* (1858–1918) im Einklang mit der philosophischen Tradition geschrieben: „Die Freiheit des Menschen hat ihr Symptom darin, daß er den andren die Freiheit gibt. Ein Tyrann ist nicht frei. Es besteht ein tiefer Zusammenhang zwischen der eigenen Freiheit und der der andren. Daß jeder nur soviel Freiheit haben soll, wie mit der Freiheit aller verträglich ist, wendet dies nur ins Normative und mehr Äußerlich-Praktische" [24].

Die Freiheit des Menschen ist Garant und Bedingung der gegenseitigen Anerkennung und jeder Konsensbildung. Daß auch der andere Mensch in der Position der Freiheit steht, macht seine Würde aus. Sobald der Mensch seine Fähigkeit zur Selbstbestimmung durch Handlungen realisiert, entsteht die Gefahr, daß seine Handlungen in die Sphäre des Mitmenschen eindringen und damit die Selbstbestimmung des anderen bedrohen, was bis zur Vernichtung des anderen gehen kann. Die Fähigkeit zur Selbstbestimmung mit der Handlungsfreiheit einerseits und die Mitmenschlichkeit andererseits sind Vorgegebenheiten der condicio humana, aus denen der Rechtsgrundsatz folgt, daß menschliche Handlungen gemeinverträglich sein müssen und daß die Anforderungen an die Gemeinverträglichkeit in der jeweiligen historischen Lage im positiven Recht im einzelnen normiert werden müssen.

Bisher hat man die Mitmenschlichkeit in der Rechtsphilosophie immer nur auf die gleichzeitig lebenden Menschen bezogen gesehen. Danach muß der Schwache vor dem physisch oder ökonomisch Starken geschützt werden. Denn Schädigungen waren immer nur unter Lebenden vorstellbar. Zwar haben Menschen immer schon in ihre Umwelt eingegriffen und der nachfolgenden Generation eine von ihnen gestaltete Umwelt hinterlassen. Das brachte nicht immer (z. B. Verkarstung), aber zumeist (z. B. Straßen, Eisenbahnstrecken) Annehmlichkeiten mit sich. Die heute stattfindende globale Bedrohung der elementarsten Lebensbedingungen der folgenden Generationen wirft das früher nicht aktuelle und daher nicht erörterte rechtsphilosophische Problem der Mitmenschlichkeit in der zeitlichen Perspektive der Generationen auf. Es ist notwendig, die Frei-

[24] Über Freiheit, postum in: Logos Bd. 11 (1922/23), S. 1, 25.

heitsposition der Menschen zu begründen, die nach uns leben werden, und die Mitmenschlichkeit auf sie zu erstrecken.

Kommen wir zurück auf die Frage nach der Wahrheit. Da um die Wahrheit Religionskriege geführt worden sind, soll der Frieden durch Verzicht auf die Wahrheitsfrage gesichert, also eine Friedensordnung, nicht eine Wahrheitsordnung angestrebt werden. Die Wahrheitsfrage ist deshalb in geistlichen Angelegenheiten (in spiritualibus) der Sphäre der individuellen und kollektiven Religionsfreiheit überantwortet worden. Der Glaubensakt ist nämlich seiner Natur nach ein freier Akt[25]. In weltlichen Angelegenheiten (in temporalibus) soll auf die Wahrheitsfrage zugunsten des Friedens verzichtet werden. Was bedeutet nun Frieden? Wohl die Abwesenheit gewaltsamer Auseinandersetzungen, die den äußeren Frieden stören. Eine Friedensordnung kann sehr brutal sein, wenn sie zuungunsten der Schwachen konstruiert ist, die sich nicht wehren und nicht durch Unfriedlichkeit auf sich aufmerksam machen können, wie ungeborene und kleine Kinder, Geisteskranke usf. Umgekehrt können Starke durch Egoismus, Verantwortungslosigkeit und zerstörerischen Machtwillen in der Gesellschaft Unfriede erzeugen, um im Wege des „Friedensschlusses" für sich weitere Vorteile durchzusetzen. Wenn Friede mehr sein soll als ein empirisch feststellbarer Zustand der Abwesenheit von Gewalt, ist es nötig auch in temporalibus die Wahrheitsfrage zu stellen und zu beantworten.

Die hier dargelegte Auffassung von der Würde und Freiheit jeder Person muß Grundlage des Friedens sein und ist wohl ein starkes Fundament für eine stabile Friedensordnung. Denn die Personenwürde schließt die Achtung der anderen Person ein und damit die Pflicht, gemeinverträglich zu handeln. Die in der Personalität jedes Menschen begründete Würde und Freiheit ist eine philosophische Wahrheit, die zwar theologische Wurzeln hat[26], zugleich aber rational philosophisch begründet werden kann. Deshalb kann die auf der Personalität des Menschen beruhende weltliche Freiheitsordnung einen Wahrheitsanspruch erheben.

---

[25] Vaticanum II, Erklärung über die Religionsfreiheit „Dignitatis Humanae", Nr. 10.

[26] *Johannes Paul II*, Enzyklika „Fides et Ratio", 1998, N. 80ff.

2. Kapitel

Legitimität als politikwissenschaftliche Kategorie*

I. Wilhelm Hennis' Vortrag über Legitimität

Wilhelm Hennis hat seinen Vortrag „Legitimität. Zu einer Kategorie der bürgerlichen Gesellschaft" 1975 auf dem Kongress der Deutschen Vereinigung für Politische Wissenschaft in Duisburg gehalten.[1] Einleitend macht er darauf aufmerksam, dass Schwierigkeiten und Probleme des Regierens vor denen die Bundesrepublik wie alle Industriestaaten steht, nicht als Legitimitätsprobleme oder gar als Legitimitätskrise bewertet werden können. Der Kongress ging mit seiner Themenstellung auf die damals diskutierte Behauptung ein, dass die ökonomische Krise des „Spätkapitalismus" die Legitimität der staatlichen Ordnung gefährde.[2]

Wilhelm Hennis reagiert auf die Fragestellung des Kongresses scharf mit der Bemerkung: „Für ein gegebenes politisches System die Legitimitätsfrage aufwerfen, heißt, seine Existenzberechtigung in Frage zu stellen." (S. 255). Eine Legitimitätskrise liege erst vor, wenn man nicht mehr unter einer Herrschaft leben könne, sich ihr entziehen oder sie revolutionär verändern müsse (S. 259). Max Webers soziologisch-empirische Betrachtungsweise der Legitimität mit ihren drei typischen Ausprägungen kraft Tradition, kraft Legitimität der bestehenden Rechtsordnung oder kraft Charisma des Herrschers hält Hennis für ungeeignet, die Legitimität einer konkreten Staats- und Rechtsordnung zu beurteilen. Denn die notwendig kritisch-normative Abgrenzung von Legitimität und Illegitimität leisteten Webers Begriffe nicht (S. 263, 271).

---

* Aus: Anter (Hrsg.), Wilhelm Hennis' Politische Wissenschaft, Tübingen 2013, S. 125–138.

[1] Politische Vierteljahresschrift, Sonderheft 7/1976, S. 9–38, wieder abgedruckt mit einer Replik auf *J. Habermas*, Legitimationsprobleme im modernen Staat, in: *Wilhelm Hennis*, Politikwissenschaft und politisches Denken, 2000, S. 250–289. Danach im Folgenden die Zitate in Klammern.

[2] *Jürgen Habermas*, Legitimitätsprobleme im Spätkapitalismus, 1973, Siehe *Hennis* (Anm. 1), S. 254 Anm. 1.

Die in den 70er Jahren geforderten neuen Legitimitätsprinzipien benennt Hennis mit Partizipation, Fundamentalpolitisierung oder Fundamentaldemokratisierung und identitärer Demokratie (S. 267 ff.). Zutreffend sieht er darin Gefährdungen der grundrechtlich geschützten Freiheit.

Die Kategorie legitime Herrschaft bezeichnet Wilhelm Hennis als historische Kategorie, die sich in den letzten drei bis vier Jahrhunderten gegen das persönliche Regiment im Absolutismus allmählich bis hin zum demokratischen Verfassungsstaat in national verschieden geprägter Weise herausgebildet habe (S. 273). Mit dem Verlust der griechisch-abendländischen Ordnungskosmologie göttlichen Ursprungs, in die der Mensch eingebettet gewesen sei, habe das (Natur)Recht die Kraft verloren, Maßstäbe für die Politik zu setzen (S. 274). Im Anschluss an Ulrich Matz[3], der nach einer der Autonomie des Menschen vorgeordneten Norm fragte, würden wir, wie Hennis schreibt, von einer im Schwinden begriffenen Substanz zehren. Wenn wir auch dem totalitären Zeitalter glücklich entronnen seien, so seien wir nicht gewiss, vor einem neuen Totalitarismus geschützt zu sein.

Wilhelm Hennis wendet sich gegen die Vermischung von Souveränität und Legitimität. Es sei ein Fortschritt der Moderne, dass Legitimität nicht mehr durch Rekurs auf „letzte Rechtsgründe" erwachse (S. 275). Maßgebend für die Legitimität seien legale Verfahren, bestimmte Herrschaftsmodi und Rechte. Hennis verweist entwicklungsgeschichtlich auf die Stoa, das Christentum und aktuell auf die amerikanische Verfassung sowie auf das Grundgesetz. Er hält noch einmal fest, dass „aus einer *allgemeinen* Theorie der Legitimität, die alle Hochkulturen einbezieht", kein Legitimitätsbegriff herausspringen könne, „der kritisch und normativ brauchbar ist und der uns helfen könnte, uns im Recht und Unrecht unserer Welt zurecht zu finden" (S. 276).

Wilhelm Hennis benennt drei nebeneinander wirkende Legitimitätsfaktoren, die er den Smendschen Integrationsfaktoren[4] entlehnt. Da Herrschaft den Unterschied von Herrschern und Beherrschten mit sich bringe, sei für den Herrscher eine gewisse „personale Ansehensmacht" erforderlich. Ein völliges Manko daran sei verächtlich und würdelos und führe, wenn es sich auf die ganze Führungsschicht beziehe, zur Legitimitätskrise (S. 279 f.). An zweiter Stelle stehen die Staatszwecke, von denen Hennis die Friedenssicherung an erster Stelle nennt, im Übrigen von einer voreiligen Fixierung abrät, da sich finale Legitimität nur einstelle, wo die Aufgabenmenge im politischen Prozess offen gelassen werde (S. 282 f.). An dritter Stelle wird die Legitimität der institutionellen Ordnung genannt (S. 283).

Zum Schluss (S. 284 ff.) behandelt Wilhelm Hennis die „Legitimitätsproblematisierung in der Massendemokratie". Dieser Strukturtyp legitimer Herrschaft sei angewiesen auf die freie gesellschaftliche Sicherung eines kulturellen Standards, aus dem sich ergebe, was man tun und lassen dürfe. Er warnt davor, die

---

[3] *Ulrich Matz*, Politik und Gewalt, 1975.

[4] *Rudolf Smend*, Verfassung und Verfassungsrecht (1928), wieder abgedruckt in: *ders.*, Staatsrechtliche Abhandlungen, 2. Aufl. 1968, S. 136 f.

Garantie der Verfassungsordnung in den Meinungen der Bürger zu verankern (S. 285) und wendet dann die Trias der Smendschen Integrationsfaktoren als Legitimationsverfahren auf die Massendemokratie an (S. 285 f.). Eine durchgehende Entautorisierung verhindere die Herausbildung von Führungsschichten und mache anfällig für totalitäre Lösungen. Der Staat habe zu viele Aufgaben übernommen, was bereits die Grenzen der Leistungsfähigkeit der Gesetzgebung übersteige, die die notwendigen Regelungen für die Leistungssysteme erlassen müsse. Was die institutionelle Seite der Legitimität anbelangt, beobachtet Hennis den Sieg des effektiven Anstaltsstaates. Der Übergang zu großräumigen Formen der Aufgabenerledigung, der 1975 in den Zielen der Europäischen Gemeinschaft schon erkennbar war, sieht Hennis skeptisch, weil die Legitimitätsfrage noch ungelöst sei.[5] Er vertraut aber noch auf „die Form freiheitlich-demokratischer Herrschaft".

II. Die verschiedenen Legitimitätsvorstellungen in den letzten zweihundert Jahren

Bevor auf heutige Legitimitätsfragen der Bundesrepublik im Hinblick auf Hennis' Theorie eingegangen wird, soll ein Rückblick das Anschauungsmaterial erweitern. Wenn man sich mit den verschiedenen Staatsformen hauptsächlich der letzten zwei Jahrhunderte beschäftigt, die geschichtlich aufgetreten und wieder abgelöst worden sind, ist die Frage nach der Legitimität der jeweiligen Herrschaft historisch-empirisch zu beantworten.[6] Der Betrachter muss sich auf Ort und Zeit der jeweiligen Herrschaft einstellen und nach den damaligen Legitimitätsvorstellungen fragen, die faktisch gegolten haben und eventuell in Rechtsdokumenten oder staatsphilosophischen Schriften fixiert worden sind. Beispiele sind die Monarchien, zu denen nicht nur der Glaube an die Herrschaftsberechtigung der fürstlichen Familie gehört. Entscheidend für die Legitimität jeder Herrschaft ist deren Ausübungsweise. Im Laufe der Geschichte zeigte sich immer wieder, wie schon Hennis als einzigen sicheren Legitimitätsfaktor hervorgehoben hat, dass jede Herrschaft auf Dauer den Frieden sichern muss. Der Mensch verlangt nach Sicherheit. Deshalb ist die Sicherung des inneren und äußeren Friedens ein Faktor der Legitimität jeder politischen Herrschaft. Friedenssicherung ist deshalb das Urstaatsziel[7], weil Frieden immer empirische Grundlage dauerhafter Staatlichkeit ist. Frieden ist nicht nur ein Legitimitätsfaktor aus der Sicht der der Herrschaft unterworfenen Menschen, sondern gehört aus der Sicht der die Herrschaft Ausübenden zur Selbsterhaltung. Das Staatsziel Frieden und Sicherheit ist so selbstverständlich, dass es oft vergessen wird zu erwähnen.

---

[5] Vgl. schon die Dissertation von *W. Hennis* (1951): Das Problem der Souveränität, 2003, S. 104 ff.

[6] Siehe ausführlich *Thomas Würtenberger*, Legitimität, Legalität, in: Geschichtliche Grundbegriffe, hrsg. von Otto Brunner/Werner Conze/Reinhart Koselleck, Bd. 3, 1982, S. 677–740.

[7] *Christian Starck*, Der demokratische Verfassungsstaat, 1995, S. 231, 234.

Alle anderen Legitimitätsfaktoren sind kulturabhängig, das ist insbesondere das Ausmaß effektiv gesicherter Freiheit und der allgemeinen Wohlfahrt. Die historische Herrschaftssoziologie kann Aussagen darüber machen, wie weit die von den Menschen vorgefundenen Herrschaftsverhältnisse als legitim empfunden werden. Somit bleiben wir auf der Ebene der Empirie.

Die Legitimität kann von zwei Seiten in Frage gestellt werden: erstens ausgelöst vom Herrscher, der die Rechtsstellung der Menschen ohne einleuchtenden Grund verschlechtert, wenn und soweit dies in der Bevölkerung als illegitim betrachtet wird, oder zweitens von den Menschen, die durch Vergleich mit anderen Staaten oder durch eine neue Staatsphilosophie die überkommenen Verhältnisse nicht mehr als legitim betrachten. Auch in diesem zweiten Fall können revolutionäre Verhältnisse entstehen, ohne dass die Staatsgewalt die Freiheit stärker einschränkt oder die Wohlfahrt hindert.

Für die empirische Beobachtung von Legitimationsfaktoren und deren Beschreibung sind die Typen von Max Weber nützlich: Tradition, Charisma, Rationalität. Was wir heute für eine frühere Herrschaft als tatsächliche Legitimitätsfaktoren beschreiben, war damals normativ verstanden: so die monarchische Legitimität im 19. Jahrhundert mit den besonderen Mitbestimmungsrechten der Stände und den Garantien von Rechten des Volkes.[8] Die monarchische Legitimität war ein Ausdruck für die monarchische Souveränität *mit den* Legitimitätsfaktoren des Gesetzesvorbehalts für Eingriffe in Freiheit und Eigentum und den Ständeversammlungen, später Parlamenten, deren Zustimmung zu den Gesetzen erforderlich war. Diese Beschreibung zeigt, wie die Legitimitätskrise der absoluten Monarchie, die sich in Frankreich revolutionär entladen hatte, in Deutschland gewissermaßen verfassungsmäßig (Bundesakte, Wiener Schlussakte, Territorialverfassungen) durch den monarchischen Konstitutionalismus gelöst werden konnte.

Mit der Reichsgründung und Schaffung des deutschen Nationalstaates 1871 wurde der monarchische Konstitutionalismus fortgesetzt mit einem modernen allgemeinen Wahlrecht der Männer, Grundrechtsgesetzen des Reiches und Verwaltungsgerichtsbarkeit in den Mitgliedstaaten des Bundes. Diese Errungenschaften waren zusammen mit der Nationalstaatlichkeit und der fortschrittlichen Sozialgesetzgebung[9] weitere wichtige Legitimationsfaktoren. In der Proklamation Kaiser Wilhelms I. an das deutsche Volk vom 17./18. Januar 1871[10] werden die Legitimitätsfaktoren Nation, Frieden, Wohlfahrt, Freiheit und Gesittung angesprochen.

---

[8] Vgl., als in Ausführung von Art. 13 der Deutschen Bundesakte v. 8. Juni 1915 erlassen, den Art. 57 der Wiener Schlussakte v. 15.05.1820, vom Frankfurter Bundestag am 08.07.1820 als Bundesgrundgesetz einstimmig angenommen: „Da der deutsche Bund mit Ausnahme der freien Städte, aus souveränen Fürsten besteht, so muss dem hierdurch gegebenen Grundbegriffe zufolge die gesammte Staats-Gewalt in dem Oberhaupt des Staats vereinigt bleiben, und der Souverän kann durch eine landständische Verfassung nur in der Ausübung bestimmter Rechte an die Mitwirkung der Stände gebunden werden." Nach Art. 56 konnten landständische Verfassungen nur auf verfassungsmäßigem Wege geändert werden.

[9] Siehe das 8. Kapitel des Zweiten Teils in diesem Band.

[10] Abgedruckt in: *E. R. Huber*, Dokumente zur deutschen Verfassungsgeschichte, Bd. 2, 1964, S. 285.

Nach dem verlorenen Krieg und der Abdankung der Fürsten hat sich das Deutsche Volk in den Worten der Präambel „von dem Willen beseelt, sein Reich in Freiheit und Gerechtigkeit zu erneuern und zu festigen, dem inneren und äußeren Frieden zu dienen und den gesellschaftlichen Fortschritt zu fördern", am 11. August 1919 eine neue Verfassung gegeben, nach der die Staatsgewalt vom Volke ausgeht (Art. 1 Abs. 2 WRV). Die monarchische Souveränität wurde durch die Volkssouveränität ersetzt. Nun wurden alle Staatsakte im Namen des Volkes erlassen. Die staatliche Legitimität ergab sich zunächst aus den genannten Errungenschaften der Territorialstaaten des Deutschen Bundes von 1815 und des Deutschen Reiches von 1871 sowie aus zusätzlichen Faktoren wie dem Frauenwahlrecht, das 1919 eingeführt wurde. Hier ging Deutschland vielen europäischen Staaten voraus.[11]

Das Scheitern der Weimarer Republik hat mit dem Verlust ihrer Legitimität in den Augen der deutschen Wähler zu tun. Rechtsstaatlichkeit, Verhältnismäßigkeitsprinzip im Polizeirecht, Gesetzesvorbehalt für Eingriffe in die Bürgersphäre, nulla poena sine lege und strafprozessuale Garantien, alles wesentliche Legitimitätsfaktoren, galten schon in der monarchischen Zeit und waren von den deutschen Gerichten im Zusammenwirken mit der Rechtslehre herausgearbeitet und befestigt worden. Die Erniedrigung Deutschlands im Versailler Vertrag durch die Siegermächte nach dem Ersten Weltkrieg, die schlechte wirtschaftliche Lage zusammen mit horrenden Reparationsforderungen und Massenarbeitslosigkeit sowie die Ungeübtheit der meinungsbildenden Elite im demokratischen Procedere zehrten an der Legitimität der Republik, was sich die rechts- und linksextremen Parteien zu Nutze machten, die große Wahlgewinne einfuhren, was schließlich zur Regierung Hitler, dem Führer der Nationalsozialistischen Deutschen Arbeiterpartei, führte. In ihm sah bei den letzten freien Wahlen fast die Hälfte der Bevölkerung einen charismatischen Führer, dem man Vertrauen schenkte. Das Vertrauen nahm in den ersten Jahren der alsbald errichteten Diktatur noch zu angesichts ökonomischer und außenpolitischer Erfolge, wobei die alten Legitimationsfaktoren freie Wahlen, Grundrechte und Gewaltenteilung vergessen wurden. Selbst als Hitler Deutschland in den Krieg führte, ging die Legitimität seiner Herrschaft empirisch betrachtet zunächst nicht verloren.

III. Die Legitimität der Bundesrepublik

Die Legitimität der Herrschaft in der Bundesrepublik ist aufs Engste verbunden mit den Erfahrungen der Rechtsperversion und der Staatsverbrechen während der nationalsozialistischen Herrschaft, die in ihrem ganzen Ausmaß erst nach dem Ende der diktatorischen Herrschaft bekannt geworden sind. Wenn man über die Legitimität des Staates spricht, in dem man lebt, stellt man norma-

[11] Vorher Finnland (1906), Norwegen (1913). Danach kommen Großbritannien 1928, Frankreich und Italien 1946, Schweiz 1971. Näheres im 4. Kapitel des Zweiten Teils in diesem Band.

tive Überlegungen an, prüft aber auch, ob die gefundenen Legitimitätsfaktoren Zustimmung in der Bevölkerung finden, was sich in einer Demokratie von selbst versteht. Nach dem Ende einer normativ gesehen zutiefst illegitimen Herrschaft, die an ihrem Ende auch von der Mehrheit der Bevölkerung als illegitim empfunden wurde und nur durch Terror so lange überleben konnte, ging es um die Besinnung auf bewährte überkommene und neue Legitimitätsfaktoren, welche zusätzlich stabilisierend wirken sollen.

Kennzeichnend für die Neubegründung der staatlichen Herrschaft nach 1945 wird in den Präambeln der Bayerischen und der Bremischen Verfassung von 1946 bzw. 1947 die Illegitimität der nationalsozialistischen Herrschaft beschworen und werden für die Zukunft bewährte Legitimationsfaktoren genannt.

Bayern (1946): „Angesichts des Trümmerfeldes, zu dem eine Staats- und Gesellschaftsordnung ohne Gott, ohne Gewissen und ohne Achtung vor der Würde des Menschen die Überlebenden des zweiten Weltkrieges geführt hat, in dem festen Entschlusse, den kommenden deutschen Geschlechtern die Segnungen des Friedens, der Menschlichkeit und des Rechts dauernd zu sichern, gibt sich das Bayerische Volk, eingedenk seiner mehr als 1000jährigen Geschichte, nachstehende demokratische Verfassung."

Bremen (1947): „Erschüttert von der Vernichtung, die die autoritäre Regierung der Nationalsozialisten unter Missachtung der persönlichen Freiheit und der Würde des Menschen in der jahrhundertealten Freien Hansestadt Bremen verursacht hat, sind die Bürger dieses Landes willens, eine Ordnung des gesellschaftlichen Lebens zu schaffen, in der die soziale Gerechtigkeit, die Menschlichkeit und der Friede gepflegt werden, in der der wirtschaftlich Schwache vor Ausbeutung geschützt und allen Arbeitswilligen ein menschenwürdiges Dasein gesichert wird."

Bis zum Erlass des Grundgesetzes im Mai 1949 waren durch alliierte und deutsche Gerichte zahlreiche NS-Täter verurteilt; auch dadurch war das ganze Ausmaß der Verbrechen bekannt geworden.[12] Die Garantie der Menschenwürde im ersten Artikel des Grundgesetzes ist die Besinnung auf die Grundfesten der Zivilisation nach dem Erlebnis der nationalsozialistischen Diktatur. Der Abg. *Hermann von Mangoldt* schreibt dazu im Schriftlichen Bericht zum Entwurf des Grundgesetzes[13]: „In Artikel 1 ist, um den ganzen Geist des neuen Staatswesens in seinem Gegensatz zu der im Mai 1945 vernichteten Staatsordnung darzutun, das Gebot der Achtung der Menschenwürde an den Anfang gestellt."

Auf Grund der Garantie der Menschenwürde bekennt sich das Deutsche Volk „zu unverletzlichen und unveräußerlichen Menschenrechten als Grundlage jeder menschlichen Gemeinschaft, des Friedens und der Gerechtigkeit in der Welt" (Art. 1 Abs. 2 GG). Und die nachfolgenden Grundrechte werden als bindend erklärt für alle staatliche Gewalt (Art. 1 Abs. 3 GG). Die Legitimität des deutschen Staates beruht ferner auf der Gewaltenteilung mit unabhängigen Gerichten, die

---

[12] Vgl. dazu neuerdings die zusammenfassende Darstellung von *Horst Möller*, Unser letzter Stolz, in: Frankfurter Allg. Zeitung v. 09.06.2012, Nr. 132, S. 8.

[13] Anlage zum Sten. Bericht der 9. Sitzung des Parlamentarischen Rates am 6. Mai 1949, S. 6.

Voraussetzung für einen effektiven Grundrechtsschutz sind. Hinzu kommt das Demokratieprinzip (Art. 20 Abs. 2 GG) mit der Garantie allgemeiner, unmittelbarer, freier, gleicher und geheimer Wahlen (Art. 28 Abs. 1, 38 Abs. 1 GG), für die regelmäßig politische Parteien Kandidaten aufstellen. Diese können frei gegründet werden, müssen eine demokratische innere Ordnung haben, über Herkunft und Verwendung ihrer Mittel sowie über ihr Vermögen öffentlich Rechenschaft ablegen (Art. 21 Abs. 1 GG). Neben Rechtsstaat und Demokratie ist die Sozialstaatlichkeit ein weiterer Legitimitätsfaktor, wie schon im Reich von 1871 in der Sozialgesetzgebung beobachtet werden konnte (vgl. das 8. Kapitel im II. Teil).

Die Legitimitätsfaktoren stehen untereinander in Beziehung. Solche Beziehungen sind selbst Legitimitätsfaktoren. Das kann man am Zusammenhang der grundrechtlichen und der demokratischen Freiheit deutlich machen. Demokratie bedeutet Mitbestimmung durch Wahlen und für den Gewählten Mitbestimmung im Parlament. Grundrechte gewährleisten Selbstbestimmung. Da Grundrechte zum Schutze von Gütern der Allgemeinheit und von Rechten anderer durch Gesetze eingeschränkt werden, entsteht das Problem, wie diese Bindung des demokratisch legitimierten Gesetzgebers an die Grundrechte gesichert werden kann und illegitime Grundrechtseinschränkungen vermieden werden können. Für die Frage der Legitimität der Staatsgewalt geht es nicht um Einzelheiten der Abwägung zwischen Gemeinwohlgut und Grundrecht oder um die Probleme einer exakten Verhältnismäßigkeitsprüfung. Legitimitätsstörend wäre nur der Erlass mehrerer grob unverhältnismäßiger gesetzlicher Eingriffe in die Freiheit oder eine Gesetzgebung, die Gemeinwohlgüter und Rechte anderer auf grobe Weise vernachlässigt. In anderen Worten: Nicht jede verfassungswidrige Gesetzgebung stört die Legitimität der Herrschaft, weil der politikwissenschaftliche/staatsphilosophische Legitimitätsbegriff nicht identisch ist mit dem juristischen Begriff der Verfassungsmäßigkeit, über die auf Antrag oder Beschwerde (vgl. Art. 93, 100 GG) das Bundesverfassungsgericht wacht.

Ein weiteres Beispiel für eine die Legitimität der Staatsgewalt betreffende Beziehung ist die von Freiheit und sozialem Ausgleich. Sozialstaatliche Gesetzgebung, für die ein großer Gestaltungsspielraum des demokratisch legitimierten Gesetzgebers im Rahmen der finanziellen Ressourcen besteht, darf weder Freiheitsbedürfnis noch Verantwortungsfreude der Menschen untergraben.

Schutz von Frieden und Sicherheit ist ein unverzichtbarer Legitimitätsfaktor, wie wir schon im vorangegangenen Abschnitt deskriptiv festgestellt haben. Ein ausgewogener sozialer Ausgleich (Sozialversicherungssysteme, Sozialhilfe, Wiedergutmachung) wirkt friedensfördernd. Der Legitimationsfaktor Frieden und Sicherheit verlangt Beschränkungen der Freiheit, wie oben schon erwähnt worden ist. Zur Legitimität des Staates gehört heute auch das Kümmern um Bildung, Wissenschaft und Kultur, zumal die europäischen Staaten diese Aufgabe schon lange wahrnehmen. Die staatliche Verantwortlichkeit für Bildung, Wissenschaft und Kultur bedeutet nicht, dass alles kostenlos zu gewähren ist. Aber die Einrichtungen müssen geschaffen und unterhalten werden. Eintrittspreise für Theater und Museen, Rundfunkgebühren, Studiengebühren berühren nicht die Legitimität staatlicher Herrschaft.

Der Schutz der natürlichen Umwelt ist 1994 durch eine Grundgesetzergänzung zur Staatsaufgabe erklärt worden (Art. 20a), weil die Verantwortung für die Lebensgrundlagen der künftigen Generationen in der deutschen Bevölkerung zum Legitimitätsfaktor der staatlichen Herrschaft erhoben wurde. Aus einem empirisch feststellbaren Begehren wurde ein normatives Staatsziel, dessen extreme Vernachlässigung die Legitimität der staatlichen Herrschaft in Zweifel ziehen würde.

IV. Europäische Union und Legitimität

Am Ende seines Aufsatzes über Legitimität (S. 287 f.) sieht Wilhelm Hennis „die Hauptursache für das absehbare Ende dieser Form politischer Herrschaft (sc. der Nationalstaaten) in der offenbaren Unvermeidlichkeit des Übergangs zu großräumigen Formen der Aufgabenerledigung." Für diese „imperialen Großräume" sei eine legitimierbare Form der Herrschaft bisher nicht entwickelt worden. Auf diese Frage muss 37 Jahre nach Hennis' Vortrag eine Antwort versucht werden.

Wenn man bisher nach der Legitimität der staatlichen Herrschaft fragte, ging man davon aus, dass es sich um ein souveränes Gebilde handelt, das seine Souveränität ausübt. Die Legitimitätsproblematik verschiebt sich, wenn, wie in der Europäischen Union, begrenzt übertragene Hoheitsrechte der Mitgliedstaaten[14] gemeinsam ausgeübt werden[15]. Die Entscheidungen der Europäischen Union sind über die im Rat agierenden Regierungen der Mitgliedstaaten und zunehmend durch das Europäische Parlament, das von den Bürgern der Mitgliedstaaten gewählt wird, demokratisch legitimiert.[16] Soweit durch die Akte der Europäischen Union Grundrechte der Bürger berührt werden, ist Gerichtsschutz gewährleistet.[17] Ohne auf einzelne Probleme eingehen zu müssen, sind insoweit keine Legitimitätsprobleme sichtbar.

Die Legitimität staatlicher Herrschaft, auch im Rahmen der Europäischen Union, verlangt, dass ein Mitgliedstaat für Fehler eines anderen Mitgliedstaates nicht finanziell einstehen muss. Wäre es anders, würden die Bürger eines Staates für Entscheidungen eines anderen Staates einstehen müssen, ohne dass ein demokratischer Ableitungszusammenhang besteht. Da für die Haushaltspolitik des jeweiligen Mitgliedstaats sein Parlament und letzten Endes die Wähler, die es gewählt haben, verantwortlich sind, können nicht die Bürger eines anderen Mitgliedstaates für leichtsinnige Haushaltspolitik des Staates haften, dessen Parlament sie nicht gewählt haben. Dieser Legitimitätszusammenhang ist bei der Konstruktion der europäischen Verträge sehr genau gesehen und geschützt worden. Die dafür zentrale rechts- und demokratiestaatliche Institution ist die Klausel des Art. 125 des Vertrages über die Arbeitsweise der Europäischen Union (AEUV),[18]

---

[14] BVerfGE 89, 155, 197.
[15] BVerfGE 89, 155, 189.
[16] *Christian Starck*, Verfassungen, 2009, S. 311, 321 f.
[17] BVerfGE 89, 155 174 ff.
[18] Früher gleichlautend Art. 103 EGV.

wonach weder die Europäische Union, also die Gemeinschaft aller Mitgliedstaaten, noch ein einzelner Mitgliedstaat für die Verbindlichkeiten eintritt, die ein Mitgliedstaat eingegangen ist. Dies entspricht dem Grundsatz, dass freie Entscheidung Verantwortung für die Folgen der Entscheidung mit sich bringt. Angesichts der durch verantwortungslose Haushaltspolitik selbstverschuldet in Finanznot geratenen Euro-Staaten wird Art. 125 AEUV auf Kosten der Steuerzahler anderer Mitgliedstaaten durchbrochen bzw. umgangen. Das ist ein schwerer Verstoß gegen einen Eckstein der Vertragsnormen.

Noch bei Einführung des Euro wurde die Sicherheit der neuen Währung mit der Klausel des Art. 125 AEUV erklärt: Damit soll jeder Mitgliedstaat beim Ausgleich von Haushaltsdefiziten in den Mechanismus des freien Marktes gezwungen werden, der nach Bonität fragt und unsolide Haushaltspolitik durch Zinsaufschläge sanktioniert. Höhere Zinsen bedeuten höheres Risiko, dass die Gläubiger tragen müssen, zumal sie durch Art. 125 AEUV gewarnt waren. Die Regelung des Art. 125 AEUV hat eine weitere wichtige Bedeutung. Sie macht deutlich, dass die Europäische Union kein Bundesstaat ist[19], in dem unter den Mitgliedstaaten ein solidarischer Finanzausgleich festgelegt werden kann.

Ferner sichert die Regelung des Art. 125 AEUV die demokratisch fundierte Haushaltshoheit der Mitgliedstaaten bei guter wie bei schlechter Haushaltspolitik. Den Verlust der Haushaltshoheit beklagen jetzt die betroffenen Länder, weil sie sich von außen verfügten Sparprogrammen unterwerfen müssen. Gefährdungen der Legitimität erleiden aber auch die entgegen Art. 125 AEUV helfenden Mitgliedstaaten und die Europäische Union, die nicht in der Lage war, frühzeitig auf das verfehlte Haushaltsgebaren hinzuweisen. *Otmar Issing*, ehemaliges Mitglied des Direktoriums der Deutschen Bundesbank und ehemaliger Chefvolkswirt der Europäischen Zentralbank, hat den Legitimitätsverlust der Europäischen Kommission beschrieben und auf Deutschland bezogen die Legitimitätsgefährdung folgendermaßen gekennzeichnet[20]: „Ein Deutschland, das in falsch verstandener Solidarität durch die Übernahme unübersehbarer Verpflichtungen am Ende in Schulden erstickt, wird den Zorn seiner Bürger heraufbeschwören und sie noch weiter von der europäischen Idee entfernen, als dies inzwischen unglücklicherweise schon der Fall ist." Das bedeutet Gefährdung der Legitimität der deutschen Politik, die Art. 125 AEUG im sensibelsten Bereich der Europäischen Union gerade schützen wollte.

V. Woher kommen die politikwissenschaftlichen Kriterien der Legitimität?

Die Ausführungen zur Legitimität der politischen Herrschaft in der Bundesrepublik haben ergeben, dass die wichtigen verfassungsrechtlichen Normen der Art. 1 und 20 GG – zusammengefasst in Art. 79 Abs. 3 GG und mit höherem

[19] BVerfGE 89, 155, 184 ff.; 123, 267, 348 ff.

[20] Europa in Not – Deutschland in Gefahr, in: Frankfurter Allg. Zeitung v. 12.06.2012, S. 9.

Rang ausgestattet, d. h. von Verfassungsänderungen ausgeschlossen – mit den von Wilhelm Hennis namhaft gemachten politikwissenschaftlichen Legitimitätskriterien übereinstimmen. Der politikwissenschaftliche oder staatsphilosophische Legitimitätsbegriff ist nicht aus der geltenden Verfassung abgeleitet, weil er das Recht, einschließend das Verfassungsrecht, bewertet. Man kann hier die normativen Kriterien heranziehen, die für die Verfassunggebung gelten. Die verfassunggebende Gewalt ist nicht verfassungsrechtlich gebunden, aber auch nicht völlig unbegrenzt. Ihre Grenzen und Maßstäbe ergeben sich vor allem aus historischen und moralischen Kategorien und aus dem Begriff der Verfassunggebung selbst.[21] In Nordamerika und in Europa hat sich im 18. und 19. Jahrhundert in praxi die Vorstellung von der verfassunggebenden Gewalt des Volkes durchgesetzt, sie muss den Bezug zum wirklichen Volk als politische Größe aufweisen, was im Verfahren der Verfassunggebung zum Ausdruck kommen muss. Über die einzelnen Verfassungsvorschriften wird zwar mehrheitlich abgestimmt, gleichwohl gelten auch hier die genannten Kriterien[22], die sich aus der Volkssouveränität und dem angestrebten Produkt, der Verfassung als rechtlicher Grundordnung des Staates, ergeben.[23] Das sind die gewaltenteilige Ordnung der Staatsgewalt und die Anerkennung und der Schutz der Menschenrechte.

Dieser Anspruch an den Inhalt der Verfassunggebung ist belehrend[24] für alle Verfassunggeber in Art. 16 der französischen Erklärung der Menschen- und Bürgerrechte (1789) so formuliert worden: „Toute société dans laquelle la garantie des droits n'est pas assurée, ni la séparation des pouvoirs déterminée n'a point de constitution." In diesem Sinne und moderne Strömungen aufnehmend hat das Bundesverfassungsgericht 1956 im KPD-Urteil die Ordnung in der Bundesrepublik als legitim erklärt und das wie folgt begründet:[25] „Sie ist es nicht nur deshalb, weil sie auf demokratische Weise zustande gekommen und seit ihrem Bestehen immer wieder in freien Wahlen vom Volk bestätigt worden ist. Sie ist es vor allem, weil sie – nicht notwendig in allen Einzelheiten, aber dem Grundsatz nach – Ausdruck der sozialen und politischen Gedankenwelt ist, die dem gegenwärtig erreichten kulturellen Zustand des deutschen Volkes entspricht. Sie beruht auf einer ungebrochenen Tradition, die – aus älteren Quellen gespeist – von den großen Staatsphilosophen der Aufklärung über die bürgerliche Revolution zu der liberal-rechtsstaatlichen Entwicklung des 19. und 20. Jahrhunderts geführt und der sie selbst das Prinzip des Sozialstaates, d. h. das Prinzip der sozi-

---

[21] *Christian Starck*, in: von Mangoldt/Klein/Starck, Kommentar zum Grundgesetz, 6. Aufl., 2010, Bd. I, Präambel Rdnr. 15 f.

[22] *Klaus Stern*, Staatsrecht I, 2. Aufl. 1984, S. 75 ff.; *Martin Heckel*, Legitimation des Grundgesetzes, in: Isensee/Kirchhof (Hrsg.), Handbuch des Staatsrechts, Bd. VIII, 1995, § 197 Rn. 79 ff. (= S. 527 ff.).

[23] *Hans-Peter Schneider*, Die verfassunggebende Gewalt, in: Handbuch des Staatsrechts, Bd. VII, 1992, § 158 Rn. 30 ff. (= S. 19 ff.); *Christian Winterhoff*, Verfassung, Verfassunggebung, Verfassungsänderung, 2007, S. 139 ff.

[24] *Emile Boutmy*, Die Erklärung der Menschen- und Bürgerrechte und Georg Jellinek, in: R. Schnur (Hrsg.), Zur Geschichte der Erklärung der Menschenrechte, 1964, S. 78, 88 f.: „Zur Belehrung der ganzen Welt schreiben die Franzosen.".

[25] BVerfGE 5, 85, 379.

alen Verpflichtung hinzugefügt hat. Die sich hieraus ergebenden Wertsetzungen werden von der übergroßen Mehrheit des deutschen Volkes aus voller Überzeugung bejaht. Hieraus erwächst dieser Ordnung die innere Verbindlichkeit, die das Wesen der Legitimität ausmacht."

Die beiden Zitate zeigen, dass die Legitimitätskriterien der Verfassunggebung und der Politikwissenschaft die gleichen Quellen haben. Diese Quellen sind die Staatsphilosophie/politische Philosophie, die in den letzten Jahrhunderten die Aufgaben und Grenzen der politischen Herrschaft erörtert hat, und die darauf beruhende Praxis der Verfassunggebung. Weil die politische Wissenschaft bzw. die Staatsphilosophie und die Verfassunggebung aus den selben philosophischen und pragmatischen Quellen gespeist werden, treffen sich politikwissenschaftliche/staatsphilosophische und verfassungstheoretische Legitimitätskriterien.

3. Kapitel

Maximen der Verfassungsauslegung*

I. Allgemeiner Teil

1. Die untrennbare Verbindung von Verfassungsbegriff und Verfassungsauslegung

a) Normativität der Verfassung

Verfassungsauslegung ist vor allen methodologischen Überlegungen zunächst mit dem Verfassungsbegriff verknüpft[1]. Damit soll die communis opinio der deutschen Rechtswissenschaft und Rechtsprechung zum Ausdruck gebracht werden, daß das Grundgesetz bindendes Recht enthält, also eine im strengen Sinne normative Verfassung ist[2]. In diesem Sinne heißt es im Grundgesetz, daß die Gesetzgebung an die verfassungsmäßige Ordnung gebunden ist und die vollziehende Gewalt sowie die Rechtsprechung an Gesetz und Recht[3] gebunden sind (Art. 20 Abs. 3 GG); speziell auf die Grundrechte bezogen ordnet Art. 1 Abs. 3 GG an: „Die nachfolgenden Grundrechte binden Gesetzgebung, vollziehende Gewalt und Rechtsprechung als unmittelbar geltendes Recht“[4]. Insbesondere die

* Aus Isensee/Kirchhof (Hrsg.), Handbuch des Staatsrechts (HStR), 3. Aufl. Bd. XII, 2014, § 271, S. 613–656.

[1] *Ernst-Wallgang Böckenförde*, Die Methoden der Verfassungsinterpretation – Bestandsaufnahme und Kritik, in: NJW 1976, S. 2089 (2097).

[2] Vgl. statt vieler *Brun-Otto Bryde*, Verfassungsentwicklung, 1982, S. 37 f. .

[3] *Christian Starck*, Gesetz und Recht, in: Heun/Starck (Hrsg.), Das Gesetz, 2012, S. 51, 51 ff. in diesem Band I. Teil 2. Kapitel, S. 31 ff.

[4] Das war nicht immer so in Deutschland. Nach *Gerhard Anschütz'* maßgeblicher Kommentierung (Die Verfassung des Deutschen Reichs, [14]1933, S. 514 f.) waren die meisten Grund-

Bindung auch der Gesetzgebung an das Grundgesetz, soweit jene nicht auf dem besonderen Wege der verfassungsändernden Gesetzgebung (Art. 79 Abs. 1, 2 GG) tätig wird, ist die Voraussetzung für die Normativität der Verfassung. Diese Voraussetzung wirft das Hauptproblem der Verfassungsauslegung auf. Dieses besteht darin, daß die Verfassung, so wie sie ausgelegt wird, die Gesetzgebung begrenzt, also den freien politischen Gestaltungsspielraum der Gesetzgebung und dessen Grenzen bemißt[5]. Damit werden die Möglichkeiten und Grenzen, ja sogar die Pflichten der Gesetzgebung Gegenstand der Rechtswissenschaft und, was noch wichtiger ist, Gegenstand gerichtlicher Beurteilung. Die Gesetzgebung ist also nicht mehr frei in der Art und Weise, wie sie die Verfassung verstehen will, sie kann an die Auslegung des Verfassungsgerichts gebunden werden.

Die Normativität der Verfassung setzt bestimmte Faktoren voraus; dabei ist zwischen normativen und realen Voraussetzungen zu unterscheiden. Die Verfassung selbst, der Normativität zukommen soll, muß die Staatsgewalt so organisieren und die Kompetenzen so verteilen, daß dasjenige Organ, das Macht durch eingeräumte Kompetenz ausübt, über die Bedeutung der kompetenzzuweisenden Normen auf Dauer nicht allein verfügen kann. Die dafür erforderliche Kontrolle wird durch Gewaltenteilung und periodische Wahlen erreicht. In Art. 16 der französischen „Déclaration des droits de l'homme et du citoyen" (1789) kommt diese Voraussetzung für die Normativität der Verfassung ganz elementar zum Ausdruck, indem Gewaltenteilung und Grundrechtsschutz zur Voraussetzung für das Vorliegen einer Verfassung erklärt werden[6]. Mit der Gewaltenteilung ist in die Verfassung ein normatives Element eingebaut, das besonders geeignet dazu ist, die Normativität der Verfassung zu sichern[7]. Der Einwand, die Gewaltenteilung, die selbst auf Normen beruhe, um deren Auslegung und Anwendung es gehe, könne nicht normstabilisierend wirken, stimmt nicht, wie aus einer Gegenprobe deutlich wird: Eine Verfassung, die zum Beispiel ein Einparteiensystem installiert oder einer Partei die alle Staatsfunktionen durchdringende „Führung" zuerkennt, die sie niemals in Konkurrenz mit anderen Parteien in freien Wahlen behaupten muß[8], hat keine selbständige normative Funktion, weil ernsthafte Kontrollmechanismen fehlen. Es kommt also für die Normativität der Verfassung durchaus auf die durch die Verfassung selbst vorgenommene Kompetenz- und Machtverteilung an. Des weiteren muß eine Verfassung, die normativ wirken soll, im Hinblick auf die getroffenen Festlegungen hinreichend klar und bestimmt sein, weil anderenfalls die „Normativität" immer erst ad hoc und nicht ohne Willkür bestimmt wird und werden kann. Schließlich verlangt die Normativität eine Ver-

---

rechte „nur Richtlinien für künftig zu gebende Gesetze" und entbehrten daher „der aktuellen Geltung und Anwendbarkeit".

[5] Zum Problem mit weiteren Nachweisen *Christoph Gusy*, Parlamentarischer Gesetzgeber und Bundesverfassungsgericht, 1985, passim.

[6] Art. 16: Toute société dans laquelle la garantie des droits n'est pas assurée el la séparation des pouvoirs déterminée, n'a point de constitution.

[7] *Josef Isensee*, Grundrechtsvoraussetzungen und Verfassungserwartungen an die Grundrechtsausübung, in: HStR IX (2011), § 190, Rn. 142 ff.

[8] Zum Beispiel Art. 1 Abs. 1 DDR-Verf. 1968/1974; Art. 3 Abs. 1 poln. Verf. 1976; Art. 6 UdSSR-Verf. 1977; Art. 4 CSSR-Verf. 1960/1978; § 3 ungar. Verf. 1972/1975.

fassungsstruktur, die Bewegungsspielraum für die staatlichen Organe läßt. Auf den sich daraus ergebenden notwendigen Rahmencharakter der Verfassung wird noch zurückzukommen sein. Der Handlungsspielraum für die politisch verantwortlichen Organe (insbesondere für die Gesetzgebung) muß gewährleisten, daß die anstehenden politischen Probleme angemessen gelöst werden können, weil sonst die Gefahr besteht, daß die Verfassung im Laufe der Zeit zersprengt wird.

Reale Voraussetzungen der Normativität der Verfassung[9] sind eine entsprechende politische Kultur der Bevölkerung des betreffenden Staates und eine Mindestausgewogenheit der sozialen Verhältnisse. Die politische Kultur, die in Korrelation mit den sozialen Verhältnissen steht, wird ihrerseits durch die über mehrere Generationen zurückreichenden guten und schlechten politischen Erfahrungen eines Volkes geprägt. Der jungen Generation müssen diese Erfahrungen durch Elternhaus und Schule vermittelt werden, wenn sie in der nächsten Generation fortleben und bestimmend sein sollen[10]. Zu einer politischen Kultur, die für die Normativität der Verfassung günstig ist, gehört ein entsprechender Standard der Rechtswissenschaft, einschließlich der juristischen Methodologie[11]. Diese realen Voraussetzungen der Normativität der Verfassung stützen deren normative Voraussetzungen, indem Parteien und Kandidaten gewählt werden, die der genannten politischen Kultur verpflichtet sind.

b) Die Verfassung als Grundlage und Schranke staatlicher Tätigkeit

Die Normativität der Verfassung und die Überzeugung der Bürger von der Normativität der Verfassung können nicht getrennt werden von dem Inhalt der Verfassung. Soweit die Verfassung Organisation, Kompetenzen und Verfahren der Staatsorgane und die staatsbürgerlichen Rechte des status activus regelt, ist sie Grundlage der Konstitution der staatlichen Organe und ihrer Tätigkeit; Kompetenznormen sind Grundlage und Grenzen zugleich. Außerdem finden sich inhaltliche Vorgaben für die staatliche Tätigkeit in der Verfassung in Gestalt der Grundrechte als Abwehrrechte des Bürgers und in Gestalt von Aufträgen an den Staat, bestimmte Rechtsgüter zu schützen[12], das Recht in einer bestimmten Weise zu gestalten[13] oder etwas zu fördern[14]. Diese verschiedenen Inhalte und Funktionen des Verfassungsrechts[15] sind für die hier zu erörternde Problematik der Verfassungsauslegung unmittelbar von Bedeutung.

---

[9] Siehe dazu vor allem *Konrad Hesse*, Die normative Kraft der Verfassung, 1959, S. 16ff.: Bewußtsein von der Unverbrüchlichkeit der Verfassung; *Isensee* (N. 7), § 190 Rn. 160ff., 188.

[10] Vgl. Art. 56 Abs. 5 HessVerf: Geschichtsunterricht in allen Schulen und Klassen. Hingegen ist von einer „Verfassungspädagogik" nichts zu erwarten, weil die Zentrierung der pädagogischen Bemühungen auf die Verfassung zu deren Überanstrengung führt. Zu entsprechenden Erscheinungen im politischen Leben eindringlich *Wilhelm Hennis*, Verfassung und Verfassungswirklichkeit (1968), in: Manfred Friedrich (Hg.), Verfassung. Beiträge zur Verfassungstheorie, 1978, S. 232 (249ff.).

[11] Siehe 2a.

[12] Beispiel: Art. 1 Abs. 1 S. 2, Art. 6 Abs. 1 GG.

[13] Art. 3 Abs. 2 i. V. m. Art. 117 GG, Art. 6 Abs. 5 GG.

[14] Art. 6 Abs. 4 GG.

[15] BVerfGE 42, 103 (116).

Immer wieder wird darauf hingewiesen, daß das Verfassungsrecht im Vergleich zum Gesetzesrecht einen besonderen Charakter habe[16]: während das Gesetzesrecht „ein relativ hohes Maß an inhaltlicher Bestimmtheit, Sinnentschiedenheit und normativ-begrifflicher Durchbildung“ aufweise, das überwiegend „eine ‚Wenn-Dann‘-Programmierung im Sinne einer inhaltsgewissen Verbindung von Tatbestand und Rechtsfolge, nicht eine bloße Zielprogrammierung“ enthalte, und im Zusammenhang einer ausgeformten gesetzlichen Rechtsordnung stehe, von der aus „das einzelne Gesetz seinerseits inhaltlich wieder bestimmt und in seinen ‚offenen‘ Regeln ausgefüllt“ werde, sei „die Verfassung nach ihrer normativ-inhaltlichen Durchbildung fragmentarisch und bruchstückhaft“. Eine „Strukturgleichheit von Verfassung und Gesetz unter interpretationsmethodischem Aspekt“ bestehe nicht.

Hierzu ist zunächst daran zu erinnern, daß auch das Gesetzesrecht höchst unbestimmte Normen[17] und Normen mit bloßen Zielbestimmungen[18] aufweist und daß die Verfassung zahlreiche Normen enthält, die viel klarer, deutlicher und bestimmter sind als der Durchschnitt der Gesetzesnormen[19]. Schon aus diesem Grund, der jedermann einleuchten müßte, der nur die Texte liest, ist die methodologische Entgegensetzung von Verfassung und Gesetz nicht richtig. Mit der pauschalen Gegenüberstellung von Verfassung und Gesetz ist möglicherweise etwas anderes gemeint. Denn nur dann ist verständlich, daß man über die ins Auge springenden Parallelen zwischen Verfassung und Gesetz glaubt hinwegsehen zu können. Richtig ist die Feststellung, daß die Verfassung insgesamt gesehen weniger dichte normative Festlegungen enthält als ein durchschnittliches Gesetz. Die im Zusammenhang mit dieser zutreffenden Feststellung versuchte Charakterisierung des Verfassungsrechts als fragmentarisch („fragmentum = Bruchstück“[20]) trifft jedoch nicht zu und lenkt vom Verständnis des Problems eher ab. Die Verfassungsnormen sind nicht Trümmer oder Bruchstücke (eines Ganzen?), wie der Ausdruck „fragmentum“ insinuiert, sondern sie sind ein wohlgeordnetes normatives Ganzes, das, mit höherem Rang ausgestattet, Grundlage und Rahmen für die Staatstätigkeit ist. Die Wohlgeordnetheit des Verfassungsrechts[21] besteht nicht zuletzt auch darin, daß vieles nicht geregelt ist und daß somit notwendige Handlungsspielräume für die zuständigen Verfassungsorgane offenstehen. Der politische Prozeß in einem demokratischen Staat verlangt, daß substantielle Fragen der Mehrheitsentscheidung unterworfen sind und daß nicht alles durch die Verfassung in der Gestalt, die sie durch die Interpretation des Verfassungsge-

---

[16] *Böckenförde* (N 1). S. 2091: so auch BVerfGE 62, 1 (45).

[17] Zum Beispiel: § 242 BGB; §§ 42, 227 AO.

[18] Zum Beispiel: §§ 1, 2 RaumOG: §§ 1 Abs. 5, 35 BauGB.

[19] Vgl. dazu *Bryde* (N 2), S. 82.

[20] Fragmentum → frangere = zerbrechen.

[21] In diesem Zusammenhang ist die Frage zu beantworten. ob die Verfassung ein „System“ ist. Aus dem Zusammenhang der einzelnen Normen könnten sich Anleitungen für die Interpretation einzelner Normen ergeben; siehe dazu *Konrad Hesse*, Grundzüge des Verfassungsrechts der Bundesrepublik Deutschland, 20. Aufl., 1995, einerseits Rn. 67: Verfassung sei „kein abgeschlossenes und einheitliches – logisch-axiomatisches oder werthierarchisches – System“, und andererseits Rn. 71, 72: „Einheit der Verfassung“ und „praktische Konkordanz“.

richts gefunden hat, vorentschieden ist. Bildhaft gesprochen kann man die Verfassung am besten als eine „Rahmenordnung" bezeichnen[22]. Dadurch kommt zum Ausdruck, daß vieles nicht normativ vorausbestimmt ist. Soweit Kompetenzen und Verfahren die förmlichen Grundlagen für die Tätigkeit der Verfassungsorgane regeln, kann man im weiteren Sinne auch von Rahmen und Grenzen sprechen. Das Verfahren ist der Rahmen, in dem Entscheidungen vorbereitet und getroffen werden. Kompetenzen stellen zugleich Grenzen auf für das, was ein Organ nicht mehr darf. Verfassungsrechtlich benannte Aufträge, bestimmte Ziele zu verwirklichen, sind insoweit als Rahmen zu verstehen, als die zur Zielerreichung eingesetzten Mittel bei Beachtung des sonstigen Verfassungsrechts unter politischen Gesichtspunkten frei gewählt werden können.

Die Vorstellung der Verfassung als Fragment läßt hingegen leicht die falsche Vorstellung aufkommen, daß im Laufe der Zeit die vorgefundenen „Bruchstücke" durch Auffüllen zu einem (neuen) normativen Ganzen zusammengefügt werden und daß ein normativer Wachstumsprozeß[23] stattfindet, der – und das ist die Kehrseite der Medaille – die Handlungsspielräume der politischen Organe einengt. Entsprechende Folgen ergeben sich aus dem Konkretisierungsdenken[24], wonach „alles Recht dieses Staates vom Verfassungsrecht her mitgestaltet wird"[25], wonach der Gesetzgeber die Verfassung entfaltet, weiterdenkt, verwirklicht[26], erfüllt[27], optimiert, eventuell sogar den Bestand des Verfassungsrechts anreichert und die Verfassung damit letzten Endes überlastet. In diesen Zusammenhang gehört auch der unpräzise, vom Verfassungstext gelöste Begriff des Verfassungsauftrags[28].

Sieht man die Verfassung als Rahmen, und zwar gerade um der politischen Handlungsmöglichkeiten willen, so kommt es unter verfassungsrechtlichen Gesichtspunkten nur darauf an, mit den Mitteln der Interpretation den Rahmen zu bestimmen. Die machtbegrenzende Funktion der Verfassung verlangt eine zuverlässige, voraussehbare Bestimmung des Rahmens. Wie der so bestimmte Rahmen dann ausgefüllt wird, ist eine Frage der Opportunität, die von den Ideen der an der Gesetzgebung Beteiligten, von Parteiprogrammen, von Koalitionsvereinbarungen und von den zur Verfügung stehenden Finanzmitteln bestimmt

---

[22] So auch *Böckenförde* (N 1), S. 2091; *Rainer Wahl*, Der Vorrang der Verfassung, in: Der Staat 20 (1981), S. 485 (507).

[23] Zum normativen Wachstum der Menschenwürde vgl. *Peter Häberle*, Menschenwürde und Verfassung am Beispiel von Art. 2 Abs. 1 Verf. Griechenland 1975, in: Rechtstheorie 11 (1980), S. 389 (423).

[24] Dazu *Hesse* (N 21). Rn. 60 ff.; die Verknüpfung von Weite der Normierung und Konkretisierungsbedürftigkeit findet sich auch bei *Bryde* (N 2), S. 82 ff.

[25] BVerfGE 42, 103 (116 f.) verwendet diesen Ausdruck und bezeichnet die Gestaltung allen Rechts „vom Verfassungsrecht her" als „eine bare Selbstverständlichkeit", fügt allerdings hinzu: damit werde aber nicht alles Recht zum Verfassungsrecht.

[26] Dazu kritisch *Hennis* (N 10), S. 250 ff. m. w. N.

[27] Darauf machen aufmerksam *Böckenförde* (N 1), S. 2097; *Wahl* (N 22), S. 506; Bedenken auch bei *Fritz Ossenbühl*, Die Interpretation der Grundrechte in der Rechtsprechung des Bundesverfassungsgerichts, in: NJW 1976, S. 2100 (2105 f.).

[28] Vgl. dazu vor allem kritisch *Peter Lerche*, Das Bundesverfassungsgericht und die Verfassungsdirektiven, in: AöR 90 (1965), S. 341 ff.; überfordernd *Adolf Arndt*, Das nichterfüllte Grundgesetz, 1960, passim.

wird. Ein weiter Handlungsspielraum des Gesetzgebers folgt nicht aus der Unbestimmtheit des Rahmens, sondern ist Folge des Ausmaßes der von der Verfassung getroffenen Festlegungen, die in vielen Fällen nur eine geringe Dichte aufweisen.

Die Unterscheidung von verfassungsrechtlichem Rahmen und politischer Gestaltungsfreiheit (selbstverständlich nicht räumlich gedacht) ist eine notwendige Voraussetzung für die Einhaltung der Funktionsabgrenzung zwischen Gesetzgebung und Verfassungsgerichtsbarkeit. Verfassung als Rahmen sichert also der Gesetzgebung einen eigenständigen Gestaltungsspielraum. Bei Rainer Wahl heißt es zutreffend: „Eine als Rahmen verstandene Verfassungsnorm als Maßstab für ein Gesetz einzusetzen, richtet das Urteil nicht darauf, ob der Mittel-, der Höhe- oder Optimalpunkt getroffen ist, sondern, ob das konkrete Gesetz ebenso ‚innerhalb des Rahmens' liegt, wie es andere Ausgestaltungen auch könnten"[29]. Die Frage lautet also: verfassungsmäßig oder verfassungswidrig? Diese Unterscheidung beruht nicht auf einem technisch-formalisierten Verfassungsverständnis, das die Instrumentalisierung der Verfassung für jeweilige Zwecke fördert[30], sondern umfaßt auch die inhaltlichen Schranken, die die Verfassung z. B. in Gestalt der Grundrechte der Politik zieht[31]. Die Verfassung, als Rahmen verstanden, enthält keine juristisch faßbaren Kriterien für die Frage, ob der minimale, optimale oder ein sonstiger Grad der „Verfassungsausfüllung" erreicht worden ist.

c) Vorrang der Verfassung und Verfassungsgerichtsbarkeit

Im Zusammenhang der Erörterung der Normativität der Verfassung ist schon auf den Vorrang der Verfassung hingewiesen worden. Normativität einer Verfassung der Gesetzgebung gegenüber setzt den Vorrang der Verfassung voraus, weil anderenfalls die Verfassung nach der Regel lex posterior derogat legi priori zur Disposition der Gesetzgebung stände. Der Vorrang der Verfassung[32] geht historisch auf ältere Wurzeln zurück, auf die Rechtsfigur der leges fundamentales, die die bewußte und gewollte Einschränkung der Machtbefugnisse der regulären gesetzgebenden Gewalt bedeutet. Dieser überkommene Vorranggedanke ist mit der auf der Volkssouveränität beruhenden verfassunggebenden Gewalt des Volkes verbunden und auf die Verfassungen bezogen worden[33]. Daraus folgt ein besonders qualifiziertes Verfahren für die Verfassungsänderung, das sich vom normalen Gesetzgebungsverfahren unterscheidet.

---

[29] *Wahl* (N 22), S. 507.

[30] So die Befürchtung von *Alexander Hollerbach*, Auflösung der rechtsstaatlichen Verfassung, in: AöR 85 (1960), S. 241 (249), in Auseinandersetzung mit *Ernst Forsthoff*, Die Umbildung des Verfassungsgesetzes, in: FS für Carl Schmitt, 1959, S. 35 ff.

[31] BVerfGE 42, 103 (116 f.).

[32] Vgl. auch zum Folgenden *Christian Starck*, Vorrang der Verfassung und Verfassungsgerichtsbarkeit, in: ders., Der demokratische Verfassungsstaat, 1995, S. 33 ff.; *Schlaich/Korioth*, Das Bundesverfassungsgericht, 8. Aufl. 2010, Rn. 13; *Wahl* (N 22), S. 485 ff.; *Klaus Stern*, Das Staatsrecht der Bundesrepublik Deutschland 1, ^{2}1984, S. 80 f., 103 ff.

[33] So ausdrücklich *Alexander Hamilton*, The Federalist Papers (1788), Nr. 78; *Emmanuel Joseph Sieyès*, Ou'est-ce que le Tiers État? (1789), Ausgabe Genf 1970, S. 180.

Die auf der Basis der Volkssouveränität geschaffene Verfassung begründet und begrenzt die Staatsgewalt, organisiert sie und legt deren Aufgaben und Pflichten fest, verleiht Kompetenzen und bestimmt die Verfahren, in denen die Staatsgewalt tätig wird. Konsequenterweise ist die durch die Verfassung eingerichtete Staatsgewalt an die Verfassung gebunden; davon macht auch die Gesetzgebung als Zweig der Staatsgewalt keine Ausnahme, wie der Chief Justice John Marshall schon 1803 in unübertroffener Klarheit festgestellt hat[34]. Die durch die Verfassung „konstituierte" Grundordnung soll sicherstellen, „daß der Staat auf seine Bürger nur nach Maßgabe im voraus aufgestellter Regeln einwirken darf. Die Verfassung begrenzt die Formen oder Bedingungen der Ausübung der staatlichen Macht sie schließt alle Macht aus, die außerhalb dieser Bedingungen oder Formen ausgeübt wird"[35]. Der sich aus der Idee der verfassunggebenden Gewalt ergebende Vorrang der Verfassung steht in unaufhebbarer Wechselbeziehung zur Gewaltenteilung[36], die eine unverzichtbare Voraussetzung eines effektiven Vorrangs der Verfassung ist. Umgekehrt verlangt die Gewaltenteilung den Vorrang der Verfassung, weil anderenfalls die Gewaltenteilung zur Disposition des in praxi stärksten Staatsorgans stände. Der Vorrang der Verfassung setzt ferner voraus, daß die Verfassungsnormen hinreichend klar und verläßlich sind und daß ein gemeinsames Grundverständnis der Verfassung besteht[37] Sobald die Worte, in denen die Normen der Verfassung Ausdruck finden, beliebigen Deutungen offen stehen und sich die Staatsorgane folglich nicht mehr über den Sinn der Verfassung verständigen können, ist eine condicio sine qua non eines effektiven Vorrangs der Verfassung fraglich geworden.

Besonders wirksam kann der Vorrang der Verfassung durch Gerichte gesichert werden, falls sie die Kompetenz haben, über die Einhaltung der Verfassung durch die anderen Staatsorgane zu entscheiden. Dieser Gedanke tauchte in der konstitutionellen Entwicklung schon sehr früh auf. So schreibt Alexander Hamilton 1788: „Die eigentliche Aufgabe der Gerichte besteht in der Auslegung der Gesetze. Eine Verfassung ist ihrem Wesen nach ein grundlegendes Gesetz (fundamental law) und muß von den Richtern als solches angesehen werden. Es obliegt ihnen daher, dessen Sinn zu ermitteln, ebenso wie sie den Sinn aller von der Legislative erlassenen Gesetze zu ermitteln haben. Sollte sich zwischen beiden ein unvereinbarer Widerspruch ergeben, so muß das Gesetz den Vorzug erhalten, welches die umfassendere Verbindlichkeit und Gültigkeit besitzt oder mit anderen Worten: Die Verfassung muß über ein erlassenes Gesetz gestellt werden ..."[38]. Wenig später kam Emanuel de Sieyès auf Grund ähnlicher Überlegungen zu der Forderung, die Verfassung durch ein Verfassungsgericht („jury constitutionnaire") schützen zu lassen: „Eine Verfassung ist eine Einheit ver-

---

[34] Marbury v. Madison, 1 Cranch 137, 177 = 2 Law Ed. U.S. 60, 73 (1803).

[35] *Raymond Carré de Malberg*, Contribution à la théorie générale de l'Ètat, Bd. I, Paris 1920, S. 232.

[36] S. o. unter 1a.

[37] Vgl. *Christian Starck*, Die Bindung des Richters an Gesetz und Verfassung, in: VVDStRL 34 (1976), S. 43 (61) = ders. (N 32), S. 58, 84 f.

[38] *Hamilton* (N33).

pflichtender Gesetze oder sie ist nichts. Wenn sie eine Einheit von Gesetzen ist, so fragt man, wo ist der Wächter, wo ist die Richterschaft für diesen Kodex? Darauf muß man eine Antwort finden können. Ein Versäumnis auf diesem Gebiet wäre im bürgerlichen Leben ebenso unbegreiflich wie lächerlich; warum duldet ihr es im politischen Leben? Gesetze, um welche es sich auch immer handelt, schließen die Möglichkeit ihrer Mißachtung ein, weshalb das Bedürfnis besteht, ihre Einhaltung zu bewirken“[39].

Der durch Gerichte, insbesondere durch ein Verfassungsgericht, das mit entsprechenden Kompetenzen ausgestattet ist, bewirkte Schutz des Verfassungsrechts[40] ist nicht unbestritten. Zweifel werden mit der Gewaltenteilung begründet, die es verbiete, daß eine Staatsfunktion über die andere gestellt werde. Die Gewaltenteilung verlange, daß alle Staatsfunktionen in gleicher Weise unmittelbar zur Verfassung ständen, die sie unter eigenen Gesichtspunkten auslegen und betrachten dürften[41].

Die Einführung der Verfassungsgerichtsbarkeit zur Gewährleistung des Vorrangs der Verfassung stellt besondere Anforderungen an die Struktur des Verfassungsrechts im Hinblick auf dessen juristische Klarheit und im Hinblick darauf, daß es verwirklicht werden kann. Mit diesen Anforderungen stehen proklamative und programmatische Äußerungen in der Verfassung nicht im Einklang[42]. Wenn erst einmal gerichtliche Kompetenzen bestehen, staatliche Akte (auch Gesetze) am Maßstab der Verfassung zu messen, dann ist zu erwarten, daß alle Aussagen der Verfassung als rechtliche verstanden werden und die Verfassungsgerichtsbarkeit den politischen Handlungsspielraum der Gesetzgebung im Laufe der Zeit immer mehr einengt. Deshalb verlangt der bei bestehender Verfassungsgerichtsbarkeit streng juristisch verstandene Vorrang der Verfassung eine inhaltliche Beschränkung der Verfassung. Die juristische Auslegung von proklamativen Elementen der Verfassung muß berücksichtigen, daß ihre Ergebnisse letztlich die Kompetenzabgrenzung zwischen Verfassungsgericht und Gesetzgebung bestimmen[43]. Verfassungsinterpretation muß also funktionsrechtlich orientiert sein, wenn sie nicht ihre Aufgabe verfehlen soll.

Die schon erläuterte Konzeption von der Verfassung als Rahmen der politischen Tätigkeit der Staatsorgane verlangt eine Konzentration auf die juristi-

---

[39] *Emanuel Joseph Sieyès*, Opinion sur les attributions et l'organisation du jury constitutionnaire, proposée le 2 thermidor, prononcée à la Convention Nationale le 18 du même mois, l'an 3 de la République (1795), imprimée par l'ordre de la Convention National, Paris, S. 3.

[40] In diesem Sinne z. B. *Gerhard Leibholz*, Strukturprobleme der modernen Demokratie, [3]1967, S. 168 ff., 173 f.; *Ernst Friesenhahn*, Verfassungsgerichtsbarkeit in der Bundesrepublik Deutschland, 1963, S. 7; *Gerd Roellecke*, Politik und Verfassungsgerichtsbarkeit, 1961, S. 144; *Klaus Stern*, Das Staatsrecht der Bundesrepublik Deutschland II, 1980, S. 951 ff.

[41] So z. B. *Geoffry Marshall*, Constitutional Theory, Oxford 1980, S. *103 ff.*, 109; vgl. auch die französische Praxis, die bereits in der Verfassung von 1791 Ausdruck gefunden hat (Titel III Kap. V Art. 3).

[42] So schon *Hans Kelsen*, Wesen und Entwicklung der Staatsgerichtsbarkeit, in: VVDStRL 5 (1929), S. 30 (68 ff.); vgl. ferner *Böckenförde* (N 1). S. 2099; *Starck* (N 37), S. 75 f. = N 32, S. 85 f.; *Wahl* (N 22), S. 499.

[43] *Starck* (N 37). S. 75, 83; *ders.* (N 32), S. 28 ff.; *Schlaich/Korioth* (N 32), Rn. 530 f.; *Gunnar Folke Schuppert*. Funktionellrechtliche Grenzen der Verfassungsinterpretation, 1980, S. 4 ff.

sche Bestimmung des Rahmens. Deshalb führt die häufig vorgeschlagene Unterscheidung zwischen Kontrollnorm und Handlungsnorm, die beide aus ein und derselben Verfassungsnorm herzuleiten seien[44], nicht auf den richtigen Weg[45]. Zunächst stellt sich die Frage, was diese Zweischichtung des Verfassungsrechts bewirken soll; ferner fragt man nach der Begründung für diese Aufteilung. Was als „Handlungsnorm" bezeichnet wird, ist aus funktionsrechtlichen Gründen gerade nicht Norm, die Vorgaben für die politisch tätigen Staatsorgane enthält; richtigerweise bezeichnet die „Handlungsnorm" Gestaltungsfreiheit, dann ist sie aber keine Norm. Vielmehr wird der Gestaltungsspielraum ausgefüllt im besten Fall durch Klugheit, durch politische Programmatik oder durch Kompromiß, wofür die Mehrheit im Parlament gewonnen worden ist. Diese Faktoren haben für sich genommen keinen Verfassungsrang. Der politische Kampf um die richtige Gestaltung der Gesetze im Rahmen der Verfassung würde über die Figur der Handlungsnorm wieder zur Verfassungsfrage stilisiert; das hätte zur Folge, daß eine Verfassungsinterpretation auf der Ebene der Handlungsnorm nötig wird. Die Argumente der politischen Klugheit oder der parteipolitischen Programmatik würden in das Gewand von verfassungsrechtlichen Argumenten gekleidet. Überall werden dann sogenannte Verfassungsaufträge sichtbar gemacht. Die Programme der politischen Parteien würden sich verstärkt als Interpretation der verfassungsrechtlichen Handlungsnormen verstehen. Das könnte im Laufe der Zeit zu verschiedenen nebeneinander stehenden Parteiprogramm-Verfassungen führen, die die eigentliche Verfassung verdrängten. Der Bestand des Verfassungsrechts würde in hohem Maße verunklart. Wie soll schließlich der juristische Laie, auf den die demokratische Republik als Wähler angewiesen ist, das alles verstehen? Der Verfassungsinterpretation schadet angesichts des sensiblen Verhältnisses von Verfassungsgericht und Gesetzgebung nichts so sehr wie unnötiger Ballast.

Ähnlich wie durch die Unterscheidung von Kontrollnormen und Handlungsnormen der Versuch gemacht wird, die Aufblähung des Verfassungsbegriffs unter dem Gesichtspunkt der verfassungsgerichtlichen Kontrolltätigkeit wieder zurückzunehmen, strebt der Appell zur richterlichen Selbstbeschränkung („judicial self-restraint") eine reduzierte Kontrolltätigkeit des Verfassungsgerichts an. Dabei bleibt unklar, ob das Gericht von einer eigentlich vorhandenen Prüfungskompetenz keinen oder nur einen eingeschränkten Gebrauch machen soll oder ob eine funktionsrechtliche Grenze der Verfassungsinterpretation gemeint ist. Das Bundesverfassungsgericht hat sich zu dieser Frage in einer Weise geäußert, die die skizzierte Unklarheit bestätigt: „Der Grundsatz des judicial self-restraint, den sich (sic!) das Bundesverfassungsgericht auferlegt, bedeutet nicht eine Verkürzung oder Abschwächung seiner eben dargelegten Kompetenz, sondern den Verzicht, ‚Politik zu treiben', das heißt in den von der Verfassung geschaffe-

---

[44] Siehe vor allem *Konrad Hesse*, Funktionelle Grenzen der Verfassungsgerichtsbarkeit, in: FS für Hans Huber, Bern 1981, S. 261 (269 f.), den Gleichheitssatz betreffend; *Hans Heinrich Rupp*, Vom Wandel der Grundrechte, in: AöR 101 (1976), S. 161 (175); differenzierend *Werner Heun*, Funktionelle Schranken der Verfassungsgerichtsbarkeit, 1992, S. 46–53.

[45] Ablehnend auch *Wahl* (N 22), S. 501 f.

nen und begrenzten Raum freier politischer Gestaltung einzugreifen. Er zielt also darauf ab, den von der Verfassung (sic!) für die anderen Verfassungsorgane garantierten Raum freier politischer Gestaltung offenzuhalten“[46]. Einerseits wird zutreffend auf den von der Verfassung gegebenen Gestaltungsspielraum der politischen Organe hingewiesen, also der Rahmencharakter der Verfassung betont; andererseits heißt es, das Bundesverfassungsgericht erlege *sich* den Grundsatz auf[47], was auf eine Dispositionsmacht hinweist. Diese Aussagen widersprechen sich. Es haben hier offenbar zwei Konzeptionen innerhalb des Gerichts miteinander gerungen, die nicht zum Ausgleich gebracht werden konnten.

2. *Die Auslegung des Grundgesetzes*

a) Allgemeines

Wenn man in einer bestimmten Fallkonstellation feststellen will, in welcher Weise die Verfassung die Staatstätigkeit determiniert, muß der Sinn der einschlägigen Verfassungsnormen ermittelt werden. Herkömmlicherweise werden zur Ermittlung des Sinnes einer Rechtsnorm die folgenden Auslegungskriterien, die sogenannten Auslegungscanones, herangezogen[48]: Wortbedeutung, grammatische Konstruktion, Bedeutungszusammenhang des Gesetzes (= systematische Auslegung), Regelungsabsicht des historischen Gesetzgebers und objektiv-teleologische Gesichtspunkte. Die Anwendung dieser Kriterien zur Ermittlung des Sinnes einer Norm angesichts eines bestimmten Sachverhalts setzt weiter voraus, daß der Sachverhalt in seiner juristischen Relevanz aus der Unendlichkeit der Geschehensabläufe herausgearbeitet, das heißt konstituiert wird. Auslegung und Sachverhaltskonstitution finden nicht nacheinander statt, sondern sind miteinander verwoben. Schon bei ihrer Schaffung werden Normen im Hinblick auf die Wirklichkeit sprachlich formuliert und gesetzt. Die in der Norm stattfindende tatbestandlich-begriffliche Formulierung der Wirklichkeit verlangt Auswahl und Wertungen des Gesetzgebers. Der so gewonnene Begriff von der Wirklichkeit ist in seiner sprachlichen Fassung etwas Allgemeines, dessen Entsprechungen in der stets konkreten Wirklichkeit sich in aller Regel wiederholen. Wegen der geschilderten Entstehung der Normen kann deren Sinn nicht ohne Rücksicht auf die Wirklichkeit festgestellt werden[49]. Deshalb muß der für die Normsetzung

---

[46] BVerfGE 36, 1 (14 f.)

[47] Kritisch auch *Wahl* (N 22), S. 505; *Stern* (N 32), S. 135.

[48] Zusammenfassend *Karl Larenz*. Methodenlehre der Rechtswissenschaft, ^{6}1991, S. 320 ff.; *Robert Alexy*, Theorie der juristischen Argumentation, 1978, S. 19 ff., 288 ff., 299 ff.; zu deren Herkunft kurz *Helmut Coing*, Die juristischen Auslegungsmethoden und die Lehren der allgemeinen Hermeneutik, in: Arbeitsgemeinschaft für Forschung des Landes Nordrhein-Westfalen, Geisteswissenschaften, Heft 84 (1959), S. 6 ff.; BVerfGE 11, 126 (130).

[49] *Emilio Betti*, Allgemeine Auslegungslehre als Methodik der Geisteswissenschaften, 1967, S. 620; *Kurt Eichenberger*, Die richterliche Unabhängigkeit als staatsrechtliches Problem, Bern 1960, S. 100 f.; *Friedrich Müller*, Normativität und Normstruktur, 1966, S. 147 ff.; *Starck* (N 37), S. 59 ff. = N 32, S. 71 ff.

geschilderte Vorgang bei der Anwendung von Normen umgekehrt werden. Die Entsprechungen des im Normtatbestand sprachlich formulierten Allgemeinen werden in der Wirklichkeit aufgesucht, um den juristischen Sachverhalt zu bilden. Dabei knüpft der Normanwender an die Erfahrungen des Normgebers an; jener muß sich freilich auch mit neuartigen Erscheinungen beschäftigen und sie daraufhin überprüfen und bewerten, ob sie von der Norm erfaßt sind. Hierin liegt das Hauptgeschäft der Auslegung. In jedem Fall der Auslegung ist etwas Schöpferisches enthalten, das in der Betrachtung der Wirklichkeit unter den Gesichtspunkten der Norm liegt. Das Schöpferische ist aber nicht frei von Bindung an die von der Norm vorgegebenen Gesichtspunkte.

Fragen der Verfassungsauslegung werden in Deutschland schon seit Beginn des 20. Jahrhunderts als Sonderprobleme der Gesetzesauslegung behandelt und von einigen Autoren ganz von der Gesetzesauslegung abgehoben erörtert. Neuerdings wird zur Begründung für die Sonderstellung des Verfassungsrechts sogar auf Friedrich Carl von Savigny verwiesen, der seine Lehre von der Auslegung der Gesetze nur auf das Privatrecht erstreckt wissen wollte[50]. So sollen die von Savigny aus der Rechtstradition aufgenommenen[51], inzwischen um einen teleologischen Faktor ergänzten Auslegungscanones, das grammatische, das logische, das historische und das systematische Element der Auslegung[52], nur für die Auslegung des Privatrechts herangezogen werden[53]. Gegen diese Sicht der Dinge kann man Savigny selbst als Zeugen aufrufen. Seine Beschränkung auf das Privatrecht ergibt sich daraus, daß „nur das Privatrecht der Römer im ganzen ein Stück unseres Rechtszustandes geworden ist“[54]. Außerdem bemerkt Savigny im Zusammenhang mit seiner Beschränkung auf das Privatrecht, daß dieses „im Staat, durch Aufstellung des Richteramtes, Leben und Wirklichkeit“ erhalte[55]. Als Savigny dies 1838/39 niederschrieb, hatte das öffentliche Recht eine entsprechende, durch das Richteramt gesicherte Wirklichkeit nicht aufzuweisen. Über die Einhaltung von Verfassungen, soweit es solche schon gab, konnte nicht die Entscheidung des Richters angerufen werden. Savigny hatte also mehrere Gründe, das öffentliche Recht außer Betracht zu lassen. Diese Gründe liegen heute nicht mehr vor, seitdem es Verwaltungsgerichte und Verfassungsgerichte gibt, die dem öffentlichen Recht – in den Worten Savignys gesprochen – „Leben und Wirklichkeit“ verleihen. Damit werden an das öffentliche Recht im Grundsatz dieselben Voraussetzungen an Klarheit und juristische Handhabbarkeit gestellt wie an das Privatrecht. Da es darüber hinaus bei der Anwendung des öffentlichen Rechts und der Kontrolle seiner Anwendung um ein Gewaltenteilungs-, das heißt Kompetenz-

---

50 *Friedrich Carl von Savigny*, System des heutigen Römischen Rechts, Bd. I, 1840, S. 2, 23, 39, 69.

51 *Coing* (N 48), S. 7 ff.

52 *Savigny* (N 50), S. 213 f.

53 *Friedrich Müller*, Arbeitsmethoden des Verfassungsrechts, in: Enzyklopädie der geisteswissenschaftlichen Arbeitsmethoden, hg. von Manfred Thiel, 11. Lief., Methoden der Rechtswissenschaft, Teil 1, 1972, S. 123, 138; *Böckenförde* (N 1), S. 2091.

54 *Savigny* (N 50), S. 2, vgl. auch S. 69.

55 *Savigny* (N 50), S. 23.

problem geht, werden an die juristische Handhabbarkeit des öffentlichen Rechts eher noch höhere Anforderungen zu stellen sein. Das gilt ganz besonders für das Verfassungsrecht. Das Verfassungsrecht ist nicht durchgehend unbestimmter und vager formuliert als das andere Recht und nimmt daher unter methodologischen Gesichtspunkten keine Sonderstellung ein[56].

b) Zur Bedeutung der herkömmlichen Auslegungsregeln und zu Versuchen, diese für die Verfassungsauslegung fortzuentwickeln

Die auf das Verfassungsrecht bezogene Methodendiskussion verleitet häufig zu der Annahme, daß es eine spezielle Methodik des Verfassungsrechts gibt[57]. Selbst wenn man besondere Gesichtspunkte der Interpretation im Verfassungsrecht heranzieht, kann auf die klassischen canones nicht verzichtet werden[58]. Denn sie helfen zunächst, „mögliche Sinnvarianten in dem vom Wortlaut abgesteckten Spielraum zu präzisieren". Die Auslegung eines Rechtstextes setzt schlechterdings voraus, daß man Wortbedeutung einschließlich Grammatik und Logik, Systematik sowie historische Regelungsabsicht berücksichtigt[59]. Man stelle sich die Begründung einer problematischen Rechtsentscheidung vor, die auf diese Gesichtspunkte nicht eingeht. Solch eine Begründung wäre unzureichend[60] und würde auch von den Vertretern einer speziellen Auslegungslehre für das Verfassungsrecht als unzureichend, wenn nicht als willkürlich empfunden.

Für die Verfassungsauslegung geforderte zusätzliche Gesichtspunkte[61] wie die „Einheit der Verfassung"[62], die „praktische Konkordanz" (unter Einschluß der Güterabwägung) und die „funktionsrechtliche Richtigkeit"[63] unterfallen offensichtlich dem canon der systematischen Auslegung, denn sie verbieten eine isolierte Betrachtung einer einzelnen Verfassungsnorm, verlangen vielmehr für die Auslegung einer Verfassungsnorm die Berücksichtigung der übrigen Verfassung in ihrer überkommenen verfassungsstaatlichen Funktion[64]. So erfordert der

---

[56] Gegen eine Sonderstellung auch *Martin Kriele*, Theorie der Rechtsgewinnung, ^{2}1976, S. 338 ff.

[57] Vgl. den Titel „Arbeitsmethoden des Verfassungsrechts" von *Friedrich Müller* (N 53).

[58] *Coing* (N 48), S. 13 ff.; so auch *Hesse* (N 21), Rn. 68, dort das im Text folgende Zitat; *Friedrich Müller*, Juristische Methodik, ^{4}1990, S. 199 ff., 213 f.; *Stern* (N 32), S. 125 f. mit einem erweiterten Katalog von canones. BVerfGE 11, 126 (130); 60, 319 (325); 109, 190 (212); BayVerfGHE 29 II S. 244 (264).

[59] So deutlich BVerfGE 60, 319 (325); 62, 1 (36 ff., 44); 67, 100 (128 ff.); 88, 145, (166); 93, 37 (81); 110, 226 (248 ff.); 111, 54 (91): *Stern* (N 32), S. 123, 125 f., 127.

[60] Zu den canones als Anleitung zur Begründung von Rechtsentscheidungen vgl. *Starck* (N 37), S. 71 f. = N 32, S. 88 f.; *Alexy* (N 48), S. 300 ff.

[61] *Hesse* (N 21), Rn. 59, sieht diese isoliert von den herkömmlichen canones. Siehe auch *Fritz Ossenbühl*, in: Merten/Papier, HGR Bd. I, § 15 Rn. 16.

[62] Vgl. aus der Rechtsprechung BVerfGE 1, 14 (32); 28, 243 (261); 34, 165 (183); 39, 334 (368); 55, 274 (300); dazu *Stern* (N 32), S. 131 f.

[63] Vgl. *Hesse* (N 21), Rn. 71-73; *F. Müller* (N 58), S. 214 f., 216 ff., 221 f.; aus der Rechtsprechung siehe BVerfGE 1, 97 (100); 2, 219 (224 f.); 4, 31 (40); 4, 219 (233 f.); 10, 20 (40); 57, 295 (321).

[64] *Böckenförde* (N 1), S. 2097, 2098, spricht insoweit von durchgehend wechselseitigem Zusammenhang von Methode und zugrundeliegendem Verfassungsbegriff; *Kriele* (N 56), S. 338 f., spricht von Auslegung, orientiert an der Geschichte der verfassungsrechtlichen Institutionen und den in ihr wirksamen Vernunft- und Gerechtigkeitsprinzipien.

Gesichtspunkt der funktionsrechtlichen Richtigkeit eine Interpretation materieller Verfassungsnormen mit Rücksicht auf die von der Verfassung vorgegebene Funktionenteilung, die nicht verschoben werden darf[65]. Oder: Aus der bundesstaatlichen Kompetenzverteilung folgt, daß der Gleichheitssatz nicht dahin ausgelegt werden darf, daß auf dem Gebiet der Landesgesetzgebungskompetenz länderübergreifend dasselbe Recht gelten muß[66]. Aus dem Gesichtspunkt der Einheit der Verfassung ergibt sich zum Beispiel, daß verfassungsrechtliche Spezialnormen den allgemeinen Verfassungsnormen vorgehen[67]. Die drei genannten Gesichtspunkte sind besondere, auf das Verfassungsrecht bezogene Ausprägungen der systematischen Auslegung. Deshalb hat das Bundesverfassungsgericht den Boden herkömmlicher Interpretation nicht verlassen, indem es „die Aufgabenverteilung zwischen gesetzgebender und rechtsprechender Gewalt oder den Grundsatz der Einheit der Verfassung ... als maßgeblich für die Auslegung angesehen" hat[68]. – Eine vollständig andere Qualität erhält jedoch der Grundsatz der Einheit der Verfassung, wenn damit zum Ausdruck gebracht werden soll, daß die Verfassung eine allumfassende Ordnung des gesellschaftlichen und staatlichen Lebens ist[69]. Konsequenterweise werden dann für alle Fälle verfassungsrechtliche Deduktionen geliefert, so daß jeder Regelungsgegenstand als von der Verfassung beeinflußt oder unter ihrer Ausstrahlung stehend gedacht wird. Die Staatsgeschäfte erledigen heißt dann, die Verfassung konkretisieren.

Der Auffassung Konrad Hesses, daß das Bundesverfassungsgericht über die canones der Auslegung hinausgegangen sei, „indem es z. B. auf weiter zurückliegende Entwicklungen als die unmittelbare Entstehungsgeschichte der Norm zurückgegriffen" habe, kann nicht gefolgt werden. Denn zur historischen Interpretation gehört außer den bei der Gesetzgebung deutlich gewordenen Absichten (Entstehungsgeschichte[70]) auch die Regelungstradition, besonders wenn Umstände dafür sprechen, daß daran angeknüpft oder davon abgewichen werden soll[71]. Im Verfassungsrecht geht es um die verfassungsstaatliche Tradition, die jedoch verstanden und interpretiert werden muß unter dem systematischen Gesichtspunkt neuer verfassungsrechtlicher Einrichtungen wie z. B. der Verfassungsgerichtsbarkeit und deren Kompetenzen.

Die Hinzunahme objektiv-teleologischer Gesichtspunkte für die Interpretation ist nicht auf das Verfassungsrecht beschränkt und auch nicht auf eine beson-

---

[65] So sehr deutlich schon *Horst Ehmke*, Prinzipien der Verfassungsinterpretation, in: VVDStRL 20 (1963), S. 53 (74 ff.); *Hesse* (N 44), S. 267 ff.

[66] BVerfGE 10, 354 (371); 27, 175 (179); 51, 43 (58 f.); *Christian Starck* in: v. Mangoldt/Klein/Starck, GG I, 6. Aufl., Art. 3 Rn. 247 m. w. N.; *Stern* (N 32), S. 661 f. m. w. N.

[67] *Christian Starck*, Der Gesetzesbegriff des Grundgesetzes, 1970, S. 274, 282 f.; *Bryde* (N 2), S. 282.

[68] So aber *Hesse* (N 21), Rn. 58.

[69] So tendenziell BVerfGE 19, 206 (220); kritisch *Gerd Roellecke*, Prinzipien der Verfassungsinterpretation in der Rechtsprechung des Bundesverfassungsgerichts, in: FG-BVerfG H, S. 23 (33).

[70] Siehe BVerfGE 1, 117 (127); vgl. zusammenfassend und mit umfassenden Nachweisen *Michael Sachs*, Die Entstehungsgeschichte des Grundgesetzes als Mittel der Verfassungsauslegung in der Rechtsprechung des Bundesverfassungsgerichts, in: DVBl. 1984, S. 73 (75 ff.).

[71] S. u. II 3.

ders im Verfassungsrecht vorkommende Ungenauigkeit der Normierungen zurückzuführen. Die Teleologie als canon der Interpretation geht über Wortlaut, Grammatik, System und erkennbare subjektive Regelungsabsicht des Normgebens hinaus, wenn eine Fallkonstellation zur Entscheidung steht, die vom Gesetz erkennbar nicht erfaßt ist, aus den genannten canones, die zunächst heranzuziehen sind, also keine zuverlässigen Schlüsse gezogen werden können. Die Norm muß deshalb in ihren Konsequenzen durchdacht werden, indem geprüft wird, wie sie „vernünftigerweise" auf die neue Tatsachenkonstellation wirken soll[72]. Die Teleologie, auf verfassungsrechtliche Auslegungsprobleme angewandt, muß beachten, daß die Verfassung Grundlage und Rahmen für den Gesetzgeber ist. Fehlt es an einer verfassungsrechtlichen Vorgabe für die Gesetzgebung, so bedeutet das zunächst einmal, daß diese frei ist. Für diese Erkenntnis und Einsicht muß man sich freilich von der Vorstellung frei machen, daß die Verfassung alles in allgemeiner Weise vorausbestimmt und der Gesetzgeber auf Grund solcher Vorausbestimmung „konkretisiert", „verwirklicht" und so fort. Gesetzgebung ist in der Regel nicht Verfassungskonkretisierung, sondern politisch gestaltende Tätigkeit auf Grund verfassungsrechtlicher Kompetenzen und im Rahmen von Verfahren und inhaltlichen Vorgaben der Verfassung.[73]

Für die canones der Auslegung gibt es keine feste Reihenfolge, sieht man einmal von dem sich für den canon der Teleologie von selbst ergebenden Nachrang ab. Die canones stellen losgelöst vom konkreten Fall gleichberechtigte[74] Gesichtspunkte dar, die argumentativ zueinander in Beziehung gesetzt werden; sie ergänzen einander[75] bei der Ermittlung des Sinngehalts der Norm angesichts des zur Entscheidung stehenden Falles. Die Rationalität und Kontrollierbarkeit der einzelnen Rechtsentscheidung beruht auf der Heranziehung dieser canones und auf der Argumentation mit ihnen, die in den Urteilsgründen veröffentlicht wird. Die Entscheidung zwischen den einzelnen Gesichtspunkten, falls sie zu unterschiedlichen Ergebnissen führen, wird weiter gesteuert durch präjudizielle oder gedachte Vergleichsfälle. Bei der Regelhaftigkeit des Rechts muß sich jede einzelne Fallentscheidung vor dem Hintergrund von Präjudizien und gedachten zukünftigen Fällen bewähren[76]. Das Auslegungsergebnis muß also verallgemeinerbar sein. Hierin liegt zugleich eine Schranke für den Interpreten und eine Garantie für die Voraussehbarkeit der Entscheidung.

Im Hinblick auf die systematische Interpretation ist bei der Argumentation jede Willkür oder Zufälligkeit beim Bezug auf das System (Einheit der Verfassung) zu vermeiden. Als Untergesichtspunkte sind zu überprüfen, ob eine lex specialis, ein Regel-Ausnahme-Verhältnis vorliegt oder ob Normen zum Ausgleich zu bringen sind, die in einem Spannungsverhältnis zueinander stehen. Kri-

[72] *Larenz* (N 48), S. 332; *Coing* (N 48), S. 21.

[73] Dazu *Arno Scherzberg*, Wertkonflikte vor dem Bundesverfassungsgericht, DVBl. 1999, S. 356, 363 ff.

[74] *Coing* (N 48), S. 17.

[75] BVerfGE 11, 126 (130).

[76] So zu Recht *Kriele* (N 56), S. 326; *Alexy* (N 48), S. 28, 339; *ders.*, Theorie der Grundrechte, 1985, S. 504 ff.

terien für diese Entscheidungen können sich aus den anderen canones, insbesondere aus der verfassungsstaatlichen Überlieferung ergeben.

Die Kritik an dem positivistischen Subsumtionsideal und an der Willenstheorie[77] darf nicht dazu führen, die Auslegungscanones, denen die kritisierten Vorstellungen mehr zu entnehmen können glauben, als in ihnen steckt, heute unter Wert zu veranschlagen. Für die Überzeugungskraft von Entscheidungen kommt es darauf an, welchen Gebrauch man von den canones macht, das heißt insbesondere, wie man mit ihrer Hilfe die Begründung führt[78]. Bisher sind die Auslegungscanones unübertroffen in ihrer Ausrichtung auf die zu interpretierende Norm: Wortlaut, Grammatik, System bzw. Entstehungsgeschichte *des* Gesetzes werden herangezogen. Teleologie fragt nach dem objektiven Zweck *des* Gesetzes, angesichts unvollkommener Vorgaben zwar, aber im Rahmen von festen Argumentationsgesichtspunkten, die aus den anderen canones und aus der Bezugnahme zu dem dem Gesetz zugrunde liegenden Lebensbereich gewonnen werden.

c) Neuere Richtungen der Verfassungsauslegung

In Ergänzung zu den streng auf die zu interpretierende Norm ausgerichteten canones ist versucht worden, für die Auslegung von Normen weitere Gesichtspunkte fruchtbar zu machen.

aa) Topik

Die sogenannte Topik[79] sucht solche Gesichtspunkte und ordnet sie. Extremformen der Topik, wonach das Gesetz nur ein Topos unter anderen sei, werden der Normativität der Verfassung nicht gerecht und sind daher keine brauchbaren Hilfen für das hier zu erörternde Problem der Verfassungsauslegung[80]. Da das Vorgehen nach den Auslegungscanones auch etwas Topisches an sich hat, ist versucht worden, Erkenntnisse der Topik für die Auslegung zu verwenden. Insbesondere Konrad Hesse[81] versucht, eine Brücke zur Topik zu schlagen. Enthielten nämlich die Gesichtspunkte der Topik „sachlich passende und ergiebige Prämissen", so ermöglichten sie Folgerungen, die zur Lösung des Interpretationsproblems führten oder doch beitrügen. Es stehe jedoch „nicht im Belieben des Interpreten, welche Topoi er aus der Vielzahl der möglichen Gesichtspunkte

---

[77] Vgl. vor allem *Hesse* (N 21), Rn. 53 ff.; *Werner Heun*, Original Intent und Wille des historischen Verfassungsgebers, in: AöR 116 (1991), S. 185 ff.

[78] *Starck* (N 67), S. 260; *Alexy* (N 48), S. 306 f.

[79] Vgl. dazu *Theodor Viehweg*, Topik und Jurisprudenz, [1]1953, S. 1974; *Gerhard Struck*, Topische Jurisprudenz, *1971; Franz Wieacker*, Zur praktischen Leistung der Rechtsdogmatik, in: FS für Hans-Georg Gadamer, 1970, S. 311 (326 ff.); *Ehmke* (N 65), S. 53 ff.

[80] Kritisch vor allem *Uwe Diederichsen*, Topisches und systematisches Denken in der Jurisprudenz, in: NJW 1966, S. 697 (702); *Claus-Wilhelm Canaris*, Systemdenken und Systembegriff in der Jurisprudenz, [2]1983; S. 142 ff.; *Gerhard Otte*, Zwanzig Jahre Topik-Diskussion, in: Rechtstheorie 1 (1970), S. 183 ff.; *Franz Wieacker*, Zur Topik-Diskussion in der zeitgenössischen deutschen Rechtswissenschaft, in: FS für Johannou Zepos, 1973, S. 391 (402); *Hans-Martin Pawlowski*, Methodenlehre für Juristen, 1981, S. 43 ff., 47 f.

[81] So *Hesse* (N 21), Rn. 67.

heranziehen" wolle. Er dürfe „einerseits nur solche Gesichtspunkte zur Konkretisierung verwenden, die problembezogen" seien, womit sachfremde Topoi ausgeschlossen seien. Andererseits sei er auf die Erfassung dessen angewiesen, was die Verfassungsnorm an Konkretisierungselementen liefere und was die Verfassung an Direktiven für die Verwendbarkeit, Zuordnung und Bewertung dieser Elemente bei der Problemlösung enthalte. Damit wird für eine normativ gelenkte und begrenzte Topik plädiert, wobei die überlieferten canones als Topoi unter anderen in Erscheinung treten. Daß der Verfassungstext als äußere Grenze der Interpretation fungieren soll, ist keine hinreichende Sicherung der Normativität der Verfassung, weil in vielen Fällen der normative Gehalt (nur dieser kann binden) des Textes interpretationsbedürftig ist[82].

Kriterien für die Interpretation ergeben sich aus den anderen canones der Auslegung, die mit der Auslegung nach dem Wortlaut in Beziehung gesetzt werden müssen[83]. Eine Erweiterung der Gesichtspunkte, „die im Wege der inventio" (Erfindung, Auffindung) aufgesucht werden, muß sich auf strikt problemorientierte Topoi beschränken: zum Beispiel Bindung an oder Abgehen von Präjudizien, rechtsvergleichende Aspekte und die Europäische Menschenrechtskonvention in der ihr vom Europäischen Gerichtshof für Menschanrechte gegebenen Gestalt.[84] Weiter von Bedeutung sind das Verhältnismäßigkeitsprinzip, und das Prinzip der Freiheit, das eine restriktive Auslegung privatrechtlich übernommener oder öffentlich rechtlich auferlegter Pflichten und Lasten gebietet[85]. Von großem Nutzen ist vor allem die Auslegungserfahrung, die in Präjudizien zu finden ist[86]. In diesem Rahmen stellt die Topik eine brauchbare Erweiterung der Auslegungscanones dar.

Rechtsdogmatik und Präjudizien verflüchtigen sich, wenn das Konzept von der offenen Gesellschaft der Verfassungsinterpreten (Peter Häberle) verkündet wird[87]. Hier wird die Topik vollständig entgrenzt. Häberle mindert zwar den Appellcharakter seiner Überlegungen zunächst mit dem Bemerken ab, daß es ihm um „eine realistische Untersuchung des Zustandekommens von Verfassungsinterpretation" gehe. Die in der Öffentlichkeit tätigen Gruppen seien als „Vorinterpreten" tätig, die Verantwortung verbleibe bei der letztlich interpretierenden Verfassungsgerichtsbarkeit. Im selben Atemzug wird aber die „Demokratisierung der Verfassungsinterpretation" gefordert[88] mit den folgenden Kon-

---

[82] Vgl. *Böckenförde* (N 1), S. 2096; so allgemein für jede Auslegung BVerfGE 35, 263 (279).

[83] Vgl. dazu einleuchtend *Alexy* (N 48), S. 502 f.; Argumentationslast, wenn gegen Wortlaut interpretiert werde.

[84] Zur Bedeutung des Europäischen Gerichtshofs für Menschenrechte für die nationale Grundrechtsauslegung siehe *Jochen Abr. Frowein*, in: Frowein/Peukert, EMRK-Kommentar, 3. Aufl., 2009, S. 4 ff.; *Rainer Grote/Thilo Marauhn*, in: dies. (Hrsg.) EMRK/GG, 2006, S. 2 ff.; Stern/Becker (Hrsg.), Grundrechte-Kommentar. Die Grundrechte des Grundgesetzes mit ihren europäischen Bezügen, 2010, passim.

[85] Vgl. *Starck* (N 67), S. 261.

[86] So auch *Alexy* (N 48), S. 41.

[87] So *Peter Häberle*, Die offene Gesellschaft der Verfassungsinterpreten, in: JZ 1975, S. 297 ff.

[88] Bei *Peter Häberle*. Verfassung und Zeit (1974), in: Ralf Dreier/Friedrich Schwegmann (Hg.), Probleme der Verfassungsinterpretation. Dokumentation einer Kontroverse, 1976, S. 293, heißt es „republikanische Auslegung".

sequenzen[89]: Relativierung der juristischen Interpretation, je mehr faktische Partizipation, um so weniger verfassungsgerichtliche Kontrolle, Änderungen des Verfassungsprozeßrechts, insbesondere Entwicklung neuer Formen der „Partizipation pluralistischer öffentlicher Potenzen". Da Häberle einen weiten Interpretationsbegriff zugrunde legt, nach dem jeder, der die Norm „lebe", sie auch (mit-)interpretiere, verschwimmt der Rahmencharakter der Verfassung. Das ganze Staatsleben, aber auch das gesellschaftliche Leben – im Hinblick auf die Grundrechte – ist danach Verfassungsinterpretation: Wer seine Meinung äußert, sein Eigentum benutzt, seine Privatheit genießt, Verträge schließt, interpretiert das Grundgesetz. Die Verfahren und Produkte des Bundestages, des Bundesrates und ihrer Ausschüsse, aber auch die Gerichtsverfahren und Gerichtsentscheidungen interpretieren das Grundgesetz. Mit dieser Ausweitung verschwimmt der Begriff der Verfassungsinterpretation ins Unfaßbare und geht damit als wissenschaftlicher Gegenstand verloren. Denn man kann nicht alle Lebensvollzüge von Privaten und Staatsorganen zum Gegenstand der Methodologie machen. Der geschilderte Ansatz ist also praktisch nicht nachvollziehbar. Er ist ferner unvereinbar mit dem Rahmencharakter des Verfassungsrechts. Der Vorrang der Verfassung verlangt eine klare Unterscheidung zwischen normativen Vorgaben und (Gestaltungs-)Freiheit. Der von Häberle geltend gemachte demokratiestaatliche Impetus seiner Auslegungskonzeption muß bezweifelt werden. Ein wesentliches Element der Demokratie ist die rechtliche Gleichheit; wie soll diese unter den Bedingungen einer zerfließenden Verfassung garantiert sein? Gleichheit, die ja auch in der Dimension der Zeit einigermaßen garantiert sein muß, setzt Normativität und deren gleichmäßige Handhabung voraus. Soweit die Verfassung „offen" ist, weil einem permanenten rechtsschöpferischen Verfassungswandel unterworfen[90], fehlt die Grundbedingung für die Sicherung der Rechtsgleichheit. Dabei ist noch zu bedenken, daß eine ständige Anpassung der Verfassung an Zeitströmungen regelmäßig nicht auf Mehrheitsmeinungen beruhen wird, sondern auf der Meinung derjenigen, die den Zeitgeist über die Massenmedien, besonders die suggestiv wirkenden, prägen.

bb) Wirklichkeitswissenschaftliche Verfassungsinterpretation

Die Forderung nach wirklichkeitswissenschaftlicher Verfassungsinterpretation deckt sich teilweise mit Extremformen der Topik und teilweise mit dem Ansatz von Peter Häberle[91]. Zunächst ist sie aber zu unterscheiden von der Bezugnahme[92] jeder Interpretation auf die Wirklichkeit unter dem Gesichtspunkt, daß Normen auf Sachverhalte des wirklichen Geschehensablaufs angewandt werden und daß sie Wirklichkeit prägen, bekämpfen oder schaffen sollen. Für die Analyse der Wirklichkeit zum Zwecke der Normanwendung sind aber immer nor-

---

[89] *Häberle* (N 87), S. 302–304.
[90] So charakterisiert *Böckenförde* (N 1), S. 2092 f., die Konzeption Häberles.
[91] Vgl. *Häberle* (N 88), S. 309.
[92] S. o. I 2a.

mative Gesichtspunkte von Bedeutung[93]. Mit wirklichkeitswissenschaftlicher Verfassungsinterpretation ist etwas anderes gemeint[94]: außernormative Faktoren wie die soziale Funktion der Verfassung, die Bewußtseinslage der Bürger, sozialer Wandel und ähnliche Größen sollen die Verfassungsinterpretation bestimmen. Die Zeitströmungen, so wie sie der Interpret versteht, werden die entscheidenden Bezugspunkte für die Interpretation, wodurch die normativen Faktoren verdrängt werden. Auch hier wird eine Anpassung der Verfassung an die Wirklichkeit angestrebt, um Elastizität zu gewährleisten. Dieses Streben nach Elastizität beruht zum Teil auf einem Verfassungsbegriff, der allumfassend ist (Sinntotalität) und insoweit flexibel sein muß. Geht man vom Rahmencharakter der Verfassung aus, bedarf es nicht oder nur sehr beschränkt ihrer Wandlungsfähigkeit[95], weil hinreichende Spielräume bestehen, um politisch für notwendig befundene Wandlungen zu bewirken oder auf Wandlungen der Wirklichkeit zu reagieren[96], soweit sich anbahnender oder schon eingetretener Wandel nicht Verfassungswandel, sondern Verfassungswidrigkeit ist[97]. – Weiter wird man gegen die wirklichkeitswissenschaftlich orientierte Verfassungsinterpretation geltend machen müssen, daß außerhalb der normativen Vorgaben keine Maßstäbe erkennbar sind, wie die „Wirklichkeit" und deren „Forderungen" bestimmt werden. Wirklichkeit wird nicht voraussetzungslos, das heißt rein empirisch und rein induktiv erfaßt, sondern immer nur unter einem Aspekt einer von außen gegebenen Fragestellung, einer Beobachtungsgewohnheit oder einer Hypothese[98]. Woher kommen diese Fragestellungen: wenn nicht von der Norm, so von einer Sozialphilosophie oder von einer Weltanschauung. Die sogenannte sozialwissenschaftliche Verfassungsauslegung tauscht die Verfassung als Norm gegen Sozialphilosophie, Weltanschauung oder politisches Wollen aus. Damit wird die Normativität der Verfassung untergraben und letzten Endes aufgelöst. Die Konzeption der Verfassung als Rahmen läßt der Politik und der Sozialphilosophie der Mehrheit Spielraum, ohne diesen mit weder philosophisch noch juristisch akzeptablen Mitteln wirklichkeitswissenschaftlicher Verfassungsinterpretation erst öffnen zu müssen.

cc) Integrierende Funktion der Verfassungsauslegung

Schließlich wird die integrierende Funktion als Gesichtspunkt der Verfassungsauslegung ins Feld geführt[99]. Ohne Zweifel hat eine gute Verfassung eine integrierende Wirkung auf das Staatsvolk. Da die Verfassung nicht allein durch Wort-

---

[93] Dies liegt auch entsprechenden Hypothesen in BVerfGE 2, 380 (401); 3, 407 (422); 7, 342 (351) zugrunde.

[94] Siehe dazu *Böckenförde* (N 1), S. 2094 f.

[95] Zum Problem des Verfassungswandels siehe *Bryde* (N 2), S. 21 f., 254 ff. m. w. N.; *Peter Badura*, HStR XII (2014), § 270, Rn. 14 ff.

[96] BVerfGE 62, 1 (45).

[97] So die Beurteilung in BVerfGE 45, 1 (33).

[98] *Christian Starck*, Empirie in der Rechtsdogmatik, in: JZ 1972, S. 609 (613) = *Starck*, Der demokratische Verfassungsstaat, 1995, S. 95, 109.

[99] *Hesse* (N 21), Rn. 75.

interpretation ausgelegt werden kann, sondern auch andere Auslegungscanones eine Rolle spielen, schließt die Feststellung über die integrierende Wirkung der Verfassung ein, daß auch der Umgang mit der Verfassung deren integrierende Wirkung in Rechnung stellen muß. Dabei stellen sich zwei Problemkreise, die schon behandelte Fragen neu beleuchten.

Zunächst ist vor jeder Überbeanspruchung der Verfassung und der Verfassungsauslegung zu warnen und zu berücksichtigen, daß auch die einzelnen Staatsfunktionen, insbesondere die parlamentarische Gesetzgebung, im Rahmen der Verfassung Integrationsaufgaben haben, die sie besonders gut wahrnehmen und erfüllen können auf der Grundlage des Rahmencharakters der Verfassung. Eine deutliche Überbeanspruchung der Verfassung ist dem Gedanken der Konkretisierung der Verfassung und dem weiten Interpretationsbegriff immanent. Und unmerklich schieben diese Konzeptionen die Integrationsaufgabe, die der parlamentarische Gesetzgeber und andere politische Organe haben, auf die Verfassung, das heißt auf die Verfassungsauslegung und damit auf die Verfassungsgerichtsbarkeit.[100] Wo nach der Konzeption der Verfassung als Grundlage und Rahmen Gestaltungsspielräume der Gesetzgebung zur Integration bestehen, unter der Kontrolle freilich der periodisch stattfindenden Wahlen, muß beim Konkretisierungsdenken und beim weiten Interpretationsbegriff stets die Verfassung bemüht werden, die entweder „integrationspolitisch" richtig oder falsch ausgelegt wird. Auch hier zeigt sich wieder, daß allein das Konzept von der Verfassung als (Kompetenz-)Grundlage und Rahmen tragfähig ist.

Zur praktischen Erläuterung des Gesagten kann man das Numerus-clausus-Urteil des Bundesverfassungsgerichts von 1972 heranziehen. Dort findet sich die folgende Erwägung: „Übersteigt die Zahl der Abgewiesenen wie beim Medizinstudium sogar weit mehr als die Hälfte der Bewerber, dann droht der verfassungsrechtlich gestützte Zulassungsanspruch weitgehend leerzulaufen. Wegen dieser Auswirkung ist nicht zu bestreiten, daß sich der absolute numerus clausus am Rande des verfassungsrechtlich Hinnehmbaren bewegt. Da diesen Auswirkungen nachhaltig nur durch Erweiterung der Kapazitäten begegnet werden kann, ließe sich fragen, ob aus den grundrechtlichen Wertentscheidungen und der Inanspruchnahme des Ausbildungsmonopols ein objektiver sozialstaatlicher Verfassungsauftrag zur Bereitstellung ausreichender Ausbildungskapazitäten für die verschiedenen Studienrichtungen folgt. Ob diese Frage zu bejahen wäre und ob sich aus diesem Verfassungsauftrag unter besonderen Voraussetzungen ein einklagbarer Individualanspruch des Staatsbürgers auf Schaffung von Studienplätzen herleiten ließe, bedarf hier jedoch keiner Entscheidung"[101]. Ob alle Studienplatzwünsche befriedigt werden sollen, ist eine Frage, die die Verfassung nicht beantwortet. Die freie Wahl des Ausbildungsplatzes (Art. 12 Abs. 1 S. 1 GG) besteht nur im Rahmen des Vorhandenen unter Beachtung des Gleichheits-

---

[100] Zur Integration der Bevölkerung durch Sicherung des Verfassungsrechts siehe *Christian Starck*, Nationaler Grundkonsens und Verfassungsgerichtsbarkeit (2000), in: ders., Freiheit und Institutionen 2002, S. 319, 330ff.

[101] BVerfGE 33, 303 (333).

satzes[102]. Auch aus dem Sozialstaatsprinzip kann unmittelbar kein Anspruch auf staatliche Leistung entnommen werden. Die Integrationsleistung der Verfassung beschränkt sich auf die Zusicherung des Art. 12 in Verbindung mit Art. 3 Abs. 1 GG. Weitergehende Integrationsleistungen sollen die verantwortlichen staatlichen Organe erbringen, die dabei verschiedene Umstände zu berücksichtigen und Entscheidungen zu treffen haben, für die sie die politische Verantwortung tragen. Außer dem Ausbau der Universitäten nach der jeweiligen Nachfrage an Studienplätzen kann auch die Beschränkung der Zahl der Studienplätze nach dem annähernd voraussehbaren Bedarf an Studienfachabsolventen, wo dies wie bei der Medizin möglich ist, langfristig der Integration dienen. Bei seiner Entscheidung muß der Staat z. B. den Umstand berücksichtigen, daß ein hoher und spezialisierter Ausbildungsstand ohne spätere berufliche Chance zu erheblichen Frustrationen führt, die Quelle sozialer Konflikte werden können[103]. Unter diesem Gesichtspunkt kann die Entscheidung dahin getroffen werden, Studien- und Ausbildungsplätze zu schaffen, deren Absolventen eine weite polytechnische Verwendungsmöglichkeit und damit entsprechend gute Berufschancen haben. Diese Entscheidungsmöglichkeiten darf das Bundesverfassungsgericht nicht an sich ziehen und durch eine an jeweils aktuellen Forderungen ausgerichtete Verfassungsauslegung verkürzen. Im zitierten Numerus clausus-Urteil ist das zwar letzten Endes nicht geschehen, durch die zitierte Erwägung aber als möglich hingestellt worden[104]. Der Gesetzgeber mußte diese Erwägung so verstehen, daß das Bundesverfassungsgericht in Zukunft seine Entscheidung darauf stützen könnte. Damit war dem Gesetzgeber die erforderliche Gestaltungs- und Entscheidungsfreiheit genommen, die er braucht, um im Rahmen der Verfassung integrierende Wirkung zu entfalten. Bewirkt wurde dies durch einen zu dichten Verfassungsbegriff.

Unter integrierender Verfassungsinterpretation wird noch etwas anderes verstanden. Rudolf Smend schrieb 1928[105], es sei „der Sinn der Verfassung selbst, ihre Intention nicht auf Einzelheiten, sondern auf die Totalität des Staates und die Totalität seines Integrationsprozesses zu richten, die jene elastische, ergänzende, von aller sonstigen Rechtsauslegung weit abweichende Verfassungsauslegung nicht nur erlaubt, sondern sogar fordert". Dieses Auslegungskonzept kann einer Verfassung mit Verfassungsgerichtsbarkeit nicht zugrunde gelegt werden[106]. Wer sich heute darauf beruft, versucht durch Auslegung der Verfassung politische Kompromisse herbeizuführen. Maßstab dafür ist nicht die Verfassung; vielmehr kommt es auf die von den politischen Kontrahenten festgelegten Posi-

---

[102] S. u. II 1f.

[103] Vgl. *Christian Starck*, Staatliche Organisation und staatliche Finanzierung als Hilfen zu Grundrechtsverwirklichungen, in: FG-BVerfG II, S. 480 (523 f.) = *Starck*, Freiheit und Institutionen. 2002, S. 158, 201 f.

[104] Vgl. nochmals BVerfGE 43, 291 (315).

[105] *Rudolf Smend*, Verfassung und Verfassungsrecht (1928), in: ders., Staatsrechtliche Abhandlungen, ^{2}1968, S. 119 (190).

[106] S. o. I 1c.

tionen an[107]. Je geschickter die eine Seite ihre Position festgelegt und ins Spiel gebracht hat, um so besser ist für sie durch eine solcherart integrierende Verfassungsauslegung das Ergebnis. Integration des ganzen Staatsvolkes kann auf die Dauer auf diese Weise nicht erreicht werden. Die Normativität der Verfassung, die der beständigste Integrationsfaktor ist,[108] kommt dabei unter die Räder.

dd) Zwischenergebnis

Die behandelten Ansichten zur Verfassungsauslegung sind nicht alle gleichermaßen geeignet, das praktische Geschäft der Verfassungsauslegung zu leiten. Es hat sich gezeigt, daß eine freie Wahl der Methode nicht zulässig ist[109]. Die behandelten Ansätze kann man in zwei Gruppen einteilen. Die eine Gruppe ist dadurch gekennzeichnet, daß die zu interpretierenden Verfassungstexte mehr oder weniger isoliert betrachtet werden und daß die semantischen Möglichkeiten der einzelnen Normtexte mit großem Erfindungsreichtum ohne Rücksicht auf deren Geschichte und auf deren Einordnung in das Gesamtgefüge des Grundgesetzes interpretiert werden. Wenn eine Einordnung der einzelnen Normen vorgenommen wird, dann im Sinne einer Bezugnahme auf außerrechtliche Verhältnisse und Anforderungen, die der Interpret feststellen zu müssen glaubt. Dies gilt etwa für Verfassungsinterpreten, die ihre Maßstäbe der Deutung den sozialen Verhältnissen entnehmen oder die Verfassungsauslegung unter das Ziel einer Integration auseinanderstrebender Kräfte stellen. Die zweite Gruppe knüpft an den überkommenen methodologischen Standard an und entwickelt diesen weiter, wobei aber stets die Funktionsverteilung zwischen Gesetzgebung und Verfassungsgerichtsbarkeit im Auge behalten und darauf Bedacht genommen werden muß, daß die Auslegung nach voraussehbaren Kriterien erfolgt.

d) Verfassungsfortbildung

In innerem Zusammenhang mit der teleologischen Verfassungsauslegung und von ihr nicht stets scharf abgrenzbar steht die Verfassungsfortbildung. Während die Prozessordnungen der Fachgerichtsbarkeit Rechtsfortbildung der Revisionsgerichte ausdrücklich vorsehen, schweigt das Bundesverfassungsgerichtsgesetz dazu. Gleichwohl ist Verfassungsfortbildung nicht ausgeschlossen. Denn Verfassungsfortbildung ist wie jede Rechtsfortbildung bei besonderen Umständen unabweisbar. Allerdings ist eine Situation der Verfassungsfortbildung erst gegeben, wenn festgestellt und gut begründet werden kann, daß Änderungen der tatsächlichen Verhältnisse neuartige Regelungen verlangen, um die ordnende und begrenzende Funktion der Verfassung zu wahren. Verfassungsfortbildung

---

[107] *Martin Kriele*, HStR IX (2011), § 188, Rn. 20 ff.
[108] Siehe *Starck (N 100), S. 319 ff.*.
[109] So auch *Ernst-Wolfgang Böckenförde*, Grundrechtstheorie und Grundrechtsinterpretation, in: NJW 1974, S. 1529 ff.; *ders.* (N 1), S. 2097 f.; ablehnend i. S. des Fehlens jeder verläßlichen Interpretationsvorgabe *Ralf Dreier*, Zur Problematik und Situation der Verfassungsinterpretation, in: ders./Friedrich Schwegmann (Hg.), Probleme der Verfassungsinterpretation. Dokumentation einer Kontroverse, 1976, S. 13 (42 f.).

ist ebenso wie Rechtsfortbildung notwendig, wenn sich erweist, daß das Recht lückenhaft geworden ist und auf sich drängend stellende Fragen keine Antwort gibt. Verfassungswandlung ist eine Erscheinungsform der Verfassungsfortbildung. Bei der Verfassungsfortbildung ist jedoch Vorsicht geboten, da die Verfassung als Rahmenordnung (Rn. 5) nicht alle Fragen regelt, sondern Raum lässt und Raum lassen muß für politische Entscheidungen der Gesetzgebung. Solange sich der Gesetzgeber im Rahmen der Verfassung hält, bedarf es keiner Verfassungsfortbildung. Verfassungsfortbildung darf nicht zu einer Verfassungsverengung führen. Weitreichende Verfassungsfortbildungen durch den Gesetzgeber und das Bundesverfassungsgericht müssen vermieden werden, da Verfassungsänderungen durch den Gesetzgeber verfahrensrechtlich erschwert sind (Art. 79 Abs. 1 GG).

Nicht immer, wenn eine Verfassungsauslegung keine Stütze im Wortlaut der Verfassung findet, liegt schon Verfassungsfortbildung vor. So ist im Grundrecht der Berufsfreiheit (Art. 12 Abs. 1 GG) nur vorgesehen, dass die Berufsausübung durch Gesetz geregelt werden kann. Art 12 Abs. 1 selbst sagt nicht, ob sich die Regelungsbefugnis auch auf die Berufswahl erstreckt und Zulassungsvoraussetzungen durch Gesetz festgelegt werden können. 1958 hat das Bundesverfassungsgericht entschieden[110], dass sich die Regelungsbefugnis auch auf die Berufswahl erstreckt: Unter dem Blickwinkel der Berufsausübung dürfe der Gesetzgeber auch in die Freiheit der Berufswahl eingreifen. Für diese Auslegung konnte das Bundesverfassungsgericht die im Grundgesetz geregelte Gesetzgebungskompetenz für die Zulassung bestimmter Berufe (Art. 74 Abs. 1 Nr. 19) im Wege der systematischen Auslegung heranziehen.[111]

Bei zwei Fällen der Verfassungsfortbildung im Wehrverfassungsrecht und im Finanzverfassungsrecht handelt es sich um folgende Konstellationen. Der Einsatz deutscher Streitkräfte in Friedenstruppen, die die Vereinten Nationen aufstellen, ist im Grundgesetz nicht vorgesehen. Art. 87a Abs. 2 GG besagt: „Außer zur Verteidigung dürfen die Streitkräfte nur eingesetzt werden, soweit dieses Grundgesetz es ausdrücklich zuläßt." Geht man davon aus, daß die veränderte weltpolitische Lage solch einen vorher nicht vorstellbaren Einsatz der Streitkräfte im Zusammenhang mit Bündnisverpflichtungen Deutschlands erforderlich macht (Art. 24 Abs. 2 GG i. V. mit der NATO-Mitgliedschaft Deutschlands), so hat das Bundesverfassungsgericht – das Grundgesetz fortbildend – entschieden, daß die Bundesregierung verpflichtet ist, für einen Einsatz bewaffneter Streitkräfte die vorherige konstitutive Zustimmung des Deutschen Bundestages einzuholen.[112]

Ein zweites Beispiel für die Fortbildung der Verfassung ist das Urteil des Bundesverfassungsgerichts von 1999 zum Länderfinanzausgleich.[113] Ohne Grundlage im Grundgesetz führt das Bundesverfassungsgericht die Pflicht des Bundesgesetzgebers ein, ein sog. Maßstäbegesetz zu erlassen, in dem die verfassungsrecht-

---

[110] BVerfGE 7, 377, 401 f.

[111] Weitere Beispiele bei *Ossenbühl* (N 61), Rn. 17 f.

[112] BVerfGE 90, 286, 381 ff.; zustimmend *Christian Walter*, Hüter oder Wandler der Verfassung, AöR 125 (2000), S. 517, 547.

[113] BVerfGE 101, 158.

lichen Regeln über die Verteilung des Umsatzsteueraufkommens nach Art. 106 Abs. 3 Satz 4 GG, über den horizontalen Finanzausgleich nach Art. 107 Abs. 2 Satz 1 und 2 GG und über die Bundesergänzungszuweisungen nach Art. 107 Abs. 2 Satz 3 GG konkretisiert und ergänzt werden.[114] In der Begründung des Urteils wird davon gesprochen, dass das Grundgesetz den Gesetzgeber beauftrage (!), „die verfassungsrechtlichen Maßstäbe *zu konkretisieren und zu ergänzen (!)*"[115], die ihn dann bei der jährlichen Zuteilung bänden. Etwas später argumentiert das Bundesverfassungsgericht mit der Notwendigkeit, die bundesstaatlichen Verfassungsprinzipien *fortzubilden* (!) und „so auszuformen, dass die Finanzverfassung in zeitgerechten Maßstäben verdeutlicht wird und die Zuteilungs- und Ausgleichsfolgen jeweils gegenwartsgerecht bemessen und periodisch überprüft werden können.[116]

Ein weiteres Beispiel für Verfassungsfortbildung sind die vom Bundesverfassungsgericht über Art. 1 Abs. 1 und Art. 6 Abs. 1 GG hinaus entwickelten grundrechtlichen Schutzpflichten als subjektive Rechte[117]. Was nicht mehr durch objektive Teleologie als Auslegung der Verfassung begründet werden kann, muß im Hinblick auf den Rahmencharakter der Verfassung besonders sorgfältig als Verfassungsfortbildung begründet werden.

e) Verfassungskonforme Auslegung

Um die Wirkung der Verfassung voll durchzusetzen, die einmal erlassenen Gesetze aber gleichwohl möglichst zu schonen, müssen Gesetze, die sowohl im Einklang mit dem als auch im Widerspruch zum Grundgesetz ausgelegt werden können, verfassungskonform ausgelegt werden[118]. Diese sogenannte verfassungskonforme Auslegung ist nicht Verfassungsauslegung, sondern Gesetzesauslegung. Da die an der Verfassung orientierte Gesetzesauslegung voraussetzt, daß die Verfassung ausgelegt wird, gehört die verfassungskonforme Auslegung schon unter diesem Aspekt zum Thema[119]. Ein weiterer Aspekt resultiert aus der folgenden Überlegung: Zu den canones der *Gesetzes*auslegung tritt das Gebot der Verfassungskonformität hinzu. Dieses Gebot kann sich freilich nur durchsetzen, wenn die Auslegung nach den herkömmlichen canones eine entsprechende Auslegung ermöglicht[120], anderenfalls muß das Gesetz als verfassungswidrig behandelt werden. Hieraus erhellt, daß die verfassungskonforme Auslegung unter

---

[114] BVerfGE 101, 158, 219–236.
[115] BVerfGE 101, 158, 214 f.
[116] BVerfGE 101, 158, 218.
[117] *Christian Starck*, Praxis der Verfassungsauslegung, 1994, S. 46 ff.; *Josef Isensee*, HStR IX (2011), § 191, Rn. 146 ff. und unten II 1g.
[118] St. Rspr., vgl. z. B. BVerfGE 2, 266 (282); 32, 372 (382 f.) m. w. N.; 74, 297 (346, 355); *Harald Bogs*, Die verfassungskonforme Auslegung von Gesetzen, 1966; *Helmut Simon*, Die verfassungskonforme Gesetzesauslegung, in: EuGRZ 1974, S. 85 ff.; *Reinhold Zippelius*, Verfassungskonforme Auslegung von Gesetzen, in: FG-BVerfG II, S. 108 ff. m. w. N.; *Stern*, (N 32), S. 135 ff. m. w. N.
[119] *Roellecke* (N 69), S. 22 f.
[120] So allgemein zutreffend die st. Rspr.; BVerfGE 49, 148 (157); 69, 1 (55); auf den Wortlaut als Grenze der verfassungskonformen Auslegung stellt ab BVerfGE 18, 97 (111).

dem Gesichtspunkt der Funktionen der Gesetzgebung und der Verfassungsgerichtsbarkeit mit unserem Thema zu tun hat. Bei jeder verfassungskonformen Gesetzesauslegung muß beachtet werden, daß die Gerichte die Gesetze durch Auslegung nicht so verändern, daß die Gesetzgebung durch eine Auslegungsentscheidung eines Gerichts korrigiert wird, also andere gesetzespolitische Entscheidungen vom Richter unmittelbar aus dem Grundgesetz abgeleitet und in das zu interpretierende Gesetz hineingelegt werden[121]. Geht das Gericht zu weit, so schlägt die Achtung des Gesetzgebers, die durch die verfassungskonforme Auslegung gesichert werden soll, unversehens in eine Bevormundung des Gesetzgebers durch das auslegende Gericht um.

Mit verfassungskonformer Auslegung ist nicht nur das Bundesverfassungsgericht beschäftigt, sondern auch die Instanzgerichte haben sich bei Zweifeln darüber Rechenschaft zu geben, ob eine verfassungskonforme Auslegung möglich ist, bevor sie ein Verfahren aussetzen und das von ihnen für verfassungswidrig gehaltene Gesetz dem Bundesverfassungsgericht vorlegen. Zu weitgehende verfassungskonforme Auslegung, die keine Stütze mehr in den Auslegungscanones findet, verlagert die Gesetzgebung auf die Instanzgerichte. Die Instanzgerichte orientieren sich zwangsläufig an der Rechtsprechung des Bundesverfassungsgerichts zur verfassungskonformen Auslegung. Deshalb trifft das Bundesverfassungsgericht insoweit eine hohe Verantwortung[122].

Von seiner Funktion her gesehen, auf Antrag die Einhaltung der Verfassung zu überwachen, würde es genügen, wenn das Bundesverfassungsgericht die vom vorlegenden Gericht vorgenommene Auslegung übernähme und das Gesetz in dieser Auslegung am Grundgesetz messen würde. Da aber nicht nur oberste Bundesgerichte vorlegen dürfen, liegt noch keine einheitliche, durch das Revisionsgericht mitbestimmte durch das Auslegung vor. Deshalb ist verständlich, daß das Bundesverfassungsgericht für sich in Anspruch nimmt, den Sinngehalt einer zu prüfenden Vorschrift selbständig zu ermitteln. Denn ob eine Vorschrift mit dem Grundgesetz im Einklang stehe, könne nur beurteilt werden, wenn sie in ihrer richtigen (sic!) Bedeutung am Grundgesetz gemessen werde[123]. Das Bundesverfassungsgericht gewinnt damit über seine Kompetenz zur verbindlichen Verfassungsauslegung eine Kompetenz zur Auslegung auch einfacher Gesetze im Vorfeld von deren Überprüfung auf ihre Verfassungsmäßigkeit.

---

[121] BVerfG E 8, 28 (41); 11, 77 (84f.); 33, 52 (69); 54, 277 (299f.); sowie die abweichende Meinung des Richters *Helmut Steinberger:* BVerfGE 70, 59 (64).

[122] *Starck* (N 66), Art. 1 Rn. 326. Diese Verantwortung ist z. B. nicht gesehen in BVerfGE 9, 194 (197); 70, 35 (55); dazu die berechtigte Kritik in der abweichenden Meinung *Steinberger* BVerfGE 70, 59 (63f.).

[123] BVerfGE 10, 340 (345); 22, 28 (33); 35, 263 (277); kritisch *Karl August Bettermann*, Die verfassungskonforme Auslegung, 1986, S. 33ff.

II. Besonderer Teil

1. Einzelfragen der Grundrechtsauslegung

a) Allgemeines

Der Text der Grundrechte ist seit dem Inkrafttreten des Grundgesetzes selten geändert worden[124]. Diese textliche Stabilität der meisten Grundrechte darf nicht darüber hinwegtäuschen, daß die Grundrechte durch Auslegung und Anwendung erst ihre Gestalt gefunden haben. Dies ist Folge des Umstandes, daß die unmittelbare Bindung der Staatsgewalt an die Grundrechte (Art. 1 Abs. 3 GG) und die Tätigkeit des Bundesverfassungsgerichts immer wieder Antworten auf die Frage verlangten, ob ein bestimmter Staatsakt mit den Grundrechten vereinbar ist. Die vom Bundesverfassungsgericht getroffenen Entscheidungen haben die Grundrechte intensiven juristisch-dogmatischen Durchformungen ausgesetzt, die die Grundrechte in Teilgebieten ihrer Struktur heute als relativ stabile normative Maßstäbe erscheinen lassen[125]. Es bestehen jedoch gewisse Kontroversen, die sich auf verschiedene Grundrechtstheorien zurückführen lassen. Bei den Grundrechtstheorien handelt es sich um systematisch orientierte Auffassungen „über den allgemeinen Charakter, die normative Zielsetzung und die inhaltliche Reichweite der Grundrechte“[126]. Gemeinhin unterscheidet man eine liberale, eine institutionelle, eine demokratisch-funktionale, eine sozialstaatliche Grundrechtstheorie und die Werttheorie der Grundrechte. Die Auslegung der Grundrechte hängt ganz entscheidend davon ab, welcher Theorie man folgt. Nun stehen diese Theorien dem Interpreten jedoch nicht zur beliebigen Auswahl, was zumeist auch erkannt wird. Würde diese Auswahl nämlich im Vorfeld der eigentlichen Grundrechtsinterpretation getroffen, ginge Grundrechtsinterpretation vollständig über die herkömmlichen Auslegungscanones hinweg und stellte die Grundrechte praktisch außerhalb des Verfassungsganzen.

Weit verbreitet ist die Auffassung, daß die Grundrechte durchweg sehr unbestimmt und „generalklauselartig“[127] seien und somit der Interpretation einen weiten Spielraum ließen. Auf diese Aussage wird unter anderem die These gestützt, daß man sich zwischen den verschiedenen Grundrechtstheorien entscheiden müsse. Robert Alexy spricht von „abstrakten, offenen und ideologieträchtigen Grundrechtsbestimmungen“[128]. Das relativ geringe Maß der Bindung ergebe sich aus der Offenheit der Grundrechtsbestimmung sowie aus der Tatsache, daß sich der Entstehungsgeschichte in vielen Fällen nichts oder nichts Ein-

[124] Änderungen und Ergänzungen hat es im Zusammenhang mit der Einführung der Wehrverfassung (1956), der Notstandsverfassung (1968), der Änderung des Asylrechts (1993/2000), des Art. 3 (1994) und des Art. 13 (1998) gegeben.

[125] Vgl. dazu und zum Folgenden vor allem *Starck* (N 66), Art. 1 Rn. 151 ff.

[126] *Böckenförde* (N 109), S. 1529, auch zum Folgenden; vgl. ferner *Alexy* (N 48), S. 508 ff.

[127] Statt vieler *Peter Häberle*, Die Wesensgehaltgarantie des Art. 19 Abs. 2 GG, ^{3}1983, S. 102; kritisch *Starck* (N 66). Art. 1 Rn. 171 ff.

[128] *Alexy* (N 48), S. 501 f.; vgl. auch *Dreier* (N 109), S. 42 ff.

deutiges entnehmen lasse. Es wird zu zeigen sein, daß die Grundrechte klarer sind als allgemein angenommen, wenn man mit (funktionsrechtlicher) Rücksicht auf die Verfassungsgerichtsbarkeit, die die Grundrechte als Maßstäbe für die Normenkontrolle verwendet, zwischen dem Schutzbereich und den Schranken der Grundrechte unterscheidet[129], wenn man das Verhältnismäßigkeitsprinzip auf die Grundrechtsschranken anwendet[130] und wenn man andere als liberalstaatliche Funktionen der Grundrechte nur ausnahmsweise annimmt, wenn sich hinreichend klare Interpretationsanhaltspunkte dafür ergeben[131].

Für die Auslegung der Grundrechte, einschließlich der institutionellen Garantien im ersten Abschnitt des Grundgesetzes, die zum Teil Grundrechtscharakter haben, ist auf die Auslegungscanones zurückzugreifen. Die Geschichte der Entwicklung der Grundrechte seit den ersten Grundrechtsproklamationen, insbesondere die deutsche Grundrechtsgeschichte, ist für deren Auslegung heranzuziehen, wobei zu beachten ist, daß die Geltung der Grundrechte durch das Grundgesetz verstärkt worden ist[132]. Das Bundesverfassungsgericht hat sich zur Grundrechtsauslegung allgemein dahin geäußert, daß derjenigen Auslegung der Vorzug zu geben sei, die die juristische Wirkungskraft der Grundrechtsnorm am stärksten entfalte[133]. Dieser Grundsatz möglichster Grundrechtseffektivität darf nicht isoliert betrachtet werden. Denn das Grundgesetz kennt schutzwürdige Gemeinschaftsgüter und beruht auf dem Prinzip der Gemeinverträglichkeit der Freiheit, das in zahlreichen Grundrechtsschranken zum Ausdruck kommt. So muß sich der einzelne nach den zutreffenden Worten des Bundesverfassungsgerichts „diejenigen Schranken seiner Handlungsfreiheit gefallen lassen, die der Gesetzgeber zur Pflege und Förderung des sozialen Zusammenlebens in den Grenzen des bei dem gegebenen Sachverhalt allgemein Zumutbaren zieht, vorausgesetzt, daß dabei die Eigenständigkeit der Person gewahrt bleibt“[134]. Mit solchen allgemeinen Aussagen über die Grundrechtsauslegung ist für den einzelnen Fall noch wenig entschieden. Es kommt hauptsächlich und entscheidend auf die Auslegung des einzelnen Grundrechts und auf die Schrankenkonzeption an.

b) Die dogmatische Unterscheidung von Schutzbereich und Schranken der Grundrechte

Im Prinzip ist anerkannt, daß bei Auslegung und Anwendung der Grundrechte zwischen dem verfassungsrechtlichen Grundrechtstatbestand (= Schutzbereich) und den Schranken des Grundrechts unterschieden werden muß[135]. Diese Argumentationsweise vermeidet es, notwendige Gemeinwohlbezüge der Freiheit dogmatisch bereits in den Grundrechtstatbestand zu verlagern. Nur sehr selten ist

[129] S. u. II 1b.
[130] S. u. II 1c.
[131] S. u. II 1d.
[132] *Starck* (N 66), Art. 1 Rn. 152f.
[133] BVerfGE 6, 55 (72); 32, 54 (71); 39, 1 (38).
[134] BVerfGE 4, 7 (151f.); ähnlich: E 27, 344 (351); 30, 1 (20); 32, 373 (379).
[135] *Christian Hillgruber*, HStR IX (2011), §§ 200, 201.

ein Grundrecht so formuliert, daß eine bestimmte gemeinwohlschädliche Modifikation von vornherein aus dem Schutzbereich herausdefiniert ist[136]. Insoweit liegt eine Gewährleistungsschranke vor. In einer frühen Entscheidung hat das Bundesverfassungsgericht (1960) als Gewährleistungsschranke der Glaubensfreiheit „die allgemeine Wertordnung des Grundgesetzes" bezeichnet und hinzugefügt: „Das Grundgesetz hat nicht irgendeine, wie auch immer geartete freie Betätigung des Glaubens schützen wollen, sondern nur diejenige, die sich bei den heutigen Kulturvölkern auf dem Boden gewisser übereinstimmender sittlicher Grundanschauungen im Laufe der geschichtlichen Entwicklung herausgebildet hat"[137]. Diese tatbestandsimmanente Beschränkung des Grundrechts der Glaubensfreiheit hängt offenbar mit dem Fehlen ausdrücklicher Schranken in Art. 4 GG und mit der Scheu davor zusammen, auf die Schranke des Art. 140 GG in Verbindung mit Art. 136 Abs. 1 WRV zurückzugreifen[138]. Demgegenüber bleibt die Feststellung angebracht, daß die dogmatische Trennung von Grundrechtstatbestand und Grundrechtsschranken die Gefahr willkürlicher Beschränkung der Freiheit durch einengende ad hoc-Definition des Grundrechts vermindert und die Operation der Schrankenziehung einem schärferen Argumentationszwang unterwirft[139].

In einem Beschluß des Bundesverfassungsgerichts zu Art. 13 GG aus dem Jahre 1971 ist das Problem gesehen und deutlich umschrieben worden: Eine engere Auslegung des Wohnungsbegriffs sei ersichtlich auch von der Sorge bestimmt, daß anderenfalls viele herkömmliche Betretungs- und Besichtigungsrechte von Verwaltungsbehörden im Rahmen der Wirtschafts-, Arbeits- und Steueraufsicht nicht aufrechterhalten werden könnten, weil sie durch die Schrankenbestimmung des Art. 13 Abs. 3 GG nicht mehr gedeckt wären. Es sei bedenklich, den Wirkungsbereich des Grundrechts vom Schrankenvorbehalt her zu bestimmen und die engere Auslegung zu wählen, weil die weitere Auslegung praktische Schwierigkeiten bereite. Das Bundesverfassungsgericht schließt seine Überlegung wie folgt ab: „Vielmehr ist zunächst die materielle Substanz des Grundrechts zu ermitteln; erst danach sind unter Beachtung der grundsätzlichen Freiheitsvermutung und des Verfassungsgrundsatzes der Verhältnismäßigkeit und Zumutbarkeit die rechtsstaatlich vertretbaren Schranken der Grundrechtsausübung zu fixieren"[140].

---

136 Zum Beispiel Art. 8 GG: „friedlich und ohne Waffen".

137 BVerfGE 12, 1 (4).

138 Siehe dagegen *Starck* (N 66), Art. 4 Rn. 87 m. w. N.; zum später vom BVerfG beschrittenen Weg vgl. BVerfGE 32, 98 (107).

139 *Michael Kloepfer*, Grundrechtstatbestand und Grundrechtsschranken in der Rechtsprechung des Bundesverfassungsgerichts – dargestellt am Beispiel der Menschenwürde, in: FG-BVerfG, Bd. II (1976), S. 405, 406 f. in Auseinandersetzung mit Starck bezüglich einiger weniger tatbestandlicher Einengungen, die vermeiden sollen, daß z. B. das Töten und Stehlen unter den Schutzbereich eines Grundrechts fällt. *Wilhelm Henke*, Juristische Systematik der Grundrechte, in: DÖV 1984, S. 1 (3 ff.) unterscheidet ähnlich wie oben zwischen Inhalt des Grundrechts und Duldungspflicht.

140 BVerfGE 32, 54 (72).

Der Schutzbereich der einzelnen Grundrechte ist durch Auslegung zu ermitteln. Mit Rücksicht auf die verschieden formulierten Grundrechtsschranken[141] ist eine abgrenzende Zuordnung der einzelnen Lebenssachverhalte zu den verschiedenen Grundrechtstatbeständen erforderlich. Rechtsprechung und Lehre neigen dazu, die Schutzbereiche weit auszulegen, so zum Beispiel für die Begriffe „Beruf"[142], „Wohnung"[143], „Presse"[144], „Meinungsäußerung", die Tatsachenmitteilungen[145] und Werbung[146] umfaßt, und „Eigentum"[147]. Jede irgendwie einengende Bestimmung des Schutzbereichs eines Grundrechts hat zur Folge, daß ein Rückgriff auf Art. 2 Abs. 1 GG erfolgt[148].

In Art. 6 Abs. 1, der Ehe und Familie unter den besonderen Schutz der staatlichen Ordnung stellt, hat der Begriff der Familie losgelöst von Ehe und Hausgemeinschaft im Wege der Auslegung eine umfassende Bedeutung erlangt, wonach auch unverheiratete Eltern mit ihren Kindern ein Familie, bei getrennt Lebenden zwei Familien bilden (BVerfGE 127, 263, 287). Diese Auslegung des Begriffs Familie hält sich noch im Rahmen der herkömmlichen Auslegungsregeln, was sich insbesondere aus dem auf die Kinder bezogenen Schutzzweck des Art. 6 Abs. 1 GG ergibt. Der verfassungsrechtliche Begriff der Ehe, die ebenfalls unter dem besonderen Schutz des Staates steht, setzt die Verbindung eines Mannes und einer Frau zur grundsätzlich unauflösbaren Lebensgemeinschaft voraus (BVerfGE 10, 59, 66; 121, 175, 198). Gleichgeschlechtliche Lebenspartnerschaften sind keine Ehen, solange das Grundgesetz den Ehebegriff verwendet. Solche Lebensgemeinschaften nach dem Lebenspartnerschaftsgesetz von 2001 stehen unter dem Schutz des Art. 2 Abs. 1 GG, der die freie Entfaltung der Persönlichkeit gewährleistet.

c) Grundrechtsschranken, insbesondere das Verhältnismäßigkeitsprinzip

Den Grundrechtsschranken kommt eine zentrale Bedeutung für den Geltungsvorrang der Grundrechte zu. Die eigentliche Schwierigkeit bei der Aktualisierung der Grundrechtsbindung liegt darin, daß die Gesetzgebung an die Grundrechte gebunden (Art. 1 Abs. 3 GG), zugleich ermächtigt ist, Schranken der Grundrechte festzulegen. Diese formelle Voraussetzung für Grundrechtseingriffe wird ergänzt durch materielle Voraussetzungen, die sich nur zum Teil ausdrücklich aus den Grundrechten ergeben[149].

---

[141] Vgl. *Starck* (N 66), Art. 1 Rn. 267 ff.

[142] BVerfGE 7, 377 (397); 78, 179 (193).

[143] BVerfGE 32, 54 (72).

[144] Zum Umfang des Pressebegriffs: BVerfGE 10, 118 (121); 25, 296 (304); 64, 108 (114); 66, 116 (134); 77, 346 (354); nicht nur seriöse Presse: BVerfGE 34, 269 (283); auch den Anzeigenteil umfassend: BVerfGE 21, 271 (278 ff.); 64, 108 (114); 74, 297 (341 f.).

[145] BVerfGE 61, 1 (7); 65, 1 (41); 71, 162 (179).

[146] So tendenziell BVerfGE 30, 336 (352); 53, 96 (99); deutlich jetzt E 71, 162 (175).

[147] Zum Beispiel BVerfGE 14, 288 (293); 16, 94 (100); 45, 142 (179); 53, 257 (289); 53, 336 (348); 65, 196 (209); 71, (143); 77, 370 (377).

[148] Vgl. ausführlich nach Grundrechten gegliedert *Starck* (N 66), Art. 2 Rn. 49–82.

[149] Zu den verschiedenen Gruppen von Grundrechtsschranken vgl. *Starck* (N 66), Art. 1 Rn. 173 f.

Grundrechte dürfen um schutzwürdiger Rechtsgüter willen eingeschränkt werden. Es handelt sich um verfassungsrechtlich verankerte Rechtsgüter (Ehe, Grundrechte anderer) und um Rechtsgüter, die im Einklang mit der Verfassung stehen (z. B. Volksgesundheit). Die zum Schutz eingesetzten Mittel müssen geeignet, erforderlich und proportional (= Güterabwägung) sein. Mit diesen Kriterien, die man zusammengenommen als den Grundsatz der Verhältnismäßigkeit oder als das Übermaßverbot bezeichnet, greift das Bundesverfassungsgericht auf wirksame Kontrollinstrumente zurück, mit deren Hilfe festgestellt werden kann, ob eine verfassungsrechtlich legitimierte Grundrechtseinschränkung oder eine Grundrechtsverletzung vorliegt. Diese Kontrollinstrumente sind im Wege der Verfassungsauslegung gefunden worden. Der Grundsatz der Verhältnismäßigkeit wird häufig – auch vom Bundesverfassungsgericht – aus dem Rechtsstaatsprinzip abgeleitet[150]. Nach einem Urteil aus dem Jahr 1965[151] folgt der Grundsatz der Verhältnismäßigkeit zutreffend jedoch „im Grunde bereits aus dem Wesen der Grundrechte selbst, die als Ausdruck des allgemeinen Freiheitsanspruchs des Bürgers gegenüber dem Staat von der öffentlichen Gewalt jeweils nur so weit beschränkt werden dürfen, als es zum Schutz öffentlicher Interessen unerläßlich ist".

Was mit dem „Wesen der Grundrechte" bezeichnet wird, ergibt sich aus der Bindungsklausel des Art. 1 Abs. 3 GG, die das Wesen der Grundrechte entscheidend prägt; das Wesen der Grundrechte ist ein anderes, wenn sie durch Gesetzesvorbehalt allein dem Gesetzgeber anheimgegeben sind. Die Vermittlung zwischen Regelungskompetenz des Gesetzgebers im Grundrechtsbereich und – gerichtlich kontrollierbarer – Bindung des Gesetzgebers an die Grundrechte ist logisch nur möglich, wenn der im Grundrechtsbereich regelnde Gesetzgeber sowohl in der Auswahl der Schutzgüter als auch im Einsatz der Mittel verfassungsrechtlich gebunden ist. Das Kriterium der Erforderlichkeit ist nicht ohne Einfluß auf die im Gesetz vorgenommene Gattungsbildung. Aus dem hohen Rang, den das Grundgesetz der menschlichen Persönlichkeit zuerkennt, rechtfertigt sich die Tendenz, von groben, den individuellen Verhältnissen wenig angemessenen Gattungsbildungen und Typisierungen abzusehen und die Entscheidung des Einzelfalls über die Umschlagstelle unbestimmter Rechtsbegriffe und von Ermessensvorschriften der Verwaltung bzw. dem Richter zu überantworten. Die Grundrechte fordern aber nicht, daß die Verläßlichkeit und Berechenbarkeit des Rechts aufgegeben bzw. allmählich unterhöhlt wird[152]. Aus der Sicht der Gesetzeskontrolle des Bundesverfassungsgerichts bedeutet dies: Das Gericht darf nicht den funktionsrechtlich abgesicherten typisierenden und generellen Charakter der Gesetze mit dem Hebel des Verhältnismäßigkeitsprinzips

---

[150] BVerfGE 23, 127 (133) m. w. N.; E 75, 1 (16); *Eberhard Grabitz*. Der Grundsatz der Verhältnismäßigkeit in der Rechtsprechung des Bundesverfassungsgerichts, in: AöR 98 (1973), S. 568 (582 ff.).

[151] BVerfGE 19, 342 (348 f.); vgl. auch E 35, 382 (401); 61, 126 (134); 76, 1 (50 f.); *Starck* (N 66), Art. 1 Rn. 285; *Detlef Merten*, Verhältnismäßigkeitsprinzip, in: Merten/Papier (Hrsg.), HGR III, S. 517, 538 ff.

[152] *Peter Lerche*, Übermaß und Verfassungsrecht, 1961, S. 54; *Starck* (N 37), S. 43, 58 ff.

auflösen und damit die Rechtsordnung atomisieren. Bei Konflikten zwischen einem Grundrecht und der Schutzpflicht des Staates für ein entgegenstehendes Grundrecht, z.B. Meinungsfreiheit/Pressefreiheit vs. Persönlichkeitsrecht geht es um angemessene Abwägung. Beispiele für unterschiedliche Gewichtungen sind die Entscheidungen des Bundesverfassungsgerichts und des Europäischen Gerichtshofs für Menschenrechte in Sachen Caroline von Hannover.[153] Die Tendenz des Bundesverfassungsgerichts die Meinungs- und Pressefreiheit als vorrangige Freiheitsrechte zu sehen, kann nicht auf das Grundgesetz gestützt werden. Entsprechendes gilt für die Überordnung der Versammlungsfreiheit.[154]

Soweit die Rechtsprechung zur Beurteilung von Grundrechtsschranken weitere dogmatische Figuren benutzt wie Stufentheorien[155] und Unterscheidungen danach, ob eine Betätigung ganz verboten oder nur deren Modalität geregelt wird, liegen abstrakte Schichtungen der Eingriffsschwere vor, die die Anwendung des Verhältnismäßigkeitsprinzips erleichtern und verstetigen sollen. Bei der Anwendung solcher „Theorien" muß darauf geachtet werden, daß sie nicht erstarren und sich nicht verselbständigen.

Die Anwendung des Verhältnismäßigkeitsprinzips zur Handhabung der zum Schutz von Rechtsgütern eingesetzten Grundrechtsschranken setzt Tatsachenfeststellungen und Prognosen voraus. Diese trifft der Gesetzgeber nicht völlig frei, anderenfalls könnte die Bindungsklausel (Art. 1 Abs. 3 GG) unterlaufen werden. Die Überprüfung der Verfassungsmäßigkeit von Gesetzen verlangt die Kontrolle der Tatsachenfeststellungen und Prognosen[156]. Dem Gesetzgeber wird eine Einschätzungsprärogative zugebilligt, die jedoch abgestuft ist, je nach der Eigenart des geregelten Sachbereichs, den Möglichkeiten, sich ein hinreichend sicheres Urteil zu bilden, und der Bedeutung der auf dem Spiele stehenden Rechtsgüter[157]. Daraus folgen differenzierte Maßstäbe für die Intensität der Kontrolle: Bloße Evidenzkontrolle im Bereich vor allem der Wirtschaftspolitik, wenn die Grundrechte des freien Wirtschaftens nur am Rande berührt werden[158]; Vertretbarkeitskontrolle im Bereich der wirtschaftlichen Grundrechte, wenn die Möglichkeiten der Prognose sicherer sind[159]; eine intensivierte inhaltliche Kontrolle wird vorgenommen, wenn Leben oder Freiheit der Person[160] oder andere Grundrechte betroffen sind, soweit es um weitreichende Einschränkungen

[153] Dazu *Christian Starck*, Praxis der Verfassungsauslegung II, 2006, S. 85 ff.

[154] Zutreffend *Matthias Herdegen*, Verfassungsinterpretation als methodische Disziplin, in: JZ 2004, S. 873, 877; *Ossenbühl* (N 61), Rn. 51 f.

[155] BVerfGE 7, 377 (405 ff.); 33, 125 (160) – zu Art. 12; E 30, 173 (189 ff.) – zu Art. 5 Abs. 3 GG; vgl. dazu *Starck* (N 66), Art. 5 Rn. 306 ff., 329 ff.

[156] So st. Rspr.; BVerfGE 7, 377 (412); 25, 1 (13); 30, 250 (263 f.); 50, 290 (332 f.); vgl. *Fritz Ossenbühl*, Die Kontrolle von Tatsachenfeststellungen und Prognoseentscheidungen durch das Bundesverfassungsgericht, in: FG-BVerfG I, S. 458 ff.; *Klaus-Jürgen Philippi*, Zur Tatsachenfeststellung des Bundesverfassungsgerichts, 1971, passim; *Brun-Otto Bryde*, Tatsachenfeststellung und soziale Wirklichkeit in der Rechtsprechung des Bundesverfassungsgerichts,: FS 50 Jahre Bundesverfassungsgericht, Bd. I, 2001, S. 533 ff.

[157] BVerfGE 50, 290 (333); 57, 139 (160).

[158] BVerfGE 37, 1 (20); 40, 196 (223).

[159] BVerfGE 25, 1 (12 f.); 39, 210 (225); 57, 139 (157); 77, 84 (107, 122).

[160] BVerfGE 39, 1 (46, 51 ff.); 45, 187 (238).

geht[161]. Die Abgrenzung zwischen den Kontrollstufen – insbesondere zwischen der Evidenz- und der Vertretbarkeitskontrolle – ist nicht immer leicht, da die Kriterien der Zuordnung noch undeutlich sind[162]. Gleichwohl ist die Stufenfolge nützlich, weil sie Argumentationsraster liefert und im Hinblick auf sich ansammelnde Präjudizien mehr und mehr vorausberechenbar wird.

Der dem Gesetzgeber zugebilligte Beurteilungs- und Prognosespielraum steht in einem Spannungsverhältnis zu anderen Auslegungsregeln wie Grundrechtseffektivität[163], in dubio pro libertate[164] und ähnlichen[165], die im Hinblick auf die zu schützenden Rechtsgüter unangemessen sind[166]. Denn die Prognoseunsicherheit geht nicht immer zu Gunsten der Freiheit. Die Stufung der Kontrollintensität im Hinblick auf die Wertigkeit der einzelnen Grundrechte und auf das Ausmaß von deren Berührtheit wirkt tendenziell in Richtung auf eine „preferred freedom"-Doktrin, die freilich im einzelnen an Hand der Grundrechte und deren durchaus verschiedenen Schranken begründet werden muß[167].

d) Zur objektiv-rechtlichen Funktion der Grundrechte

Im Parlamentarischen Rat wurden die Grundrechte als einklagbare subjektive Rechte des Bürgers bezeichnet[168], insoweit wurde sowohl ein bloßer Programmsatzcharakter als auch ein bloßer objektiv-rechtlicher Charakter der Grundrechte abgelehnt. Das ist im Hinblick auf die deutsche Grundrechtsgeschichte eine wichtige Entscheidung gewesen, die im Grundgesetz mannigfach Ausdruck gefunden hat. So sieht das Grundgesetz entsprechenden Gerichtsschutz (Art. 19 Abs. 4, später Art. 93 Abs. 1 Nr. 4a GG) vor.

Ein objektiv-rechtlicher Charakter der Grundrechte oder eine institutionelle Garantie wird in der juristischen Argumentation häufig gegen das subjektive Recht auszuspielen versucht, zum Teil unter Berufung auf das Demokratie- oder das Sozialstaatsprinzip. Entsprechende Argumentationen finden sich besonders auf dem Feld der Kommunikationsgrundrechte. Im Hinblick auf die Freiheit der Berichterstattung durch Rundfunk (Art. 5 Abs. 1 S. 2 GG) wird dem Gesetzgeber die Befugnis zugebilligt, zu entscheiden, wer das subjektive Recht auf Träger der Rundfunkfreiheit haben soll; es wurde für möglich gehalten, daß das Recht weiterhin ausschließlich den öffentlich-rechtlichen Rundfunkanstalten und deren Bediensteten zustehen soll[169]. Bei der Regelung hat danach der Gesetzgeber

---

[161] BVerfGE 7, 377 (415); 11, 30 (45); 17, 269 (276ff.).

[162] Vgl. insbesondere BVerfGE 57, 139 (157).

[163] BVerfGE 6, 55 (72); 32, 54 (71); kritisch *Ossenbühl* (N 61), Rn. 20.

[164] Freiheitsvermutung: BVerfGE 6, 32 (42).

[165] BVerfGE 15, 275 (282); Interpretation soll dem Bürger möglichst einen Rechtsanspruch einräumen.

[166] Kritisch dazu auch *Roellecke* (N 69), S. 42ff.; *Stern* (N 32), S. 133f.; *Ossenbühl* (N 61), Rn. 20ff., 23f.

[167] *Starck* (N 37), S. 75, 139.

[168] So z. B. der Abgeordnete Dr. *Schmid* (SPD) in: JöR NF I, S. 43.

[169] Vgl. insbes. *Wolfgang Hoffmann-Riem* in: GG-AK I, 1984, S. 489ff., 549ff.; ähnlich noch ebd., [2]1989, S. 496f. *Martin Bullinger*, Freiheit von Presse, Rundfunk und Film, HStR VII (2009) § 163 Rn. 100ff.

nicht auf subjektive Grundrechte, sondern auf objektive Verfassungsprinzipien Rücksicht zu nehmen. Eine Entsubjektivierung der Grundrechte steht nicht im Einklang mit dem Grundgesetz. Gemeinwohlgüter, die die objektiven Verfassungsprinzipien zum Ausdruck bringen, werden nicht durch einen organisationsrechtlichen Gesamtzugriff des Gesetzgebers auf das Grundrecht, sondern durch Grundrechtsschranken geschützt, wie sie das Grundgesetz ausdrücklich vorsieht. Denn Freiheit wird in den Grundrechten des Grundgesetzes nicht nach Maßgabe objektiv-rechtlicher Garantien geschützt[170]. Die objektiv-rechtliche (institutionelle) Seite eines Grundrechts vermag ebenso wie ein anderes schutzwürdiges Gemeinschaftsgut die mit der subjektiv-rechtlichen Seite der Grundrechte gewährleistete Betätigungsfreiheit immer nur definiert einzuschränken[171]. Der sich hieraus ergebende Vorrang der subjektiv-rechtlichen Seite der Grundrechte findet in den besonderen Schranken der Freiheit Ausdruck, die die Grundrechte vorsehen; diese wären unnötig, wenn die Freiheit nur nach gesetzlich vorgegebenen Kriterien gewährleistet wäre und ausgeübt werden dürfte.

Das Bundesverfassungsgericht, das sich im Laufe seiner Rechtsprechung mehrfach mit der objektiv-rechtlichen oder institutionellen Seite der Grundrechte beschäftigt hat, hat das Verhältnis zur subjektiv-rechtlichen Seite der Grundrechte allgemein wie folgt umschrieben: „Nach ihrer Geschichte und nach ihrem heutigen Inhalt sind sie (sc. die Einzelgrundrechte) in erster Linie individuelle Rechte, Menschen- und Bürgerrechte, die den Schutz konkreter, besonders gefährdeter Bereiche menschlicher Freiheit zum Gegenstand haben. Die Funktion der Grundrechte als objektiver Prinzipien besteht in der prinzipiellen Verstärkung ihrer Geltungskraft (BVerfGE 7, 198 (205) – Lüth), hat jedoch ihre Wurzel in dieser primären Bedeutung (vgl. etwa für das Eigentum BVerfGE 24, 367 (389) – Hamburgisches Deichordnungsgesetz). Sie läßt sich deshalb nicht von dem eigentlichen Kern lösen und zu einem Gefüge objektiver Normen verselbständigen, in dem der ursprüngliche und bleibende Sinn der Grundrechte zurücktritt“[172].

Im Zusammenhang mit dem objektiv-rechtlichen Charakter der Grundrechte wird eine werttheoretische Grundrechtsauffassung vertreten, wonach nur oder vor allem werthafte Freiheitsbetätigung geschützt wird. Hierzu gehört auch ein funktional-demokratisches Grundrechtsverständnis, das die Freiheitsgewährleistung auf politische Ziele und Zwecke einengt bzw. solche Freiheitsbetätigung privilegiert. Solche Auffassungen stehen im Widerspruch zum Grundgesetz, das die gewährleistete Freiheit nicht auf wertvolle Tätigkeiten beschränkt und den

---

[170] Siehe vor allem *Hans Hugo Klein*, Die Grundrechte im demokratischen Staat, 1972, passim; Walter Schmitt Glaeser, Planung und Grundrechte, in: DÖV 1980, S. 1 (6); Günter Dürig in: Maunz/Dürig. Komm. z. GG, Art. 1 Abs. I Rn. 98; *Eberhard Grabitz*, Freiheit und Verfassungsrecht, 1976, S. 252 ff.; *Karl-Eberhard Hain*, Rundfunkfreiheit und Rundfunkordnung, 1993, S. 80 ff.

[171] Zur Pressefreiheit siehe *Starck* (N 66), Art. 5 Rn. 68 ff., 74 ff.

[172] BVerfGE 50, 290 (337); vgl. auch *Ossenbühl* (N 27), S. 2104. Den individualrechtlichen Charakter der Grundrechte betont das BVerfG auch in seinen Entscheidungen zur Grundrechtsfähigkeit von juristischen Personen des öffentlichen Rechts, vgl. BVerfGE 59, 231 (255); 68, 193 (205); 75, 192 (195).

notwendigen Rechtsgüterschutz über Grundrechtsschranken sichert[173]. Wenn verfassungsrechtlich geschützte Rechtsgüter Grundrechtsschranken begründen, so liegt der Unterschied zu einer Werttheorie der Grundrechte in zweierlei: Die verfassungsrechtlich geschützten Rechtsgüter sind nur Schranken der Freiheit, nicht rechtlich verpflichtende positive Anleitungen für die Betätigung der Freiheit. Außerdem müssen die schutzwürdigen Rechtsgüter im einzelnen verfassungsrechtlich nachgewiesen werden[174] und dürfen nicht aus einer an das Grundgesetz herangetragenen Werttheorie abgeleitet werden. Für verfassungsrechtlich besonders geschützte Rechtsgüter kann jedoch ohne Schaden der Ausdruck „Wert“ benutzt werden, was in der Kritik an der Rechtsprechung nicht immer deutlich wird[175].

e) Leistungsrechtliche Grundrechtsauslegung

Der leistungsstaatlichen Grundrechtsauslegung liegt der Gedanke zugrunde, daß die materiellen Voraussetzungen für die Ausübung der Freiheit in den Grundrechten mitgewährleistet seien[176], daß also die Grundrechte nicht nur Abwehransprüche gegen den Staat, sondern auch Leistungsansprüche gegen den Staat zum Inhalt haben. Mit dieser Erweiterung der Grundrechte wird der erlaubte Rahmen der Auslegung überschritten. Denn das Grundgesetz kann in dem von ihm aufgestellten organisatorischen und funktionsrechtlichen Rahmen so wichtige Haushaltsentscheidungen, wie sie sich aus der leistungsstaatlichen Grundrechtsinterpretation ergeben, nicht zum Gegenstand der Verfassungsinterpretation gemacht und damit der Entscheidungsmacht des Bundesverfassungsgerichts unterworfen haben. Bei der Vielzahl und der nicht zu vermeidenden Unbestimmtheit der Freiheitsvoraussetzungen stände die Grundrechtsdogmatik vor unlösbaren Schwierigkeiten. Sozialer Ausgleich kann nicht über Grundrechtsauslegung bewerkstelligt werden, sondern ist eine dem Parlament allein zustehende politische Aufgabe, die in den Grenzen des Verfassungsrechts zu erfüllen ist[177]. Wegen der Unbestimmtheit des Anspruchsobjekts und wegen der nicht überwindbaren Knappheit der Finanzen kann die Verfassung soziale und andere Leistungsrechte nicht in derselben strengen Verbindlichkeit garantieren wie

---

[173] *Josef Isensee*, HStR IX (2011), § 190 Rn. 204 ff., 223 ff.

[174] Beispielhaft BVerfGE 39, 1 (36 f.).

[175] Zum Beispiel *Erhard Denninger*, Freiheitsordnung – Wertordnung – Pflichtordnung, in: JZ 1975, S. 545 ff.; vgl. dazu *Christian Starck*, Zur Notwendigkeit einer Wertbegründung des Rechts, in: Ralf Dreier (Hg.), Rechtspositivismus und Wertbezug des Rechts, 1990, S. 47 (57 ff.) = *Starck*, Freiheit und Institutionen, 2002, S. 9, 23 ff.

[176] *Klaus Stern*, HStR IX (2011), § 185 Rn. 60 ff.

[177] Vgl. *Starck* (N 66), Art. 1 Rn. 187–192; *ders.* (N 103), S. 516 ff.; *Böckenförde* (N 109), S. 1537; *Ossenbühl* (N 27), S. 2104; *Horst Sendler*, Teilhaberechte in der Rechtsprechung des Bundesverwaltungsgerichts, in: DÖV 1978, S. 581 ff.; *Georg Brunner*, Die Problematik der sozialen Grundrechte, 1971, S. 16 ff.; *Ernst Friesenhahn*, Der Wandel des Grundrechtsverständnisses. in: Verhandlungen des 50. DJT, 1974, Bd. II, Teil G, passim; *Hesse* (N 21), Rn. 289; *Hans D. Jarass*, Grundrechte als Wertentscheidungen bzw. objektiv-rechtliche Prinzipien in der Rechtsprechung des Bundesverfassungsgerichts, in: AöR 110 (1985), S. 363 (389 f.); *Wolfgang Rüfner*, Leistungsrechte, in: Merten/Papier (Hrsg.), HGR Bd. III, § 40.

Abwehrrechte[178]. Die Grundrechtsgewährleistungen des Grundgesetzes bauen in bewußter Abkehr von der Tradition der Programmsätze auf der in Art. 1 Abs. 3 GG normierten unmittelbaren Bindung der Grundrechte auf. Damit ist eine klare Grenze der Verfassungsauslegung aufgewiesen, die auch für andere[179] als soziale Ansprüche gegen den Staat gilt; Ausnahmen müssen sich mit hinreichender Klarheit aus dem Grundgesetz ergeben, dürfen insbesondere nicht im Widerspruch zur Funktionsverteilung stehen[180].

f) Die Auslegung und Anwendung des Gleichheitssatzes

Die verwaltungs- und justizrechtliche Formulierung des Gleichheitssatzes „vor dem Gesetz gleich" (Art. 3 Abs. 1 GG) hat das Gesetz als Maßstab, das gleichmäßig, das heißt gesetzmäßig anzuwenden ist. Mit der Bindung auch des Gesetzgebers an den Gleichheitssatz (Art. 1 Abs. 3 GG) ist die Frage nach dem Maßstab dafür, was gleich oder ungleich geregelt werden muß oder kann, aufgeworfen, aber nicht aus Art. 3 Abs. 1 GG zu beantworten. Das Bundesverfassungsgericht hat mit verschiedenen erläuternden Formeln den Gleichheitssatz näher zu bestimmen versucht. Danach darf der Gesetzgeber „weder wesentlich Gleiches willkürlich ungleich noch wesentlich Ungleiches willkürlich gleich behandeln"[181]. Unter Willkür versteht das Gericht Willkür im objektiven Sinne, das heißt die tatsächliche und eindeutige Unangemessenheit der Regelung in bezug auf den zu ordnenden Gesetzgebungsgegenstand[182]. Diese und ähnliche Formeln[183] können allenfalls der Anwendung des Gleichheitssatzes die Richtung geben, ihn aber nicht mit Inhalt füllen. Es wäre eine bedenkliche Erscheinung der „Verfassungsauslegung", wollte man allein mit Hilfe dieser Formeln den Gleichheitssatz als Maßstab für Normenkontrollen verwenden. Soweit nicht besondere verfassungsrechtliche Gleichheitsgarantien bestimmen, unter welchen Gesichtspunkten rechtliche Gleichheit gilt[184], müssen die leitenden Gesichtspunkte aus anderen Quellen gewonnen werden. Wäre man darauf beschränkt, diese den in der Gesellschaft herrschenden Gerechtigkeits- und Wertvorstellungen zu entnehmen, wäre eine gerichtliche Normenkontrolle am Maßstab des Gleichheitssatzes äußerst mißlich. Denn wenn diese Wertvorstellungen irgendwo greifbar

---

178 Anders *Alexy* (N 48), S. 467, der meint, daß sich die Justitiabilitätsprobleme nicht grundsätzlich von denen unterscheiden, die sich bei den herkömmlichen Grundrechten stellen.

179 Vgl. *Christian Starck*, Informationsfreiheit und Nachrichtensperre, in: AfP 1978, S. 171 ff. = *Starck*, Freiheit und Institutionen, 2002, S. 445 ff.

180 Vgl. zu Ausnahmen *Starck* (N 103), S. 480, 521, 524, 525 = *Starck*, Freiheit und Institutionen, 2002, S. 158, 199; umgekehrt geht *Alexy* (N 48), S. 465 ff., vor, indem er unter bestimmten Gegebenheiten von der Vermutung eines sozialen Grundrechts ausgeht, soweit sich nicht gegenläufige Prinzipien durchsetzen. Zur Unterscheidung von Handlungs- und Kontrollnormen, die auch hier nicht weiterführt, s. o. A I 3.

181 BVerfGE 4, 144 (155); 50, 177 (186); 51, 295 (300); 60, 16 (42).

182 BVerfGE 4, 144 (155); 2, 266 (281); 71, 202 (205); 80, 48 (51).

183 BVerfGE 9, 124 (129); 12, 341 (348); 15, 167 (201); 23, 12 (24 f.); 42, 374 (388); 47, 168 (178); 48, 227 (235); 51, 1 (23).

184 Zum Beispiel Art. 3 Abs. 2, 3; Art. 33 Abs. 1–3; Art. 38 Abs. 1 S. 1; Art. 28 Abs. 1 S. 2; Art. 12 Abs. 2; Art. 101 Abs. 1 S. 1 GG.

verkörpert sind, so im frei gewählten Parlament, das die Gesetze erläßt. Der allgemeine Gleichheitssatz steht jedoch im Gefüge des Grundgesetzes, aus dem sich die für seine Anwendung erforderlichen Wertungen ergeben.[185] Das Grundgesetz enthält im Grundrechtsteil und im organisatorischen Teil zahlreiche Regelungen, die im Wege der Interpretation mit dem Gleichheitssatz in Beziehung gesetzt werden und ihn mit Inhalt füllen. Die Verfassung enthält eine Fülle von Differenzierungsverboten[186], Differenzierungsgeboten[187] und Differenzierungserlaubnissen[188]. Soweit der Verfassung keine leitenden Gesichtspunkte zu entnehmen sind, können sich aus dem Gedanken der Konsequenz Maßstäbe aus der gesetzlichen Regelung selbst ergeben[189]. Die Fülle der Gesichtspunkte für die methodologische Strukturierung des Gleichheitssatzes kann hier nicht ausgebreitet werden[190].

Zur sog. neuen Formel in der Rechtsprechung des Bundesverfassungsgerichts[191], die die Kontrolldichte intensivieren soll, folgendes: Die Hinzunahme des Grundsatzes der Verhältnismäßigkeit ist den Freiheitsrechten entliehen, die nach dem Gesagten ohnehin Diffenzierungskriterien für die Anwendung des Gleichheitssatzes liefern.[192]

g) Wirkung der Grundrechte im Zivilrecht

Ob und inwieweit die Grundrechte auch in den Privatrechtsbeziehungen gelten, ist eine Frage der Verfassungsauslegung[193], die nicht für alle Grundrechte pauschal beantwortet werden kann. Das Freiheitsproblem im Recht ist mehrdimensional; es besteht zwischen Bürger und Staat und zwischen den Bürgern. Der in den Grundrechtskatalogen, so auch im Grundgesetz, zugrunde gelegte Grundrechtsbegriff ist gegen die öffentliche Gewalt gerichtet; das kommt nicht nur durch die Art der Formulierungen der Grundrechte, sondern auch durch die Bindungsklausel (Art. 1 Abs. 3 GG) zum Ausdruck. Überdies entzöge eine Geltung der Grundrechte zwischen den Bürgern diesen die Privatautonomie. Denn die grundrechtlich gesicherte Freiheit der Bürger besteht dem Grundsatz nach

---

[185] *Christian Starck*, die Anwendung des Gleichheitssatzes, in: Link (Hrsg.), Der Gleichheitssatz im modernen Verfassungsstaat, 1982, S. 51, 61 ff. = *Starck*, Praxis der Verfassungsauslegung, 1994, S. 104, 113 ff.; *Werner Heun*, in: Dreier (Hrsg.), Grundgesetz Kommentar, 3. Aufl., Bd. I, 2013, Art. 3 Rn. 26.

[186] Zum Beispiel die Grundrechte, die jedermann/allen Deutschen gewährleistet sind.

[187] Im Bereich der Grundrechte ergeben sich aus dem Verhältnismäßigkeitsprinzip Pflichten zu Gattungsbildungen etwa unter dem Gesichtspunkt der Geeignetheit oder Erforderlichkeit; vgl. ferner Art. 6 Abs. 1, 4; Art. 33 Abs. 5 GG.

[188] Vor allem der Sozialstaatsgrundsatz.

[189] BVerfGE 9, 20 (28); 24, 75 (100); 59, 287 (297); 60, 16 (40); 110, 274, 293.

[190] *Starck* (N 66). Art. 3 Rn. 13 ff. *Paul Kirchhof*, HStR VIII (2010), § 181 Rn. 173 ff.

[191] BVerfGE 55, 72, 88; 75, 108, 157.

[192] *Starck* (N 66), Art. 3 Rn. 11 m. w. N.

[193] Siehe ausführlich *Starck* (N 66), Art. 1 Rn. 199 ff.; *Volkmar Götz*, Die Verwirklichung der Grundrechte durch die Gerichte im Zivilrecht. in: Wolfgang Heyde/Christian Starck (Hg.), Vierzig Jahre Grundrechte in ihrer Verwirklichung durch die Gerichte. 1990, S. 35 ff. *Josef Isensee*, HStR IX (2011) § 191 Rn. 129 ff.; *Wolfgang Rüfner*, HStR IX (2011), § 197 Rn. 83 ff.

unter anderem gerade darin, nicht selbst unmittelbar an die Grundrechte gebunden zu sein. Eine unmittelbare Einwirkung der Grundrechte auf das Privatrecht läßt sich weder verfassungsrechtlich hinreichend begründen noch in den Konsequenzen durchhalten.

Soweit die Grundrechte dem Staat Schutzpflichten[194] und Gewährleistungspflichten[195] übertragen oder Gleichberechtigungsaufträge[196] erteilen, die das Verhältnis der Bürger untereinander betreffen, wirken die Grundrechte regelmäßig unmittelbar in das Zivilrecht. In Art. 9 Abs. 3 GG ist eine Drittwirkung ins Privatrecht zugunsten der Koalitionsfreiheit angeordnet. Die Ausführungen zur objektiv-rechtlichen Funktion der Grundrechte machen deutlich, daß Verfassung und Privatrecht nicht beziehungslos nebeneinander stehen[197]. Das kommt auch durch Art. 1 Abs. 2 GG zum Ausdruck, der die Menschenrechte als Grundlage jeder menschlichen Gemeinschaft, des Friedens und der Gerechtigkeit in der Welt bezeichnet. Menschliche Gemeinschaft ist auch das Verhältnis der Bürger unter einander, die gegenseitig keine öffentliche Gewalt ausüben. Bei den erwähnten Grundrechten handelt es sich um Schutzpflichten des Staates und Gleichheitsrechte, deren Verwirklichung eine entsprechende Gestaltung des Zivilrechts verlangt. Das gilt auch für die Garantie des elterlichen Erziehungsrechts (Art. 6 Abs. 2 GG). Betrachtet man die genannten verfassungsrechtlichen Garantien und Institute der Ehe, der Familie, des Eigentums und des Erbrechts, die das Zivilrecht bestimmen, handelt es sich um Zivilrecht im Verfassungsrang[198], das der Gesetzgeber des Zivilrechts näher ausführen muß, wobei er Rechtssphären von einander abzugrenzen hat. Die hier genannten Schutzpflichten gehören zum status positivus, soweit ein subjektives Verfassungsrecht auf ihre Erfüllung besteht. Schwierigkeiten bereiten die Maßstäbe für das Ausmaß und die Modalitäten des Schutzes, die bis zu einem bestimmten Maß im Ermessen des Gesetzgebers stehen.

Das Bundesverfassungsgericht hat im Laufe der Zeit in fast allen Grundrechten staatliche Schutzpflichten[199] entdeckt, die wie Grundrechte durch Verfassungsbeschwerde eingefordert werden können. Deshalb spricht man von *grundrechtlichen* Schutzpflichten des Staates, die aus der Sicht das Bürgers *Schutzrechte* darstellen. Die in den Grundrechten entdeckten unbenannten Schutzansprüche stellen Abwägungspositionen für die Balancierung von Abwehr- und Schutzrecht in der Gesetzgebung dar. Der Schutz eines Grundrechts darf nicht zu einem Übermaß an Eingriff in das gegenüberstehende Grundrecht führen, und die Mäßigung des Eingriffs darf nicht zu einem Untermaß an Schutz führen. Unterläßt der Gesetzgeber jeglichen Schutz oder schützt er zu wenig, so muß

---

194 Art. 1 Abs. 1 S. 2: Art. 6 Abs. 1 und Abs. 4 GG.

195 Art. 14 Abs. 1 GG.

196 Art. 3 Abs. 2 i. V. m. Art. 117 Abs. 1 und Art. 6 Abs. 5 GG.

197 *Dürig* (N 170), Art. 1 Rn. 127 ff.; BVerfGE 7, 198 (206); 25, 256 (263); 42, 143 (148); 73, 261 (269).

198 *Peter A. Windel*, Über Privatrecht mit Verfassungsrang und Grundrechtsverwirklichungen auf der Ebene des einfachen Privatrechts, in: Der Staat 37 (1998), S. 385, 393 ff.

199 *Christian Starck*, Praxis der Verfassungsauslegung, 1994, S. 57–62.

sich das Bundesverfassungsgericht darauf beschränken, dieses festzustellen und zu beanstanden, ohne bestimmte schützende Regelungen zur Pflicht machen zu können. Das politische Ermessen des Gesetzgebers im Hinblick auf die Ausgestaltung des Schutzes muß gewahrt bleiben. Die Schutzpflichtenrechtsprechung wirkt nicht nur im Verhältnis der Verfassungsgerichtsbarkeit zur Gesetzgebung sondern auch im Verhältnis der Verfassungsgerichtsbarkeit zu den Fachgerichten, soweit diese offen formulierte Gesetze anwenden und dabei zwischen Eingriff und Schutz konkret abwägen müssen, z. B. Pressefreiheit gegen Persönlichkeitsrecht[200] oder Kunstfreiheit gegen Persönlichkeitsrecht[201]. Die Rechtsprechung zu den grundrechtlichen Schutzpflichten, die sich als Neuerung seit einigen Jahren durchgesetzt hat, ist Verfassungsfortbildung (siehe oben I 2d). Die Verfassungsfortbildung besteht nicht in der rein objektiv-rechtlichen Verankerung der Schutzpflichten, die den Staatszwecken Frieden und Freiheit dienen, sondern in deren subjektiv-rechtlichen Ausformung.[202]

2. *Einzelfragen der Auslegung der Strukturprinzipien der Verfassung*

Die verfassungsrechtlichen Strukturprinzipien des Staates stellen ganz besondere Anforderungen an die Auslegung. Die Strukturprinzipien Demokratie, Bundesstaat, Rechtsstaat, Sozialstaat, Republik zusammen mit Menschenwürde und Menschenrechten werden durch eine Vielzahl von Verfassungsnormen näher bestimmt und stehen unter sich in einem Zusammenhang, der jede isolierende Interpretation verbietet. Diese Methode der Erläuterung ergibt sich schon aus dem Grundgesetz, das die verschiedenen Bauelemente des Staates in Art. 20 GG („demokratischer und sozialer Bundesstaat“) und in Art. 28 GG (Grundsätze „des republikanischen, demokratischen und sozialen Rechtsstaates“) miteinander in Beziehung setzt und damit offensichtlich eine aufeinander abgestimmte Auslegung dieser Strukturprinzipien verlangt[203]. Demnach darf nicht ein staatsformendes Element ohne Rücksicht auf die anderen und auf deren Kosten ausgedehnt werden. Die Auslegung der einzelnen verfassungsrechtlichen Strukturprinzipien muß berücksichtigen, wie diese in den verfassungsrechtlichen Organisations-, Kompetenz- und Verfahrensnormen sowie in den Grundrechten im einzelnen ausgeformt sind. Außer diesen systematischen Gesichtspunkten kann auch das traditionelle Verständnis der Strukturprinzipien zur Ermittlung des semantischen Gehalts bedeutsam sein. Die einzelnen Strukturprinzipien werfen durchaus verschiedenartige Auslegungsprobleme auf, die im folgenden kurz skizziert werden.

---

200 BVerfGE 35, 202 (219); 120, 180 (196).

201 BVerfGE 30, 173 (195ff.); 119, 1 (20ff.).

202 *Christian Starck*, Wie kommen die Grundrechte ins Privatrecht und wie wirken sie dort?, in: Festschrift für Rolf Stürner, 2013, S. 61, 66f., abgedruckt im 3. Kapitel des Zeiten Teils dieses Bandes.

203 *Hesse* (N 21), Rn. 271ff.; *Christian Starck*. Der Rechtsstaat in der politischen Kontroverse, in: JZ 1978, S. 746 (747f.); *Karl-E. Hain*, in: v. Mangoldt/Klein/Starck, Kommentar zum Grundgesetz, Bd. II, 6. Aufl. 2010, Art. 79 Rn. 143: „inneres System“.

Die *Bundesstaatlichkeit* ist bis ins einzelne in den Normen des Grundgesetzes ausgeprägt, die Kompetenzabgrenzungen, Finanzverteilung und gegenseitige Einflußrechte des Bundes auf die Länder und umgekehrt festlegen. Wenn es zum Beispiel um eine Frage der Kompetenzabgrenzung oder um einen finanziellen Anspruch zwischen Bund und Ländern geht, wird in aller Regel nicht mit dem Strukturgrundsatz der Bundesstaatlichkeit argumentiert, sondern auf die einschlägige Spezialnorm abgestellt. Für den unmittelbaren Rückgriff auf den Grundsatz der Bundesstaatlichkeit ist nur Raum, wenn die Bundesstaatlichkeit betreffende Einzelnomen des Grundgesetzes geändert werden. Dabei muß immer effektive vertikale Gewaltenteilung gewährleistet sein[204]. Zumindest ist dieser allgemeine Grundsatz aus den Einzelnormen heraus mit Inhalt zu füllen. Insbesondere darf mit dem der Bundesstaatlichkeit innewohnenden Gedanken der Bundestreue (bundesfreundliches Verhalten)[205] nicht die verfassungsrechtlich festgelegte Kompetenzordnung ausgehöhlt werden[206]. Soweit Länderkompetenzen bestehen, können diese eigenständig im Rahmen des Bundesverfassungsrechts und des jeweiligen Landesverfassungsrechts ausgefüllt werden, ohne daß es der Absprache zwischen den Ländern bedarf. Bei der Inanspruchnahme seiner Kompetenzen muß jedes Land Rücksicht auf die Interessen der anderen Länder und des Bundes nehmen[207], eine entsprechende Pflicht gilt für den Bund. Das Gebot der Bundestreue ist ein Mißbrauchsverbot[208]; das Vorliegen von Mißbrauch verlangt besonders plausible Begründung. Mit Rücksicht auf das demokratische Prinzip, das der Staatsorganisation der Länder zugrunde liegt und vom Bund garantiert wird (Art. 28 Abs. 1 S. 1 GG), dürfen die Länder ihre Kompetenzen nutzen und die nach ihrer Ansicht notwendigen Entscheidungen treffen[209]. Dagegen kann nicht das Argument des Demokratieprinzips auf Bundesebene geltend gemacht werden.

Was die Auslegung des *Demokratieprinzips* anbelangt, so ist man hauptsächlich auf dessen Ausprägungen im Grundgesetz angewiesen[210] Ein freischwebendes Demokratieverständnis verbietet sich schon deshalb der Auslegung des Grundgesetzes zugrunde zu legen, weil es in der politischen Theorie und in der Praxis der einzelnen Staaten verschiedene Demokratiekonzepte gibt. Mit der Spannweite der verschiedenen Bedeutungen des Wortes Demokratie an die Auslegung des Grundgesetzes herantreten zu wollen, liefe auf eine offensichtliche Verkennung der normativen Kernaussagen des Grundgesetzes, methodologisch gesprochen auf eine Außerachtlassung der systematischen Interpretation hinaus[211]. Der verfassungsrechtliche Begriff der Demokratie folgt aus den demokratiestaatlichen Einzelregelungen des Grundgesetzes über das Wahlrecht (Art. 38 Abs. 1 S. 1 GG) und die Stellung der Abgeordneten (Art. 38 Abs. 1 S. 2

---

204 *Karl-E. Hain*, Die Grundsätze des Grundgesetzes, 1999, S. 423 ff.

205 BVerfGE 1, 299 (315); 8, 122 (138); *Stern* (N 32), S. 700 f.

206 So zutreffend BVerfGE 4, 115 (141); 45, 400 (421); 61, 149 (205).

207 BVerfGE 34, 216 (232).

208 BVerfGE 4, 115 (140); 14, 197 (215); 61, 149 (205).

209 BVerfGE 45, 400 (421).

210 *Ernst-Wolfgang Böckenförde*, HStR II (2004), § 24 Rn. 8 ff.

211 *Ralf Dreier* (N 109), S. 40 ff. (42), verneint insoweit jedoch eine juristische Kompetenz.

GG), das Parteienrecht (Art. 21 GG), das Mehrheitsprinzip, die Gewaltenteilung (Art. 20 Abs. 2, 3 GG), die parlamentarische Verantwortung der Regierung, die Grundrechte als Abwehrrechte, einschließlich der Garantien der Rechtsgleichheit (Art. 3, Art. 33 Abs. 1, 2, 3, Art. 101 Abs. 1 S. 1, Art. 28 Abs. 1 S. 2 GG), den Rechtsstaat einschließlich der Verwaltungs- und Verfassungsgerichtsbarkeit[212]. Zur Gewährleistung der Volkssouveränität geht das Grundgesetz von einem demokratischen Aufbau des Staates und der kommunalen Selbstverwaltung aus. Gesellschaftliche Einrichtungen sind nur ausnahmsweise demokratischen Grundsätzen verpflichtet, wie die Parteien (Art. 21 Abs. 1 S. 3 GG) wegen ihrer Nähe zum Staat und ihrer Funktion bei der politischen Willensbildung des Volkes. Diese klare systematische Stellung, die das Demokratieprinzip im Grundgesetz gefunden hat, bedeutet, daß sich aus dem Grundgesetz nicht die Forderung ableiten läßt, grundrechtlich geschützte Lebensbereiche zu „demokratisieren". Soweit durch entsprechende gesetzgeberische Maßnahmen solch eine „Demokratisierung" einzelner Lebensbereiche vorgenommen wird, kann man sich dafür nicht auf einen Verfassungsauftrag berufen. Denn ein solcher Verfassungsauftrag läßt sich dem Demokratieprinzip des Grundgesetzes mit den Mitteln der Interpretation nicht entnehmen[213]. Entschließt sich der Gesetzgeber zu solchen Maßnahmen z. B. im Bereich der Wirtschaft, der Wissenschaft, der Kultur oder Schule, so trifft er eine politische Entscheidung, die vor den einschlägigen Grundrechten und sonstigen verfassungsrechtlichen Normen Bestand haben muß. Dieses Vorgehen ist im Mitbestimmungsurteil des Bundesverfassungsgerichts mustergültig so beschrieben: „Maßstäbe der verfassungsrechtlichen Prüfung sind diejenigen Einzelgrundrechte, welche die verfassungsrechtlichen Rahmenbedingungen und Grenzen der Gestaltungsfreiheit des Gesetzgebers bei der Einführung einer erweiterten Mitbestimmung markieren"[214].

Rechtsstaat bedeutet die rechtliche Bändigung des Frieden und Sicherheit garantierenden Staates. Rechtsstaat kann also immer nur ein Staat sein, der einerseits auf Grund horizontaler Gewaltenteilung organisiert ist und andererseits das Gewaltmonopol besitzt[215]; deshalb kann der Abbau des Gewaltmonopols niemals durch das Prinzip der Rechtsstaatlichkeit gefordert sein, er stände mit ihm sogar in Widerspruch. Der Rechtstaat ist ein Staat, der bei der Erfüllung seiner Aufgaben an das Recht gebunden ist. Dieses Recht sind die Grundrechte, die Freiheit und Rechtsgleichheit gewährleisten. Der außerdem im Rechtsstaatsprinzip enthaltene formelle und verfahrensmäßige Aspekt des Rechts[216] ist ausgeprägt in Einzelnormen, insbesondere in Art. 19 Abs. 4, Art. 20 Abs. 3, Art. 34,

---

[212] *Stern* (N 32), S. 606 ff.; *Starck* (N 67), S. 153 f.

[213] Vgl. BVerfGE 35, 79 (120 ff.); 47, 327 (386 ff., 404 ff.), das in seinen Urteilen zur Mitbestimmung im Hochschulrecht den Gedanken der Demokratisierung gar nicht erwähnt; ebenso BVerfGE 50, 290 (336 ff.).

[214] BVerfGE 50, 290 (336).

[215] *Christian Starck*, Frieden als Staatsziel, in: FS für Karl Carstens, 1984, S. 867 (871) = *Starck*, Der demokratische Verfassungsstaat, 1995, S. 231, 235.

[216] Beides betont in BVerfGE 57, 250 (275).

Art. 80 Abs. 1 S. 2, Art. 103 GG und in der organisations- und verfahrensrechtlichen Bedeutung der Grundrechte[217]. Diese Ausprägungen setzen voraus, daß die Gesetze, die die Rechte und Pflichten der Bürger festlegen, hinreichend bestimmt sind; staatliches Handeln muß voraussehbar und meßbar sein. Ein weiterer wesentlicher Aspekt ist die Sicherung der Bindung der Staatsorgane an das Verfassungsrecht durch Art. 20 Abs. 3 und Art. 1 Abs. 3 GG und die Zuständigkeit des Bundesverfassungsgerichts. Diese materialen und formalen rechtsstaatlichen Grenzen gelten auch für die demokratisch legitimierte Staatsgewalt.

Die *Sozialstaatlichkeit*[218] ist Attribut der Rechtsstaatlichkeit (Art. 28 Abs. 1 S. 1 GG) und der Bundesstaatlichkeit (Art. 20 Abs. 1 GG). Einzelne besondere Ausprägungen der Sozialstaatlichkeit finden sich im Grundgesetz nicht. Insbesondere kann der allgemeine Gleichheitssatz nicht als solche bezeichnet werden, weil er nach Maßgabe verfassungsrechtlicher Wertungen Rechtsgleichheit verbürgt[219]. Das Sozialstaatsprinzip als Aufforderung an die staatliche Gesetzgebung, sozialen Ausgleich vorzunehmen und soziale Sicherheit zu gewährleisten[220], stellt im Hinblick auf Art. 3 Abs. 1 GG eine Differenzierungserlaubnis dar und hat insofern unmittelbare verfassungsrechtliche Relevanz[221]. Was jedoch die Ausgestaltung der Systeme der sozialen Sicherung und die Art und Weise des sozialen Ausgleichs anbelangt, besteht Gestaltungsfreiheit des Gesetzgebers auch im Hinblick auf dessen Haushaltsverantwortlichkeit. Anders als beim Rechtsstaatsprinzip sind die historischen Ausprägungen des Sozialstaates wie die Systeme der sozialen Sicherung[222] und die Einkommensteuerprogression[223] nicht verfassungsrechtlich besonders abgesichert, was durchaus denkbar gewesen wäre, z. B. durch eine Garantie einzelner Zweige der Sozialversicherung. Statt dessen ist der Gesetzgebung ein weiter Spielraum gelassen worden. Diesen hat das Bundesverfassungsgericht in seiner Rechtsprechung immer wieder herausgestellt. Das Sozialstaatsprinzip begründet die Pflicht des Staates, für eine gerechte Sozialordnung zu sorgen[224]; bei der Erfüllung dieser Pflicht kommt dem Gesetzgeber ein weiter Gestaltungsspielraum zu[225]. Das Sozialstaatsprinzip stellt also dem Staat eine Aufgabe, sagt aber nichts darüber, wie diese Aufgabe im einzelnen zu verwirklichen ist – wäre es anders, dann würde das Prinzip mit dem Prinzip der Demokratie in Widerspruch geraten„[226]. Die umfängliche und tiefdringende sozialstaatliche For-

---

[217] BVerfGE 2, 380 (403); 45, 187 (246); 81, 347 (356); *Starck* (N 66). Art. 1 Rn. 210 ff. (Lit.).
[218] Siehe Hain (N 204), S. 310 ff.
[219] S. o. II 1e; *Starck* (N 66), Art. 3 Rn. 16 ff. *Paul Kirchhof*, HStR VIII (2010), § 181 Rn. 6, 153 f.
[220] *Hans F. Zacher*, HStR II (2004), § 28 Rn. 25 ff.
[221] *Paul Kirchhof*, HStR VIII (2010) § 181 Rn. 6, 153 f.
[222] *Christian Starck*, Die Entwicklung der Sozialversicherungsgesetzgebung in Deutschland und die europäische Sozialunion, In: Festschrift für Thomas Würtenberger, 2013, S. 293 ff., abgedruckt als 8. Kapitel des Zweiten Teils in diesem Band.
[223] Vgl. jedoch Art. 134 WRV.
[224] Vgl. etwa BVerfGE 5, 85 (198); 22, 180 (204); 27, 253 (283); 35, 202 (235 f.).
[225] BVerfGE 18, 257 (273); 29, 221 (235).
[226] BVerfGE 59, 23 1 (263); die Verwirklichung des Sozialstaatsprinzips ist in erster Linie eine Aufgabe des Gesetzgebers. so st. Rspr.: BVerfGE 1, 97 (105); 65, 182 (193); 71, 66 (80); 75, 348 (359 f.); 100, 271 (284); 123, 267 (362).

mung der Gesetzgebung[227] ist – wie man sieht – nicht abhängig von entsprechenden verfassungsrechtlichen Vorgaben. Die Konkurrenz der großen Volksparteien bei den Wahlen hat genügt, um den Sozialstaat bis an die Grenze des finanziell Möglichen auszubauen. Was die Gesetzgebung auf der Grundlage bestimmter ökonomischer und finanzieller Verhältnisse an sozialen Leistungen normiert hat, kann geändert werden; denn dem Sozialstaatsprinzip kann ein allgemeines Rückschrittsverbot nicht entnommen werden. Die Änderungen der Sozialgesetze müssen jedoch die Grundsätze rechtsstaatlicher Gesetzesgestaltung beachten.

Die verfassungsrechtlichen Prinzipien über die Staatsstruktur sind in ihrem systematischen Zusammenhang durchaus der juristischen Auslegung zugänglich. Legt man diese Prinzipien im Zusammenhang mit den Grundrechten aus, so werden ihre Inhalte noch deutlicher. Im folgenden Abschnitt wird gezeigt, daß die Gesichtspunkte, die für die Auslegung von Organisations-, Kompetenz- und Verfahrensvorschriften herangezogen werden, ebenfalls einen positiven Einfluß auf die Verständigungsmöglichkeit über die Auslegung der Strukturprinzipien haben, insbesondere soweit die genannten Normen die Strukturprinzipien ausformen.

3. Einzelfragen der Auslegung verfassungsrechtlicher Organisations-, Kompetenz- und Verfahrensnormen (einschl. Wahlrecht und Parteienrecht)

Auch insoweit gelten die Auslegungscanones, deren Anwendung freilich besondere Schwerpunkte erkennen läßt. Wortverständnis und Sprachgebrauch sind erste Anhaltspunkte[228]. Selbstverständlich sind alle einzelnen Kompetenzzuweisungen für die bundesstaatliche Aufgabenverteilung Spezialvorschriften gegenüber dem Prinzip der Bundesstaatlichkeit; unter Berufung auf das Demokratieprinzip (etwa Mehrheit im Bundestag) kann die bundesstaatliche Kompetenzverteilung nicht in Frage gestellt werden. Diese Selbstverständlichkeiten bedürfen kaum der Erwähnung.

In den meisten Fällen der Auslegung von Kompetenznormen[229] hat die Entstehungsgeschichte der Verfassungsnorm die entscheidende Bedeutung. Das hat sich auch in der Entscheidung gezeigt, daß das Wahlrecht dem Volk, das heißt den deutschen Staatsangehörigen zukommt[230]. Zwar betont das Bundesverfassungsgericht immer wieder in Bezug auf die Gesetzesauslegung ebenso wie in bezug auf die Verfassungsauslegung, daß die Gesetzesmaterialien „nur unterstützend und insgesamt nur insofern herangezogen werden sollen, als sie auf einen ‚objektiven Gesetzesinhalt schließen lassen'"[231]. Insbesondere dürften die Materialien nicht dazu verleiten, die subjektiven Vorstellungen der gesetzgebenden

---

227 Vgl. die Übersicht bei *Stern* (N 32), S. 891–914.
228 Zum Beispiel BVerfGE 12, 205 (226): Post- und Fernmeldewesen.
229 *Hans-Werner Rengeling*, HStR VI (2008), § 135 Rn. 31 ff.
230 BVerfGE 83, 37 (51).
231 BVerfGE 62, 1 (45); im Anschluß an E 1, 299 (312); 6, 55 (75); 6, 389 (431); 10, 234 (244); 36, 342 (367); 41, 291 (309); 45, 187(227); *Rengeling* (N 229), Rn. 32.

Instanzen dem objektiven Gesetzesinhalt gleichzusetzen. Ausschlaggebende Bedeutung käme ihnen in der Regel nicht zu.

Die Entstehungsgeschichte hat große Bedeutung als Vermittlerin früheren Verfassungsrechts. Soweit der Parlamentarische Rat bei der bundesstaatlichen Kompetenzverteilung den Wortlaut der entsprechenden Bestimmungen der Weimarer Reichsverfassung oder gar der Reichsverfassung von 1871 übernimmt oder den Wortlaut in bestimmter Weise modifiziert, lassen sich hieraus wichtige Schlüsse für die Auslegung der einschlägigen Grundgesetzartikel ziehen[232]. Was die bundesstaatliche Kompetenzverteilung anbelangt, so ist ein Rückgriff auf das Verständnis entsprechender Kompetenzzuweisungen in der Staatspraxis der Weimarer Reichsverfassung besonders aus zwei Gründen plausibel. Zum einen kannten die Verfassungsgeber die Weimarer Staatspraxis. So ist der Gesetzgebungskatalog des Grundgesetzes im steten Rückblick auf die Weimarer Reichsverfassung formuliert worden[233]. Zum anderen kommt es für die bundesstaatliche Kompetenzabgrenzung hauptsächlich auf klare und strikte Regeln an, deren Wertgehalt gering ist. Der Wert liegt vor allem in der stabilisierenden Wirkung einer klaren Kompetenzzuordnung[234].

In der reichhaltigen Rechtsprechung zum Kompetenzkatalog werden Schlüsse gezogen aus Abweichungen vom Gesetzgebungskatalog der Weimarer Verfassung[235] oder aus der (wörtlichen) Übernahme von Kompetenzzuweisungen[236], die zum Teil zurückgehen bis auf die Reichsverfassung von 1871[237] oder die Verfassung des Norddeutschen Bundes von 1867[238]; zumeist wird die Kompetenzvorschrift im Einklang mit der damaligen Staatspraxis ausgelegt[239]; es sei denn, diese war verfassungsrechtlich umstritten[240]. Auch Begriffsbestimmungen, die durch vorkonstitutionelle Gesetze vorgeprägt sind, werden der Auslegung des Grundgesetzes zugrunde gelegt. Dies hat insbesondere für den Steuerbegriff der Abgabenordnung 1919/1931[241] und für die Begriffe der einzelnen Steuerarten[242] Bedeutung gehabt. Solche globalen Rezeptionen erübrigen freilich nicht, im einzelnen zu untersuchen, inwieweit das Grundgesetz überkommene Begriffe des einfachen Rechts modifiziert[243].

---

[232] Zum Recht der Untersuchungsausschüsse vgl. BVerfGE 77, 1 (45, 49 f.); 97, 198 (218 ff.) – Bahnpolizei; 109, 190 (218 f.) – Umfang des Strafrechts.

[233] BVerfGE 3, 407 (414 f.); 33, 52 (61).

[234] So zutreffend *Roellecke* (N 69), S. 46; BVerfGE 61, 149 (175 f.).

[235] BVerfGE 3, 407 (415 f.).

[236] BVerfGE 12, 205 (226 f., 230 ff.); 26, 338 (373 ff.); 27, 18 (32 f.); 33, 52 (64); 42, 20 (31 f.); 61, 149 (190 ff.); 67, 299 (319 f.); 68, 319 (328 f.).

[237] BVerfGE 42, 20 (29 f.); 61, 149 (177 f.).

[238] BVerfGE 12, 205 (226).

[239] BVerfGE 26, 281 (299); 26, 338 (373 ff.); 27, 18 (32 f.); 36, 193 (206 ff.); 61, 149 (177 f.).

[240] BVerfGE 12, 205 (235).

[241] BVerfGE 7, 244 (251); 55, 274 (299).

[242] BVerfGE 14, 76 (91).

[243] Zum Steuerbegriff *Christian Starck*, Überlegungen zum verfassungsrechtlichen Steuerbegriff, in: FS für Gerhard Wacke, 1972, S. 193 (196 ff.) = *Starck*, Freiheit und Institutionen, 2002, S. 357, 359 ff.; *Wolfgang Knies*, Steuerzweck und Steuerbegriff, 1976, 5, 42 ff., 73 ff.; *Dieter G. Bodenheim*, Der Zweck der Steuer, 1979, S. 36 ff.

Soweit das Bundesverfassungsgericht auf weiter zurückliegende Entwicklungen als die unmittelbare Entstehungsgeschichte der Grundgesetzartikel zurückgreift, nimmt es nicht Abschied von den canones der Auslegung[244]. Im Falle der Rezeption von Normen zur Abgrenzung der Bundes- und Landeskompetenzen aus früheren Verfassungen läßt sich besonders klar ermitteln, was der Verfassungsgeber gemeint hat, weil es nicht um werthaltige Begriffe geht, die im Umfeld einer neuen Verfassung möglicherweise einen anderen Inhalt haben. Bei der Auslegung solcher Kompetenznormen sind prinzipiell die Fragen angemessen: Wie war die Regelung in der Weimarer Reichsverfassung? Wollte der Grundgesetzgeber etwas ändern?

Für die Auslegung der Verfassungsnormen über die Organisation der Bundesorgane kann in der Regel nicht auf die Weimarer Verfassung zurückgegriffen werden, weil die Bundesregierung in mehrfacher Hinsicht eine andere Position hat als die Reichsregierung[245]; der Bundesrat hat eine erheblich stärkere Stellung als der Reichsrat. In einigen Fällen liegen die Kompetenzen aber vergleichbar; deshalb ist für die Auslegung auf die Weimarer Verfassung zurückgegriffen worden. So hat man für die Antwort auf die Frage, in welchem Umfang ein Zustimmungserfordernis nach Art. 59 Abs. 2 S. 1 GG für andere Akte als für Vertragsabschlußerklärungen besteht, nicht nur auf den Wortlaut „Verträge" zurückgegriffen. In dem insoweit gleichen Wortlaut des Art. 45 Abs. 3 WRV und der damaligen Handhabung, nach der einseitige Völkerrechtsgeschäfte als der Zustimmung des Reichstags nicht bedürftig angesehen worden waren, hat man die Wortauslegung bestätigt gefunden[246]. Dieses Argument ist besonders stark, weil der Parlamentarische Rat, der im Verhältnis zu Art. 45 Abs. 3 WRV das Zustimmungserfordernis inhaltlich ausgedehnt hat, im Hinblick auf die Rechtsform an das frühere Verfassungsrecht angeknüpft hat. Auch für die Feststellung der Kompetenzen von Untersuchungsausschüssen wird auf die Staatspraxis zur Zeit der Weimarer Verfassung zurückgegriffen[247].

Um das Vorangegangene zu bestätigen, wird noch einmal darauf hingewiesen, daß bei Auslegung der Grundrechte in der Regel nicht auf die Weimarer Reichsverfassung rekurriert wird, weil die Grundrechte im Grundgesetz durch ihre unmittelbare Bindungskraft eine von Grund auf andere Funktion haben als im Rahmen der Weimarer Reichsverfassung. Nur ausnahmsweise wird auch für die Auslegung von Grundrechten auf die zur Zeit der Weimarer Verfassung herrschende Auffassung zurückgegriffen, wenn das entsprechende Grundrecht in der Rechtsprechung Bedeutung hatte und eine auch der gesteigerten Bedeutung der Grundrechte entsprechende Auslegung gefunden hatte[248].

---

[244] So aber *Hesse* (N 21), Rn. 58.
[245] BVerfGE 26, 338 (398); 62, 1 (36 ff.).
[246] So BVerfGE 68, 1 (84).
[247] BVerfGE 67, 100 (131); 77, 1 (45, 49 f.).
[248] BVerfGE 7, 198 (209 f.) – „allgemeine Gesetze" in Art. 5 Abs. 2 GG und Art. 118 Abs. 1 S. I WRV; E 25, 269 (287) – Änderung von Verjährungsvorschriften unterliegt nicht dem Rückgriffsverbot des Art. 103 Abs. 2 GG wie schon des Art. 116 WRV; E 33, 52 (73) – Zensur ist Vorzensur nach Art. 5 Abs. 1 S. 3 GG wie schon nach Art. 118 Abs. 2 S. 1 WRV.

4. Kapitel

Gründe, Bedingungen und Formen von Rechtsrezeptionen*

I. Zum Begriff der Rezeption

Die Rechtsrezeption gehört zu den umfassenden kulturellen Rezeptionsphänomenen, die zu allen Zeiten und in allen Kultursparten vorkommen. Im juristischen Wörterbuch von Gerhard Köbler heißt es zum Rezeptionsbegriff, dass bestimmte soziale, geistige oder technische Entwicklungen und Errungenschaften übernommen und in eine neue Umgebung eingefügt werden.[1] Während die Rezeption etwa von Sprache oder kultureller Entwicklungen und Gütern in Literatur, Musik und bildender Kunst, aber auch der Mode, weitgehend formlos durch Individuen vonstatten geht, allerdings im Laufe der Zeit durch gesellschaftliche Anerkennung erst eigentlich verwirklicht ist, sind die Rechtsrezeptionen förmlich. Sie müssen es sein, weil Rechtsgeltung Form und Verfahren voraussetzt. Darüber wird noch besonders zu sprechen sein. Rezeption ist ein Großthema auch innerhalb der Rechtswissenschaft.

Mit dem Begriff Rechtsrezeption, um die es im folgenden geht, verbindet man in Europa, besonders in Deutschland, vor allem die Rezeption des römi-

---

* Aus: Heun/Starck/Tsai (Hrsg.), Rezeption und Paradigmenwechsel im öffentlichen Recht. Viertes deutsch-taiwanesisches Kolloquium vom 7.–8. November in Taipeh (Beiträge zum ausländischen und vergleichenden öffentlichen Recht, Band 28), Baden-Baden 2009, S. 25–35 unter Einbeziehung von Abschnitten aus: Rechtsrezeption, in: Fehling/Grewlich (Hrsg.), Struktur und Wandel des Verwaltungsrechts, Baden-Baden 2011, S. 123 (125–129).

[1] *Gerhard Köbler*, Juristisches Wörterbuch, 5. Aufl. 1991, S. 303.

schen Rechts, einen Prozess, der sich vom 14. bis zur Mitte des 16. Jahrhunderts erstreckte. Die Rezeption des römischen Rechts verdrängte das ältere deutsche Privatrecht zugunsten des im Corpus Iuris Civilis geordneten römischen Rechts in der privatrechtlichen Rechtslehre, Gesetzgebung und Rechtsanwendung.[2] Der Vorgang ist für die europäische und wiederum besonders die deutsche Rechtskultur von großer Bedeutung gewesen[3], so groß, dass Heinrich Mitteis den Rezeptionsbegriff auf diesen Vorgang beschränken wollte[4]. Ohne Erfolg! Deshalb kann ich das Problem der Rechtsrezeption übergreifend behandeln, und zwar – dem von mir vertretenen Fach entsprechend – hauptsächlich bezogen auf das öffentliche Recht. Rezeption ist das von *recipere* abgeleitete Substantiv. *Recipere* bezeichnet den aktiven Vorgang von aufnehmen, annehmen, entgegennehmen. Das weströmische Reich war untergegangen, Ostrom war schwach und stand kurz vor dem Untergang. Das im 6. Jahrhundert von den Justianischen Juristen im Corpus Iuris Civilis gesammelte römische Recht war nicht das Recht eines Eroberungsvolkes, das sein Recht den unterworfenen Völkern oktroyiert, sondern totes Recht erlebte eine „Wiedergeburt durch Rezeption".[5]

Ich möchte den Rezeptionsbegriff in seiner ursprünglichen sprachlichen Bedeutung verstehen. Deshalb werde ich nicht behandeln unerbetene Rechtsübertragungen von Imperialmächten. Darunter fällt der Rechtsoktroi durch die Sowjetunion in Mittel- und Osteuropa. Aber auch die Einführung des Common Law in den englischen Kolonien, einschließlich Nordamerika, ist keine Rezeption. Die englischen Kolonisten haben ihr Recht mitgebracht, nach dem sie leben wollten. Die Kolonisierungen in Afrika und Asien waren auch Kolonisierung durch Recht, das verliehen, verpflichtend gemacht, oktroyiert (abgeleitet von *auctorare*) wurde. Die kolonisierten Völker wurden passiv dem fremden Recht durch königliche Erlasse oder Verordnungen unterworfen; sie haben das fremde Recht nicht „angenommen" Mit den Kolonialbeamten kamen englische Kolonialrichter. Die Verfestigung des oktroyierten Common Law fand durch die Ausbildung von Eingeborenen an den englischen Rechtsschulen statt. Die zu Richtern ausgebildeten Eingeborenen sprechen heute unter Schafswollperücken Recht. Aus heutiger Sicht spricht man hinsichtlich des ursprünglich oktroyierten Common Law mit einem gewissen Recht von Rezeption[6]. Denn die ehemaligen Kolonien haben oktoyiertes Recht inzwischen „angenommen", soweit sie es nicht abgestoßen haben.

---

[2] *Franz Wieacker*, Privatrechtsgeschichte der Neuzeit, 2. Aufl. 1967, S. 124; *Georg Dahm*, Zur Rezeption des römischen italienischen Rechts, Sonderausgabe 1960, S. 7 ff.; neuerdings sehr informativ *Wolfgang Sellert*, Zur Rezeption des römischen und kanonischen Rechts in Deutschland von den Anfängen bis zum Beginn der frühen Neuzeit: Überblick, Diskussionsstand und Ergebnisse, in: H. Boockmann/L. Grenzmann/B. Moeller/M. Staehelin (Hrsg.), Recht und Verfassung im Übergang vom Mittelalter zur Neuzeit, 1998, S. 115–166.

[3] *Reinhard Zimmermann*, Römisches Recht und europäische Kultur, in: Juristenzeitung, 2007, S. 1–12.

[4] *Heinrich Mitteis*, Die Rechtsgeschichte und das Problem der historischen Kontinuität, Abhandlungen der Deutschen Akademie der Wissenschaften, Berlin 1947.

[5] So *Heinrich Henkel*, Einführung in die Rechtsphilosophie, 2. Aufl. 1977, S. 219.

[6] *Konrad Zweigert/Hein Kötz*, Einführung in die Rechtsvergleichung, 3. Aufl. 1996, S. 220 ff., 224 ff.

Von Rezeption möchte ich auch bei folgendem Vorgang sprechen, der Taiwan betrifft. Nachdem Taiwan im Friedensvertrag von Shimonoseki (1895) von China an Japan abgetreten werden musste, nahm Taiwan als japanische Provinz an der in Japan stattfindenden Rezeption europäischen, insbesondere deutschen Rechts (siehe II 1), teil und wurde somit eher und systematischer modernisiert als das große chinesische Reich, das nach dem Sturz des Kaisertums (1911) keine feste staatliche Form ausbilden und somit die Rechtsordnung nicht modernisieren konnte.

Die beiden Beispiele zeigen, dass auf ganz verschiedene Weise ursprünglich oktroyiertes Recht im Laufe der Zeit angenommen wird und damit von einem Rezeptionsvorgang gesprochen werden kann.

Wenn man den Rechtstext zur Grundlage der Rezeption nimmt, bedeutet das nicht, dass das Recht wie ein stofflicher Gegenstand aufgenommen wird und erstarrt in neuer sozialer Ambiance gilt. Alle Rezeptionsprozesse setzen mehr oder minder Assimilationen voraus, die zumeist beidseitig sind. Recht lässt sich nicht wie eine Pflanze transplantieren. Als geistiges Phänomen muss es von der einen in die andere Rechtsordnung eingepaßt werden. Das gilt vor allem, wenn einzelne Normen oder Normenkomplexe (= Institutionen) übernommen werden. Das rezipierte Recht muss in den rechtsdogmatischen und gesellschaftlichen Zusammenhang des übernehmenden Staates gebracht werden, wenn die Rezeption auf Dauer gelingen soll. Das Überstülpen einer ganzen Rechtsordnung durch eine fremde Macht ist immer Oktroi und nie Rezeption, kann im Laufe der Zeit aber dazu werden.

II. Gründe und Bedingungen für Rezeptionen

Ubi societas, ibi ius, d. h. wo Menschen zusammenleben, gilt Recht. Eine Rezeption trifft also nie auf einen rechtlosen Zustand. Deshalb erhebt sich die Frage, welche Gründe es sind, die zur Rezeption führen: zur Rezeption ganzer Rechtsgebiete, einzelner Institutionen oder einzelner Rechtssätze. Man wird dies am besten an Hand ausgewählter historischer Beispiele verdeutlichen können. Eine systematische Erforschung von Rezeptionsursachen ist hier nicht beabsichtigt. Nur soviel: Ursachen können sein die Unvollkommenheit der eigenen Rechtsordnung, etwa Rechtszersplitterung, lang anhaltende Diktatur, die überwunden wird, oder der Wunsch der Teilhabe an rechtsdogmatisch ausgearbeitetem, entwickeltem „modernen" Recht. Mit den Gründen für den Rezeptionsvorgang sind die Bedingungen eng verbunden, die gegeben sein müssen, damit die Rezeption die gewünschten Früchte trägt.

Die Geschichte ist voller Beispiele für Rezeptionsgründe, besonders wenn man als Kristallisationsepochen die Zeit um die beiden letzten Jahrhundertwenden in Betracht zieht. Für die Wende vom 19. zum 20. Jahrhundert greife ich auf Japan, China und Brasilien zurück, um Rezeptionsgründe zu explizieren und das Problem der Rezeptionsbedingungen zu beleuchten. Die letzte Jahrhundertwende ist eine Rezeptionsepoche nach Überwindung von Diktaturen in Südeuropa und in den Staaten des ehemaligen Ostblocks. Die Gründe für Rezeptionen sagen zunächst nichts über die notwendigen Bedingungen aus, die vorliegen müssen, damit die Rezeption gelingt. So gibt es auch gescheiterte Rezeptionen.

1. Deutsches Verfassungsrecht in Japan

Ich beginne mit Japan in der 2. Hälfte des 19. Jhds. als Beispiel für die Rezeption eines ganzen Rechtsgebietes, hier des Verfassungsrechts.[7] Das Jahr 1868 bedeutet für die gesamte japanische Gesellschaft und Kultur eine wesentliche Erneuerung (*ishin*). Das mehr als zweieinhalb Jahrhunderte währende Schogunat (japanisch: *bakufu*) der Familie Tokugawa wurde beendet, indem sich der politisch machtlose kaiserliche Hofadel (der Kaiser war erst 15 Jahre alt) mit der Opposition verbündete. Ein wichtiger Grund für den Sturz des Shoguns am 3. Januar 1868 waren die ungleichen Verträge, die dieser aus Schwäche mit den westlichen Mächten geschlossen hatte. Nach der Abschaffung des Schogunats wurde eine Zentralregierung nach Maßgabe eines Regierungsinstruments (1868) errichtet und das Ziel verfolgt, in einer später zu erlassenden Verfassung Organisation und Verfahren der Staatsgewalt dauerhaft zu regeln.

Die Konsultation japanischer Juristen, die in Europa studiert hatten, und die Übersetzung zahlreicher europäischer und amerikanischer Werke ins Japanische, vor allem der Bücher von *Hermann Schulze* und *Ludwig von Rönne* über deutsches und preußisches Staatsrecht, ergaben bereits die Vorbildlichkeit der preußischen Verfassung von 1850 und der süddeutschen Verfassungen für die japanische Situation. England konnte mangels geschriebener Verfassung nicht als Modell dienen. Frankreich hatte zwar bis 1871 eine kaiserliche Verfassung, schied aber als Vorbild aus, da seit 1875 eine republikanische Verfassung galt. Die USA, die dritte Kolonialmacht im Fernen Osten, hatte ebenfalls eine republikanische Verfassung. Ein Jahrzehnt nach der Übernahme der Staatsmacht durch den Kaiser zeigte sich die Eignung der deutschen Verfassungen für eine Rezeption vor allem, weil – ebenso wie in Preußen vom König und in den meisten deutschen Territorien von Fürsten – in Japan die Verfassung vom Kaiser, der über der Verfassung stehend gedacht war, oktroyiert, d. h. gegeben werden sollte. Die am 11. Februar 1889 in Kraft gesetzte Verfassung des Kaiserreichs Groß-Japan, im Westen als *Meiji*-Verfassung bezeichnet, ist von dem Fürsten *Hirobumi Ito* und seinem Mitarbeiter *Kowashi Inoue*, der 1872–1873 in Frankreich und Deutschland studiert hatte, erarbeitet worden. Ihnen standen die Deutschen *Hermann Roesler* (seit 1878)[8] und Albert Mosse zur Seite. Roesler vertrat die Verfassungstheorie des monar-

---

[7] Vgl. zum Folgenden: *Junko Ando*, Die Entstehung der Meiji Verfassung. Zur Rolle des deutschen Konstitutionalismus im modernen japanischen Staatswesen, 2000, *Noriko Kokubun*, Die Bedeutung der deutschen für die japanische Staatslehre unter der Meiji Verfassung, 1993; *Johannes Siems*, Die Gründung des modernen japanischen Staates und das deutsche Staatsrecht. Der Beitrag Hermann Roeslers, 1975; *Tadakazu Fukase/Yoichi Higuchi*, Le Constitutionnalisme et ses problèmes au Japon, Paris 1984, S. 9ff.

[8] Vgl. dazu insbesondere *Siems* (Anm. 7).

chischen Konstitutionalismus, die zur politischen Situation in Japan passte. Aus dieser Grundkonzeption der Verfassung stammen Regelungen über die Gesetzgebung, das Budgetrecht, den Kaiser, das Parlament (2 Häuser), die monarchische Regierung und die Rechtsprechung sowie die Rechte und Pflichten der Japaner. Sie zeigen markante Übereinstimmungen mit den deutschen Territorialverfassungen.

Die Japaner haben den rezipierten monarchischen Konstitutionalismus zunächst in ein traditionell paternalistisches und später verschärft in ein nationalistisch-absolutistisches System umgewandelt und assimiliert. Der Kaiser als Souverän übte anders als die deutschen Fürsten eine absolute und nicht einschränkbare Herrschaftsgewalt aus. Die Verfassung diente nur dazu, die Kompetenzen der ihm untergeordneten Staatsorgane zu beschränken. Die in der Verfassung verankerten Menschenrechte (Art. 22–32) wurden als westliches Gedankengut diskreditiert, das der japanischen Moral nicht entspreche. Der Staat sei nicht für den Menschen da, sondern dieser als Untertan für den Staat, den der Kaiser verkörperte. Eine konstitutionelle Richtung der japanischen Staatsrechtslehre, die eine Zeitlang vorherrschte und in der Zeit von 1924 bis 1932 das tatsächliche Bestehen des parlamentarischen Regierungssystems unterstützte, betrachtete demgegenüber den Kaiser als verfassungsgebundenenes Organ des Staates. Diese Verfassungsauslegung wurde ebenso wie die zuvor beschriebene von Professoren der Kaiserlichen Universität Tokio vertreten, die in Deutschland studiert hatten. Der Hauptvertreter der liberal-konstitutionellen Richtung, Professor *Tatsukichi Minobe* (1873–1948), wurde 1935 wegen Majestätsbeleidigung unter Anklage gestellt; er verlor alle seine Ämter, und sein Verfassungskommentar, in dem der Kaiser als Staatsorgan betrachtet wurde, wurde verboten.

Die japanische Entwicklung ist unter Rezeptionsgesichtspunkten in mehrfacher Hinsicht interessant. Die Gründe für die Rezeptionsinitiative und für die Auswahl des rezipierten Rechts lassen sich, wie dargelegt, geradezu logisch ableiten. Die weitere Entwicklung im Verständnis der Verfassung, zunächst die liberale Epoche von 1924–1932 entspricht der deutschen Entwicklung freilich unter einer neuen Verfassung. Darauf folgte in beiden Ländern die Zeit diktatorischer Repression, was in beiden Ländern zumindest faktisch zur Außerkraftsetzung der Verfassung führte.

Die verfassungsrechtliche Entwicklung Japans nach dem Ende des Zweiten Weltkriegs kann hier nicht weiter verfolgt werden. Nur so viel: Im August 1945 fielen die Atombomben auf Hiroshima und Nagasaki und beendeten den Krieg. Bereits im November 1946 trat die unter amerikanischem Einfluss erlassene Verfassung in Kraft.

2. *China: Von Japan lernen, heißt siegen lernen*

Nach einer gewissen Inkubationszeit begann in China um 1900 in der Endphase der Tsing-Dynastie das Zeitalter der Rechtsmodernisierung unter dem Motto „von Japan lernen, heißt siegen lernen". Denn die Japaner hatten 20 Jahre früher begonnen, ihr Recht durch Rezeption vor allem deutschen Rechts zu modernisieren.[9] Das chinesische Recht sollte nicht verwestlicht, sondern modernisiert und fortentwickelt werden. *Robert Heuser* hat die Vorgänge und die Entwürfe eingehend geschildert.[10] Das Rechtsstudium im Ausland wurde durch Stipendien an japanischen, europäischen und nordamerikanischen Universitäten gefördert. Eine Behörde wurde gegründet, die die Aufgabe hatte, Gesetze Japans und europäischer Staaten ins Chinesische zu übersetzen und Gesetzentwürfe unter Verwendung der Übersetzungen zu erstellen. Dabei wurden in Anlehnung an Japan, das diese Arbeit schon getan hatte, Begriffe wie Rechtsfähigkeit, Rechtsgeschäft, Unabhängigkeit der Justiz etc. geschaffen. Die Orientierung an Japan bedeutete zugleich Einfluss des deutschen Rechts.

Betrachtet man nun die Wirkungen der Rezeption, zeigt sich, dass die Bedingungen dafür höchst ungeeignet waren. Da war in China zunächst die Situation, dass die Revolution, die zum Sturz der Tsing-Dynastie führte „ein Zusammenbruch, nicht eine Neuschöpfung" war.[11] Eine stabile Staatsgewalt vermochte sich nicht zu etablieren, die Recht hätte verbindlich setzen und wahren können. Das zweite Hindernis war, dass extremer Individualismus und der berechtigte Zweifel, ob dieser zu China passe, miteinander stritten, nicht aber das zu rezipierende Recht und die gesellschaftlichen Verhältnisse aneinander assimiliert werden konnten. Das hat der in Taipeh lehrende chinesische Jurist *Wang Boqi* (1908–1961) deutlich zum Ausdruck gebracht. 1956 schrieb er rückblickend:[12] „Was wir auf legislatorische Weise übernommen haben, ist ganz und gar vom Neuesten des westlichen Rechtssystems; was wir jedoch auf der Ebene des Volksbewusstseins erfassen, ist ... immer noch das alte, gar restaurierte ethische System, wozwischen es so gut wie keine Vermittlung gibt". Eine „Vermittlung" hat seit 1949 durch den Mao-Kommunismus auf extrem kollektivistische Weise stattgefunden. Dagegen hatte Taiwan, das China im Friedensvertrag von Shimonaseki (1895) an Japan abtreten musste und japanische Provinz geworden war, an der in Japan stattfindenden Rezeption europäischen, insbesondere deutschen Rechts teilgenommen, hat also einen 100jährigen Rezeptionsvorsprung und entsprechenden Modernisierungsvorteil gegenüber China[13], der sich besonders in den letzten 25 Jahren nach Überwindung des autoritären Regimes in Taiwan günstig entwickelt hat. Korea kam 10 Jahre später unter japanische Herrschaft. Hier wurde das traditionell von China übernommene Recht durch das von Japan rezipierte ersetzt und oktroyiert, was ebenfalls einen Modernisierungsvorteil erbrachte.

---

[9] *Christian Starck*, Deutsches Verfassungsrecht in Japan, in: Jahrbuch der Akademie der Wissenschaften zu Göttingen 2005, 2006, S. 95 ff.

[10] *Robert Heuser*, Beginn eines Jahrhundertprojekts: Die Rechtsreform unter der späten Qing-Dynastie (1903–1911), in: Zeitschrift für Chinesisches Recht 15 (2008), S. 193–205, auch zum Folgenden.

[11] So *John K. Fairbank*, Geschichte des modernen China 1800–1985, 1989, S. 170.

[12] Zitiert nach *Robert Heuser*, Der Ertrag der Republikperiode (1912–1949) für die Modernisierung des chinesischen Rechts, in: Zeitschrift für Chinesisches Recht 16 (2009), S. 123, 138.

[13] Man betrachte nur die bisher erschienenen 5 Bände der Interpretationen der Hohen Richter (= Verfassungsrichter) des Justiz Yuan in englischer Sprache: The Republic of China Constitutional Court Reporter, Second Edition 2007; siehe ferner die Beiträge in: Heun/Starck/Tsai (Anm. *), passim.

3. Brasilien: Föderalismus aus den USA?

Nach dem Sturz des brasilianischen Kaisertums im November 1889 wurde die Republik ausgerufen in der Absicht, diese föderalistisch zu strukturieren. Grundlage für die föderalistische Gliederung waren die alten Provinzen des Kaiserreichs.[14] Die Föderalisierung Brasiliens wurde unmittelbar nach der Revolution durch Dekrete eingeleitet, musste aber noch durch Verfassunggebung stabilisiert werden. Es bestand wenig Zeit, da man erst ein Jahr nach der Revolution eine Verfassungskommission mit knappen Fristen einsetzte. Die Rezeption des Föderalismus der Verfassung der Vereinigten Staaten von Amerika, die schon im Namen „Constituicão da República dos Estados Unidos do Brasil" zum Ausdruck kam, gründete auf der Nähe Nordamerikas, auf dessen Erfolg in Wirtschaft und Republikanismus und in der genauen Kenntnis der amerikanischen Verfassung und der Rechtsprechung des Supreme Court durch *Rui Barbosa*, das führende Mitglied der Verfassungskommission, der als überragender Jurist galt.[15] Ein Rezeptionsvorgang setzt nicht nur Kenntnis des fremden Rechts sondern auch die Fähigkeit voraus, dieses ins eigene Recht und die gesellschaftliche Ambiance einzubauen, d. h. sich anzueignen. Die in Brasilien häufig beklagte Vernachlässigung der Latinidade bei der Schaffung des brasilianischen Bundesstaates erklärt sich ganz einfach daraus, dass die lateinischen Länder keine funktionierende Bundesstaatlichkeit hervorgebracht haben. *Rui Barbosa* bewunderte die angelsächsische Rechtskultur und kannte sich im amerikanischen Recht gut aus. Er ignorierte aber den großen Unterschied zwischen der Bildung der Vereinigten Staaten von Amerika aus einem Bund selbständiger Kolonien und der nachträglichen Gliederung der zentral regierten brasilianischen Monarchie, die, zur Republik geworden, bundesstaatlich gegliedert wurde.

Blickt man auf die Bedingungen der Rezeption der Bundesstaatlichkeit in Brasilien, so zeigt sich hier besonders deutlich, dass Rezeption durch den Verfassunggeber nur der erste Schritt ist. Das rezipierte Recht muss zu den politischen Realitäten des rezipierenden Staates passen oder die politischen Realitäten müssen im Laufe der Zeit durch günstige gesellschaftliche Entwicklungen oder durch mächtige Staatsorgane im Sinne der Verfassung geformt werden. Dies gelang in Brasilien nicht. Die Staaten waren nach Größe und wirtschaftlichem Gewicht zu verschieden.[16] Hinter der Fassade der bundesstaatlichen Verfassung setzte sich zudem ein südamerikanischer Caudillismo durch, der spätere brasilianische Verfassungen sogar ausdrücklich bestimmte.[17] Die neue Verfassung von 1988 wurde in der Absicht erlassen, den Föderalismus neu zu konstruieren und dadurch zu stabilisieren. Insoweit wirkt die Rezeption vor damals 100 Jahren unter Ein-

---

[14] *Wolfgang Paul*, Genealogie der Verfassung der Republik der Vereinigten Staaten von Brasilien, in: Nitschack (Hrsg.), Brasilien im amerikanischen Kontext, 2005, S. 11, 14 ff. auch zum Folgenden.

[15] Siehe As Constituicões Brasileiras, ed. Fundação Armando Alvares Penteado, 2007, S. 101.

[16] *Markus Eugster*, Der brasilianische Verfassungsgebungsprozeß von 1987/88, St. Gallener jur. Diss. 1995, S. 31 f.

[17] As Constituições Brasilieras (Anm. 16), S. 175 f., 221 f., 249 f.; *Eugster*, S. 30 ff.

schluss der im Laufe der Zeit gemachten Erfahrungen fort, und zwar auf eine den brasilianischen Verhältnissen angepasste Weise. Der Name der Verfassung ist seit 1967 Constituição da República Federativa do Brasil.

4. Rezeption von Instituten der Verfassungsgerichtsbarkeit

Eine große Rezeptionsepoche im letzten Viertel des 20. Jahrhunderts wurde ausgelöst durch die Überwindung autoritärer Staatsstrukturen in Südeuropa und durch den Zusammenbruch der kommunistischen Parteidiktaturen im Jahre 1989. In beiden Fallkonstellationen war eine grundsätzliche rechtliche Neuorientierung nötig. Die dafür notwendigen, zumindest zweckmäßigen Rezeptionen waren dadurch vorbereitet, dass junge Gelehrte der betreffenden Länder im Ausland Verfassungsrecht und rechtsstaatliches Verwaltungsrecht schon lange vor dem Ende der Diktaturen in ihren Ländern kennen lernen und studieren konnten. Die Verfassunggebung führte in diesen Ländern zu Verfassungen mit Gewaltenteilung und Grundrechtsgarantien, die durch Verfassungsgerichtsbarkeit auch gegenüber dem Gesetzgeber geschützt werden.

Für die Rezeption einzelner Rechtsinstitute beginne ich mit einem Beispiel aus Spanien, das aber von allgemeiner Bedeutung ist. Bei dem Übergang (*Transición*) von der autoritären Diktatur zum Verfassungsstaat hat Spanien ein Verfassungsgericht errichtet. Ein äußerer, autochthon spanischer Anknüpfungspunkt dafür war das *Tribunal de Garantías Constitucionales* von 1931, das damals jedoch keine praktische Tradition entwickeln konnte. Zudem weist Rubio Llorente darauf hin, dass hinsichtlich der Zusammensetzung und der Zuständigkeiten erhebliche Unterschiede zum heutigen *Tribunal Constitucional* bestehen.[18]

Ein Verfassungsgericht soll die Einhaltung der Verfassung, d. h. insbesondere der Kompetenzordnung und der Grundrechte, garantieren und damit die Normativität der Verfassung sichern. Aus dieser Aufgabenstellung für Verfassungsgerichte erklärt sich der Aufschwung, den die Verfassungsgerichtsbarkeit zunächst in Westeuropa nach dem Zweiten Weltkrieg erlebte. Die wiedererrichtete rechtsstaatliche Ordnung sollte institutionell gesichert werden. Die sichtbar guten Erfahrungen, die die Bundesrepublik Deutschland mit dem Bundesverfassungsgericht gemacht hat, waren der Hauptgrund für die Einrichtung der Verfassungsgerichtsbarkeit in Spanien nach der Überwindung der Diktatur.

In vielem ähnelt das spanische Verfassungsgericht dem deutschen Bundesverfassungsgericht, vor allem durch die Zuständigkeit für Urteilsverfassungsbeschwerden. Die Rezeption dieser bei spezialisierten Verfassungsgerichten äußerst selten vorkommende Zuständigkeit muss man vor dem Hintergrund sehen, dass bei der *Transición* zum Verfassungsstaat mit der Verfassung von 1978 das Oberste Gericht in seiner Zusammensetzung nicht angetastet wurde. Mit

---

[18] *Francisco Rubio Llorente*, Del Tribunal de Garantías al Tribunal Constitucional, in: Revista de derecho politico 16 (1982/83), S. 27ff.; *Antonio Varela Suanzes-Carpegna*, La Constitucion de 1978 en la històrìa constitucional española, in: Revista Española de Derecho Constitucional 69 (2003), S. 31, 62.

der Urteilsverfassungsbeschwerde vor dem neu errichteten Verfassungsgericht war die Möglichkeit gegeben, die Entscheidungen des Obersten Gerichts auf ihre Vereinbarkeit mit den Grundrechten zu prüfen, die in der neuen Verfassung nicht nur verzeichnet waren, sondern effektiv gelten sollten (Art. 53 Span. Verf.).

Eine Parallele zu der in Spanien eingeführten Urteilsverfassungsbeschwerde finden wir 15 Jahre später in Südafrika. Bei der Ablösung des Apartheidsystems blieb die Zusammensetzung der Gerichte unangetastet. Entgegen der in Südafrika herrschenden Common Law Tradition wurde ein spezialisiertes Verfassungsgericht eingerichtet. Bei dieser Hinwendung zum österreichisch-deutschen Model der Verfassungsgerichtsbarkeit[19] stand der Wille Pate, Einfluss auf letztinstanzliche Urteile der Gerichte zu nehmen. Es wurde darauf hingewiesen, dass die Gerichte in ihrer fortbestehenden Besetzung aus der Zeit der Apartheid zu lange Zeit brauchen würden, sich den Erfordernissen einer grundrechtsorientierten Auslegung anzupassen.[20] In diesem Sinne heißt es in Art. 167 Abs. 6 der südafrikanischen Verfassung von 1996: „*National Legislation or the rules of Constitutional Court must allow a person, when it is in the interest of justice and with leave of the Constitutional Court ... to appeal directly to the Constitutional Court from any other court.*" Das bedeutet, wenn auch mit Einschränkung nach Ermessen des Verfassungsgerichts, die Urteilsverfassungsbeschwerde.

Die Befürworter eines besonderen Verfassungsgerichts für Südafrika, die sich durchgesetzt haben, argumentierten mit der vorbildlichen Rechtsprechung des Bundesverfassungsgerichts zur Festigung des Grundrechtsschutzes und bemerkenswerter Weise auch mit dessen zentraler Rolle für die Stabilisierung der neuen Rechtsordnung[21] und damit des gesellschaftlichen Grundkonsenses.[22]

Die Verfassungsgerichtsbarkeit bietet auch ein Beispiel für Rezeptionswechsel. Die meisten südamerikanischen Staaten hatten von den USA die diffuse Verfassungsgerichtsbarkeit durch die ordentlichen Gerichte, vor allem durch das Oberste Gericht, rezipiert. Nach der Errichtung des spanischen Tribunal Constitucional im Jahre 1978 sind zahlreiche südamerikanische Staaten zur konzentrierten und spezialisierten Verfassungsgerichtsbarkeit durch ein Verfassungsgericht übergegangen und haben sich insoweit dem europäischen System angeschlossen[23].

---

[19] *Jörg Fedke*, Die Rezeption von Verfassungsrecht. Südafrika 1993–1996, 2000, S. 392.

[20] Siehe mit Nachweisen *Levin Holle*, Das Verfassungsgericht der Republik Südafrika, 1997, S. 50.

[21] Vgl. im Einzelen *Marinus Wiechers*, A Constitutional Court for South Africa, 1991, S. 292; *Kader Asmal*, Constitutional Courts – a comparative survey, in: The Comparative and International Law Journal of South Africa, 1991, S. 320.

[22] *Christian Starck*, Freiheit und Institutionen, 2002, S. 319, 329 ff.

[23] Siehe dazu ausführlich allgemein und speziell für jedes lateinamerikanische Land *Norbert Lösing*, Die Verfassungsgerichtsbarkeit in Lateinamerika, 2001, S. 28 ff., 37 f.; *Allan R. Brewer Carias*, La jurisdicción constitucional en America Latina, in: García Belaunde/Fernández Segado (coord.), La jurisdicción constitucional en Iberoamerica, Madrid 1997, S. 141 ff.

5. Das Verhältnismäßigkeitsprinzip als Rezeptionsgegenstand für die Anwendung der Grundrechte

Mit der Verfassungsgerichtsbarkeit als Großinstitution des Rechts steht in innerem Zusammenhang das Verhaltnismäßigkeitsprinzip. Es ist weder eine Entdeckung der deutschen Rechtskultur noch gar eine Erfindung des Bundesverfassungsgerichts. Es geht, wie Franz Wieacker nachgewiesen hat, bis in die Antike zurück.[24] Jedenfalls ist aber die Aktualisierung des Verhältnismäßigkeitsprinzips für die Grundrechtsdogmatik durch die Rechtsprechung des Bundesverfassungsgerichts stark gefördert, wenn nicht sogar entwickelt worden.

Diese Rechtsprechung, kurz zusammengefasst, besagt: Der Grundsatz der Verhältnismäßigkeit folge „im Grunde bereits aus dem Wesen der Grundrechte selbst, die als Ausdruck des allgemeinen Freiheitsanspruchs des Bürgers gegenüber dem Staat von der öffentlichen Gewalt jeweils nur insoweit beschränkt werden dürfen, als es zum Schutze öffentlicher Interessen unerlässlich ist.“[25] Was das Bundesverfassungsgericht in dem Zitat mit dem „Wesen der Grundrechte“ bezeichnet, ist klarer umschrieben, wenn man auf die Bindungsklausel des Art. 1 Abs. 3 GG abstellt, die das „Wesen der Grundrechte“ entscheidend neu prägt. Das Wesen der Grundrechte ist ein anderes, wenn sie über Gesetzesvorbehalte allein dem Gesetzgeber anheimgegeben werden. Die Vermittlung zwischen der unverzichtbaren Regelungskompetenz des Gesetzgebers im Grundrechtsbereich und der Bindung des Gesetzgebers an die Grundrechte, ist logisch nur möglich, wenn der Gesetzgeber sowohl bei der Auswahl der Schutzgüter wie der zu ihrem Schutz eingesetzten Mittel verfassungsrechtlich gebunden ist.

Neue Verfassungen und neu beginnende Verfassungsrechtsprechung, die die unmittelbare Bindung der Staatsorgane an die Grundrechte bewirken wollen, rezipieren regelmäßig das Verhältnismäßigkeitsprinzip und die Modalitäten seiner Anwendung. Man findet das Prinzip ausdrücklich in generellen Normen über Grundrechtseinschränkungen als deren Grenze[26].

Die Rechtsprechung des Bundesverfassungsgerichts zur Einschränkung von Grundrechten, die seit 1957 deutliche Konturen hat, ist vom Europäischen Gerichtshof für Menschenrechte übernommen worden[27] und hat durch diesen vermittelt oder unmittelbar auf Österreich, Italien, Spanien, Portugal, Polen, Korea, Taiwan und viele andere Länder gewirkt.[28]

---

[24] *Franz Wieacker*, Geschichtliche Wurzeln des Prinzips der verhältnismäßigen Rechtsprechung, in: Festschrift für Robert Fischer, 1979, S. 867 ff.

[25] BVerfGE 19, 342, 349; 35, 382, 401.

[26] Vgl. Art. 36 Schweizerische Verfassung (1999), Art. 52 Europäische Grundrechte Charta (2000).

[27] *Jochen Frowein*, in: Frowein/Peukert, EMRK-Kommentar, 3. Aufl. 2009, S. 286.

[28] *Heinz Schäffer*, Die Entwicklung der Grundrechte und ihrer Interpretation, insbesondere durch die Verfassungsgerichtshöfe in Österreich und Italien, in: Starck (Hrsg.), Fortschritte der Verfassungsgerichtsbarkeit in der Welt – Teil II, 2006, S. 97, 105 ff.; allgemein siehe Hans Kutscher (Hrsg.), Der Grundsatz der Verhältnismäßigkeit in den europäischen Rechtsordnungen, 1985.

Der Rezeptionsprozess hat fast gleichzeitig durch den österreichischen Verfassungsgerichtshof und die italienische *Corte costituzionale* stattgefunden. Beide Gerichte verstanden bis in die 1980er Jahre die verfassungsrechtlichen Grundrechtsschranken als Ermächtigungen des Gesetzgebers Grundrechte nach Ermessen einzuschränken. Nur ein Kernbereich des Grundrechts war gegen den Gesetzgeber geschützt, der nicht gegen das Wesen des Grundrechts verstoßen darf.

Karl Korinek, der sich ausführlich mit dieser Entwicklung beschäftigt hat,[29] schreibt dazu: „Im Bereich der unter Gesetzesvorbehalt stehenden Grundrechte kommt es zu einer Weiterentwicklung der ... Judikatur zum Eigentumsschutz und zu einer materiellen Sicht des Gesetzesvorbehalts auch bei anderen Grundrechten, etwa der Meinungsäußerungsfreiheit, des Minderheitenschutzes oder der Erwerbsfreiheit. Nicht erst eine den Kern eines Grundrechts treffende Beschränkung durch ein Gesetz wird als verfassungswidrig erkannt; die Grenze wird früher erreicht: Eingriffe in die Grundrechtspositionen, die nicht durch ein öffentliches Interesse gerechtfertigt werden können oder die Grundrechtspositionen der Grundrechtsträger über das Maß, unverhältnismäßig, sachlich ungerechtfertigt einschränken, widersprechen nach dieser materiellen Sicht der Grundrechte und ihres Gesetzesvorbehalts den Grundrechten selbst."

Bedingungen für diese Neukonzeption seien der Einfluss der Europäischen Menschenrechtskonvention, ihre Interpretation durch die Straßburger Organe und die Rechtsprechung des benachbarten Auslandes gewesen. Diese Neuorientierung war durch die Rechtslehre vorbereitet.[30] Es liegt hier die Rezeption einer juristischen Argumentationsfigur vor, die die Effektivität der Grundrechte steigert. Eine parallele Entwicklung in Italien ist feststellbar.[31] Seit der 2. Hälfte der 80er Jahre wird bei Grundrechtseinschränkungen die *ragione-volezza*, d. h. die Vernünftigkeit der Regelung geprüft, was auf eine Verhältnismäßigkeitsprüfung mit entsprechenden Abwägungen hinausläuft.[32]

Auch in der Rechtsprechung der Hohen Richter in Taiwan ist das Verhältnismäßigkeitsprinzip als Instrument zur Kontrolle von Gesetzen am Maßstab der Grundrechte übernommen worden[33]. Die daraus folgende Prüfung der Eignung und Erforderlichkeit eines Gesetzes zum angestrebten Zweck lässt gewisse politische Spielräume offen. Die Hohen Richter greifen aber auch auf die amerikanischen Tests und das Balancing zurück. Die Analyse der Rechtsprechung zeigt, dass das mit einem Instrument gewonnene Ergebnis auch mit dem anderen erzielt werden kann.

---

[29] *Karl Korinek*, Grundrechte und Verfassungsgerichtsbarkeit, 2000, passim, Zitat S. 53 f.; vgl. ausführlich *Heinz Schäffer*, Die Entwicklung der Grundrechte und ihrer Interpretation, insbesondere durch die Verfassungsgerichtshöfe in Österreich und Italien, in: Starck (Hrsg.), Fortschritte der Verfassungsgerichtsbarkeit in der Welt – Teil II, 2006, S. 47, 105 ff.

[30] *Schäffer* (Anm. 29), S. 133 f.

[31] Dazu Schäffer (Anm. 29), S. 133 f.

[32] *Diana-Urania Galetta*, El principio de proportionalidad en el Derecho Público italiano, in: Cuardernos de Derecho Público, núm. 5 (1998), S. 299 ff.

[33] Justiz Yuan, Auslegung Nr. 476 vom 29. 1.1999, in: The Republic of China Constitutional Court Reporter, vol. II, S. 157, siehe Anm. 13.

6. *Rezeption der verfassungsrechtlichen Bändigung der politischen Parteien*

Italien hat als erstes Land die politischen Parteien in seiner Verfassung von 1948 erwähnt. Nach Art. 49 haben alle Bürger das Recht, sich frei zu Parteien zusammenzuschließen, um in demokratischer Weise bei der Bestimmung der nationalen Politik mitzuwirken. Die kurz darauf vorgenommene Inkorporation der politischen Parteien ins Grundgesetz und die Auslegung und Aktualisierung des Art. 21 Abs. 1 durch die Rechtsprechung des Bundesverfassungsgerichts haben bedeutsamen Einfluss auf das Verfassungsrecht anderer Staaten gehabt. Art. 6 der Spanischen Verfassung (1978) übernimmt Art. 21 Abs. 1 GG fast vollständig: Mitwirkung bei der politischen Willensbildung, Gründungsfreiheit, innere demokratische Ordnung. Die finanzielle Seite des Parteiwesens wird in Art. 6 allerdings nicht geregelt. Das zuletzt gesagte gilt auch für Portugal, das in seiner Verfassung (1976) das Mitwirkungsrecht der Parteien und deren Gründungsfreiheit festlegt (Art. 10 Abs. 2, Art. 51 Abs. 1) und zahlreiche Details des Parteienrechts regelt, die in der Rechtsprechung des Bundesverfassungsgerichts herausgearbeitet worden sind: Anrecht auf Sendezeit in Rundfunk und Fernsehen (Art. 40), keine Nachteile aus der Zugehörigkeit zu einer Partei (Art. 51 Abs. 2) und Oppositionsrechte (Art. 117).

Art. 29 der Griechischen Verfassung (1975) und Art. 8 der Koreanischen Verfassung folgen weitgehend dem deutschen Parteienartikel und enthalten zudem noch eine Verpflichtung des Gesetzgebers, eine staatliche Parteienfinanzierung zu regeln und für Griechenland Offenlegungspflichten festzulegen. Sogar die Stellung des Parteienartikels in der Griechischen und in der Koreanischen Verfassung entspricht dem Grundgesetz: als lex specialis zur Vereinigungsfreiheit steht er wie Art. 21 GG außerhalb des Abschnitts über die Grundrechte. Die aus den 1990er Jahren stammenden Verfassungen der ehemals durch kommunistische Diktaturen regierten Staaten, die jetzt der Europäischen Union angehören, haben fast alle Parteienartikel, die hauptsächlich auf die vorangegangenen Parteidiktaturen reagieren und inhaltlich kaum noch als Rezeption aus dem Grundgesetz erklärt werden können.

7. *Zusammenfassung*

Aus den bisherigen Darlegungen lassen sich zahlreiche Gründe für Rezeptionsvorgänge extrahieren und abstrahieren. Bewährte, als vorbildlich empfundene Rechtsinstitutionen oder Einzelregelungen werden übernommen, um fehlende oder schlechte eigene Regelungen zu kompensieren und gleichzeitig am erkennbaren Fortschritt anderer Rechtsordnungen teilzuhaben.

Bei der politischen Überwindung von Diktaturen werden die neue Ordnung stabilisierende Institutionen rezipiert und in den Formulierungen des Rechts das Überwundene ausdrücklich benannt und abgewehrt z. B. dass Parteien unmittelbar keine Staatsgewalt ausüben dürfen (Art. 3 Abs. 3 Ungarische Verfassung) oder dass Parteien verboten werden, die totalitäre Methoden propagieren (Art. 13 Polnische Verfassung) oder gegen die demokratische Grundordnung verstoßen (Art. 8 Abs. 4 Koreanische Verfassung).

Ein Übergang von der diffusen Verfassungsgerichtsbarkeit durch die ordentlichen Gerichte zur spezialisierten Verfassungsgerichtsbarkeit findet z. B. statt, um einer neuen Verfassung normative Wirkung zu garantieren, ohne die aus dem alten System stammenden Richter austauschen zu müssen.

III. Formen der Rezeption

Am deutlichsten erkennbar sind Rezeptionen durch *Verfassung- und Gesetzgebung*. Fremde Normen werden in die Sprache des rezipierenden Staates übersetzt und in dessen Rechtsordnung eingefügt. Der neue Zusammenhang, in dem sie stehen, verleiht ihnen eventuell eine Bedeutungsnuance. Auch die gesellschaftliche Ambiance mag dabei eine Rolle spielen.

Verfassunggebung oder Gesetzgebung ist aber erst der Beginn der Rezeption. Es kommt in der Folgezeit darauf an, wie die Rechtsprechung die rezipierten Normen auslegt und anwendet und ob die Rechtsdogmatik durch die gelehrten Juristen mit der Rezeption umzugehen versteht. Mögen die Gründe für die Rezeption bei der gesetzlichen Inkorporation dargelegt worden sein, so ist damit noch nicht gesichert, dass günstige Bedingungen für das Gelingen der Rezeption herrschen. Die dargestellten Beispiele zeigen durchgehend, dass Rezeptionen mittels Verfassung- und Gesetzgebung durch die Rechtslehrer vorbereitet werden, die das fremde Recht zunächst studieren, wie es konstruiert ist, wie es wirkt und wie es im eigenen Land wirken könnte. Zu Japan habe ich dazu schon Ausführungen gemacht. Was Portugal und Spanien betrifft, waren günstige Bedingungen für die geschilderten und weitere Rezeptionen, dass noch während der Diktaturen zahlreiche junge Juristen nach ihren heimischen Studien nach Deutschland zu weiteren Studien kamen und später das rezipierte Recht somit für sie kein fremdes Recht war. Sieht man sich die personelle Zusammensetzung des portugiesischen und des spanischen Verfassungsgerichts besonders in den ersten Perioden an, so stellt man fest, dass viele Richter, auch Präsidenten[34], das deutsche Verfassungsrecht aus eigenen Studien in Deutschland kannten. Das gilt auch für Korea und Taiwan.

Die *Rechtsprechung* ist aber auch autochthone Form der Rezeption, d. h. sie initiiert Rechtsrezeptionen ohne vorgängige Gesetzgebung. Ein eindrucksvolles Beispiel für dieses Phänomen stellt die Rechtsprechung des polnischen Verfassungsgerichts in der Zeit nach Beendigung der kommunistischen Diktatur und vor dem Erlass der neuen Verfassung (1997) dar. In der Zwischenzeit hat das polnische Verfassungsgericht die alte Verfassung, die von der Klausel über die Souveränität der Vereinigten Arbeiterpartei befreit worden war, in Riesenschritten

---

[34] José Manuel Moreira Cardosa da Costa (Portugal), Pedro Cruz Villalón (Spanien).

durch Rezeptionen vor allem aus der Menschenrechtskonvention in Richtung auf eine rechtsstaatliche Verfassung fortgebildet[35] und damit der Verfassung von 1997 vorgearbeitet[36].

In Taiwan bekannt ist die Rezeption der Menschenwürdegarantie in der Auslegung Nr. 603 vom 28. September 2005 der Hohen Richter (Interpretations 2nd ed, 2007, p. 552). Knapper verfassungsrechtlicher Anknüpfungspunkt war die Garantie der Würde der Frau,[37] die eher als Gleichheitsgarantie gemeint ist. Die Würde des Menschen wird von den Hohen Richtern als Grundlage eines Rechts auf Privatsphäre herangezogen. Denn die Garantie der Menschenwürde und der freien Entfaltung der Persönlichkeit sei ein Grundsatz jeder „freien und demokratischen Verfassungsordnung", wie es in der Auslegung heißt. In dieser Auslegung findet eine Rezeption des naturrechtlich begründeten europäischen Verfassungsdenkens statt. Es wäre interessant zu erfahren, inwieweit die Rechtslehre diesen Rezeptionsakt der Rechtsprechung aufgenommen und dogmatisch bearbeitet hat.

Eine dritte Form der Rezeption ist die unmittelbare Übernahme fremden Rechts durch die *Rechtslehre* mit Spätwirkungen auf Rechtsprechung und Gesetzgebung. So hat Otto Mayer Ende des 19. Jahrhunderts sein Werk „Theorie des französischen Verwaltungsrechts" (1886), das hauptsächlich vom Conseil d'Etat gebildet worden ist, geschrieben und darauf später aufgebaut bei seiner maßgeblichen rechtsdogmatischen Bearbeitung des deutschen Verwaltungsrechts,[38] auf das sich die deutsche Verwaltungsrechtsprechung stützte, die 80 Jahre nach Otto Mayers Werk Grundlage für das Verwaltungsverfahrensgesetz wurde.

Bei der Gründung der Europäischen Wirtschaftsgemeinschaft wurde ein Gerichtshof eingesetzt mit der Aufgabe, das Recht zu wahren. Diese Aufgabe hat sich bis heute nicht geändert. Zu dem Recht, das zu wahren ist, gehören die Verträge und das von den Gemeinschaftsorganen erlassene Recht, aber auch wie der italienische Richter Pescatore einmal formuliert hat: Der gemeinsame Grund der Ideen von Ordnung, Gerechtigkeit und Vernunft, die zur Grundlage der Rechtskultur der Mitgliedstaaten gehören. Diese sind gemeinsam von Gerichtshof und Rechtslehre durch wertende Rechtsvergleichung und darauf beruhender Rezeption gebildet worden[39].

---

[35] Vgl. dazu *Lech Garlicki*, Constitutional Development in Poland, in. Saint Louís University Law Review, vol. 32 No. 3, 1998, S. 713 ff.; *Piotr Tuleja*, Grundlagen und Grundzüge staatlichen Verfassungsrechts: Polen, in: v. Bogdandy/Cruz Villalón/Huber, Handbuch des Ius Publicum Europaeum, Bd. I, 2007, S. 451, 462.

[36] Vgl. dazu *Piotr Czarny*, Rechtsrezeption im polnischen Verfassungsrecht durch Verfassungsgebung und Verfassungsgericht, in: Heun/Starck/Tsai (Anm. *), S. 111 ff.

[37] Art. 10 Abs. 6 der Zusatzbestimmungen zur Verfassung: „The State shall protect the dignity of women, safeguard their personal safety, eliminate sexual discrimination, and further substantive gender equality."

[38] *Otto Mayer*, Deutsches Verwaltungsrecht, 2 Bände, 1895 und 1896.

[39] Vgl. *Jürgen Schwarze*, Europäisches Verwaltungsrecht, 2 Bände, 1988; *ders.* Das Verwaltungsrecht unter europäischem Einfluss, 1996; *Christian Starck*, Rechtsvergleichung im öffentlichen Recht, in: Juristenzeitung 1997, S. 1021, 1029 = *Starck*, Verfassungen, 2009, S. 338, 358 ff.

5. Kapitel

Völkerrecht, Unionsrecht und nationales Verfassungsrecht*

I. Einleitung: Normenhierarchie und Kompetenz

Die drei in der Übersicht genannten Rechtsordnungen stehen nicht im Verhältnis einer strengen Normenhierarchie. Das ist für das Völkerrecht und das nationale Verfassungsrecht allgemein bekannt. Die Hierarchie oder Stufenordnung von Normen ergibt sich regelmäßig aus einer Kompetenzordnung. Diese ist innerstaatlich durch Verfassungsrecht vorgegeben. Als Beispiel erwähne ich Art. 31 GG, der wie folgt lautet: „Bundesrecht bricht Landesrecht". Auf den ersten Blick scheint dieser Artikel eine strenge Hierarchie des Bundesrechts über das Landesrecht zu normieren. Sieht man sich aber die Kompetenzvorschriften für die Gesetzgebung im Grundgesetz an, wird deutlich, dass es Landesrecht gibt, das von Bundesrecht nicht gebrochen werden kann, weil dem Bund die Gesetzgebungskompetenz fehlt. Würde der Bund auf dem Gebot der Landesgesetzgebungskompetenz regeln, wären seine Gesetze mangels Gesetzgebungskompetenz nichtig. Es läge also gar kein Bundesrecht vor, das Landesrecht brechen könnte. Nur auf dem Gebiete der konkurrierenden Gesetzgebung (Art. 72 Abs. 1, 2, 74 GG) gilt – neuerdings von einigen Ausnahmen (Art. 72 Abs. 3 GG) abgesehen – der Satz „Bundesrecht bricht Landesrecht." Innerhalb der Rechtsordnung des Bundes oder eines Landes gilt zwischen der Verfassung und den Gesetzen und diesen und Rechtsverordnungen als niederrangigem Recht eine strenge Hierarchie.

Rechtshierarchien in einem demokratischen Verfassungsstaat beruhen auf dem Vorrang der Verfassung *und* auf der demokratischen Ableitung der Staatsgewalt. Das unmittelbar demokratisch legitimierte Parlament erlässt die Gesetze,

---

* Aus: Schumann (Hrsg.), Hierarchie, Kooperation und Integration im europäischen Rechtsraum, Berlin 2015, S. 65–79.

in deren Rahmen auf Grund Ermächtigung (Art. 80 Abs. 1 GG) Regierungsbehörden Rechtsverordnungen erlassen können. Im Verhältnis der Gesetzgebung von Bund und Ländern liegen gleichwertige demokratische Ableitungsverhältnisse vor, die nach Maßgabe der bundesverfassungsrechtlichen Kompetenzverteilung aktualisiert werden.[1] Der verfassungsändernde Bundesgesetzgeber kann in gewissen Grenzen (Art. 79 Abs. 3 GG) über die Kompetenzverteilung zwischen Bund und Ländern disponieren, indem er das Grundgesetz ändert (Art. 79 Abs. 1, 2 GG). Soweit die Kompetenz des Bundes zur Verfassungsänderung reicht, ist der Bund den Ländern hierarchisch übergeordnet. Kompetenz bestimmt also über Hierarchie. Dies ist zugleich Ausdruck der Bundesstaatlichkeit, in der der Bund die Kompetenz-Kompetenz hat, die seine innerstaatliche Souveränität zum Ausdruck bringt.

Nun zu meinem Thema „Völkerrecht, Unionsrecht, nationales Verfassungsrecht." Ich beginne – noch einleitend – mit einigen Klarstellungen zu den drei Rechtskategorien.

1. *Völkerrecht* ist das Recht der Staatengemeinschaft, das auf Verträgen und zu Recht erstarkter Gewohnheit beruht; hinzukommen „von den Kulturvölkern anerkannte allgemeine Rechtsgrundsätze".[2] Dieses zwischen den Staaten – inter nationes – geltende Recht beruht also auf dem Übereinkommen der Staaten durch Vertrag, durch Handeln und durch gemeinsame Überzeugung. Rechtswahrende Instanzen sind Organe der Vereinten Nationen, die freilich das Recht selten durchsetzen können, und mit besserer Durchsetzungskraft regionalvölkerrechtliche Einrichtungen wie z. B. der Europarat mit dem Europäischen Gerichtshof für Menschenrechte.

2. *Unionsrecht* sind völkerrechtliche Verträge der Mitgliedsstaaten der Europäischen Union (primäres Europarecht) und das auf Grund dieser Verträge von den Organen der Europäischen Union gesetzte Recht (sekundäres Europarecht). Zwischen dem Vertragsrecht und dem von den Organen der Europäischen Union gesetzte Recht besteht, wie die Abstufung primäres und sekundäres Recht schon anzeigt, ein klares Hierarchieverhältnis. Das sekundäre Unionsrecht muss sich im Rahmen des Vertragsrechts halten, innerstaatlich vergleichbar dem Verhältnis von Verfassungsrecht und einfachem Recht. Dem Gerichtshof der Europäischen Union ist die Wahrung des Rechts bei der Auslegung und Anwendung der Verträge übertragen (Art. 19 Abs. 1 Satz 2 EUV).

3. *Nationales Verfassungsrecht* als höchste innerstaatliche Rechtsquelle (Vorrang der Verfassung!) ist maßgeblich für die Ausübung der Staatsgewalt nach innen und außen. So regelt es den Abschluss völkerrechtlicher Verträge (Art. 59 GG), die sich auch in Gestalt der die Europäische Union betreffenden Vertrags-

---

[1] BVerfGE 36, 342, 361 ff.; zum Verhältnis Bundesverfassungsrecht und Landesverfassungsrecht vgl. *Peter Badura*, Supranationalität und Bundesstaatlichkeit durch Rangordnung des Rechts, in: Christian Starck (Hrsg.), Rangordnung der Gesetze, 1995, S. 112 ff.

[2] Vgl. Art. 38 Abs. 1 Statut des Internationalen Gerichtshofs.

[3] *Bernd Kempen*, in: v. Mangoldt/Klein/Starck, Kommentar zum Grundgesetz, Bd. II, 6. Aufl. 2010, Art. 59 Rn. 98 ff.; *Dietrich Rauschning*, Bonner Kommentar, Art. 59 (2009), Rn. 103 ff.

gesetze im Rahmen der Verfassung halten müssen.[3] Völkerrechtliche Verträge haben normalerweise Gesetzesrang. Das bedeutet, dass die Regel lex posterior derogat legi priori Anwendung findet, also das neue Gesetz alte Verträge verdrängt. Unter Berücksichtigung dieser Regel muss der Gesetzgeber darauf achten, neue Gesetze im Einklang mit früher geschlossenen völkerrechtlichen Verträgen zu halten oder im Wege der Verhandlung der Regierung mit dem Vertragspartner zu versuchen, den Vertrag der geplanten neuen Gesetzgebung anzupassen, damit innerstaatliches Recht und völkerrechtliche Verpflichtungen im Einklang bleiben.[4]

Art. 25 GG erklärt die allgemeinen Regeln des Völkerrechts zum Bestandteil des Bundesrechts, die den Gesetzen vorgehen. An dieser Hierarchie des Völkerrechts über das einfache Bundesrecht nehmen nur teil die allgemeinen Rechtsgrundsätze des Völkerrechts und das Völkergewohnheitsrecht, soweit es allgemeine Regeln enthält.[5]

Für die Entwicklung der Europäischen Union sehen Art. 24 Abs. 1 GG und die 1992 ins Grundgesetz aufgenommene Spezialregelung des Art. 23 Abs. 1 vor, dass durch Gesetz Hoheitsrechte übertragen werden können. Soweit das Grundgesetz dadurch in seinem Inhalt geändert wird, gilt das Verfahren für Grundgesetzänderungen. Art. 23 Abs. 1 GG enthält ferner inhaltliche Schranken für die Übertragungsakte, bindet also den Gesetzgeber bei dem Abschluss entsprechender völkerrechtlicher Verträge. Die Wahrung des Verfassungsrechts obliegt dem Bundesverfassungsgericht.[6]

Nach diesen einführenden Überlegungen zu Normenhierarchie und Kompetenz möchte ich im Folgenden ins Detail gehen. Zunächst geht es um das Verhältnis von völkerrechtlichen Verträgen und nationalem Verfassungsrecht hauptsächlich am Beispiel der Europäischen Menschenrechtskonvention (II). Danach folgt ein Blick auf die Supranationalität, die durch völkerrechtlichen Vertrag souveräner Staaten begründet wird, wobei die Souveränität der Mitgliedstaaten in der Europäischen Union einer besonderen Betrachtung bedarf (III). Der Sicherung der Souveränität der Mitgliedstaaten dient die strenge Normenhierarchie innerhalb des Rechts der Europäischen Union (IV). Am Schluss behandele ich das Verhältnis der nationalen zu den unionalen Grundrechten (V).

---

[4] Zum Problem am Beispiel eines aktuellen Falles aus dem Steuerrecht vgl. eingehend *Marcel Krumm*, Legislativer Völkerrechtsbruch im demokratischen Rechtsstaat, in: AöR 138 (2013), S. 364 ff.

[5] *Christian Koenig*, in: v. Mangoldt/Klein/Starck, Kommentar um Grundgesetz, Bd. II, 6. Aufl. 2010, Art. 25 Rn. 20 f.; *Hans Joachim Cremer*, Allgemeine Regeln des Völkerrechts, in: HStR Bd. XI, 3. Aufl. 2013, § 235, Rn. 10–18; *Rudolf Geiger*, Grundgesetz und Völkerrecht, 3. Aufl. 2002, S. 164 ff.

[6] Siehe zuletzt etwa BVerfGE 123, 267 ff.

II. Völkerrechtliche Verträge und nationales Verfassungsrecht am Beispiel der EMRK

Das Völkerrecht ist ein wichtiges Instrument der Staaten, um miteinander zu kooperieren. Normalerweise werden zu diesem Zweck Verträge geschlossen. Im Wiener Übereinkommen über das Recht der Verträge[7] wird Bezug genommen auf die Grundsätze der Vereinten Nationen (Präambel Art. 1, 2 UN-Charta), darunter die souveräne Gleichheit und Unabhängigkeit der Staaten, die Nichteinmischung in die inneren Angelegenheiten der Staaten, das Gewaltverbot sowie die allgemeine Achtung und Wahrung der Menschenrechte und Grundfreiheiten für alle.

Nach deutschem Verfassungsrecht bedürfen völkerrechtliche Verträge, welche die politischen Beziehungen des Bundes regeln oder sich auf Gegenstände der Bundesgesetzgebung beziehen, der Zustimmung oder der Mitwirkung der jeweils für die Bundesgesetzgebung zuständigen Körperschaft in der Form des Bundesgesetzes (Art. 59 Abs. 2 GG). Der Völkerrecht schaffende Vertrag ist Ausdruck der Souveränität und Gleichheit der Staaten. Innerstaatlich ist nach deutschem Verfassungsrecht das direkt demokratisch legitimierte Parlament zuständig, den Souveränitätsakt zu beschließen, der dann vom Bundespräsidenten nach außen vollzogen wird (Art. 59 Abs. 1 Satz 2 GG). So wie eine Privatperson mit einer oder mehreren anderen Privatpersonen einen Vertrag schließt und damit Recht schafft, schließen auch Staaten miteinander Verträge als rechtliche Grundlage für Zusammenarbeit jedweder Art.

Der im regionalen Völkerrecht garantierte Schutz der Menschenrechte durch die *Europäische Menschenrechtskonvention* (EMRK) wirft ein Hierarchieproblem auf. Die Konvention als Völkervertragsrecht steht unter den Grundrechten des Grundgesetzes. Die Bundesrepublik hat sich aber verpflichtet, die Rechtsprechung des Europäischen Gerichtshofs für Menschenrechte (EGMR) anzuerkennen (Art. 46 EMRK). Individuen können sich an den EGMR wenden, um deutsche Rechtsakte, die schon am Maßstab der deutschen Grundrechte kontrolliert worden sind, vom EGMR am Maßstab der EMRK überprüfen zu lassen.

In der letzten Zeit ist es in einem alle Gerichtsinstanzen durchgelaufenen Rechtsstreit zwischen der Prinzessin Caroline von Hannover (geborene von Monaco) zu der Situation gekommen, dass eine Entscheidung des Bundesverfassungsgericht vom EGMR als menschenrechtswidrig beurteilt worden ist. Es ging um eine Abwägung zwischen Pressefreiheit und Persönlichkeitsrecht, die der EGMR im Hinblick auf den Begriff „Person der Zeitgeschichte", die Bewertung des Presseorgans und die örtliche Bestimmung der Privatsphäre anders vorgenommen hat als das Bundesverfassungsgericht.[8] Das Hierarchieverhältnis zwischen Grundgesetz und EMRK als völkerrechtlicher Vertrag wird faktisch

---

[7] vom 23.05.1969, in Kraft getreten am 27.01.1980 (BGBl. 1985 II, S. 926).

[8] Ausführlich siehe *Christian Starck*, Das Caroline-Urteil des Europäischen Gerichtshofs für Menschenrechte und seine rechtlichen Konsequenzen, JZ 2006, S. 76 ff = *Starck*, Praxis der Verfassungsauslegung II, 2006, S. 85 ff.

umgedreht. Deshalb wird in Deutschland, einem Land, in dem die EMRK den Rang eines einfachen Gesetzes hat, sorgfältig darauf geachtet, dass kein Gesetz oder Urteil gegen die Menschenrechte der EMRK in der Auslegung des EGMR verstößt.

Dazu hat das Bundesverfassungsgericht, ohne auf das Rangproblem ausdrücklich einzugehen, unter Bezugnahme auf frühere Entscheidungen ausgeführt:[9] „Die Gewährleistungen der Konvention beeinflussen ... die Auslegung der Grundrechte und rechtsstaatlichen Grundsätze des Grundgesetzes. Der Konventionstext und die Rechtsprechung des Europäischen Gerichtshofs für Menschenrechte dienen auf der Ebene des Verfassungsrechts als Auslegungshilfen für die Bestimmung von Inhalt und Reichweite von Grundrechten und rechtsstaatlichen Grundsätzen des Grundgesetzes, sofern dies nicht zu einer – von der Konvention selbst nicht gewollten (Art. 53 EMRK) Einschränkung oder Minderung des Grundrechtsschutzes nach dem Grundgesetz führt." Die Grundrechte des Grundgesetzes können ohne interpretatorische Schwierigkeiten so ausgelegt werden, dass sie im Einklang mit der EMRK stehen.[10]

Ein weiteres Beispiel stammt aus dem Familienrecht. 2003 hat das Bundesverfassungsgericht § 1626a BGB, der die gemeinsame elterliche Sorge für ein uneheliches Kind allein vom Willen der Mutter abhängig machte, nicht als gegen Art. 6 Abs. 2 GG verstoßend betrachtet.[11] Der EGMR hat 2009 in einem deutschen Fall[12] anders entschieden, gestützt weniger auf Art. 8 und 14 EMRK, die zum Elternrecht nichts sagen, sondern auf die Rechtsentwicklung in den anderen europäischen Staaten.[13] Bei der Regelung der elterlichen Sorge bestehe zwar ein Beurteilungsspielraum für den nationalen Gesetzgeber, der sich allerdings verenge, wenn ein allgemeiner europäischer Standard festgestellt werden könne. Im Anschluss an diese Entscheidung hat das Bundesverfassungsgericht 2010 den § 1626a Abs. 1 Nr. 1 BGB für unvereinbar mit Art. 6 Abs. 2 GG und verfassungswidrig erklärt.[14] In einem neuen, sehr ausführlich begründeten Interpretationsansatz gelangt das Bundesverfassungsgericht auf die Linie des Europäischen Gerichtshofs für Menschenrechte.[15]

In diesem Fall mag das Ergebnis überzeugen. Aber grundsätzlich muss man fragen, wie stellt der EGMR einen allgemeinen europäischen Standard fest? Wie kann begründet werden, dass dieser normativen Status bekommt? Nehmen wir ein anderes Beispiel: Das Bundesverfassungsgericht hat seit 1959 stets entschieden, dass Ehe im Sinne des Grundgesetzes die Verbindung eines Mannes und einer Frau zur grundsätzlich unauflösbaren Lebensgemeinschaft ist,[16] ein Struk-

---

[9] BVerfGE 111, 307, 317 unter Bezugnahme auf E 74, 358, 370; 83, 119, 128.

[10] *Jochen Abr. Frowein*, Übernationale Menschenrechtsgewährleistungen und nationale Staatsgewalt, in: HStR Bd. VII, 1992, § 180 Rn. 7, 24 f.

[11] BVerfGE 107, 150, 169 f.

[12] EGMR: Zaunegger gegen Deutschland, Nr. 22028/04, Urteil v. 03.12.2009.

[13] Siehe die Liste in BVerfGE 127, 132, 139 f.

[14] BVerfGE 127, 132, 145 f.

[15] BVerfGE 127, 132, 146–162.

[16] BVerfGE 10, 59, 66; 31, 58, 82; 49, 286, 300; 53, 224, 245; 105, 313, 345;121, 175,198; 131, 239, 259.

turprinzip, das der Verfügungsgewalt des Gesetzgebers entzogen ist.[17] Soll das anders werden, wenn der EGMR feststellen sollte, dass der Entwicklungsstand in anderen europäischen Staaten auch die gleichgeschlechtliche Gemeinschaft als Ehe anerkennt? Das Beispiel zeigt, dass es Grenzen für die Anpassung an tatsächliche europäische Standards gibt.

Art. 10 Abs. 2 der Spanischen Verfassung von 1978 fordert ausdrücklich:[18] „Die Normen, die sich auf die in der Verfassung anerkannten Grundrechte und Grundfreiheiten beziehen, sind in Übereinstimmung mit der Allgemeinen Erklärung der Menschenrechte und den von Spanien ratifizierten internationalen Verträgen und Abkommen über diese Materien auszulegen." Ähnlich lautet Art. 16 Abs. 2 der Portugiesischen Verfassung von 1976. In diesen Ländern ordnet die Verfassung selbst den Vorrang der völkerrechtlichen Menschenrechtserklärungen an, denen das Land beigetreten ist. Die zitierten Verfassungsvorschriften dürften sich aber wohl nur auf die normative Substanz der Erklärungen beziehen, nicht auf den Entwicklungsstand der Staaten, die der Menschenrechtskonvention beigetreten sind.

Daneben kann es zu einem rechtlich gesicherten Anwendungsvorrang der Freiheitsrechte der EMRK kommen, wenn der Europäische Gerichtshof (EuGH) die Anwendung von Gemeinschaftsrecht durch nationale Behörden überprüft und Art. 6 Abs. 2 und 3 EUV[19] als Rechtserkenntnisquelle heranzieht.[20] Ein Beitritt der Europäischen Union zur Europäischen Menschenrechtskonvention ist geplant. Der Entwurf eines entsprechenden Abkommens liegt vor.[21]

III. Supranationalität und Souveränität

Die Kooperation zwischen Staaten kann so eng werden, dass zwischenstaatliche Einrichtungen gegründet werden. Schon in der ursprünglichen Fassung des Grundgesetzes von 1949 war in Art. 24 Abs. 1 vorgesehen, dass der Bund durch Gesetz Hoheitsrechte auf zwischenstaatliche Einrichtungen übertragen kann.[22]

---

[17] BVerfGE 63, 323, 330.

[18] Las normas relativas a los derechos fundamentales y a las libertadas que la Constitución reconoce se interpretarán de conformidad con la Declaración Universal de Derechos Humanos y los tradados y acuerdos internationales sobre las mismas materias ratificados por España.

[19] Diese lauten: Abs. 2 „Die Union tritt der Europäischen Konvention zum Schutz der Menschenrechte und Grundfreiheiten bei. Dieser Beitritt ändert nicht die in den Verträgen festgelegten Zuständigkeiten der Union." Abs. 3 „Die Grundrechte, wie sie in der Europäischen Konvention zum Schutz der Menschenrechte und Grundfreiheiten gewährleistet sind und wie sie sich aus den gemeinsamen Verfassungsüberlieferungen der Mitgliedstaaten ergeben, sind als allgemeine Grundsätze Teil des Unionsrechts.".

[20] *Hans-Joachim Cremer*, § 32 „Entscheidung und Entscheidungswirkung, in: Grote/Marauhn (Hrsg.),EMRK/GG, Konkordanzkommentar, 2006, S. 1763f.

[21] Siehe *Jörg Polakiewicz* Der Abkommensentwurf über den Beitritt der Europäischen Union zur Europäischen Menschenrechtskonvention, in: EuGRZ 2013, S. 472ff.

[22] *Klaus Vogel*, Die Verfassungsentscheidung des Grundgesetzes für eine internationale Zusammenarbeit, 1964.

Damit wurde der Weg geebnet von der Kooperation zur Integration, von der Internationalität zur Supranationalität. Supranationalität bedeutet, dass der Staat Hoheitsgewalt überträgt und der supranationale Hoheitsträger in den Vertragsstaaten, d. h. auch in Deutschland, unmittelbar wirksame Hoheitsakte erlassen kann. Die Einräumung von Hoheitsbefugnissen an supranationale Einrichtungen hat zur Folge, dass deren Wahrnehmung im Einzelnen nicht mehr stets vom Willen des Mitgliedsstaates allein abhängt.

Die Hoheitsrechte werden durch Gesetz übertragen. Dieser *organisatorische Gesetzesvorbehalt* setzt voraus, dass Inhalt und Ausmaß der übertragenen Hoheitsrechte bestimmt sind.[23] Da der Akt der Hoheitsübertragung eine neue Hierarchie begründet, dem übertragenden Parlament Kompetenzen entzieht und beim Erlass von Richtlinien durch Organe der Europäischen Union (Art. 288 Abs. 3 AEUV) den Bundestag zur ausführenden Gesetzgebung verpflichtet, ist eine *hinreichende Bestimmtheit* der Hoheitsübertragung notwendig. Dies leuchtet besonders in Fällen ein, in denen Rechtsakte von Unionsorganen durch Mehrheitsentscheidung erlassen werden.[24]

Der 1992 neugefasste Art. 23 GG ist eine Sondervorschrift für die europäische Integration, die auf der Grundlage des Art. 24 GG (der Bund kann durch Gesetz Hoheitsrechte auf zwischenstaatliche Einrichtungen übertragen) schon weit fortgeschritten war. Das Ziel ist nach Art. 23 Abs. 1 Satz 1 GG die Verwirklichung eines vereinten Europas. In der Präambel des Grundgesetzes heißt es schon in der ursprünglichen Fassung: „von dem Willen beseelt, als gleichberechtigtes Glied in einem vereinten Europa dem Frieden der Welt zu dienen".[25] Um dieses Ziel zu erreichen, soll Deutschland bei der Entwicklung der Europäischen Union mitwirken, „die demokratischen, rechtsstaatlichen, sozialen und föderativen Grundsätze und dem Grundsatz der Subsidiarität verpflichtet ist und einen diesem Grundgesetz im Wesentlichen vergleichbaren Grundrechtsschutz gewährleistet" (Art. 23 Abs. 1 Satz 1 GG). Zur Erreichung des Zieles der Integration kann der Bund durch Gesetz mit Zustimmung des Bundesrates Hoheitsrechte übertragen (Art. 23 Abs. 1 Satz 2 GG).

Grundlage der Europäischen Union sind völkerrechtliche Verträge. Die Mitgliedstaaten der Europäischen Union behalten ihre Souveränität, die Ausdruck der Selbstbestimmung des jeweiligen Staatsvolkes ist. Die Mitgliedstaaten bleiben „Herren der Verträge", wie das Bundesverfassungsgericht nicht müde wird zu betonen.[26] Das ist im Lissabon-Urteil des Bundesverfassungsgerichts in aller Deutlichkeit zum Ausdruck gebracht[27] und in den Leitsätzen zusammenge-

---

[23] BVerfGE 89, 155, 183–188; 123, 267, 355; 134, 366, 395.

[24] *Claus Dieter Classen*, in: v. Mangoldt/Klein/Starck, Kommentar zum Grundgesetz, Bd. II, 6. Aufl. 2010, Art. 24 Rn. 9f.

[25] Siehe dazu *Christian Starck*, in: v. Mangoldt/Klein/*Starck*, Grundgesetz Kommentar, Bd. I, 6. Aufl. 2010, Präambel Rn. 40ff.

[26] So BVerfGE 123, 267, 349 in ständiger Rechtsprechung vgl. BVerfGE 75, 223, 242; 89, 155, 200 (vom Willen der Vertragspartner getragen). Vgl. auch *Badura* (Anm. 1), S. 116.

[27] BVerfGE 123, 267, 339ff.

fasst:[28] Die Europäische Union ist ein auf Dauer angelegter Staaten(ver)bund „souverän bleibender Staaten", eine „Vertragsunion souveräner Staaten", die weiterhin verantwortlich sind für „die politische Gestaltung der wirtschaftlichen, kulturellen und sozialen Lebensverhältnisse", für die Lebensumstände der Bürger, vor allem für den grundrechtlich geschützten Raum der Eigenverantwortung und der persönlichen und sozialen Sicherheit. Weiter nennt das Gericht solche politischen Entscheidungen, die in besonderer Weise auf die kulturelle, historische und sprachliche Vorverständnisse angewiesen sind. Dazu dürfte auch die Mentalität der Bevölkerung gehören, über deren Berücksichtigung beim Erlass von Gesetzen uns die Gesetzgebungslehre Auskunft gibt (siehe 5. Kapitel des Ersten Teils).

Die Übertragung von Hoheitsrechten auf die Europäische Union (Art. 23 Abs. 1 Satz 2 GG) hat in der deutschen und ausländischen Literatur und Rechtsprechung zu einigen Verwirrungen geführt: So spricht das tschechische Verfassungsgericht von einer Aufteilung der Souveränität, vom „concept of shared – ‚pooled' – sovereignty ... which is difficult to classify in political science categories".[29] Einige meinen, die Souveränität als staats- und völkerrechtlicher Begriff sei obsolet geworden[30], andere plädieren für eine föderative Gemeinschaftssouveränität[31]. Ebenso unangemessen ist es, eine Schwebelage der Souveränität anzunehmen.[32] Dagegen hat sich das Bundesverfassungsgericht gewandt, indem es mehrfach die Mitgliedstaaten als Herren der Verträge bezeichnet hat.[33]

Man muss sich von der Vorstellung freimachen, dass die Übertragung von Hoheitsrechten auf eine supranationale Union dem Staat, der die Übertragung durch völkerrechtlichen Vertrag vornimmt, die Souveränität ganz oder zum Teil entzieht, also der Staat, der Akteur ist, auf die Souveränität verzichtet. Der Abschluss eines völkerrechtlichen Vertrages, der den Staat rechtlich bindet, ist

---

[28] BVerfGE 123, 267 f.

[29] Zitiert nach *Isabel Ley*, Brünn betreibt die Parlamentarisierung des Primärrechts, JZ 2000, S. 165.

[30] *Hans-Peter Ipsen*, Europäisches Gemeinschaftsrecht, 1972, S. 101; *ders.* Deutschland in den Europäischen Gemeinschaften, in: HStR Bd. VII, 1992, § 181 Rn. 19; *Erhard Denninger*, Vom Ende nationalstaatlicher Souveränität in Europa, JZ 2000, S. 1121, 1125; *Juliane Kokott*, Die Staatsrechtslehre und die Veränderung ihres Gegenstandes, in: VVDStRL 63 (2002), S. 7, 21 ff.

[31] *Horst Dreier*, Art. Souveränität, in: Staatslexikon der Görres-Gesellschaft, Bd. IV, 1988, Sp. 1208; *Ulrich Everling*, Überlegungen zur Struktur der Europäischen Union und zum neuen Europaartikel des Grundgesetzes, DVBl. 1993, S. 936, 942 f.

[32] *Ipsen*, HStR VII, 1992, § 181 Rn. 19; *Christoph Schönberger*, Die Europäische Union als Bund, in: AöR 129 (2004), S. 81, 104 ff. auf der Grundlage der Bundestheorie von *Carl Schmitt*, Verfassungslehre, 1928. S. 363, 372 ff., der „substanzielle Gleichartigkeit" und „seinsmäßige Übereinstimmung" der Gliedstaaten voraussetzt (S. 376); Schmitt schwebt bei seinen Ausführungen das 1871 gegründete Deutsche Reich, ein Bundesstaat, vor; weitere Angaben zur Literatur bei *Christian Starck*, Allgemeine Staatslehre in Zeiten der Europäischen Union, in: Liber Amicorum Jost Delbrück, 2005, S. 722 f. Fn. 36–38, aufgenommen in diesem Band, vgl. das folgende Kapitel.

[33] BVerfGE 123, 267, 349 f.; *Claus Dieter Classen*, in: v. Mangoldt/Klein/Starck, Kommentar zum Grundgesetz, Bd. II, 6. Aufl. 2010, Art. 23 Rn. 3; anders *Ingolf Pernice*, in: Dreier, Grundgesetz Kommentar, Bd. II, 2. Aufl. 2006, Art. 23 Rn. 36 jeweils mit weiteren Nachweisen.

ein Akt der Souveränität. Ebenso wenig wie ich auf meine Freiheit verzichte, wenn ich in einen Verein oder eine Handelsgesellschaft eintrete und dort Bindungen unterliege, verzichtet der Staat auf seine Souveränität, wenn er Hoheitsrechte, besser Kompetenzen[34] oder Befugnisse[35] zur gemeinsamen Ausübung an eine supranationale Union überträgt, selbst wenn es sich um viele und wichtige Hoheitsrechte handelt.

Die Europäische Union beruht immer noch auf dem demokratisch legitimierten Willen der Mitgliedstaaten. Deren fortbestehende Souveränität[36] erweist sich auch in dem Recht, aus der Europäischen Union auszutreten (vgl. Art. 50 EUV). Wie sollte ein Staat nach Aufgabe seiner Souveränität noch fähig sein, aus der Europäischen Union auszutreten! Wenn Souveränität geteilt wäre oder sich in Schwebelage befände, gäbe es keine souveränen Staaten mehr, die völkerrechtliche Verträge über die weitere Übertragung von Hoheitsrechten, über Neuzuschneidung bereits übertragener Hoheitsrechte oder über die Rücknahme einzelner Hoheitsrechte[37] abschließen könnten. Das würde zugleich bedeuten, Verabschiedung von Völkerrecht als Grundlage der europäischen Integration und Übergang in ein dynamisches Europarecht, das in ein europäisches Bundesstaatsrecht einmünden soll.

Dagegen hat das Bundesverfassungsgericht 2009 im Lissabon-Urteil zum Souveränitätsverständnis des Grundgesetzes zutreffend gesagt:[38] Souveräne Staatlichkeit sei völkerrechtlich geordnete und gebundene Freiheit. Souveräne Staatlichkeit stehe für einen befriedeten Raum und die darin gewährleistete Ordnung auf Grund individueller Freiheit und kollektiver Selbstbestimmung. Das Bundesverfassungsgericht hebt hervor, dass das Grundgesetz eine europäische Integration und eine internationale Friedensordnung anstrebe. Wörtlich heißt es dann weiter:[39] „Das Grundgesetz ermächtigt den Gesetzgeber zwar zu einer weitreichenden Übertragung von Hoheitsrechten auf die Europäische Union, die Ermächtigung steht aber unter der Bedingung, dass dabei die souveräne Verfassungsstaatlichkeit auf der Grundlage eines Integrationsprogramms nach dem Prinzip der *begrenzten Einzelermächtigung* und unter Achtung der *verfassungsrechtlichen Identität* (Hervorhebungen C. S.) als Mitgliedstaaten gewahrt bleibt und zugleich die Mitgliedstaaten ihre Fähigkeit zu selbstverantwortlicher politischer und sozialer Gestaltung der Lebensverhältnisse nicht verlieren."

Das wird in der Praxis durch Kooperation zwischen dem Bundesverfassungsgericht und dem Europäischen Gerichtshof gesichert, wie das Bundesver-

---

[34] So Art. 88-1 Französische Verfassung.

[35] Beschlussrechte Kap. X § 5 Schwedische Verfassung.

[36] *Helmut Steinberger*, Der Verfassungsstaat als Glied einer Europäischen Gemeinschaft, in: VVDStRL 50 (1991), S. 9, 16f.; *Thomas Schmitz*, Die Integration in der Supranationalen Union, 2001, S. 237ff.; *Christian Hillgruber*, Souveränität – Verteidigung eines Rechtsbegriffs, JZ 2002, S. 1072, 1077ff.; *ders.*, in: HStR, Bd. II, 3. Aufl. 2004, § 32, Rn. 61–74; *Albrecht Randolzhofer*, in: HStR Bd. II, 3. Aufl. 2004, § 17 Rn. 33f.

[37] BVerfGE 123, 267, 350: Integrationsschnitte müssen durch den Übertragenpakt sachlich beschränkt und prinzipiell widerruflich sein.

[38] BVerfGE 123, 267, 346f.

[39] BVerfGE 123, 267, 347ff. auch zum Folgenden.

fassungsgericht mehrfach betont hat. In seinem Vorlagebeschluss an den Europäischen Gerichtshof, betreffend die Europäische Zentralbank, vom 14.01.2014 ist dieses Kooperationsverhältnis wie folgt umschrieben worden (BVerfGE 134, 366, 385): „Im Rahmen des bestehenden Kooperationsverhältnisses obliegt dem Gerichtshof die Auslegung der Maßnahme. Dem Bundesverfassungsgericht obliegt demgegenüber die Feststellung des unantastbaren Kernbestandes der Verfassungsidentität und die Prüfung, ob die Maßnahme (in der vom Gerichtshof festgestellten Auslegung) in diesen Kernbestand eingreift." Damit hat das Bundesverfassungsgericht das letzte Wort über die Gültigkeit von Rechtsakten der Organe der Europäischen Union in Bezug auf Deutschland. Im konkreten Fall wird der Europäische Gerichtshof die Maßnahmen der Europäischen Zentralbank genau auf Ihre Vereinbarkeit mit den Kompetenzen der Bank prüfen müssen. In der Auslegung des Gerichtshofs werden die Maßnahmen dann vom Bundesverfassungsgericht an den von ihm genannten Maßstäben überprüft.

Zur Grenze der Ermächtigung des Art. 23 Abs. Satz 1 GG sagt das Bundesverfassungsgericht: „Das Grundgesetz ermächtigt die für Deutschland handelnden Organe nicht, durch einen Eintritt in einen Bundesstaat das Selbstbestimmungsrecht des Deutschen Volkes in Gestalt der völkerrechtlichen Souveränität aufzugeben. Dieser Schritt ist wegen der mit ihm verbundenen unwiderruflichen Souveränitätsübertragung auf ein neues Legitimationssubjekt allein dem unmittelbar erklärten Willen des Deutschen Volkes vorbehalten" (BVerfGE 123, 267, 347f.). Das Bundesverfassungsgericht betont, dass einzelne Hoheitsrechte nur definiert übertragen werden dürfen. Eine Übertragung derart, dass daraus weitere Zuständigkeiten für die Europäische Union abgeleitet werden können, sei verfassungswidrig. Insbesondere sei die Überragung oder Inanspruchnahme einer Kompetenz-Kompetenz[40] untersagt. Diese Grundsätze sind *spiegelbildlich* auch in den Verträgen normiert: Begrenzte Einzelermächtigung (Art. 5 Abs. 1 EUV), Pflicht der Europäischen Union, die nationale Identität der Mitgliedstaaten zu wahren (Art. 4 Abs. 3 EUV).

IV. Hierarchie innerhalb des Unionsrechts

Damit sind wir beim Vorrang des primären Unionsrechts (Völkerrechts) vor dem sekundären Unionsrecht angelangt. Die Organe der Europäischen Union, d. h. das Europäische Parlament, der Europäische Rat, der Rat, die Kommission, der Gerichtshof (Art. 13ff. EUV) verdanken ihre Existenz den völkerrechtlichen Verträgen zur Gründung der Europäischen Union und sind in ihren Tätigkeiten an die vertraglich festgelegten Aufgaben und Befugnisse gebunden. Hieraus folgt eine strenge Hierarchie. Gleichwohl nehmen die Organe der Union unter Einschluss des Gerichtshofs Kompetenzausdehnungen durch Rechtsfortbildung

---

[40] Dazu eine Kette von Entscheidungen: BVerfGE 58, 1, 37; 89, 155, 187; 192, 199; 104, 151, 210; 123, 267, 349; 132, 195, 238f.

vor unter Berufung auf die implied-powers-Doktrin und die effet-utile-Regel des Vertragsvölkerrechts. Das Bundesverfassungsgericht nimmt dies zur Kenntnis[41], warnt aber vor einem schleichenden Übergang der Integrationsverantwortung auf Organe der Europäischen Union, vor allem durch den Europäischen Gerichtshof, der früher als Motor der Integration galt.[42]

Die Integration kann ihre Dynamik nicht von innen her entfalten, sondern ist auf integrative Schritte der Mitgliedstaaten, der „Herren der Verträge", angewiesen. „Implied powers" muss sich im Rahmen der begrenzten Einzelermächtigung halten. Alles andere ist Kompetenzanmaßung. Entsprechendes gilt für den effet utile, der keine Kompetenzoptimierungsklausel ist. Effet util kann bei der Auslegung einer begrenzten Einzelermächtigung nur insofern Geltung beanspruchen, als anderenfalls die Auslegung einer Ermächtigung diese praktisch bedeutungslos machen würde.[43] Ich zitiere hierzu einen Satz von Gärditz und Hillgruber:[44] „Eine ausdehnende Auslegung einer (begrenzten) Unionskompetenz, die ausschließlich mit der damit angeblich verbundenen nützlichen Integrationswirkung (‚effet utile') gerechtfertigt wird, begründet ... geradezu die Vermutung einer offensichtlichen Kompetenzüberschreitung."

Im Zusammenhang mit implied powers und effet utile steht Art. 352 AEUV, der eine Kompetenzergänzungsklausel enthält, die im Gegensatz zur Vorgängernorm des Art. 308 EGV, die eine vertragsimmanente Fortentwicklung des Unionsrechts nur auf Zielverwirklichungen im Rahmen des gemeinsamen Marktes beschränkt war,[45] alle Politikbereiche der Verträge umfasst (Ausnahme: Außen- und Sicherheitspolitik, Art. 352 Abs. 4 AEUV). Das Bundesverfassungsgericht sieht darin eine Blankettermächtigung, die eine substanzielle Vertragsänderung ermögliche, ohne dass die mitgliedstaatlichen Parlamente zustimmen und kommt zu dem Ergebnis: Der deutsche Vertreter im Rat darf die förmliche Zustimmung zu einem entsprechenden Rechtssetzungsvorschlag der Kommission für die Bundesrepublik Deutschland nicht erklären, solange Bundestag und Bundesrat nicht gemäß Art. 23 Abs. 1 Sätze 2 und 3 ratifiziert haben.[46]

Hier stellt sich die Frage nach Hierarchie und Kompetenz so deutlich, dass das Bundesverfassungsgericht unter Berufung auf frühere eigene Rechtsprechung von „Grenzüberschreitungen bei der Inanspruchnahme der Zuständigkeiten der Europäischen Union" spricht und konsequent für sich Ultra-vires-Kontrolle in Anspruch nimmt:[47] „Wenn Rechtsschutz auf Unionsebene nicht zu erlangen ist, prüft das Bundesverfassungsgericht, ob Rechtsakte der europäischen

---

[41] BVerfGE 123, 267, 351 f.

[42] Siehe mit weiteren Angaben *Konrad Walter*, Rechtsfortbildung durch den EuGH, 2009, S. 258 f.; kritisch auch *Rudolf Streinz*, Europarecht, 8. Aufl. 2008, Rdnr. 164, 566.

[43] *Michael Potacs*, Effet utile als Auslegungsgrundsatz, in: EuR 44 (2009), S. 465, 474 ff.

[44] *Klaus Ferdinand Gärditz/Christian Hillgruber*, Volkssouveränität und Demokratie ernst genommen. Zum Lissabon-Urteil des BVerfG, in: JZ 2009, S. 872, 877.

[45] So BVerfGE 123, 267, 394 im Anschluss an *Thomas Oppermann*, Europarecht, 3. Aufs. 2005, § 6 Rn. 68.

[46] BVerfGE 123, 267, 395.

[47] BVerfGE 58, 1, 30 f.; 75, 223, 235, 242; 89, 155, 188 („ausbrechender Rechtsakt").

Organe und Einrichtungen sich unter Wahrung des gemeinschafts- und unionsrechtlichen Subsidiaritätsprinzips (Art. 5 Abs. 1 Satz 3 und Abs. 3 EUV) in den Grenzen der ihnen im Wege der begrenzten Einzelermächtigung eingeräumten Hoheitsrechte halten."

Das bedeutet für die Frage nach Hierarchie und Kompetenz, dass der Anwendungsvorrang des Unionsrechts nur Kraft und im Rahmen der fortbestehenden verfassungsrechtlichen Ermächtigung gilt. Es liegt also ein relativer Vorrang vor, der nur *im Rahmen übertragener Kompetenzen* gilt. Der verfassungsrechtlich ermächtigte gesetzliche Übertragungsakt steht hierarchisch über dem von den Organen der Europäischen Union gesetzten Recht. Denn die Europäische Union ist kein Bundesstaat, der über eine Kompetenz-Kompetenz verfügt.

Die Kompetenz begründenden völkerrechtlichen Verträge sind Maßstäbe für die Entscheidungen des Europäischen Gerichtshofs, der selbst durch die Verträge geschaffen und mit Kompetenzen begabt worden ist. Der Gemeinschaft ist durch den EWG-Vertrag nicht eine Rechtsprechungsgewalt zur unbegrenzten Kompetenzerweiterung übertragen worden, sagt das Bundesverfassungsgericht schon 1987.[48] „Ausbrechende Rechtsakte" der Kommission oder des Parlaments könnte und müsste der Gerichtshof also in einem bei ihm angestrengten Verfahren feststellen und für rechtswidrig erklären. Tut er es nicht, muss er sich gefallen lassen, dass dies das Bundesverfassungsgericht tut mit der Folge, dass entsprechende Akte der Europäischen Union in Deutschland nicht anwendbar sind. Diese verfassungsrechtlich begründete Prüfungskompetenz, die der Europarechtsfreundlichkeit des Grundgesetzes und dem Grundsatz loyaler Zusammenarbeit (Art. 4 Abs. 3 EUV) nicht widersprechen, ist erforderlich, um die „anerkannten grundlegenden politischen und verfassungsmäßigen Strukturen souveräner Staatlichkeit der Mitglieder bei fortschreitender Integration" zu wahren[49] und die Mitgliedstaaten davor zu bewahren, allmählich in einen europäischen Bundesstaat hineinzugleiten.

Das Bundesverfassungsgericht hat 2010 noch einmal festgestellt, dass das Unionsrecht von der vertraglichen Übertragung und Ermächtigung abhängig bleibt.[50] Die Unionsorgane unter Einschluss des EuGH bleiben somit für die Erweiterung ihrer Befugnisse auf Vertragsänderungen angewiesen, die die Mitgliedstaaten im Rahmen ihrer Bestimmungen vornehmen und verantworten. Das Bundesverfassungsgericht sieht zwar die Gefahr, dass Ultra-vires-Kontrollen nationaler Verfassungsgerichte den Anwendungsvorrang des Unionsrechts gefährden könnten, aber auch die Gefahr der vertragswidrigen Kompetenz-

---

[48] BVerfGE 75, 223, 242.

[49] BVerfGE 123, 267, 354 unter Hinweis auf BVerfGE 113, 273, 296; so auch für erhebliche und krasse Kompetenzüberschreitungen *Juliane Kokott*, Deutschland im Rahmen der Europäischen Union, in: AöR 119 (1994), S. 207, 233; *Josef Isensee*, Vorrang des Europarechts und deutsches Verfassungsvorbehalte, in: Festschrift für Klaus Stern 1997, S. 1239, 1255f.; anderer Ansicht *Thomas Schmitz*, Integration in der Supranationalen Union, 2001, S. 285ff., wonach das Verfassungsrecht der Mitgliedstaaten den Entscheidungen des EuGH ohne Einschränkungen unterworfen sein soll.

[50] BVerfGE 126, 286, 302, auch zum Folgenden, S. 303–307.

ausdehnung. Eine europafreundliche Ultra-vires-Kontrolle verlange deshalb die Feststellung einer offensichtlich kompetenzwidrigen Handlung der Europäischen Union, die zudem noch erheblich ins Gewicht fällt, wozu mehrere deutsche Staatsrechtslehrer zitiert werden. Zutreffend schränkt das Bundesverfassungsgericht die Kompetenz des EuGH zur Rechtsfortbildung ein auf die Ausfüllung von vertraglich vorgesehenen Programmen, die Schließung von Lücken und die Auflösung von Wertungswidersprüchen. Verboten seien neue politische Grundentscheidungen und strukturelle Kompetenzverschiebungen.[51]

Das Bundesverfassungsgericht weist auf die verschiedenen Verfahrensarten hin, in denen es seine Kontrollfunktion ausüben kann.[52] Interessant ist der Vorschlag des Gerichts, eine zusätzliche Verfahrensart zu schaffen, die speziell auf Ultra-vires-Kontrolle und Identitätskontrolle zugeschnitten ist. Die Einführung einer solchen neuen Verfahrensart hätte in Richtung auf die Unionsorgane, besonders den EuGH eine wichtige Signalwirkung, schon die entsprechende Erwägung des Bundesverfassungsgerichts ist eine deutliche Warnung.

V. Nationale und unionale Grundrechte

Die unionsrechtlichen Grundfreiheiten sind in den folgenden Garantien enthalten: freier Warenverkehr (Art. 28 ff. AEUV), Freizügigkeit der Arbeitnehmer (Art. 45 ff. AEUV), Niederlassungsfreiheit (Art. 49 ff. AEUV), freier Dienstleistungsverkehr (Art. 56 ff. AEUV) und freier Kapital- und Zahlungsverkehr (Art. 63 ff. AEUV). Diese Grundfreiheiten sind zunächst Gleichheitsrechte in dem Sinne, dass beim Vorliegen grenzüberschreitender Sachverhalte Angehörige von Mitgliedstaaten der Europäischen Union mit den eigenen Staatsangehörigen des betreffenden Mitgliedsstaates gleichgestellt werden müssen. Die genannten Grundfreiheiten besagen z. B., dass Bier, das nicht dem deutschen Reinheitsgebot entspricht, aus einem anderen Mitgliedsstaat in Deutschland eingeführt werden darf[53] und dass jemand mit dem Befähigungsnachweis eines anderen Mitgliedstaates in Deutschland den betreffenden Beruf ausüben darf. Die Grundfreiheiten können dazu führen, dass Deutsche benachteiligt werden.

Darüber hinaus wirken die Grundfreiheiten des Unionsrechts inzwischen als echte Freiheitsrechte, zu denen sie sich in der Rechtsprechung des Europäischen Gerichtshofs nach und nach entwickelt haben.[54] Das bedeutet eine unionsrechtliche Einflussnahme auf das deutsche Recht, indem unterschiedslos auf Inländer und Ausländer anwendbare Vorschriften auf ihre Vereinbarkeit mit dem unionsrechtlichen Verhältnismäßigkeitsprinzip geprüft werden. Die Argumentation des Europäischen Gerichtshofs ist nicht mehr nur vertragskonform gleich-

[51] BVerfGE 126, 186, 306.
[52] BVerfGE 123, 267, 354 f.
[53] EuGH, Rs. 178/84, Slg. 1987, S. 1227.
[54] EuGH Slg. 1974, S. 837 – Dassonville; Slg. 1984, S. 2971 – Klopp; Slg. 1995, I S. 4165 – Gebhard.

heitsrechtlich, sondern auch freiheitsrechtlich orientiert, wie ein Zitat aus der Gebhard-Entscheidung (Nr. 37) belegt: Aus der Rechtsprechung des Gerichtshofs ergebe sich, „dass nationale Maßnahmen, die die Ausübung der durch den Vertrag garantierten grundlegenden Freiheiten behindern oder weniger attraktiv machen können, vier Voraussetzungen erfüllen müssen: Sie müssen in nicht diskriminierender Weise angewandt werden (1), sie müssen aus zwingenden Gründen des Allgemeininteresses gerechtfertigt sein (2), sie müssen geeignet sein, die Verwirklichung des ihnen verfolgten Zieles zu gewährleisten (3), und sie dürfen nicht über das hinausgehen, was zur Erreichung des Zieles erforderlich ist (4)."

Diese Aussage bedeutet, dass innerstaatliche Verhältnismäßigkeitsprüfungen vom Europäischen Gerichtshof in grenzüberschreitenden Fällen eigenständig überprüft werden und das Ergebnis der Prüfung in Konflikt mit der nationalrechtlichen Lösung geraten kann.[55] Da die unionsrechtlichen Grundfreiheiten dazu dienen sollen, die Angehörigen anderer Mitgliedstaaten mit den Staatsangehörigen gleichzustellen, muss der Europäische Gerichtshof bei einer Überprüfung der Verhältnismäßigkeit von Einschränkungen die dahinter stehende Politik des betreffenden Staates berücksichtigen, so z. B. die Gesundheitspolitik, wofür die Mitgliedstaaten zuständig sind und die Union nur ergänzende Maßnahmen treffen darf. Eine Harmonisierung ist in Art. 168 Abs. 5 AEUV ausdrücklich ausgeschlossen. Es geht hierbei wieder um Kompetenzprobleme.

Die Europäische Union übt öffentliche Gewalt aus, die ihr von den Mitgliedsstaaten übertragen worden ist. Öffentliche Gewalt darf nach deutschem Verfassungsrecht nur übertragen werden, wenn Grundrechtsbindung besteht.[56] Als gemeinschaftsrechtliche Grundrechte galten auf Grund der Rechtsprechung des Europäischen Gerichtshofs[57] die Menschenwürde, die Unversehrtheit der Person, die Achtung des Privat- und Familienlebens, die Unverletzlichkeit der Wohnung, der Schutz der Vertraulichkeit des anwaltlichen Schriftverkehrs, das Arztgeheimnis und der persönlichen Daten, die Religionsfreiheit und die Freizügigkeit. Weiter noch: Kommunikationsgrundrecht, Berufsfreiheit, Vereinigungsfreiheit, Eigentumsgrundrecht, Gleichheitsrechte und Verfahrensgrundrechte.

Die im Jahre 2000 in Nizza proklamierte und 2009 in Kraft getretene Grundrechtecharta der Europäischen Union (GrChEU) fasst die den Mitgliedstaaten gemeinsamen Grundrechtsvorstellungen zusammen.[58] Sie gilt gleichrangig mit den völkerrechtlichen Verträgen über die Europäische Union (Art. 6 Abs. 1 § 1 EUV). Durch die Bestimmungen der Charta werden die in den Verträgen festgelegten Zuständigkeiten der Union in keiner Weise erweitert (Art. 6 Abs. 1 § 2 EUV, Art. 51 Abs. 1 GrChEU). Die Grundrechte der Charta binden die Organe der Europäischen Union und die Mitgliedstaaten nur bei der Durchführung des

---

[55] Beispiel bei *Christian Starck*, Rechtliche Bewertung der Niederlassungsfreiheit und des Fremdbesitzverbots im Apothekenrecht, 2007, S. 17 ff., 40 ff.

[56] BVerfGE 37, 271, 280 f.; 58, 1, 30 f.; 73, 339, 376; 89, 155, 174 f.

[57] Vgl. *Hans-Werner Rengeling*, Grundrechtsschutz in der Europäischen Gemeinschaft, 1992.

[58] *Thomas Schmitz*, Die EU-Grundrechtscharta aus grundrechtsdogmatischer und grundrechtstheoretischer Sicht, in: JZ 2001, S. 833 ff.

Rechts der Union (Art. 51 Abs. 1 GrChEU). Bei der Anwendung der Unionsgrundrechte dürfen Kompetenzen der Mitgliedstaaten nicht berührt werden.

*

Damit bin ich am Ende meiner Darlegungen. Ich habe versucht, deutlich zu machen,

- dass man sich über Normenhierarchien immer nur auf der Grundlage einer Kompetenzordnung verständigen kann,
- dass Integration einen substanziellen Schritt weitergeht als Kooperation,
- dass aber Integration noch keine neue Staatlichkeit begründet.

6. Kapitel

Allgemeine Staatslehre in Zeiten der Europäischen Union*

I. Einleitung

Die Allgemeine Staatslehre wird heute als wissenschaftliche Disziplin für tot erklärt, denn es gäbe keinen Staat mehr im Sinne des letzten Drittels des 19. Jahrhunderts, als die Allgemeine Staatslehre in Deutschland etabliert worden sei.[1] Daß die Epoche der Staatlichkeit zu Ende gehe, hat *Carl Schmitt* schon 1963 in der ihm eigenen Entschiedenheit prognostiziert.[2] Es lohne nicht, sich mit einem Auslaufmodell wissenschaftlich zu beschäftigen. Gegen die Allgemeine Staatslehre spreche ferner, daß sie keine einheitliche Methode habe. Juristische Staatslehre sei deshalb ein fragwürdiges Unternehmen. Denn es sei nicht klar, was Juristen zu einer nichtjuristischen Annäherung an den Staat beitragen sollten.[3] Schließlich wird die Existenz der Europäischen Union geradezu als Beleg dafür

* Es handelt sich um meine Abschiedsvorlesung anlässlich meiner Emeritierung im Jahre 2005, erschienen in: Dicke/Hobe u. a. (Hrsg.), Weltinnenrecht. Liber amicorum Jost Delbrück, Berlin 2005, S. 711–726.

[1] *Christoph Schönberger*, Der „Staat" der Allgemeinen Staatslehre: Anmerkungen zu einer eigenwilligen deutschen Disziplin im Vergleich zu Frankreich, in: O. Beaud/E. V. Heyen (Hrsg.), Eine deutsch-französische Rechtswissenschaft?, 1999, S. 111 ff.; weitere Angaben bei *Andreas Voßkuhle*, Die Renaissance der Allgemeinen Staatslehre im Zeitalter der Europäisierung und Internationalisierung, in: JuS 2004, S. 2.

[2] *Carl Schmitt*, Der Begriff des Politischen, Vorwort in der Ausgabe 1963, S. 10. Weitere Stimmen mit derselben Tendenz zitiert bei *Gunnar Folke Schuppert*, Staatswissenschaft, 2003, S. 170 ff.

[3] *Christoph Möllers*, Staat als Argument, 2000, S. 419 f.; dagegen zu Recht *Schuppert* (Anm. 2), S. 24 ff.

herangezogen, daß es keine Allgemeine Staatslehre mehr geben könne. Und über die Europäische Integration hinaus nehme die Globalisierung der Wirtschaft und vieler Lebensverhältnisse sowie die den Privaten offenstehenden Exit-Optionen den Staaten immer mehr an Bedeutung. Es sei bereits ein Wettbewerb der Rechtsordnungen entstanden.

Mein Thema „Allgemeine Staatslehre in Zeiten der Europäischen Union" steht quer zu diesen Beobachtungen. Ich werde so vorgehen, daß ich zunächst erkläre, was der Gegenstand der Allgemeinen Staatslehre ist (1), welche Methoden angewandt werden (2) und welchen Nutzen die Allgemeine Staatslehre heute noch bringt (3). Sodann wende ich mich der Frage zu, welche Bedeutung die Allgemeine Staatslehre für das Verständnis der Europäischen Union hat, und zwar für deren Entstehung, Vertiefung und Erweiterung (1), schließlich der Frage, ob und wie die Europäischen Union mit den Begriffen der Allgemeinen Staatslehre erfaßt werden kann (2).

II. Allgemeine Staatslehre

1. Gegenstand

Lehre vom Staat ist nicht nur Staats*rechts*lehre, sondern untersucht und betrachtet den Staat auch als empirisches Phänomen, wozu selbstverständlich die Rechtsordnung gehört, die aber von außen betrachtet wird.

Staatslehre ist nicht nur räumlich allgemein, also auf die gegenwärtigen Staaten bezogen, die vergleichend betrachtet und nach Typen geordnet werden. Staatslehre ist auch zeitlich allgemein und schließt damit die Geschichte ein, zumindest seit der frühen Neuzeit. Damit wird freilich nicht ausgeschlossen, weiter in die Geschichte zurückzugehen und Epochen einzubeziehen, in denen Staat und Staatlichkeit im modernen Sinne noch nicht zu beobachten sind. Denn andere Formen politischer Herrschaft können Merkmale hervorgebracht haben, die auch dem Staat zugrunde liegen.[4] Dies gilt vor allem für die vorneuzeitliche politische Philosophie, soweit sie sich mit Zweck und Grenzen der politischen Herrschaft beschäftigt hat.

Dieser den Gegenstand Staat aus verschiedenen Blickwinkeln erfassenden Allgemeinen Staatslehre liegt ein Staatsbegriff zugrunde, der einerseits allgemein genug, andererseits substantiell genug sein muß, um die wesentlichen Strukturen dessen zu erfassen, was als Staat bezeichnet werden kann. Außerdem muß die Allgemeine Staatslehre Kategorien bereithalten, z.T. noch entwickeln, um „den Wandel von Staatlichkeit zu analysieren und zu erklären".[5]

---

[4] Vgl. dazu neuerdings mit reichen Nachweisungen *Wolfgang Reinhard*, Geschichte der Staatsgewalt, 2. Aufl. 2000, S. 31–124.

[5] *Schuppert* (Anm. 2), S. 920; *Voßkuhle*, Der „Dienstleistungsstaat", in: Der Staat 40 (2001), S. 495, 502 ff. m. w. N.

Eine frühe, den Kern erfassende Definition verdanken wir *Jean Bodin*, der seine sechs Bücher über den Staat – erstmals 1583 in französischer Sprache erschienen – mit folgender Definition beginnt:[6] „République est un droit gouvernement de plusieurs mesnages et de ce qui leur est commun avec puissance souveraine." Also: Republik oder Staat ist eine am Recht orientierte, souveräne Regierungsgewalt über eine Vielzahl von Haushaltungen und das, was diesen gemeinsam ist. Die lateinische Fassung der Definition (1586) lautet: res publica est legitima plurium familiarum et rerum inter se communium cum summa potestate gubernatio.

Der Begriff *res publica* hat eine dynamische Komponente in *gubernatio* im Sinne von Steuerung, der das Bild vom Staatsschiff zugrunde liegt oder zugrunde gelegt werden kann. *Potestas* als Herrschaftsmacht wird über mehrere Haushaltungen ausgeübt und zwar über das, was ihnen gemeinsam ist. Hierin liegt eine klare Beschränkung der Herrschaftsgewalt.[7] Deshalb bedeutet diese frühe Definition der Souveränität nicht Allmacht, sondern nur höchste Macht in den Dingen, die zum Aufgabenbereich der Republik gehören.[8] Was die Steuerungsgewalt der Republik anbelangt, heißt es *legitima*, d. h. am Recht orientiert. Das hat später *Christian Wolff* 1766 dahin zum Ausdruck gebracht, daß er die Staatsgewalt als *imperium limitatum* bezeichnete.[9]

Auf der Grundlage dieser *Bodinschen* Definition möchte ich für den Begriff des Staates zunächst folgenden Vorschlag machen: Auf der Basis eines abgegrenzten Territoriums (1) wird über die Bewohner desselben (2) – gesteigert über die Staatsangehörigen – Staatsgewalt ausgeübt (3), zu deren Eigenschaft Souveränität (4) gehört. Die Staatsgewalt nimmt Gemeinschaftsaufgaben wahr (5) aufgrund einer Rechtsordnung (6), die prinzipiell akzeptierte Normen für das Verhalten der Bewohner (einschließlich Amtsträger) gibt (7).

Auf der Basis dieses Staatsbegriffs beschäftigt sich die Allgemeine Staatslehre mit den Zwecken des Staates, welche sind:[10] Sicherung des Friedens durch staatliches Gewaltmonopol und Landesverteidigung. Dem Frieden als Staatszweck verdankt der Staat als Begriff und als tatsächliche Erscheinung gewissermaßen seine Entstehung am Ende der Religionskriege in der frühen Neuzeit. Der den Frieden effektiv sichernde Staat gebärdet sich als starker Staat, dem die Gewährleistung der Freiheit der Bürger abgerungen worden ist. Freiheit, wozu auch wirtschaftliche Freiheit gehört, erzeugt soziale Verwerfungen, die der Staat durch sozialen Ausgleich mildern muß. Diese drei wichtigsten Staatszwecke – Friede, Freiheit und sozialer Ausgleich – stehen in einem Dreiecksverhältnis, das die

---

[6] Die französische Ausgabe „Six livres de la république" stammt von 1583, die lateinische Ausgabe von 1586.

[7] Hinzu kommen weitere Schranken: Das Recht Gottes und der Natur sowie die leges fundamentales (z. B. Thronfolgerecht), dazu *Wolfgang Reinhard*, Geschichte der Staatsgewalt, 2. Aufl. 2000, S. 113.

[8] So in Zusammenfassung der Entwicklung der Souveränitätslehre *Wilhelm Hennis*, Das Problem der Souveränität (1951), erschienen 2003, S. 72.

[9] *Christian Wolff*, Jus Naturae methodo scientifica pertractatum, 1766, pars VIII cap. 1 § 73.

[10] Dazu und zum folgenden *Christian Starck*, Frieden als Staatsziel, in: FS für Carstens, 1984, S. 867 ff. = *ders.*, Der demokratische Verfassungsstaat, 1995, S. 231 ff.

Relation jedes einzelnen Staatszweckes zu den beiden anderen Staatszwecken im Sinne eines jeweils als angemessen empfundenen Ausgleichs verlangt. Andeutungsweise in Stichworten bedeutet das:
- Freiheitsschranken um des Friedens willen,
- aber auch Freiheit als Voraussetzung des Friedens;
- sozialer Ausgleich zur Sicherung des Friedens,
- aber Versuche, utopische Gerechtigkeitskonzepte zu verwirklichen, stören den Frieden;
- sozialer Ausgleich beschneidet Freiheit und Eigentum,
- aber Freiheit begrenzt auch sozialen Ausgleich.

Mit den Staatszwecken innig verwoben ist der Menschenrechtsschutz durch staatlich verbürgte Grundrechte, die Freiheit gewährleisten; diese muß um des Gemeinwohls und der Rechte anderer willen beschränkt werden. Folge der Grundrechtsgewährleistungen ist es, daß der Staat nicht alle Lebensbereiche gestaltend beherrscht, sondern allenfalls Schranken setzen darf oder, wenn er sie ausgestaltet, Autonomieräume lassen muß. Es geht dabei vor allem um die folgenden Lebensbereiche und die jeweils dazu gehörenden Institutionen:
- Religion und Kirchen
- Wirtschaft und Verbände
- Information und Massenmedien
- Wissenschaft und Hochschulen
- Politik und Parteien

Ein weiteres großes Kapitel der Allgemeinen Staatslehre sind Form, organisatorischer Aufbau und Mittel des Staates. In der Staatsform kommt die Legitimation der Herrschaft zum Ausdruck. Aus der Geschichte kennen wir vor allem die Monarchie und die Aristokratie in verschiedenen Ausprägungen. In der Gegenwart legitimieren sich die Staaten zumeist demokratisch, entweder real durch freie Wahlen oder nur behauptet. Solche Unterscheidungen lenken zum Thema „Staatsform und wirkliche Herrschaft“. Diese Thematik läßt sich weiter aus der Organisation der Staatsgewalt, also den Formen der Gewaltenteilung und der Garantie der Menschenrechte erschließen. Bezieht man die vertikale Gewaltenteilung mit ein, läßt sich auch das Ausmaß der Dezentralisation bis hin zur Bundesstaatlichkeit erkennen.

Organisation der Staatsgewalt und die Garantie der Menschenrechte sind der wesentliche Inhalt der Staatsverfassung, wie es so trefflich in Artikel 16 der französischen Erklärung der Menschen- und Bürgerrechte von 1789 heißt: Toute société, dans laquelle la garantie des droits n'est pas assurée, ni la séparation des pouvoirs déterminée, n'a point de constitution. Die Verfassung ist zumeist eine geschriebene, die ihre Leit- und Rahmenfunktion nur erfüllen kann, wenn ihr Vorrang zukommt, der effektiv auch dem normalen Parlamentsgesetz gegenüber gesichert werden muß. Was uns die Allgemeine Staatslehre schließlich noch zeigt, sind die Mittel der staatlichen Herrschaft: Personal einschließlich Bürgerpflichten, Sachen (Gebäude, Straßen, Brücken, Fahrzeuge), ferner Kommunikationsmittel zur Erlangung von Informationen und schließlich – besonders wichtig – Finanzen.

2. Methoden

Diese knappe Skizze des Gegenstandes, die übersichtsartig den Inhalt meiner häufig gehaltenen Vorlesung „Allgemeine Staatslehre" wiedergibt – erstmalig im Sommersemester 1971, als ich in Göttingen anfing, also vor 34 Jahren, und letztmalig im Wintersemester 2004/05 –, wirft die Frage nach den wissenschaftlichen Methoden auf, mittels derer man Aussagen zur Allgemeinen Staatslehre gewinnen kann.

Da der Staat rechtlich geordnet ist, gehört die Beschäftigung mit dem Staat und seiner Verfassung auch in Gestalt der Allgemeinen Staatslehre auf jeden Fall zur Rechtswissenschaft, wenn auch nicht ausschließlich. Die Rechtswissenschaft ist entgegen *Kelsen* nicht bloße Normwissenschaft, was sich schon in dem wirklich klassischen Gebiet der Rechtswissenschaft, der Rechtsdogmatik, zeigt, die für Gesetzesauslegung und Rechtsfortbildung ohne Empirie nicht auskommt.[11] Das gilt in noch stärkerem Maße für die Gesetzgebungslehre, die gegebene Gesetze würdigt und Vorschläge für gute Gesetzgebung macht, was die Kenntnis der gesellschaftlichen Wirklichkeit voraussetzt.[12] Dabei geht es nicht um eine voraussetzungslose Tatsachenerforschung. Schon die empirische Sozialforschung braucht soziologische Kategorien und Fragestellungen,[13] mit deren Hilfe Daten und Erfahrungen gesammelt und geordnet werden können. Darüber hinausgehend bestehen in der Allgemeinen Staatslehre weitere, mit dem Staatsbegriff zusammenhängende leitende Gesichtspunkte, die die Erfassung der Wirklichkeit leiten. Dieses Vorgehen gilt auch, um zu erkennen, ob sich die Wirklichkeit nach den staatlich gesetzten Normen richtet oder nicht.

Soweit es um die räumliche Allgemeinheit der Staatslehre geht, werden zusätzlich die Mittel der Rechtsvergleichung angewandt.[14] Die konkrete Rechtsordnung ist immer sprachlich gefaßt, gleiche Ausdrücke in verschiedenen Rechtsordnungen bedeuten oft begrifflich nicht dasselbe. Deshalb muß das vergleichend untersuchte Problem von den Systembegriffen der eigenen Rechtsordnung gereinigt und in einer Sprache beschrieben werden, die in gemeinverständlichen Ausdrücken den als problematisch empfundenen Sachverhalt so kennzeichnet, daß die Interessenkollisionen, die Organisations- und Verfahrensprobleme einsichtig werden. Über solche für die Rechtsvergleichung notwendigen Metabegriffe verfügt die Allgemeine Staatslehre bereits – Gewaltenteilung,

---

[11] Dazu meine Göttinger Antrittsvorlesung *Christian Starck*, Empirie in der Rechtsdogmatik, JZ 1972, S. 609 ff. = *ders.* (Anm. 10), S. 97 ff.

[12] *Christian Starck*, Überlegungen zur Gesetzgebungslehre, ZG 1988, S. 1, 14 ff. siehe 5. Kapitel des Ersten Teils; zu den Realien der Gesetzgebung *Hans Schneider*, Gesetzgebung, 3. Aufl. 2002, Rdnr. 56; *Georg Müller*, Elemente einer Rechtssetzungslehre, 1999, S. 34 f. m. w. N.; Uwe Diederichsen/Ralf Dreier (Hrsg.), Das mißglückte Gesetz, 1997, mit Beiträgen von *Gunther Arzt*, *Harald Franzki*, *Rolf Knütel*, *Hans H. Klein*, *Paul Kirchhof*.

[13] *René König*, Einleitung, in: ders. (Hrsg.), Handbuch der empirischen Sozialforschung, Bd. 1, 3. Aufl. 1973, S. 1 ff.; über Wert und Fruchtbarkeit von Fragestellungen *Hermann Heller*, Staatslehre, 1934, zitiert nach 6. Aufl. 1983, S. 37 f.

[14] *Christian Starck*, Rechtsvergleichung im öffentlichen Recht, JZ 1997, S. 1021, 1026 ff. = *Starck*, Verfassungen, 2009, S. 338, 351.

Rechtssetzung, Rechtsquellen, Menschenrechte, parlamentarisches Regierungssystem, Normenkontrolle usw. – und verständigt sich damit nicht nur europaweit, sondern auch weltweit.

Die zeitliche Allgemeinheit der Staatslehre verlangt Verständnis für die Methoden der Geschichtsforschung. Auch insoweit kommt es auf Fragestellungen und auf Metabegriffe an, die unter Beachtung der jeweiligen historischen Besonderheiten und Entwicklungslinien gebildet werden müssen.[15]

Mit dem Methodenpluralismus wird kein unkritischer Methodensynkretismus beschrieben, vielmehr ist es der Gegenstand, der die Methode bestimmt. Der Staat als allgemeines Phänomen kann nicht mit einer einzigen Methode, insbesondere nicht allein mit der juristisch-dogmatischen Methode erfaßt werden.[16] Das kommt schon sehr deutlich zum Ausdruck in der Allgemeinen Staatslehre von *Georg Jellinek*, die im Jahre 1900 zum ersten Male und 1913 in der dritten Auflage erschienen ist.[17]

Die Jahrhundertwende um 1900 war die große Zeit der Allgemeinen Staatslehre in Deutschland – sie gab gewissermaßen eine Antwort auf die rein juristische Betrachtung des Staatsrechts im Zeitalter des Positivismus.[18] War in der ersten Hälfte des 19. Jahrhunderts noch eine vernunftrechtliche Betrachtung des Staatsrechts herrschend,[19] so wurde in den 60er Jahren ein Methodenwechsel eingeleitet, vor allem von *Carl Friedrich von Gerber*,[20] der sich mit 21 Jahren im Zivilrecht habilitiert hatte und schon mit 23 Jahren Inhaber einer Professur war. Der Methodenwechsel ist besonders deutlich von *Paul Laband* – ebenfalls vom Zivilrecht her kommend – zum Ausdruck gebracht worden:[21] Die wissenschaftliche Aufgabe der Dogmatik liege in der Konstruktion der Rechtsinstitute, in der Zurückführung der einzelnen Rechtssätze auf allgemeine Begriffe und andererseits in der Herleitung der aus diesen Begriffen sich ergebenden Folgerungen. *Laband* meinte: „Ich kann es nicht als richtig anerkennen, wenn jemand der Dogmatik andere Aufgaben stellt als die gewissenhafte und vollständige Feststellung des positiven Rechtsstoffes und die logische Beherrschung desselben durch Begriffe."

Diese Konzentration der Staatsrechtswissenschaft auf das positive Recht verlangte geradezu nach der Disziplin der Allgemeinen Staatslehre. Und ebenso wie Ende des 19. Jahrhunderts der ins Staatsrecht eindringende Positivismus eine Allgemeine Staatslehre erforderlich gemacht hat, so ist sie heute unverzichtbar angesichts des vom Bundesverfassungsgericht und der Staatsrechtslehre geschaffenen detaillierten dogmatischen Gebäudes des deutschen Verfassungsrechts und

---

15 Dazu nochmals *Reinhard* (Anm. 7), S. 15 ff.

16 *Peter Badura*, Die Methoden der neueren allgemeinen Staatslehre (1959), 2. Aufl. 1998, S. X f., XIV f., 98 ff., 114 ff.; *Voßkuhle* (Anm. 1), S. 4.

17 *Georg Jellinek*, Allgemeine Staatslehre, 3. Aufl., Nachdruck 1960, S. 10 ff., 25 ff.

18 *Manfred Friedrich*, Geschichte der deutschen Staatsrechtswissenschaft, 1997, S. 282.

19 *Michael Stolleis*, Geschichte des öffentlichen Rechts in Deutschland, Bd. II, 1992, S. 159 ff.; *Friedrich* (Anm. 18), S. 166 ff.

20 *Carl Friedrich von Gerber*, Grundzüge des Deutschen Staatsrechts, 1865; zu Gerber siehe *Stolleis* (Anm. 19), S. 332 ff.

21 *Paul Laband*, Das Staatsrecht des Deutschen Reiches, 5. Aufl. 1911, Bd. I, S. IX, 178.

angesichts der Notwendigkeit, die Prinzipien der Konstruktion der mit uns eng verbundenen europäischen Staaten wahrnehmen zu können. Damit sind wir beim dritten Punkt, nämlich dem *heutigen* Nutzen der Allgemeinen Staatslehre, angelangt.

3. *Heutiger Nutzen*

Allgemeine Staatslehre ist zunächst Propädeutik für das öffentliche Recht. Insoweit ist sie im Studienplan etabliert als Grundlagenfach, in dem man alternativ zur Rechtsgeschichte einen sogenannten Grundlagenschein erwerben kann. Die Allgemeine Staatslehre ist aber auch – verbunden mit der Rechtstheorie – Wahlfach, sie geht insoweit über Propädeutik hinaus und wird auch in höheren Semestern, vor allem in Seminaren, gepflegt. In den Empfehlungen für Prüfungsinhalte bei der Ersten Juristischen Staatsprüfung in Niedersachsen (Oktober 2002) ist das Fach folgendermaßen beschrieben: Allgemeine Probleme des Staates, Grundelemente demokratischer Regierungssysteme und ihre ideengeschichtlichen Bezüge, staatliche Herrschaftsträger und gesellschaftliche Machtträger im politischen Prozeß, internationale Beziehungen und Staatenverbindungen. Die Allgemeine Staatslehre ist also Institutionenlehre, die das geltende öffentliche Recht übergreift.

Nun wird immer wieder geltend gemacht, die Allgemeine Staatslehre sei eine deutsche Erfindung; auf sie könne schon deshalb verzichtet werden, weil es sie im Ausland nicht gäbe. Richtig ist wohl, daß es im Ausland nur ausnahmsweise besondere Lehrbücher zur Allgemeinen Staatslehre gibt, z. B. in Italien und Spanien[22]. In beiden Ländern sind zudem deutsche Werke zur Allgemeinen Staatslehre übersetzt worden. Betrachtet man jedoch die ausländische Literatur nicht nach den Buchtiteln, sondern nach dem Inhalt der Bücher, so kann man z. B. für Frankreich feststellen, daß die klassischen Lehrbücher zum Verfassungsrecht den Titel tragen: Institutions politiques et droit constitutionnel.[23] Ich greife das berühmte Werk von *Georges Burdeau* heraus, das 2003 in 28. Auflage, bearbeitet von *Francis Hamon* und *Michel Troper*, erschienen ist. Das Buch umfaßt 760 Seiten, wovon die ersten 400 Seiten eine veritable Allgemeine Staatslehre darstellen: Théorie générale de l'Etat (180 S.), les régimes politiques contemporains (100 S.),

---

[22] *José Antonio González Casanova*, Teoria del estado y derecho constitucional, 3. Aufl., Barcelona 1987, 564 S.; *Pablo Lucas Verdu*, Manual de derecho politico, Madrid 1987; *José Acosta Sanchez*, Teoria del estado y fuentes de la constitución: Introducción a la teoría de la constitución, Córdoba 1989; *Guiseppe de Vergottini*, Diritto costituzionale, 3. Aufl. 2001. Die meisten Lehrbücher des Verfassungsrechts enthalten einen allgemeinen Teil, der Grundfragen der Allgemeinen Staatslehre behandelt; z. B. *Enrique Álvarez Conde*, Curso de Derecho constitucional, vol. 1, 3. Aufl. 1999; *Francisco Fernández Segado*, El sistema constitucional español, 1992.

[23] Vgl. dazu die ausführliche Darstellung bei *Olivier Beaud*, La théorie générale de l'Etat (Allgemeine Staatslehre) en France, in: Beaud/Heyen (Anm. 1), S. 83, 94: L'oubli progressif de la théorie générale de l'Etat par la doctrine française, S. 107 f.: Einfügung der Allgemeinen Staatslehre in die Werke über Verfassungsrecht. Siehe den französischen Klassiker *Raymond Carré de Malberg*, Contribution à la théorie générale de l'Etat, 1922.

histoire constitutionnelle de la France (depuis la Révolution) (120 S.). In Frankreich ist freilich neuerdings auch eine Entwicklung zu beobachten, die Lehrbücher des Verfassungsrechts gänzlich auf das geltende französische Verfassungsrecht zu konzentrieren.[24] Insoweit folgt man der deutschen Linie. Der britischen Tradition entspricht es, das britische Verfassungsrecht und seine geschichtliche Entwicklung exklusiv zu betrachten.[25]

In der Allgemeinen Staatslehre lernen wir, den eigenen Staat im Konzert der anderen gegenwärtigen Staaten zu betrachten, wir sehen das Allgemeine und die Eigenarten. Sowohl die allgemeinen Strukturen als auch die Eigenarten erhellen weiter aus der Rechtsgeschichte, die uns zeigt, daß die gegenwärtigen Strukturen nicht von uns und unseren unmittelbaren Vorgängern erfunden worden oder wie Manna vom Himmel gefallen sind, sondern daß es dazu der Anstrengung von Generationen bedurfte, die Überwindung von Abirrungen und Perversionen eingeschlossen, vor denen wir im übrigen auch in Zukunft nicht sicher sind.

Zwischen dem Allgemeinen und den Eigenarten entdecken wir in der Allgemeinen Staatslehre einzelne Staatstypen, die jeweils gemeinsame Strukturen aufweisen, so wie wir in der Rechtsvergleichung von Rechtsfamilien sprechen, deren „verwandtschaftliche" Beziehungen darin bestehen, daß sie gemeinsame Gene, d. h. gemeinsame Wurzeln haben.[26]

Bei den Staatstypen geht es hier nicht um konstruierte Idealtypen, denen der eine oder andere Staat mehr oder weniger angenähert ist, sondern um empirische Typen,[27] gebildet aus Merkmalen tatsächlicher Erscheinungsformen, die bestimmte Staaten gemeinsam haben, z. B. totalitäre Staaten, autoritäre Staaten oder liberale Staaten. Der Typus des liberalen Staates tritt heute in Erscheinung als demokratischer Verfassungsstaat,[28] der für unsere weiteren Überlegungen zur Europäischen Union von Bedeutung ist. Die gemeinsamen Merkmale des Staatstypus *demokratischer Verfassungsstaat* sind:

- eine Verfassung beruhend auf der verfassunggebenden Gewalt des Volkes,
- Vorrang dieser Verfassung, auch vor den vom Parlament beschlossenen Gesetzen, zunehmend durch gerichtliche Kontrolle gesichert,
- periodisch abgehaltene allgemeine, gleiche, geheime und freie Wahlen mindestens des Parlaments,
- Gewaltenteilung durch verfassungsrechtliche Normierung der Kreation, der Aufgaben, Zuständigkeiten und Verfahren der obersten Staatsorgane,
- Garantie der Grundrechte und gerichtlicher Schutz derselben.

---

[24] Führend *Louis Favoreu* (coordonnateur), Droit constitutionnel, 1. Aufl. 1998, 7. Aufl. 2004, S. 21 : „Le droit constituionnel contemporain: une profonde et irréversible mutation."

[25] *D. C. M. Yardley*, Introduction to British Constitutional Law, 6. Aufl. 1984; *Geoffrey Marshall*, Constitutional Theory, 1980.

[26] Siehe dazu *Christian Starck*, Das Christentum und die Kirchen in ihrer Bedeutung für die Identität der Europäischen Union und ihrer Mitgliedstaaten, in: Essener Gespräche zum Thema Staat und Kirche 31 (1997), S. 5 ff. = *ders.*, Freiheit und Institutionen, 2002, S. 29 ff.

[27] *Jellinek* (Anm. 17), S. 36 ff.

[28] Zur geschichtlichen Entwicklung und zur Struktur siehe *Hans Fenske*, Der moderne Verfassungsstaat 2001, passim.

III. Bedeutung der Allgemeinen Staatslehre für die Europäische Union

1. Entstehung, Verdichtung und Erweiterung der Europäischen Gemeinschaft

Die Europäische Gemeinschaft ist 1957 als Wirtschaftsgemeinschaft gegründet worden, war aber von Anfang an auch Rechtsgemeinschaft. Sie konnte nur gegründet und ins Werk gesetzt werden, weil den Mitgliedstaaten Rechtsgrundsätze gemeinsam sind, auf deren Grundlage Gemeinschaftsrecht geschaffen wurde. Diese Rechtsgrundsätze beruhen vor allem auf dem römischen Recht,[29] dem Christentum[30] und der Aufklärung. Die sechs Gründerstaaten – Deutschland, Frankreich, Italien und die drei Beneluxstaaten – gehören dieser Tradition an. Sie sind demokratische Verfassungsstaaten, die sich freilich in ihrer konkreten verfassungsrechtlichen und tatsächlichen Erscheinungsform voneinander unterscheiden. So sind die drei großen Gründerstaaten Republiken mit parlamentarischen Regierungen. In Frankreich wurde kurz nach der Gründung der Europäischen Wirtschaftsgemeinschaft ein Semiparlamentarismus analog der Weimarer Verfassung eingeführt mit beherrschender Stellung des Präsidenten der Republik. Die kleinen Beneluxstaaten sind Monarchien, allerdings auch mit parlamentarischen Regierungen. Allgemein gilt, daß die Staatsorgane dieser Länder in verfassungsrechtlich geordneten Formen und Verfahren und gebunden an bestimmte inhaltliche Normen ihre Entscheidungen treffen. Die im Verfassungsrecht dieser Länder zum Ausdruck kommenden Grundsätze sind in den Mentalitäten der Bevölkerung dieser Länder verankert.

Die Allgemeine Staatslehre ermöglicht es, hinter den verschiedenen Erscheinungsformen die gemeinsamen Grundsätze, also das Allgemeine, zu sehen und Auskunft darüber zu geben, welche Staaten einem Staatstypus angehören und sich unter den Gesichtspunkten ihres Verfassungsrechts, ihrer ökonomischen Verhältnisse und der Mentalitätsstrukturen ihrer Bevölkerung dazu eignen, einen engeren Bund miteinander zu schließen, dem von den Mitgliedstaaten Hoheitsrechte zur gemeinsamen Ausübung übertragen werden können.

Von der Gründung der Europäischen Wirtschaftsgemeinschaft im Jahre 1957 bis zum heutigen Zustand der Integration hat eine bemerkenswerte Verdichtung des Gemeinschaftsrechts stattgefunden, das eine starke Vereinheitlichung des Rechts in den Mitgliedstaaten bewirkt hat. Es sind die unmittelbar wirkenden Verordnungen der Europäischen Gemeinschaft und die Richtlinien, die die Mitgliedstaaten verpflichten, ihr Recht den Richtlinien anzupassen. Das Recht, das die Europäische Gemeinschaft im Rahmen der ihr übertragenen Hoheitsbefug-

---

[29] *Paul Koschaker*, Europa und das römische Recht, 3. Aufl. 1958, passim; *Franz Wieacker*, Privatrechtsgeschichte der Neuzeit, 2. Aufl. 1967, S. 26f.

[30] *Harold J. Berman*, Recht und Revolution, 1991, S. 272ff.; *Starck* (Anm. 26), S. 8–21 = S. 32–46; *Gérard D. Guyon*, Le legs du christianisme dans l'histoire du droit européen, in: J.-B. d'Onorio (dir.), L'Héritage religieux du droit en Europe, Paris 2004, S. 53ff.

nisse mit unmittelbarer oder mittelbarer Wirkung setzt, darf nicht im Widerspruch zu den Rechtsgrundsätzen stehen, die in den Mitgliedstaaten gelten. Das Gemeinschaftsrecht muß auf fruchtbaren Boden fallen, es muß von der großen Mehrheit der Bevölkerung angenommen werden.

Der Prozeß einer starken Verdichtung des Gemeinschaftsrechts war begleitet durch ein Anwachsen der Zahl der Mitgliedstaaten. Jahrzehnt für Jahrzehnt wuchs die Europäische Gemeinschaft. 1973 traten Großbritannien, Irland und Dänemark bei, zwei Monarchien, eine Republik, die alle – ungeachtet britischer Besonderheiten – unter den Begriff des demokratischen Verfassungsstaates fallen. In den 80er Jahren wurden in zwei Etappen zunächst Griechenland (1981), sodann Portugal und Spanien (1986) Mitgliedstaaten. Die Länder dieser Südkette zeichneten sich dadurch aus, daß sie autoritäre Regime abschütteln konnten und sich in die Tradition der demokratischen Verfassungsstaaten eingliederten. Vorangegangen waren entsprechende Verfassunggebungsprozesse, die stark am deutschen und italienischen Modell ausgerichtete Verfassungen hervorbrachten. Für Portugal und Spanien gilt insbesondere, daß in beiden Ländern Gelehrte im 16. Jahrhundert große aufklärerische Leistungen der Staatsphilosophie erbracht haben.[31] Dieses „goldene Zeitalter der Rechts- und Staatsphilosophie"[32] war im spanischen Schul- und Universitätsunterricht ständig wirksam, so daß in der Bevölkerung eine Mentalität fortwirken konnte, die den neuen Verfassungen innere Kraft und Festigkeit verleiht.

1995 sind nach dem Ende der Ost-West-Spaltung die früher neutralen Staaten Österreich, Finnland und Schweden der Europäischen Gemeinschaft beigetreten, die trotz Unterschieden im einzelnen sämtlich die Merkmale des demokratischen Verfassungsstaates erfüllen. Ein weiteres Jahrzehnt später sind 2004 die ehemals gezwungenermaßen dem kommunistischen Block angehörenden Staaten Polen, Ungarn, Tschechien, Slowakei, Slowenien und die drei baltischen Staaten Litauen, Lettland und Estland beigetreten. Nach der Herauslösung aus dem Block der kommunistischen Staaten fanden dort Verfassunggebungsprozesse statt, in denen die Prinzipien des demokratischen Verfassungsstaates verwirklicht worden sind, die in der Mentalität der Bevölkerung relativ leicht wieder verankert werden können, da es sich bei den Staaten ausschließlich um Staaten handelt, die historisch ebenso wie die westeuropäischen Staaten durch das römische Recht, das lateinische Christentum und die Aufklärung geprägt worden sind.

Das erste Ergebnis zur Frage der Bedeutung der Allgemeinen Staatslehre für die Europäische Union besteht darin, daß die Allgemeine Staatslehre Kriterien für die mögliche Mitgliedschaft in supranationalen Gemeinschaften zur Verfü-

---

[31] *Antonio Truyol y Serra*, Historia de la Filosofía del Derecho y del Estado, Bd. 2, 4. Aufl. 1995, S. 78 ff.; *Antonio-Enrique Pérez Luño*, Die klassische spanische Naturrechtslehre in 5 Jahrhunderten, 1994; *Christian Starck*, Die philosophischen Grundlagen der Menschenrechte, in: FS für *Peter Badura*, 2004, S. 553, 560 ff. m. w. N., abgedruckt in diesem Band im Zweiten Teil 1. Kapitel.

[32] *Tierno Galván*, El tacitismo en las doctrinas políticas del Siglo de Oro Español, in: Anales de la Universidad de Murcia, vol. IV (1947–48), S. 895 ff.

gung stellt.[33] Außer der geographischen Zusammengehörigkeit muß es sich um institutionell und mentalitätsmäßig gefestigte demokratische Verfassungsstaaten handeln, die freiwillig und demokratisch legitimiert die supranationale Union gründen oder ihr beitreten und ihr Hoheitsrechte übertragen. Die supranationale Union ihrerseits muß ihre Aufgaben gemäß den Prinzipien des Verfassungsstaates erfüllen, d. h. gewaltenteilig arbeiten und die Rechte der Bürger der Mitgliedstaaten achten.

2. *Die Europäische Union in den Kategorien der Allgemeinen Staatslehre*

Aus der Zahl der möglichen und historisch vorkommenden Staatenverbindungen[34] interessieren uns hier hauptsächlich der Bundesstaat und der Staatenbund. Die Begriffe beider Staatenverbindungen sind stark völkerrechtlich geprägt, weil die Unterscheidung am Kriterium der Souveränität getroffen wird. Ein Staatenbund läßt die Souveränität seiner Mitglieder unangetastet. Schließen sich mehrere Staaten zu einem Bundesstaat zusammen – Beispiel Deutsches Reich 1871 und sein Vorgänger, der Norddeutsche Bund 1867 –, so geht ihre völkerrechtliche Souveränität zu Ende und insgesamt auf den Zentralstaat über; innerstaatlich werden die Hoheitsrechte, die nicht identisch mit der Souveränität sind, durch die Verfassung zwischen Bund und Ländern verteilt.

Die Frage ist nun, wie die supranationale Union einzuordnen ist. Auf jeden Fall ist sie kein Bundesstaat und soll wenigstens nach dem Willen der meisten Mitgliedstaaten[35] sowie der tonangebenden Parteien in Deutschland kein Bundesstaat werden. So heißt es in den zentralen Forderungen zum geplanten EU-Verfassungsvertrag in einem gemeinsamen Beschluß der Präsidien von CDU und CSU vom 4. Mai 2003:

„Die Europäische Union ist kein eigenständiger Staat mit dem Recht autonomer Kompetenzbegründung. Ein Abweichen von diesem Grundsatz wäre der entscheidende Schritt in den Bundesstaat, den die Menschen nicht wollen."

Im Grundsatzprogramm von Bündnis 90/Die Grünen heißt es:

„Wir setzen uns … mit Nachdruck für den europäischen Verfassungsprozeß ein. Nicht die Verfassung eines europäischen Superstaates wollen wir voranbringen, sondern eine Verfassung, in der sich die Bürgerinnen und Bürger auf gemeinsame Institutionen, Verfahren und Rechte einigen und sich über das gemeinsame Band ihres Gemeinwesens verständigen."

Im Grundsatzprogramm der Sozialdemokratischen Partei Deutschlands in der Fassung vom 17. April 1998 heißt es:

---

[33] Vgl. Art. 6 Abs. 1 EUV: „Die Union beruht auf den Grundsätzen der Freiheit, der Demokratie, der Achtung der Menschenrechte und Grundfreiheiten sowie der Rechtsstaatlichkeit; diese Grundsätze sind allen Mitgliedstaaten gemeinsam"; ähnlich Art. 9 Vertrag einer Verfassung für Europa.

[34] Siehe die drei Aufzählungen bei *Karl Doehring*, Allgemeine Staatslehre, 3. Aufl. 2004, Rdnr. 146.

[35] Z. B. *Hélène Lepoivre*, Staatlichkeit und Souveränität in der Europäischen Union am Beispiel Frankreichs, 2003, S. 209 ff.

„Wir wollen die Europäische Gemeinschaft zu den Vereinigten Staaten von Europa weiterentwickeln."

Der Ausdruck „Vereinigte Staaten von Europa" stammt aus dem Heidelberger Programm der Sozialdemokraten von 1925 und wird deshalb hochgehalten, wobei nicht klar ist, ob es sich um einen Bundesstaat handeln soll. Einige Passagen im Grundsatzprogramm sprechen eher dagegen, insbesondere, wenn es heißt, daß die Souveränität aller Staaten in Europa unverletzlich sei.

Es wird freilich auch gefordert, die Europäische Union in einen europäischen Bundesstaat umzugestalten. Solches hört man aus der Wirtschafts- und Finanzwelt. Außenpolitisch soll Europa als Staat eine Weltmacht werden wie die USA. Wer den Nationalstaat, allen voran den deutschen, für überholt hält, ist schnell dabei, einen Eurostaat zu fordern oder ihn mit der Europäischen Verfassung schon heraufziehen zu sehen, obgleich es sich bei der Verfassung um einen völkerrechtlichen Vertrag handelt, den die Mitgliedstaaten abschließen. – Verfolgen wir die Linie des europäischen Bundesstaates nicht weiter, zumal sie die Allgemeine Staatslehre nicht herausfordert, die die Bundesstaatlichkeit traditionell behandelt.

Wenn die Europäische Union kein Bundesstaat ist oder werden soll, ist sie dann ein Staatenbund? Es kommt schon sprachlich zum Ausdruck, daß sie mehr ist. Das in dem Begriff „Supranationalität" steckende Wort „Nation" bezeichnet im Englischen auch Staat. In richtiger deutscher Übersetzung müßte man von „Suprastaatlichkeit" sprechen. Entsprechend ist auch das Völkerrecht, d. h. das internationale öffentliche Recht, in genauer deutscher Übersetzung „Zwischenstaatenrecht". „Supra" bedeutet oben darauf oder oberhalb. Daraus wird deutlich, daß sich Supranationalität von Internationalität unterscheidet. Der Begriff faßt die Sache, um die es geht, deutlich. Über dem einzelnen Mitgliedstaat besteht eine Hoheitsgewalt, die die Mitgliedstaaten durch die Übertragung von Hoheitsrechten selbst eingerichtet haben. Soweit Hoheitsrechte übertragen worden sind, geht das supranationale Recht allem nationalen Recht vor. Insoweit hat der einzelne Mitgliedstaat – aus eigenem Willen – eine Staatenunion über sich, deren Rechtsakte nicht nur politische Signale sind, die er umsetzen muß, sondern die selbst unmittelbar verbindliches Recht für die Bürger in den Mitgliedstaaten setzen.

Einige sehen in diesen Vorgängen eine Bestätigung dafür, daß der Begriff der nationalen Souveränität obsolet geworden ist.[36] Andere sprechen von föderativer Gemeinschaftssouveränität.[37] Nach diesen Vorstellungen hat die Souve-

---

[36] *Hans Peter Ipsen*, Europäisches Gemeinschaftsrecht, 1972, S. 101; *ders.*, HStR VII (1992), § 181 Rdnr. 19; *Erhard Denninger*, Vom Ende nationalstaatlicher Souveränität in Europa, JZ 2000, S. 1121, 1125 f.; *Juliane Kokott*, Die Staatsrechtslehre und die Veränderung ihres Gegenstandes, in: VVDStRL 63 (2004), S. 7, 21 ff.

[37] Z. B. *Horst Dreier*, Art. Souveränität, in: Staatslexikon der Görresgesellschaft, Bd. IV, 1988 Sp. 1208; *Ulrich Everling*, Überlegungen zur Struktur der Europäischen Union und zum neuen Europa-Artikel des Grundgesetzes, DVBl. 1993, S. 936, 942 f.; *Karl Doehring*, Staat und Verfassung in einem zusammenwachsenden Europa, ZRP 1993, S. 98 ff.; als gefährlich gekennzeichnet, *ders.* (Anm. 34), Rdnr. 274; wenn der EuGH von einer Einschränkung der Souveräni-

ränität, verstanden als höchste Mächtigkeit, den Nationalstaat verlassen[38] und damit zugleich das Ende der Staaten im Sinne der Definition *Bodins* bewirkt. Es sieht eher so aus, daß in diesen Äußerungen der Begriff der Souveränität mit der Summe der Hoheitsrechte verwechselt wird.

Man muß sich von der Vorstellung freimachen, daß die Übertragung von Hoheitsrechten auf eine supranationale Union dem Staat, der die Übertragung durch völkerrechtlichen Vertrag selber vornimmt, die Souveränität entzieht, also der Staat, der Akteur ist, auf die Souveränität verzichtet. Der Abschluß eines völkerrechtlichen Vertrages, der den Staat rechtlich bindet, ist ein Akt der Souveränität. Dies ist vergleichbar mit einem privatrechtlichen Vertrag, den ich als Akt meiner Freiheit schließe. Ebensowenig wie ich auf meine Freiheit verzichte, wenn ich einem Verein beitrete oder in eine Handelsgesellschaft eintrete, verzichtet der Staat auf seine Souveränität, wenn er Hoheitsrechte, besser: Kompetenzen[39] oder Befugnisse[40], an eine supranationale Union abtritt. Die Europäische Gemeinschaft beruht immer noch auf dem demokratisch legitimierten Willen der Mitgliedstaaten. Deren fortbestehende Souveränität[41] erweist sich auch in dem Recht, aus der Europäischen Gemeinschaft auszutreten, an das das Bundesverfassungsgericht im Maastricht-Urteil erinnert hat[42] und das der Vertrag über eine Verfassung für Europa in Art. 60 ausdrücklich erwähnt.

Udo Di Fabio hat das Verhältnis zwischen Mitgliedstaaten und Union bildhaft so geschildert:[43] „Baumeister der neuen Architektur öffentlicher Gewalt bleiben die Mitgliedstaaten, sie tragen die *Kompetenzverantwortung* aus ihren bewährten gemeinsamen Verfassungstraditionen, ... Im Alltag dieses Hauses waltet der gemeinsame Interessenausgleich, das Ringen um eine wirtschaftliche und politische Gemeinschaft. Die Union trägt die *Kooperationsverantwortung* für den Kontinent. Der alte Ehrgeiz der Völker Europas wird zivilisiert und in einen Wettbewerb der Staaten umgelenkt, wobei die Einhaltung der Wettbewerbsre-

---

tätsrechte spricht (Gutachten 1/91 v. 14.12.1991, Slg. 1991, S. I–6079 Rdnr. 21), so bedeutet das nicht Souveränitätsteilung, sondern ist ein anderer Ausdruck für Übertragung von Hoheitsrechten als Akt der Souveränität.

[38] *Jost Delbrück*, dem dieser Artikel gewidmet ist, hat sich in den 70er Jahren mit dem Problem der Souveränität der Mitgliedstaaten der europäischen Gemeinschaft beschäftigt und von einem Verlust an Souveränität als Folge einer effektiven, die Grenzen nationalstaatlichen Handelns überschreitender Bewältigung der großen wirtschaftlichen, sozialen und technologischen Probleme unserer Zeit gesprochen. Vgl. *ders.*, Souveränität und Nationalstaat im Wandel, in: H.-P. Schwarz (Hrsg.), Hdb. der deutschen Außenpolitik, 1975, S. 669, 673; zurückhaltender noch *ders.*, Regionale Zusammenschlüsse und ihre Auswirkungen auf die Souveränität der Staaten, in: Picht/Eisenbart (Hrsg.), Frieden und Völkerrecht, 1973, S. 457, 480–484.

[39] So Art. 88-1 französ. Verfassung.

[40] Beschlußrechte, so Kap. X § 5 Schwed. Verfassung.

[41] So die h. L. im Völkerrecht, siehe z. B. *Helmut Steinberger*, Der Verfassungsstaat als Glied einer europäischen Gemeinschaft, VVDStRL 50 (1991), S. 9, 17; *Christian Hillgruber*, Souveränität – Verteidigung eines Rechtsbegriffs, JZ 2002, S. 1072, 1077 ff.; *ders.*, HStR II, 3. Aufl. 2004, § 32 Rdnr. 61–74; *Albrecht Randelzhofer*, HStR I, 3. Aufl. 2004, § 17 Rdnr. 33 f.; deutlich auch *Thomas Schmitz*, Integration in der Supranationalen Union, 2001, S. 237 ff.

[42] BVerfGE 89, 155, 190. Vgl. *Oppermann*, Europarecht, 2. Aufl. 1999, Rdnr. 221.

[43] *Udo Di Fabio*, Der Verfassungsstaat in der Weltgesellschaft, 2001, S. 95 (die Hervorhebungen im Original).

geln das Alltagsgeschäft der Gemeinschaft ist, ..." Die Baumeistereigenschaft der Mitgliedstaaten verlangt allerdings, daß definierte Kompetenzen an die supranationale Union übertragen werden.[44] Die Kompetenz-Kompetenz, d.h., die Zuständigkeit über die Verteilung von Zuständigkeiten zu entscheiden, liegt bei den Mitgliedstaaten, worin ihre fortbestehende Souveränität zu sehen ist.

Mit der Übertragung von Hoheitsrechten auf die supranationale Union müssen die Merkmale des Konstitutionalismus auf Unionsebene gesichert werden.[45] Das geschieht durch die inzwischen mehrfach geänderten Gründungsverträge, die die Organisation, die Kompetenzen, die Verfahren und die Handlungsformen der Europäischen Gemeinschaft in rechtstaatlicher Weise regeln, die Grundrechte sichern und eine zusätzliche demokratische Legitimation über die Direktwahl des Europäischen Parlaments etablieren. Die Verträge, die die Hoheitsrechte übertragen, stellen die „Europäische Verfassung" dar, die jetzt durch den inzwischen unterzeichneten Vertrag über eine Verfassung für Europa ausdrücklich so bezeichnet werden soll.[46] Ihre Ratifizierung in den Mitgliedstaaten bleibt allerdings noch abzuwarten, sie ist in Frankreich und in den Niederlanden bei Volksabstimmungen gescheitert.

Damit haben wir es mit einem neuen Typus von Staatenverbindungen zu tun, der von der Allgemeinen Staatslehre aufgenommen und bearbeitet werden muß, was insbesondere in den großen Monographien von *Stephan Hobe* (1998) und von *Thomas Schmitz* (2001) schon in Angriff genommen worden ist.[47] Wir sehen also: Die Allgemeine Staatslehre liefert nicht nur die Kriterien für die Möglichkeit des Zusammenschlusses von Staaten zu einer supranationalen Union. Mit deren Gründung ist die Allgemeine Staatslehre herausgefordert, die supranationale Union als neue Form der Staatenverbindung wissenschaftlich zu bearbeiten, insbesondere die neue Erscheinungsform des Mehrebenenverfassungsrechts dogmatisch zu konstruieren[48] und die Anforderungen an die demokratische Legitimation von Gemeinschaftsrecht zu klären[49].

Aber damit ist es nicht genug. Die Übertragung von Hoheitsrechten der Mitgliedstaaten auf die Europäische Union vermindert nicht nur die Aufgaben der Staaten, sondern stellt auch einen Einbruch in ihre verfassungsrechtliche Kompetenzordnung und Verfahrensordnung dar. Dazu zwei Beispiele: Was früher das nationale Parlament im Verfahren der Gesetzgebung zumeist auf Vorschlag der Regierung ohne weitere politische Vorgaben im Rahmen der Verfassung entscheiden konnte, wird jetzt, soweit die entsprechen Kompetenzen auf die Europäische Union übertragen worden sind, von der Europäischen Union entschie-

---

[44] *Uwe Leonardy*, in: ders. (Hrsg.), Europäische Kompetenzabgrenzung als deutsches Verfassungspostulat, 2002, S. 23ff.

[45] Dazu *Di Fabio* (Anm. 43), S. 49.

[46] Zum Verfassungsbegriff *Christian Starck*, Der Vertrag über eine Verfassung für Europa, in: FS Götz, 2005, S. 73, 74f. = *Starck*, Verfassungen, 2009, S. 311, 312f.

[47] *Stephan Hobe*, Der offene Verfassungsstaat zwischen Souveränität und Interdependenz, 1998; *Thomas Schmitz*, Integration in der Supranationalen Union, 2001.

[48] *Starck* (Anm. 46), S. 75.

[49] *Marcel Kaufmann*, Europäische Integration und Demokratieprinzip, 1997.

den unter Mitwirkung der nationalen Regierungen. Soweit es sich um Richtlinien (in Zukunft Rahmengesetze) handelt, sind diese dann vom nationalen Parlament nur noch umzusetzen. Soweit Gesetzgebungsmaterien, die in einem Bundesstaat den Ländern zustehen, auf die Europäische Union übertragen worden sind, ist es ebenfalls nur die nationale Exekutive, die an der Entscheidung auf europäischer Ebene teilhat. Diese innerstaatliche Entparlamentarisierung und Entföderalisierung ist ebenfalls ein Thema für die Allgemeine Staatslehre, und zwar nicht nur als Bestandsaufnahme, sondern auch zum Nachdenken über Alternativen oder Kompensationen.

Zum Schluß die Frage: Wird sich die Europäische Union als supranationale Union auf Dauer stabilisieren und als Beispiel für eine neuartige Staatenverbindung dann auch in die Lehrbücher der Allgemeinen Staatslehre dauerhaft eingehen?[50] Die Dynamik der Europäischen Union liegt einmal in der Verdichtung des europäisch gesetzten Rechts und zum anderen in der Erweiterung der Zahl der Mitgliedstaaten, die sich im Jahr 2004 von 15 auf 25 Mitgliedstaaten rasant gesteigert hat; und diese Dynamik ist weiter ungebrochen. Bulgarien und Rumänien (seit 2007 Mitgliedstaaten), sogar die Türkei sind als neue Mitgliedstaaten ins Auge gefaßt. Zwischen beiden Dynamiken liegt eine enorme Spannung. Je dichter die Supranationalität werden soll, um so weniger verträgt sie geographische Erweiterungen. Nachdem die geographische Erweiterung weitgehend stattgefunden hat und nicht mehr rückgängig gemacht werden kann, sehe ich darin ein deutliches Zeichen dafür, daß sich die Europäische Union nicht zu einem Bundesstaat entwickeln, sondern eine supranationale Union bleiben und sich wohl auch in verschiedene Verdichtungskreise gliedern wird. Das ist heute beispielsweise schon währungsrechtlich deutlich in der Unterscheidung zwischen Euro-Staaten und Nicht-Euro-Staaten. Um die Erfassung solcher Vorgänge wird sich die Allgemeine Staatslehre bemühen müssen. Eine Lehre von der supranationalen Union muß nicht auf Europa beschränkt bleiben, es gibt auch andere Regionen in der Welt – südliches Afrika, Südamerika –, in denen Voraussetzungen für supranationale Unionen entstehen können.[51] Denn die Verhältnisse in der Welt sind so, daß die einzelnen Staaten bei der Erledigung der ihnen zukommenden Aufgaben mehr und mehr überfordert sind und sich zur eigenen Stärkung in Staatenverbindungen zusammenschließen.

---

[50] Immer noch ist die Europäische Gemeinschaft/Union in den neueren Auflagen der Lehrbücher zur Allgemeinen Staatslehre nur knapp behandelt, siehe *Reinhold Zippelius*, Allgemeine Staatslehre, 14. Aufl., 2003, S. 77f., 421, 424–428; *Doehring* (Anm. 34), S. 116f., 188–190; *Peter Pernthaler*, Allgemeine Staatslehre und Verfassungslehre, 2. Aufl. 1996, S. 16, 38, 220, 312–316.

[51] Ansätze gibt es im südlichen Afrika und neuerdings in Südamerika (Communidad Sudamericana de Naciones).

IV. Zusammenfassung

Die Begriffe der Allgemeinen Staatslehre sind geeignet, die Voraussetzungen von supranationalen Unionen zu erkennen, indem Typen von Staaten unter Einschluß ihrer ideellen und institutionellen Geschichte unterschieden werden. Anhand des Souveränitätsbegriffs können supranationale Unionen von Bundesstaaten unterschieden und ein eventueller Übergang von der supranationalen Union zum Bundesstaat genau festgestellt werden. Die Lehre von den Staatenverbindungen ist im Hinblick auf supranationale Unionen zu erweitern und zu vertiefen.

7. Kapitel

Rechtsvereinheitlichung durch Gesetze. Bedingungen, Ziele, Methoden*

Die Rechtsdogmatik arbeitet nicht nur der Gesetzgebung nach, indem sie gegebene Gesetze nach allgemeinen Gesichtspunkten interpretiert, harmonisiert, Widersprüche ausgleicht, Regeln aufstellt und dadurch die Gesetzesanwendung rationalisiert. Diese Aufgabenstellung der intra legern tätigen Rechtsdogmatik zeigt, daß diese mit Wissen ausgestattet ist, das der Gesetzgebung vorausliegt und das dieser nicht erst bei der Gesetzesanwendung, sondern auch schon bei der Herstellung der Gesetze zugute kommt (siehe 4. Kapitel des Ersten Teils). Im Rahmen eines bestehenden rechtsdogmatischen Systems bedeutet eine richtige und gute Entscheidung des Gesetzgebers, daß sie im Einklang mit den gefestigten rechtsdogmatischen Auffassungen steht und sachlogisch einwandfreie Lösungen erreicht. Die Rechtsdogmatik ist notwendige Grundlage der Gesetzgebung, die ohne rechtsdogmatische Vorarbeiten und Systematisierungen ein rechtskulturell sehr niedriges Niveau hätte und den Anforderungen an Überschaubarkeit und Verläßlichkeit des Rechts nicht gerecht würde.[1]

Angesichts des heutigen Entwicklungsstandes der Europäischen Gemeinschaft steht auf vielen Gebieten die Vereinheitlichung, zumindest aber eine weitere Angleichung der nationalen Rechtsordnungen an. Einheitliches Recht schaffen verlangt die Analyse der Rechtsordnungen, die vereinheitlicht werden sollen, insbesondere im Hinblick auf ihre Leistungsfähigkeit, Rechtsprobleme zu lösen. Dafür muß man die den einzelnen Rechtsordnungen zugrundeliegenden Wertungen offenlegen sowie die internen systematischen Zusammenhänge und die jeweiligen rechtsdogmatischen Instrumente zur Gewinnung einer gerechten Entscheidung herausarbeiten. Aber auch bloße Rechtsangleichung ist nicht ohne rechtsdogmatische Arbeit denkbar, die das nationale Recht in Zielkonformität mit dem Gemeinschaftsrecht bringt und insoweit der Gesetzgebung vorarbeitet oder nacharbeitet.

Die derzeit stattfindende *europäische Rechtsvereinheitlichung* im weiteren Sinne unter Einschluß der Rechtsangleichung legt einen Vergleich mit der *Rechts-*

---

* Einführung in den Band Christian Starck (Hrsg.), Rechtsvereinheitlichung durch Gesetze. Bedingungen, Ziele Methoden. 5. Symposion der Kommission „Die Funktion des Gesetzes in Geschichte und Gegenwart" am 26. und 27. April 1991 (Abhandlungen der Akademie der Wissenschaften in Göttingen, Phil.-Hist. Klasse. Dritte Folge Nr. 197), 1992, S. 9–14.

[1] Siehe *Okko Behrends*, in: Okko Behrends/Wolfram Henckel (Hrsg.), Gesetzgebung und Dogmatik. 3. Symposion der Kommission „Die Funktion des Gesetzes in Geschichte und Gegenwart" am 29. und 30. April 1988 (Abhandlungen der Akademie der Wissenschaften in Göttingen, Phil.-Hist. Klasse, Dritte Folge Nr. 178), S. 9ff.

vereinheitlichung in Deutschland in Vorwegnahme und in Folge der Reichsgründung von 1867–1871 nahe. Es gibt viele Parallelen: Die Wirtschaftseinheit verlangte und verlangt ein hohes Maß an Einheitlichkeit, zumindest aber Angleichung auf den Gebieten des Handels-, Gesellschafts- und Wirtschaftsrechts. Die für die Gewerbefreiheit im Reich wichtige Gewerbeordnung ist schon 1869 noch vom Reichstag des Norddeutschen Bundes in Geltung gesetzt worden. Vereinheitlichung oder Angleichung war und ist notwendig für das Recht der grenzüberschreitenden Dienstleistungen, ja auf die Dauer auch für weite Teile des Zivilrechts ganz allgemein.

Die Herstellung von Rechtseinheit durch Gesetzgebung hatte in Deutschland, dem verspäteten Nationalstaat, eine hohe emotionale Bedeutung. Man braucht sich nur den Katalog der Reichsgesetzgebung in Art. 4 der Verfassung des Norddeutschen Bundes von 1867 bzw. der Reichsverfassung von 1871 anzusehen, um sich das Ausmaß der notwendigen Rechtsvereinheitlichung vor Augen zu halten. Die wichtigsten Materien aus dem Katalog sind: Bestimmungen über den Gewerbebetrieb, einschließlich des Versicherungswesens, die Zoll- und Handelsgesetzgebung, die Ordnung des Maß-, Münz- und Gewichtssystems, die Währung, der Schutz des geistigen Eigentums, das gesamte bürgerliche Recht, das Strafrecht und das gerichtliche Verfahren, die Bestimmungen über die Presse und das Vereinswesen. – Abgesehen von dem Recht der grenzüberschreitenden Dienstleistungen, wurde erst die staatliche Einheit hergestellt und im Anschluß daran einheitliches Recht geschaffen, was in Ansehung des bürgerlichen Rechts erst kurz vor der Jahrhundertwende zustande gebracht wurde. *Michael Stolleis* nennt diesen Vorgang sehr treffend „innere Reichsgründung" durch Rechtsvereinheitlichung.[2] Die Kodifikationen des Handelsgesetzbuches, des Wertpapierrechts, des Strafgesetzbuches, der Prozeßordnungen und schließlich des bürgerlichen Gesetzbuches waren wichtige Instrumente der Integration des Reiches. Die innere Reichsgründung hatte die äußere zur Voraussetzung. Die Einheit des Rechts folgte im wesentlichen auf die Herstellung der staatlichen Einheit. Dagegen ist die allmähliche Vereinheitlichung oder auch nur Angleichung des Rechts die Voraussetzung für die Europäische Union.

Rechtsvereinheitlichung war Aufgabe im Norddeutschen Bund und im Deutschen Reich. Die Europäische Gemeinschaft kennt keine Gesetzgebung im strengen Sinne, weil die *Rechtsetzung* noch auf dem *Verordnungswege* geschieht, soweit nicht *Richtlinien* erlassen werden, die nur hinsichtlich des zu erreichenden Zieles für die Mitgliedsstaaten verbindlich sind, jedoch den innerstaatlichen Stellen die Wahl der Form und der Mittel überlassen. Lassen wir den Mangel an demokratischer Legitimation außer Betracht, so können wir festhalten, daß allein von der technischen Seite der Rechtsetzung her Rechtsvereinheitlichung per Verordnung bzw. Rechtsangleichung per Richtlinie möglich sind. Im übrigen sehen die Verträge Verfahren vor, in denen das Europäische Parlament einbezogen wird.

---

[2] Siehe dazu das in Anm. 1 zitierte Werk, S. 15.

Die Europäische Gemeinschaft trifft – mit der wichtigen Ausnahme Englands – auf *kodifizierte nationalstaatliche Privatrechtsordnungen*, die in den letzten 200 Jahren in zwei großen Schüben entstanden sind und die zu einer Verbesonderung des Rechts und des Rechtsdenkens in den Nationalstaaten führten. Mit der Reichseinheit tritt in Deutschland der auch sonst in Europa sich durchsetzende Positivismus in der Rechtswissenschaft seinen Siegeszug an. Dem lag zeitlich voraus eine lange Periode *kontinentaleuropäischen Rechtsdenkens*, das – die jeweilige Gebietshoheit übergreifend – vom römischen Recht und vom kanonischen Recht bestimmt war. Da diese Periode gemeinsamen europäischen Rechts wesentliche Basis der nationalen Privatrechtskodifikationen war, sind gewisse günstige Voraussetzungen für eine erneute europäische Rechtseinheit gegeben, obgleich die Verschiedenheiten der Norminhalte nicht gering geachtet werden dürfen. Man kann jedoch auf einige die Nationalstaaten übergreifende allgemeine Rechtsgrundsätze und gemeinsame historische Überlieferungen zurückgreifen. Diese gelten z. T. sogar für England, wo das schon früh wissenschaftlich bearbeitete und durch selbstbewußte Richter weiterentwickelte Common Law das Eindringen des römischen Rechts und eine spätere Kodifikation des Privatrechts verhinderte.

Europäische Rechtsvereinheitlichung und Rechtsangleichung brauchen außer diesen materiellen Voraussetzungen auch institutionelle Voraussetzungen, die als *Motoren* wirken. Bei Motoren denkt man zunächst an Politiker, die die Sache Europäische Gemeinschaft in Bewegung bringen und halten, und an die Kommission, die Verordnungen und Richtlinien vorschlägt.

a) Andere zumeist leiser arbeitende Motoren sind die *Rechtsfakultäten*, die seit langem Rechtsvergleichung betreiben und dies in Zukunft unter dem Gesichtspunkt der europäischen Rechtsvereinheitlichung und Rechtsangleichung verstärkt tun müssen durch Ausbau des grenzüberschreitenden Gedankenaustausches, durch gemeinsame Arbeit, durch gegenseitige Berufungen und durch Schaffung einer europäischen Rechtswissenschaft. Diese muß die gemeinsamen geschichtlichen Grundlagen der europäischen Rechtsordnungen, die in diesen steckenden Wertentscheidungen und deren rechtssystematische Grundlagen herausarbeiten und wird fähig sein, Probleme und ganze Problemfelder so zu lösen, daß sich die Lösungen wegen ihrer Qualität durchsetzen. Das von der Europäischen Gemeinschaft ins Leben gerufene Erasmus-Programm fördert auf lange Sicht diese Ziele.

b) Weitere Motoren wären *Gesetzgebungskommissionen*, die – auf den Arbeiten der Fakultäten fußend – zur Rechtsvereinheitlichung anstehende Materien weiter bearbeiten und Vorschläge unterbreiten. Die Kommissionen müssen so besetzt sein, daß die verschiedenen nationalen Rechtssysteme durch Mitglieder repräsentiert sind, die sich auch in anderen Rechtsordnungen auskennen und die damit zu fruchtbringenden Beratungen befähigt sind.

c) Ein weiterer und sehr wirksamer Motor der Rechtsvereinheitlichung sind *Gerichte.* Der Gerichtshof der Europäischen Gemeinschaft – besetzt mit Richtern aus allen Mitgliedstaaten – sichert nicht nur die Wahrung des Rechts bei der Auslegung und Anwendung der europäischen Verträge. Darüber hinaus bildet er im Rahmen seiner Zuständigkeiten ein den nationalen Rechtsordnungen gegenüber selbständiges aber aus diesen gespeistes europäisches Verwaltungsrecht heraus. Der Gerichtshof schöpft dafür aus dem Reservoir der hinter den einzelnen Verfassungs- und Verwaltungsrechtsordnungen der Mitgliedsstaaten stehenden gemeinsamen Wertvorstellungen und greift auf schon entwickelte rechtsdogmatische Figuren zurück. Nach seinen eigenen Worten entscheidet der Gerichtshof Grundfragen des Verwaltungsrechts unter Berücksichtigung der in Gesetzgebung, Rechtslehre und Rechtsprechung anerkannten Regeln. Da die meisten verwaltungsrechtlichen Institute juristisch nur aus der verfassungsrechtlich, politisch und historisch verankerten Struktur des jeweiligen Staates zu verstehen sind, sind an die Herausbildung eines europäischen Verwaltungsrechts nicht unerhebliche Anforderungen gestellt. Die sich entwickelnde Rechtsdogmatik eines europäischen Verwaltungsrechts wird vereinheitlichende Kraft auf die nationalen Verwaltungsrechtssysteme und damit auf die nationalen Gesetzgebungen und Rechtsprechungen ausüben. Schon jetzt bewegen sich die im deutschen und französischen Recht gefundenen Lösungen immer mehr aufeinander zu. Nachdem der Europäische Gerichtshof zunächst mehr an der Rechtsprechung des französischen Conseil d'Etat orientiert war, hat er später den deutschen Auffassungen mehr Raum gegeben.

Rechtswissenschaft, besondere Gesetzeskommissionen und Gerichte schaffen die Voraussetzungen für spätere rechtsvereinheitlichende Gesetzgebung, die ohne vorangehende rechtsvergleichende Analyse kaum bewerkstelligt werden kann. Solche Analysen sind besonders interessant und Erkenntnis fördernd, wenn sie im Rahmen der praktischen Rechtsfindung von Gerichten stattfinden, die wie der Europäische Gerichtshof gehalten sind, nach Rechtsgrundsätzen zu entscheiden, die den verschiedenen Rechtsordnungen zugrunde liegen. Aber auch da, wo Rechtsvereinheitlichung ohne genauere Vorarbeiten schnell und pionierartig vonstatten geht, greifen Rechtslehre und Rechtsprechung in durchaus produktiver Weise ein, wenn sie die Pionierarbeit glätten und systematisch ordnen und für spätere Rechtssetzung eine bessere rechtsdogmatische Basis schaffen.

Ein Wort zur *Rechtsvereinheitlichung in Deutschland nach dem Beitritt der DDR* darf nicht fehlen. Der Zusammenbruch der DDR hat gezeigt, auf welch schwachen Füßen das dort herrschende sozialistische System stand. Private Initiative und privater Unternehmergeist waren nicht erwünscht. Wo sie sich regten, fehlte es an den notwendigen rechtlichen und währungspolitischen Voraussetzungen. Ebenso primitiv und unterentwickelt war das öffentliche Recht, das den Grundsätzen des Rechtsstaats zumeist grob widersprach und keinen Vertrauensschutz gewährleistete. Auf weiten Gebieten diente das Recht – man scheut den Gebrauch des Wortes – der Parteidiktatur zur Sicherung ihrer Herrschaft. Es wurde parteilich angewendet, was einen eigenständigen Rechtsapparat nicht zuließ. Rechtsdogmatische Arbeit setzt aber eine entsprechende Eigenständigkeit und wissenschaftliche Freiheit voraus. Diese verhinderte die Partei als selbsternannte Avantgarde der geschichtlichen Entwicklung mit dem Monopol, diese zu interpretieren, und ausgestattet mit allen Mitteln der Überwachung und der Einschüchterung.

So hat der Beitritt der DDR zur Bundesrepublik dazu geführt, daß deren Recht, soweit es Bundesrecht ist, nun auch im Beitrittsgebiet in Kraft gesetzt worden ist, abgesehen freilich von einigen Ausnahmen, die aber zumeist Übergangsprobleme lösen sollen. Die Wiederherstellung der staatlichen Einheit Deutschlands im Jahre 1990 nach 45jähriger Trennung der beiden Teile Deutschlands führt nicht zu Rechtsvereinheitlichungsproblemen, wie sie seit 1867–71 in Deutschland bestanden und derzeit in der Europäischen Gemeinschaft bestehen, wo Rechtsordnungen zusammentreffen bzw. zusammengetroffen sind, die in ihrem Entwicklungsstand und in den ihnen zugrundeliegenden Wertungen durchaus vergleichbar sind.

Rechtsvereinheitlichung wirft *Zielprobleme* und *Akzeptanzprobleme* auf. Nach der Gründung des Deutschen Reiches wurden die Ziele durch den verfassungsrechtlichen Katalog der Materien der Reichsgesetzgebung festgelegt. Soweit die Reichsgesetzgebungskompetenz nicht ausnahmsweise auf den Erlaß allgemeiner Bestimmungen beschränkt war – so für das Bankwesen (Art. 4 Nr. 4 RV) –, war der Reichsgesetzgeber gehalten, umfassende Regelungen zu treffen. Nach Gründung des föderalistisch aufgebauten Reiches folgte die Rechtsvereinheitlichung auf Reichsebene ohne nennenswerte Akzeptanzprobleme. – In der Europäischen Gemeinschaft liegen die Dinge komplizierter. Rechtsvereinheitlichung erfolgt nur allmählich auf Grund jeweils festgestellter ökonomischer, umweltpolitischer und anderer Bedürfnisse, zumeist in der schwächeren Form der Rechtsangleichung. Eine radikale Rechtsvereinheitlichung durch Erlaß von Verordnungen, die in jedem Mitgliedsstaat unmittelbar verbindlich sind, ist häufig nicht angemessen. Zumeist genügt Rechtsangleichung durch bloße gemeinsame Zielsetzung und die Sicherung von Grundsätzen in Richtlinien der Europäischen Gemeinschaft bei verschiedenartiger Durchführung durch nationale Gesetze. Andere Instrumente der Rechtsangleichung sind Rahmengesetze, die durch nationale Gesetze ausgefüllt werden müssen und die ebenso wie Richtlinien den Boden für spätere Rechtsvereinheitlichung bereiten können. Diese zeitliche Dosierung von Rechtsvereinheitlichung scheint mir ein entscheidender Gesichtspunkt zu sein. Mitwirken können daran die Gerichte, indem sie unbestimmte Rechtsbegriffe des nationalen Rechts dem Gemeinschaftsrecht konform, insbesondere richtlinienkonform auslegen. – Rechtsvereinheitlichung ist aber auch sachlich dosiert. Die Staatsform des Föderalismus setzt der Rechtsvereinheitlichung – kompetenziell bestimmt – sachliche Grenzen. Entsprechendes gilt unter dem Gesichtspunkt der Aufgabenzuweisung für die Europäische Gemeinschaft. Man wird auf diese sachlichen Grenzen besonders achten müssen, um dem Prinzip der Subsidiarität Raum zu geben, das vor Zentralismus und übertriebenem Bürokratismus bewahrt. Wir sollten nicht nur die erwünschten Seiten der Rechtsvereinheitlichung sehen, sondern auch Nachteile, die es zu vermeiden gilt.

Werden wirtschaftlich relevante Gebiete des Zivilrechts durch Verordnungen oder durch sehr detaillierte Richtlinien der Europäischen Gemeinschaft vereinheitlicht, so werden Ausschnitte aus dem allgemeinen Zivilrecht einheitlich geregelt, etwa im Gesellschaftsrecht oder im Recht der Produzentenhaftung. Diese

Regelungen können von den allgemeinen Regeln des nationalen Zivilrechts abweichen – z. B. von den allgemeinen Regeln über den Vertrag, von den Regeln über die Haftung, von den Beweislastregeln usw. –, so daß in der Europäischen Gemeinschaft Rechtssparten auf Kosten der Rechtseinheit in den Mitgliedstaaten vereinheitlicht würden. Angesichts der weiten Ferne, in der ein einheitliches europäisches Zivilrecht liegt, ist unmittelbar geltendes europäisches Zivilrecht in einzelnen Sparten zu vermeiden, besonders wenn es für diese Sparten das allgemeine Zivilrecht der nationalen Rechtsordnungen verdrängt. Der richtige Weg ist zumindest vorläufig die bloße materielle Rechtsangleichung in den Rahmen der jeweiligen nationalen allgemeinen Rechtsregeln. Auf dieser Basis erst wird man später, soweit das Bedürfnis dafür besteht, nach intensiver rechtswissenschaftlicher Vorarbeit einheitliches europäisches Zivilrecht schaffen können.

8. Kapitel

Die Rechtswissenschaft in der Zukunft*

I. Rechtswissenschaft

1. Einführung

Was uns interessiert, ist das Recht, das in der Zukunft gelten wird. Dieses gestaltet und erläßt in einem demokratisch verfaßten Staat in erster Linie der parlamentarische Gesetzgeber. Dessen Produkte werden dann erst in zweiter Linie von der Rechtswissenschaft interpretiert, geordnet und systematisiert, soweit das überhaupt möglich ist. – Schaut man sich die Sache genauer an, zeigt sich eine weitergehende Bedeutung der Rechtswissenschaft.

Der Zweig der Rechtswissenschaft, der sich mit der wissenschaftlichen Aufbereitung des positiven, d. h. gesetzten Rechts, beschäftigt, heißt Rechtsdogmatik. Dogmatik ist vom griechischen Wort dógma abgeleitet, das Lehre und Grundsatz bedeutet; es ist die Wurzel des lateinischen Wortes doctrina, das die meisten europäischen Sprachen, dem Lateinischen stärker als dem Griechischen zugewandt, benutzen, um die Rechtslehre zu bezeichnen. *Gustav Radbruch* nannte die Rechtsdogmatik, also die Rechtslehre, die „Wissenschaft vom geltenden, nicht vom richtigen Recht, vom Rechte, das ist, nicht vom Rechte, das sein soll."[1]

---

* Aus: Akademie der Wissenschaften zu Göttingen (Hrsg.), Wissenschaften 2001. Diagnosen und Prognosen, Göttingen 2001, S. 48–67.

[1] *Gustav Radbruch*, Rechtsphilosophie (1932), Studienausgabe, hrsg. von Ralf Dreier und Stanley L. Paulson, 1999, S. 106.

Das Recht, wie es sein soll, ist Gegenstand der Rechtspolitik, die vor allem in Parteiprogrammen, Stellungnahmen von Verbänden und Regierungserklärungen durchaus pluralistisch zum Ausdruck kommt. Auf andere Art beschäftigt sich auch die Rechtsphilosophie, ebenfalls ein Zweig der Rechtswissenschaft, mit dem Recht, wie es sein soll, und zwar unter theoretischen und anthropologischen Gesichtspunkten.[2]

Wenn es im folgenden um die Rechtswissenschaft in der Zukunft geht, ist vor allem die Rechtsdogmatik angesprochen. Die Rechtspolitik bleibt beiseite. Die Rechtsphilosophie dagegen wird berührt.

2. *Leistungen der Rechtsdogmatik*

Die Rechtsdogmatik wird zumeist ganz im Sinne *Radbruchs* als eine Wissenschaft betrachtet, die der Gesetzgebung nacharbeitet: die gegebenen Gesetze nach allgemeinen Gesichtspunkten interpretiert, harmonisiert, Widersprüche durch systematische Interpretation ausgleicht, Regeln aufstellt und dadurch die Gesetzesanwendung rationalisiert und berechenbar macht und überhaupt die gleichmäßige Handhabung des Rechts fördert. Bereits diese Aufgabenstellung der *intra legem* tätigen Rechtsdogmatik zeigt, daß die Rechtsdogmatik mit Wissen ausgestattet ist, das der Gesetzgebung vorausliegt und das dieser folglich bei der Herstellung der Gesetze zugute kommen kann. In diesem Sinne hat *Okko Behrends* anschaulich vom „Bündnis zwischen Gesetz und Dogmatik" gesprochen und dieses wie folgt charakterisiert:[3] „Der Gesetzgeber erreicht für seine Regelungen einen großen Zuwachs an Geltungsintensität, wenn er sich auf bewährte Dogmatik stützt und dies im Gesetz in geeigneter Form deutlich macht. Die für die Rechtsanwendung erforderliche Kommunikation mit den rechtsanwendenden Instanzen, den Gerichten wie den beratenden Anwälten, empfängt durch die Dogmatik ein verläßliches Medium."

Viele Grundbegriffe unserer Rechtsordnung, die in alter und neuer Gesetzgebung verwendet werden, beruhen auf gründlicher rechtsdogmatischer Durcharbeitung und Präzisierung: Vertrag, Eigentum, Schadensersatz, Schuld und Strafe, Gesetz, Gesetzesvorbehalt, Verhältnismäßigkeitsprinzip usf. Begriffe, Formen und Institute, die dogmatisch entwickelt worden sind, besitzen zumeist ein größeres Beharrungsvermögen als vom Gesetzgeber spontan erfundene Bauelemente. Diese entspringen oft einem Aktionismus, der wissenschaftliche Systembildung erschwert. Ohne zu übertreiben kann man sagen, daß Gesetzgebung ohne rechtsdogmatische Vorarbeiten und Systematisierungen ein rechtskulturell sehr niedriges Niveau hätte und den rechtsstaatlichen Anforderungen an Überschaubarkeit und Verläßlichkeit des Rechts nicht gerecht würde.

---

[2] *Christian Starck*, Der demokratische Verfassungsstaat, 1995, S. 403, 416 ff.

[3] *Okko Behrends*, Das Bündnis zwischen Gesetz und Dogmatik und die Frage der dogmatischen Rangstufen, in: Behrends/Henckel (Hrsg.), Gesetzgebung und Dogmatik, 1989, S. 9; entsprechend *Horst Eidenmüller*, Rechtswissenschaft als Realwissenschaft, JZ 1999, S. 53, 60. Siehe ferner Diederichsen/Dreier (Hrsg.), Das mißglückte Gesetz, 1997, passim.

Das Bündnis von Gesetzgebung und Dogmatik beschränkt sich nicht auf überkommene Dogmatik. Denn Dogmatik ist nicht immer bewährt; sie kann verbaut, verkompliziert und verkrustet und den neuen Herausforderungen an das Recht nicht mehr gewachsen sein. Neue dogmatische Figuren, die in das Rechtssystem passen, können erforderlich sein, um dem Gesetzgeber zu helfen, verläßliche und wirksame Regelungen zu treffen. Gute Gesetzgebungslehre muß die der beabsichtigten Regelung zugrunde liegenden Tatsachen kennen,[4] so auch ökonomische Gesetzlichkeiten und naturwissenschaftliche und technische Entwicklungen, sowie mit leistungsfähigen rechtsdogmatischen Kenntnissen ausgestattet sein.[5] Sie ist dann in der Lage, Rechtspolitik zu mäßigen und zu rationalisieren, die heute oft unter dem Druck von Regierungsfraktionen oder Verbänden steht.[6]

Das bisher über die Rechtsdogmatik Gesagte ist durchaus relativierend zu verstehen, was Ort und Zeit der Rechtsordnungen anbelangt. Steckt im Begriff der Rechtsdogmatik nicht aber auch etwas nicht Relativierbares? Man wird diese Frage bejahen müssen. In den schönen Werk „I promessi sposi" von *Alessandro Manzoni*[7] sagt der Mönch Christophorus: „Armer Renzo, wenn ein Machthaber, der Unrecht tun will, stets genötigt wäre, sein Handeln zu rechtfertigen, so würden die Dinge anders laufen als so." Also: Rechtsdogmatik macht da, wo sie wirksam ist, das Recht berechenbar und garantiert ein Mindestmaß an Gleichheit – i. S. einer Abwesenheit von Willkür – sowie Unparteilichkeit.

Zunächst kann man also zur Funktion der Rechtsdogmatik festhalten: sie systematisiert und stabilisiert das positive Recht sowohl in seiner Entstehung als auch in seiner Anwendung und hält es durch immanente Kritik widerspruchsfrei. Einen von einer grundlegenden Änderung der Rechtsordnung unabhängigen Standort hat die Rechtsdogmatik kaum. Sie ist insbesondere keine dem positiven Recht vorgelagerte allgemeine Gerechtigkeitstheorie; sie garantiert nur elementare Voraussetzungen der Rationalität des Rechts.

3. *Stufen der Rechtsdogmatik*

Nun ist die Sache doch noch ein wenig komplizierter. Denn wir haben eine Stufenordnung des positiven Rechts, die insbesondere im Vorrang der Verfassung zum Ausdruck kommt. Die Gesetzgebung ist an die verfassungsmäßige Ordnung gebunden (Art. 20 Abs. 3 GG). Die Grundrechte binden die Gesetzgebung als unmittelbar geltendes Recht (Art. 1 Abs. 3 GG). Der Vorrang der Verfassung wirkt sich rechtsdogmatisch so aus, daß die Verfassungsrechtsdogmatik – freilich

---

[4] *Christian Starck*, Empirie in der Rechtsdogmatik, JZ 1972, S. 609ff. = *Starck* (Anm. 2), S. 97ff.

[5] *Christian Starck*, Überlegungen zur Gesetzgebungslehre, in: Zeitschrift für Gesetzgebung 3 (1988), S. 1, 14ff., aufgenommen in diesen Band Erster Teil 5. Kapitel; vgl. ferner die Beiträge in dem in Anm. 3 zitierten Band über Gesetzgebung und Dogmatik.

[6] Zu konditionalen Empfehlungen auf der Basis einer festgelegten Zielsetzung siehe *Eidenmüller* (Anm. 3), S. 55 li Sp.

[7] *Alessandro Manzoni*, Die Verlobten, Übersetzung von Ernst Wiegand Junker der Ausgabe 1840, München 1960, S. 146.

nur, soweit die Verfassung als Rahmenordnung reicht,[8] – die Dogmatik des einfachen Rechts beherrscht. Dazu folgende Beispiele:

(1) Das rechtsdogmatisch aus den Grundrechten und dem Rechtsstaatsprinzip folgende Verhältnismäßigkeitsprinzip[9] stellt keine beliebig änderbare oder gar verzichtbare dogmatische Größe dar; vielmehr hat es Teil am Vorrang der Verfassung und bestimmt die Normierung und Anwendung des Verwaltungsrechts. Danach müssen Eingriffe in die Grundrechte zum Schutze der Rechte Dritter oder eines Gemeinwohlgutes geeignet, erforderlich und proportional sein.

(2) Das Verständnis der Grundrechte als subjektive Rechte hat dazu geführt,

- daß im Verwaltungsrecht zahlreiche repressive Verbote mit Befreiungsvorbehalt in präventive Verbote mit Erlaubnisvorbehalt umgewandelt worden sind,[10]
- daß für die Beseitigung der Folgen eines rechtswidrigen Verwaltungsaktes der sog. Folgenbeseitigungsanspruch rechtsdogmatisch konstruiert worden ist[11] und
- daß die ursprünglich rechtsfrei gedachten Innenräume der Verwaltung, die sog. besonderen Gewaltverhältnisse – z. B. Gefängnisse und Schulen – rechtlich durchdrungen worden sind.[12]

Diese Beispiele zeigen, wie von der höheren Ebene des Verfassungsrechts aus rechtsdogmatische Neukonstruktionen auf der Ebene des einfachen Rechts stattgefunden haben, und zwar nicht nur im Verwaltungsrecht, dem die Beispiele entstammen, sondern z. B. auch im Strafprozeßrecht[13] und sogar im Zivilrecht[14]. – Als praktisch geglückt können diese Neukonstruktionen erst bezeichnet werden, wenn sie von der Rechtsprechung aufgegriffen werden, was in den genannten Beispielen jedesmal der Fall war.[15] Aber Geduld ist fast immer erforderlich. Ganz allgemein gilt: Wer neue dogmatische Figuren entwirft, schafft Vorräte, auf die zurückgegriffen werden kann, wenn offensichtlich wird, daß man mit dem Herkömmlichen nicht weiterkommt.

---

[8] *Christian Starck*, Die Verfassungsauslegung, HStR Bd. VII, 1992, S. 205 ff. Die erweiterte dritte Auflagediese Textes findet sich im 3. Kapitel des Dritten Teils dieses Bandes.

[9] *Peter Lerche*, Übermaß und Verfassungsrecht, 1961 passim; v. Mangoldt/Klein/*Starck*, Bonner Grundgesetz, Bd. I, 4. Aufl. 1999, Art. 1 Rdnr. 242 ff., 249, in der 6. Aufl. 2010, Rdnr. 277 ff.

[10] Grundlegend BVerfGE 20, 150, 154 ff.

[11] BVerwG, DÖV 1971, S. 857 mit Anm. von *Otto Bachof*; vgl. die Darlegungen bei *Fritz Ossenbühl*, Staatshaftungsrecht, 4. Aufl. 1991, S. 247 ff.; *Wolff/Bachof/Stober*, Verwaltungsrecht, Bd. 2, 6. Aufl., 2000, S. 177 f.

[12] *Christian Starck*, Plädoyer für ein Strafvollzugsgesetz, ZRP 1969, S. 147 ff. m. w. N.; BVerfGE 33, 1, 99 (Strafvollzug); *Hans-Ulrich Evers* und *Ernst-Werner Fuß*, Verwaltung und Schule, VVDStRL 23 (1966), S. 147 ff., 197 ff. BVerfGE 34, 165, 192 f.; 45, 400, 417 f.; 47, 46, 78; 58, 257, 268 f. (Schule).

[13] Zusammenfassend *Kay Nehm*, Die Verwirklichung der Grundrechte durch die Gerichte im Prozeßrecht und Strafrecht, in: Heyde/Starck (Hrsg.), Vierzig Jahre Grundrechte in ihrer Verwirklichung durch die Gerichte, 1990, S. 173 ff.

[14] Zusammenfassend *Volkmar Götz*, Die Verwirklichung der Grundrechte durch die Gerichte im Zivilrecht, in: Heyde/Starck (Anm. 13), S. 35 ff.; *Claus-Wilhelm Canaris*, Grundrechte und Privatrecht, 1999, bes. S. 23 ff., 71 ff.

[15] Vgl. die in Anm. 10–12 angegebene Rechtsprechung.

Zur Stufenordnung der Rechtsdogmatik noch dies: Die rechtsphilosophische Tradition des aufgeklärten Naturrechts findet sich heute z.T. positiviert im Verfassungsrecht. Zu nennen wären die Menschenwürdegarantie, die Menschen- und Grundrechte, Rechtsstaat und Gewaltenteilung und das soziale Staatsziel. Deshalb ist die auf dem Naturrecht beruhende rechtsphilosophische Reflexion über die Stellung des Menschen im Staat und über die Notwendigkeit interner Kontrollen der Staatsgewalt Inhalt der Verfassungsrechtsdogmatik geworden, die auf das einfache Recht einwirkt.

4. Klugheitsregeln

Neben der verfassungsrechtlich fundierten Rechtsdogmatik des einfachen Rechts ist noch kurz der Blick auf rechtsdogmatische Bemühungen und Aufgaben zu lenken, die durch „guten Rat" eine leitende Kraft auf die Gesetzgebung entfalten. Es geht dabei um die Anwendung von Regeln der Klugheit, die von großer praktischer Bedeutung sind und zu Unrecht unterschätzt werden. Bevor sich im 19. Jh. der Begriff Rechtswissenschaft durchsetzte, nannte man die gelehrte Beschäftigung mit dem Recht Jurisprudenz, also Rechtsklugheit. Bei der heute obwaltenden Hypertrophie verfassungsrechtlicher Ableitungen, die den Rahmencharakter des Verfassungsrechts oft genug vergessen lassen, wird der Klugheitsaspekt der Rechtsdogmatik in Zukunft von großer Bedeutung sein. Denn er ermöglicht es, unabhängig von den jeweiligen rechtspolitischen Zielsetzungen in offener Argumentation im Rahmen des verfassungsrechtlich Möglichen über die Klugheit von rechtlichen Regelungen und ihrer Auslegung zu reden.[16]

Daß rechtsdogmatische Rationalität im Gesetzgebungsverfahren durchaus gefragt ist und auch hin und wieder Einfluß nimmt, hat *Helmut Schulze-Fielitz* in einer umfangreichen Analyse der Gesetzgebung des neunten Deutschen Bundestages (1980–1983) gezeigt.[17] Dort heißt es: „Klare rechtsdogmatische Prinzipien ... werden in Kritik an ‚regellosen' Anpassungen z.B. immer wieder im *Sozialrecht* gefordert, weil die willkürlichen ad-hoc-Entscheidungen des Gesetzgebers als diskretionär empfunden werden und so das Bewußtsein des Gesichert-Seins als Element der sozialen Sicherheit nicht gewährleistet wird." Was den Dschungel des *Steuerrechts* anbelangt, hat *Paul Kirchhof* im April 2001 den Entwurf einer Reform der Einkommensteuer vorgelegt. Grundlage sind die Prinzipien des geltenden Einkommensteuerrechts, die klar und für jedermann durchschaubar rechtsdogmatisch ausgeformt sind. Im Sozialrecht und im Steuerrecht ist rechtsdogmatische Rationalität besonders wichtig als Orientierungsmaßstab für die Fülle der Anpassungs- und Änderungsgesetze, die die Konsistenz der Ausgangsgesetze nicht gefährden dürfen.[18]

---

[16] *Christian Starck*, Rechtsdogmatik und Gesetzgebung im Verwaltungsrecht, in: Behrends/Henckel (Hrsg.), Gesetzgebung und Dogmatik, 1989, S. 106, 116ff. = Erster Teil 4. Kapitel dieses Bandes.

[17] *Helmut Schulze-Fielitz*, Theorie und Praxis parlamentarischer Gesetzgebung, 1988, S. 523f. (Hervorhebungen im Original).

[18] Zur kritischen Funktion der Rechtsdogmatik siehe *Starck* (Anm. 2), S. 409.

5. Zwischenergebnis

Nach den bisherigen Darlegungen ist es also die Aufgabe der dogmatisch arbeitenden Rechtswissenschaft, die Rationalität rechtlicher Regelungen schon in ihrer Entstehung und dann in ihrer Anwendung zu sichern und dabei auf den inneren Zusammenhang des Rechts zu achten. Zu diesem gehört auch der Vorrang der Verfassung als Rahmenordnung und der sich daraus ergebende Einfluß des Verfassungsrechts auf das einfache Recht. Das bedeutet *Vorarbeit* der Rechtsdogmatik für die Gesetzgeber und *Nacharbeit* am erlassenen Gesetz für dessen Anwendung.

Damit ist klargestellt, womit sich rechtsdogmatisch arbeitende Juristen in einer juristischen Fakultät, aber auch rechtsgelehrte Richter eines Revisions- oder Verfassungsgerichts und rechtsgelehrte Gesetzgebungsbeamte beschäftigen. Zugleich ist die Grundlage gelegt für die Prognose, die der Titel dieses Beitrages verlangt.

II. Die Zukunft

1. Probleme und Tendenzen

Wenn gesellschaftliche Entwicklungen gefährlich zu werden drohen, ist die Steuerungskraft des Rechts gefragt. Wir stehen heute vor gewaltigen Problemen, die fast alle Lebensbereiche erfassen.[19] Das sind

- globale Umweltgefährdungen durch menschliche Eingriffe in die Natur,
- Ernährungsprobleme in vielen Regionen der Welt auf Grund der Zunahme der Weltbevölkerung,
- Gefahren der biomedizischen Forschung für die Humansubstanz,
- Mißbrauch elektronischer Kommunikationssysteme,
- Gefährdungen unserer nationalen umlagefinanzierten Sozialversicherungssysteme auf Grund der generativen Entwicklung und der enorm erweiterten medizinischen Behandlungsmöglichkeiten.

Jedes der genannten Probleme, deren Dimensionen oft empirisch noch gar nicht voll erfaßt sind, verdiente eine eigene Betrachtung, in der die Versuche seiner rechtlichen Bewältigung, und zwar sowohl auf nationaler als auch zumeist auf internationaler Ebene, eine große Rolle spielen würden und dafür erheblich ins fachliche Detail eingestiegen werden müßte.

Hier soll ein Blick in die Zukunft gewagt werden, indem drei durchgehend zu diagnostizierende Tendenzen auf ihre Bedeutung für die Rechtswissenschaft in der Zukunft untersucht werden. Das sind – zunächst ganz wertfrei verstanden – die Europäisierung und weitergehend Globalisierung, die Individualisierung und

---

[19] *Fritz Ossenbühl*, Die Not des Gesetzgebers im naturwissenschaftlich-technischen Zeitalter (Nordrhein-Westfälische Akademie der Wissenschaften, Vorträge G 367), 2000, S. 10f.

die Utilitarisierung. Es handelt sich dabei um mächtige geistige Strömungen, die in alle Institutionen und Strukturen irgendwie einsickern. Da wir über analytischen Verstand verfügen, müssen wir die Rechtsdogmatik diesen Strömungen nicht ausliefern. Auf Grund des Systemwissens der Rechtsdogmatik können wir das Gute an ihnen herausfiltern und dafür einsetzen, die Strömungen zu beherrschen.

2. *Europäisierung und Globalisierung*

a) Die Intensivierung des Verkehrs und der Kommunikation zwischen den Menschen der verschiedenen Staaten und Regionen sowie die Vernetzung der Wirtschaft, wie wir sie weltweit, vor allem aber als Bürger der Europäischen Union erleben, verlangt auf einigen Gebieten Angleichung[20] oder gar Vereinheitlichung des Rechts.[21] Hier ist die *Rechtsvergleichung* gefordert.[22] Das ist derjenige Zweig der Rechtswissenschaft, der sich mit den verschiedenen Rechtsordnungen vergleichend beschäftigt. Diese Beschäftigung setzt Rechtsdogmatik voraus und überschreitet sie zugleich. Denn zwar muß man die Dogmatik kennen, nicht nur die des eigenen Rechts, sondern auch die der in Vergleich gezogenen Rechtsordnungen. Aber der Vergleich verlangt schließlich eine metadogmatische, funktionelle Methode. Es geht nämlich um die Funktion der behandelten nationalrechtlichen Institute im Hinblick auf das zur Debatte stehende und eventuell einheitlich zu regelnde Problem.[23] Die praktische Frage lautet: Wie lösen die in Vergleich gezogenen Rechtsordnungen das mir aus meiner Rechtsordnung bekannte Problem, das ich unabhängig von den Begriffen meiner Rechtsordnung umschrieben habe, und welche einheitliche Lösung bietet sich an?[24]

In Institutionen verschiedener historisch-dogmatischer Struktur und in verschiedenartigen juristischen Denkformen vermag der methodologisch geschulte Rechtsvergleicher zu erkennen, ob gleiche Rechtsprinzipien zugrunde liegen oder nicht. *Josef Esser*[25] spricht insoweit sehr plastisch von der institutionellen Färbung eines allgemeinen Rechtsgedankens und von der inneren Verwandtschaft der dogmatischen Figuren in der Gleichwertigkeit ihrer Funktion.

---

[20] Vgl. Art. 93, 94 EGV, jetzt Art. 114 AEUV.

[21] Vgl. z. B. *Rüdiger Voigt*, in: ders. (Hrsg.), Globalisierung des Rechts 1999, S. 13ff.; *Hans Schulte-Nölke*, Ein Vertragsgesetzbuch für Europa?, JZ 2001, S. 917.

[22] Vgl. *Konrad Zweigert/Hein Kötz*, Einführung in die Rechtsvergleichung auf dem Gebiet des Privatrechts, 3. Aufl. 1996. *Christian Starck*, Rechtsvergleichung im öffentlichen Recht, JZ 1997, S. 1021 ff. = *Starck*, Verfassungen, 2009, S. 338ff.; *Erk Volkmar Heyen*, Kultur und Identität in der europäischen Verwaltungsrechtsvergleichung, 2000; Guiseppe de Vergottini, Diritto costituzionale comparato, 5. Aufl. 1999.

[23] Zur funktionellen Methode in der Rechtsvergleichung siehe *Josef Esser*, Grundsatz und Norm, 2. Aufl. 1964, S. 346ff.; *Zweigert/Kötz* (Anm. 22), S. 33ff.; *Manfred Mössner*, Rechtsvergleichung und Verfassungsrechtsprechung, AöR 99 (1974), S. 197.

[24] Zu konsensbildenden Indikatoren für Wertungskongruenz siehe *Eidenmüller* (Anm. 3), S. 61 li Sp.

[25] *Esser* (Anm. 23), S. 348, 363.

Bei dieser rechtsvergleichenden Arbeit erkennt man nicht nur rechtskulturell bedingte dogmatische Unterschiede, sondern auch dogmatische Verkrustungen, die zumeist auf das Spezialistentum in der Rechtswissenschaft zurückzuführen sind. Dogmatische Figuren können nicht nur von solchen Krusten und sonstigem Wildwuchs befreit werden, sondern auch neu zugeschliffen werden, um ihre Funktion im Gesamtsystem des Rechts besser erfüllen zu können.

b) Die vergleichende Arbeit der Rechtswissenschaft ist unverzichtbare Grundlage für jede *Rechtsvereinheitlichung*, die, wenn sie gelingen soll, nicht nur von oben auferlegt werden, sondern zunächst einmal aus den verschiedenen nationalen Rechtsdogmatiken und an Hand der einschlägigen Problemkonstellationen und der rechtskulturellen Eigenarten von unten erarbeitet werden muß. So müssen z. B. die rechtsetzenden Organe der Europäischen Gemeinschaft ihre Entscheidungen auf rechtsvergleichende Studien gründen, um das Ziel der Integration durch gemeinsame Lösungen zu erreichen, die von den Mitgliedstaaten akzeptiert werden können. Da das Gemeinschaftsrecht in den Sprachen aller Mitgliedstaaten geschaffen und Recht durch Sprache zum Ausdruck gebracht wird, besteht in den rechtsetzenden Organen der Gemeinschaft eine ständige rechtsvergleichende Atmosphäre.

Der für die Entwicklung des Gemeinschaftsrechts so wichtige Europäische Gerichtshof, der nach Art. 220 EGV, jetzt Art. 19 Abs. 1 EUV, bei Auslegung und Anwendung der Verträge die Wahrung des Rechts sichert,[26] bedient sich dafür ebenfalls der Rechtsvergleichung als Hilfsmittel.[27] Zutreffend ist festgestellt worden, daß der Gerichtshof durch seine Zusammensetzung aus rechtsgelehrten Richtern aller Mitgliedstaaten „ein Laboratorium der Rechtsvergleichung" ist.[28]

Die zunehmende Verdichtung und Ausdehnung des Gemeinschaftsrechts hat eine Europäisierung der Rechtswissenschaft bewirkt,[29] zunächst durch verstärkte Rechtsvergleichung und sodann durch dogmatisch-rationalisierende Arbeit am Gemeinschaftsrecht und an der europäischen Grundrechtsdogmatik im Hinblick auf die Europäische Menschenrechtskonvention. Das führt auch zur Europäisierung, ja Internationalisierung der juristischen Methode.[30] Deshalb genügt es

---

26 *Jürgen Schwarze*, Die Wahrung des Rechts als Aufgabe und Verantwortlichkeit des Europäischen Gerichtshofs, in: FS für Hollerbach 2001, S. 169 ff.

27 *Meinhard Hilf*, Comparative Law and European Law, in: R. Bernhardt (Hrsg.), Encyclopedia of Public International Law, Bd. I, 1992, S. 697 f.

28 *Hans-Wolfram Daig*, Zu Rechtsvergleichung und Methodenlehre im Europäischen Gemeinschaftsrecht, in: FS für Zweigert, 1981, S. 395, 414.

29 *Heinz-Peter Mansel*, Rechtsvergleichung und europäische Rechtseinheit, JZ 1991, S. 529 ff.; vgl. die Beiträge in: Jürgen Schwarze (Hrsg.), Das Verwaltungsrecht unter europäischem Einfluß, 1996; *Reinhard Zimmermann*, Das römisch-kanonische ius commune als Grundlage europäischer Rechtseinheit, in: JZ 1992, S. 8 ff.

30 *Ernst A. Kramer*, Konvergenz und Internationalisierung der juristischen Methode, in: Meier-Schatz (Hrsg.), Die Zukunft des Rechts (Bibliothek zur Zeitschrift für Schweizerisches Recht, Beiheft 28), 1999, S. 71, 73 ff.; 80 ff.; *Constance Grewe*, Le juge constitutionnel et l'interprétation européenne, in: F. Sudre (Hrsg.), L'interprétation de la Convention européenne des droits de l'homme, 1998, S. 199, 213 ff.

nicht mehr, die Rechtsvergleichung auf das Zivilrecht beschränkt zusammen mit dem Internationalen Privatrecht zu pflegen, zu lehren und zu prüfen. Auch das Europarecht, soweit es öffentliches Recht ist, und das Völkerrecht sind mit der Rechtsvergleichung zu verknüpfen, damit auch das öffentliche Recht stärker in die Pflege und überhaupt erst in die prüfungsrelevante Lehre der Rechtsvergleichung einbezogen wird.

c) Was über die Europäisierung der Rechtswissenschaft ausgeführt wurde, gilt – wenn auch abgeschwächt – für das, was man *Globalisierung* nennt. Diese hat zu einer Verdichtung des Völkerrechts, d. h. des internationalen öffentlichen Rechts geführt, und zwar im Vertragsrecht ebenso wie in der Doktrin.[31] Zu nennen sind vor allem die Menschenrechte[32] und der Umweltschutz[33]. Das Völkerrecht leidet freilich immer noch an Durchsetzungsschwäche. Gleichwohl ist es als Maßstab für Recht und Unrecht des Handelns vor allem der Staaten von größter Bedeutung. Deshalb ist es Aufgabe der Juristen, vor allem der Völkerrechtler, die internationalen Vorgänge nach den Maßstäben des Völkerrechts zu bewerten und die Gründe der Bewertung öffentlich bekannt zu machen.

Einen auch für Aufgaben der Rechtswissenschaft in der Zukunft bedeutsamen Zusammenhang zwischen der Europäisierung und der Globalisierung des Rechts[34] ist mit *Jürgen Schwarze*[35] darin zu sehen, daß die Zusammenarbeit, d. h. die Vergemeinschaftung des Rechts in der Europäischen Union ihre Mitgliedstaaten in den Stand versetzt, „dem gegenwärtigen Prozeß der Globalisierung nicht mehr oder minder tatenlos gegenüberzustehen, sondern ihn jedenfalls mitzusteuern".

d) Europäisierung und Globalisierung des Rechts bewirken einen *Rückzug demokratisch organisierter Verfahren der Rechtssetzung*. Bisher gibt es nämlich nur in den Nationalstaaten demokratisch gewählte Parlamente, die Gesetze beraten und beschließen. Schon auf der Ebene der Europäischen Union sind es, wenigstens zur Zeit noch, höchst mittelbar bzw. ungleich demokratisch legitimierte Organe, die das Recht setzen, das folgerichtig als Verordnung oder Richtlinie, nicht aber als Gesetz bezeichnet wird.[36] Diesen Mangel an Demokratie bei der Setzung des Rechts wird man wenigstens z. T. als kompensiert ansehen können, wenn besonderer Bedacht auf die Wahrung der Rechtsgrundsätze

---

[31] Dazu z. B. mit weiteren Nachweisen *Klaus Dicke*, Erscheinungsformen und Wirkungen von Globalisierung in Struktur und Recht des internationalen Systems auf universaler und regionaler Ebene sowie gegenläufige Renationalisierungstendenzen, in: Völkerrecht und Internationales Privatrecht in einem sich globalisierenden internationalen System – Auswirkungen der Entstaatlichung transnationaler Rechtsbeziehungen, 2000, S. 13, 29 ff.

[32] Zum internationalen Mindeststandard siehe *Alfred Verdross/Bruno Simma*, Universelles Völkerrecht, 3. Aufl. 1984, S. 801 ff.

[33] *Knut Ipsen*, Völkerrecht, 4. Aufl., S. 861 ff. (Verträge), S. 907 ff. (Gewohnheitsrecht, insbes. Prinzip der guten Nachbarschaft), S. 919 f.

[34] *Voigt* (Anm. 21), S. 25 f.: „die EU – ein Laboratorium der Globalisierung".

[35] *Jürgen Schwarze*, in: ders. (Hrsg.), Die Entstehung einer europäischen Verfassungsordnung, 2000, S. 548, mit Bezug auf *Ulf Bernitz* (Schweden), a. a. O., S. 418.

[36] Zur Mitwirkung des Europäischen Parlaments siehe Art. 251 ff. EGV. Zukunftsperspektiven bei *Thomas Schmitz*, Integration in der Supranationalen Union, 2001, S. 492 ff.

genommen wird, wozu die Menschenrechte gehören.[37] Darüber zu wachen, ist wiederum Aufgabe der Rechtswissenschaft, die aus den verschiedenen nationalstaatlichen dogmatischen Strukturen die diesen gemeinsamen Rechtsgrundsätze herauszupräparieren in der Lage ist. Bei dieser Arbeit wird auch zum Vorteil der nationalen Rechtsordnungen der Blick für die Rechtsgrundsätze geschärft.

Um organisatorische Fragen des Rechts geht es bei der Aufgabenverteilung zwischen Nationalstaat und Europäischer Union und damit zugleich um die Gebiete, in denen Rechtsvereinheitlichung notwendig ist. Auch hier ist die Rechtswissenschaft gefordert.[38] Diese weiß, daß das Gewaltmonopol des Nationalstaates unverzichtbare Voraussetzung für den inneren Frieden ist. Die Aufgabenverteilung muß ferner berücksichtigen, daß Entscheidungskompetenzen auf Dauer mit demokratischer Verantwortlichkeit gekoppelt sein müssen.[39]

3. *Individualisierung*

a) Individualisierung bezeichnet die Tendenz, den einzelnen Menschen vor den Gemeinschaften, in denen er regelmäßig steht, in seinen natürlichen und sozialen Eigentümlichkeiten und mit seinen wirtschaftlichen Interessen als eigennutzorientierten Akteur zu sehen und rechtlich zu schützen. Die Individualisierung ist eine *durchgehende Tendenz der modernen westlichen Welt.*[40] Insoweit unterscheidet sich die westliche Welt z. B. von den asiatischen Kulturen.[41]

Rechtlich kommt die Individualisierung in den klassischen Menschenrechten zum Ausdruck, die den Menschen als Individuen zustehen und die vom einzelnen Menschen her gedacht und konstruiert sind. Es gab Gegenbewegungen, vor allem im Kommunismus und in den kollektivistischen Tendenzen des Faschismus und des Nationalsozialismus, deren Überwindung ein Umschlagen des Pendels bewirkte. Mit einem übersteigerten Individualismus geht einher eine Schwächung der natürlichen und sonstigen Gemeinschaften, in denen der einzelne Mensch steht. Viele verlieren das Gefühl dafür, was sie dem Mitmenschen, der Familie, der Gemeinde, der Solidargemeinschaft und dem Staat schulden bzw. was diese von ihnen verlangen können.

---

[37] Siehe beispielhaft *Julia Iliapoulos-Strangas*, Die allgemeinen Rechtsgrundsätze in der Praxis der Straßburger Organe am Beispiel des Verhältnismäßigkeitsprinzips, in: RabelsZ 63 (1999), S. 414 ff.

[38] Vgl. vor allem *Jürgen Schwarze*, Kompetenzverteilung in der europäischen Union und föderales Gleichgewicht, DVBl. 1995, S. 1265, 1268 f.; *Albrecht Weber*, Zur künftigen Verfassung der Europäischen Gemeinschaft, in: JZ 1993, S. 325, 328 f.; *Paul Kirchhof*, Die Gewaltenbalance zwischen staatlichen und europäischen Organen, JZ 1998, S. 965, 969; *Ingolf Pernice*, Kompetenzabgrenzung im Europäischen Verfassungsverbund, JZ 2000, S. 866 ff. mit umfangreichen Nachweisen.

[39] Die wichtigste Literatur zu diesem Problem bei *Schmitz* (Anm. 36), S. 94 f. Anm. 2, sowie *Schmitz* selbst, S. 490 ff.

[40] Siehe statt vieler *Daniel Bell*, Die Zukunft der westlichen Welt, 1979, S. 292 ff., 314 ff.; *Louis Dumont*, Individualismus. Zur Ideologie der Moderne, 1991.

[41] Siehe die Beiträge von *Ai-er-Chen*, *Jyun-hsyong Su* und *Chien-liang Lee* in: Christian Starck (Hrsg.), Staat und Individuum im Kultur- und Rechtsvergleich. Deutsch-taiwanesisches Kolloquium, 2000.

b) Mit dieser Feststellung befinden wir uns juristisch gesehen mitten in der *Grundrechtsdogmatik*, einem schwierigen Feld des Verfassungsrechts, über das unter dem hier aufgeworfenen Problem nur folgendes festzuhalten ist. Ausgangspunkt der Grundrechtsdogmatik ist die Gewährleistung individueller Freiheit in den verschiedenen Lebensbereichen nach Maßgabe der verfassungsrechtlichen Grundrechtsnormen. Dieser Ausgangspunkt findet seine Wurzel in der Verpflichtung der Staatsgewalt, die Menschenwürde zu achten und zu schützen.[42] Damit wird zum Ausdruck gebracht, daß primär der Staat um des Menschen willen da ist und nicht der Mensch um des Staates willen. Ebenso, wie der Staat verpflichtet ist, die Freiheit des Individuums zu achten, ist er verpflichtet, den Menschen vor Eingriffen des Mitmenschen zu schützen. Die organisatorischen Normen des Grundgesetzes und die Grundrechte sind besondere Ausprägungen der Idee des Verfassungsstaates, dessen Aufgabe es ist, die Freiheit zu schützen *und* deren Gemeinverträglichkeit sicherzustellen.[43] Diese Aufgabe des Staates folgt aus seinem Urzweck, den inneren Frieden zu sichern.[44] Dies setzt die Existenz des demokratischen Verfassungsstaates mit seinen Institutionen wie Polizei, Gerichtsbarkeit, Verwaltung, Heer usf. voraus.

Die Aufgabe der Grundrechtsdogmatik besteht darin, allgemeine Regeln für die Einschränkung der Grundrechte zum Schutze der Rechte der anderen und der Gemeinwohlgüter zu entwickeln und dabei nicht einem übertriebenen Individualismus nachzugeben, der z. B. darin zu sehen ist, daß der Schutz persönlicher Daten die Aufklärung von Verbrechen erschwert oder gar verhindert. Es geht dabei nur vordergründig betrachtet um eine Behinderung der Polizei, materiell geht es um Schutz der Bevölkerung davor, Opfer von Verbrechen zu werden. Immerhin hat das Bundesverfassungsgericht die DNA-Identitätsfeststellung, den sog. genetischen Fingerabdruck, von Straftätern zur vorsorglichen Beweisbeschaffung für spätere Straftaten unter strengen gesetzlichen Bedingungen (§ 81g StPO) als grundrechtsgemäß gebilligt.[45] An die Begründung im Einzelfall hat das Gericht aber hohe Anforderungen gestellt und insbesondere ein langes Vorstrafenregister nicht genügen lassen, sondern eine eingehende Würdigung der Art und Ausführung der Tat, der Persönlichkeit des Straftäters und sonstiger Erkenntnisse verlangt,[46] die die Rückfallgefahr begründen. Die Grundrechtsdogmatik wird in Zukunft noch mehr darauf achten müssen, Freiheitsbeschränkungen insbesondere von Straftätern aus dem gleichwertigen Freiheitsanspruch des Bedrohten zu beurteilen.

Hierzu ist die dogmatische Figur der staatlichen Schutzpflichten entwickelt worden, und zwar abgeleitet aus der objektiv-rechtlichen Dimension der

---

[42] Grundlegend dazu *Karl-E. Hain*, Die Grundsätze des Grundgesetzes, 1999, S. 212 ff., 224 f., 252 ff., 267 f.

[43] *Christian Starck*, Die Grundrechte des Grundgesetzes, JuS 1981, S. 237.

[44] *Starck* (Anm. 2), S. 231, 235 ff.

[45] Kammerbeschluß v. 14.12.2000, 2 BvR 1741/99 u. a., NJW 2001, 879–881.

[46] Kammerbeschluß v. 15.03.2001, 2 BvR 1841/00 u. a., NJW 2001, 2320–2322.

Grundrechte.[47] Dabei handelt es sich um Pflichten des Staates, vor allem Leben, Gesundheit, Freiheit, Eigentum und andere Rechtsgüter seiner Bürger sowie verfassungsrechtlich anerkannte Institutionen zu schützen. Die Schutzpflichten treten in Erscheinung als Regelungsaufgaben der parlamentarischen Gesetzgeber in Bund und Ländern, als Pflichten der Exekutive, schützende Gesetze anzuwenden, und als Maßstäbe für die Gerichte. Verfassungsrechtsdogmatik wird sich dieser Schutzpflichten näher annehmen und ihre Wirkungen auf das einfache Recht und dessen Anwendung bestimmen müssen.[48] Es ist Aufgabe der Dogmatik, innerhalb des verfassungsrechtlichen Rahmens systemkonforme Figuren zu entwerfen, die wirksamen Schutz gewährleisten. Ein wichtiges Anwendungsfeld ist das Umweltrecht. Auf der Grundlage der hergebrachten Grundrechtsdogmatik kann nämlich durchaus wirksamer Umweltschutz bewerkstelligt werden.[49] Aus dem Wirtschaftsrecht wären zu nennen die Gesetze gegen unlauteren Wettbewerb und gegen Wettbewerbsbeschränkungen durch Kartelle.

c) Ein betonter Individualismus wirkt ferner auf die *Sozialversicherungssysteme* und deren praktische Handhabung. Je größer und anonymer die Solidargemeinschaft ist, um so vereinzelter ist der Versicherte.[50] Vereinzelung erschwert Verallgemeinerung und verleitet bei der Inanspruchnahme sozialer Leistungen zu gemeinschaftsblindem Individualismus, der durch die Versicherungssysteme sozial gepolstert ist. Die Rechtsgestaltung muß sicherstellen, daß das Band zwischen Freiheit und ihren Konsequenzen nicht zerschnitten wird. Wenn alle Konsequenzen freien Handelns sozialstaatlich abgefangen werden, wird die Illusion genährt, Freiheit könne auf die Dauer ohne Selbstverantwortung bestehen. So werden Erkrankungen auf Grund bekanntermaßen gesundheitsschädlicher Lebensweise von der sozialen Krankenversicherung zu den normalen Bedingungen finanziell abgedeckt.

Die Sozialversicherungssysteme sind auch durch die generativen Entwicklungen, ebenfalls Ausfluß der Individualisierung, bedroht. Jüngst hat ein Urteil des Bundesverfassungsgerichts[51] allgemein darauf aufmerksam gemacht, daß die Finanzierung der Sozialversicherung im Umlageverfahren darauf angewiesen sei, daß Kinder in genügend großer Anzahl nachwüchsen. Die finanzielle Situation bei der Pflegeversicherung sei dadurch gekennzeichnet, daß sie ein Risiko abdecke, das vor allem die Altengeneration treffe, und daß sie im wesentlichen

---

[47] Soweit sie nicht ausdrücklich als subjektive Rechte auf Schutz in der Verfassung verankert sind, wie im Hinblick auf die Menschenwürde (Art. 1 Abs. 1 GG) und Ehe und Familie (Art. 6 Abs. 1 GG).

[48] *Josef Isensee*, Das Grundrecht auf Sicherheit, 1983; *Gerhard Robbers*, Sicherheit als Menschenrecht, 1987; *Johannes Dietlein*, Die Lehre von den grundrechtlichen Schutzpflichten; *Christian Starck*, Praxis der Verfassungsauslegung, 1994, S. 46 ff.; *Peter Unruh*, Zur Dogmatik der grundrechtlichen Schutzpflichten, 1996; v. Mangoldt/Klein/*Starck* (Anm. 9), Art. 1 Rdnr. 158 f. m. w. N.

[49] *Reiner Schmidt*, Umweltschutz durch Grundrechtsdogmatik, in: FS für Zacher, 1998, S. 947 ff.; *Dietrich Murswiek*, Umweltrecht und Grundgesetz, in: Die Verwaltung 33 (2000), S. 241 ff.

[50] Zum Folgenden *Starck* (Anm. 2), S. 286, 293 f.

[51] BVerfGE 103, 242, 264 f. = JZ 2001, S. 817, 818 mit Anm. von *J. Becker*, S. 820.

nur durch das Vorhandensein nachwachsender Generationen funktioniere, die jeweils im erwerbsfähigen Alter als Beitragszahler die mit den Versicherungsfällen der vorangegangenen Generationen entstehenden Kosten mittrügen. Auf Grund dieser Bestandsaufnahme hat das Bundesverfassungsgericht den allgemeinen verfassungsrechtlichen Gleichheitssatz herangezogen und daraus gefolgert: Werde der generative Beitrag nicht mehr in der Regel von allen Versicherten erbracht, führe dies zu einer besonderen Belastung kindererziehender Versicherter im Pflegeversicherungssystem. Diese benachteiligende Wirkung müsse innerhalb des Versicherungssystems ausgeglichen werden, indem die Kindererziehung selbst als Beitrag zur Pflegeversicherung gewertet werde.

Was mit dem Bericht über diese Entscheidung zur Pflegeversicherung dargelegt worden ist, ist rechtsdogmatische Argumentation, und zwar unter Einbeziehung empirischer Erhebungen.[52] Empirie in der Rechtsdogmatik[53] berücksichtigt, daß das Recht nicht nur für die Entscheidung von Einzelfällen auf die Wirklichkeit bezogen ist, sondern die Realien ebenso wie für die Gesetzgebung auch für dogmatische Regelbildung von Bedeutung sind, insbesondere soweit unbestimmte Rechtsbegriffe oder der Gleichheitssatz ausgelegt werden.

4. Utilitarisierung

a) Mit Utilitarisierung wird eine Tendenz bezeichnet, wonach das *Recht an seiner Nützlichkeit gemessen* wird. Nützlichkeit wofür, ist die Frage. Geht es um den Gesamtnutzen für ein Kollektiv oder um den Nutzen für möglichst viele Einzelne des Kollektivs? Und was heißt Nutzen? Glück oder Lust, die ja die einzelnen Menschen ganz verschieden empfinden. In der klassischen Formulierung des Utilitarismus geht es um den größtmöglichen Nutzen für die größtmögliche Zahl der Betroffenen, also durchaus um den Nutzen für die Einzelnen. Erinnert sei aber daran, daß der Begründer des philosophischen Utilitarismus, *Jeremy Bentham* (1748–1832), seine Kritik an der französischen Erklärung der Menschen- und Bürgerrechte unter dem Titel „Anarchische Trugschlüsse" veröffentlicht hat[54] und die in der Erklärung evozierten *droits naturels* als „rhetorical nonsense, – nonsense upon stilts" bezeichnet hat. Das ist aus der Perspektive von Benthams Nutzenidee durchaus konsequent. Denn es sind Konstellationen denkbar, in denen der größtmögliche Nutzen für die größtmögliche Zahl von Betroffenen die Benachteiligung Einzelner oder einzelner Gruppen verlangt, deren *droits naturels* das Glück der großen Zahl stören. Also eine ziemlich gefährliche Lehre, wenigstens in der Gestalt, die ihr ihr Erfinder gegeben hat. Deshalb ist der Utilitarismus im 20. Jahrhundert durch Gerechtigkeitsprinzipien

---

[52] Im Urteil zitiert ist v. Ferber u. a. (Hrsg.), Die demographische Herausforderung, 1989, S. 121 f.

[53] Vgl. *Starck* (Anm. 4), S. 609 ff. = *Starck* (Anm. 2), S. 97, 105 ff.

[54] Anarchical Fallacies; being an examination of the Declaration of Rights issued during the French Revolution, in: Jeremy Waldron (Hrsg.), Nonsense upon Stilts. Bentham, Burke and Marx on the Rights of Man, 1987, S. 46, 53.

ergänzt worden,[55] mit deren Hilfe auf die Rechte Einzelner und von Minderheiten Rücksicht genommen werden kann, um die es nämlich bei den Menschenrechten praktisch fast immer geht.[56]

b) Mit Nutzen und Nützlichkeit haben wir es im Recht vielfältig zu tun. Rechtliche Regelungen können mit großem Gewinn für ihre Qualität einer Kosten-Nutzen-Analyse unterworfen, d. h. ökonomisch bewertet werden,[57] um die Verschwendung gesamtgesellschaftlicher Ressourcen zu vermeiden.[58] Ist das angestrebte Ziel auch mit weniger Kosten zu erreichen, etwa in der Sozialversicherung? Diese Frage stellt eine überaus lohnende Aufgabe für die Rechtsdogmatik dar, und zwar lohnend unter haushaltspolitischen, moralischen (siehe oben II 3 c) und intellektuell-konstruktiven Gesichtspunkten.

Auf andere Weise können wir mit Nützlichkeitserwägungen übermäßige Eingriffe in Grundrechtspositionen feststellen und vermeiden. Die *moderne Grundrechtsdogmatik* bietet hierfür ein sehr differenziertes Abwägungsmodell.[59] Sie geht nicht von einem unbestimmten Nutzen aus. Vielmehr werden Mittel und Zweck auseinandergehalten, so daß man sich zunächst über die Legitimität des Zwecks Klarheit verschaffen kann. Bei der Prüfung der Mittel wird dann ihr Nutzen für den angestrebten Zweck, d. h. genauer ihre Eignung und Erforderlichkeit für den angestrebten Zweck untersucht. Dazu gehört auch die Prüfung der Frage, ob es mildere Mittel zur Erreichung des Zwecks gibt. Schließlich wird konkret geprüft, ob das geeignete und erforderliche Mittel in bezug auf den angestrebten Zweck verhältnismäßig ist. Die Verfeinerung des utilitaristischen Argumentierens, die in diesem Prüfungsschema liegt, ist zutiefst Ausdruck juristischen Denkens, das nicht einfach nach dem opaken Nutzen von irgend etwas fragt, sondern dessen Wirkungen und Nebenwirkungen umfassend berücksichtigt und dabei überhaupt erst entdeckt, welche Rechtsgüter ins Hintertreffen geraten.

c) Mit einem *Beispiel aus der Biomedizin*[60] kann man die Grenzen utilitaristischen Denkens in der Rechtsdogmatik verdeutlichen. Die Techniken der In-vitro-Fertilisation, die die Fortpflanzungsmedizin entwickelt hat, ermöglichen eine diagnostische Untersuchung des in vitro erzeugten Embryos, um diesen eventuell zu verwerfen, sowie verbrauchende Forschung mit Embryonen, um

[55] *John Rawls*, Eine Theorie der Gerechtigkeit, 1975, S. 186 ff.; wohl auch *Günther Patzig*, Ein Plädoyer für utilitaristische Grundsätze in der Ethik, in: Neue Sammlung 13 (1973), S. 488 ff.

[56] Treffende Kritik des Utilitarismus vor allem bei *Ottfried Höffe*, Demokratie im Zeitalter der Globalisierung, 1999, S. 42 ff.

[57] *Kirchner*, Ökonomische Theorie des Rechts, 1997; *Hans-Peter Schwintowski*, Ökonomische Theorie des Rechts, JZ 1998, S. 581 ff. m. w. N.; *Horst Eidenmüller*, Kapitalgesellschaftsrecht im Spiegel der ökonomischen Theorie, JZ 2001, S. 1041 ff.

[58] Zu den Grenzen der Ökonomisierung vgl. *Maximilian Wallerath*, Der ökonomisierte Staat, JZ 2001, S. 209 ff.

[59] Dazu und zum folgenden v. Mangoldt/Klein/*Starck* (Anm. 9), Art 1 Rdnr. 232 ff., in der 6. Aufl. 2010, Rdnr. 266 ff.

[60] Ausführlicher *Christian Starck*, Der moralische Status des Embryos, in: Neue Zürcher Zeitung vom 14./15. April 2001/Nr. 87, S. 89 (= S. 59 der internationalen Ausgabe); *ders.*, Hört auf, unser Grundgesetz zerreden zu wollen. Auch im Reagenzglas gilt die Menschenwürdegarantie. In: Frankfurter Allgemeine Zeitung vom 30. Mai 2001/Nr. 124, S. 55. Siehe auch das 5. Kapitel des Zweiten Teils in diesem Band.

Erbkrankheiten auf die Spur zu kommen. Sind diese Verfahren zulässig? Darüber wird zur Zeit kontrovers diskutiert.

Der Jurist wird sich bei der Antwort auf diese Frage am Verfassungsrecht als höherem Recht orientieren. Seit langem ist in der Rechtsprechung des Bundesverfassungsgerichts geklärt[61] und von der herrschenden Meinung akzeptiert, daß das ungeborene menschliche Leben unter dem Schutz der Menschenwürdegarantie steht.[62] Die Würde des Menschenseins liegt auch für das ungeborene Leben im Dasein um seiner selbst willen. Da für das Werden und das spätere Entfalten der Person das Leben existentielle Grundlage ist, umfaßt die Würdegarantie auch den Lebensschutz. Da vor kurzem von einem Philosophen, der eine herausgehobene politische Funktion innehat, menschliche Embryonen in den ersten 14 Tagen ihrer Existenz, also vor ihrer Einnistung, in vernebelnder Sprache als Zellwände bezeichnet worden sind,[63] ist als Grundlage einer klaren Analyse zunächst zu betonen, daß mit dem Abschluß der Befruchtung der Eizelle die Existenz eines menschlichen Individuums determiniert ist. Damit beginnt ein kontinuierlicher Entwicklungsprozeß, der ohne entscheidende qualitative Zäsuren zur Ausdifferenzierung des Organismus und zu seiner Geburt führen kann.

Diese natürliche Finalität der befruchteten menschlichen Eizelle ist eine Vorgabe für das Recht, die sich einer beliebigen Bewertung entzieht. Wer hier von einem naturalistischen Fehlschluß spricht, weil aus Sein ein Sollen abgeleitet wird, muß sich eingestehen, daß jede Grenzziehung für den Beginn des Würdeschutzes nach dem jeweiligen Entwicklungsstand – Einnistung, Beginn der Hirnfunktion, Lebensfähigkeit, Geburt, Beginn des Selbstbewußtseins, Fähigkeit zum geistig-seelischen Werterlebnis – Selektion bedeutet.

Die Erzeugung von Embryonen zur verbrauchenden Forschung würde diese zu bloßen Objekten für Zwecke anderer machen. Die Objektformel, die das Bundesverfassungsgericht in seinen Entscheidungen zur Menschenwürde verwendet,[64] entstammt der Kantischen Philosophie, wonach in jeder Handlung die Menschheit in der eigenen und in der Person eines jeden anderen jederzeit zugleich als Zweck und niemals bloß als Mittel gebraucht werden darf.[65] Das Erzeugte – nicht erst das Geborene – wird von *Kant* ausdrücklich als Person, als ein mit Freiheit begabtes Wesen bezeichnet.[66] Aus der Kantischen Objektformel, die der Interpretation der Menschenwürde zugrunde gelegt wird, ergibt sich eine Grenze für utilitaristische Abwägungen, wenn der Embryo für Zwecke anderer, und seien es noch so gute Zwecke für die Menschheit, erzeugt und geopfert wird.

---

[61] BVerfGE 39, 1, 41; 88, 203, 252; Schweizer Bundesgericht, BGE 119, I. Teil, a) Verfassungsrecht, S. 460, 499 ff. (503) ausdrücklich gegen verbrauchende Forschung mit Embryonen.

[62] Vgl. die Nachweise in: v. Mangoldt/Klein/*Starck* (Anm. 9), Art. 1 Rdnr. 17 f., in der 6. Aufl. 2010, Rdnr. 18.

[63] *Julian Nida-Rümelin*, Süddeutsche Zeitung Nr. 28 vom 03./04.02.2001.

[64] BVerfGE 27, 1, 6; 45, 187, 228; 87, 209, 228.

[65] *Kant*, Grundlegung zur Metaphysik der Sitten (1785), Ausgabe Vorländer 1957, S. 52 (Zweiter Abschnitt).

[66] *Kant*, Metaphysik der Sitten (1797), Ausgabe Vorländer, 4. Aufl. 1922, S. 95 (Rechtslehre § 28). Da *Kant* den Personenbegriff benutzt, kann es in der zitierten Stelle nur um die Potentialität des Gezeugten gehen, Person zu werden.

Wer dieser Argumentation nicht zu folgen bereit ist und auf einer utilitaristischen Abwägung besteht, der muß folgendes bedenken: (1) Die Präimplantationsdiagnostik mit der Möglichkeit, einen Embryo zur Vermeidung erbkranken Nachwuchses zu verwerfen, würde auf die Dauer an solchen Krankheiten leidenden Menschen immer vor Augen führen, daß sie unerwünscht sind und daß ihre Existenz eigentlich hätte vermieden werden können und so auch müssen. Dadurch würde ein eugenisches Klima entstehen, in dem die Grenze zwischen Präimplantationsdiagnostik zur Vermeidung erbkranken Nachwuchses und zur Sicherung eines bestimmten Qualitätsstandards des Kindes; d. h. zwischen negativer und positiver Eugenik, verwischt würde, die ohnehin kaum klar bestimmt werden kann. – (2) Eine Mißachtung des Verbotes, einen Embryo nur für Zwecke anderer zu erzeugen und als bloßes Objekt zu benutzen, hat ganz erhebliche Weiterungen für den Umgang mit Föten, Mißgeburten, Geisteskranken, wenn diese als Forschungsobjekte nützlich werden sollten, um gute Zwecke für die Menschheit zu erreichen. Das alles müßte eine utilitaristische Analyse berücksichtigen.

5. *Aufgaben der Rechtswissenschaft*

Ziehen wir die ausgelegten Fäden zusammen, so zeigt sich, daß die drei behandelten Tendenzen wichtige Impulse für die Rechtswissenschaft darstellen. Durch Vergleichen kommen die Rechtsprinzipien klarer zum Vorschein. Vergleichen führt zu Entdeckungen, die Grundlage für Erneuerung und Vereinheitlichung sein können. Die durchgehende Betonung des Individuums in seiner Individualität kann Grundlage einer Renaissance der individuellen Verantwortlichkeit als Gegengewicht zur Freiheit werden. Dieser verfassungsrechtliche Zusammenhang muß in vielen Bereichen rechtsdogmatisch neu konstruiert werden. Das Nützlichkeitsdenken wohnt bereits in sehr differenzierter Weise der Rechtsdogmatik inne. Es bleibt aber ein fortgesetzter Ansporn für die Überprüfung rechtsdogmatischer Konstruktionen. Zugleich ergeben sich aus der dem aufgeklärten Naturrecht verpflichteten Verfassung Grenzen für utilitaristische Kalküle.

Diese Zeilen tragen den Titel „Die Rechtswissenschaft *in* der Zukunft" und nicht die Rechtswissenschaft der Zukunft. Denn es geht nicht um eine neue Rechtswissenschaft. Die überkommene Rechtswissenschaft, die ihre Wurzeln in der römischen republikanischen Jurisprudenz hat,[67] speichert Erfahrungen und Systemkenntnisse, die Grundlagen für neue Lösungen und Konstruktionen sein können, wofür freilich die Realität genügend beachtet werden muß. Die Rechtswissenschaft muß die innere Konsistenz der Rechtsordnung bewahren helfen. Sie muß die gesellschaftlichen und rechtlichen Vernetzungen kennen und praktische Wirkungen des Rechts, auch die zunächst nicht beabsichtigten, ins Kalkül ziehen. Aus alledem ergeben sich Grenzen für das reine Spezialistentum.

---

[67] Vgl. die Darstellung bei *Franz Wieacker*, Römische Rechtsgeschichte, Erster Abschnitt, 1988, S. 519 ff., 572 ff.

Register*

* Zusammengestellt von Aleksej Raisch

Christian Starck

Verfassungen

Entstehung, Auslegung, Wirkungen und Sicherung

Nach dem Ende der kommunistischen Parteidiktaturen entstanden viele neue Verfassungen, vor allem in Mittel- und Osteuropa, sowie Landesverfassungen in Deutschland. Die Verfassunggebung bedeutete zugleich Besinnung auf die praktischen Erfahrungen der Verfassungsstaaten der letzten vierzig Jahre: Verfassung als Rahmenordnung, die höheres Recht mit normativer Wirkung darstellt, Sicherung der Normativität durch Verfassungsgerichte, intensive praktische und theoretische Beschäftigung mit Fragen der Verfassungsauslegung. Die hier gesammelten Aufsätze beschäftigen sich mit den Ereignissen dieser Zeit. Im ersten Teil analysiert Christian Starck Entstehung und Bewährung des Grundgesetzes auch im Prozeß der Wiedervereinigung. 50 Jahre Grundgesetz (1999) und 50 Jahre Bundesverfassungsgericht (2001) gaben Anlaß zu umfangreichen Bestandsaufnahmen und Vergewisserungen über die Wirkungen der Kultur der normativen Verfassung. Dazu kommen Überlegungen zur Auslegung und Fortbildung des Verfassungsrechts und des Verfassungsprozeßrechts. Der zweite Teil beginnt mit einer historischen Erinnerung an die Gründe des Scheiterns der Kurhessischen Verfassung von 1831. Im Zentrum stehen eine kritische Bestandsaufnahme aller Verfassungen der neuen Länder sowie niedersächsische Verfassungsangelegenheiten – auch im Hinblick auf das europäische Unionsrecht. Im dritten Teil geht es um Verfassungsfragen der Europäischen Union, um Rechtsvergleichung und Rechtsrezeption vor allem auf dem Gebiete des Verfassungsrechts sowie um einen Verfassungsplan (Großbritannien) und die besondere Art der Entstehung einer neuen Verfassung (Südafrika).

2009. XXVIII, 442 Seiten.
ISBN 978-3-16-149916-6
Leinen